بسم الله الرحمن الرحيم

أصول التربية

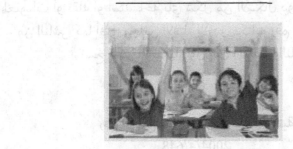

دار المناهج للنشر والتوزيع
عمان، شارع الملك حسني، بناية الشركة المتحدة للتأمين
هاتف: 4650624 فاكس 96264650664+
ص.ب 215308 عمان 11122 الأردن

Dar Al - Manahej
Publishers & Distributor
Amman - King Hussein St.
Tel 4650624 Fax +96264650664
P.O.Box: 215308 Amman 11122 Jordan
www.daralmanahej.com
info@daralmanahej.com
manahej@hotmail.com

رقم الإيداع لدى دائرة المكتبة الوطنية
2004/4/648

أصول التربية

تأليف
د. أحمد علي الحاج

المحتويات

الباب الأول
الأصول المجتمعية للتربية

الفصل الأول
التربية والمجتمع

الفصل الثاني
الأصول التي مصدرها المجتمع

الباب الثاني
الأصول العلمية للتربية

الفصل الخامس
الأصول الفلسفية للتربية

الفصل السادس
الأصول السياسية للتربية

الفصل السابع
الأصول النفسية للتربية

الفصل الثامن
الأصول الاجتماعية للتربية

الفصل التاسع
الأصول الثقافية للتربية

الفصل العاشر

الأصول الإدارية للتربية

الفصل الحادي عشر

الأصول الاقتصادية التخطيطية للتربية

الباب الثالث
الأصول الخاصة بالتربية

الفصل الثاني عشر
أصول التربية المدرسية واللامدرسية

الفصل الثالث عشر
الأصول التعليمية للتربية

مقدمة

من أين تستمد التربية أصولها؟ وكيف؟ وأين يسهم كل أصل في بناء التربية؟ ثم كيف يعمل كل أصل في تشكيل مكون من مكونات التربية، وصياغته في إطار التربية ككل، في تناغم وانسجام، وبصورة يعكس أصله الذي أتى منه؟ ولماذا تستمر علاقة التفاعل بين التربية وتلك الأصول، تأثيراً وتأثراً؟ وإذا هيمن أو قوى تأثير أصل أو مجموعة أصول على التربية لأسباب ما، فهل تبرز تلك الهيمنة أو ذلك التأثير في توجيه بقية الأصول التربوية؟ وإعادة تحديد مسار التربية؟ ثم ما علاقة ناتج التربية أو أهدافها بتلك الأصول؟

هذه استفسارات وتساؤلات يسعى هذا الكتاب إلى إجلاء النظر حولها وتعميق بصر وبصيرة القائمين على التربية ونظامها التعليمي، وإعطاء خلفية نظرية وتطبيقية للمهتمين بالتربية والمتعاملين معها، بل وحتى الأفراد العاديين.

قيل منذ فجر التاريخ أن التربية قوة، ولا غرو في ذلك، فهي عدة المجتمع وسلاحه ضد العلل والأدواء.. وهي عين المجتمع الذي يرى بها ماضيه وحاضره ومستقبله، وهي عقله الذي يفكر به.. بها يرى نفسه، وعن طريقها يبلغ ما يرغبه أن يكون في أي صورة يريدها، إنها باختصار نظام لحياة المجتمع بكل أبعاد حياته.

فالتربية، إذا كان المجتمع هو الذي أوجدها؛ فإنها تستمد بالضرورة صفاتها وخصائصها ومكونات بنائها تنظيماً وأهدافاً، محتوى وأساليب من المجتمع. وبالتالي فإن غايتها هو المجتمع، لإعادة إنتاجه في أحسن صورة. بمعنى أن التربية تقوم بأخطر الوظائف والأدوار في حياة المجتمع والأمة، من أجل استمرار ثقافة المجتمع، حفظاً وتجديداً، من خلال ما تقوم به في الفرد والمجتمع والثقافة.

وحتى تقوم التربية بوظائفها وأدوارها تلك.. تستجيب لمجتمعها، وتتناغم معه، فإن عليها بالضرورة أن تأخذ مكوناتها، وتفاصيل عملها، وأوجه مسارها من المجتمع بثقافته، والفرد بطبيعته، بناء على الماضي بخصائصه، والحاضر بمطالبه، والمستقبل بتحدياته، في إطار ما هو إنساني، أكان فردياً أو محلياً أو إقليمياً أو دولياً، وأن تتسلح بكل ما هو ممكن ومتاح لبلوغ غاياتها التي وجدت من أجلها.

والتربية على هذا النحو ميدان تتجمع داخله مقومات المجتمع وأنماط ثقافته، ثم نتائج معارف المجتمع وعلومه، بما فيها التي تأتي من ثقافات أخرى: إقليمية وعالمية، ومن ذلك تتسلح بأفكار وأساليب تمكنها من القيام بوظائفها من أجل تحقيق أهدافها.. وهذا معناه أن التربية ميدان تطبيقي لنظام المجتمع بأفكاره واتجاهاته وقيمه، ثم لعديد من نتائج العلوم، كلها تتجمع لتجعل للتربية طبيعة وخصائص جديدة، تسعى من خلالها إلى تحقيق أهدافها.. فتجعل منها علماً من حيث تأثير تلك الأصول وفعلها في التربية.

لذلك يصبح ضرورياً تقصي مساهمة كل أصل في صياغة التربية وتشكيلها، ومدى تأثير كل أصل وفعله في توجيه عمليات التربية وأنشطتها، وتعيين ناتجها أو مخرجاتها.

إن كل من يتصدى لأمر التربية وتطويرها يجب أن تكون لديه خلفية واسعة عن الأصول التي تكون التربية، وتؤثر في كل ناحية وزاوية منها، إذ لا يمكن تطوير التربية أو تسيير شؤونها بكفاية وفاعلية في اتجاه غاياتها المرغوبة، دون معرفتنا بتلك الأصول، فمن لديه فكرة عن جزء من التربية لن تكتمل وتتضح، إلا إذا كانت لديه معرفة عن كل التربية وأسس تكوينها.

وهذا ما يسعى الكتاب الحالي تفصيله من خلال ثلاثة أبواب، يتضمن **الباب الأول** الأصول التي تستمدها التربية من المجتمع من خلال فصلين، يتناول الفصل الأول التربية والمجتمع. ويتناول الفصل الثاني الأصول التي مصدرها المجتمع، ونواحي فعلها في التربية، ظاهراً ومستتراً.

بينما يتضمن **الباب الثاني** الأصول التي تستمدها التربية من العلوم، وذلك من خلال تسعة فصول، هي الأصول التاريخية، والدينية، والنفسية، والفلسفية، والسياسية والاجتماعية، والثقافية والإدارية، والاقتصادية، وبيان تأثير كل أصل منها في التربية فكراً وتطبيقاً.

على حين يتضمن **الباب الثالث** الأصول التي تكونت في التربية، كنتيجة للأصول السابقة وتفاعلها مع مكونات التربية، وذلك من خلال فصلين اثنين، تناولا: أصول التربية اللامدرسية والمدرسية، ثم الأصول التعليمية للتربية.

ولعل ما يجب الإشارة إليه، أنه ليس من هدف الكتاب حصر كل شاردة وواردة لإسهامات كل أصل في التربية، فهذا فوق طاقة البشر، وحسبنا التركيز على أبرز إسهامات كل أصل، ونواحي فعلها في التربية، مع الشرح والإفاضة لنواحي مهمة في تشكيل التربية، كلما دعت الحاجة لذلك.

وفي الأخير أتمنى من الله العلي القدير أن أكون قد وفقت في معالجة موضوع هو من أخطر مواضيع التربية، وأكثرها حاجة للتأمل والتفكير العميق، كما أرى ويرى غيري كثيرون.

والله من وراء القصد،،،

المؤلف

د. أحمد علي الحاج محمد

الفصل التمهيدي
مفهوم التربية

رافق تطور التربية عبر العصور والمجتمعات جدلاً كبيراً واختلافات متباينة، حول مفهوم التربية، بل وطبيعتها، ونطاق عملياتها وأهدافها، مثلها مثل مفاهيم الحرية، والسعادة، والفلسفة، بل ربما كان مفهوم التربية أكثر جدلاً من غيره، باعتبار التربية أكثر ارتباطاً بحياة الناس، على اختلاف ظروفهم وأفكارهم، وكونها أداة المجتمع وأسلوب نمط حياته.. ولما اختلفت أفكار الناس والمجتمعات وأساليب حياتها، تبعاً لاختلاف الظروف الطبيعية والاجتماعية، والموارد والإمكانات؛ كان طبيعياً أن تختلف أشكال التربية وأهدافها، وبالتالي اختلاف مفاهيمها وحقائقها، تبعاً لذلك.

وتلك الاختلافات والتباينات ماثلة بين العلماء والمفكرين، وبين العلوم الاجتماعية والإنسانية، وبين الأيديولوجيات السياسية والاقتصادية والاجتماعية، بل وبين المربين أنفسهم. وهذا طبيعي.. إذا كان يعكس تصورات الناس، وظروفهم واهتماماتهم، فإن ذلك قد أثرى التربية، فكراً وتطبيقاً ووسع من فهمنا للتربية، وتحليل مكوناتها، ومفاهيمها الحاكمة في أي بلد، وتفسير العوامل المؤثرة عليها.

ومع التطورات العميقة التي بلغتها المجتمعات المعاصرة؛ فما زالت الاختلافات قائمة حول مفهوم التربية، رغم التقارب بين المجتمعات أو التشابه الكبير بين مجموعات من الدول، وزيادة التأثيرات المتبادلة بين الجماعات الاجتماعية، وبين المجتمعات، مما يحول دون الوصول إلى مفهوم جامع مانع. ولا غرو في ذلك، فظروف المجتمعات ومواردها الطبيعية والبشرية ليست واحدة، كما أن تحدياتها وطموحها، بل وتراثها الحضاري مختلف من بلد لآخر.

ورغم تلك الاختلافات حول مفهوم التربية، ومنطقية ذلك في كثير من الأحيان، إلا أن هناك قدراً من الاتفاق حول أسس المفهوم الشامل، وعمليات التربية، وأساليبها، وما ينبغي أن تسعى إليه، وتحققه من أهداف.

ولكن يمكن اختصار الطريق، والبدء من حيث انتهى إليه الفكر التربوي، والدخول مباشرة إلى معنى التربية بمفهومه الشامل، ولكن بعد المرور بالمعنى اللغوي.

المعنى اللغوي للتربية: بالعودة إلى معاجم اللغة، نجد أن كلمة تربية في اللغة العربية لها ثلاثة أصول لغوية، هي:

الأول: رَبَا، يربُو، ربواً بمعنى زاد ونما، وأربيته: نميته. قال تعالى:**﴿ ويُرْبي الصدقات﴾**.[1]

([1]) لسان العرب لابن منظور، تحقيق، عبدالـله علي الكبير وآخرون، القاهرة، دار المعارف، ط18، ص 1572.

الثاني : رَبى، يُربي. بمعنى نشأ وترعرع. قال رسول الـلـه ﷺ: (لك نعمة تربها) أي تراعيها.
الثالث: ربْ، يَرُبُ، بمعنى أصلحه وتولى أمره وساسه وقام عليه.[1]

وفي اللغة اللاتينية استخدمت التربية Education للدلالة على تربية النبات أو الحيوانات، للدلالة على الطعام، وتهذيب البشر، دونما تفريق بين هذه الأحوال جميعاً.[2]

وباختصار، فمن هذه الأصول اللغوية اشتقت التربية معناها وفحواها، أما **المعنى الاصطلاحي**: فهناك تعاريف كثيرة يصعب حصرها، إذ قد يحتاج الأمر إلى مجلدات لحصرها جميعاً، عبر العصور والثقافات، والعلماء، والمدارس والاتجاهات الفكرية، والعلوم الاجتماعية، وتبيان دلالاتها. ولكن كما سبق القول سوف نقتصر على ذكر المفهوم الحضاري الشامل، الذي يلقى قبول واستحسان أطراف كثيرة، ويكاد يجمع عليه التربويون، ويستخدمونه في نظام التعليم.

وبهذا، فإن المفهوم الحضاري الشامل للتربية، يعني أنها العملية الواعية المقصودة وغير المقصودة، لإحداث نمو، وتغير، وتكيف مستمر للفرد، من جميع جوانبه الجسمية والعقلية، والوجدانية، من زوايا مكونات المجتمع، وإطار ثقافته، وأنشطته المختلفة: الاجتماعية، والاقتصادية والسياسية والثقافية والعلمية، على أساس من خبرات الماضي، وخصائص الحاضر، واحتمالات المستقبل، فتعمل على تشكيل الأجيال الجديدة، في مجتمع إنساني، في زمان ومكان معين، وتنمية كل مكونات شخصياتهم المتفردة، وبما يمكنهم من تنميتها إلى أقصى درجة ممكنة من خلال ما يكتسبونه من معارف واتجاهات ومهارات، وبما تجعل كل فرد:مواطناً، يحمل ثقافة مجتمعه، متكيفاً مع نفسه، ومع بيئته ومواقف الحياة المتغيرة، ومنتجاً يساهم في أحد مجالات العمل والإنتاج، وحاساً لقضايا أمته، والإنسانية جمعاء.(3)

ولعل ما نجمل قوله هنا، هو أن أبعاد هذا المفهوم الشامل للتربية وأسسه، سوف يتضح أكثر من خلال عرض الأصول المختلفة للتربية، لأنه بمساهمة تلك الأصول في صياغة التربية وتشكيلها سوف تتضح زاوية التأثير، وناتجها في التربية.

وما يجب التنويه إليه هو أن مُعلّم الغد، لأشد ما يحتاج إلى أن يُكون فهماً مشتركاً، سواء لديه أو لدى زملائه المعلمين، بل وكل العاملين في نظام التعليم، لما تعنيه التربية وما تقصده، حتى تتكامل كل الجهود وتصب في مجرى واحد هو التلميذ والمجتمع، لأن أخطر ما يهدد التربية، ويقلل من أثر المعلم وناتجه في العملية التعليمية التربوية، هو جهله أو ضَعف معرفته لما تعنيه التربية وتقصده.

([1]) عبدالرحمن الباني: مدخل إلى التربية في ضوء الإسلام، الرياض، 1983، ص7.

([2]) رونيه أوبير: التربية العامة، ترجمة عبدالـلـه عبد الدائم، بيروت، دار العلم للملايين 1983،ص22.

([3]) للمزيد من التفاصيل حول طبيعة التربية وأهميتها وأهدافها هناك العديد من الكتب يحسن الرجوع إليها تفادياً للتكرار، ومنها أحمد علي الحاج: دراسات في أسس التربية، القاهرة، مطبعة مؤسسة سعد، 1997.

مدخل إلى المجالات التي تستمد منها التربية أصولها

التربية بعملياتها المعقدة، وخطورة موقعها في حياة الفرد والمجتمع، ورسالتها الجسمية: الإنسانية والحضارية الشاملة، هي ميدان تطبيقي لأفكار المجتمع وأسلوب تنظيم حياته من جهة، وميدان تطبيقي لفروع علمية عديدة من جهة أخرى. والتربية بهذا تجمع أصولها من مصدرين رئيسيين، لكل منهما طبيعته وخصائصه المميزة، حيث ينتمي المصدر الأول (مصدر المجتمع) إلى اللاعلم، أي جملة الأفكار والمسلمات، والعادات والتقاليد التي توصل إليها المجتمع من سياق تاريخه، واقتنع بها دون تمحيص أو تجريب. بينما ينتمي المصدر الثاني إلى العلم، أي استخلصت نتائجه بالطرق العلمية أو مناهج العلم المعروفة.

والتربية على هذا النحو ليست علماً قائماً بذاته له نظريات وأسس مشتقة من صميم التربية أو مناهج علمية خاصة به، وإنما ميدان تطبيقي لنتائج وتطبيقات عشرات العلوم، سواء العلوم الإنسانية المتصلة بالتربية، أو التي تتكامل تطبيقاتها في ميادين العمل.

وليس معنى ما سبق أن التربية تخلو من الاتجاه العلمي، بل على العكس، فهي إذا كانت ميداناً تطبيقياً لنتائج عدد كبير من العلوم... وهذه النتائج تم التوصل إليها بالطرق العلمية؛ فلا بد أن يتم تطبيقها في ميدان التربية، وإلا فقدت هذه النتائج قوة بنائها، وأسس تطبيقها، وانعدمت غايتها.

وعلى ذلك تعتبر التربية علماً، من حيث استيعابها للطرق العلمية، إذ يؤدي مصدر العلوم إلى تناول المصدر المجتمعي بالمنهج العلمي أو على الأقل استيعابه للمنهج العلمي، ويؤدي من جهة أخرى إلى إلتحام وتفاعل بين ما هو لا علمي بما هو علمي إلى عقلنة اللاعلم وإلى تكامل الفكر مع الواقع، والنظرية مع التطبيق. وإذا قوي الاتجاه العلمي في التربية، زاد الالتزام بالطرق العلمية في النظر إلى التربية وتحليل مكوناتها وعناصرها، أو في البحث عن الحقائق والفروض، أو في ضبط عناصر النظام التربوي وتقويمه، أو في النظر إلى مشكلات التربية وسبل التغلب عليها.

ولا يُفهم مما سبق أن التربية ليس لها نظريات وقوانين وحقائق خاصة بها مثل بقية العلوم، بل العكس من ذلك، فالتربية عندما تُنقل إليها نتائج علوم كثيرة بما فيها من نظريات وحقائق، فإنها تعيد تحوير تلك النظريات والحقائق والأساليب بما يلائم طبيعة التربية، وغرضها، وهي في هذه الحالة تكسبها خاصيات جديدة، أو تستنبط صوراً جديدة منها، في ضوء مصدر الأصل المجتمعي التي تستمد منها التربية: الأفكار الفلسفية للمجتمع، وقيمه الدينية واتجاهاته الاجتماعية، وهذه لا تخضع للمنهج العلمي، وبذلك تميزت

نظريات التربية، وحقائقها، أو بمعنى آخر أن نظريات التربية لا تشابه النظريات العلمية، وبسبب ذلك اختلفت نظريات التربية لاختلاف الأفكار والقيم من مجتمع لآخر، ومن وقت لآخر، بعكس النظريات العلمية التي تتشابه، أياً كان نوع ا لمجتمع وثقافته وظروفه. وبهذا تكتسب نظريات التربية خاصيات وأبعاد مميزة تعكس طبيعة التربية وأبعادها المجتمعية وثقافته وظروفه في زمان ومكان معين.

ويبين الشكل التالي مختلف الأصول التي تكون التربية:

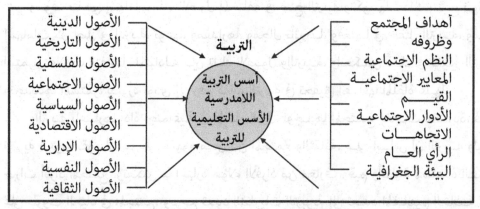

شكل رقم (1) الأصول المختلفة للتربية

وتأسيساً على ما سبق تستمد التربية أصولها المختلفة من مصدرين رئيسين هما:

أولاً: المجتمع، بمضمونه الاجتماعي والثقافي والاقتصادي والسياسي. فمن نُظم المجتمع وقيمه واتجاهاته تستمد التربية أسس بنائها، ويشكل نظامها التعليمي، وتستمد مواجهاتها العلمية وأساليبها المختلفة.

ثانياً: مجموعة العلوم، فمن العلوم الاجتماعية تنتقل العديد من النتائج والتطبيقات إلى التربية بصورة مباشرة، أما نتائج العلوم الطبيعية والبحتة؛ فإنها تنتقل إلى التربية عن طريق علوم أو ميادين علمية وتطبيقية أخرى، بعد أن تأكد تطبيقها، والإفادة العلمية منها.

وتسهم هذه العلوم في بناء محتوى التربية، وفكرها وأهدافها، وتمد التربية بمواد عملياتها وأساليب تنظيمها، منهجاً وتطبيقا، كما تسهم في تطوير التربية وتجديدها.

ومن هذين المصدرين يتشكل النظام التربوي ويتحدد مبناه وفحواه، أهدافه ومحتواه. وتتكون أنشطته وعملياته، وتتعين أساليبه وطرقه (1) كما يتضح من الشكل رقم (1).

وتستمر العلاقة الوطيدة بين التربية، وهذان المصدران، تتفاعل معهما وتتبادل معهما عمليات التأثير

([1]) أحمد علي الحاج: مرجع سابق، ص46.

والتأثر. وأي تطور أو تغيير يحدث في هذين المصدرين يؤدي إلى تغيرات في التربية من زوايا الارتباط تلك.. تنعكس في تجديد فكر، أو تعديل مسار، أو تطوير محتوى، أو تحسين أداء، أو تستحدث أساليباً وطرقاً، أو تحل مشكلات. وبالمثل فإن نتائج التربية أو مخرجاتها تؤثر في هذين المصدرين، من حيث تطوير حياة المجتمع، واختبار نتائج تلك العلوم؛ بما يسهم بتطويرها[1].

جملة القول، فإن أصول التربية هي مجموعة من النظم التي تسهم في صنع التربية وتشكيلها، ومجموعة العلوم التي تسهم في بناء محتوى التربية وتفسيرها وتجديدها[2].

وسوف نتقصى إسهامات تلك الأصول المختلفة في صنع التربية وتكوينها، وذلك بتتبع نواحي إسهامات كل أصل في التربية، نوعها، ومقدارها، ومجال تأثيرها، وفعلها في حقل التربية، ومدى استمرار علاقات التفاعل المتبادلة بين تلك الأصول والتربية، وانعكاس ذلك في تغيير التربية وتجديدها المستمر، بصورة تؤدي إلى رفع كفاية التربية في تحقيق أهدافها الملقاة عليها.

والتربية باعتبارها أداة اجتماعية في المقام الأول، أوجدها المجتمع لغايات محددة، فكل نظرية تربوية تقوم أساساً على مفهوم معين عن المجتمع والثقافة. على أساس أن التربية وليدة خبرات أفراد المجتمع، وتعكس ما اختاره هؤلاء الأفراد من معارف وقيم وأنظمة لمساعدة النشء على ظروف الحياة في المجتمع. ويرجع تعدد النظريات التربوية إلى تعدد المفاهيم الخاصة عن المجتمع والثقافة، وعن اختلاف وجهات النظر بشأن طبيعة الفرد وعلاقته بالمجتمع وانعكاس ذلك على الفكر والتطبيق التربوي.

([1]) المرجع السابق، ص46.

([2]) راجع: حسان محمد حسان وآخرون، أصول التربية، القاهرة، 1988، ص16.

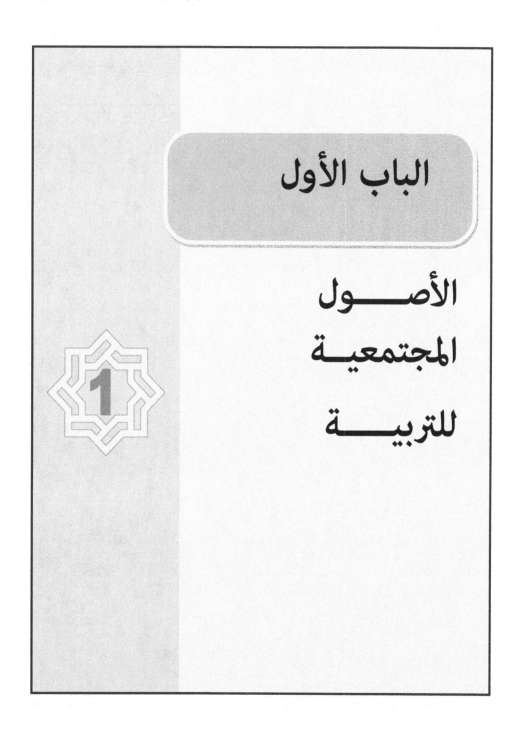

الباب الأول

الأصـــول المجتمعيـة للتربيـــة

1

الباب الأول
الأصول المجتمعية للتربية

تمهيد

تستمد التربية أصولها أولاً من المجتمع الذي أوجدها، مهما كان نوع هذا المجتمع أو حجمه أو درجة تطوره، لتكون أداة بقاء المجتمع واستمرار إطار حياته، والحفاظ على هويته الثقافية التي تكونت عبر السنين، ثم أداة لتطوير هذا المجتمع والبحث عن آفاق مستقبله.

إن كل تربية تحمل صفات مجتمعها بالضرورة، لأنها تقوم على فهم معين عن المجتمع والثقافة؛ لتعبر عن ثقافة المجتمع واتجاهاته، وأساليب الجماعة أو المجتمع، وما يحمله هذا المجتمع من قيم وأفكار، تقاليد وعادات تمثل بيئة نظام التربية، وموجهاته الفاعلة، وتحكم ناتج التربية النهائي. بمعنى أن التربية تأخذ أولى أسسها وأهدافها وموجهات عملها من المجتمع، وتلتزم في إطار ثقافته، بما يسعى إليه هذا المجتمع أو ما يتطلع إليه، ثم تغييره إلى أفضل صورة يرغبها المجتمع لنفسه.

وبذلك، فإن فهم التربية ومعرفة حدود عملياتها يتوقف على فهم المجتمع، وتحليل مكوناته، وتقصي إطار ثقافته التي تميزه، وما تستمده التربية من المجتمع بالضبط، وإسهام هذه الأصول في صنع التربية وتشكيلها، وتوجيهها نحو غايتها المواكبة لإطار حياة المجتمع. وهذا ما تبينه المواضيع التالية:

الفصل الأول
التربية والمجتمع

أولاً: تعريف المجتمع

هناك اختلافات بين علماء الاجتماع والانثربولوجيا، والتاريخ، والتربية، وغيرهم حول تعريف المجتمع، وذلك لاختلاف المفاهيم الثقافية، واختلاف الانتماءات الأيديولوجية السياسية والاقتصادية، واختلاف الأهداف التي يتوخاها من يقوم بتعريف المجتمع. ويعود جانب من هذا الاختلاف إلى تركيز بعض العلماء على جوانب معينة من المجتمع عند صياغة تعريف ما، ثم تعرض المجتمعات إلى تغير الظروف والأوضاع، ومن ثم ظهور عوامل ومستجدات تؤدي إلى تغير النظرة إلى المجتمع وصور تطوره.

وعلى أية حال يُعرّف المجتمع بأنه "مجموعة من الأفراد الذين تربطهم وحدة المكان والثقافة، وما تتضمنه هذه الوحدة من علاقات متبادَلة ومصالح مشتركة"[1].

ومن التعاريف العامة للمجتمع، بأنه "مجموعة من الأفراد يعيشون معاً فوق رقعة من الأرض بتعاون وتضامن، ويرتبطون بذات ثقافي معين، ولديهم الإحساس بالانتماء لبعضهم البعض والولاء لمجتمعهم، ويُكوِّنون مجموعة من المؤسسات تؤدي الخدمات اللازمة في حاضرهم، تضمن لهم مستقبلاً مشرفاً في شيخوختهم، بما في ذلك تنظيم العلاقات فيما بينهم"[2].

والثقافة هنا، إذا كانت تعني كل الأفكار والنظم الاجتماعية والاقتصادية والسياسية والقيم وأنماط السلوك والعادات والأدوات والأشياء التي أوجدها الإنسان؛ فإن هذه الثقافة هي التي تميز المجتمع الإنساني، لأن أي قطيع من الحيوانات تكون مجتمعاً، ولكنها لا تكون ثقافة، على أساس أن سلوك الحيوانات ليس محصلة نشاطات الحيوانات السابقة التي تنتمي إلى نفس الفصيلة، رغم أنها تعيش في جماعات كالأفراد الإنسانيين. وتقوم فيما بينها عمليات تفاعل ، ولكنه تفاعل جامد أي فطري أي غير متعلم. أما الإنسان فله القدرة على جمع التجارب السابقة بواسطة اللغة، وسلوكه محصلة تجارب الناس السابقين، أي أن الإنسان له طبيعة اجتماعية، وهذه الطبيعة تتميز بقدرات جسمية وعقلية ووجدانية ، تمكنه من اكتساب اللغة والقدرة على التفكير والتعلم، والقدرة على استخدام الآلات. والحياة الاجتماعية تنشأ تلقائياً من اجتماع الأفراد، لتحقيق غاية من الاجتماع، وهو البقاء وضمان الحصول على مقومات الحياة.

وعلى ذلك ، فالمجتمع الإنساني ليس حشداً من الأفراد، كمثل الأفراد الذين ينتظرون الباص للسفر، أو

---

(1) أبو الفتوح رضوان وآخرون: المدرس في التربية والمجتمع القاهرة، مكتبة الأنجلو المصرية، 1978، ص4.

(2) إبراهيم ناصر: أسس التربية، دار عمان، عمان، 1987، ص214.

اجتماع البائعين في سوق تجاري، أو تجمهر الناس في حادث. فهذه ليست بالمجتمع الذي نقصده. أما المجتمع في حقيقته فهو البناء المتفاعل الذي يحدث بين أفراده، كون التفاعل الاجتماعي ظاهرة نفسية لها مضمون مادي، عندما يؤثر الفرد في الآخرين بإشارات وحركات مادية وجسمية، تأخذ صورة رموز ومعاني لأشكال السلوك والأشياء والأدوات التي يتعاملون بها، وبواسطة البيئة التي يتفاعلون معها.

فعندما تسكن مجموعة من الأفراد على رقعة من الأرض، فإنها تقوم بنشاط ما للحصول على حاجاتها الضرورية للبقاء والعيش.. وعلى حسب نوع الأرض يتحدد نشاط هذه الجماعة، ومن نشاط الجماعة وتفاعلهم فيما بينهم تنشأ علاقات ونظم وقوانين وأفكار وقيم.. فإذا حولت مجموعة من الأفراد قطعة أرض إلى موطن، وقاموا باستصلاح الأرض وزرعوها، وحجزوا المياه، وغير ذلك من الأنشطة السكانية التي يقوم بها الأفراد، فإن نشاطهم وسعيهم إلى الإنتاج يدخلهم في علاقات معينة، فتتكون أشكال مختلفة من الروابط. ومن خلال هذه الروابط والعلاقات الاجتماعية، وارتباطهم بالطبيعة، تتحدد علاقات الإنتاج، وهكذا تحدد في النهاية العلاقات الاجتماعية[1]. وبهذا فإن أفراد الجماعات مزجت بين البيئة الجغرافية (الفيزيقية) والبيئة الاجتماعية، ومن هذا المزيج تكون المجتمع. وبمرور الزمن استحال التمييز بين النقطة التي تنتهي عندها البيئة الجغرافية والبيئة الاجتماعية التي صنعها الإنسان، لأن كلتاهما صارت رمزاً للأخرى. إذن فالمجتمع هو خلاصة ذلك التفاعل الناشئ بين الأفراد والجماعات. أما ما تمخض عن ذلك التفاعل من نظم ومؤسسات، معارف وقيم، أدوات ومخترعات، فهي الثقافة.

وعلى هذا فالمجتمع يتكون من ثلاثة عناصر رئيسية، تتداخل فيما بينها، بصورة تميز المجتمع، وهذه العناصر هي:

1- **البيئة الجغرافية أو الفيزيقية**: وهي مساحة الأرض التي يشغلها هؤلاء الأفراد، بما تتضمنه تلك البيئة من تضاريس (جبال، وسهول، ووديان، وسواحل، وصحاري) ومناخ (حرارة، ورياح، وأمطار) وما تحويه من ثروات ومواد طبيعية، وما لكل ذلك من تأثير على حياة السكان وأنشطتهم الاقتصادية والاجتماعية المختلفة.

2- **الأفراد أو السكان الذين يعيشون على هذه الأرض**: وذلك من حيث حجم هؤلاء السكان وتركيبهم الديمغرافي، وتوزيعهم، وأنشطتهم الاقتصادية والاجتماعية، وما يتبع ذلك من تقسيم السكان إلى أجناس وأقليات وقوميات، وتقسيمهم إلى ريف وحضر.. إلخ، وما يتصف به السكان من مستويات اجتماعية واقتصادية وثقافية، وتكوين طبقي، وأنواع المهن، وغير ذلك من خصائص هؤلاء السكان.

3- **التنظيم الاجتماعي**: ويقصد به التنظيمات والمنظمات الاجتماعية المختلفة: السياسية والاقتصادية،

---

(1) محمد الهادي عفيفي: أصول التربية، الأصول الثقافية للتربية، القاهرة، مكتبة الأنجلوا المصرفية ، 1979، ص106.

الإدارية والمالية... إلخ، وكذا المؤسسات والهيئات الزراعية، والصناعية والاجتماعية، والمهنية، والرياضية، والثقافية، والمشروعات التي تديرها المجموعات والأفراد.

وتقوم بين هذه العناصر تفاعلات مستمرة ومنسجمة فيما بينها تطبع المجتمع أي مجتمع بخصائص وصفات مميزة تدل عليه، وتجعل أفراده يعتزون بالانتماء إليه والعمل من أجل مصلحته والدفاع عنه.

غير أن المجتمعات الحديثة تتصف بتعقد الأبنية والتركيبات الداخلية، وتعدد الجماعات الاجتماعية، وتنوع النظم والهيئات والمنظمات الاجتماعية. وتعيش هذه المجتمعات أوضاعاً وظروفاً متغيرة، ما حدى بعلماء الاجتماع إلى استخدام مصطلحات أكثر دقة وتعبيراً. ومن ذلك: المجتمع المحلي، المجتمع الكبير، المجتمع الريفي، المجتمع الحضري، مجتمع المدينة العظمى ، أو مجتمع المدن الكبرى(المجتمع المتربوليتاني).

ثانيا: خصائص المجتمع

يتميز كل مجتمع بخصائص وسمات بارزة هي:

1- أنه كيان عضوي في تطور دائم ومستمر، قائم على مجموعة من التفاعلات والروابط التي تنشأ بين أفراده وجماعاته في إطار البيئة التي يتفاعلون معها، وما ينجم عن ذلك من تنظيمات ونظم اجتماعية تتأثر وظائفها بنوع الحياة الاقتصادية الاجتماعية في المجتمع.

2- أنه وحدة كلية اجتماعية واقتصادية مترابطة ، أساسها نشاط أفراد المجتمع وتفاعلاتهم. وهذا التفاعل تحكمه وتؤدي إليه حاجة الإنسان للحصول على ما يحفظ حياته ووجوده النفسي، فيدخلون في نشاط مشترك من أجل الإنتاج ، وكل يوجه سلوكه في ضوء التوقعات التي ترتضيها الجماعة، واستيعابه لأنواع النشاطات المختلفة، وما ينجم عن ذلك من تكوين روابط مختلفة لاستمرار الإنتاج [1].

3- أنه يتسم بخاصية تبادل أعضائه للمعاني والأفكار وأنماط السلوك والأدوات والأشياء التي يتعاملون بها، والتي عن طريقها يستجيب الفرد لكل ما حوله ويوجه سلوكه، يضبط دوافعه، ويحسن من استجاباته في المواقف المختلفة، بأن يعي خصائص الأشياء والمعاني... إلخ.

4- أنه يقوم على جهد كل أفراده ووحداته الاجتماعية الذين يرتبطون بأعمال مشتركة تحقق لهم الوجود الاجتماعي، والإنتاج المشترك ويجسد الوحدة النفسية والتكامل فيما بينهم، مما يجعل الأفراد يشعرون بالانتماء إلى مجتمع يحقق لهم حاجاتهم ووجودهم الاجتماعي.

5- أنه قائم على تنظيم جهود أفراده في تنظيمات اجتماعية واقتصادية وتحديد الأدوار والمسئوليات، وتأثير كل فرد في الآخرين في ضوء استجابة الآخرين لنشاطه وتفكيره، وما ينجم عن ذلك من نمو علاقات محددة الحقوق والواجبات.

---

(1) المرجع السابق، ص 193.

25

6- إن تماسكه يقوم على ما بين أفراده من مصالح مشتركة وأنماط توجه سلوك الأفراد والجماعات، وتجعلهم ينتمون إلى مجتمع، والعمل من أجل مصلحة المجتمع ككل، والدفاع عنه.

الفصل الثاني
الأصول التربوية التي مصدرها المجتمع

تمهيد

لعل مما يجدر ذكره أن بعض الأصول التربوية التي تأتي مـن المجتمـع والتـي تتناولها علوم اجتماعية عديدة؛ فإنها بذلك تحاول أن تدخل إلى التربية مصاغة بالطرق العلمية كي تحدد ناحية فعلها وزاوية تشكيلها للتربية. غير أن بعض هذه الأصول لا تخضع للعلم، بل هناك جوانب أخرى من تلك الأصول يصعب تناولها بالطرق العلمية، حتى وإن تم تناولها بمناهج العلم؛ فإنه تناول خفيف، وأحياناً على استحياء، مما يخرجه من نطاق العلم. ومن ذلك هناك جوانب مـن تلك الأصول تظل تـدخل إلى التربيـة بطرق مباشرة أو غـير مباشـرة، علنيـة وخفيـة، تعكـس البنـاء الاجتماعي وعادات المجتمع وتقاليده ومعتقداته، بـل وخصوصيته التاريخيـة، وهـذه تـدخل إلى التربية، وتكاد توجه الأصول العلمية الأخرى وأنشطتها التربوية عموماً في كثير من الأحيان.

..وحتـى إذا مـا تـم عقلنـة هـذه الأصول أو بعضـاً منهـا، ومحاولـة إخضاعها للطـرق العلمية،فستظل هناك الأبعاد المضمرة والخفية لتلك الأصول، التي قد تلغي تلك المحـاولات مـن خلال الممارسة والتطبيق في ميدان التربية، لأن تلك الأصول لا بـد أن تعكـس بصـورة أو بـأخرى الأهداف الخفية لنوازع السلطة ، ومؤثـرات قـوى المجتمـع ومصالحها الاقتصـادية والاجتماعيـة ، وستظل تعكس هذه الأصول أبعاد بناء المجتمع، وتحدد نمط التربيةفيه، شكلاً ومحتوى وأهـدافا، وكذا مقياس الحرية في التربية ومستوى تطورها.

وعلى أية حال يمكن أن نستعرض الأصول التي تستمدها التربية من المجتمع كما يلي:

أولاً: أهداف المجتمع

صحيح أن هناك أهدافاً عامة لأي مجتمـع تكـون مشـتقة مـن ظروفـه ومـوارده وقـواه، ومعبرة عن الحاجات الحقيقية لهذا المجتمع وتطلعاته في ما يرغبه لنفسـه، وهـذه الأهـداف تصيغها فلسفة التربية من فلسفة المجتمع، وتدخل إليها عن طريق الأصول الفلسفية، ولكـن هناك أهدافاً تدخل مباشرة إلى التربية، إمـا أن تكـون متضمنة في الأهـداف المعلنـة أو أهـداف أخرى تفرض نفسها كموجهات للنظام التعليمي، تأتي من عادات الناس وتقاليـدهم وأسـلوب حياتهم. وهناك الأهداف الخفية لنظام الحكم وأهداف السلطة السياسية ونوازعها، ومصالح كيانات المجتمع وقواه الفاعلة: السياسية، والاجتماعية والاقتصادية. يبرز ذلك في انتقاء التنفيذ لأهداف بعينها، أو التركيز أكثر على جوانب منها، أو تحميل تلك الأهداف موجهات اجتماعية

تعكس اتجاه رغبة السلطة ومصالحها. ولا توجد تربية لا تحابي السلطة وتدعم وجودها، بقصد إيجاد الموالين لها، والمدافعين عنها. وبجانب ذلك ننتقل إلى التربية عن طريق العاملين بها، الذين يأتون من بيئات اجتماعية مختلفة، ومن مستويات اقتصادية وثقافية واجتماعية متباينة، تنتقل مع هؤلاء العديد من المواجهات الاجتماعية والعادات والممارسات الحياتية، بما فيها الجوانب السالبة، بل ويتأثر التطبيق التربوي بخلفياتهم الفكرية واتجاهاتهم، وميولهم ووعيهم الاجتماعي.

وفي هذا وذاك نلحظ أن الأهداف المنفذة في التربية تناقض أحياناً أو كثيراً الأهداف الرسمية المعلنة، بل أننا نجد في بعض الدول تناقضاً صارخاً بين ما هو معلن وما هو منفذ من الأهداف التربوية.

والأهداف التي تدخل مباشرة إلى التربية من المجتمع وبخاصة الأهداف الخفية لها من التأثير والقوة ما يجعلها توجه الأصول الأخرى للتربية، وتعيد صياغة عملياتها في اتجاه نواحي تأثيرات المجتمع وقواه الفاعلة. وهذا ما يؤدي إلى توظيف المعرفة والعلم بصورة مغلوطة كتوظيف التعليم في تحقيق مآرب سياسية أو مصالح فئوية، أو في أغراض هدامة، كاستخدام العلم مثلاً في إنتاج أسلحة الدمار الشامل.

وبطبيعة الحال، يعتمد تحديد الأهداف التربوية على مجموعة من الأسس، التي تعكس حاجة المجتمع وظروفه. وأهم هذه الأسس في المجتمعات الإسلامية العربية هي:

1- **الأساس الروحي:** ويعني تنشئة وتربية أفراد المجتمع الإسلامي على الشرائع السماوية وعلى الإيمان بالله رباً وبمحمد ﷺ نبياً ورسولاً، وباليوم الآخر، وبالقدر خيره وشره، المتحلين بالعمل الصالح وبالخلق الحسن الذي هو سلوك المسلم قولاً وعملاً بما أنزل الله.

2- **الأساس الفردي:** ويهدف إلى تنمية الفرد الصحيح الجسم، القوي الإرادة، وتنمية قواه العقلية والوجدانية، حتى يكون مواطناً، منتجاً ومتكيفاً مع نفسه ومجتمعه، الساعي إلى تطوير نفسه ومجتمعه.

3- **الأساس الاجتماعي:** ويعني بتشكيل الفرد اجتماعياً، ا لمتشرب لثقافة مجتمعه، المنسجم مع قيمه واتجاهاته وتقاليده، المكتسب لأنماط سلوكه ومعاييره، المنتمي إلى وطنه بوعي مستنير، يحب وطنه ويسعى للذود عنه، ومتطلع إلى تحسين واقعه.

4- **الأساس الاقتصادي:** ويهدف إلى تنشئة المواطن المنتج.. المكتسب لمهنة ومعارف وخبرات تمكنه من الالتحاق بأي من الأنشطة الاقتصادية والمساهمة في إحدى قطاعات الإنتاج، فيكون عالماً أو مهندساً أو طبيباً أو معلماً أو عاملاً... إلخ ويسعى إلى تطوير مجتمعه من خلال تخصصه، مبدعاً في مهنته، مستنبطاً لأفكار وتجارب وأساليب جديدة في مجال علمه أو عمله أو نشاطه الاقتصادي.

5- **الأساس السياسي:** ويُعنى بتنشئة أفراد يؤمنون بانتمائهم إلى وطن يعتزون به وبولائهم له، متشربين للمبادئ الديمقراطية وقيم المساواة والعدل، ساعين إلى نشر القيم الديمقراطية وممارستها كأسلوب حياة شامل لأبعاد حياة المجتمع ، وليس لاختيار نواب الشعب واختيار الحكام فقط.

6- **الأساس القومي:** ويهدف إلى إعداد جيل يؤمن بقوميته العربية، ويعتز بحضارته الإسلامية وإسهاماتها الفكرية والمادية في الحضارة الإنسانية، ومعتزاً بتراثه، فخوراً بعمق أصالته، مؤمناً بانتمائه القومي، وبوحدة المصير المشترك للأمة العربية، وأنه لا كيان ولا وجود حقيقي لأمة تملك مقومات البقاء إلا بالتوحد ورص الصف

وحشد الإمكانات واستنهاض الهمم من أجل غد مشرق، لقومية لها حضورها الدولي.

7- **الأساس الإنساني**: ويهدف إلى تنشئة جيل يؤمن بالوجود المشترك لبني البشر وبالحياة الإنسانية الكريمة لكل الناس، متمسك بمبادئ الحق والخير والعدل لكل بني الإنسان، غير متعصب، مهتم بمشاكل المجتمع الدولي وما يتهدده من أخطار كالحروب، وأسلحة الدمار الشامل والتلوث، وأزمة الغذاء، والتفرقة وغير ذلك، والإيمان بأن المجتمعات والدول مهما تنوعت واختلفت، فإنها تشكل وحدة متكاملة.

وهذه الأهداف عامة مشتركة لكل وسائط التربية، ثم تترجم هذه الأهداف إلى مستويات عدة داخل النظام التعليمي، وتكون أكثر تحديداً وتفصيلاً كلما اتجهتا نحو المستوى الأدنى من التنفيذ. وكلما فصلت هذه الأهداف وحددت لتناسب مستويات التنفيذ المختلفة حتى تصل إلى المعلم، تأثر التنفيذ بأفكار المنفذين ورغباتهم وميولهم.

ورغم وجاهة هذه الأسس، لاشتقاق الأهداف التربوية ومنطلقاتها الواقعية، إلا أن هناك اختراقات لتلك الأسس وخروج عنها من آن لآخر، تنبع من رواسب المجتمع وظروفه وقواه الحاكمة، مما قد يقلل من فرص إنضاج الظروف لاكتمال تحقيق تلك الأهداف أو بعدها قليلاً أو كثيراً عما هو مرسوم ومرغوب.

ثانياً: النظم الاجتماعية

هي مجموع ما تحويه الأمة من شرائع سماوية ثم وضعية، وما يقتضيها عرفها وتقاليدها من قواعد منظمة لشتى فروع الحياة المختلفة والعلاقات التي تربط بين أفراد المجتمع وجماعاته.

وباعتبار هذه النظم قواعد منظمة لنواحي حياة المجتمع، فإنها تصبح مصدراً للقواعد المنظمة للتربية ومرجعاً لإعادة تنظيم التربية وتشكيلها باستمرار حيث تظل تلك النظم مدخلاً للتربية، والعكس، تصبح التربية أداة بقاء تلك النظم وتطورها. وتستمر علاقة التفاعل المتبادلة بين التربية وتلك النظم، حيث تلقى تلك النظم بمطالبها واحتياجاتها على التربية. كي تعيد إنتاجها من جديد في أفضل صورة يرغبها المجتمع.

ولوفاء التربية بتلك المطالب، فإنها تستمد محاور أنشطتها ومواصفات عملها من تلك النظم الاجتماعية، وتفيد التربية من العلوم المختلفة بما يمكّنها من تلبية تلك المطالب. لذلك هناك اختلاف بين النظم الاجتماعية من بلد إلى بلد آخر، بينما العلوم لا تختلف، إذ أنها واحدة في كل البلاد تقريباً. فعلم الاقتصاد مثلا لا يختلف بين أمريكا واليمن أو أي قطر آخر إلا من حيث درجة الالتزام بقواعد العلم، أما النظم الاقتصادية بين الدولتين فتختلف كثيراً رغم أنهما يتبعان النظام الرأسمالي عموماً.

ومن هنا اختلفت أنماط التربية من مجتمع إلى مجتمع آخر باعتبارها أحد نظم المجتمع، وكل نمط تربوي وليد ظروف وعوامل مجتمعية معينة قلما تجد لها مثيلاً في مجتمع آخر. وهذه النظم هي:

- **النظم الدينية**: وهي مجموعة الأفكار والقواعد المنظمة للتنظيمات والمنظمات الدينية، وأساليب ممارسة الشعائر الدينية والتبصير بالسلوكات المخالفة للمعتقدات الروحية، وما يتبع ذلك من تكوُّن قيم وضوابط منظمة لعلاقات الأفراد والجماعات وصور التعاملات بين الناس.

- **النظم الاقتصادية:** وهي القواعد والأسس التي تنظم أنشطة المجتمع الاقتصادية، وشئون الإنتاج والاستبدال، والتوزيع، والاستهلاك، وتشمل نظم الزراعة، والصناعة، والتجارة الداخلية، والخارجية، والشركات.
- **النظم السياسية:** وهي القواعد التي يسير عليها أفراد المجتمع في تسيير شئون الحكم، وقيام العلاقات الدولية، وما يتضمنه هذا من تحديد أسس الحكم، واختيار النظام السياسي، وتقسيم السلطات والاختصاصات، وأسلوب الانتماءات، واختيار القادة والمشرفين.
- **النظم القضائية:** وتتضمن القواعد والأسس المنظمة للحقوق والواجبات بين الأفراد والجماعات والفئات، والطبقات، والقيام بالتشريعات المختلفة التي تضمن فض المنازعات بين الناس، وحفظ الأعراض والأموال ، ومصالح الناس، وتنظيم صور تحرير المواثيق والعقود، وتنظيم العلاقات بين الناس، وما يتبع ذلك من توقيع الجزاءات، ووضع ضوابط تنفيذ الالتزامات، وتحمل المسؤولية، وكل ما يؤدي إلى نشر العدل، وتحقيق الاستقرار، والأمن الاجتماعي.
- **النظم العائلية:** وهي مجموعة القواعد التي تخضع لها الأسرة في تكوينها ووظائفها والعلاقات القائمة بين أفرادها، أو بينها وبين الأسر الأخرى، وتشمل أيضاً نظم الزواج، والطلاق، والحضانة، والختان وإقامة الأعراس، و المآتم، وغير ذلك من العادات والتقاليد التي تنظم الحياة الأسرية سواء أكانت لها أصول دينية أو تقاليد متوارثة وعادات.
- **النظم الخلقية:** وهي القواعد التي تنظم معايير الفضيلة، والرذيلة، الخير والشر، وما يجب أن يسلكه الأفراد والجماعات في المواقف الأخلاقية، وما الذي يجب أن يتجنبوه ويتحاشوه، وما القيم الأخلاقية التي يلزم أن يتبعها الأفراد عند تعاملهم في المواقف الاجتماعية، والالتزام بقيم الحق، والعدل والخير، والعمل، والقيام بالواجبات الملقاة عليهم.
- **النظم اللغوية:** وهي مجموعة الأصول والأساليب التي يتبعها ويلتزم بها الأفراد للتفاهم، والتعبير عن الأفكار والمشاعر والخبرات، وتسهيل سبل التفاعل بين الأفراد في المواقف الحياتية المختلفة، وتشمل النظم اللغوية: الرموز، والإرشادات، والإيماءات، والدلالات، واللغة الرمزية.
- **النظم الجمالية:** وتتضمن القواعد الجمالية وأسس التذوق الفني، والاستحسان النفسي. وتشمل هذه النظم قواعد الشعر والأدب والخُطب، وفن العمارة، والرسم، وقواعد النحت والتصوير، وكل ما يستجد؛ مما يضفي جمالاً على حياة الناس كتنسيق الزهور مثلاً، وتنظيم المدن والقرى، واختيار ألوان المباني العامة والخاصة.
- **النظم (المورفولوجية):** وهي المناهج أو الأسس التي تسير عليها التكتلات الاجتماعي، ومصادر بناء القوة والفعل في المجتمع، وتشمل النظم المورفولوجية الطرق والأساليب التي يتجه إليها المجتمع في تجميع أفراده ودفعهم نحو الأعمال العظيمة، ومبلغ تكاتفهم واستجابتهم للتحديات التي تواجه المجتمع، وصور توزيعهم حجماً ومكاناً، وكذا التقاليد التي درجت عليها الجماعات أو المجتمع ككل في شئون الهجرة الداخلية والخارجية.

وتأكيداً لما سبق تتبادل هذه النظم مع التربية عمليات التفاعل والتأثيرات المتبادلة، تأثيراً وتأثراً، ضمن

نسيج المجتمع وثقافته. وكون التربية أحد نظم المجتمع، فهي تستمد قواعد تنظيمها وأسس بنائها من تلك النظم، وتستمد أهدافها ومحتوى عملياتها من تلك النظم أيضاً. وحتى تصبح التربية أحد أجزاء نسيج المجتمع، فيجب أن تواكب وظائفها ومخرجاتها مطالب تلك النظم من جهة، وتعمل من جهة أخرى عل تجديدها وتغييرها في إطار ثقافة المجتمع، لأن غاية التربية هو إعادة إنتاج المجتمع وثقافته بكل نظمه وتنظيماته في صورة أفضل. والشكل التالي يوضح تلك العلاقة.

النظام الاجتماعي

شكل رقم (2) علاقة تفاعل التربية مع نظم المجتمع

ثالثاً: المعايير الاجتماعية Social Norms

يُعرف المعيار الاجتماعي بأنه مقياس أو قاعدة أو إطار مرجعي للخبرة والإدراك الاجتماعي، والاتجاهات الاجتماعية. أي هو السلوك الاجتماعي النموذجي الذي يتكرر بقبول اجتماعي دون رفض، أو اعتراض أو نقد.[1]

وتلك القواعد العامة للسلوك تكونت من خلال نتائج تفاعل الجماعة في ماضيها وحاضرها، وهي بالتالي محددة لما يجب أن يسلكه الفرد في إطار الجماعة، وتنظيم السلوك بين الأفراد لما هو صواب وما هو خطأ، وما هو مباح،... إلخ، أي ما يجب أن يكون وما لا يكون.

وهـذه المعـايير عديدة تشمل التعـاليم الدينيـة، والمعـايير الأخلاقيـة، والأحكـام القانونيـة، والاتجاهات، والعادات والتقاليد التي تنتشـر بين أعضاء الجماعـة، وتحـدد سـلوكهم في المواقـف الاجتماعية، وفق ما هو متوقع منهم أن يلتزموا به.[2]

---

(1) حامد زهران: علم النفس الاجتماعي، القاهرة، عالم الكتب، ط5، 1984، ص 115.

(2) أحمد محمد الزعبي: أسس علم النفس الاجتماعي، الناشر دار الحكمة اليمانية، بيروت، دار الحرف العربي، 1994، ص150.

وتنتقل هذه المعايير إلى التربية بأشكال وصور مختلفة، ظاهرة أو مستترة. تدخل إلى النظام التعليمي عن طريق تضمينها المقررات الدراسية مباشرة وخاصة المواد النظرية. وإما عن طريق عملية التنشئة الاجتماعية في المدرسة، وذلك من خلال الاحتكاك بخبرات المعلمين أو الكبار، وممارسة السلوك الحسن في المواقف الاجتماعية، وأثناء ممارسة الأنشطة المدرسية، والاشتراك في الأنشطة الصفية أثناء القيام بالواجبات داخل الصف الدراسي، والقيام بالأنشطة الخاصة لجماعة المخترعين والمبتكرين والقيام بالتجارب المعملية، كالاشتراك في جماعة الرسم، أو في فريق الكشافة، أو ممارسة الألعاب الرياضية، أو الاشتراك في فريق التمثيل المدرسي، والاشتراك مع جماعة الأدب والتأليف، وغير ذلك.

وتتوقع الجماعة الاجتماعية أو المجتمع ككل من المدرسة أو النظام التعليمي الالتزام بمعاييره ولا يمكن أن يتنازل المجتمع عنها أو يتسامح عن مخالفتها، ومستعداً أن يُوقع الجزاءات على الخارجين عن تلك المعايير، بجانب ذلك تقوم الجماعات والمجتمع بتعزيز مسايرة المعايير الاجتماعية عن طريق ضغوط الجماعة وتأثيرها في سلوك، و أراء الأعضاء، وجاذبية الجماعة وتماسكها في إلزام الأفراد بمسايرة المعايير الاجتماعية، وكثرة اتصال الجماعة بأفرادها وضغطها المستمر على المخالفين لمعاييرها، وإثابة المسايرين لتلك المعايير بتقديرهم ومنحهم المكانة الاجتماعية، أو توقيع الجزاء على السلوك المخالف.

رابعاً: القيم Values

تعتبر القيم نوعاً من المعايير الاجتماعية المحددة للسلوك الاجتماعي الفردي والجماعي الذي يحدده المجتمع عما هو مرغوب فيه من السلوك، فيما يهم الفرد، أو يفضله، أو يصدر حكماً على شيء، أو نشاط، أو شخص في ضوء المبادئ والمعايير التي ارتضاها المجتمع لنفسه، بصورة تعكس اهتمامات هذا الفرد ومثله العليا.

والقيم عبارة عن "تنظيمات لأحكام عقلية وانفعالية معممة نحو الأشخاص، والأشياء والمعاني وأوجه النشاط"[1] التي يفضلها الفرد أو يُقيمها أكثر من سواها. والقيم بهذا تعبر عن دوافع الفرد، ويتحدد بموجبها اهتمامات الفرد ورغباته عن تلك الأشياء والمواقف، والأشخاص، بحيث يقوم كل ذلك في ضوء القيم المتكونة لديه. فالصدق مثلاً قيمة يُحملها كل فرد معان، وأوصاف مختلفة. إذ قد يكون الصدق لدى فرد ما أسلوباً لكسب فوائد ما. وهكذا نجد أن لكل فرد ترتيباً معيناً للقيم حسب قوة كل منها عنده، بناءً على التفضيلات التي يقدرها الفرد، أكان صريحاً أو ضمنياً بحيث يصبح التنظيم القيمي للشخص موجهاً لنشاطه، وهدفاً يسعى إليه.

وتصنف القيم حسب المحتوى [2] إلى قيم نظرية، يعبر عنها بميل الفرد نحو اكتشاف الحقائق. وقيم اقتصادية يعبر عنها بميل الفرد واهتمامه نحو الثروة وزيادتها. وقيم جمالية، يعبر عنها بميل الفرد نحو الفن والجمال. وقيم

---

(1) محمود أبو نبيل: علم النفس الاجتماعي، ج2، بيروت، دار النهضة العربية، 1985، ص 229.

(2) حامد زهران: مرجع سابق، ص 125.

اجتماعية، يعبر عنها بميل الفرد إلى التعاطف، وخدمة الآخرين. وقيم سياسية، يعبر عنها بميل الفرد نحو النشاط السياسي. وقيم دينية، يعبر عنها بميل الفرد نحو معرفة ما وراء العالم الظاهري واتباع تعاليم الدين.

ومن أمثلة القيم العامة: القوة، والثروة، والنظافة، والعلم. وتقترب القيم من المثل. والمثل تمثل الحوافز الطويلة أو الغايات التي نسعى إلى تحقيقها.

ونظراً لأهمية القيم في تحديد الشخصية، فإنها تصبح دوافع للسلوك أو مثيرات لدوافع معينة. لذا يمكن الاستفادة من القيم في توجيه الطلاب للدراسات التي تتفق مع ميولهم، والتحصيل الدراسي واختيار المهن، والتوجيه التربوي.[1]

ومن القيم المرغوبة لتربية الشباب، الضوابط الإرادية للسلوك، والمعايير الاجتماعية المتعلقة بالسلوك الجنسي، والإحساس بالمسؤولية الاجتماعية، وتقليد الأشخاص المثاليين، والتعفف، وتكوين عادات ضبط الذات، وغير ذلك كثير. وهذه القيم تدخل إلى التربية، منها ما يمكن تضمينها في محتوى المناهج وصياغتها في مواد الدراسة، كموضوعات لجوانب تطبيقية لما هو مرغوب، ومنها ما يتم تعلمها عن طريق التنشئة الاجتماعية، أثناء تفاعل الطلاب في المواقف الاجتماعية في نظام التعليم، واحتكاكهم بالمعلمين، والكبار، والمحيط التربوي ككل.

خامساً: الأدوار الاجتماعية Social Roles

الدور الاجتماعي في أبسط معانيه هو وظيفة الفرد في الجماعة، أو الدور الذي يلعبه الفرد في الجماعة أو في موقف اجتماعي.[2] والدور نمط متكرر من الأفعال المكتسبة التي يؤديها شخص معين في موقف تفاعل.[3] والدور على هذا النحو، هو المظهر الديناميكي للمكانة الاجتماعية، أي مركز الفرد ووضعه في الجماعة.. والمكانة هي مجموعة الحقوق والواجبات التي يسير عليها الفرد، وتحدد دوره ورأيه في موقف اجتماعي، في ضوء مجموعة توقعات الجماعة وبنائها والتفاعل الاجتماعي، وكذا الاتجاهات النفسية، وسمات شخصية الأفراد، ثم توقعات الأشخاص لسلوكهم وسلوك غيرهم في أوضاع معينة.

وتختلف أدوار الأفراد داخل المجتمع. فهناك أدوار اجتماعية مفروضة على الأفراد، كأن يكون أحدهم ذكراً أم أنثى أم شيخاً، وما يرتبط بذلك من أدوار اجتماعية. وهناك أدوار مختارة كأن يختار الفرد وظيفته، فيصبح ضابطاً أو فلاحاً أو تاجراً أو مديراً أو عالماً.. الخ. وهناك أدوار شاملة محددة للسلوك، فقد يكون الشخص مديراً في جماعة ومرؤوساً في جماعة أخرى. وهذه الأدوار وغيرها تفرض سلوكاً محدداً إلى حد كبير. فالتلميذ يجب أن يحترم معلمه ويجب ألا يعصي أباه. وهناك أدوار تختلف في استمرارها ودوامها، فهناك أدوار دائمة للرجل والمرأة، وأدوار مؤقتة، وهناك أدوار لها أهمية وتحظى بتقدير عال، وأخرى ثانوية.

وبطبيعة الحال، تتعدد الأدوار الاجتماعية، وتتوزع في نسق معترف به، بين أعضاء الجماعات أو المجتمع،

(1) أحمد محمد الزعبي: مرجع سابق، ص 160م161.

(2) حامد زهران، مرجع سابق، ص 129.

(3) محمد عاطف غيث: قاموس علم الاجتماع، القاهرة، الهيئة المصرية العامة لكتاب، د. ت ، ص 390.

فيكون الشخص مديراً في مدرسة ومعلماً في أخرى، ورب أسرة، وعضواً في نادي أو منظمة سياسية، وقد يكون طالباً في مرحلة الدراسات العليا، وهكذا تتعدد أدوار الفرد الواحد، وعلى كـل فـرد أن يحدد الطريقة التي تمكنه من أن ينظم أدواره المختلفة في نسق متكامل.

على أن ما يلزم تأكيده هو أن الأفراد يختلفون في قيـامهم بـأدوارهم الاجتماعيـة المختلفـة، والسلوك الفعلي لهذه الأدوار. ويرجع ذلك إلى اخـتلاف ا لتكـوين العقـلي لـدى هـؤلاء الأفـراد، واختلاف المثيرات الاجتماعية، وإدراكهم للعلاقات المختلفة للموقف، وبالتـالي اخـتلاف سلـوكهم. ورغم ضغوط الجماعة لتحديد الخطوط العريضة لسلوك الـدور المتوقـع، فإنهـا تتـيح أمـامهم الاختلاف في التفاصيل، للتميز، وبما لا يسمح بتباعد سلوك الأدوار.

والأدوار الاجتماعية عديدة، تتدرج من السهل إلى الصعب، ومن المفروضة إلى المختارة عـلى الأفراد، ومن الشاملة والمهمة، إلى المحدودة والمؤقتة. ومن أمثلة تلك الأدوار: دور الأب ودور الأم، ودور القائد، ودور المعلم. ودور الطبيب، ودور العالم، ودور النائب في مجلس النواب.. إلخ. وعلى كل شخص أن يمارس السلوك الملائم لتلك الأدوار، وأن يعدل سلوكـه تبعـاً للأدوار المسـندة إليـه، فيتعلم الأنماط السلوكية نتيجة مروره بالخبرة، وأهم مصادر ذلك التعلم هو الذي يأتي عن طريق التربية، باعتبارها بيئة مختارة للتربية والتنشئة الاجتماعية السلمية.

ومن الأدوار الاجتماعية في أي مجتمع تستمد التربية جانـب مـن مكونـات بنائهـا، ومحتوى عملياتها، وموجهاتها التنفيذية؛ باعتبار الأدوار الاجتماعية أهم محـددات الشخصـية الاجتماعيـة التي تسلك في إطار سلوك الدور الذي أجمعت عليه الجماعة. والتربية باعتبارها عملية اجتماعية، فإن دورها يتحدد بتنمية شخصيات الأفراد وإعدادهم للقيـام بـالأدوار المتوقعـة مـنهم، التـي يقومون بها في الجماعات المختلفة.

وتبرز الأدوار الاجتماعية في تضمين التعليم المقصود، والتعليم العرضي: المعايير والقواعد الأساسية لتعليم الأفراد الأدوار الاجتماعية، سواء بتضمينها محتوى المناهج والمقررات الدراسية، أو اتخاذها أطراً مرجعية، لتوجيه أنشطة وأساليب التعلم والتعليم، لإعداد الأفراد لمـا يتوقـع مـنهم من أدوار اجتماعية، أو إعدادهم للقيام بأدوار جديدة، وما يجب أن يسـلكه أفـراد المجتمـع في حياتهم الخاصة والعامة في إطار المعايير الاجتماعية ا لمحددة للدور الاجتماعي.

وكون جماعات المدرسة تأتي من جماعات المجتمع، وهي محملـة بـالأدوار الاجتماعيـة، فـإن جماعة المدرسة تشكل بيئة ثرية مدعمة بسـلطات وأهـداف، لتعلـيم الأفـراد ا لأدوار الاجتماعيـة المتعددة، عن طريق التنشئة الاجتماعية حيث يلعب التقمص أو التوحد دوراً هامـاً في تبنـي الفرد أنماطاً سلوكية لشخص أو جماعة، وقبولها[1]، وذلك عن طريق إعجاب التلاميذ والطلاب بمعلميهم أو آخرين من مجتمع المدرسة وتقليدهم لهم.

---

(1) حامد زهران: مرجع سابق، ص 132.

سادساً: الاتجاهات الاجتماعية Social Attitudes

هي مجموعة استجابات عامة عقلية ونفسية، لقبول أو رفض لفكرة أو موضوع أو موقف اجتماعي جدلي معين[1]. ولا يوجد لهذه القضايا الجدلية الاجتماعية إجابة صائبة وأخرى خاطئة، لأن هذه القضايا تحتمل أكثر من وجهة نظر. فالقضية التي يعتقد بها الفرد أنها صائبة قد تكون خاطئة لدى البعض الآخر، لهذا كانت استجابات الفرد إما القبول التام، أو الرفض، أو المحايدة لتلك الأفكار أو الأفراد أو المواقف، أو الموضوعات الاجتماعية، والأخلاقية.

وكل فرد تنمو لديه اتجاهات اجتماعية حول كل ما يقع في المجال البيئي الخارجي، أو الاجتماعي. فكل منا يكون اتجاهاته نحو موضوعات، مثل: تنظيم النسل، الزواج المبكر، اختلاط الجنسين في التعليم، وفي الوظيفة الحكومية، والأعمال الحرة، وعمل المرأة، والرأسمالية والاشتراكية، والقومية العربية، وغير ذلك من الموضوعات والقضايا التي نستجيب لها، ونكون حولها آراء إما بالقبول أو الرفض، أو بين هذا وذاك.

وعلى ذلك يمكن تعريف الاتجاه بأنه " إستعداد نفسي أو تهيؤ عقلي عصبي متعلم للاستجابة الموجبة أو السالبة نحو أشخاص أو أشياء أو موضوعات، أو مواقف، أو رموز تستثير هذه الاستجابة"[2].

ويعرف الاتجاه أيضاً بأنه "الاستعداد أو الميل المكتسب الذي يظهر في سلوك الفرد أو الجماعة عندما يكون بصدد تقييم شيء أو موضوع بطريقة منسقة ومتميزة"[3].

وتأخذ الاتجاهات أشكالاً مختلفة ، فقد تكون عامة ذات تعميمات متقاربة أو خاصة مرتبطة بموضوع محدد. وقد تكون جماعية يشترك فيها عدد كبير من الناس، أو فردية مقتصرة على عدد محدود من الناس. وقد تكون علنية يعبر عنها سلوكياً دون خوف، أو سرية، يعبر عنها سلوكياً بتستر. وقد تكون موجبة يعبر عنها بالتأييد، أو سالبة يعبر عنها بالرفض، أو المعارضة. وللاتجاهات الاجتماعية أهمية خاصة كونها تقوم بوظائف عديدة، منها أنها[4]:

- تحدد طريق السلوك وتفسيره.
- تنظيم العمليات الدافعية، والانفعالية، والإدراكية، والمعرفية حول نواحي معينة في مجاله البيئي.
- تيسر للفرد القدرة على السلوك، واتخاذ القرارات في المواقف المتعددة.
- توضح صورة العلاقات بين الفرد وعالمه الاجتماعي واستجابته بطريقة شبه ثابتة.

ولا شك أن الاتجاهات الاجتماعية تتكون عن طريق عوامل التنشئة الاجتماعية في الأسرة ووسائل الأعلام، ومن خلال الوسط الاجتماعي في المواقف الاجتماعية، ومروره بالتجارب الشخصية التي توحده مع الشخصيات والنماذج الاجتماعية. غير أن المدرسة تلعب دوراً بارزاً في تكون الاتجاهات، وذلك بنقلها من المدرسة إلى المجتمع، بصورة مباشرة وغير مباشرة كونها أحد مكونات الثقافة، تنبع من واقع الظروف

---

(1) أحمد زكي صال: علم النفس التربوي، ط11، القاهرة، مكتبة النهضة المصرية، 1979، ص 317.

(2) حامد زهران: مرجع سابق، ص 36.

(3) محمد عاطف غيث: مرجع سابق، ص 30.

(4) حامد زهران: مرجع سابق، ص 39.

الاجتماعية والسياسية والاقتصادية والأيديولوجية، وتتمشى مع مرحلة التطور التي يجتازها المجتمع.

وتبرز صور فعل الاتجاهات في نظام التعليم في المقررات الدراسية، حول ما هو مقبول اجتماعياً، وذلك بتنمية المجال الانفعالي، والادراكي، والمعرفي للنشئ، واستجابتهم للمثيرات الاجتماعية في البيئة، معبراً عنه في اتساق سلوك الفرد بين أقواله وأفعاله... الخ.

كما تنقل هذه الاتجاهات عن طريق الكبار في المجتمع المدرسي، حيث يمر التلاميذ بالعديد من صور التفاعل الاجتماعي داخل المدرسة وعوامل التنشئة الاجتماعية من خلال الاحتكاك المباشر، وغير المباشر باستجابات المعلم، والتلاميذ من حوله داخل المدرسة ، ومحاولة الاقتداء تارة والتقليد تارة أخرى، أو اختيار استجاباته إزاء المواقف والأشياء والأشخاص والأفكار، والتعبير عنها سلوكياً في مواقف الحياة.

ويمكن للمدرسة أن تغير الاتجاهات الاجتماعية لدى التلاميذ والطلاب، بزيادة المؤثرات المؤيدة للاتجاهات الجديدة، وتغيير إطار الجماعة المرجعية، أو تغيير موضوع الاتجاه أو المواقف الاجتماعية. غير أن هذا التغيير يجب ألا يتعارض مع اتجاهات المجتمع وهويته الثقافية.

سابعاً: الرأي العام Public Opinion

يعرف **الرأي العام** بأنه "تعبير الجماعة أو المجتمع أو الجمهور العام عن رأيه ومشاعره وأفكاره ومعتقداته واتجاهاته في وقت معين بالنسبة لموضوع يخصه أو قضية تهمه أو مشكلة تؤرقه".[1]

وبهذا فالرأي العام قد يكون قريباً من الاتجاه الاجتماعي، أو هو نفسه تقريباً، من حيث أن الرأي هو التعبير باللفظ أو الإشارة عن الاتجاه النفسي حول قضية خلافية تتطلب الرفض أو القبول. والاتجاه بهذا يميل إلى الثبات والاستمرار لتحقيق التناسب في استجابة الفرد وسلوكه تجاه مثيرات البيئة. بينما الرأي العام فهو متغير نسبياً.[2] ولكن ليس الرأي العام مرادفاً تماماً للاتجاه، من حيث أن الرأي العام هو وجهة نظر الجماعة أو مجموعة آراء يعبر عنها أفراد الجماعة من تلقاء أنفسهم، أو بناءً على دعوتهم للتعبير عن عمل أو حادثة أو شيء أو شخص، أو قضية اجتماعية، في حين أن **الاتجاه الاجتماعي**: استجابة تعبر عن سلوك الجماعة حول قضايا جدلية، تتسم بالثبات، والدوام، والاستقرار. أما الرأي العام فهو تعبير عن مشاعر، وآراء ومعتقدات، في وقت معين لموضوع أو مشكلة، أو قضايا اجتماعية كثيرة تتطلب إبداء الرأي.

وهناك أنواع كثيرة من الرأي العام تتراوح بين الرأي الشخصي ورأي الأغلبية، سواء أكان مؤقتا أو ثابتاً، كامناً أو صريحاً، وسواء أكان ذلك الرأي العام كلي أو جزئي، واقعي أو مضلل، وغير ذلك من صور الرأي العام التي تمثل أحكام الجماهير، وميولها واتجاهاتها ووجهة نظرها، وما يترتب على ذلك من احتمال قيام سلوك اجتماعي مباشر وغير مباشر. وتنبع أهمية الرأي العام من الوظائف والأهداف التي يؤديها في المجتمع، حيث يقوم الرأي العام بتحديد السلوك الذي يتطابق مع المعايير الاجتماعية والأخلاق والتقاليد أو

---

(1) ماهر محمود عمر: سيكولوجية العلاقات الاجتماعية، الاسكندرية، دار المعرفة الجامعية، 1988، ص 209.

(2) أحمد محمد الزعبي: مرجع سابق، ص 176.

انتهاكها، ورعاية المثل الاجتماعية وحماية الأخلاق، وإذكاء الروح المعنوية العامة في المجتمع، ورفع الحماس نحو القضايا العامة الهامة، ومساعدة الهيئات الحكومية والمؤسسات الاجتماعية وغيرها في دعم أنشطتها أو تحديد موقف ما إيجابي أو سلبي.⁽¹⁾

ويتأثر عمل المدرسة ونظام التعليم ككل بالرأي العام، أيا كان نوعه واتجاهه حتى لو كان مضاداً لعمل المدرسة وطبيعة أهدافها التربوية، إذ لا تستطيع التربية أن تخرج على ما أجمعت عليه العامة وميز سلوكها الاجتماعي.

ومن الرأي العام في أي مجتمع يستمد النظام التربوي جانب من مقومات بنائه وموجهات أساليبه الفكرية والعملية، تبرز في مضامين المناهج وأساليب بنائها، ومحتوى المقررات الدراسية وطرق تنفيذها. كما يأتي المعلمون أو العاملون عموماً إلى التربية وهم محملون بآراء ووجهات نظر، -لا شك أنها- تنعكس فيما يمارسونه ويسلكونه مع النشيء، وتجعلهم يتأثرون بتلك الآراء العامة، من خلال عمليات التفاعل الاجتماعي في المواقف الاجتماعية المختلفة، ومن خلال ممارسة الأنشطة التربوية والتعليمية والرياضية والاجتماعية.. الخ.

وتستطيع المدرسة بحكم ما تملكه من منهج، ومتخصصين، وأهداف، وسلطة أن تلعب أدواراً مهمة في تكوين الرأي العام السليم ، بما يضمن تكوين الخبرات الفردية والجماعية وإثرائها، وتكيفهم مع ظروف المجتمع وعناصر ثقافته، وضمان اشتراك النشئ مع ما ارتضته الجماعة من مسائل وقضايا عامة، توحد سلوكهم مع السلوك الاجتماعي ، ومعرفة النشئ لحدود التحريم والتجريم في المجتمع، وتكون الآراء والاتجاهات السليمة المتفقة مع حاجات المجتمع وظروفه المادية والمعنوية، ومصلحته في حاضره ومستقبله.

وإلى جانب ما سبق تدخل من المجتمع إلى التربية بعض الأفكار والمؤثرات السالبة، ومن ذلك التعصب، وبعض التقاليد المتخلفة، والأفكار الخرافية، وبعض العلل الاجتماعية. وتلعب مثل هذه الأمور أدواراً خطرة في التربية، إذ قد تطغى على العمل التربوي أحياناً، وتسيره طبقاً لأفكار وممارسات القوى الحاكمة في المجتمع، والمتحكمة على التربية. وعلى سبيل المثال تعلم المدرسة في إسرائيل التعصب العنصري للجنس اليهودي، وتعلم النشيء الرفض والكراهية للعرب والمسلمين خاصة، وغرس الميل لديهم للعدوان المادي والمعنوي عليهم.

كما قد تؤثر بعض الحكومات القائمة على أساس أسري، أو مذهبي، أو سلالي، أو فوضوي على التربية، حيث تهيمن على التربية وتحملها بصورة علنية ومستترة، نوازعها وأهدافها الخفية، بما يمكنها من المحافظة على نفسها.

وإذا وجدت حكومات ما تغض الطرف عن الغش في الامتحانات، ولا تعاقب بحزم المتلاعبين في نتائج الامتحانات أو المرتشين، والفاسدين، فإن ذلك يعكس هوية السلطة الحاكمة وسلوكها العام.

---

(1) حامد زهران: مرجع سابق، ص 187.

ثامناً: مؤثرات البيئة الجغرافية

والبيئة الجغرافية أيضا تؤثر على التربية تأثيراً كبيراً، حيث تعتبر البيئة الجغرافية مدخلاً يحدد شكل التربية، بنية وتنظيماً، ومحتوى أنشطتها، وأساليب عملياتها، بل يصل تأثير البيئة الجغرافية إلى سمات الشخصية، وكفاءة الأداء. وتبرز مدخلات البيئة الجغرافية في النواحي التالية:

- تحدد طبيعة الأرض، وما تتضمنه من بيئات طبيعية، وما تحويه من ثروات وموارد طبيعية نوع أنشطة السكان، وأنماط ثقافتهم، وهذه تدخل إلى نظام التعليم لتحدد أنواع التعليم وأهدافه وبرامجه ، ومحتوى أنشطته، على نحو يلائم البيئات المحلية وأنشطة السكان الاقتصادية والاجتماعية، واحتياجاتهم التعليمية المواكبة لذلك.
- وإذا كانت البيئات المحلية تحدد أنواع التعليم الملائمة، فإن نوع الثروات والموارد الطبيعية تحدد مستوى الإنفاق على هذه الأنواع من التعليم، وتحدد مستواها والإمكانات والموارد المتاحة. كما قد تحدد درجة تطور هذا التعليم وكفايته في تحقيق أهدافه.
- يؤثر الموقع الجغرافي لأي بلد في التربية. فالموقع البحري الفريد مثلاً يتيح فرص النشاط التجاري، والصناعي والصيد، ويوسع من فرص الاحتكاك الثقافي، والتفاعل المتبادل تأثراً وتأثيراً، وما يؤديه ذلك وينعكس في تجديد أنواع التعليم وتوجيه أنشطتها، ويوسع من تفاعلها مع أنماط تعليمية من ثقافات مختلفة، تؤدي إلى تطوير نظم التعليم، والعكس صحيح.
- يؤثر المناخ، بما يحويه من حرارة، ورطوبة ، وأمطار، في تشكيل مؤسسات التعليم، يظهر ذلك في شكل المباني وملائمتها، من حيث نوعية التهوية، ومناسبتها للأمطار والإضاءة. كما يؤثر المناخ في تحديد أوقات الدوام الرسمي، وأوقات العطل... بل يمتد تأثير المناخ إلى تحكمه في نشاط الأفراد وكفاءة الأداء.
- تؤثر التضاريس في مؤسسات التعليم، من حيث نوع المبنى، وحجمه، ومادة البناء، ومساحة المبنى، ومرافقه الحيوية، وما يؤثره ذلك في أداء الأنشطة والوظائف.

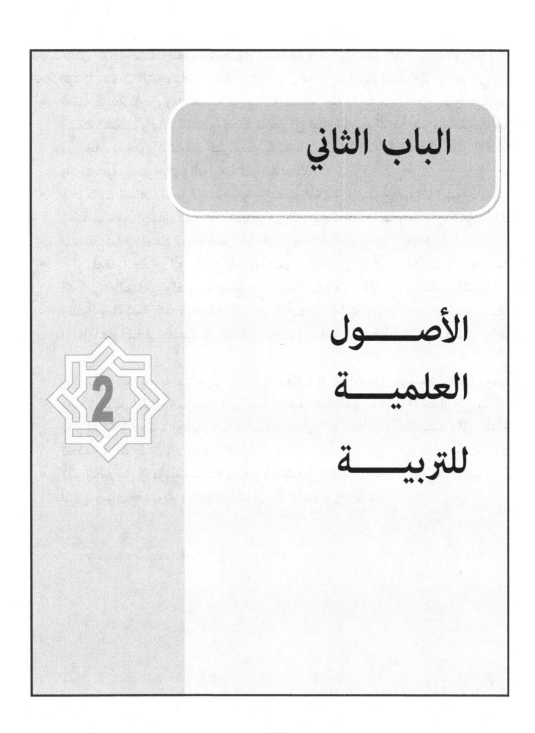

الباب الثاني

الأصــول العلميــة للتربيــة

الباب الثاني
الأصول العلمية للتربية

تمهيد

بجانب الأصول التي تستمدها التربية من المجتمع، كما سبق شرحه، هناك أيضاً الشق الثاني وهو الأصول التي تستمدها التربية من نتائج عدد كبير من العلوم الاجتماعية والإنسانية والطبيعية البحتة. وكل فرع علمي يسهم في تشكيل جانب من التربية، وتحديد مكوناتها، ومضمون عملياتها، وتجديدها باستمرار في نسق متكامل ومتعاون مع الجوانب الأخرى في النظام التربوي.

وتظل التربية تتفاعل مع هذا المصدر العلمي كالمصدر المجتمعي على حد سواء، تأخذ منه معارفها، ومحتواها، وعن طريقها تصيغ أهدافها، وتستمد أساليبها العلمية في النظر إلى التربية، وفهمها وتفسيرها، أو لتوجيه أنشطتها ووظائفها، أو لحل مشاكلها. وأي تطور أو تغير في الأصول العلمية، فإنها تؤدي إلى تطوير التربية من زوايا الارتباط تلك، تنعكس في تجديد فكرها، أو تعديل أساليب أو تحسين أداء التربية لوظائفها أو تصويب مسارها.

وعن طريق الأصول العلمية أمكن استيعاب التربية للاتجاه العلمي أو مناهج العلم، واتخاذها أساساً للنظر إلى حقائق التربية، وفحص ما يدخل إليها من مكونات، وما تخضع له من عوامل ومؤثرات، ومن قدرة التربية على ضبط عناصرها ، وتحليل عملياتها، ورؤية مشكلاتها، وتوجيه أنشطتها نحو تحقيق أهدافها المنوطة بها. لهذا وغيره استوجب شرح الأصول العلمية المختلفة، والاستغراق في استعراض عديد من التفاصيل، بهدف رصد أبرز الجوانب التي يسهم من خلالها كل أصل علمي في تكوين التربية، ونطاق فعله فيها.

ولنبدأ الآن رحلة تقصي الأصول العلمية.

الفصل الثالث
الأصول الدينية للتربية

مُقدمة

كان وما يزال العامل الديني من الأصول الهامة التي تكون التربية، وتشكل مع غيرها من الأصول مضامين التربية وأهدافها، وتوجه أ نشطتها وأساليبها، وتحدد مسارها وناتجها، بل قد تطغى على الأصول المختلفة الأخرى، وتوجهها في إطار الأصل الديني، وبخاصة في المجتمعات المتدينة. وذلك لما للدين من أهمية بالغة في حياة الأفراد، والمجتمعات، كونه (أي الدين) يتضمن المعتقدات الروحية التي يؤمن بها الناس ويقدسونها، وما يستمدونه من ذلك نظرتهم للحياة الإنسانية وتصورهم للكون والوجود، واليوم الآخر، وما يتطلبه ذلك ليس من ممارسة العبادات والشعائر الدينية فحسب، وإنما أيضاً تنظيم مظاهر حياة المجتمع، وتنظيم العلاقات بين الأفراد والمجتمعات، وكذا أساليب السلوك والعمل التي تميز هؤلاء الناس، وتطبع صفاتهم الخلقية والإنسانية.

والدين قديم قدم البشرية... يبدو أنه ضرورة لازمة للإنسان، كي يجد معناً ومغزاً لحياته، ويجيب على الأسئلة التي تحيره، ويعيش في أمن واطمئنان. فالإنسان الأول في الشعوب البدائية اعتقد بوجود قوى خفية تضر وتنفع، إذ نظر لما يدور حوله بصورة عفوية سطحية، عندما حيرته الظواهر الطبيعية والاجتماعية، كتعاقب الليل والنهار، وحدوث البراكين والزلازل، وغير ذلك من الأحداث والظواهر، معللاً ذلك بأن هناك قوىً روحية خفية مسيطرة تقف خلفها تحدثها، كي تعاقب أو تنفع. وحتى يأمن شرها، ويجلب الخير لنفسه؛ تقرب منها، بالتقديس والعبادة. ولهذا عبد الإنسان الأول الشمس أو النار أو البراكين، وفي أماكن أخرى وجدنا الإنسان الأول يتخذ آلهة من أحجار أو حيوانات، وغير ذلك من الرموز التي تضمن له الأمن والسلامة.

وعندما ظهرت الثقافات التاريخية الأولى وجدت آلهة متعددة عبدها الإنسان، ولكنها كانت في شكل فكري أرقى وتنظيم روحي أعلى مما سبق، وصار الناس يتقربون إليها بالقرابين، ويمارسون الطقوس والعبادات الدينية المختلفة التي اختلفت باختلاف الحضارات والثقافات التاريخية، وكلها تدور حول وجود قوىً روحية شريرة، وقوى روحية خيرة، فتقرب الناس من القوى الخيرة. كي تحميهم من القوى الشريرة، وتجلب لهم الأمن والسعادة، وفوق هذا وجدت آلهة أكبر وأقوى في بعض الحضارات، منها: الفرعونية، والهندية، والعربية الجنوبية.

وحتى يهدي الله سبحانه وتعالى الإنسان إلى جادة الحق والصواب، والإيمان بخالق الكون وما عليه نزلت الديانات السماوية، لتنقذ الإنسان من ظلام التخبط والظلال، وهدايته إلى سبيل ربه، وحياة النور والفضيلة.

تعريف الدِين

الدين مصطلح اشتق من الكلمة اللاتينية "Religere" ويعني الإيمان بوجود قوى عليا مسيطرة، أي أن موضوع الدين هو الإيمان، وهدفه النشاط المرتب به[1] أما في اللغة العربية فقد استخدمها العرب بمعان عدة، كما يشير أبو العلى المودودي، ومن أبرزها: القهر، والسلطة، والحكم والأمر، والطاعة والعبودية، والشرع والقانون، والمذهب والملة، والعادة والتقاليد، وكذا الجزاء والمكافأة والقضاء والحساب.[2]

أما التعريف الاصطلاحي فقد وجدت تعريفات كثيرة متباينة ومرد ذلك إلى تعدد الديانات وتعقدها، واختلاف ما تهدف إليه، وما تتطلبه من طقوس وممارسات دينية، وكذا ما يثيره الدين من مشاعر عميقة، تجعل التعريف الصادر متضمناً أحكاماً قيمية، ما يبعد التعريف عن الموضوعية، إلى ما غير ذلك.

ومن هذه التعاريف أن "الأديان هي انساق للمعتقدات والممارسات" فالمعتقدات الدينية هي تفسيرات أو تأويلات للخبرة المباشرة بالرجوع إلى البناء المطلق للعالم، وإلى القوة فوق الطبيعة التي تسيطر على الكون وظواهره، أما الممارسات فتشكل الجانب الأخلاقي للسلوك، والسلوك الديني سلوك مقدس، بطقوس تفرض على الشخص ممارسات مقننة تحدد علاقة الشخص بالقوة العليا.[3]

ويعرف معجم العلوم الاجتماعية الدين، بأنه "نظام اجتماعي يقوم على وجود موجود أو أكثر أو قوى فوق الطبيعة، يبين العلاقات بين بني الإنسان وتلك الموجودات".[4] ويعرف "محمد دراز" الدين من حيث هو حقيقة خارجية، بأنه"جملة النواميس النظرية التي تحدد صفات تلك القوة الإلهية، وجملة القواعد العملية التي ترسم طريق عبادتها. أما من حيث هو ظاهره نفسية فيعرفه "دراز" بأنه "الإيمان بذات الهية جديرة بالطاعة والعبادة"[5]. وكل دين يلتزم ثلاثة عناصر رئيسية، هي:[6]

1- تصوير العالم المحسوس وعالم ما فوق الطبيعة، مع تصوير الفوارق بينهما، أو بين ما يشتملان عليه من موجودات، بما في ذلك التفرقة بين ما هو مادي وما هو روحي.

---

(1)محمد عاطف غيث: قاموس علم الاجماع، مرجع سا بق، ص 382.

(2)نقلاً من عبد الرحمن النحلاوي: أصول التربية الإسلامية وأساليبها، ط2، دار الفكر، دمشق، 1983، ص14-15.

(3) محمد عاطف غيث: مرجع سابق، ص 382.

(4) الشعبة القومية للتربية والعلوم والثقافية: معجم العلوم الاجتماعية، القاهرة، الهيئة المصرية العامة للكتاب، 1975، ص 270.

(5) مصطفى حلمي: الإسلام والأديان، دراسة مقارنة، القاهرة دار الدعوة للطبع والنشر، 1990، ص16.

(6) المرجع السابق ص 270.

2- أراء تقوم على رسم العلاقات بين العالم المادي والعالم العلوي، والواجبات والالتزامات المتبادلة بين كلا العالمين وكل دين يشتمل على معتقدات قلبية تسمى الإيمان، وعلى طقوس، أي أعمال يمارسها الأفراد إزاء القوى العلوية، تسمى عبادات.

3- مجموعة من أنماط السلوك تهدف إلى جعل الأفراد يسيرون في انسجام مع قوى ما فوق الطبيعة، ويخضعون للثواب والعقاب على ما يعملون في الدنيا.

ومن التعريفات الشاملة للدين ما استنبطه "أبو العلى المودودي" من معاني آيات القرآن الكريم الدالة عليه، بأنه **نظام شامل ومتكامل** لنواحي الحياة الاعتيادية والفكرية، والخلقية، والعلمية. ويصل "النحلاوي" إلى تعريف الدين بأنه " علاقة خضوع وانقياد وعبودية من قبل البشر، يشعرون بها نحو خالق حاكم مسير لأمور الكون، حاكم قهار يحي ويميت وإليه النشور [1] وفق نظام شامل لحياة الدنيا والآخرة.

والدين ليس مجرد فلسفة أو أفكار تتعلق بطقوس وعبادات ترضي غرائز الإنسان، وتجيب على تساؤلاته، وإنما هو عقيدة ومنهج كلي لحياة الدنيا والآخرة.. فهو (أي الدين) عقيدة توحيد تبين للإنسان السنن الإلهية من خلق الإنسان، وحكمة وجوده، ومصيره، وهو تشريع كامل ينظم حياة الإنسان، بنظرته إلى نفسه، وعلاقته بغيره من الأفراد والجماعات، والأمم الأخرى، وينظم أنشطة الإنسان في ميادين الحياة المختلفة، وسبيل لمواجهة مشكلاته وتعقيداتها، على أساس من الحكمة وتعريفه بأسس الأخلاق وقواعد السلوك القويم فكراً وممارسة، قولاً وعملاً.

والدين بهذا الوسع والشمول، وتلك المعالجات المتكاملة لأدق التفاصيل سواء ما ارتبط بتوحيد الخالق والامتثال لأوامره ونواهيه، أو ما ارتبط بنظرة الإنسان إلى نفسه وما يدور حوله ومصيره، أو ما ارتبط بتنظيم حياة الفرد والمجتمع من أجل الدنيا والآخرة، هو متحقق في الإسلام، على أساس أن الإسلام تجاوز ما قدمته الأديان الوضعية من تصورات إيمانية، وطقوس وعبادات، جعلها تخلو من عقيدة شاملة لحياة الإنسان، وعلى أساس أن الإسلام جاء لتصحيح ما طرأ على الديانتين اليهودية والمسيحية من مظاهر قصور، ومن أخطاء وانحرافات قام بها أتباع هاتين الديانتين.

ونظراً لما للدين من أهمية بالغة في حياة الفرد والمجتمع – كما يتضح مما سبق- فيعتبر الدين من أبرز الأصول التي شكلت التربية ووجهتها في إطار الدين القائم منذ القدم، أياً كان نوعه ونطاق تأثيره. وهذا ما سوف نتبينه من العرض التالي.

يقسم العلماء المراحل الدينية التي مرت بها الحياة الإنسانية إلى قسمين رئيسين، هما الديانات الوضعية، أي التي وضعها الإنسان في محاولة منه لتفسير الحياة والكون والوجود والعدم..الخ، وهو في هذا أوجد له آلهة في صورة مادية أو ما ينوب عنها. والقسم الثاني هو الأديان السماوية التي أنزلها الله سبحانه وتعالى إلى الأرض، وأرسل الأنبياء والرسل لتهدي الناس إلى سبيل ربهم الذي خلقهم. وهذا ما يمكن مناقشته بصورة عامة وسريعة كما يلي:

_____

(1) عبد الرحمن النحلاوي: مرجع سابق، ص 16-17.

أولاً: الديانات الوضعيـــة

وهي جملة الأفكار والتصورات الإيمانية التي أوجدها الإنسان خلال تاريخه الطويل، كعقيدة لتنظيم شؤون حياته. وهذه الأديان هي:

1- الديانات البدائيــة

تبين دراسات علم حضارة الإنسان وجود أشكال متباينـة مـن الـدينات البدائيـة، وهـي عـلى بساطتها تظهر في صور مادية أو رموز لأرواح وقـوى خفيـة اعتقـد الإنسـان الأول أنهـا تـتحكم في مصير البشر، فآمن بها، وابتدع لذلك طقوساً كي يتقرب منها ويأمن شرها. وقد وجـدت أنـواع مـن الآلهة، حتى في العشيرة الواحدة.

ومن الدينات البدائية المتقدمة التي كثر حولها الجدل "الطوطمية Totemim" وهـي ديانـة تتخذ من الحيوان، والنبات، والمعادن، رمزاً للعبادة، تقدسه بعـض القبائـل أو العشـائر في جنـوب إفريقيا وأستراليا، وشعوب آسيا، حيث يشعر كل أفراد القبيلة أنهم مرتبطون برباط واحد، يؤلفهم ويوحدهم، ويعتبرونه واحداً منهم، لكنه في منزلة التقديس، لاعتقـادهم أنهـم جـاءوا مـن صـلب ذلك الطوطم. وهم لذلك أخوة له يجمعهم شعور واحد كما يعتقدون. وعادة ما يرسـمون صـورة الطـوطم أكـان حيوانـاً، (وهـو الغالـب)، أو نباتـاً أو معـدناً عـلى لـوح خشـبي أو عـلى الحجـارة، ويصنعون منه تماثيل، ونصب في أشكال مختلفة، وتقام في أماكن بارزة من التجمع السكاني.

والطواطم بهذه المنزلة المقدسة كان لها تـأثيرات مختلفـة عـلى مظاهر الحيـاة الاجتماعيـة والاقتصادية، إذ فرضت نوعاً من الواجبات والحقوق على أفراد القبيلة، عليهم اتباعها، وكذا تـنظم علاقات الأفراد فيما بينهم، ووضع ضوابط للـزواج والطـلاق، وغـير ذلـك مـن تقاليـد الاحتفـالات، وعادات دفن الموتى، والتعامل مع الوليـد، وصـور انتقـالهم إلى مجتمـع الكبـار. لهـذا يـرى بعـض العلماء أن الطوطمية إطار ثقافي لتنظيم اجتماعي مكون من عادات وتقاليد تحدد العلاقـات بـين أفراد المجتمع، وبينهم وبين البيئة الطبيعية، بما فيها من حيوانات ونباتات، وعناصر أخرى.[1]

ولما كانت الطواطم تأخذ ثلاثة أنواع، هي: طوطم العشيرة لكل أفرادها، وطوطم فرد يعينـه، وطوطم للذكور، وأخر للإناث، فإنها أثرت على نواحي حياة الفـرد والمجتمـع، وبالتـالي أثـرت عـلى مؤسسات المجتمع، ومنها التربية، برزت في تربية النشىء لتمثل حياة المجتمع فكراً وسلوكاً

2- الديانات القديمة

وهي الديانات التي ظهرت في الثقافات التاريخية الأولى، واستمرت في أشكال مختلفـة لـدى المجتمعات والعشائر والقبائل لفترة طويلة من الزمن، وما زالت بقايـا هـذا النـوع مـن الـديانات الوضعية باقية لدى جماعات بشرية أو أقليات اجتماعية حتى الآن، بعد أن أدخل عليها كثير مـن التعديل والتغيير، لتستمر كعامل يوحـد بـين هـذه الجماعـات، وتؤلـف بينهـا كوحـدة اجتماعيـة متماسكة، ومن هذه الأديان ما يلي:

---

(1) نقلاً من إبراهيم ناصر، مرجع سابق، ص 256.

أ - المعتقد في الكائن الأعلى

وهي ديانات يؤمن أصحابها بوجود مخلوق أعلى يسكن السماء. أما شكله وقوامه فيختلف بين الشعوب التي آمنت بهذا الكائن الأعلى . حيث وجد في هيئة الشمس، أو في هيئة النجوم ، أو يوجد في البحر، أو يوجد في الجبال. وهذا الكائن الأعلى يمتلك قوة خارقة يمكنه أن يراقب البشر، ويحصي أعمالهم، ويعاقبهم إذا ما خالفوا أوامره، بأن يرسل إليهم الأمراض، ويزلزل الأرض من تحتهم، ويدمرهم بالطوفان، أو يرسل عليهم شهباً تحرقهم؛ لهذا عبدوه، وأقاموا له الشعائر الخاصة التي تقربهم منه.

ب- المعتقدات القائمة على بعض الظواهر الطبيعية

وهي الديانات التي اتخذت من الكواكب كالشمس، والقمر، والنجوم آلهة تعبدها الشعوب القديمة، إلى جانب بعض الظواهر الطبيعية الأخرى كالأجرام السماوية الأخرى، وفصول السنة، والمطر، والليل، والبحر. وكانت أسماء الآلهة مأخوذة عادة من الاسم الدال عليه. فهناك إله القمر أو الإله القمر، وإله الشمس، أو الإله الزهرة...الخ. ومن ذلك ما وجدناه لدى الشعوب السامية: العربية، والأشورية، والكنعانية، والإرامية، والعبرانية، التي تشابهت كثيراً في ديانتها الفلكية. ففي الحضارة اليمينة القديمة دلت البحوث على وجود الديانات الفلكية الثلاثة، هي: الزهرة، والشمس، والقمر، وتختلف الأسماء الدالة عليها باختلاف القبائل والشعوب. فأسماء إله القمر عند المعنيين، والأوسانيين هو "ود" وعند السبئيين "المقة" وعند العمانيين "عم" وعند الحضارمة "سين" كما هو الحال في بابل.[1] وتختلف أسماء آلهة الشمس، وآلهة الزهرة عند هذه الشعوب، مثلها مثل الشعوب السامية الأخرى أو الثقافات الأخرى.

وتدل هذه الديانات على وجود فكرة التوحيد لدى هذه الشعوب لإله واحد، أكان شمساً أو قمراً، أو الزهرة. وما أدل على ذلك أن هذه الشعوب لم تتخذ في تصويرها للآلهة أشكال آدمية، أو اتخاذهم للتماثيل رموزاً لها على الأرض، وإن كانت هناك بعض صور الحيوانات كالثور، والوعل، والنسر التي كانت ترمز إلى القمر[2].

3- المعتقدات الوثنية

وهي عبارة عن مواد غير حية، يعتقد أصحابها أنها ذات فعالية سحرية، بسبب استقرار الآلة فيها، ووصول قدرة الآله إلى الناس، حيث تنبثق عنها قوة تأثيرية لمدة قصيرة أو دائمة[3] . فتنفع أحياناً، وتضر أحياناً أخرى. لذلك فقد رمز لها بتماثيل تدل عليها، وتقام لها نصب وأشكال مختلفة في المعابد، اختلفت باختلاف الشعوب التي آمنت بها.

ومن الديانات الوثنية لدى الشعوب القديمة من عبد النار، ومن سجد للتماثيل، والأنهار، والبراكين،

---

(1) محمد عبد القادر بافقيه: تاريخ اليمن القديم، بيروت، المؤسسة العربية للدراسات والنشر، د.ت. 203.

(2) المرجع السابق، ص 204.

(3) إبراهيم ناصر: مرجع سابق، ص 285.

ومن عبد الأبقار والثعابين.. الخ، باعتبارها تتضمن قوى خفية تجسدها رموز حية لها قوة الفعل على مصير الناس، خيراً أو شراً.

وهناك من المعتقدات التي ما زالت مستمرة حتى الآن ، ولها اتباع كثيرون يؤمنون بها، ويدافعون عنها بضراوة، ويلتزمون بتعاليمها وممارسة طقوسها، ما يجعلها شبيهة بالديانات السماوية، وخاصة بعد اتخاذ بعضها ديناً رسمياً للدولة، ومن أهم تلك الديانات: الديانات الهندوسية أو البرهمية ، والديانة البوذية، والديانة الكونفوشوسية، وهذه منتشرة في جنوب وشرق قارة آسيا.

ونتيجة لقدم هذه الديانات الوضعية وقوة تأثيرها في معتنقيها روحياً ونفسياً وعقلياً وخلقياً، فقد وجهّت التربية منذ البداية نحو الأغراض الدينية، بالاعتماد على التربية الأسرية في المعبد، والبيت، والاعتماد على وسائل التنشئة الاجتماعية في مواقع الحياة والعمل، مع احتلال المعابد مراكز فكرية وتعليمية لتربية النشىء وإعدادهم للحياة. وقد استمر هذا النمط التربوي كعامل قوي يؤثر على حياة النشىء، ويشكل ثقافتهم وهويتهم الوطنية جنباً إلى جنب مؤسسات التربية التي تطورت بتطور المجتمعات، وبأهداف وأساليب شملت أوجه الحياة ، أو متداخلة مع ما استجد من مؤسسات وأساليب أخرى، ما يؤكد صفة ترابط الثقافة واستمرار تواصلها مع الجديد، واستمرار تأثير تلك الأديان على التربية فكراً وممارسة.

وعلى كل حال، يرى البعض أن المعتقدات الوضعية لا تعدو أن تكون أفكار وتفسيرات للحياة، قدمها عباقرة لمعالجة ظروف مجتمعية معينة، أو أنها فلسفات للحياة تناسبت مع ظروف الزمان والمكان الذي ظهرت فيه.(1)

ثانياً: الديانات السماوية

عرفت الشعوب القديمة بصورة أو بأخرى فكرة التوحيد، أي التسليم والإيمان بإله واحد خالق كل شيء، ولكن في ظل سيادة مبدأ تعدد الآلهة كانت فكرة التوحيد غامضة مشوشة، وليس لها مدلول واقعي حتى نزلت الأديان السماوية الثلاثة، وبعث الله سبحانه وتعالى رسله وأنبياؤه إلى الناس ليرشدهم إلى عبادة إله واحد خالق الناس، ومبدع الكون، وإليه المنتهى.

وهنا اقترن مبدأ التوحيد بنزول الرسالات السماوية، وتأصلت فكرة الدين الخالص وعبادة إله واحد، ليس له شريك أو صاحب أو ولد. وبهذا بدأت الحياة الدينية تأخذ منحاً جديداً، يؤسس عليها عبادة الخالق، وتشرع للناس أحوال حياتهم في الدنيا والآخرة، وما استلزمه ذلك من تغييرات وتبدلات لإعادة تنظيم شؤون الفرد والمجتمع، وتنظيم مؤسساته ونظمه للقيام بالأعباء الدينية والدنيوية، على أساس التشريع السماوي، وفي مقدمة ذلك مؤسسات التربية التي يتوقف عليها إدماج النشىء في المجتمع وإعدادهم لمهام الدنيا والآخرة، وهذا ما نتلمسه من استعراض الأديان السماوية الثلاثة.

---

(1) عبد الغني عبود: الله والإنسان المعاصر، الكتاب الثاني من سلسلة الإسلام وتحديات العصر، دار الفكر العربي، 1977، ص 58.

1- الديانة اليهودية

يرجع تاريخ الديانة اليهودية إلى القرن الثامن عشر قبل الميلاد، وربما قبل ذلك، إذ قبل ارتباط اليهود بأبي الأنبياء إبراهيم عليه السلام، كانت ديانتهم بدائية، عند ظهورهم على مسرح التاريخ، حيث كانوا يعبدون الأحجار والأغنام والأشجار، وتسيطر عليهم الأفكار البدائية والاعتقاد في الأرواح[1]. واستمر اليهود بهذا الاعتقاد حتى مجيء موسى عليه السلام الذي كون أمة ممن تبعه، وخرج بهم من مصر، وصار نبياً لبني إسرائيل، إلا أنهم لم يتخلوا عن عبادة العجل الذهبي، رغم نهي موسى لهم من عبادته، ثم تحولت معجزة الحية لموسى إلى حيوان مقدس لديهم.

اسم الإله لدى اليهود "يهوه" كما تذكر أسفار العهد القديم، أما اسم إسرائيل فيعود إلى النبي يعقوب الذي لقب بإسرائيل، وأخذ يطلق هذا الاسم على الشعب اليهودي. وتعني إسرائيل "جنود الله" أو "عباد الله". ومن نسل النبي يعقوب موسى عليه السلام الذي نزلت عليه التوراة. وبهذا فإن "يهوه" هو اسم إله بني إسرائيل، غير أن اسم "يهوه" قد كثر حوله الجدل، أهو إله أم صفة لاتجاهات اليهود؟ واضطربت هذه الصفات حتى في الأسفار!.

وقد مرت عبادة يهوه بثلاث مراحل[2]:

المرحلة الأولى: قبل بناء الهيكل[3] عندما كان "يهوه" هو الإله الواحد عند موسى.

المرحلة الثانية: يهوه مع الهيكل عندما ظهر النبي "داود" واتخذ أرشليم عاصمة له، ثم بنى سليمان الهيكل، واعتبر الهيكل مقر الإله يهوه. وبتحديد، ذاع صيت اليهود وأمسى يهوه إله اليهود الواحد، وصار الهيكل رمزاً لليهود، ويهوه إله خاص بهم دون سواهم.

---

(1) أحمد شلبي: مقارنة الأديان (1) اليهودية، ط11، النهضة العربية، القاهرة، 1996، ص 186.

(2) المرجع السابق، ص 199، 201.

أيضا: على عبد الواحد وافي، اليهود واليهودية، مكتبة غريب، القاهرة، 1970، ص 80.

(3) وحكاية الهيكل، كما بينته التوراة ترجع في البداية إلى التابوت،حيث طلب الرب من موسى أن يصعد إلى الجبل لتلقي الشريعة والوصية التي كتبها الله على لو حين لتعليم بني إسرائيل، وتلقى وصاف صنع التابوت الذي سوف يوضع فيه لوحا الشهادة. وتذكر التوارة والأسفار أن بني إسرائيل صنعوا التابوت على تلك الصفات التي حددها الرب، ووضع فيه موسى اللوحين مع ذهب وفضة وبعض المواثيق، وسماه "تابوت العهد" ثم أخبرهم موسى أن في التابوت روح الإله "يهوه" كما حذرهم أن لا يمسه أحد، وبهذا أصبح التابوت مقدساً وأغلى ما يملكه بنو إسرائيل. أما ارتباط التابوت بالهيكل فتقول أسفار اليهودية أنه بعد موت موسى قام داود عليه السلام بعد اتخاذ "أرشليم" عاصمة مملكة الرب بجمع رؤساء إسرائيل وشعبه، وأبلغهم أن الرب طلب من ابنه سليمان أن يبني له بيتاً أو هيكلاً لتابوت عهد الرب، لأن الرب اختار سليمان إبناً له، وهو الذي سيجلس على عرش مملكة الرب في الأرض بعد داود. ولما كان سليمان صغيراً فقد حث داود شعب بني إسرائيل أن يجمعوا كل ما يلزم لبناء الهيكل، فجمعوا الأحجار والخشب والحديد والفضة والذهب، وكل ما يحتاجه بناء الهيكل، عندها قام سليمان ببناء الهيكل.

والهيكل عبارة عن مبنى مربع طوله 124 قدماً وعرضه 55 وارتفاعه 52 قدماً تقريباً. وبعد أن تم بناء الهيكل جمع سليمان شيوخ إسرائيل، وطلب من الكهنة حمل التابوت، الذين بدورهم أدخلوه إلى الهيكل ووضعوه في محراب البيت أي في قدس الأقداس، وأصبح الهيكل المكان الوحيد الذي تقدم عنده القرابين، والقيام بطقوس العبادة والحفلات الدينية، وبهذا صار للهيكل أهمية كبرى، ليس باعتباره بناءً ليهوه، وإنما أيضاً مركزاً روحياً لليهود، وعاصمة لملكهم ووسيلة لحفظ وجودهم. ولكن دمر هذا الهيكل عدة مرات حتى ضاعت معالمه.

المرحلة الثالثة: يهوه بعد الهيكل ، إذ بعد الأسر البابلي وتحطيم الهيكل تحول فكرهم إلى أن يهوه أصبح في كل مكان، سواء مع من أسروا، أو مع من شتتوا وساروا إلى بلاد أخرى، أو مع من بقوا في فلسطين.

والديانة اليهودية كديانة سماوية هي التي جاءت على سيدنا موسى . ولكن يبدو أن ما رافق تاريخ اليهود من أفكار وتأويلات، وأحداث، ومآسي قد أدت إلى تكون ديانة يهودية بعيدة عن الأصل الذي أتت منه.

فالتفويض الذي منحه الكهنة لأنفسهم من موسى ومن الله باعتبارهم شعب الله المختار، واعتقادهم بالصلة الشخصية مع الآلهة، والمسؤولية الفردية تجاهه في نمو الشخصية الفردية، ثم حالات التهجير والشتات؛ أن أصاب اليهودية الانحراف، حيث دب إلى الكتب المقدسة الإضافة والحذف والتحوير، فدخلت إلى الديانة اليهودية أشكال من الديانات الوثنية القديمة، اختلطت بأفكار غريبة. وهذا ما يؤكده قاموس التوراة ، إذ يشير إلى أن تفهم الديانة العبرية مستحيل ما لم تؤخذ بعين الاعتبار، وبشكل مستمر الديانات والثقافات الأخرى التي نمت وترعرعت في وادي الفرات. أن الأصول القضائية البابلية وكذلك الطقوس المعمول بها في المعابد البابلية يجب أن تؤخذ كعوامل حاسمة التأثير على الشرائع العبرانية في الأصول القضائية والطقوس الدينية".[1]

لهذا تذبذبت عبادة اليهود لإله واحد، حيث عبدوا في بادئ أمرهم الأرواح والأحجار كمقلدين للأمم المجاورة، وعندما جاء موسى ظلوا يعبدون العجل، وحتى عندما ظهرت الوحدانية عند بني إسرائيل، كان معناها أن هنالك إله واحدا لبني إسرائيل، وهناك آلهة لغير بني إسرائيل[2] وكثيراً ما اتخذت الألوهية -سواء اتجهت للوحدانية أو للتعدد- لتحقيق مآرب دنيوية، كتجميع الشعب اليهودي، والحفاظ على هويته القومية.[3]

- **مصادر الدين اليهودي**

يستمد اليهود أصولهم الدينية من 39 سفراً، ومن بينها التوراة. وقد يطلق على هذه الأسفار كلها اسم التوراة من باب إطلاق الجزء على الكل، نظراً لأهمية التوراة ونسبتها إلى موسى عليه السلام. وكلمة توراة تعني "الشريعة أو التعاليم الدينية"، غير أن التسمية العلمية لهذه الأسفار هي "العهد القديم" كتسمية أطلقها المسيحيون، للتفرقة بينه وبين ما أطلقه المسيحيون على أسفارهم اسم "العهد الجديد"، على أساس أن العهدين يمثلان ميثاقاً واحداً، أخذه الله على الناس، "يعتبر الأول ميثاقاً قديماً من عهد موسى. والثاني ميثاقاً جديداً من عهد عيسى. وكليهما أسفاراً مقدسة، موصى بها من الله. وكلمة العهد تعني "الميثاق"، أو مرادفة له.

ويتفق اليهود والمسيحيون على قدسية العهد القديم، ولكنهم يختلفون في عدد أسفار اليهود. فبعض أحبار اليهود لا يقبلون أسفاراً أضافها أحبار آخرون، ونفس الحال يختلف المسيحيون فيما بينهم على عدد هذا الأسفار. ففي حين يرى الكاثوليك أنها 46 سفراً، فهي عند البروتستانت 39 سفراً، أي يحذفون سبعة أسفار.

---

(1) نقلاً من مصطفى حلمي، مرجع سابق، ص 130.

(2)أحمد شلبي: مقارنة الأديان (1) اليهودية، مرجع سابق، ص 246.

(3) بول ديورنت، قصة الحضارة مرجع سابق، ص 142.

وعموماً، فالعهد القديم هو سجل يحوي على شعر، ونثر، وحكم، وأمثال، وقصص، وأساطير، وفلسفة، وتشريع، وغزل ورثاء، ويتميز هذا السجل ببلاغة أسلوبه وفصاحة عباراته.

ويُقسم العهد القديم إلى ثلاثة أقسام، هي:

- **القسم الأول:** التوراة، وهي أسفار موسى الخمسة: سفر التكوين، وسفر الخروج، وسفر اللاويون، وسفر العدد، وسفر التثنية.

- **القسم الثاني:** أسفار الأنبياء، وهي نوعان:

أ- أسفار الأنبياء المتقدمين، وتشمل الأسفار التالية، يشوع، وقضاه، وصمويل الأول وصمويل الثاني والملوك الأول، والملوك الثاني.

ب- أسفار الأنبياء المتأخرين، وتحوي الأسفار التالية: اشيعا، أرميا، حزقيال، هوشع، بوتيك، عاموس، عويدياً، يونان، ميمنا، ثاحوم، وزكريا، وغيرهم.

- **القسم الثالث:** الكتابات، وهي على ثلاثة أنواع:

أ- الكتب العظيمة: المزامير (الزابور) أمثال مزامير سليمان، ومزامير أيوب، وغيرهما.

ب- السجلات الخمسة، وتشمل الأسفار التالية: نشيد الأناشيد، راعون الجامعة، واستير وغيرهما.

ج- الكتب، وتشمل الكتب الآتية: دانيال، عزرا، تحميا، أخبار الأيام الأولى، أخبار الأيام الثانية، وغيرها.

أما التلمود، فيرى اليهود، أنه كتابا منزلاً، ويضعونه في منزلة التوراة ، إذ يرون أن الله أعطى موسى التوراة على طور سيناء مدونة، ولكنه أعطى موسى التلمود شفاها، والتلمود بهذا هو روايات شفوية، تناقلها الحاخامات من جيل إلى جيل. فبعد المسيح بمائة وخمسين عاماً قام أحد الحاخامات بتدوين تلك التعاليم الشفوية، وتلك الروايات خوفاً من الضياع في كتاب أسماه "المشنا" ومعناها الشريعة المكررة، لأن المشنا تكرار لما ورد في توراة موسى، وليس تفسيراً لها. وبعد ذلك أدخل حاخامات اليهود في فلسطين كثيراً من الروايات إليه ، ولكن وعندما استعصى المشنا على البعض، أخذ علماء اليهود يكتبون عليها حواشي وشروحاً مسهبة، سميت هذه الحواش" جمارا" ومن المشنا والجمارا يتكون التلمود تعاليم ديانة اليهود وآدابهم. [1]

ويضاف إلى مصادر الديانة اليهودية بروتوكلات حكماء صهيون، وتعني محاضر جلسات، وعددها 24 محضراً، كتبت في أواخر القرن التاسع عشر وأوائل القرن العشرين، وهدفها إقامة وحدة عالمية تخضع لسلطات اليهود، وتديرها حكومة يهودية. وتنقسم البرتوكلات إلى قسمين:

الأولى : تتناول موقف اليهود في العالم قبل تحقيق هدفهم.

---

(1) ظفر الإسلام خان: التلمود تاريخه وتعاليمه، ط2، بيروت، دار النفائس، 1972، ص 102. أيضاً للمزيد من التفاصيل راجع أحمد شلبي، مصدر سابق، ص 270.

والثانية: تتناول موقف اليهود بعد أن يصبحوا أصحاب السلطة على العالم ، إذ قبل تكوين الحكومة اليهودية يجب إعداد الشعب اليهودي للسلطة، بتثبيت الاعتقاد بأن اليهود شعب الله المختار. أما الشعوب الأخرى فقد خلقوا من طينية شيطانية، وجدوا لخدمة اليهود. وعلى اليهود سحقهم وخداعهم، والكذب عليهم، بإفساد أنظمة الحكم، وإغراء الحكام، ونشر الفوضى والإباحية، واستخدام المال والنساء وسائر الجرائم، والسيطرة على الصحافة والنشر، والإعلام ومصادر المعلومات بجانب السيطرة على الاقتصاد والسلاح، للهيمنة على مصائر الشعوب، وما يرافق ذلك من تمزيق الأوطان، والقضاء على القوميات والأديان، وفي نفس الوقت نشر اليهود في كل أنحاء العالم، وجعلهم القلة المتميزة المهيمنة على مقاليد الأمور. وبعد تكوين الحكومة اليهودية العالمية يقيمون مملكة استبدادية تحكم العالم.

وقد عرفت اليهودية عبر تاريخها الطويل فِرقاً دينية عديدة، كل فرقة منها تدعي أنها تمثل أصل الدين اليهودي، وأنها المتمسكة بروح الدين اليهودي من الفرق الأخرى، وكل فرقة حاولت إثبات وجودها، بتمسكها بتعاليم وطقوس معينة، فأضافت تعاليم أخرى. وهنا تباينت أفكار الفرق اليهودية، و تناقضت أساليبها، مع إيمانهم بثوابت الدين اليهودي.

وعلى كل حال، فالدين اليهودي دين مغلق على اليهود، بمعنى أنه مقتصر على اليهود فقط، ولا تقبل أجناس أخرى في صفوفهم، خلاف كل الأديان، ولا يعتبر المرء يهودياً إلا إذا كان من أم يهودية.[1]

وتستند فكرة الدين المغلق إلى أن اليهود هم شعب الله المختار، وتقوم حكاية الشعب المختار على أساسين، هما: الأول وحدانية الله "يهوه"، بمعنى أن هناك ارتباطاً بين بني إسرائيل وبين إلههم يهوه، حيث نادى نبيهم "أشعيا" خلال الأسر البابلي بإله واحد، إله العالمين، خالق الكون المحب العطوف، غير أن هذه الدعوة لم تنجح إلا لدى القلة، وانتهت. أما الأساس الثاني فيقوم على أن يهوه قطع وعداً لإبراهيم بأن يفضل الشعب اليهودي على جميع الناس، وأن لليهود وحدهم الحياة الأبدية، لأن أرواحهم من روح الله، دون سائر الشعوب، وهذا الامتياز - كما يعتقدون- فرض على اليهود حفظ العهد لله والطاعة التامة له[2]. وهذا ما نصت عليه التوراة، والوصايا العشر[3]، من أن الديانة اليهودية ليست ديناً تبشيرياً ولا إنسانياً عاماً. وفي التوراة "لا يدخل منهم أحد أي من غير اليهود في جماعة الرب إلى الأبد "[4] غير أن عدم رعايتهم لتلك الأمانة؛ كانوا هدفاً لانتقام الله، حيث شردوا، وحلت بهم الكوارث والمحن.

ويبدو أن استمرار معتقدات اليهود تلك جعلتهم يحتفظون بذاتهم ووجودهم بعد أن فقدوا دولتهم وعاشوا كأقلية تحت حكم أجنبي، فترات عديدة خلال تاريخهم، وذلك بتخصصهم في شؤون التجارة والحرف، وغيرها من المهن الحضرية. لهذا جاءت النظم اليهودية والطبع اليهودي، -كما يذكر توبتي- مزيج

---

(1) التوراة ، تاريخها وغايتها، ترجمة سهيل ديب، بيروت، 1986، ص 5.

(2) أحمد شلبي: مرجع سابق ص118.

(3) التوراة، تاريخها وغايتها، مرجع سابق، ص 10.

(4) وهي: لا تصنع لك تمثالا، ولا صورة فتسجد لها. ولا تنطق باسم الرب باطلا، لا تعمل يوم السبت يوم الرب، إكرم أباك وأمك، لا تقتل ، ولا تسرق، لا تشهد على قريبك شهادة زور، لتنشئته بنت قريبك أو ا مرآته. ولا أي من ممتلكاته.

من ولاء حذر بشريعة موسى، والتزام تام بقواعد وأحكام التعامل التجاري والمالي، ما جعل من التشتت اليهودي على مر العصور قدرة سحرية على البقاء.[1]

إن الألوهية لدى بني إسرائيل لم تكن عميقة الجذور سواء اتجهت للوحدانية أو للتعدد، وكثيراً ما اتخذت الألهية طابع الأسلوب النفعي لتحقيق مآرب دنيوية شغلت اليهود، كتجميع الشعب اليهودي، والحفاظ على هويته القومية، وتبرير أفعالهم الدنيوية الشائنة. وحتى عندما آمنوا بالوحدانية لإله واحد، فإنهم آمنوا بوجود إله واحد لبني إسرائيل، وإله آخر لغيرهم من البشر. ثم إن عدم إيمانهم بالبعث وباليوم الآخر، جعل اليهودية أقرب إلى التشريع الأرضي منها إلى التشريع السماوي، فاهتمت بتنظيم الحياة الدنيا، وأهملت الحياة الأخرى. وهذا ما يوافق اهتمام اليهود بأمور التجارة والمال والحرف التي مارسوها، وما تتطلبه من أحكام وقواعد منظمة لهذا وذاك.

بناء على ما سبق، نجد أن اليهودية -في حقيقة أمرها- دين أعمال لا دين إيمان، فهي أسلوب حياة للعالم الحاضر أكثر من كونها عقيدة تقدم تصوراً عن العالم الآخر والبعث والحساب، ولا يوجد في دينهم ما يشير إلى حياة أخرى بعد الموت أو شيء من الخلود، وتؤكد هذه الحقيقة دائرة المعارف العبرية، من أن اليهودية نظام للسلوك البشري الذي يتحتم على الإنسان أن يتبعه، وليست عقيدة دينية شاملة للحياة.[2]

وبتركيز اليهودية على الأعمال الحياتية للإنسان، فإن الثواب والعقاب يتم في الحياة الدنيا، ويكون الجزاء حسب الأعمال دون سواها. والاتجاه الخلقي لديهم يكمن في التصرفات اليومية، كونه أهم من الاعتقاد السليم، وبذلك على اليهود أن ينعموا بحياتهم في الدنيا.

فاليهود الذين عاشوا حياتهم أحراراً وسعداء فقد حصلوا على الجانب المادي من رضا آلهتهم، أما الذين عاشوا مشردين في المنفى فمن حقهم أن يعودوا للحياة مرة أخرى، لينالوا نصيبهم من المتعة والنعيم.[3]

- **التربية اليهودية**

طبيعي أن يتشكل نمط تربوي يعكس معتقدات الدين اليهودي، وظروف الشعب اليهودي، تناسب أوضاع حياته، خلال حقب التاريخ، وتلبي مطالبه. فاعتبار الدين اليهودي ديناً خاصاً ومغلقاً، فإنه من جهة لم يقدم تصورا عن العالم، ومن جهة أخرى شعر اليهود بالامتياز والتعالي، ما جعلهم ينظرون إلى أنفسهم ويفتشون عن ذاتهم، خلال فترات التشرد، أو الاستقرار. فأثناء فترة النفي وبقاءهم تحت سيطرة ممالك أخرى، فإنهم كانوا يتجمعون كأقلية تحترف المهن، وتسعى بشتى الطرق لجمع المال، للحفاظ على وجودهم. وهنا نما نمط تربوي مغلق، تمارسه الأسر والجماعات التعليمية، بمعنى طغى على تربيتهم التربية الأسرية والتربية القبلية المغلقة، أي التربية الجماعية التي تمارس تأثيرها في النشء أو الأفراد بصورة دائمة.

---

(1) مصطفى النشار: فلاسفة أيقضوا العالم، القاهرة دار الثقافة للنشر والتوزيع، 1988، ص 375.

(2) أحمد شلبي: مرجع سابق، ص 205.

(3) المرجع السابق، ص 205، 206.

إن اعتبار اليهود شعب الله المختار قد غرس في كل يهودي، وثبت بقوة في شخصيته واجب الأمانة والولاء لعقيدته والتشبث بها؛ فجاءت التربية لتجعل الفرد اليهودي مدركاً لعضويته في العقيدة وواجب الولاء لها، يساعدها على ذلك العقلية القبلية التي ميزت حياتهم القديمة، وحياة التشرد والتجوال، والنفي والأسر، حيث ظل اليهود يعيشون معيشة قبلية يقوم الولاء فيها على شعور الفرد بتبعيته للأسرة، وشعور الأسرة بتبعيتها للقبيلة، وخضوع القبيلة لرئيس يجمع بين السلطة الدينية والدنيوية.(1) مما عزز نمط التربية الجماعية داخل الأسرة والقبيلة، وانقياد التربية لتأثير الزعامات القبلية، ثم إن ارتكاز الدين اليهودي على الاهتمام بالحياة الدنيا، وانشغال اليهود بتنظيم شؤون أعمالهم وأنشطتهم جعل التربية تتميز بطابعها العملي النفعي.

وبهذا استمرت العقيدة اليهودية، وتجاربها الدينية تفرض على اليهود -بواسطة التربية- نوعاً من السلوك المحدد الذي يميزهم، ويوحد مشاعرهم واتجاهاتهم على الدوام في إطار الثقافة اليهودية. وما ساعد على إنجاح هذا النمط التربوي استمرار بكاء اليهود على مجدهم الغابر، وأملهم في استرجاعه، ما جعلهم يتمسكون بعاداتهم وتقاليدهم، ثم إن انتهازيتهم ومراوغتهم، نتيجة حبهم للمال، وما ترتب على ذلك من كره الآخرين لهم وانتقامهم منهم، قد ولد فيهم الإحساس بالاضطهاد، وأنهم جماعة منبوذة، ما أضاف إلى التربية خلق الميل لدى اليهود بالخيفة والتوجس من الآخرين، والحذر منهم على الدوام حتى وإن كانوا في مأمن من الآخرين.

صفوة القول، أن التربية اليهودية، الأسرية والجماعية التي تولته المؤسسات الاجتماعية، وفق ظروف وأساليب اليهود، كان وما يزال من أقوى عوامل الحفاظ على الثقافة اليهودية، وحمايتها من الفناء، وما يزال هذا النمط التربوي الجماعي باقياً حتى الآن لدى التجمعات اليهودية، وفي دويلة إسرائيل، تتولاه في منظمات ومؤسسات النشىء والشباب، وفي طليعتها "الكيبوتز"، رغم ظهور أشكال للتعليم الحديث الشبيه بما هو سائد في بلدان العالم المعاصر.

2- الديانة المسيحية

جاءت الديانة المسيحية لطائفة من اليهود، كمخلص لعهود من الظلم والاضطهاد. ذلك أن اليهود راحوا يتكالبون على حب المال وجمع الثروة بشتى الطرق والأساليب، وغرقوا في ملذات الدنيا ومفاتنها، فكثر عندها الظلم والاضطهاد والفساد، وزاد ظلم الأقليات اليهودية، فأنزل الله سبحانه وتعالى المسيح عيسى ابن مريم عليه السلام لهداية اليهود إلى طريق الهداية والحق.

ويقدم القرآن الكريم تفصيلاً عن السيد المسيح عليه السلام، مبيناً مولده، ونشأته، ونبوته، ومعجزاته، ودعوته لبني إسرائيل، وكيف اختلف اليهود مع المسيح، وكادوا له المكائد لدى الرومان، حتى رفعه الله إلى السماء.

وحسب رواية الأناجيل عن المسيح "يسوع" وبخاصة إنجيل "متى" قُدمت تفاصيل عن سيرة المسيح، ودعوته، وأخلاقياته، وخلافه مع اليهود، ولكن غالبيتها مصدرها بولس اليهودي. وتبدأ رواية بولس الذي

(1) عبد المجيد عبد الرحيم: التربية والحضارة، مكتبة النهضة المصرية، القاهرة، 1966، ص 36.

لم يرى المسيح، ولم يتعلم منه شيء، وكما تذكر العديد من المصادر أنه قبل وبعد موت المسيح عليه السلام اضطهد أتباع المسيح ونكل بهم، كما يذكر ذلك بولس عن نفسه فيما كتبه عن المسيحية.

ذكر بولس أو شاؤل أنه بعد موت المسيح، وبينما كان ماشياً لوحده ناداه المسيح وقال له: لماذا يا بولس تضطهد أتباعي . فرد عليه بولس، وماذا تريد مني يا سيدي؟ فطلب من بولس أن يقوم بنشر المسيحية، عندها أخذ يشيع بين الناس ويصرح أنه الوحيد الذي أؤتمن على المسيحية الصحيحة وعلى إنجيل مجد الله المبارك.[1]

وتجمع المصادر المحايدة أن بولس أخذ ينشر مسيحية بعيدة عن الأصل الذي جاءت به، مستمداً عناصر ديانته من الثقافات القائمة، واطلاعه الواسع على الحركات الدينية في زمانه.[2] بما يناسب الأفكار السائدة آنذاك، ومصالح الناس، ذلك أن بولس أخذ يخترع فكرة عقيدة التثليث أي (الله، الابن، الروح القدس) بمعنى أن الله واحد في ثلاثة أقانيم (أي أشخاص) هم: الأب (الله)، والإبن عيسى(الله)، والروح القدس روح الله عامة ترف على الحقيقة وتملؤها بالحب (الله)، وهؤلاء الثلاثة هم الله.[3]

وهنا أخذ بولس يعلم الناس أن يسوعاً (أو عيسى) هو ابن الله، وليس ا لمسيح المنتظر، وقد قدم نفسه قرباناً كي يتحمل خطيئة البشر، بمعنى أن قتل المسيح عيسى وصلبه هو كما جاء في الكتب المقدسة، أن الله أراد أن يخلص العالم من الخطيئة والشرور التي سقط فيها آدم وبنيه، بهبوطهم إلى الدنيا، عندما ابتعدوا عنه، ومن فرط حب الله لابنه عيسى، أرسله إلى الدنيا، ليخلص العالم من تلك الخطيئة.[4] ككفارة عن تلك الخطيئة، كي ينال الجنس البشري النجاة.

وتؤكد العديد من الدراسات الغربية التي ذكرها الشيخ أحمد شلبي والشيخ أبو زهرة، وغيرهم حقيقة اختلاف مسيحية عيسى عن مسيحية بولس، ذلك أن مسيحية عيسى كانت ميلاداً جديداً للروح الإنسانية، أما مسيحية بولس فهي صورة مستمرة من الديانات القديمة، وعلى رأسها اليهودية.

وعلى كل حال، استمر بولس يوسع المسيحية، فيدعوا أن المسيحية ليست ديناً عالمياً، وليست لبني إسرائيل، والإيمان بألوهية المسيح، وظهور الابن بمظهر البشر، ليصلب كي يكفر عن خطيئة البشر، ويبتدع طقوساً وشعائر دينية مغرقة في التفاصيل.

ولما كان بولس قد كتب رسائله عن المسيح حتى عام 50م، وأغلب هذه الرسائل اختفت، فقد ظهرت بين عامي 70م و110 ميلادية أناجيل مرقس، ومتى، ولوقا، ويوحنا، وحتى عام 325م، تقريباً ظهر أكثر من ثلاثة ألف إنجيل. ولكن عندما انتشر الدين المسيحي كدين رسمي للإمبراطورية الرومانية وبعض المناطق الأربية، كان لا بد من إيجاد مرجعية موثوقة للدين المسيحي؛ فقام الملك الروماني قسطنطين الأكبر بالدعوة لعقد مؤتمر لاختيار الإنجيل الصحيح، فاجتمع ثلاثمائة من القساوسة عام 325م، في مجمع سمي "مجمع نيقية"

---

(1) أحمد شلبي: مقارنة الأديان(2) المسيحية، ط10، القاهرة، مكتبة النهضة، 1993.

(2) موريس بوكاي: التوراة والإنجيل والقرآن والعلم، ترجمة نخبة من الدعاه، بيروت دار الكندي، 1987، ص 48.

(3) مصطفى حلمي: الإسلام والأديان، دراسة مقارنة، مرجع سابق، ص 214.

(4) المرجع السابق، ص121.

وقرر اختيار أربعة أناجيل هي: إنجيل مرقص، وإنجيل متى، وإنجيل لوقا، وإنجيل يوحنا. واعتبرت هذه الأناجيل المصادر الصحيحة للمسيحية، وأحرق بعد ذلك كل ما تبقى من أناجيل أو أعمال، من بينها ما كتبه الحواريون عن عيسى وتعاليمه، وبهذا ضاع التراث الحقيقي لمبادئ عيسى عليه السلام، ولم ينجوا منها إلا إنجيل برنابا[1] الذي يعد أقرب إلى ما كتبه الحواريون، ولكنه لم يعتبر رسمياً.

- **مصادر الدين المسيحي**

بناء على ما سبق، فإنه الكتاب المقدس عند المسيحيين هو العهد الجديد الذي يفسر التوراة. ورغم اعتراف المسيحين بالعهد القديم (الكتب المقدسة لليهود)، والعهد الجديد (الكتب المقدسة للمسيحين) واعتبارهما معاً عهداً لميثاق واحد للرب، إلا أنهم لا يعترفون بالتفاسير اليهودية للتوراة، فالعهد الجديد -كما يعتقد المسيحيون - هو تفسير التوراة، حسب اعتقاد المسيحيين، هو والعهد الجديد كتاب المسيحين المقدس، واسمه الإنجيل، وكلمة إنجيل تعني البشرى والخلاص.

ويتكون العهد الجديد (الإنجيل) من سبعة وعشرين سفراً، تصنف في ثلاثة أقسام، هي[2].

1- **قسم الأسفار التاريخية:** وتشمل خمسة أسفار هي: الأناجيل الأربعة السابق ذكرها (أناجيل: مرقص، ومتى، ولوقا، ويوحنا)، ثم رسالة أعمال الرسل التي كتبها لوقا.

2- **قسم الأسفار التعليمية:** وتشمل إحدى وعشرين رسالة، أهمها أربعة عشر رسالة، كتبها بولس.

3- **رؤية يوحنا اللاهوتية:** وهي عبارة عن تعاليم دينية رآها يوحنا في اليقظة.

وكل الأناجيل تأثرت برسائل بولس، والتي اختيرت لتلائم المعتقدات التي وضعها بولس، فضلاً عن الفوارق الواضحة بين الأناجيل، منها اختلاف في المقاطع والنصوص، ومنها في ترتيب المفردات والكلمات، ومنها نحوية.

هذا وتضم المسيحية ثلاث طوائف رئيسية، يرجع الاختلاف بينها إلى اختلافهم حول طبيعة المسيح وشخصيته، وأهم هذه الطوائف هي:

- الكاثوليك: وتعني العامة، أو الصراط المستقيم أو الكنيسة القديمة، وتتبع النظام البابوي، والبابا تلميذ المسيح الأكبر على الأرض، ممثل الله، وتنتشر الكاثوليكية في غرب أوربا.

- الأرثوذكس: وتعني طائفة المنشقين، وتضم المسيحيين الشرقيين من بلاد اليونان، وبلاد البلقان وسوريا، وتتبع نظام "الأكليروس" الذي يتولى البطريرك أعلى مرتبة في الكنيسة، ويليه المطارنة ثم الأساقفة، والقساوسة.

- البروتستانت: وتعني طائفة المعارضين، وتنتشر في ألمانيا، والدنمارك، وهولندا، وسويسرا، والنرويج، وبريطانيا، وأمريكا الشمالية.

---

(1) وفيه البشارة بمولد النبي الخاتم محمد ﷺ.

(2) محمد عبد الحكيم مصطفى: مقارنة الأديان - دراسة تحليلية نقدية لإنجيل مرقص تاريخياً وموضوعياً، القاهرة، مطبعة الجبلاوي، 1984، ص 278، أيضا: أحمد شلبي، مرجع سابق، ص 110.

الملاحظ أن الديانة المسيحية جاءت بعد غرق اليهود في ملذات الدنيا، لتحرير الإنسان من طغيان الحياة المادية، وتطهير الروح الإنسانية بالزهد والتقشف، وتقوية الصلة بين الإنسان وخالقه، فجاءت المسيحية في بداية عهدها نقية على لسان المسيح، ولكن ما لبثت أن حرفت، عندما قام بولس ومن تبعه من اليهود المعتنقين للمسيحية من نشر المسيحية بين الشعوب الوثنية بالصورة التي توافق طقوس وعادات تلك الشعوب الوثنية، وتوافق أغراض ومصالح كهنة المسيحية، وبمرور الوقت تحولت التعاليم الألهية للمسيح لتحل محلها التعاليم الأرضية. [1]

إن توجه المسيحية الإيماني إلى اليوم الآخر، والزهد عن الدنيا بالتقشف وتطهير النفس، جعلها تهمل شؤون الدنيا، إذ خلت الأناجيل من إشارات للحث على العلم وتشريع أحوال المجتمع وإصلاح نظمه الاقتصادية والاجتماعية، ومن ذلك مثلاً قول عيسى في إنجيل متى: "بع أملاكك وأعطي ثمنها للفقراء، واتبعني" ثم قال " لا تهتموا لحياتكم بما تأكلون وما تشربون، ولا لأجسامكم بما تلبسون. وهذا ما دفع رجال الدين المسيحي إلى الاجتهاد، لتشريع أحوال الناس وتنظيم شؤون المجتمع، فجاءت تشريعاتهم موافقة لمصالحهم، وبما يقوي نفوذهم، حيث حكموا، وتملكوا الاقطاعات، وتدخلوا في تنظيم حياة الناس وحرياتهم المدنية، بل وتنصيب أنفسهم وسطاء بين الله والناس، ولا يخفى في ذلك صكوك الغفران، ثم إن اعتناء المسيحية بالروحانيات، ونقل المسيحية من الوحدانية إلى التثليث، أن اهتم الناس بطقوس أخروية عجيبة، وانصراف شطر من الناس إلى حياة الرهبنة.

وعندما تقدمت المجتمعات المسيحية كان الباب مفتوحاً لإعادة تنظيم شؤون المجتمع وتشريع ما استجد ، بما يلائم الظروف الجديدة، وما ارتبط بذلك من تطوير الحياة الفكرية والعلمية، وفتح المجال أمام تطور نظم تعليمية جديدة، مع بقاء نظم التربية التقليدية مرتبطة بالكنائس والأديرة.

• التربية المسيحية

لقد أخذت التربية المسيحية تتشكل في مراحلها الأولى من اختيار السيد المسيح عليه السلام لتلاميذه وتربيتهم [2] ليكونوا خلفاؤه في دعوة الناس للدين الجديد، والدخول في طاعته والولاء له ، عند ذلك أخذ يتكاثر معتنقي المسيحية من مواطني الجليل، واليهود، والعبرانين وكهنتهم، ويكونون جماعة متماسكة ، شكلت نواة الكنيسة المسيحية [3] التي بدورها وضعت الأساس الأول لتكوين الكنيسة المسيحية، والأساس لتكون نواة التربية المسيحية، أو تكون مؤسسة تعليمية، تتولى أساساً نشر تعاليم المسيح وبث مبادئه، كون التعليم صار مهماً

(1) علي خليل أبو العبنين: أصول الفكر التربوي الحديث، القاهرة، دار الفكر العربي، 1986، ص 43.

(2) وحتى يكون تلامذة المعلم المسيح عوناً له في نشر دعوته وحمل لواء رسالته، فقد كان يختارهم بدقة، ويشترط فيهم شروطاً صارمة، ويربيهم عليها ويلزمهم بها. ومن هذه الشروط الاستبسال والتضحية أمام الظلم والطغيان، والثبات واليقين والإقدام والمخاطرة في سبيل الحق العدل والخير، وكان يوصيهم ويحثهم على التمسك بالمبادئ والقيم السامية والعمل بها قولاً وعملاً، أهمها: الحكمة والرحمة، والإيمان والتسامح والتفاني في خدمة الآخرين والتخلص من مغريات الحياة، والجهر في القول والعمل، والمسيح بهذا وضع أسس التربية المسيحية. راجع محمد عبدالحكيم مصطفى، مقارنة الأديان مرجع سابق، ص 124، 127.

(3) سعد مرسي أحمد وآخرون: في تاريخ التربية، كلية التربية جامعة عين شمس، 1986، ص 43.

لانضمام الفرد إلى الكنيسة، للإلمام بشيء من التعليم والتهذيب، بما يمكنه من معرفة وفهم قسط من تعاليم المسيح، وحتى يصبح الفرد جديراً بالانضمام إلى الكنيسة والدين المسيحي، أي لا بد أن يحصلوا على "التعميد" بمعنى حصول الفرد على التعليم الذي يؤهله لأن يكون جديراً بالانضمام إلى الكنيسة.(1)

وقد تأسست مبادئ التربية المسيحية في بداية أمرها من شخصية المعلم العظيم المسيح، النابعة من نبوته، وقوة إيمانه، وصدق معتقداته في الجوانب الروحية، وفضائل أخلاقه، وسموا أفكاره عن الفرد والإنسانية جمعاء، وتطابق أقواله أفعاله في عدله ورحمته، وحبه للآخرين، والتفاني في خدمتهم، وخبرته الهائلة بطبائع البشر ومشالكهم، ومهارته الفائقة في تبسيط أفكاره وتوصيلها للآخرين، والتأثير في مستمعيه ومن تبعه، والبساطة والألفة مع كل من يخالط، وغير ذلك من حميد الصفات. وكل ذلك شكل الأساس الأول للتربية المسيحية، حيث اعتبر الزهد والتقشف، المثل الأعلى للتهذيب الأخلاقي، وشكلت الأخوة بين البشر والمساواة والمحبة بين الناس، وحق كل مسيحي في التعليم، لإنماء شخصيته الإنسانية، بكماله الديني، على أساس أن المسيحية جاءت لترد للإنسان حريته المسلوبة، وتؤكد كرامته وصيانة حقوقه.

وبهذا، كان طبيعياً أن تكون أماكن العبادة مؤسسة التربية الأولى، لإتمام كمال الإنسان، فظهرت التربية في قرونها الأولى في الكنائس والأديرة، مرتكزة على الجوانب الروحية، هادفة إلى شحذ قوة الإيمان، وتطهير النفس وتهذيب الأخلاق، وذلك بتحمل شرور الآخرين، والصبر، والتواضع، والزهد عن متع الدنيا، وحب البشر، والسعي إلى عمل الخير. ومعنى ذلك ارتكاز التربية على الهدف الروحي والأخلاقي، كما اتصف به المسيح، وتضمينه الكتاب المقدس من تعاليم ومثل، بقصد إنماء قوى الفرد الروحية والخلقية.(2)

في ضوء ما سبق نجد أن التربية المسيحية بدأت دينية صرفة بناء على تعاليم المسيح ، وبالتالي قامت على سواعد رجال الدين ، واستمرت بطابعها الديني حتى العصور الوسطى، عندما بدأت تظهر عوامل وقوى جديدة سياسية واقتصادية واجتماعية، أخذت تحدث تغيرات جديدة في التربية في تنظيمها ومحتواها وأهدافها، كي تلبي الاحتياجات الجديدة للمجتمع، فظهرت حركة إحياء العلوم، وتوسع الرهبنة في الأديرة، وتكون نظام تربية المتصوفين، ونشوء تربية الفروسية، إلى جانب استمرار مدارس الكاتدرائيات حاملة لواء العلوم العقلية، ثم ظهرت الحركة المدرسية، وبدأت تنشأة الجامعات، بنظم وتقاليد كانت الأساس للجامعات المعاصرة.

ولعل أهم مدارس التربية المسيحية، هي:

- مدارس تعليم المبادئ المسيحية: نشأت مبكرة داخل الكنائس والأديرة، ويغلب عليها التهذيب العقلي والخلقي.
- مدارس الحوار الديني: اهتمت بنتاج الفكر اليوناني الشرقي عموماً الذي يحتاجه القساوسة وزعماء الكنيسة.

---

(1) بول منرو: المرجع في تاريخ التربية، ط1، ترجمة صالح عبد العزيز، وحامد عبد القادر، القاهرة، مكتبة النهضة المصرية 1949، ص 231.

(2) المرجع السابق، ص211.

- مدارس الكاتدرائيات: اهتمت بإعداد رجال الدين.

بيد أن التربية الديرية كان لها ميدانها الفسيح، وقوتها التربوية العظيمة في المسيحية، إذ اعتمدت على الرهبنة لتحقيق الهدف الديني، كون الأديرة تمنح الفرد الفرصة للراحة والتأمل، والتخلص من زخارف الدنيا، وتطهير النفس من الشرور والآثام، فضلاً عن أن الأديرة تحوي مخازن للمخطوطات، ونفائس التراث في الأدب والعلم واللاهوت، وغير ذلك مما يمكن للعلم والتطهر.[1]

غير أن التربية المسحية أخذت تتحول تدريجياً وتتميز بأشكال ومضامين وأهداف جديدة، كنتيجة للتطورات المتسارعة عقب عصر النهضة، والثورتين الصناعيتين الأولى والثانية ، ليختفي النمط التربوي الديني، ويضيق تدريجياً، فاسحاً الطريق أمام النمط التربوي الدنيوي العلماني.

3-الديانة الإسلامية

الدين الإسلامي آخر الأديان السماوية، أنزله الله على خاتم الأنبياء والمرسلين، محمد بن عبد الله عليه أفضل الصلاة والتسليم، جاء متمماً لأديان التوحيد السابقة، اليهودية، والمسيحية، ومحتفظاً بتعاليم التوراة والإنجيل، وموضحاً ما صح منها وما بطل..

ذلك إن الله سبحانه وتعالى أرسل الأنبياء والرسل إلى اليهود وفضلهم على العالمين، إلا أن اليهود أضلوا الطريق، فدب إلى كتبهم المقدسة الإضافات والحذف والتحوير، نتيجة اختلاطهم بالديانات الوثنية القديمة، فأخذ اليهود يحرفون الكلم عن موضعه، ويقتلون الأنبياء، ويسجدون للأصنام، وتتحول رسالة التوحيد إلى الاهتمام بتشريع الحياة الدنيا، وإهمال الحياة الأخرى، ثم راح اليهود بتكالبون على المال بكل الوسائل المذمومة، ويفسدون في الأرض، ويغرقون في أمور الدنيا، وما نجم عن ذلك من فساد، وظلم واضطهاد، عندها جاء الدين المسيحي ليعالج ذلك الخلل، فاتجه إلى تقوية الجوانب الروحية والتحلي بالأخلاق والمثل العليا، بالدعوة إلى تطهير النفس والزهد والتسامح والرحمة، وتقوية الصلة بين الإنسان وخالقه.

غير إن رسالة المسيح حرفت عندما قام بولس ومن تبعه من اليهود المعتنقين للمسيحية من نشر المسيحية بين الشعوب بالصورة التي توافق طقوس وعادات تلك الشعوب، وتوافق مصالح كهنة المسيحية، لأن خلو المسيحية من صور تشريع الحياة المادية، بعد تحريفها، جعلت الكهنة يشرعون لأحوال المجتمع وفق مصالحهم، فعشقوا السلطة والنفوذ، واصبحوا السادة وملاك الأراضي والعبيد، و قادوا الحروب، وباعوا صكوك الغفران، إلى غير ذلك. أما الجانب الروحي في المسيحية فقد انحصر في الصلة بين العبد وربه من خلال الكنيسة وكهنتها، وبالتالي انزلقت المسيحية إلى أمور الدنيا، وتحولت إلى ديانة وثنية في طابعها الديني ومادية في طابعها الدنيوي.

وهنا كان طبيعياً أن يأتي الدين الإسلامي لتصحيح مظاهر الانحراف في الديانات السماوية، وما أصاب البشرية من علل وفساد، وظلم وضلال، وقصور كبير في تنظيم شؤون حياة الإنسان والمجتمع في الدنيا والآخرة.

---

(1) راجع: بول منرو، المرجع في تاريخ التربية، مرجع سابق، ص 260، 265.

وهنا جاء الإسلام كضرورة ملحة لتصحيح ما طرأ على الديانتين اليهودية والمسيحية من أخطاء وانحرافات قام بها أتباع هاتين الديانتين من حاخامات اليهود، وباباوات وقاسوسة المسيحية، وتلافي ما خل وأُبطل من تحريف وأباطيل، ويستكمل جوانب التشريع السماوي، لحياة الدنيا والآخرة، جامعاً لما أنزل الله في الديانتين السابقتين، ومتمماً لهما في إحاطة وشمول. فسلك الإسلام طريقاً و سطاً دون مغالاة كالمسيحية، وبلا تفريط كاليهودية، جامعاً بحكمة بالغة الحياة الدنيا والآخرة، والحياة الروحية والمادية، الفردية والجماعية، المحلية والعالمية في توازن دقيق وحكمة بالغة، كعقيدة ومنهج شامل.. عقيدة تدعوا إلى توحيد إله واحد لا شريك له، ووجوب عبادته، واتباع نواهيه، كسبيل لفهم الكون والإنسان والحياة، ومنهج ينظم شؤون حياة الفرد والمجتمع في ميادين الأنشطة ومجالات الحياة المختلفة.

ولعل ما تجدر الإشارة إليه، أن الرسالات السماوية الثلاثة جاءت متتابعة لتواكب تطور الجنس البشري، كما يذكر الشيخ محمد عبده والأستاذ عباس العقاد، ويفصل ذلك أحمد شلبي[1] حيث بين أن الرسالات السماوية مرت بثلاث أطوار أو مراحل، يمثل الطور الأول طفولة الجنس البشري من أدم إلى إبراهيم عليه السلام، إذ جاءت الدعوة بسيطة محدودة بجماعة صغيرة، بدأت بمخاطبة الحس، ولم يكن لها كتب واضحة، أو تواريخ محددة، وتضمنت الدعوة جملة نصائح تدعوا إلى التوحيد، وترك الأوثان. بينما مثل الطور الثاني صبا الجنس البشري، حيث أرسل الله أنبياء بني إسرائيل ومنهم موسى، وعيسى عليهما السلام، وتميزت الدعوة السماوية باتساعها لتشمل قبيلة كبيرة وصار لها كتبا هي التوراة، والإنجيل ولها تواريخ، وتضمنت الدعوة تفاصيل وتشريعات لحياة الدنيا والآخرة، أما المرحلة الثالثة فتمثل شباب الجنس البشري المتمثلة في رسالة الرسول محمد عليه الصلاة والتسليم، وفيها أصبحت دعوة الإسلام شاملة لكل البشر، وواضحة الدعوة إلى وحدانية الله دون شريك أو مشابهة، ومشرعة للحياة الدنيا والآخرة، ومنظمة في كتاب محكم لا ريب فيه ولا تحريف، محددة بتواريخ وأحداث، منزلة من عند الله، تصور مقدرة الله وعظمته. ومنظمة لأحوال المجتمع وشؤون أفراده. وهي لذلك جاءت لتخاطب العقل والضمير، من حيث أنهم يعقلون ويتأملون، ويقدرون على التميز والاختيار.

- **رسالة الإسلام**

الإسلام هو اسم أنزله الله تعالى واختاره ليدل على الدين الذي أتى به خاتم الأنبياء والمرسلين محمد ﷺ ، حيث يقول الحق جل وعلا (**وَرَضِيتُ لَكُمُ الإِسْلَامَ دِينًا فَمَنِ اضْطُرَّ فِي مَخْمَصَةٍ غَيْرَ مُتَجَانِفٍ لِّإِثْمٍ فَإِنَّ اللهَ غَفُورٌ رَّحِيمٌ (3)**) المائدة: ٣

والإسلام هو دين المرسلين والنبيين، قال تعالى: (**أَفَغَيْرَ دِينِ اللهِ يَبْغُونَ وَلَهُ أَسْلَمَ مَن فِي السَّمَاوَاتِ وَالأَرْضِ طَوْعًا وَكَرْهًا وَإِلَيْهِ يُرْجَعُونَ**) آل عمران: ٨٣: ومما بينه القرآن الكريم

---

(1) أحمد شلبي: مقارنة الأديان، مرجع سابق.

على لسان نوح عليه السلام قال تعالى: (**وَأُمِرْتُ أَنْ أَكُونَ مِنَ الْمُسْلِمِينَ (72)**) يونس: ٧٢ ثم يؤكد القرآن الكريم ذلك في وصية يعقوب لأولاده قال تعالى: (**وَوَصَّى بِهَا إِبْرَاهِيمُ بَنِيهِ وَيَعْقُوبُ يَا بَنِيَّ إِنَّ اللَّهَ اصْطَفَى لَكُمُ الدِّينَ فَلاَ تَمُوتُنَّ إَلاَّ وَأَنتُم مُّسْلِمُونَ (132)**) البقرة: ١٣٢ إلى غير ذلك من الأدلة التي تبين أن الإسلام دعوة أزلية، ودعوة عالمية، كون غاية الدين هو الاستسلام لله في أمره ونهيه، ومن أسلم وجه وقلبه لله في كل أمر فهو مسلم.[1]

والإسلام لغة هو الإخلاص لله والتخلص من الآفات الظاهرة والباطنة، ويعني الصلح والأمانة، ويعني أيضاً معنى الطاعة والإذعان لله.[2]

وهناك تعريفات عدة لرسول الله ﷺ ، أجمعها ما قاله في الحديث الصحيح: "دار الإسلام أن تشهد أن لا إله الله ، وأن محمداً عبده ورسوله، وتقيم الصلاة، وتؤتي ا لزكاة، وتصوم رمضان، وتحج البيت إن استطعت إليه سبيلا"، ثم يوسع رسول الله ﷺ معنى الإسلام في أحاديث أخرى ، فيضيف إلى الأركان السابقة، الأمر بالمعروف، والنهي عن المنكر، والجهاد.

والإسلام في المعنى الشرعي هو "توحيد الله والانقياد والخضوع، وإخلاص الضمير، والإيمان بالأصول الدينية، التي جاءت من عند الله."[3]

وبهذا فالمعنى الشرعي للإسلام مشتق من المعاني اللغوية ، والمسلم هنا هو من أسلم وجهه لله طوعاً، وخضع لأمر الله ونهيه، سواء الطاعة الطبيعية والطاعة بالإرادة، لأن الله خلق الإنسان وفق سنن تقتضي منه الخضوع والطاعة لخالقه.

وفي ضوء ما سبق فالإسلام عقيدة، وعبادة، ومنهج حياة، ختم الله به الشرائع، جاء وفق منظومة متكاملة، شملت جميع نواحي حياة الدنيا والآخرة، وتنظيم علاقة البشر بخالقهم، وبالكون، والأفراد والجماعات.

مصادر الدين الإسلامي

أولاً- القرآن الكريم

وهو كلام الله المنزل على سيدنا محمد ابن عبدالله المنقول عنه نقلاً متواتراً، نظماً ومعناً، وهو آخر الكتب المساوية نزولاً. ويتفق الأصوليون والفقهاء وعلماء اللغة أن القرآن هو الكلام المعجز والمنزل على النبي ﷺ، المكتوب في المصاحف، المنقول عنه بالتواتر، المتعبد في تلاوته[4]، وصل إلى المسلمين دون تحريف أو

---

(1) سعيد حوى: الإسلام، بيروت، دار عمار، 1988، ص 10.

(2) عفيف عبد الفتاح، طبارة: روح الدين الإسلامي، ط2، بيروت، دار العلم للملايين، 1985، ص13.

(3) المرجع السابق، ص 14.

(4) سعيد إسماعيل علي: أصول التربية الإسلامية، القاهرة، دار الثقافة للطباعة والنشر، 1978، ص11.

تبديل، محاطاً بعناية من عامة المسلمين، وخواصهم، شائعاً بين أيديهم، يتلونه أثناء تعبدهم في صلواتهم، ودستور لمجالات حياتهم الاجتماعية والاقتصادية، ويتناقلونه من جيل إلى جيل.

ويشمل القرآن الكريم على مائة وأربعة عشر سورة، تحوي 3000 آية، كلها تمثل حياة المجتمع الإسلامي، ويتضمن القرآن الكريم على ما يلي: [1]

- عقائد إيمانية: وتتمثل الإيمان بالشهادتين، (الإيمان بالله ، والملائكة، والكتب، والرسل، واليوم الآخر) وأركان الإيمان، وما يتبعها من عبادات تتمثل بالصلاة، والزكاة، والصوم، والحج.

- أحكام تشريعية: تتمثل في قواعد التشريع لتنظيم حياة المجتمع الذي يدين بالإسلام في النواحي الاجتماعية، والسياسية، والاقتصادية، والتربوية، والعسكرية، وتنظيم العلاقات بين الناس، وبين الفرد وربه، وبين الفرد والمجتمع وما يصدر عن الإنسان من أقوال وأفعال.

- الآداب وفضائل الأخلاق: وتتمثل في طهارة النفس، والصدق، والأمانة، والعدل، والرأفة، والتواضع، والتراحم، والعفة والاحتشام، وغض البصر، وغير ذلك من فضائل الأخلاق التي تصلح شأن الفرد والمجتمع، وتسعدهما في الدنيا والآخرة، مقابل نبذ الأخلاق الفاسدة، لما تسببه من شقاء الفرد والمجتمع في الدنيا والآخرة.

- الإرشاد وإعمال العقل في النظر والتدبر: ويتمثل في حث المسلمين على التفكير في ملكوت السماوات والأرض، وفي مخلوقات الله، ومعرفة أسرارها فيما ينفعهم لتحسين أحوالهم وظروف حياتهم.

- قصص الأولين: وتتمثل في سنن الله في معاملة خلقه الصالحين منهم أو المفسدين، للاتعاظ واستنباط الدروس والعبر.

ثانياً:- السنة النبوية

المعنى اللغوي لكلمة السنة هو الطريق والنهج. أما المعنى الإصطلاحي فالسنة لدى علماء أصول الفقه هي كل ما صدر عن النبي ﷺ من قول أو فعل أو تقرير، مما يصلح أن يكون دليلاً لحكم شرعي [2]، والسنة بمعناها العلمي لدى المحدثين فهي "مجموع ما نقل بالسند الصحيح من أقوال الرسول ﷺ ، وأعماله، وتركه، ووصفه، وإقراره، ونهيه ، وما أحب وما كره، وغزواته، وأحواله، وحياته". [3]

وإذا كان القرآن الكريم مصدر التشريع، فإن السنة المطهرة هي المفصلة للقرآن الكريم، وإيضاح ما جاء فيه، سواء لإظهار المراد منه، أو لشرح ما غمض فيه، أو لإثبات دليل قرآني، وما نحو ذلك.

---

(1) المرجع السابق، ص 19، 21، أيضا: سعيد حوى، المرجع السابق، ص18.

(2) سعيد إسماعيل علي: أصول التربية الإسلامية، مرجع سابق، ص 57.

(3) عبد الرحمن النحلاوي: أصول التربية الإسلامية وأساليبها، ص 24.

ومن هذين المصدرين تكونت معتقداتنا بالـلـه، وملائكتـه، وكتبـه، ورسـلـه، واليـوم الآخـر، وفهمنا أركان الإيمان، والقيام بالعبادات، وتكون فهمنا للكون، والوجود، وطبيعة الإنسان، والقـيم، وادراكنا لمغزى الحياة، وقيامنا بواجبات التكليف فيما أمرنا الـلـه ونهانا عنه.

- **المبادئ والأسس التي قدمها الإسلام للمجتمع البشري**

الإسلام باعتباره عقيدة توحيد ومنهج حياة، فقد تضمن العديد من المبادئ والأسس التي قدمها للمجتمع البشري في الجوانب التعبدية والفكرية والتشريعية، لعل أهمها:

عقيدة التوحيد:وهي الإيمان الكامل والمطلق بوحدانية الـلـه ليس له شريك أو شبيه، وليس له تركيب أو مكون، وصفات: فهو ليس كمثله شيء، والوحدانية تفترض عبادة الـلـه الواحد القهار عن إيمان كامل، واعتقاد مطلق بالعقل، قال تعالى: (**مَا اتَّخَذَ الـلـهُ مِن وَلَدٍ وَمَا كَانَ مَعَهُ مِنْ إِلَهٍ إِذًا لَّذَهَبَ كُلُّ إِلَهٍ بِمَا خَلَقَ وَلَعَلَا بَعْضُهُمْ عَلَى بَعْضٍ سُبْحَانَ الـلـهِ عَمَّا يَصِفُونَ (91)**)) المؤمنون: ٩١ وتستلزم عقيدة التوحيد الإيمان بملائكة الـلـه، وكتبه، ورسله، واليوم الآخر، خيره وشره، والإيمان بأن محمداً آخر الأنبياء وخاتم المرسلين رسـول الـلـه، ومـن دلالات الوحدانيـة لله اجـتماع أمـر النـاس في مـنهج كـلي ومنظور شمولي بما يوحد مشاعرهم واتجاهـاتهم وقيمهم، وإجـماع أمـرهم في كـل مـا يهـم شـؤون حياتهم.

- الجمع بين الدين والدنيا: نظم الإسلام حياة الفرد الدينية والدنيوية في توازن تـام، نـاظراً للحيـاة الدنيا أنها دار ابتلاء وامتحان ومسؤولية، أما الدار الآخرة فهي دار البقـاء والخلـود، قـال تعـالى: (**مَن كَانَ يُرِيدُ الْحَيَاةَ الدُّنْيَا وَزِينَتَهَا نُوَفِّ إِلَيْهِمْ أَعْمَالَهُمْ فِيهَا وَهُمْ فِيهَا لاَ يُبْخَسُونَ**) هود: ١٥ - ١٦ ثم قال تعالى: (**أُوْلَئِكَ الَّذِينَ لَيْسَ لَهُمْ فِي الآخِرَةِ إِلاَّ النَّارُ وَحَبِطَ مَا صَنَعُواْ فِيهَا وَبَاطِلٌ مَّا كَانُواْ يَعْمَلُونَ(16)**) هود: 15- 16 ثم قال تعالى: (**اعْلَمُوا أَنَّمَا الْحَيَاةُ الدُّنْيَا لَعِبٌ وَلَهْوٌ وَزِينَةٌ وَتَفَاخُرٌ بَيْنَكُمْ وَتَكَاثُرٌ فِي الْأَمْوَالِ وَالْأَوْلَادِ كَمَثَلِ غَيْثٍ أَعْجَبَ الْكُفَّارَ نَبَاتُهُ ثُمَّ يَهِيجُ فَتَرَاهُ مُصْفَرًّا ثُمَّ يَكُونُ حُطَامًا وَفِي الْآخِرَةِ عَذَابٌ شَدِيدٌ وَمَغْفِرَةٌ مِّنَ الـلـهِ وَرِضْوَانٌ وَمَا الْحَيَاةُ الدُّنْيَا إِلَّا مَتَاعُ الْغُرُورِ (20)**) الحديد

- **مبدأ الوحدة الإنسانية:** يصرح الإسلام أن الناس كلهم أخوة، يقـول الرسـولﷺ: **"كلكـم لآدم وآدم من تراب"** وهناك آيات كثيرة استعرضت في مواضع أخرى من القرآن تدل عـلى أن النـاس من أ صل واحد خلقهم الـلـه تعالى، ولا فرق بـين إنسـان وآخـر إلا بـالتقوى، لأن مـن لا يـؤمن بالـلـه لا يعرف التقوى أصلا، لهذا جاءت دعوة الإسلام لكل الناس أجمعين، تؤكد مبدأ الوحـدة الإنسانية، وهذه الوحدة تؤكد مبدأ المساواة بين البشر، يقول تعالى: (**وَمَا أَرْسَلْنَاكَ إِلَّا رَحْمَةً لِّلْعَالَمِينَ(107)**) (الأنبياء 107). وقال تعالى (**وَإِذَا حَكَمْتُم بَيْنَ النَّاسِ أَن تَحْكُمُواْ بِالْعَدْلِ إِنَّ الـلـهَ نِعِمَّا يَعِظُكُم بِهِ إِنَّ الـلـهَ كَانَ سَمِيعًا بَصِيراً (58)**) النساء:

- **العناية بالجسم والروح:** وفق الإسلام بين المادة والروح في تكامل يفي بمطالب الدنيا والآخرة، دون تغليب جانب على آخر، وقد نهى الإسلام إهمال الجانب المادي في الفرد والجماعة، لأن سلامة الجسم يعني سلامة الروح، ومعناه سلامة المجتمع جسمياً وروحياً، وقد وضع الإسلام نظاماً لحفظ الأبدان سواء للوقاية من الأمراض، وكذا النظافة أو كل ما يضره.
- **رعاية النفس والأخلاق:** حث الإسلام بتحلي الفرد بالأخلاق والفضائل السامية التي تصفي النفس، وتهذب الأخلاق، و تضبط السلوك، وحث الإسلام على ترك الرذائل والنهي عن المنكر، قال تعالى: (**وَتَعَاوَنُواْ عَلَى الْبرِّ وَالتَّقْوَى وَلاَ تَعَاوَنُواْ عَلَى الإِثْمِ وَالْعُدْوَانِ وَاتَّقُواْ اللّهَ إِنَّ اللّهَ شَدِيدُ الْعِقَابِ(2)**) المائدة: ٢.

وقال تعالى: (**يَا أَيُّهَا الَّذِينَ آمَنُوا لَا يَسْخَرْ قَومٌ مِّن قَوْمٍ عَسَى أَن يَكُونُوا خَيْراً مِّنْهُمْ وَلَا نِسَاء مِّن نِّسَاء عَسَى أَن يَكُنَّ خَيْراً مِّنْهُنَّ وَلَا تَلْمِزُوا أَنفُسَكُمْ وَلَا تَنَابَزُوا بِالْأَلْقَابِ(11)**) الحجرات: ١١

- استخدام العقل والانتفاع به: يمكن التعرف على رؤية الإسلام لهذا المبدأ في التربية الإسلامية، وذلك خوفاً من التكرار.
- الدين المعاملة: نظم الإسلام العلاقات بين الناس على أساس آداب الإسلام القائمة على الحب والعدالة، والرحمة، والتعاون، والإخلاص في العمل، واتباع القيم الإسلامية في البيع والشراء، والميراث، والزواج، والطلاق، ويحذر من الغش، وينهى عن الظلم، والرشوة، وشهادة الزور، ويوصي بالجار، ويدعوا إلى الأمانة والوفاء بالعهود، إلى غير ذلك من تنظيم صور حياة الأفراد والجماعات والمجتمعات.

التربية في الدين الإسلامي

لما كان الدين الإسلامي آخر الرسالات السماوية، وجمع بين حياة الدنيا والآخرة في منهج شامل ومتكامل، فطبيعي أن تعكس التربية الإسلامية ذلك النهج في بناء فكري وتطبيقي متين.

فالدين الإسلامي أول ديانة بدأ بالدعوة إلى القراءة، أي معنى تعلّم وتربيّ، وبمعنى تفحص أصول الأشياء، والقراءة لكل ما في المجتمع والكون، والقارئ سيقرأ سياسة واقتصاد واجتماع، وهكذا.. وما أدل على ذلك من أنه أول آية نزلت على خاتم الأنبياء والمرسلين محمد ﷺ، في قوله تعالى: (**اقْرَأْ بِاسْمِ رَبِّكَ الَّذِي خَلَقَ (1) خَلَقَ الْإِنسَانَ مِنْ عَلَقٍ (2) اقْرَأْ وَرَبُّكَ الْأَكْرَمُ (3) الَّذِي عَلَّمَ بِالْقَلَمِ (4) عَلَّمَ الْإِنسَانَ مَا لَمْ يَعْلَمْ (5)**)العلق: ١ - ٥

إن كلمة القراءة تعني أن يبدأ الإنسان بمحو أميته، كما يعنى به اليوم بصفة عامة، والقراءة إذا كانت بداية إلى التعليم؛ فإنها تقود للكتابة، وإذا قرأ الإنسان وكتب عرف وتفاعل مع غيره، ومحى الإنسان أميته،

يعني أنه سوف يستمر بتعليم وتربية نفسه، ويهدي نفسه إلى الطريق الصحيح، وبهذا أضاف الإسلام إلى وظائف التعليم، القراءة والكتابة كوظيفة جديدة [1]، لم تكن واضحة وملزمة كشرط للتعليم.

ومنهج الإسلام الشامل ذاك، جعل التربية الإسلامية تهتم بالحياة الدنيا والآخرة، لتجمع بين الهدف الديني الروحي، والهدف الدنيوي المادي، ساعية إلى إعداد الإنسان الصالح، والمجتمع الصالح المتطور.

كما بين الإسلام أن قيام المسلم بواجباته الدينية والدنيوية، وتحمل مسؤولية أعماله يجب أن يكون عن علم، والعلم أو المعرفة يقود لحمل الأمانة والقيام بواجبات الخلافة.

لهذا اعتبر العلم وطلبه في الدين الإسلامي فريضة على كل مسلم أكان ذكراً أم أنثى، وحث كل مسلم على استخدام العقل في التفكير، وتدبر أمور حياته وآخرته، وتحمل المشقة في التعليم والاستفادة منه، وقد وضع الرسول ﷺ البدايات الأولى لملامح التربية الإسلامية بدءاً من التقليد الذي اتبعه في تعليم من آمن بدعوته تعاليم الإسلام، وبناء على ما قاله رسول الله ﷺ عن نفسه "**إنما بعثت معلماً**" وما قاله المولى عز وجل: قال تعالى: (**هُوَ الَّذِي بَعَثَ فِي الْأُمِّيِّينَ رَسُولًا مِّنْهُمْ يَتْلُو عَلَيْهِمْ آيَاتِهِ وَيُزَكِّيهِمْ وَيُعَلِّمُهُمُ الْكِتَابَ وَالْحِكْمَةَ وَإِن كَانُوا مِن قَبْلُ لَفِي ضَلَالٍ مُّبِينٍ (2)**) الجمعة: ٢ حيث عمد الرسول ﷺ إلى تعليم من آمن به في دار الأرقم بن أبي الأرقم كأول مكان للتدريس، ثم امتد هذا التقليد إلى المساجد عندما كان يفرغ من الصلاة فإنه يقوم بتعليم المسلمين أمور دينهم، وبهذا انتقلت "الكتاب" التي كانت سائدة قبل الإسلام إلى المساجد، وصار رجال الدين والعالمون في العبادات والشريعة الإسلامية هم المعلمون الذين يقومون بالتدريس.

غير أن الرسول ﷺ نهى عن تدريس الصبية في المساجد حفاظا على نظافتها، لتتحول أماكن تدريس الصبية إلى فناءات المساجد ومساحاته الخارجية، أو في غرف ملحقة بها، أطلق عليها وبأسماء "الكتّاب" وأسماء مختلفة منها في اليمن (معلامة أو مقصورة أو عُلمة).

لذلك غلب الهدف الديني على التربية الإسلامية في قرونها الأولى، وكانت أوضح ما تكون في إعداد الإنسان العابد، وتهذيب الأخلاق وتثقيف العقل.[2]

الجوانب التربوية في القرآن والسنة

بطبيعة الحال، فالقرآن الكريم، والسنة المطهرة هما مصدري التربية الإسلامية وأصولها الأساسية، وإذا وجدت مصادر أخرى فإنها مشتقة من المصدرين السابقين ومتممة لهما. ومن هذين المصدرين تتكون النظرية التربوية الإسلامية، بتقديمهما رؤية تربوية شاملة لتربية المسلم، وتشكيل مجتمع جديد يتفق والمبادئ التي جاء بها الإسلام، ثم تقوم التربية بترجمة تلك المبادئ والأسس وتحويلها من نص إلى واقع، ومن اعتقاد إلى سلوك.

ولعل أبرز الجوانب التربوية في القرآن والسنة كمحاور لمكونات النظرية، هي:

---

(1) إبراهيم ناصر، أسس التربية، مرجع سابق.

(2) سعد مرسي أحمد وآخرون: مرجع سابق، ص 142.

1- احترام عقل الإنسان:[1]

تقاس صحة المصدر التربوي بمدى احترامه لعقل الإنسان، والتعويل عليه في كل أمر من أمور حياته، وذلك لأن العقل أداة التعلم، والوصول إلى العلم النافع، من خلال الفهم والتأويل والاستنتاج والتفكير . وهنا نجد القرآن الكريم يدعوا الإنسان ويحثه على تحكيم العقل واستخدامه بصورة مستمرة ، مع استخدام السمع والبصر والفؤاد فيما يؤمن به ويعتقده ويمارسه ويسلكه، عن تفكير وتأمل ووعي وإدراك، وبحث واستدلال، دون تقليد ومحاكاة للآخرين، والتعويل على كل ذلك في طلب العلم والمعرفة، وفي كل أمر من أمور حياته، وما يقتضيه ذلك من تدريب العقل وتعود التفكير الصحيح حتى يكون الإنسان سريع البديهة ، ثابت الحجة، فطناً يقظاً. ومقابل ذلك يعيب القرآن الكريم من عدم استخدام العقل، وما أدل على ذلك ورود ذكر العقل والحث على استخدامه والنهي من عدم استخدامه في أكثر من ثمانين آية، ومن هذه الأدلة قوله تعالى:

(قُلْ مَنْ حَرَّمَ زِينَةَ اللـهِ الَّتِيَ أَخْرَجَ لِعِبَادِهِ وَالْطَّيِّبَاتِ مِنَ الرِّزْقِ قُلْ هِي لِلَّذِينَ آمَنُواْ فِي الْحَيَاةِ الدُّنْيَا خَالِصَةً يَوْمَ الْقِيَامَةِ كَذَلِكَ نُفَصِّلُ الآيَاتِ لِقَوْمٍ يَعْلَمُونَ (32)) الأعراف: ٣٢

(قُلْ هَلْ يَسْتَوِي الأَعْمَى وَالْبَصِيرُ أَفَلاَ تَتَفَكَّرُونَ (50)) الأنعام: ٥٠

(إِنَّ شَرَّ الدَّوَابِّ عِندَ اللـهِ الصُّمُّ الْبُكْمُ الَّذِينَ لاَ يَعْقِلُونَ(22)) الأنفال: ٢٢

(لَهُمْ قُلُوبٌ لاَّ يَفْقَهُونَ بِهَا وَلَهُمْ أَعْيُنٌ لاَّ يُبْصِرُونَ بِهَا وَلَهُمْ آذَانٌ لاَّ يَسْمَعُونَ بِهَا أُوْلَئِكَ كَالأَنْعَامِ بَلْ هُمْ أَضَلُّ أُوْلَئِكَ هُمُ الْغَافِلُونَ (179)) الأعراف: ١٧٩ ١٧٩

وفي حديث الرسول ﷺ : الدين هو العقل، ولا دين لمن لا عقل له، وقال: أيضا فقيه واحد أفضل عند الـله من ألف عابد.

2- الدعوة إلى طلب العلم والحث على التعلم والتعليم

حض الإسلام على طلب العلم وتحمل المشقة من أجله، كون الإنسان خلق مزوداً باستعدادات بيولوجية ونفسية وعقلية تمكنه من التعلم، والمرور الخبرات الحياتية، قال تعالى: **(أَفَلَمْ يَسِيرُوا فِي الْأَرْضِ فَتَكُونَ لَهُمْ قُلُوبٌ يَعْقِلُونَ بِهَا أَوْ آذَانٌ يَسْمَعُونَ بِهَا فَإِنَّهَا لَا تَعْمَى الْأَبْصَارُ وَلَكِن تَعْمَى الْقُلُوبُ الَّتِي فِي الصُّدُورِ(46))** الحج: ٤٦ يوسف: ١٠٩

ويؤكد الرسول ﷺ هذه الحقيقة بجعل طلب العلم فريضة على كل مسلم بقوله: "طلب العلم فريضة

---

(1) راجع: سعيد إسماعيل علي، أصول التربية الإسلامية، مرجع سابق.

على كل مسلم" وكلمة مسلم تشمل الذكر والأنثى، لأنها اسم جنس. ويحض الرسول ﷺ أن ينال كل مسلم نصيباً من العلم لقوله: "أغد عالماً أو متعلماً أو مستمعا أو محباً، ولا تكن الخامسة فتهلك" والخامسة أن تبغض العلم وأهله ، بل إن العلم أو المعرفة في الإسلام شرط للإيمان، كون المعرفة أساس إدراك الفرد وفهمه، وينشأ الإيمان عنده عن فهم ويقين، بإقامة الدليل والحجة على سلامة اعتقاده بما يؤمن، ثم أن الإسلام يجعل العلم طريق المؤمن إلى الجنة، لقوله ﷺ : "من سلك طريقاً يلتمس فيه علماً سهل الله طريقه إلى الجنة".

لذلك حث الإسلام المسلمين على بذل الجهد في التعلم والتعليم وبالنظر في الكون والتأمل في مخلوقات الله، لقوله تعالى (**أَفَلَمْ يَسِيرُوا فِي الْأَرْضِ فَتَكُونَ لَهُمْ قُلُوبٌ يَعْقِلُونَ بِهَا أَوْ آذَانٌ يَسْمَعُونَ بِهَا فَإِنَّهَا لَا تَعْمَى الْأَبْصَارُ وَلَكِن تَعْمَى الْقُلُوبُ الَّتِي فِي الصُّدُورِ(46)**) الحج: ٤٦

قال تعالى: أعوذ بالله من الشيطان الرجيم (**أَفَلَمْ يَرَوْا إِلَى مَا بَيْنَ أَيْدِيهِمْ وَمَا خَلْفَهُم مِّنَ السَّمَاءِ وَالْأَرْضِ (9)**) سبأ: ٩

ثم يحض الإسلام إلى تعلم العلوم الطبيعية، والعلوم البيولوجية، وإتباع الطرق العلمية من ملاحظة وتجريب. ومن الأدلة على ذلك يقول تعالى: (**إِنَّ فِي خَلْقِ السَّمَاوَاتِ وَالْأَرْضِ وَاخْتِلَافِ اللَّيْلِ وَالنَّهَارِ وَالْفُلْكِ الَّتِي تَجْرِي فِي الْبَحْرِ بِمَا يَنفَعُ النَّاسَ وَمَا أَنزَلَ اللهُ مِنَ السَّمَاءِ مِن مَّاءٍ فَأَحْيَا بِهِ الْأَرْضَ بَعْدَ مَوْتِهَا وَبَثَّ فِيهَا مِن كُلِّ دَابَّةٍ وَتَصْرِيفِ الرِّيَاحِ وَالسَّحَابِ الْمُسَخَّرِ بَيْنَ السَّمَاءِ وَالْأَرْضِ لَآيَاتٍ لِّقَوْمٍ يَعْقِلُونَ (164)**) البقرة: ١٦٤

ويدعوا الإسلام المسلمين ويحثهم على ممارسة التعليم، وذلك بتعليم الناس أمور دينهم ودنياهم كواجب على العلماء والمتعلمين أن يقدموا ما عندهم للناس ما أمكنهم ذلك، لقوله تعالى: قال تعالى: أعوذ بالله من الشيطان الرجيم (**إِنَّ الَّذِينَ يَكْتُمُونَ مَا أَنزَلْنَا مِنَ الْبَيِّنَاتِ وَالْهُدَى مِن بَعْدِ مَا بَيَّنَّاهُ لِلنَّاسِ فِي الْكِتَابِ أُولَئِكَ يَلعَنُهُمُ اللهُ وَيَلْعَنُهُمُ اللَّاعِنُونَ (159)**) البقرة: ١٥٩

ويقدم الرسول الكريم ﷺ الطريقة المثلى في ممارسة التعليم، واتباع الأساليب الناجحة في التدريس وإتمام عملية التعلم. وتتمثل في إقناع الناس بالحجة والدليل والمناقشة بالحسنى، والرفق بالمتعلمين، ومراعاة قدراتهم وميولهم، وإتباع الطرق المثلى في القدوة والموعظة الحسنة.

3- تقدير العلم والعلماء

ليس أدل من وصف ومنزلة رفيعة ما يقدمه الإسلام لمكانة العلم وأهميته في الحياة، وفي تطوير المجتمع وإصلاح أحواله المختلفة ، وكذا منزلة العلماء في المجتمع ، ودورهم في توجيه الناس وإرشادهم إلى ما فيه

صلاح الفرد والمجتمع وتطوير أسلوب الحياة، لقوله تعالى: (**قُلْ هَلْ يَسْتَوِي الَّذِينَ يَعْلَمُونَ وَالَّذِينَ لَا يَعْلَمُونَ إِنَّمَا يَتَذَكَّرُ أُولُوا الْأَلْبَابِ (9)**) الزمر: ٩ وقال تعالى: (**آتَيْنَاهُ حُكْمًا وَعِلْمًا وَكَذَلِكَ نَجْزِي الْمُحْسِنِينَ (22)**) يوسف: ٢٢

وقال تعالى (**فَاسْأَلُواْ أَهْلَ الذِّكْرِ إِن كُنتُمْ لاَ تَعْلَمُونَ (43)**) النحل: ٤٣ ،

وفي الحديث الشريف يقول المصطفى ﷺ : "إن الله لا ينتزع العلم من الناس انتزاعاً ولكن بقبض العلماء فيرفع العلم معهم، ويبقى في الناس رؤسا جهالاً يفتونهم بغير علم، فيقتلون ويقتلوا"[1].

4- **تكريم الإنسان ومراعاة فطرته البشرية**

ينظر الإسلام إلى الإنسان على أنه يتكون من روح وجسم، عقل ومادة، الجسم ينموا ويتحرك، وله غرائز وشهوات محكومة بحاجات بيولوجية، وروح يعلمها الله، ولكن لها مظاهر من تفكير وعلم وإرادة، بها يرقى الإنسان ويسمو على مطالب الجسد، والإسلام يعترف بمطالب الجسم والروح بصورة متوازنة وانسجام متكامل، بما يتوافق والطبيعة البشرية للإنسان وفطرته، فالله خلق للإنسان غرائز وشهوات ليس من أجل أن يجمدها ويكبتها وإنما خلقها الله لإشباعها، ولكن باعتدال، للوفاء بمطالب الروح،: ٣١ قال تعالى: (**يَا بَنِي آدَمَ خُذُواْ زِينَتَكُمْ عِندَ كُلِّ مَسْجِدٍ وكُلُواْ وَاشْرَبُواْ وَلاَ تُسْرِفُواْ إِنَّهُ لاَ يُحِبُّ الْمُسْرِفِينَ (31) قُلْ مَنْ حَرَّمَ زِينَةَ اللّهِ الَّتِيَ أَخْرَجَ لِعِبَادِهِ وَالْطَّيِّبَاتِ مِنَ الرِّزْقِ**) الأعراف 31-32

والله سبحانه وتعالى عندما وهب الإنسان العقل والإرادة وفضله بأدوات التعليم والبحث للانتفاع بنعم الله وخيراته، إنما لجعل الإنسان حراً ومسؤولاً عن اختياراته. فإذا كان الله قد خلق لدى الإنسان استعداد فطري للخير والشر، فقد ترك له مطلق الحرية لأن يختار فيسعد نفسه، أو يشقها، ويكون مسؤولاً عن اختياره ذاك، لهذا أرسل الرسالات السماوية لهداية الناس إلى طريق الحق، لتقوية نوازع الخير، وكبت جماح الشر، ويغيير الإنسان من نفسه بالعقل والإرادة، ليسعد نفسه في الدنيا والآخرة. وهنا قامت التربية الإسلامية لتنمية الضمير والإرادة ليتمكن الإنسان من تلبية حاجاته الجسمية والروحية في توازن واعتدال، لأن سعادة الإنسان متوقفة على قواه الجسمية والروحية.

5- **تربية الأخلاق**

تمثل الأخلاق والفضائل منزلة كبرى في التربية الإسلامية، بل إنها نظرية في الأخلاق، باعتبارها ضوابط حاكمة للفكر والسلوك، وبذلك يحرص الإسلام على تحلي المسلم والمجتمع الإسلامي بمكارم الأخلاق، والبعد عن الرذائل، ونبذها.

ومن الفضائل التي يؤكد عليها القرآن والسنة للفرد والمجتمع والدولة، الاستقامة، وإصلاح النفس وتزكيتها، والإخاء، والمساواة، والإحسان، والتقوى، والصبر، والصدق، والعفو، والعدل، والإصلاح بين

---

(1) سعيد إسماعيل، أصول التربية مرجع سابق، ص 86.

الناس، والتعاون، والإيثار، والكلام الحسن، ومعاشرة الأخيار، والاستئذان، والتحية، وآداب الجلوس والأكل، وغيره ذلك من مكارم الأخلاق. كما نهى الإسلام عن الرذائل وحث المسلمين على تركها لخطورتها في فساد المجتمع وانهياره، وهذه كلها تشكل منطلقات عملية للتربية الإسلامية توجه نظريتها وتحكم أنشطتها.

6- ربط الفكر بالعمل والمعرفة بالتطبيق

ينادي الإسلام بربط الفكر بالتطبيق، فرسالة الإسلام مثلما تدعوا إلى عبادة الله، مثلما تدعوا إلى الاهتمام بشؤون الدنيا، والقيام بواجب الاستخلاف في الأرض، يعمر ويبني، ويستمتع بنعيم الله وخيراته، دون انقطاع أو انعزال في الكهوف للتعبد.

والإيمان بالله، إذا كان إقراراً في القلب، فيجب أن يصدقه العمل، وهذا ما أكده القرآن الكريم عندما أقرن الإيمان بالعمل في أكثر من سبعين آية، ثم إن الله سبحانه وتعالى ما أنزل القرآن الكريم لحفظه وفهمه فقط، وإنما لتشريع حياة الناس وإصلاح أحوالهم في الدنيا، وهدايتهم للآخرة.

والدين المعاملة، تعني أن ما يتعلمه الفرد يجب أن يغير سلوكه، وممارسته، بما ينفعه، والقيام بواجب الاستخلاف، لذلك فالإسلام دين علم وعمل، وكد وجد، ومن الأدلة الساطعة على ذلك أن القرآن الكريم احتوى على 352 آية تدعوا إلى العمل، على حين أن آيات العبادة بضع عشرات، وهذه دعوة صريحة لأن نجعل أغلب ساعات اليوم عمل، ودقائق معدودة للعبادة. ومثلما يحض الإسلام على العمل، فإنه يحض على الإجادة فيه وأن يكون العمل أي عمل خالصاً لله. والعمل والإجادة فيه يتوقف على العلم والمعرفة بالله. وهذا ما يجعل مهمة التربية تهتم بالعقل قدر اهتمامها بالجسم، وتهتم بالمعرفة النظرية قدر اهتمامها بجوانبها التطبيقية.

7- المنظور الاجتماعي

قدم الإسلام تشريعاً شاملاً للمجتمع الإسلامي، يتوافق وطبيعة الحياة الاجتماعية للبشر، ويتناغم معها، ضابطاً لها، ملبياً لمطالبها، وفق أحكام وقواعد تنظم سلوك الأفراد والجماعات، في إطار فكري متكامل، ما شكل الأساس لنظرية تربوية إسلامية، تضع أسس بنائه، وتهدي العمل التربوي نحو أهدافه، بما يواكب ثوابت الإسلام.

جاءت تشريعات الإسلام الاجتماعية على قدر كبير من العمومية لترسم الخطوط العريضة دون تفصيل أو تحديد حتى تواجه الاختلافات القائمة بين المجتمعات، والعصور، وحتى تعالج المواقف الفردية والحالات الجزئية، ويتيح التطبيق صور مختلفة مواكبة لظروف كل مجتمع وخصوصياته، دون خروج أو مساس بقواعد الشريعة الإسلامية. وهذا مكن قيام أنظمة تربوية

اختلفت عبر العصور، وبين المجتمعات دون أن تختلف في أسسها الفكرية وغاياتها العامة، وهذا ما أعطى التطبيق التربوي مرونة كافية لتربية أبناء أي مجتمع وتشكيل شخصياتهم الاجتماعية في إطار ظروف المجتمع وأنشطته الاجتماعية والاقتصادية والسياسية والعلمية والتكنولوجية، دون مساس بثوابت التربية الإسلامية، وقواعد التشريع الإسلامي.

8- أهمية القدوة في التربية

يحرص الإسلام ويؤكد على أهمية القدوة في التربية، فالتربية مهما بلغت من الدقة والتنظيم لن تكون مثمرة إلا إذا وجد من يتمثلها قولاً وعملاً، والإسلام بحرصه على أن تتطابق أقوال المسلم وأفعاله، ويصدق ظاهره باطنة، إنما من أجل أن يقتدي بها الآخرون، ويتأسون بها.

والقرآن عندما يسرد لنا قصص الأنبياء والأحداث، إنما لجعلها نماذج يتأسى بها المسلمون ويستخلصون الدروس والعبر، كي يقتدون بها، وفوق هذا وذاك يقدم لنا الرسول ﷺ القدوة الحسنة في حياته وسلوكه، أقواله وأفعاله، نتلمسها في عدله ورحمته، وفي صدقه ومودته، في حبه وتواضعه، في حربة وسلمه، في رأفته وعفوه، في زهده وتقشفه، في حكمته وحسن تصريف الشؤون الخاصة والعامة، يقول تعالى: **(لَقَدْ كَانَ لَكُمْ فِي رَسُولِ اللهِ أُسْوَةٌ حَسَنَةٌ)**[1].

وهذا ما يجعل التربية بالقدوة والموعظة والأسوة الحسنة أقوى أساليب التربية وأبعدها أثراً في النفس والخلق والسلوك.

بهذا التحليل المقتضب يتبين مدى إسهام الأصول الدينية في تشكيل التربية وتحديد أدق تفاصيلها في المجتمع.

وسوف تتضح أبعاد تأثير الأصول الدينية في التربية أكثر عند مناقشة الأصول الفلسفية للتربية.

---

(1) سورة الأحزاب الآية 21.

الفصل الرابع
الأصول التاريخية للتربية

تدل"كلمة تاريخ" على العلم الذي يدرس حقائق الماضي وخبرة السنين الطويلة، ووعي الإنسان في مواجهة العالم. وتعرف دائرة المعارف الإسلامية، "علم التاريخ" بأنه "تدوين ضروب الحوادث الحولية بما ينطبق على تراجم الرجال وسيرهم".[1] وتطور المجتمعات، وما نجم عنها من حقائق ومفاهيم وقوى وجهت حركة التاريخ.

والمعرفة التاريخية مهمة ليس لمعرفة الأصول والجذور فحسب، وإنما لتأصيل الحاضر، وفهم الواقع، وفحص الحياة الثقافية، بين غثها وسمينها، وطالحها وصالحها، وبما يؤدي إلى إثراء الوعي بالواقع، وتغيير الأفكار، لمواجهة تحديات الحاضر وتوقعات المستقبل.

ولا معنى لمعرفة الماضي، إذا لم تمكن من فهم الحاضر، وتقييمه، وتقود إلى رصد اتجاهات المستقبل والتنبؤ به. وإذا كان تاريخ التربية جزء من التاريخ العام، فإن تاريخ التربية هو العلم الذي يدرس ويفسر ما اهتدى إليه الإنسان، في مختلف العصور من الآراء والأفكار، والأعمال الخاصة بتربية النشىء وتقويمهم السليم.[2]

إن موضوع تاريخ التربية، هو تحليل التربية ومعالجتها من المنظور التاريخي. فإذا كان التاريخ يدرس الأحداث والأشخاص، وفق العلاقات الزمانية والمكانية، ومحاولة تفسيرها، فإن تاريخ التربية يتناول جانب واحد من الثقافة هو نظام التربية، ويعني بالممارسات التربوية التي اتبعتها الشعوب والمجتمعات عبر العصور المختلفة.[3] وما ابتدعته من أنماط تربوية، بمؤسسات، وأهداف ، وأساليب، اختلفت باختلاف العصور والمجتمعات، كانعكاس طبيعي للأوضاع الثقافية والاجتماعية والاقتصادية، التي بدورها تغيرت من عصر إلى عصر، ومن مجتمع إلى آخر.

وهذا ما يمكن التحقق منه من مناقشة المواضيع التالية:

أولاً: فوائد دراسة الأصول التاريخية للتربية

من خلال الأصول التاريخية للتربية يمكن أن نستخلص العديد من الفوائد والدروس التي تمكن من فهم حاضر التربية، وتحليل أصولها الممتدة من الماضي، والتنبؤ بالمستقبل، ومن هذه الأصول التاريخية، يمكن:

- الوقوف على الأنماط التربوية التي تكونت خلال العصور التاريخية للمجتمع البشري، وما أضافته كل حضارة، وكل عصر إلى الذي يليه من تجارب وخبرات تربوية، تكشف عن طبيعة تلك الأنماط،

---

(1) نقلاً من محمد منير مرسي : تاريخ التربية في الشرق والغرب، القاهرة عالم الكتب، 1980، ص11.

(2) مصطفى أمين: تاريخ التربية، القاهرة، مطبعة المعارف، 1925، ص7.

(3) محمد منير مرسي: تاريخ التربية في الشرق والغرب، مرجع سابق، ص 15.

واستقراء أحوالها في جميع أطوارها، وتصف التطور والرقي الذي تدرجت فيه، حتى وصلت إلى العصر الحاضر.

• فهم النظم والمؤسسات التربوية التي ظهرت خلال العصور التاريخية، وما تضمنته من أفكار ونظريات تربوية، وما قامت عليه من فلسفات وسياسات، هي بدورها تطورت عبر العصور، وأدت إلى تشكل تلك النظم، والمؤسسات التعليمية، وأساليب الممارسة والتطبيق فيها.

• تتبع أفكار وآراء فلاسفة التربية عبر العصور والحضارات، ومدى إسهامها في تطوير أنماط التربية فكراً وتطبيقاً، كون أفكارهم كانت إنعكاساً لظروف مجتمعاتهم الاجتماعية والسياسية والثقافية، وكانت لنظرياتهم التربوية أبلغ الأثر -ربما- حتى الوقت الحاضر.

• تحليل مكونات التعليم الحالي، من زاوية العناصر التي ورثها عن الماضي، ومقابلة ذلك بالجديد مما استجد واستحدث، ومن زاوية رصد العوامل والقوى المختلفة التي أثرت وما زالت تؤثر، وكيفية مواجهة المشكلات التربوية في الظروف المختلفة، وحتى يراجع التعليم نفسه في ضوء أوضاعه الحالية المتأثرة بماضيه، وفحصه في ضوء حركة القوى الاجتماعية والاقتصادية.[1]

• فهم وتحليل مسارات التربية ومضامينها التي اتخذته، وذلك من خلال تطور أهداف التربية، ومناهجها، وأساليبها، كون الأهداف عبرت عن طبيعة كل عصر ومطالبه، وكشفت عن أثر الظروف الاجتماعية والاقتصادية والسياسية التي حددت المعارف والخبرات التي يتعلمها التلاميذ، وأثر ذلك إلى العصر الحاضر.

• البحث عن جذور مشكلات التعليم، وعوامل تكونها خلال العصور التاريخية، بالتعرف على المفاهيم التي وجهت التربية، والتعرف على القوى السياسية والاقتصادية والثقافية التي أدت إلى تكون المشكلات التربوية، ثم البحث عن وسائل مواجهة تلك المشكلات في الماضي ومدى ملاءمة تلك الوسائل لطبيعة الظروف تلك؟ وهل بالإمكان استخدام تلك الوسائل لمواجهة مشكلات حاضر التربية؟ وكذا البحث عن حلول في ضوء دراسة التاريخ وعوامله وقواه الاجتماعية والاقتصادية.

• التعرف على العوامل والقوى الدينية، والسياسية، والاجتماعية، والثقافية، والاقتصادية، والظروف والاعتبارات التي وجهت المجتمع والتربية، خلال العصور التاريخية، وما تمخض عن ذلك من مؤثرات وأسباب شكلت التربية، وكونت أهدافها ومحتواها، وأثر ذلك حتى الوقت الراهن.

ولتوضيح سبل معالجة تاريخ التربية تعمد الدراسة الحالية إلى اتباع المنهج الأفقي أو العرضي لدراسة تاريخ التربية: ويقوم هذا المنهج على أسس الدراسة المقطعية للتربية في المجتمعات المختلفة عبر العصور المختلفة. وهنا تقسم العصور إلى أقسام، حسب تتابعها الزمني، وفي كل قسم يتم تتبع أهم الأبعاد الاقتصادية، والاجتماعية، والثقافية، والسياسية التي كان لها أثر في تشكيل الفكر التربوي، وقيام المؤسسات والنظم التربوية.[2]

---

(1) محمد الهادي عفيفي: في أصول التربية، الأصول الثقافية للتربية، ص 75.

(2) للمزيد من التفاصيل راجع : سعد مرسي أحمد، وسعيد إسماعيل علي، تاريخ التربية والتعليم، القاهرة، عالم الكتب، 1978.

ثانياً: التربية في المجتمعات البدائية

منذ فجر التاريخ والتربية حاضرة لصيقة بحياة الإنسان، أينما وجد، وكيفما عاش، كضرورة لازمة ، لا غنى عنها لاستمرار حياة الجماعة أو المجتمع، وبالتالي فبداية تاريخ التربية هو بداية ظهور الجماعات البشرية على وجه الخليقة.

لقد فرضت طبيعة الحياة البدائية البسيطة أن تتسم التربية وتحدث في واقع الحياة مباشرة، أي تتم بطريقة غير مقصودة كما نسميها اليوم. بمعنى أنه لا يوجد فرد بعينه يتولى أمر التربية، إنما الحياة كلها هي نمط التربية، والكبار هم المعلمون والمربون، حيث كان الأطفال يحتكون مباشرة بأنشطة الكبار، سواء في نطاق الأسرة أو أثناء القنص والصيد، وجمع الطعام، أو المشاركة في بناء المساكن، وصناعة الأسلحة، وأثناء ممارسة الشعائر، الدينية والحفلات التقليدية، وهنا يتعلم الأبناء سبل العيش، واكتساب الخبرات والمهارات من آبائهم وعشيرتهم.

وبهذا، كانت التربية في المجتمعات البدائية مرادفة للحياة، وبالتالي كانت أهداف التربية، هي أهداف تلك الحياة. لقد كانت مطالب الحياة تلك لا تعدو إشباع حاجات الجسم، من طعام وشراب، وكساء، ومأوى، وبجانب ذلك، اعتقاد الإنسان البدائي بوجود قوى خفية غير مادية، تقف خلف ا لقوى المادية، هي القوى الروحية.. واعتقد بوجوب استرضائها كي يأمن من شرها، فابتدع طقوساً دينية تحقق له الأمن والسلامة منها.

لذلك تكونت التربية البدائية من عمليتين .. الأولى شكلت الناحية العملية للتربية، والثانية شكلت الجانب النظري، وتبلورت العمليتان في:

• إعداد أبناء وأفراد الجماعة للحصول على ضروريات الحياة، من مأكل ، ومشرب، وملبس، ومأوى، وتمكينهم من الاعتماد على أنفسهم، وإقامة علاقات طيبة مع أفراد الجماعة أو القبيلة.

• تدريب الفرد على ضرورة العبادة التي بواسطتها يرضي عالم الروح، ويثير إرادتها الطيبة ليحقق لنفسه ولجماعته الأمن والسلامة. [1]

وباعتماد التربية البدائية على احتكاك النشىء بما تعلمه وتعمله الجماعة، فقد اعتمدت تارة على التلقين والتدريب، بالأوامر والنواهي، وتارة أخرى بالاشتراك النشط في كل مناشط الحياة مباشرة. وعند انتقال الأطفال إلى حياة الرجولة كانوا يمرون بسلسلة من التدريبات، لمعرفة أسرار القبيلة، والاختبارات الضرورية كي يلتحقوا بعضوية الكبار في القبيلة، وبذلك ينمو النشء الجديد بصورة تلقائية وسط الجماعة ، ويتطبع بقيمها وأنماط سلوكها.

وحيث أن عملية التربية في تلك الجماعات لا تختلف عن عملية الحياة نفسها، فإن أهداف التربية هي أهداف الحياة. ولهذا هدفت تربيتهم إلى المحافظة على خبرات الجماعة والتقاليد السائدة، وتدريب النشء على

---

(1) عمر التومي الشيباني: تطور النظريات التربوية، طرابلس، ليبيا، الدار العربية، للنشر، ص 21. أيضا: سعيد إسماعيل علي وآخرون، في تاريخ التربية والتعليم، كلية التربية جامعة عين شمس، د.ت. ص 32.

ضروب العبادات، فيحقق لنفسه التوافق والانسجام في بيئته المادية، والأمن والسلامة في بيئته الروحية[1]. أي هدفها تشكيل النشء بالتقاليد القائمة دون تغييرها أو تعديلها.

ثالثاً: التربية في الثقافات التاريخية الأولى

بعد حياة التجول والترحال، التي دامت عدة قرون، انتقلت الجماعات البشرية إلى حياة الزراعة والاستقرار، وما رافق ذلك وتبعه من تطور أساليب وأدوات الإنتاج والعيش والحماية، والأمن، وغير ذلك من مطالب الحياة وأنماطها المتجددة، فبرزت الثقافات الإنسانية الأولى، وأخذت تتطور بفضل استخدام البرونز والحديد واختراع الكتابة التي ساهمت في تدوين الخبرات البشرية، وحفظها وتناقلها عبر الأجيال، عندها انتقلت التربية إلى الطور المؤسسي، حيث أخذت تتلاشى صورة الشيخ العجوز الذي اختزن تاريخ القبيلة وحكمتها في رأسه، ليحل محله الكهنة وحفظة أسرار العبادات، الذين تولوا نقل الخبرات والأفكار والمعتقدات عن طريق الكتابة والحساب، وممارسة الطقوس مع النشىء الجديد في أماكن خاصة، هي أماكن العبادات في الغالب.

ونتيجة لتراكم معارف المجتمع وخبراته، برعت فئات أو أسر في أنشطة ومهن عديدة قصدها أبناء المجتمع ليتعلموا على أيديهم هذه الخبرات والأعمال. وهنا ظهرت الأشكال الأولى للمؤسسات التعليمية، التي تقوم بالتربية المقصودة على أيدي الكهنة، ورجال الدين، (غالباً) يمارسونها تبعاً للظروف والأيديولوجيات السائدة في المجتمع، التي بعضها بني على أفكار وفلسفات معينة، ويحفظ لنا تاريخ الحضارات القديمة العديد من النماذج والأشكال.

ومن النماذج التربوية المتميزة، ما ظهر وتكون في الحضارات: الصينية. والهندية والفرعونية، والبابلية، والأشورية، والعبرية، والعربية الجنوبية (اليمن القديم) واليونان، إلى غير ذلك. غير أننا سوف نستعرض ثلاثة نماذج مختارة، للوقوف على طبيعة أنماط التربية تلك وخصائصها، ثم أثرها على مجرى تاريخ المجتمعات البشرية وتطورها. وهذه الأنماط هي:

- **التربية في الحضارة الصينية القديمة**

يعود تاريخ الحضارة الصينية القديمة إلى القرن الثاني والعشرين قبل الميلاد، حيث ظهرت لهم دولة، ذات نظام اجتماعي وثقافي متميز، وكانت لهم لغة تعتبر من أقدم اللغات المعروفة والمكتوبة، التي ليس لديها حروف تكون كلمات، وإنما رموز تمثل أفكاراً.

الملفت للنظر التشابه الكبير لجميع عصور تاريخ الصين، من حيث احتفاظ الصينيين بطبقات موحدة، وخضوعهم التام لتقاليد الماضي وتقديسهم له. وهذا ما برز في التربية الصينية، فالحياة بما تحويه من نظم، وعادات، وتقاليد هي من نظم السماء أو الإله، وما تمنحه الآلهة هو طريق الواجب، وهنا تكون وظيفة التربية وغايتها هو تدريب كل فرد على سلوك الواجب الذي يحتم على الفرد صغيراً كان أم كبيراً الاحتفاظ بما هو كائن، دون أن يلحقه التغيير والتبديل.

---

(1) صالح عبد العزيز: تطور النظرية التربوية، القاهرة، دار المعارف، 1964، ص 88.

عكست التربية الصينية خصائص المجتمع الصيني، وفلسفته الدينية، حيث اعتبرت التربية عملية تلخيص للماضي، ترمي إلى أن تركز في الفرد حياة الماضي بأدق تفاصيله، بحيث لا يتخلف عنه أو يتخطاه. وذلك وفقاً للتعاليم الكونفوشوسية التي أكدت غرض التربية في أنه تدريب كل فرد على صراط الواجب ، أي إتباع ما هو موجود من قوانين وأنظمة وشرائع وأخلاق وعادات.[1]

ومن المبادئ التي يتعلمها النشئ دراسة الفضيلة، وخدمة الأقارب، وكيفية اللبس، والآداب، والفلسفة، والعلاقات الروحية، ودراسة تعاليم كنفوشيوس ومبادئه المختلفة، وصور تنظيم العلاقات بين الحاكم والمحكوم، والوالدين والآباء، والأزواج والأصدقاء، إلى جانب فهم وصاياه وفضائله التي شكلت خلفية التربية الثقافية الصينية.

وقد تحلى التنظيم المحكم للتربية الصينية في وجود مدارس للتعليم الأولي، التي انتشرت في كل المدن الصينية، ونظام فريد للامتحانات بتقاليد مميزة، حيث يتقدم الطلاب الناجحين من المدارس الأولية إلى العاصمة. وكانت الامتحانات صعبة، وتجري في ظروف مرهقة، والناجحون فيها قلة جداً، وذلك لأنها بنيت على معايير دقيقة، كي ينتخب على ضوئها موظفوا الحكومة، والناجح فيها يكون موضع ثقة الشعب واحترامه، إلى جانب تميزه بلباس خاص يرتديه، وأوسمة خاصة يحملها، وله الصدارة في الحفلات والأعياد والمراسيم. لذلك تجري الامتحانات تحت إشراف الحكومة، التي تعهد بإدارتها إلى لجنة مؤلفة من كبار الدينيين الذين سبق وأن اجتازوا هذه الامتحانات، وتقسم هذه الامتحانات إلى ثلاثة أقسام هي:

1- امتحانات الدرجة الأولى: وتجري مرة كل ثلاثة أعوام، ويوضع الممتحن في غرفة خاصة لمدة 24 ساعة، وفي هذه الامتحانات يجيب الطالب على ثلاثة رسائل مختارة من كتاب كونفوشيوس.
2- امتحانات الدرجة الثانية: وتقام بعد مضي أربعة أشهر من الامتحانات الأولى، وتدوم ثلاثة أيام وتشبه امتحانات الدرجة الأولى، غير أنها أكثر صعوبة.
3- امتحانات الدرجة الثالثة: وتقام في العاصمة، وتدوم ثلاثة عشر يوماً.[2]

والملاحظ هنا هو غياب العامل الديني لعدم وجود دين رسمي للصين، وكما انفصل الدين عن الدولة انفصلت التربية عن الدين، وهيمنت على المدارس أفكار وكتابات كونفوشيوس، والشعر، وتعاليم المعلم كونج، حتى تستقر في قلوبهم، على أمل أن يصبحوا فلاسفة وسادة مهذبين.[3]

هذا، وقد غلب على التربية الصينية الطرق الشكلية وروح المحافظة ، سواء في تنظيم التعليم، أو في أهدافه ومحتواه، أو في طرق التدريس به، وقد اعتمد التعليم على الإستضهار[4] الحرفي، دون تغيير أو تبديل.

ولا شك أن لنمط التربية الصينية تأثير على أنماط التربية الأخرى، المعاصرة لها أو اللاحقة بها، بترك التعليم من مهمة الأهالي عموماً ، واتباعها أسلوباً للدراسة والامتحانات، ولخدمة النظام القائم، وإعداد المواطنين.

---

(1) عمر التومي الشيباني: مرجع سابق، ص 24،25.

(2) عبدالله عبد الدائم: التربية عبر التاريخ، مرجع سابق، ص 35.

(3) سعد مرسي وآخرون: في تاريخ التربية والتعليم، مرجع سابق ص70.

(4) الإستضهار: ذوبان الدراس في التعاليم التي تدرس.

- **التربية الفرعونيـة**

ازدهرت الحضارة المصرية القديمة منذ أقدم العصور، بفضل البيئة الطبيعية الملائمة للزراعة والسكني، لاعتدال المناخ، وكذا الموقع الجغرافي الذي وفر الاتصال بالحضارات الأخرى، وغير ذلك من العوامل التي مكنت من ظهور حضارة راقية، بأنظمة حكم بلغت شأناً كبيراً في التنظيم والثروة والمجد، وخلفت تراثاً عظيماً... هو انعكاس طبيعي لما اعتقدوه ومارسوه، وأنتجته عقولهم وأيديهم... جسدتها التربية على أرض الواقع.

طغى على التربية الفرعونية الجانب الديني لهيمنته على جوانب حياة المجتمع السياسية والاجتماعية والاقتصادية والثقافية، ذلك أن المصريين القدماء قدسوا في بداية تاريخهم الحيوانات والطيور والأشجار، فآمنوا أن الحيوانات التي عبدوها، تعلم الغيب، وتعاقب. وبذلك عبدوا آلهة كثر، رغم ظهور الدعوة لتوحيد إله أكبر منهم أي الإله طيبه.

آمن المصريون القدماء بالبعث بعد الموت، وبخلود الروح، والثواب والعقاب في الدار الآخرة، لذلك جعلت عقيدتهم الدينية سعادة المرء في آخرته، وعليه أن يقوم بالشعائر الدينية، وتقديم القرابين، لإحياء أسماء موتاهم، وتخليد ذكراهم، لآن الروح ستعود مرة أخرى لتسكن الأجساد، وهم لهذا شيدوا المعابد، وتفننوا في بنائها، وأقاموا الأهرامات لحفظ الجثث المحنطة، حتى تعود الروح إليها مرة ثانية.

وقد رافق قيام الممالك الكبيرة، بعد توحيد مصر، تطور النظام السياسي والإداري والاقتصادي، وقيام نهضة شاملة في الزراعة والتجارة والحرف، وما رافق ذلك من إقامة صلات تجارية وثقافية مع ا لشعوب والحضارات المجاورة، انعكس ذلك في تطور نمط تربوي بمدارس نظامية ومعاهد علمية، حيث قسم التعليم فيها إلى مراحل تتبع المعابد، كان غرضها الاهتمام بالكتابة والقراءة، وتعليم اللغة والآداب، وأيديولوجية الدولة، وتولى التدريس بها الكهنة (أساساً) الذين أخضعوا لنفوذهم، الفنون والحرف والعلم، ومختلف المناشط الفنية والحرفية ، وتوجيه التعليم في بوتقة التقاليد المحافظة على التراث الثقافي[1].

وقد أختير المعلمون من أفراد الطبقة الأولى في المجتمع الفرعوني، الذين تولوا تعليم الكتابة والتدريب المهني، وتوجيه السلوك والأخلاق، أما التعليم العسكري، وفنون الحرب، فقد أسندت لطبقة المحاربين، يتولونه في الثكنات العسكرية.

اهتم المصريون القدماء بالتربية من زاوية اهتمامهم بالعقيدة التي كانوا يؤمنون بها والأخلاق التي نطقت بها الآلهة، فغلب على التعليم التوجه المهني والحرفي ، لارتباط ذلك بالمعتقدات الدينية التي أحيطت بطقوس وتقاليد، لإقامة المعابد والمقابر، وتجهيز الموتى ودفنهم، إلى غير ذلك أمور هي التي وجهت التربية في كل عصور التاريخ الفرعوني.

- **التربية عند عرب الجزيرة العربية (اليمن)**

عرفت الأجزاء الجنوبية من الجزيرة العربية قيام حضارة راقية، ترجع إلى ما قبل القرن الثاني والعشرين قبل الميلاد. وفي فترات إزدهارها امتد حكمها إلى كل الجزيرة العربية والسواحل الشرقية من إفريقيا، وفي

---

(1) سعد مرسي وآخرون: في تاريخ التربية ، مرجع سابق، ص 69.

فترات التدهور خرجت الهجرات السامية لتستقر في المناطق الزراعية في الشام وبين النهرين، وتقيم لها دولاً وممالك عربية، وطدت دعائم الحضارة العربية لعدة قرون حتى جاء الفتح الإسلامي.

انقسم العرب إلى حضر، وبدو، أما الحضر فقد استقروا في عواصم الممالك اليمنية القديمة، وأهمها، مأرب، ومعين، وظفار، وحضرموت، وتمنع، وهجر كحلان. وفي المدن المنتشرة على قوافل التجارة وسط الجزيرة العربية، وعلى الطريق الساحلي الغربي، أما البدو فقد جابوا الصحراء العربية وراء الصيد والرعي ، وما تبع ذلك من أنشطة سكانية تلبي حاجات البدوي من الملابس، وغزل الصوف، والدباغة، وصناعة أدوات الحرب...الخ، وما نجم عن ذلك من أنماط حياتية لصيقة بحياة البدو.

في حواضر عرب الجنوب، شهد الاستقرار تطور أنظمة الزراعة والري، وبناء المعابد الدينية، والقصور... الخ، ليرافق ذلك ويسنده، تزايد حركة التجارة العالمية وازدهارها حيث كانت اليمن مركز تجارة الشرق كله، فإليها وفدت تجارة الهند، وجنوب شرق آسيا وشرق أفريقيا، ومنها تنطلق قوافل اليمنيين تجوب البحار، الصحراء شمالاً وشرقاً، سواءً صيفاً أو شتاءً. لهذا كانت اليمن محط أنظار حضارات: الفرس، والفراعنة، والأحباش، والرومان، والذين بدورهم حاولوا السيطرة على تجارة اليمن والاستئثار بها. والشواهد القرآنية والتاريخية عديدة في هذا الشأن.

اهتم اليمنيون القدماء في الحواضر العربية بالتربية، فكان لهم نظام تعليم، يتصف بغلبة الطابع الديني والأخلاقي، حيث ألحقت معاهد التعليم بالمعابد، ومن اشهرها، معبد الشمس، والمعابد الأخرى المنتشرة في المدن والمقاطعات، إلى جانب المدارس الأخرى التي درست فيها فنون العمارة، والهندسة ، والطب، والفلك، والنقش، والتاريخ، والآداب، والزراعة، وكان يطلق على الأستاذ "الحكيم" أو "عطاء الخير" كما جاء في النقوش المسندية.

أما التعليم البدوي، فبحكم حياة الترحال، فقد اعتبرت الأسرة أهم مكان للتربية، إلى جانب المدارس الصغيرة التي يتعلم فيها الصغار القراءة، والكتابة، والحساب، وكانت لهم أسواق يجتمعون فيها بصفة دورية، لمناقشة المسائل الفكرية والأدبية كانت بحق مجامع علمية، قبل أن تكون أسواق للتجارة.

ومما يجدر ذكره، أن الأسواق الرسمية والمدن الرئيسية في اليمن القديم أعتبرت (هجر)، أي تتحول المدينة إلى مكان يقصدها طلاب العلم، ففيها يحرم الاقتتال داخلها، أو الأخذ بالثأر، أو الإغارة عليها من كل القبائل كعرف ساد، احترمته كل القبائل، ثم إن في هذه الهجر توافرت أسباب العيش والرزق، سواء من التجارة أو من امتهان الحرف أو ما تقدمه الحكومات من مشاريع واتخاذها مراكز لأنظمة الحكم، لهذا كانت الهجرة ملجأ للمطاردين، ومحبي العلم والفقراء الذين تقطعت بهم سبل الرزق، فقصدوا الهجر، وانصرفوا للعلم إما تعليماً، أو تعلماً، كما أن القبائل أرسلت أبناءها لتلقي العلم في الهجر، وهذا نمط تعليمي انفردت به المدن اليمنية واستمرت حتى عهد قريب من تاريخ اليمن.

تميز العرب قبل الإسلام بتراث فكري، أدبيُ علمي، يدل على عقلية راقية، وحياة ثرية، لا يمكن وصفها بالجهالة، وذلك لأن العرب قبل الإسلام:

- آمنوا بإله واحد معبود، مهما كان نوعه ، شمس أو قمر ضخم أو حجر أو ما شابه ذلك، وإن فكرة (التوحيد "إله واحد، رحمن" ، رحيم) (كما جاء في النقوش المسندية) تدل على سمو فكرهم.
- تفوقهم اللغوي، فألفاظ اللغة المسندية هي في الأصل أساس من أسس اللغة العربية، لهذا، فجانب من اشتقاقات اللغة العربية تضرب بجذورها في عمق التاريخ، وأن أجزاء اللغة العربية نحوها، وصرفها، وقوافيها، وأوزانها تدل على تميزهم اللغوي.
- رقيهم العلمي، فقد أنتجوا تراثاً في الفلك، والطب، والهندسة.. والعمارة اليمنية ضرب بها المثل، يقول الله عز وجل أعوذ بالله من الشيطان الرجيم (**لَقَدْ كَانَ لِسَبَإٍ فِي مَسْكَنِهِمْ آيَةٌ جَنَّتَانِ عَن يَمِينٍ وَشِمَالٍ كُلُوا مِن رِّزْقِ رَبِّكُمْ وَاشْكُرُوا لَهُ بَلْدَةٌ طَيِّبَةٌ وَرَبٌّ غَفُورٌ** (15) سبأ: ١٥). ويقول الرسول الكريم (الإيمان يمان والحكمة يمانية).

وقد هدفت التربية العربية قبل الإسلام إلى:[1]

- دراسة أخبار الماضي من العرب وأحوالهم، ووسيلتهم في ذلك الرواية.
- دراسة أحوال العرب الماضية من قصص وأنساب، ولم تخلو القبائل والعشائر من النسابين والإخباريين.
- دراسة جغرافية الأقاليم المجاورة، حيث كان لليمنيين رحلات تجارية مع كل الأقاليم المجاورة من الهند حتى شرق أفريقيا، ومن فارس حتى بيزنطا، ومصر.
- دراسة المعلومات الطبيعية والفلكية والأحوال الجوية، إذ اهتم اليمنيون بمعرفة مواسم الزراعة، والتقلبات الجوية عن طريق حركة النجوم، وتعاقب الأيام، إذ كانت اليمن مخزن غلال الجزيرة العربية.
- دراسة الطب بشقيه: المعتمد على الملاحظة والتجريب، والتداوي بالأعشاب، ومن أشهر الأطباء العرب "لقمان الحكيم"، و "الحارث بن كندة" اليمني، وغيرهم، والشق الثاني المعتمد على التعاويذ والسحر.
- دراسة بعض اللغات الأجنبية، حيث ارتبط اليمنيون بصلات عديدة مع مختلف الحضارات المجاورة: الفرعونية، الفرس، الأحباش، الرومان، وهذه الصلات مكنتهم من معرفة اللغات الأجنبية: الفارسية، والحامية، والسريانية، والهيروغلوفية وغيرها. ومع هذه اللغات تفاعلت اللغة العربية الجنوبية تأثيراً وتأثراً.
- دراسة الهدف من الشعر والنثر والقصص عن طريق المباراة الشعرية والخطابية التي كانت تعقد في الأسواق الشهيرة، كسوق عكاظ، وكذا تدارس مناسبات الشعر والنثر، وما فيها من تصوير لأحوال القبائل.

على أن الهدف الأسمى للتربية العربية تمثل في بث روح الفضيلة، والتحلي بالصفات الخلقية، كالشجاعة وإكرام الضيف، والوفاء، والنجدة عند الحاجة، وكذا تنمية القوى الجسدية والفكرية، وخلق المحاربين الأشداء. وهذه كلها أمور فرضتها طبيعة الأرض.

---

(1) راجع: عبدالله عبد الدائم، مرجع سابق، ص 85.

- **التربية في الحضارة اليونانية:**

امتدت الحضارة اليونانية القديمة ما بين 3000-146، ق،م ويقسمها المؤرخين إلى أربعة عصور هي: عصر الحضارة الأيجية الهومرية. وعصر نهضة اليونان، وعصر ازدهار الديمقراطية الأثينية، والعصر الهليني.

وقد بلغت الحضارة اليونانية أوج مجدها في عصر ازدهار الديمقراطية الأثينية، الواقع بين القرنين الرابع والثالث قبل الميلاد، حيث ازدهر الفكر التربوي الحر كغيره من مظاهر الحياة السياسية والاقتصادية والاجتماعية والثقافية، في ظل مناخ متحرر من القيود التي فرضتها الأديان كما هو الحال في أديان الشرق، إذ لم يكن للدين في الحضارة اليونانية سلطان قوى على الحياة العامة[1] فتحرر العقل اليوناني، وهنا وجد الفكر اليوناني أرضاً خصبة لنهضة فكرية راقية، رافقتها نهضة تربوية، بأنماط تعليمية، وفلسفة وسياسات، برزت في أبها صورها، وامتدت تأثيراتها الأفاق، حتى العصر الحاضر، حيث تشكلا نمطان تربويان، أحدهما نمط التربية الدكتاتورية، والآخر نمط التربية الديمقراطية . ويمكن استعراض التربية اليونانية من خلال نموذجين بارزين، ميزا التربية اليونانية، هما:

1- التربية في أسبرطة

عكست التربية الاسبرطية ظروف المجتمع الإسبرطي: الجغرافية،والاقتصادية، والسياسية والاجتماعية، وصارت جزءاً منه في شكلها ومضمونها، أهدافها ووسائلها. فموقع اسبرطة الجغرافي السهلي المحاط بالجبال، وبعدها عن البحر الذي عزلها عن التيارات الخارجية، كما أن شحة مواردها الطبيعية، جعلها تتجه داخلياً، وتعتمد على مواردها الذاتية وقواها البشرية في إعداد جيش قوى يدافع عن كيانها، ويفرض سيطرتها داخلياً وخارجياً.

وفي ظل هذا الوضع اهتمت اسبرطة بالتربية من ناحية إعداد مواطنين محاربين كمثل أعلى ميز تربيتها على الدوام، وكنمط للتربية الدكتاتورية.

ولتحقيق هذا المثل الأعلى، سعت التربية الاسبرطية نحو إيجاد الفرد القوى في جسمه الصحيح اللائق في بدنه، المحارب الشجاع المتصف بروح البسالة والإقدام والتقشف والصبر، والتضحية في سبيل الوطن والمصلحة العامة، المطيع للأوامر والقانون طاعة عمياء، والولاء التام للجماعة.[2]

ولهذا تركزت التربية الاسبرطية حول التربية البدنية والعسكرية أساساً، إذ كانوا يأخذون الأطفال صغاراً، ويضعونهم في معسكرات ليقوموا بالتمرينات الرياضية والتدريبات العسكرية، والرقص الشعبي، والأناشيد القومية التي من شأنها رفع الروح المعنوية والاستعداد للحرب. وعندما اهتموا بتعليم القراءة والكتابة والموسيقى وحفظ الشعر، فليس من أجل تنمية النواحي العقلية، والعاطفية، والصفات الأخلاقية، وإنما من أجل الاعتزاز بماضي بلادهم، وعظمة أبطالهم، واستنهاض الهمم لوضع الخطط الحربية والاستبسال في الحرب. غير أن نظام التعليم هذا لم يكن متاحاً لكل أبناء اسبرطة بل مقصوراً على طبقة اسبرطة

---

(1) محمد منير مرسي: تاريخ التربية، مرجع سابق، ص 58.

(2) عبدالله عبد الدائم: التربية عبر التاريخ، مرجع سابق، ص 46.

الأحرار، التي كونت أساس النظام الأرستقراطي العسكري، حيث تمتعت هذه الطبقة بالحقوق السياسية والمدنية، وهي التي تكون الدولة والجيش، وهناك طبقتان أخريتان أقل مرتبة،وليس لها حقوق مدنية، هما طبقة الأجانب، وتعمل في التجارة والصناعة، والأخرى طبقة الاقنان، وتعمل في الزراعة والمهن الأخرى.

بهذا يتضح أن سياسة اسبرطة اعتمدت على التفوق العسكري، لتظل للطبقة الأرستقراطية السيادة على بقية السكان، وعلى المناطق أو الأقاليم المجاورة، وعلى ذلك بني نظام التعليم على تلك الفلسفة.(1)

هذا، وقد تضمنت عملية التربية المراحل أو الخطوات التالية:

1- من الطفولة إلى سن السابعة، وتتم في الأسرة، ومن يثبت صلاحيته الجسمية يظم إلى طبقة الاسبرطين، ومن لم تثبت صلاحيته يسلم إلى طبقة الأجانب أو الاقنان.
2- ومن سن السابعة حتى سن الثامنة عشر: يقوم النشء بتدريبات شاقة تحت إشراف أبويه ثم إشراف شبان تربويين.
3- من سن الثامنة عشرة حتى العشرون يتدربون تدريباً عسكرياً خاصاً.
4- من سن العشرين إلى سن الثلاثين يصبحون أعضاء في الجيش ويشتركون في المعارك.
5- بعد سن الثلاثين يصبحون مواطنين متمتعين بالحقوق المدنية.

وبناء على ذلك كانت التربية الأسبرطية تدريباً مستمراً للحرب، وشعار هذه التربية: القسوة والعنف، والطاعة العمياء، وتنمية بعض الصفات الخلقية المواكبة لذلك.

وعلى الرغم مما أحرزته اسبرطة في المجال العسكري، وبرعت في فنون الحرب، إلا أنها لم تكن ناجحة تماماً في المجال السياسي والاقتصادي والثقافي، وفشلت في التربية العقلية والفنية والخلقية. ورغم سيطرة اسبرطة على بلاد اليونان، إلا أنها لم تكن قادرة على القيادة والنهوض بأوضاع المجتمع، شأنها في ذلك شأن الدول العسكرية التي تزدهر عادة زمن الحرب، وتخفت وتنكمش زمن السلم.

2- التربية في أثينـا

بحكم طبيعة أثينا المفتوحة، ومواردها الاقتصادية، ووقوعها على البحر، جعلها تتجه إلى الخارج، وتكون لنفسها ولاية بحرية، وتقيم صلات مع المناطق والثقافات، وتتفاعل معها، مما اكسبها ازدهارًا تجارياً، اقتصادياً، وسياسياً واجتماعياً، تدعم ذلك بانتصارها في حروبها ضد الفرس، فتحقق لها الاستقرار الاقتصادي، والاطمئنان السياسي، انعكس ذلك في ازدهار فكري كبير، متحرر من القيود الدينية والاجتماعية.

وفي ظل هذه النهضة الفكرية الراقية تأسس غطاءًا تربوياً متميزاً، هو التربية الديمقراطية، المتصف بتنظيم وفلسفة وأهداف ومناهج... تماثل بصفة عامة ما هو قائم اليوم.

(1) بول منرو: المراجع في تاريخ التربية، ص 73.

طبيعي أن ينعكس ازدهار الفكر الفلسفي والثقافة اليونانية عموماً على التربية، حيث أثر فلاسفة اليونان ومفكريها على قيام نظام تربوي متقدم، وعلى رأسهم أفلاطون، وسقراط، وأرسطو، وغيرهم، وهم بدورهم أسهموا في صياغة المجتمع الأثيني وسياسته.

لقد أشرفت الدولة في أثينا على التعليم، ولكن تحت مسؤولية الآباء والمؤسسات الاجتماعية في إطار حرية النشء في التعليم، أما تدخل الدولة فتمثل في إصدار القوانين الخاصة بتنظيم المدارس، من حيث قبول التلاميذ حسب أعمارهم، وتعيين المعلمين، وتحديد المناهج ومقرراتها، ووضع تشريعات وضوابط للعمل المدرسي، ودفع المصاريف.. الخ، ثم قيام الدولة بإنشاء الملاعب والساحات الرياضية والمسارح[1]، وإن كانت الدولة أشرفت مباشرة على الكليات العسكرية، إدارة وتمويلاً.

هدفت التربية الأثينية إلى مساعدة النشء على النمو المتكامل عقلياً وخلقياً وفنياً، وتكوين تناسق بين روح، وحس مرهف في الفرد، يحس بالجمال ويقدره، ومواطن معتز بثقافته، يذود عن وطنه، القادر على الإسهام في ثقافة بلده، ولتحقيق ذلك هدفت التربية إلى تزويد الأطفال والشباب بالمعرفة الرفيعة عن طبيعة الحكم، وطبيعة الحق المطلق، والإحساس بالجمال، ومحبة الخير، وتدريبهم على الاستقلال الذاتي، والإحساس بالحياة الاجتماعية.

غير أن التربية الاثينية كانت أرستقراطية، باقتصارها على طبقة الأحرار الاثينين الذين يتمتعون بالحقوق السياسية والمدنية، أما طبقة الصناع والتجار، وكذا العبيد ، فليست لهم الحقوق المدنية، وبالتالي فلا يحق لهم إلا التعليم المهني والحرفي الذي يمكنهم من إجادة الأعمال المهنية.

هذا وقد انتظمت التربية الاثينية في عمليات تناظر نمو النشء، وتستجيب لمطالب نموهم المتكامل، تبدأ منذ ا لولادة حتى سن الخامسة والثلاثين، ولكل منها مفردات و مقررات، واساليب، ومعلمين، وهذه العمليات تجمعت وانتظمت في ثلاث مراحل حسب تنظيم التعليم المدرسي، وهي:

1- التعليم الأولي أو الابتدائي: يبدأ من سن السابعة حتى سن الثالثة عشرة، ويختص بتدريس الكتابة والقراءة والموسيقى، وتعلم الرياضة البدنية، كالجري والقفز، والسباحة، والمصارعة، والتحكم في حركات الجسم، وذلك تحت إشراف معلمين ومربين.
2- التعليم الثانوي: ويبدأ من سن 14 حتى 18 سنة أو 16 سنة ويتولى إلى جانب مواصلة التدريبات الرياضية والموسيقية، تدريس النحو والفلسفة والخطابة، ثم التدريب العسكري،، وقد اشتغل السفسطائيون بالتدريس في هذه المرحلة نظير رسوم دراسية.
3- التعليم العالي: واشتمل على المدارس الفلسفية، ومدارس الخطابة، ومراكز الفكر اليوناني. ولفصل الدارسيين وانتقاء المبرزين منهم كانت تجري إمتحانات صارمة، ومن يرسب يلحق بالجندية أو الشرطة للدفاع عن الوطن. أما الناجحون فيواصلون الدراسة، وفيها تربي نفوسهم، وأحاسيسهم، وعقولهم، ويدرسون الحكمة، والسياسة، والرياضيات، والفلسفة.

وهذا التنظيم المدرسي انتقل إلى الامبراطورية الرومانية، ومنها انتقل إلى الدول الأوربية، ودول العالم تقريباً.

---

(1) محمد منير مرسي: تاريخ التربية في الشرق والغرب، مرجع سابق، ص 60، 61.

رابعاً:- التربية الرومانيــة

تأثرت الحضارة الرومانية، بالحضارة اليونانية بحكم القرب وعلاقات الجوار، والسيطرة عليها ما جعلها تتبع كلا نمطي التربية اليونانية، وإن كانت أكثر تأثراً وتطبيقاً لنمط التربية الاسبرطية. ولكن بعد انتصار الامبراطورية الرومانية على مقدونيا أصبحت قوة كبرى في الفترة 300-146 ق.م فزاد تأثر الرومان باليونان، وصارت الإمبراطورية الرومانية نقطة انصهار الشعوب والثقافات، رغم اعتبار التاريخ الروماني امتداداً للتاريخ اليوناني، مع الاختلاف بين طابع الشعبين، حيث كان اليونانيون مفكرين، أكثر ميلاً للفلسفة والأدب، بينما كان الرومانيون عملين نفعين وأكثر ميلاً للفن والطرق العملي. وإذا كان اليونانيون عرفوا كيف يفكرون، فإن الرومانيين عفوا كيف يعملون، وبالتالي الرومانيون عرفوا كيف يحكمون[1]، فؤلئك برعوا في المعرفة والعلوم، وهؤلاء برعوا في الحكم والإدارة والقانون.

وفي سنة 164 ق.م سقطت اليونان بيد الرومان، وتمكنوا من بسط سيطرتهم عليها عسكرياً. غير أن الثقافة اليونانية بسطت سيطرتها على الثقافة الرومانية، رغم محاولات قادة روما ومفكريها تمييز ثقافتهم، إلا أنها استسلمت لها، وبالتالي أصبحت الثقافة الرومانية في عهودها الأخيرة مظهراً من مظاهر الثقافة اليونانية، وإن كانت في بداية عهدها قد تميزت بأفكار وأهداف نابعة من مظاهر الحياة الرومانية، التي اقترنت بالحياة العملية المادية، ومدى نفعها للإنسان.

اتصفت حضارة الرومان بالحياة العملية، تمثل ذلك في تشييد المباني العامة، والإدارات الحكومية والعسكرية المتقنة، وبناء الطرق والقنوات، وغير ذلك من الجوانب الفنية والهندسية. هذه الروح العملية جعلتهم يهتمون بالنتائج المحسوسة والملموسة، أكثر من اهتمامهم بالنظريات وحياة التأمل، أي أن نظرتهم النفعية المادية جعلتهم يحكمون على قيم الأشياء بفائدتها، وبما لها من أثر، بعكس اليونانيين الذين كانوا يميلون إلى قياس الأشياء بمقياس العقل والقيم النهائية[2]. فمثلاً بحث فلاسفة اليونان عن الغاية من الحياة، وقدموا أفكاراً ونظريات رائدة دون أن ينظروا إلى تطبيقها بصورة عملية، ولكن الرومان اهتموا بالاستفادة من الأفكار والنظريات، سواء كانت مبتكرة، أو مقتبسة، وتطبيقها لتحسين أحوالهم المادية.

هذه الروح العملية النفعية انعكست على التربية، فصارت التربية الرومانية عملية مادية نفعية، غايتها تدريب الفرد على الحياة العملية، وخاصة العسكرية، وكانت الفضائل والصفات التي يحرصون على غرسها في نفوس النشء مصبوغة بالصبغة العملية، كالرجولة، والشجاعة والتقشف، والصبر، وطاعة الوالدين، والولاء للدولة، واحترام قوانينها، وطاعة الآلهة.

أولى الرومان عناية بالبيت كوسيلة للتربية العملية، كما كانوا يعتمدون اعتماداً كبيراً على التقليد، باعتباره ميلاً فطرياً في الإنسان، فشجعوا احتكاك الشباب الروماني عندما ينتقلون إلى التعليم بالشخصيات الرومانية، وبالأشخاص الذي يظهرون على المسرح أو منصة الخطابة أو في ثكنات الجند.[3]

---

(1) المرجع السابق، ص 90.

(2) وهيب سمعان: الثقافة والتربية في العصور القديمة، القاهرة، الأنجلو المصرية، 1974، ص 258.

(3) عمر الشيباني، مرجع سابق، ص 38.

هذا وقد هدفت التربية الرومانية إلى إعداد أجيال مدربة على فنون الحرب والقتال، وتقوية أجسامهم عن طريق الرياضة، وإعداد النشء في النواحي المهنية، وفي الخطاب والفصاحة، وإعداد الفرد للحياة السياسية.

ولتحقيق هذه الأهداف وجدت مناهج دراسية موزعة إلى مراحل حسب السن، هي:

1- من سن 7-12 سنة يلتحق بالمدرسة الأولية، ومنهجها القراءة والكتابة والحساب.

2- من سن 12-16 سنة يلتحق بمدارس النحو، ومنهجها النحو والصرف والأدبيات.

3- من سن 16-18 سنة يلتحق بمدارس الخطابة، ومنهجها الخطابة والمنطق والبلاغة.

4- من سن 18 وما فوق يلتحق بالجامعات، ومنهجها الفروع المختلفة للمعرفة، كالطب، والبناء، والرياضيات.

وكان فن البلاغة والخطابة من الأهداف العليا للتربية الرومانية، كأسمى ما تصل إليه التربية، وذلك كصفة لازمة للقائد الوطني، على أساس أن الخطيب ذو ثقافة عامة واسعة، حرة، يمكنه من جعل معارفه ذا فائدة عملية، يؤثر بها على مستمعيه وتابعيه، وهناك نظريات لأصول إعداد الخطيب...

خامساً: التربية العربية الإسلامية

قدم الإسلام تصوراً متكاملاً لنظام التربية الإسلامية، مستمداً من القرآن الكريم والسنة النبوية، إضافة إلى الخبرات والأساليب الحياتية والمستمدة من التراث العربي القديم.

أعطى الإسلام اهتماماً كبيراً بالتعليم، وحض المسلمين على السعي إليه، فأول آيات القرآن الكريم (إقرأ) أي تعلم وتربى. وهناك من الآيات والأحاديث النبوية التي تجعل طلب العلم فريضة على كل مسلم، ويرفع الإسلام مرتبة العلماء وطالب العلم إلى أسمى مقام، يقول تعالى: ﴿قل هل يستوي الذين يعلمون والذين لا يعلمون﴾. ويقول تعالى في موضع آخر: ﴿يرفع الله الذين آمنوا منكم والذين أوتوا العلم درجات...﴾ آيات بينات، وأحاديث نبوية كثيرة تبرز مكانة العلم ووجوب السعي إليه والعمل به، ونشره بين الناس، وما يتبع ذلك من قيم وفضائل مستمدة من العقيدة الإسلامية.

في هذه البيئة الفكرية الصالحة وتلك الروح المفعمة بروح التقدير والتشجيع على تعلم العلم وتعليمه، انتشر التعليم بجميع أنواعه ومستوياته في المجتمع الإسلامي، وازدهرت الحركة العلمية، واتسعت مجالات المعرفة في كل العلوم، وبلغت أوج مجدها في العصر العباسي.

كانت مناهج التربية وأساليبها ومعاهد التعليم، انعكاسا لحاجة مجتمع الإسلام، فبرز الهدف الديني كأول أهداف التربية الإسلامية، والهدف الديني غاية الكمال الإنساني، والإسلام يمثل بلوغ الكمال الديني.

واتخاذ المسجد مكاناً لتلقي العلم، يرجع إلى التقليد الذي اتبعه رسول الله ﷺ، حيث كان يجلس بعد الانتهاء من الصلاة، يعلم الناس أمور دينهم ودنياهم، ولهذه القداسة اتخذ المسجد، لبحث ودراسة قضايا المسلمين في كل ما يهم شئون حياتهم السياسية والقضائية والاجتماعية. ومن المسجد كانت تخرج الجيوش

المحاربة لإزالة العوائق من طريق الدعوة ونشر الدين الإسلامي، وقد انتشر هذا التقليد في ربوع العالم الإسلامي. أما تعليم الصبية فقد نهى الرسول ﷺ بعدم جواز تدريسهم بالمساجد، للمحافظة على نظافتها، فأقيمت الدروس بجانب المساجد أو في أماكن أخرى، يتعلم فيها الأطفال، سميت (كتاب) في غالب البلدان العربية.

وبازدهار الحضارة الإسلامية نمت ا لمعارف بسرعة في كافة العلوم العقلية والنفسية، وفي كافة شئون الحياة، وبلغت قمة عظمتها في عهد الخلافة العباسية، وحكم الأمويين في الأندلس والفاطميين في مصر، وفي شمال أفريقيا، ثم في المدن الإسلامية.

وفي ذروة الازدهار هذا تطور نظام التعليم الإسلامي، بظهور المدرسة النظامية ببغداد عام 457هـ (1065) كمؤسسة مستقلة للتعليم بعيداً عن المسجد، إذاناً بعهد جديد ، وأخذ ينتشر هذا النظام على يد الأيوبيين، ومن أتى من بعدهم، ولكنه كان محدوداً وخاصة بعد سقوط الخلافة الإسلامية ببغداد عام (1258)، على حين استمرت معاهد التعليم الأخرى في أداء رسالتها، في طليعتها المساجد، وبيوت الحكمة التي أقيمت في العصر العباسي والفاطمي، ثم منازل العلماء والفقهاء، وحوانيت الوراقين، والمكتبات العامة.

كان هدف التربية الإسلامية دينياً ودنيوياً معاً، فهدفت إلى تنمية الفرد المتكامل، حيث اهتمت بالعقل، والجسد، والعواطف معاً، وأعلت من تنمية الأخلاق، وبث روح الفضيلة، وغرس الصفات الحميدة في نفس المسلم.

وتضمن التعليم الإسلامي مستويات دراسية، بمراحل تعليمية، وبمناهج وأساليب واضحة هي على وجه العموم:

1- **مرحلة التعليم الأولى :** تبدأ من سن مبكرة عموماً من دون تحديد دقيق، وفيها يتعلم الأطفال المبادئ الأولية من قراءة القرآن الكريم، والكتابة، والحساب، وبعض التعاليم الدينية، وسمي هذا التعليم بالكتاب.

2- **المرحلة المتوسطة:** وفيها يداوم طالب العلم على الدرس لدى فقهاء وعلماء ومعلمين تفرغوا كلياً أو جزئياً للتدريس، وفيها يدرس تفسير القرآن، واللغة العربية، والنحو، والسيرة، والحديث، والفقه، والأدب، والشعر، والتاريخ، وغير ذلك من المواد الدراسية والتي اختلفت من بلد لآخر أو من منطقة إلى أخرى. بحسب الظروف المتاحة.

3- **مرحلة التعليم العليا:** ويتم فيها الدراسات العليا الراقية لدى علماء وفقهاء مشهورين في مختلف جوانب المعرفة، وحد التعليم هنا يتوقف على قدرة طالب العلم وجهده ووقته، وتتم الدراسة هنا في الغالب في دور الحكمة والصالونات الأدبية، ومنازل العلماء، والمساجد الكبيرة في العواصم أو المدن الشهيرة.

ومما يجدر ذكره أن نظام التعليم الإسلامي تميز بصفات فريدة، هي مرونته الشديدة منهجاً، ومستوى ، وأساليب. بمعنى أن طالب العلم له الحرية أن يحدد أستاذه، ويختار الكتب التي يميل إليها، ويحدد الوقت الذي

تسمح به ظروفه، ويحدد المدى الذي يرغب أن يصله، ويتعلم بالكيفية التي تناسبه... إلى غير ذلك من المميزات التي تأخذ بها نظم التعليم المتقدمة.(1)

سادساً- التربية المسيحية

لم يسمح بالمجاهرة بالديانة المسيحية إلا في سنة 313م* عندما صدر مرسوم بإنهاء محاكمة وقتل الذين يعتنقون المسيحية، وسمح للمنتمين إليها بممارسة شعائرهم الدينية في المجتمع الروماني وإمبراطوريته الممتدة شرقاً وغرباً. وفي عام 529 صدر قرار بتعليم الدين المسيحي، وإغلاق المدارس الوثنية، بعد أن صارت الديانة المسيحية دين الدولة الرسمي.

صبغت الديانة المسيحية في بداية عهدها بالصبغة الدينية، فانحصرت التربية آنذاك في تربية الأخلاق، تهذيباً للروح وتنمية روح الفضيلة، والدعوة إلى حب الله، وإخضاع الجسم لنظام قاس من التقشف والحرمان من ملذات الحياة، وهنا وجدت الرهبنة طريقاً لتحقيق هذا الهدف، متخذة من الأديرة ملاذاً للتطهر والزهد، ومكاناً للتعليم. ويشير " محمد نبهان" أن هذه الأديرة اتخذت لتعليم الأطفال من سن العاشرة، وتستمر لمدة ثمان سنوات، حيث يتعلم فيها التلاميذ القراءة والكتابة، وبعض المبادئ في النحو والمنطق، والبلاغة، والحساب، والهندسة، والفلك، والموسيقى.(2)

وبهذا سيطرت الثقافة المسيحية على الحياة والتربية منذ بداية العصور الوسطى، بسبب هيمنة الكنيسة ورجال الدين على السلطة وأنظمة الحكم، وانتقلت سلطة المدارس إلى رجال الدين، الذين بدورهم نقلوا العلم إلى الكنائس، فضعف مستوى التعليم وساءت أحوال مؤسساته، واختفى ما كان يسمى بالعلوم السبعة الحرة التي كانت مزدهرة لدى اليونان، ثم الرومان، واستمر هذا الوضع حتى القرن الحادي عشر، وهو ما أطلق عليها فترة العصور المظلمة في أوروبا.

وفي العصر الأوروبي الوسيط ظهرت الحركة المدرسية بدءاً من القرن الحادي عشر حتى أوائل الخامس عشر، حيث جرى فيها إحياء العلوم الحرة ، ومحاولة إعمال العقل لتبرير العقيدة بالعقل. أو بمعنى آخر، حركة إيقاظ العقل، والتمهيد ليقظة فكرية وتربوية، دعت إلى تحرير العقل المسيحي من النظرة الدينية المحرفة، وإلى الإيمان بأن العقل والدين ليسا متناقضين، وتحسين أساليب البحث والتأليف.

لهذا استمرت العناية بالفنون السبعة، التي اشتملت على القواعد النحوية، والخطابة، وفن المناظرة، والمجادلة، والحساب، والهندسة، والفلك، والموسيقى. وهنا لم تعد المناهج مقتصرة على العلوم الدينية بصفة عامة، وأخذت الجامعات والكليات تستوعب علوم جديدة في مجال الفلسفة، والطب، والرياضيات.

---

(1) للمزيد من التفاصيل راجع: أحمد علي الحاج، نظام التعليم اليمني، جذور تشكله واتجاهات تطوره، صنعاء، مطبعة المنار، 1997.

* بالطبع كان هذا قبل ظهور الإسلام.

(2) عمر الشيباني: مرجع سابق، ص 54.

والجديد الذي نجم عن الحركة المدرسية هو تحسن مناهج الدراسة، وطرق التدريس في المؤسسات التعليمية القائمة في الأديرة، والكاتدرائيات، ومدارس قصور الملوك والأمراء.

وأعظم منجز حدث في العصر الوسيط هو نشأة الجامعات الأوروبية بنظم وتقاليد كانت الأساس لتنظيم الجامعات فيما بعد ، في كل أنحاء أوروبا والعالم. وأول جامعة* تأسست هي جامعة بولينا في إيطاليا عام 1158، ثم ظهرت بعدها جامعة باريس، ثم جامعة إكسفورد في بريطانيا، ومنهما انتقلت التقاليد الجامعية العريقة إلى كافة دول العالم الغربي. أما العالم العربي فكان خريجو جامعات الأزهر والمستنصرية والقزويين يحملون النور قبل ذلك بكثير.. والتاريخ المنصف خير شاهد.

سابعاً:- التربية في عصر النهضة الأوروبية

عُني بالنهضة "البعث" أو "الميلاد الجديد"، ودامت من القرن الرابع عشر إلى نهاية القرن السادس عشر، ويسميه البعض باليقضة الفكرية أو النهضة الفكرية التي حدثت في أوروبا.

هناك عوامل سياسية، واقتصادية، وجغرافية، وثقافية،ساعدت على ظهور عصر النهضة في أوروبا[(1)] . وأنضجت الظروف لنهضة فكرية واسعة، أولى ثمارها تربية جديدة في الشكل والمحتوى. ففي الميدان الفكري نشأت الحركة الإنسانية، وحركة الإصلاح الديني التي نادت في أوائل أمرها بإحياء التراث الإنساني الكلاسيكي في اللغتين اليونانية واللاتينية، لتنمية الروح الفردية وتحقيق النمو الذاتي، أما حركة الإصلاح الديني فظهرت في البداية في شمال أوروبا، ثم انتشرت في كل أنحاء أوروبا، وقادها المصلح الاجتماعي (مارتن لوثركنج) في ألمانيا وغيره من قادة الحركة في الدول الأوروبية الأخرى، ونادت إلى التحرير من الشكلية والتقاليد، وتحرير ضمير الإنسان من الطقوس الدينية المحرفة، وسيطرة الكنيسة، ودعت الفرد إلى استخدام العقل في تفسير الكتاب المقدس (الإنجيل) بدلاً من قصره على الكنيسة.

وقد أسهمت هاتان الحركتان بنشأة فكر تربوي يقوم على تنمية شخصية الفرد، وتحرير عقله وعواطفه وأخلاقه، والاهتمام بجسم الفرد وسلوكه، وتنمية الجوانب الجمالية والفنية فيه، وذلك بالاعتماد على إحياء تراث الأقدمين، وإصلاح أحوال المجتمع وظروف الحياة، والاستعداد لمستقبل أفضل. ولتحقيق ذلك تحددت مجموعة من الأهداف الرئيسية التالية:[(2)]

- تكوين جسم سليم، ومساعدة التلميذ على اكتساب بعض المهارات الرياضية المتعلقة باستخدام القوس والرمح، وركوب الخيل.
- غرس الفضيلة في نفوس النشء ومساعدتهم على تكوين قيم أخلاقية.
- تشجيع التفكير المستقل في الأمور الدنيوية، وتحرير ضمير الفرد من التقليد الأعمى والأحمق، وإيجاد واسطة قوية بين التربية والحياة.

---

* أول جامعة في العالم جامعة الأزهر وهي أسبق من جامعة بولينا بمئات السنين.

(1) للمزيد من التفاصيل راجع: سعد مرسي أحمد وآخرون: تاريخ التربية وتاريخ التعليم في مصر، ص 260، 266.

(2) عمر التومي الشيباني: مرجع سابق، ص 76، 78.

- توجيه الفرد نحو التثقيف الذاتي، وتنمية قدرة التذوق والجمال والفن.
- إحياء التراث الكلاسيكي القديم.

بناءً على ما سبق وجدت المؤسسات التعليمية التي درست مناهج متطورة عما سبق، فدرست اللغات القومية، والمنطق، والرياضيات، والعلوم، والأدب القديم، وغير ذلك من المواد الجديدة.

وطالما أن الكتاب المقدس أصبح هو الواسطة بين الفرد وربه، فلا بد أن يتعلم الأفراد وخاصة النشيء الجديد، القراءة والكتابة، لقراءة الإنجيل، وتحكيم العقل، لذلك كان لزاماً فتح مدارس لتعليم آلاف بل و ملايين الأطفال، وهنا سنت التشريعات لظهور التعليم المجاني والإلزامي، وظهور المدارس الخيرية المسيحية.

ثامناً: التربية في القرن السابع عشر

إن التحولات التي حدثت في الظروف السابقة للقرن السابع عشر لا شك قد مهدت الطرق لتغيرات مهمة في التربية، ليست في ا لقرن السابع عشر، وإنما في القرون التي تليه، حيث ظهرت سمات بارزة ميزت تطور التربية في القرون 17، 18، 19، 20. وإن كانت التطورات التي حدثت في كل قرن، اعتمدت على ما سبقها، ومهدت للتي تليها، في سلسلة مترابطة متكاملة الحلقات، كل حلقة، إذا ميزت نفسها في وقت ومرحلة ما من تطور المجتمع، فهي متداخلة متكاملة مع غيرها، سواء مع ما سبقها أو مع ما أعقبها، بجانب ذلك فالتطورات التي ميزت تلك القرون لم تنتهي ليحل محلها شيء آخر، وإنما استمرت بأوزان وأشكال مختلفة، وتفاعلت مع غيرها من أفكار وأحداث جديدة، لتسهم في تحولات تربوية جديدة.

تميزت التربية في القرن السابع عشر بتطورات جوهرية واسعة، كنتيجة للتغيرات السياسية والعلمية والاقتصادية والاجتماعية في الدول الأوروبية، حيث برز الاهتمام بالعلم والطرق العلمية التي قاد لوائها "فرنسيس بيكون"، تمثلت بمولد نظرية التربية الواقعية الحسية، والتعليم من خلال التجارب الحسية، وسيطرة النزعة العلمانية على التربية الإنسانية، كما أن ظهور الدول القومية أدى إلى الاهتمام بتدريس اللغات القومية أو المحلية، وزيادة الفرص التعليمية لأفراد المجتمع، وظهور الحركات الفكرية كان لها تأثير كبير على التربية، فكراً وتطبيقاً.

صفوة القول أن التربية في القرن السابع عشر تميزت بظهور التربية الواقعية، حيث اتجه المفكرون والفلاسفة إلى البحث عن الحقيقة، ومظاهر الحياة الواقعية، وتحسين أساليبها. فأخذوا يدرسون الطبيعة البشرية، والإحساس والعقل والروح، وحياة الفرد وسعادته، وتفتح قواه الداخلية، وما تبع ذلك من وضع مبادئ وأسس عامة للتربية.

وقد مرت التربية الواقعية بثلاثة أطوار، هي:

- **التربية الواقعية الإنسانية:** اهتمت بدراسة اللغات، والآداب الكلاسيكية، وبتراث الماضي، ولكن من زاوية أنه ليس غاية في حد ذاته، كما كان في السابق ، وإنما وسيلة لتحقيق تربية قومية، وكذا البحث عن الحقائق التاريخية، ومعرفة واقع الإنسان، بما يحقق النمو الجسمي والخلقي. ومن أشهر ممثلي هذا الاتجاه المربي الإنجليزي "جون ملتون".

- **التربية الواقعية الاجتماعية:** تركزت حول إعداد الفرد للحياة الاجتماعية السعيدة، بتشكيل ميوله وطباعه، وتنمية قدراته، ليصبح رجلاً عملياً، أي ملتزماً بالحياة العملية الناجحة. لهذا عنت هذه التربية بالرحلات والأشعار، للاحتكاك المباشر، وتكوين التجارب، كما اهتمت بالدراسات الحرة، من زاوية أنها وسيلة لتحرير الفرد وتبصيره بشئون الحياة ومن رواد هذا الاتجاه "ديكارت".
- **التربية الواقعية الحسية:** نادي أنصار هذا الاتجاه بوجوب بناء عملية التربية على الإدراك الحسي في اكتساب المعرفة ، وليس على الذاكرة، وأن تقوم التربية على أسس نفسية تتمشى مع طبيعة الطفل وميوله، والاهتمام بالنمو الشامل للطفل بدلاً من عقله. وبهذا فقد ركزت على العلوم الطبيعية، والعلوم الاجتماعية، وإحلال اللغات القومية محل اللغات القديمة.
- والطريقة المثلى للتعليم هي الطريقة الاستقرائية، ومن رواد هذا الاتجاه "كزميتوس"، "وأوجست كوتت"، "وجون لوك"، الذي يعد من أبرز ممثلي نزعة التهذيب الشكلي في التربية.

تاسعاً: التربية في القرن الثامن عشر

أثمرت الحركات الفكرية السابقة، وكذا التغيرات في المجالات التربوية والثقافية والاجتماعية إلى ظهور حركة التنوير، وتأثيراتها في تطوير التربية، وظهور اتجاه جديد في التربية هو "النزعة الطبيعية" وما أحدثته من تحولات كبيرة في التربية، وظهور الثورة الصناعية، وانعكاساتها على التربية.

اتسم القرن الثامن عشر بمواجهة عنيفة بين أهم قوى المجتمع. فالحركات الدينية المتحررة والقوى التقدمية قادت ثورة ضد سلطة الكنيسة ورجال الدين، وضد طقوسهم الشكلية، واتساع تأثير الحركات الفكرية بتياراتها المختلفة: الفلسفية، والعلمية، الواقعية والرومنسية، وكذا تردي الأحوال السياسية والاقتصادية والاجتماعية، وما ترتب على ذلك تراجع سلطة الكنيسة، ورجال الدين * ، لينتصر قادة المجتمع الفلاسفة والحكماء والعلماء، وما رافق ذلك من إتباع الطرق العلمية، وطغيان الروح العلمانية، وأيضاً قيام ثورات شعبية ضد السلطات المطلقة، أهمها الثورة الفرنسية عام 1789.

وهكذا نجد أن حركة التنوير كانت رد فعل ضد التسلطية، وضد الملكية المطلقة، وسوء الأحوال السياسية والاجتماعية، والظلم الاجتماعي، وذلك بإعلانها من قيمة العقل البشري، وتحكيمه في كل الأمور الدينية، ورفض كل سلطة دينية، والثورة ضد سلطة الكنيسة، وضد الظلم والاستبداد، والإيمان بالتطور والتحرر العقلي.

ولعل أهم نتائج حركة التنوير في التربية هي توجيه التربية من أجل تكوين المواطن المستنير، وبروز النزعة النقدية الإصلاحية، وتوجهها العلماني والقومي والإنساني ، وحدوث تحول كبير في التربية ونظم التعليم، وظهور فكرة التربية الشعبية، والتربية القومية، والاهتمام بتدريس العلوم، والدراسات الطبيعية،

والدراسات الإنسانية، ومن ضمنها الكلاسيكية، وذلك من أجل تربية الإنسان على الفضيلة والحكمة، وحسن السلوك والتثقيف.[1]

ومن أبرز النظريات التربوية في هذا القرن الحركة الطبيعية في التربية التي تزعمها المصلح الاجتماعي الفرنسي "جان جاك روسو" (1712-1778) وتؤمن الحركة الطبيعية بالطبيعة الخيرية للإنسان، وبوجوب تربية الطفل وفق القوانين التي تتمشى مع قوانين الطبيعة ، أي ما يتفق وطبيعة الطفل الخيرية، تحترم ذاته، وتقدر ميوله واحتياجاته، دون ضغط أو إكراه، أو خضوع للنظم والتقاليد الاجتماعية ومساعدة الطفل على تنمية استعداداته الطبيعية، ومواهبه الفطرية، وتحرير قوى الخير فيه، وتعويده الاستقلال والاعتماد على النفس، وخير وسيلة لذلك ترك النشئ يتعلم من الطبيعة، فهي أحسن معلم. وذلك بتحرير التربية من سلطة الكبار والمجتمع، فتدخلهم يفسد النمو الطبيعي للطفل، كما يرون.

والواضح أن التربية الطبيعية كانت رد فعل لمظاهر الظلم والشقاء في المجتمعات الغربية، وهي لهذا دعوة لإعادة تنظيم المجتمع، وتحريره من أغلال الماضي وقيوده، والإيمان بحقوق الفرد ومشاعره وعواطفه الإنسانية.

ولعل الثورة الصناعية، وما أحدثته من تغيرات عميقة في حياة المجتمعات الأوروبية، قد أثر على التربية، تمثل ذلك في تعميم تعليم الأطفال، وإنشاء مدارس لرعاية أطفال العمال، أو أطفال العاملات في المصانع، على أن أبرز التطورات التي ألقتها الثورة الصناعية على التربية هي ظهور التعليم الصناعي والمهني والحرفي، كضرورة أملتها حاجة الصناعة للأيدي الماهرة والمتعلمة.

عاشراً:- التربية في القرن التاسع عشر

تميز هذا القرن بتحولات وتطورات بارزة، انعكست على التربية، حيث استمر النزاع بين الدين، والفلسفة، والعلم ، وظهرت بين فلاسفة التيار الديني من جهة، ومثله فلاسفة المثالية المطلقة التي تنادي بالحق المطلق، وتزعم هذا التيار، الفلاسفة الألمان أمثال "هيجل" و "كانْط"، وبين الفلسفة الواقعية، والاتجاه العلمي من جهة أخرى، ومثل هذا التيار، أوجست" كونت" و "ماركس"، وظهور العديد من النظريات العلمية الرائدة. وقد انعكس ذلك على التربية وتمثل بظهور الدراسات العلمية للسلوك الإنساني، ودراسة فسيولوجية الإنسان، وعمليات الإحساس، والإدراك، والذكاء، وبروز الاتجاه العقلاني في التربية.

كما برز نمو الحركة القومية في العديد من الدول الأوروبية وأمريكا ، عقب حروب مدمرة، بغية تحقيق الوحدة القومية، وأصبح هذا التوجه قوة دافعة، لغرس عقيدة حب الوطن والدفاع عنه، فأخذت تظهر الأعلام القومية، وعزف النشيد الوطني وتحديد مناسبات العطل.

ونجم عن هذا التوجه القومي في التربية، أن أخذت تتكون نظم التعليم القومية، وتشرف الحكومات عليها. بغرض قيام مناهج دراسية تسعى إلى تكوين مواصفات المواطن المحب لوطنه، المعتز بقوميته، ولغاته عن طريق تدريس اللغات القومية، وتدريس الأدب، والتاريخ، والجغرافيا، التي تعكس الأهداف القومية. ورغم ظهور الاتجاهات المحافظة ، الارسقراطية، والدينية في التربية، إلا أن الملاحظ غلبة الصفة العلمانية على

---

(1) محمد منير مرسي: تاريخ التربية في الشرق والغرب، مرجع سابق، ص 243.

التعليم، ونمو المفاهيم الديمقراطية، والعدالة الاجتماعية، وانتشار الأفكار التحررية، وقد امتد تأثير هذه الممارسات التربوية إلى مختلف دول العالم، وصارت نموذجاً يحتذي بها، بجانب ذلك فإن التغيرات الاقتصادية والاجتماعية ساهمت في دفع تطور التربية في كافة مكوناتها، ولم تعد التربية من مهمة رجال الدين أو تحت سلطة الكنيسة في أوروبا وأمريكا، ولا موضوعاً للتأمل والتفكير، ولا عملاً قانونياً، بل أصبحت عملاً مستقلاً، وعلماً يطبق الأساليب والطرق العلمية، ومجالاً تشرف عليه أجهزة ومربيين تخصصوا في مهنة التربية، وأصبحت التربية تمثل جانباً مهماً في حياة الأمة والمجتمع، إن لم تكن في مقدمة تلك الاهتمامات.

لقد قامت التربية في هذا القرن على أسس عقلية علمية أساساً، برزت في مختلف مكونات التربية، ولكن أهم ما ميز التربية هو اتساع تطبيق الطرق العلمية على التربية، وظهور النزعة النفسية، وكذا النزعة الاجتماعية، ثم اندماجها معاً في حركة تجديد متكاملة للتربية.

تجلت النزعة العلمية في ظهور البحوث والدراسات التربوية التي تستخدم الأسلوب العلمي منهجاً وطريقة، وذلك بدراسة العلاقات والمتغيرات في نظم التربية، وتحديد النتائج المستفادة من الطرق العلمية، في تنظيم الإدارة، والمناهج، والتدريس ، واستخدام النظريات التربوية وتطبيقاتها في توجيه أنشطة التربية وعملياتها، واختيار المعلمين، وإعدادهم المهني، ومن اشهر رواد هذا الاتجاه، "سينسر"، و"شلاير"، و"هاربر"، وغيرهم كثيرون.

أما النزعة النفسية فتجلت في ظهور علم النفس الحديث على يد العالمين الألمانيين "هربات" وماكس فوندت" ثم انفتح الطريق واسعاً أمام الدراسات والبحوث النفسية غرباً وشرقاً، وتهتم بنمو الطفل وخصائص نموه، وتكوين شخصيته المتفردة، بالتأكيد على ميول الطفل وحاجاته ودوافعه، وصارت التربية عملية نمو لطبيعة قوى الفرد: الجسمية والعقلية والنفسية، وتنمية قدراته واستعداداته...الخ.

وقد ترتب على كل ذلك تغيرات مهمة في التربية ونظام التعليم، منها مثلاً، إنشاء رياض الأطفال، وتطوير أساليب التعامل مع النشء في البيت والمدرسة، وتطوير عمليات التعليم، وتطوير طرق التدريس، ومراعاة الفروق الفردية، ومعاجلة الاضطرابات السلوكية والانحرافات النفسية، وغير ذلك من الأمور، ومن أبرز علماء هذا الاتجاه: "بستالوزي" و"فروبل" و"هربار" و"فرويد" و"ثوررندايك"..الخ.

وتجلت النزعة الاجتماعية في تطوير النظريات والأفكار المتصلة بمفهوم التربية وأهدافها، وتنظيم التعليم، والتوسع فيه بإنشاء المدارس والمعاهد المهنية، وإقرار مبدأ التزام الدول بمجانية التعليم العام على الأقل في مراحله الأولى، كضرورة للتقدم الاجتماعي، وصار إصلاح التعلم وجعله مجانياً، وإجبارياً هدف الأفكار التحريرية، والمصلحين الاجتماعيين.

وبهذا صارت لأغلب الدولة الأوروبية، وأمريكا، واليابان نظمها التعليمية الوطنية التي تشرف عليها كوسيلة لخلق المواطن المؤيد والموالي، وعامل في تحقيق الوحدة السياسية، وتحقيق التقدم الاجتماعية والاقتصادي.

الحادي عشر: التربية في القرن العشرين

روافد أخرى جديدة تدعم تطور التربية، وتنقلها إلى آفاق رحبة، بشكل ومحتوى جديدين في القرن العشرين.

فقد تبوأت التربية مكانة بالغة الأهمية في حياة الشعوب والمجتمعات في القرن العشرين، لم تنله في أي عهد من عهودها، حيث صارت محط أنظار الحكومات، والقادة، والعلماء، والمربين، بما في ذلك أفراد وفئات المجتمع...

... حيث أدت التغيرات العميقة والمتسارعة في البنى الاجتماعية والاقتصادية، والتطور العلمي والتكنولوجي إلى حدوث تغير كبير في مجال التربية والتعليم، شمل كل مكونات التربية وأنشطتها ووسائلها وغاياتها، بحيث صارت التربية أكثر تنظيماً في بيئتها، وأكثر تنوعاً في وظائفها وأهدافها، وأوسع مجالاً في عملياتها، وأقوى أثراً في أبنائها ومجتمعها.

الواقع أنه من الصعوبة بمكان حصر كل التغيرات التي حدثت في نظام التربية في القرن العشرين، وحسبنا أن نشير إلى أبرزها، كما يلي:

• هيمنة فلسفات التربية الأمريكية على فلسفات التربية الأوروبية، حيث قسم "جون بروباكر" فلسفات التربية الأمريكية إلى قسمين، يحتوي القسم الأول على الفلسفات التقدمية وهي الفلسفة البرجماتية، والفلسفة التجديدية، والفلسفة الرومانسية الطبيعية، واشتمل القسم الثاني على الفلسفات الأساسية، ويدخل تحتها الفلسفة المثالية الحديثة، والفلسفة الواقعة الطبيعية، والفلسفة الواقعية الدينية.[1]

• وقد التحمت فلسفات التربية هذه بواقع التطبيق التربوي، بل أن بعضها قد نشأ في ميدان التربية أساساً، حيث وجهت هذه الفلسفات العمل التربوي، واشتقت منها الأهداف التربوية، وعلى أسسها بنيت المناهج الدراسية وطرق التدريس..الخ.

• التقدم الهائل في علم النفس وفروعه المختلفة، وما قدمه من نظريات وحقائق، أضاءت العمل التربوي، وإفادت كل العاملين في حقل التربية تقريباً، بدءاً من التنظيم المدرسي، وانتهاءً بتقويم العملية التعليمية التربوية.

• ظهور طائفة كبيرة من التجديدات التربوية.. فحلت تربية الإنسان بدلاً من تربية الطفل، وحلت شجرة التعليم بدلاً من سلّم التعليم، وظهر التعليم اللانظامي بجانب التعليم النظامي، وطورت مناهج ونظم تعليمية ملائمة، بدلاً من النظم والمناهج التقليدية الجامدة، وربط التعليم النظري بالتعليم المهني أو التطبيقي، وتنوعت مسارات التعليم وصيغة بدلاً من اقتصاره على مسار واحد، ونشأ التعليم المفتوح إلى جانب التعليم داخل المدارس والجامعات، وغير ذلك مما لا يتسع المجال لحصره هنا.

• انتشار مبادئ ديمقراطية التعليم، والإيمان بقيمة الفرد واحترام شخصيته وحريته، والإيمان بمبادئ العدل والمساواة بين جميع المواطنين، بصورة انعكست على تطبيق مبدأ تكافؤ الفرص التعليمية، وما تبع ذلك من اتساع مجانية التعليم وإلزاميته.

• استخدام التكنولوجيا الحديثة في التعليم، كالراديو، والتلفزيون، والأفلام، وآلات التسجيل،

---

(1) راجع: عمر الشيباني، مرجع سابق، ص 328.

91

والكمبيوتر، بل والأقمار الصناعية... وكذا استخدام طرق أخرى متقدمة كالتعليم المبرمج، والتعليم عن طرق العقول الإلكترونية وشبكات المعلومات الدولية -الإنترنت-... الخ وغير ذلك.

- ظهور فكرة التربية المستديمة أو المستمرة، والتي تعني أن التعليم ليس له وقت محدد وسن معين، ولا يقتصر على المدرسة فقط وإنما يمتد ويستمر ، باستمرار حياة الفرد.
- صارت التربية أكثر تكيفاً ومرونة، مع مطالب كل مجتمع واحتياجاته، ومع مطالب الدارسين وقدراتهم، فينتقي المجتمع ما يهمه منها وما يرغبه، ويختار الدارس ما يناسب قدراته، وينمي شخصيته.

ولعل ما يجب ذكره بالنسبة للتربية في العصور الحديثة في الوطن العربي أو في دول العالم الأخرى ، أن كل دولة لها نظامها الخاص بها الذي تكون وفقاً لظروفها ومستوى تقدمها، إلا أن هذه النظم التعليمية، رغم خصوصية كل بلد، وشكل التعليم الذي تكون بها، فإن هذه النظم تعتبر امتداداً لنظم التعليم الغربية والشرقية، حاكتها وسارت في ظلها، مع تعديلات تمت هنا وهناك، لتطويعها لمقتضى حال كل بلد وظروفه وإمكاناته، وتظل هذه النظم التعليمية تستمد تكوينها ومحتوى عملياتها مما يحدث في نظم التعليم في الدول المتقدمة، وكل أفكار جديدة وتجارب تعليمية متطورة فيها تجد طريقها إلى الدور العربية أو غيرها من الدول.

وهكذا يتضح مما سبق عرضه، أن كل عصر وكل حضارة، في سياق تطور المجتمع الإنساني، قد أضاف إلى التربية خبرات جديدة وتطورات مستحدثة، إذا كانت قد استخلصت من ظروف كل المجتمعات والثقافات، فقد تراكمت تلك الخبرات والتجارب والأفكار، وأدت إلى تحولات وتغييرات نوعية في التربية، وانتقال التربية من نمط وشكل إلى آخر، حتى وصلت إلى ما هي عليها اليوم.

والتربية القائمة في أي مجتمع اليوم هي خلاصة ذلك التاريخ، وما قدمه كل عصر من أفكار وخبرات إلى الذي يليه، وبهذا لن يتم فهم التربية وتفسيرها اليوم، إلا بدراسة تاريخ التربية عموماً وتاريخ التربية في كل بلد خصوصاً.

الفصل الخامس
الأصول الفلسفية للتربية

تمهيد

التربية كميدان تطبيقي، له أصوله الفلسفية التي صيغت من الفلسفة عموماً، فالفلسفة بطبيعتها التأملية الناقدة إذا كانت تقوم بمهمة النظرة الكلية الشاملة لأبعاد حياة المجتمع وتقويم خبراته وأوضاعه الحالية والمستقبلية وتقديم البديل الأمثل على أسس عقلية منطقية؛ فإن التربية بطبيعتها التطبيقية تقوم بترجمة الفلسفة إلى قيم وعادات واتجاهات سلوكية في المجتمع، حتى قيل أن الفلسفة أما للتربية والتربية معملاً للفلسفة.

إن الفلسفة وثيقة الصلة بالتربية بل إنهما وجهان لعملة واحدة، فعندما يصل المجتمع أو الأفراد إلى أفكار، ومعتقدات، وتصاغ في صورة أحكام ومسلمات بعد الدراسة، والبحث، فإن ذلك من وظيفة الفلسفة. أما ترجمة تلك الأفكار والمعتقدات وتحويلها إلى اتجاهات وأنماط سلوك ومهارات فهو من عمل التربية.

ومن هنا، فإن الفلسفة لازمة للتربية.. فالفلسفة إذا كانت تمثل نظرة الناس والمجتمع للحياة بكل أبعادها، وعن طريقها يمكن تفسير طبيعة الإنسان، ونوع المجتمع، والمدنية التي نرغبها، وكذا السلوك، والسلطة، والاقتصاد، والسياسة، والقيم...الخ؛ فإن التربية تستمد من الفلسفة أسس بناءها النظري، سواء ما يتعلق بسياستها، وأهدافها وخططها، وأساليبها، أو كل ما يمكنها من تطبيق تلك النظرة، وتلك التصورات إلى واقع ممارسه في حياة النشء وجميع أفراد المجتمع، ونقل خبرات الحياة إلى الأجيال الجديدة.

لذلك ظهرت فلسفة التربية لتوجيه النظام التربوي في كليته، وعموميته وتكامل عناصره، وتعيين الأهداف، والغايات التربوية، واختيار الوسائل المناسبة، واختبار كل ذلك في ضوء نظريات التربية، وتناقش القضايا الكبرى في التربية وتوضيح المفاهيم، والمعاني التي تقوم عليها التربية، وتكشف عن المعرفة ومجالات استمرارها وتجديدها، وطرق اكتسابها، وتقوم بدراسة القيم التي ينبغي أن يلتزم بها المعلمون والمتعلمون، واختبارها، وإصدار الأحكام القيمة على نتائج العمل التربوي، كما تهتم بكل ما يتعلق بتخطيط المناهج ومحتوى المقررات الدراسية، وكل ذلك وفق تصور شامل، وخطة متكاملة، في اتجاه تحقيق الغايات التربوية وبالتالي الغايات الفلسفية.

أولاً: الفلسفة معناها ومحواها

شغلت الفلسفة الفكر الإنساني عبر العصور والمجتمعات، وثار حولها جدل طويل، وعميق، ربما لم ينله أي مصطلح آخر، حتى خيل للبعض أنها من المفاهيم المبهمة والغامضة، أو المفاهيم المزعجة بسبب ما تنزع إليه الفلسفة من تقصي وبحث وإدراك العلل البعيدة، واختلاف وجهات نظر الأفراد والمجتمعات حول ما يحيط بهم.

ومنذ بدء الخليقة والإنسان يسعى إلى تفسير ما حوله من مظاهر ، وأمور تهم وجوده، وتفسر طبيعة الكون، والحياة، والموت، ووجود العالم، ومصيره، وغير ذلك من القضايا التي قدم لها تصورات وإجابات تريحه وترضي غروره... ووفقاً لتلك التصورات، والآراء صاغ حياته، ونظم طريقة عمله وعيشه. وهذه التساؤلات والإجابات عليها هي محور الفلسفة وموضوعها.

وبحكم منظور الفلسفة ذاك ورؤيتها الكلية، وبعد تناولها للأشياء والأحداث، وعمق تفسيراتها، فقد تربعت الفلسفة على عرش العلوم وظلت تقود مسيرة العلم حتى القرن السابع عشر تقريباً، عندها أخذت العلوم تخرج من عباءة الفلسفة وتشق طريقها مستقلة عن الفلسفة، ومع ذلك ظلت هذه العلوم مرتبطة بالفلسفة تفيد منها في النظرة الكلية والتحليل الشامل وإدراك الغايات البعيدة لهذه العلوم، وتقدم هذه العلوم في نفس الوقت للفلسفة العديد من النتائج لإثراء النظرة الفلسفية وتقرير حقائقها، وتقديم البراهين العقلية، حتى يمكن القول أن وراء كل علم فلسفته الخاصة التي تقوم بتحليل مسلماته ونقد مفاهيمه وقوانينه، والتأكد من صحة حقائقه ونظرياته. وفلسفة العلم هذه من أرقى مستويات التخصص التي لا يقدر عليها إلى كبار العلماء والمفكرين.

وليس معنى هذا أن الفلسفة حكراً على القلة من كبار العلماء المتخصصين، وإنما في مستوياتها العليا "فلسفة العلم" بينما الفلسفة عموماً ضرورة للرؤية الفكرية المتميزة المبدعة الخلاقة للعلم والعمل معاً، ولا علم بلا عمل والعكس صحيح.

معنى الفلسفـة

لعله من الصعوبة بمكان تحديد معنى الفلسفة رغم تحديد موضوعها ووظيفتها، فهناك اختلاف وجدل كبير بين الفلاسفة، جانب من ذلك الاختلاف يرجع إلى اختلاف معنى الفلسفة عبر العصور والمجتمعات، فلكل عصر ظروفه وثقافته التي جعلت الفلاسفة يختلفون في تحديدهم للفلسفة، كما أن اختلاف النظم السياسية والاقتصادية والدينية جعلت الفلاسفة يختلفون في تعريفهم للفلسفة، ثم إن انتماء الفلسفة إلى مدارس وتيارات فكرية متباينة تكون مصدراً للاختلاف في تعاريف الفلسفة.[1]

وعلى أي حال يعد الفيلسوف اليوناني "فيثاغورث" أول من وضع معناً محدداً لكلمة الفلسفة في القرن السادس ق.م. عندما بين أن كلمة Philosophy تتكون من مقطعين، يعني المقطع الأول Philo حب ويعني المقطع الثاني Sophiy الحكمة - لتعني الكلمة معاً حب الحكمة أو محبة الحكمة، لتدل على الاهتداء إلى الحقيقة بالسعي الدائب والبحث المستمر عن المبادئ الأولية للمعرفة وتفسيرها عقلياً. أما اليوم فقد اقتصرت الفلسفة في العصر الحاضر على المنطق والأخلاق وعلم الجمال وما وراء الطبيعة.[2]

كما استخدمت كلمة Philosophier لتشير إلى الشخص الذي يهوى الحكمة ويسعى في البحث عن الحقيقة. ويقال فلسف الشيء أي فسره تفسراً فلسفياً أي وصل إلى حكم عقلي...

وهذا المعنى اللفظي الذي قدمه فلاسفة اليونان كان محل قبول الأوساط الفكرية والعلمية ولا يوجد حوله خلاف كونه **معناً لغوياً**، أما **التعريف الاصطلاحي** فكان وما يزال مثار جدل وخلاف كبير للأسباب

(1) راجع حسان محمد حسان وآخرون، مقدمة في فلسفة التربية، ط2، 1987، ص 10.

(2) المعجم الوسيط، أخرجه إبراهيم مصطفى وآخرون، ج1، مجمع اللغة العربية، القاهرة، 1960، ص707.

السابق ذكرها، وصار من أعقد المفاهيم التي تواجه جدلاً كبيراً. وهذا علامة ثراء وصحة، كون الفلسفة لها صلة بالحياة، فهي تبحث عن حقيقة الأشياء وطبيعة الموجودات، وإنها تبحث عن العلاقة بين الظواهر في العالم، بين أوجه الشبه والاختلاف فيها أو التي تبدو مختلفة، وتبحث عن الفروض الأساسية التي تقوم عليها نظرتنا للعالم والحياة. [3] كما أن الفلسفة وهي تتقصى ماهية الأشياء وعللها؛ فإنها تقدم البراهين العقلية المحكمة التي يجب أن يكون عليها الواقع ومسار تطبيقه، وتعطينا الصور النموذجية للحكم، والتي من خلالها نضفي معناً على المواقف حينما نربطها بالرضا أو عدم الرضا، وبالقبول أو الرفض.

وقد لخص "كانط" الفلسفة والتفلسف عندما صاغ أسئلته الكبرى: ماذا أستطيع أن أعرف؟ ماذا ينبغي عليّ أن أعرف؟ ما الذي يجوز لي أن آمل فيه؟ [4] بينما عرف "أرسطو" الفلسفة بأنها البحث عن الموجود بما هو موجود بل رفع الفلسفة إلى مرتبة العلم الإلهي باعتبار الموجود العلة الأولى للوجود.

ويوضح "الكندي" (المتوفى 246هـ) أول فيلسوف في الإسلام أن الفلسفة أعلى الصناعات الإنسانية منزلة وأشرفها مرتبة. فالفلسفة بنظره هي "علم الأشياء بحقائقها بقدر طاقة الإنسان" لأن هدف الفيلسوف هو إصابة الحق الأول أو علة كل حق. [5]

ويقترب من هذا الرأي "ابن سينا"، و "الخوارزمي"، حيث يعرفها الأخير بأنها علم حقائق الأشياء والعمل بها.

وقد تزايدت تعاريف الفلسفة في العصور الوسطى الأوروبية وبخاصة في أعقاب عصر النهضة، عندما اتجه التفكير الفلسفي نحو العلوم الطبيعية والتجريبية، وظهور تيارات ومدارس فلسفية متباينة تارة أو متعاونة تارة أخرى، لإجلاء الفكر الفلسفي.

إن هذه الاختلافات في تعريف الفلسفة لا يعني أن الفلسفة فقدت مغزاها وجدواها وإنما دليل على أن الفلسفة من الوسع والثراء ما يلبي رؤى البشر وتصورهم لما يريدون أن يكون عليه مجتمعهم وحياتهم. ومهما اختلفت الرؤى المقترنة بتصورات المفكرين والفلاسفة فإنها وصفت بمعان عدة منها: علم الكل، علم تحديد أسباب الأشياء وماهيتها، ومحاولة الإنسان تشكيل الواقع وفهمه، ونقده، وتبرير أفعاله، وأداته العقل في ذلك. وعلى العموم تتميز الفلسفة عن غيرها من العلوم في أنها: [6]

- علم الكل: أي النظر إلى العالم ككل من خلال الأجزاء المكونة له والحكم على الوجود في جملته من شتى مظاهره.
- علم أصعب الأشياء: تتناول أبعد الأشياء عن إدراكات الناس الحسية.
- علم المبادئ والعلل الأولى: تفسر ماهية الأشياء والأحداث.
- فن الفنون وعلم العلوم.
- حكمة الحياة في ضوء ما يفضى به العقل.

---

(3) فيليب هـ فينكس: فلسفة التربية، ترجمة محمد لبيب النجيحي، القاهرة، الإنجلو المصرية، ص 28، 29.

(4) عبد الغفار مكاوي: لما الفلسفة، الاسكندرية، منشأة المعارف ، 1981، ص20.

(5) أحمد الأهواني: معاني الفلسفة، القاهرة، ص 42.

(6) حسان محمد حسان وآخرون: مقدمة في فلسفة التربية ، مرجع سابق، ص 9.

- مذهب خاص لنسق من الاعتقاد يؤمن به صاحبه بعد أن أقام البرهان على صحته.
- منهج الكشف عن المبادئ والفروض الأولية التي يقوم عليها كل علم.
- الدراسة التحليلية للمفاهيم والرموز العلمية.

بهذا المنظور الواسع تتضح أبعاد معان الفلسفة، لأن معنى "حب الحكمة" الذي قدمه فلاسفة اليونان هي من الوسع ما يجعلها تحوي مضامين المعاني السابق ذكرها، كون الحكمة تتضمن تقييماً في النظرة، وفكراً ثاقباً وإدراكاً دقيقاً يتجاوز المظاهر الخارجية والجزئية، كما تتضمن القدرة على حسن التصرف والانتفاع بالمعارف وما يهتدي إليه العقل للسير في الحياة على بصر وبصيرة. وهذا ما يبينه قوله تعالى: (**يُؤْتِي الْحِكْمَةَ مَن يَشَاء وَمَن يُؤْتَ الْحِكْمَةَ فَقَدْ أُوتِيَ خَيْرًا كَثِيرًا وَمَا يَذَّكَّرُ إِلاَّ أُوْلُواْ الأَلْبَابِ** (269)) البقرة: ٢٦٩ وقول الرسول ﷺ "الحكمة ضالة المؤمن".

وليس معنى ما ذكر أن الفلسفة مقتصرة على الفلاسفة والمفكرين، أو أنها مقتصرة على فئة من الناس، بل على العكس.. فإذا كان الفلاسفة والمفكرون هم الأقدر على التعاطي مع الفلسفة ووضع النظريات الفكرية، إلا أن لكل إنسان فلسفته الخاصة به التي توجه سلوكه وتحدد تصرفاته ونظرته للحياة، إلى جانب ذلك هناك فلسفة المجتمع التي تكونت عبر الزمن من خلال تراثه وثقافته التي تحدد وجهة نظر هذا المجتمع للحياة، وتحدد أسلوب عيشه، وتوجهه سلوكه، ويبني عليها أحكامه.

ثانياً: مواضيع الفلسفة

للفلسفة مواضيع أو مباحث تدرسها، هي:

1- **الكونيات أي الكسمولوجيا COSMOLOGY** وهو الجانب الهام من الفلسفة الذي يبحث عن التساؤلات الرئيسية الأولى: ما العالم؟ وكيف بدأ؟ ومن الذي أوجده؟ وكيف تطور؟ ولماذا وجد؟ وما طبيعة الزمان والمكان؟ وما طبيعة خلود العالم؟ أو فنائه؟ إلى غير هذه الأسئلة التي شكلت البدايات الأولى للتفلسف. ورغم وجود علوم معاصرة تحاول الإجابة على هذه الأسئلة الدقيقة، إلا أن الفلاسفة ما زالوا يحاولون الإجابة على تلك التساؤلات عن طريق التأمل العقلي، والتحليل المنطقي، دون أن تقدم الفلسفة إجابات نهائية لهذه الأسئلة.

2- **المعرفة: أي الإبستمولوجياEPISTEMOLORY** وهي نظرية المعرفة أو العلم الذي يستهدف استكشاف ما تتضمنه عملية المعرفة... أهي ممكنة؟ وما مصادر المعرفة وحدودها؟ وما درجة اليقين فيها؟ وما نسبة تغيرها؟ وما الفرق بين أنواع المعرفة العقلية والمعرفة التجريبية، والمعرفة الوقعية والمعرفة الحدسية؟ وكيف يمكن اكتسابها؟

3- **الوجود، أي الانطولوجيا ONTOLOGY** وهو العلم الذي يحاول البحث في هل الوجود الذي نعيشه مادي أو روحي أم مزيج من الروح والمادة؟ وهل يتألف من عنصر أو أكثر؟ وما الوجود والعدم؟ وكلما حاول العلم تقديم إجابات تذهب الفلسفة بعيداً لإثارة أسئلة جديدة لا يسألها العلم.

4- **القيم أي الإكسيولوجيا AXIOLIGY** ويبحث هذا الجانب من الفلسفة قيم الحق والخير والجمال. فقيم الحق يدرسه علم المنطق عن طريق قوانين الفكر. وقيم الجمال يدرسه علم الجمال عن طريق القيم الجمالية. وتسمى هذه العلوم بالعلوم المعارية، أي التي ينبغي أن تكون بغض النظر عن ظروف الواقع وقيوده[7].

5- **الميتافيزيقا META PHYSICS** أي ما بعد الطبيعة، أو علم الغيبيات، وتقوم بدراسة الواقع المطلق، فتبحث في الموجود بما هو موجود، وفي الكون وما فيه من مبادئ ومفهومات، (العلية، المكان، الزمان، الطاقة، الحركة..الخ) أي رد الظواهر والأشياء إلى عللها البعيدة أو الأولية مجردة باعتبار أن المجردات هي المسؤولة عن تفسير الظواهر[8] فإذا كانت طبيعة الشيء هي التي تحدد صفاته وخصائصه؛ فإن لهذه الصفات والخصائص وجوداً مستقلاً عن ذاتها، أي أن أصل وطبيعة الأشياء الكامنة وراء الظواهر المحسوسة روحي في أساسه. وغايته الوصول إلى نظرية كلية عن العالم ولا الحياة [9].

وأحياناً يطلق على الميتافيزيقا موضوع الوجود والكونيات، ويضيف آخرون إلى المواضيع السابقة موضوع المعرفة.

ثالثاً: العلاقة بين الفلسفة وفلسفة التربية

الفلسفة والتربية مظهران مختلفان الشيء واحد، الأول يمثل نطاق الرئية للحياة أو فلسفة الحياة. والثاني يمثل طريقة تنفيذ تلك الفلسفة في شؤون الإنسان. وهنا فالعلاقة وثيقة بين الفلسفة والتربية.. فالتربية إذا كانت فكر؛ فإن التربية تطبيق لهذا الفكر؛ وبالتالي لا انفصال بين الفكر والتطبيق. فالفكر يوجه التطبيق ويوضح مساره وغاياته، والتطبيق يختبر الفكر ويثريه.. فإذا كانت الفلسفة وثيقة الصلة بحياة أي جماعة أو مجتمع إنساني، وأن أي مجتمع لا يخلو من فلسفة تمثل رؤيته لهذه الحياة؛ فإن الفلسفة تستمد وجودها وطبيعتها من نظرته لهذه الحياة. وإذا كانت التربية أسلوباً لحياة المجتمع وأداة تنشأ لاستمرار وتغيير الحياة المجتمعية بكل أبعادها، فإنها تشتق وجودها من الفلسفة[10]. والتربية عندما تتناول أعم قضايا الإنسان والمجتمع وطموحهما اللامحدودين؛ فلا بد من وجود الفلسفة لتصيغ ما يجب أن يكون عليه المجتمع والمدنية وما هو نوع الفرد ومواصفاته في أفضل صورة يرغبها المجتمع لنفسه، ثم أن الفلسفة تستطيع الاستفادة من خبرات الماضي لمعالجة الحاضر، وكذا تمكن فلسفة التربية من توجيه أنشطة التربية في كليتها وعموميتها، بما يحفظ وحدتها الداخلية وغايتها النهائية. فتقدم الفلسفة التصورات الفكرية لما يجب وينبغي في حياة المجتمع والإنسان اليوم وغد لتقوم التربية بتحويل ما ينبغي إلى ما يجب أن يكون في واقع الحياة اليوم وغداً.

ومن هنا فالعلاقة قوية بين الفلسفة والتربية بل أن جميع مسائل التربية هي مسائل فلسفية. وقد قيل قديما إن الفلسفة بدون تربية جوفاء والتربية بدون فلسفة عمياء. وفي هذا الشأن أوضح "هربرت سبنسر" إن

---

(7) حسان محمد حسان وآخرون، دراسات في فلسفة التربية، مرجع سابق، ص13.

(8) إبراهيم عصمت مطاوع: أصول التربية، دار المعارف ط2، القاهرة، 1980، ص157.

(9) أحمد عزيز نظمي: دراسات ومذاهب فلسفية، الاسكندرية، مؤسسة شباب الجامعة، 1988، ص 31.

(10) أحمد علي الحاج: دراسات في أسس التربية، ص 58.

التربية الحقة لا تكون عملية إلا عن طريق الفلسفة الحقة[11]، بل أن "جون دوي" يؤكد أن العلاقة متبادلة بين الفلسفة والتربية. فإذا كانت الفلسفة توجه العمل التربوي وتؤدي إلى تغييره؛ فإن التربية بدورها تختبر تلك الفلسفة وتعين على تقييم مشاكلها، ويؤدي التطبيق التربوي إلى تصحيح الفلسفة بمدى تطابقها واتساقها مع الواقع، لذلك نشأ فرع علمي جديد سمي "فلسفة التربية" ليكون جسراً بين الفلسفة والتربية؛ لإتمام شروط انعقاد تلك العلاقة.

رابعاً: فلسفة التربيــة

إن فلسفة التربية هي تطبيق للنظرة الفلسفية والمنهج الفلسفي على التربية، ذلك أنها تتناول تحديد مسار العملية التربوية وتنسيقها ونقدها وتعديلها في ضوء مشكلات الثقافة وصراعاتها[12]. من أجل تحقيق الإتساق والانسجام في داخلها مع سائر المؤسسات الاجتماعية، حيث تتضمن فلسفة التربية البحث عن مفاهيم تواجد الفرد بين المظاهر المختلفة للعملية التربوية في خطة متكاملة شاملة، وتتضمن توضيح المعاني التي تقوم عليها التغيرات التربوية، وتعرض الفروض الأساسية التي تعتمد عليها المفاهيم التربوية ، وتنمي علاقة التربية بغيرها من ميادين الاهتمام الإنساني.[13]

وبصورة أوضح فإن **فلسفة التربية** : هي الاستشراف المنهجي للمستقبل التربوية في علاقته بمستقبل المجتمع بوجه عام، وذلك عن طريق النظرة النقدية الشاملة إلى الواقع التربوي، وما يحيد به وما يؤدي إليه.[14] وتعرف فلسفة التربية: بأنها الجهد المقصود لتطبيق الفكر الفلسفي في ميدان التربية أو تطبيق النظرة الفلسفية العامة في رؤية مكونات التربية والتعليم، والبحث عن المعرفة والقيم، ونقد المسلمات والفروض التي تقوم عليها، وتنسيق عمليات التربية وتعديلها في ضوء متغيرات المجتمع ومشكلاته، بما يضمن توجيه الأنشطة التربوية بجميع جوانبها.[15]

وبمعنى آخر؛ فإن فلسفة التربية تعني تطبيق المعتقدات والمبادئ التي تقوم عليها الفلسفة العامة في معالجة المشكلات التربوية، وتوجيه الجهد التربوي والعملية التعليمية بجميع جوانبها نحو غايتها النهائية.[16]

أو كما يحلو لأحد المربين الفرنسيين بقوله في تعريف فلسفة التربية: (أعني بفلسفة التربية تلك الخميرة التي ينبغي أن تحافظ على التربية والعالم والتاريخ وتلك الإدارة الحازمة، والوقفة الشامخة للإجابة على الأسئلة والتحديات الكبرى في عصرنا).[17]

إن فلسفة التربية صارت من الأهمية بمكان للتربية والمعلمين والمربيين، وأي قصور أو سوء تطبيق هذا الأساس يظهر أثره على التربية في اختلال عمليات التربية واضطراب أنشطتها، وفقدان التربية للبوصلة التي

---

(11) راجع إبراهيم ناصر: مرجع سابق.

(12) صادق سمعان: الفلسفة التربوية، ط1، القاهرة، دار النهضة، 1962، ص 136.

(13) محمد لبيب النجحي: مقدمة في فلسفة التربية، القاهرة ، مكتبة الأنجلو المصرية، 1996، ص 31.

(14) عبدالله عبد الدائم: نحو فلسفة تربوية عربية، مركز دراسات الوحدة العربية، بيروت، 1991، ص 75.

(15) محمد الهادي عفيفي: الأصول الفلسفية للتربية، مرجع سابق، ص13.

(16) عمر التومي الشيباني: فلسفة التربية الإسلامية، طرابلس، ليبيا 1975، ص 17.

(17) عبدالله عبد الدائم: نحو فلسفة تربوية عربية، مرجع سابق، ص 75.

توجهها والغايات التي توصلها إليها. وهذا أهم ما في التربية.. وما الخلل الناتج في نظمنا التربوية العربية إنما يرجع في الأساس إلى غياب فلسفة تربوية عربية وإسلامية واضحة المعالم والأركان موضحة لتفاصيل العمل والممارسة.

ولعله من غير المبالغ فيه القول أن الأصل الفلسفي للتربية هو بداية كل عمل تربوي ناجح، لأن فلسفة التربية إطار فكري شامل يوجه النظرية ويحكم العمل، كون فلسفة التربية تبدأ بتحديد الغايات التربوية، تبتدأ بطرح الأسئلة التالية، ومحاولة الإجابة عليها. فالسؤال لماذا نعلم أو نربي ؟ هو الخطوة الأولى في العمل التربوي، وتجيب عن هذا السؤال فلسفة التربية. وللإجابة على هذا السؤال يمكن الإجابة على الأسئلة: من نعلم؟ وتجيب على هذا السؤال السياسية التعليمية والخطط والاستراتيجيات. وبماذا نعلم؟ يجيب على هذا السؤال محتوى التعليم. وكيف نعلم؟ تجيب عليه طرق التدريس. وما نتائج التعليم؟ يجيب عليه تقويم العملية التربوية.

إن فلسفة التربية، تمدنا بالطريقة التي نختار هذا الأسلوب أو تلك الأداة، ولماذا؟ وبذلك تكون فلسفة التربية بمثابة العين التي ترى بها التربية، والأرجل التي تسير عليها، إنها بمثابة النوتة التي تنسق نغمات التربية وحركة أجزائها دون خلل أو اضطراب.

وتنبع أهمية فلسفة التربية من ما استمدته من خصائص التفكير الفلسفي ووظيفة الفلسفة عموماً وفلسفة العلوم خصوصاً، حيث صار لفلسفة التربية منهج يتصف بالخصائص التالية:[18]

- **الوصف:** حيث تقوم فلسفة التربية بوصف مظاهر التربية، ومشكلاتها وتوضيح أسبابها وعيوبها ونتائج تأثيراتها على مكونات التربية، وبما يمكن من توجيه العمل في الميدان التربوي، وتعيين الأصول التربوية الأخرى في إطار مكونات التربية.
- **التأمل:** ويعني محاولة النظرة الشاملة لكل عناصر التربية وأجزاءها، بما في ذلك الطبيعة البشرية، والمعرفة، والمنهج، والوسائل، والتقويم، وكذا توجيه سلوك الناظر والمعلم والمتعلم.
- **التحليل والتركيب:** ويعني بتحليل الأفكار والنظريات والمفاهيم والقوانين، وتحري مدى صلاحيتها وجدوى سلامتها للتربية، ثم يعاد تركيب كل ذلك في نسق واحد وعقد متكامل، بعد تمحيص وانتقاء دقيق.
- **التأويل والإرشاد:** ويعني تفسير الظواهر والمشكلات والعناصر والإجراءات وتأويلها، وفق منهج واحد بهدف إرشاد العمل التربوي وتوجيهه واقتراح الوسائل الأكثر جدوى وفائدة.

النقد: لن تكتمل خصائص منهج فلسفة التربية بدون نقد شامل للمعلومات الواردة من الأصول المختلفة للتربية بما فيها من مصطلحات ومفاهيم وأساليب، وكذا نقد التطبيقات التي تمارس في التنفيذ وأساليبه، بغرض اكتشاف الأخطاء والثغرات ثم توجيه الأنظار إلى أساليب الحل والعلاج.

---

(18) سعيد إسماعيل علي وآخرون: دراسات في فلسفة التربية، عالم الكتب، 1981، ص 50-52.

خامساً:- وظائف فلسفة التربية

للفلسفة التربية وظائف عدة، لعل أهمها:

1- تحديد معالم النظرية التربوية عن طريق تحديد الأهداف التربوية

تسعى فلسفة التربية إلى إقامة نظرية تربوية تمثل رؤية المجتمع حول طبيعة الإنسان وخصائص المواطنة ونوع المجتمع والمدنية والعالم وطبيعة الحياة، التي يجب أن تؤدي إليها التربية، وتقوم فلسفة التربية باستنتاج تلك النظريات من الفلسفة من خلال نظرة تأملية فاحصة يمكن عن طريقها تنظيم وتفسير الحقائق المتناقضة والوقائع المختلفة، وربط الأشياء بعضها ببعض في إطار الخبرة الإنسانية، وتعمل على ترتيب الأهداف والظواهر والمطالب، وغيرها في نظام متناسق يبرز العلاقة والارتباط بين عناصر العمل التربوي.[19] وتنظيم نتائج الميادين والتخصصات المتصلة بالتربية.

ويتوقف وضوح ودلالة هذه النظرية التربوية أو تلك على تعيين الأهداف والغايات التربوية التي ينبغي تحقيقها، ووضع الأساليب والوسائل العامة التي يلزم اتباعها، وكذا طرح غايات ووسائل أخرى تتمشى مع التطورات والتغيرات الاجتماعية والاقتصادية والسياسية المحيطة بالتربية، وعلى أساس كل ذلك تقترح السياسات التعليمية ووضع الخطط واستراتيجية التنفيذ.

ووظيفة كهذه تصبح لازمة الفهم والإدراك الدقيق لكل من المعلم والموجه والمدير والمخطط والمنفذ، بل وكل من له علاقة بالعمل التربوي.

2- فهم النظام التعليمي عن طريق معرفة مفاهيمه

تقوم فلسفة التربية باختبار وفحص المفاهيم والمصطلحات، والأفكار والآراء الموجهة لنظام التعليم، ومدى ملاءمتها للحقائق والممارسات المتبعة، بما فيها الاتجاهات وسلوك المعلمين وغيرهم. وكلما زادت معرفتنا بالأصول الفلسفية زاد فهمنا لنظام التعليم بمكوناته ومحتواه، وتوضحت المعاني والمصطلحات، وأمكن للمعلم وغيره مناقشة مسائل التربية وأهداف المقررات الدراسية وعلاقتها بطبيعة العقل والجسم، وغير ذلك من القضايا والمسائل الهامة في التربية، لأن الاختلاف الفكري في ميدان التربية وما يتبع ذلك من خلل في الممارسة والتطبيق هو خلاف فلسفي في جوهره، ويشتد هذا الخلاف كلما ابتعدنا عن الواقع وتوغلنا في عالم المعاني والنظريات.[20] كما أن معرفة سلوك المعلم وما يمارسه يمكن تحليله وفهمه عن طريق فلسفة التربية. وعلى حسن فهم المعلم وغيره للمفاهيم والمصطلحات ازداد وعياً بنظام التعليم وأمكنه أن يتحرك ويسلك بطريقة أكثر رشداً وعقلانية، وأن يرفع من قدرته على النظر والتعرف بحكمة واستطاع أن يؤدي واجبه بكفاءة واقتدار.

3- الكشف عن المعرفة عن طريق فهم طبيعتها، ومصدرها واكتسابها

تقوم فلسفة التربية بالكشف عن المعرفة ونقلها والعمل على استمرارها وتجديدها وتنميتها[21]. وذلك من حيث طبيعة المعرفة، أهي متغيرة أو ثابتة؟ وهل هي عامة بين الناس أم مقتصرة على المفكرين والعلماء

---

(19) محمد الهادي عفيفي: الأصول الفلسفية للتربية، مرجع سابق، ص 11،12.

(20) في سعيد إسماعيل علي وآخرون، مرجع سابق، 53.

(21) محمد الهادي عفيفي: الأصول الفلسفية للتربية ، مرجع سابق، ص 14.

فقط؟ وما علاقة طبيعة المعرفة بالكون؟ وما مدى إدراك العقل لها؟

كما تناقش فلسفة التربية أهمية المعرفة في العملية التعليمية وطرق اكتسابها، وأي الوسائل أنسب لاكتساب المعرفة، أهي عن طريق الحواس أم التجريب أو التفكير؟ وغير ذلك من المسائل التي تجعل للمعرفة معنى، وييسر اكتسابها، وكذا تطبيقها.

4- دراسة القيم التي تقوم عليها التربية، ومواجهة بعض مشكلات الصراع القيمي:

تهتم فلسفة التربية بدراسة القيم التي تقوم عليها التربية من حيث، طبيعتها وأصلها ودوامها، وأنواع هذه القيم وعلاقتها بمقومات المجتمع وعوامل التغير فيه، على أساس أن القيم تدخل في كل نشاط تعليمي وتؤثر فيه.[22] إذ يجب أن تتضمن الأهداف التعليمية القيم التي تسعى لتحقيقها، كما ينبغي أن تعكس المناهج والمواد الدراسية والوسائل القيم السائدة في المجتمع، وتساعد باستمرار على اختيار القيم التي ينبغي أن يلتزم بها المعلمون في تدريسهم، وصور التعبير عنها وما السلوك الخلقي الذي يجب تعزيزه وتنميته لدى تلاميذتهم وكيف يمكن إيجاد نوع من الاتفاق بين المعلمين والإدارة حول القيم المطلوب تنميتها دون تصادم أو تضاد؟

ومن جهة ثانية تسهم فلسفة التربية في وضع حلول لبعض مشكلات الصراع القيمي الذي ينشأ بين الأجيال المختلفة والعاملين في التربية الذين يأتون من طبقات وثقافات متباينة، فتحاول فلسفة التربية تحجيم ذلك الاختلاف القيمي بإتاحة قدر من الاختلاف والتمايز داخل إطار قيمي شامل، يحكم عملية التعليم، ويرسخ القواعد المشتركة التي يؤمنون بها ويسلكون وفقاً لها، وذلك بصياغة مفاهيم نظرية متسقة مع قيم المجتمع، وإزالة الخلل والاضطراب في مظاهر القيم السائدة، وكشف مظاهر الزيف في بعضها، ومحاولة إصدار الأحكام القيمية على العملية التعليمية، ونتائج العمل التربوي.

5- توجيه الأصول المختلفة للتربية

لما كانت التربية ميدان تطبيقي... تستمد أصولها من المجتمع ومن نتائج العلوم كان من الضروري وجود منظم أو موجه ينسق بين هذه الأصول ويضبط بين ما يصلح للتربية وما يمكن استبعاده. لذلك كان لا بد من فلسفة تربوية تعمل أولاً على إيجاد معادلة دقيقة للتوفيق بين الأصول اللاعلمية التي تأتي من المجتمع وتدخل مباشرة إلى التربية؛ بحكم أن التربية مؤسسة تتبع المجتمع، وبينها وبين الأصول التي تأتي من العلوم، وذلك بحل التناقضات التي تنشأ بين القديم والجديد؛ بإدماج الجديد في القديم أو تغيير القديم ليتلاءم مع الجديد، دون تفريط بشخصية المجتمع وثوابته التي تميزه.

ثم أن فلسفة التربية وهي تحاول إيجاد بيئة منتقاة للتربية السليمة؛ فإنها تقوم بفحص كل ما ينتقل إليها من نظريات وأفكار واتجاهات وتخضعه للبحث والنقد والتجريب، وتختار ما يلائم التربية السائدة في المجتمع. فإذا كانت هناك عادات وتقاليد لفظها الزمن، ويحتاج التخلص منها إلى فلسفة تربوية تقيم الحجة والدليل؛ فإن العلوم المعاصرة تظهر فيها العديد من النظريات والأفكار التي قد يتعارض بعضها مع قيم المجتمع ومعتقداته، ومن المستحيل قبولها رغم أنها صائبة من وجهة نظر مجتمع آخر. لهذا تقوم فلسفة التربية بفحص

---

(22) محمد منير مرسي: في فلسفة التربية، القاهرة، عالم الكتب، 1982، ص89.

كل ما يأتي من أصول التربية وإخضاعها للدراسة، والبحث، والنقد والتقويم، ثم تسمح بدخول هذه الأفكار أو تلك التجارب إلى ميدان التربية لتكون التربية في تركيبة منسجمة وتوازن دقيق. وكل تغيير أو تعديل في التربية يكون تحت بصر فلسفة التربية.

6- إدراك علاقات جديدة عن طريق قبول التغيرات الأساسية

التغيرات حادثة في كل مجتمع، وتلك سنة الله في هذا الكون غير أن التغيرات في الوقت الحاضر متسارعة وعمقية، محلياً وإقليمياً وعالمياً، وما ينجم عن ذلك من تغيرات وتبدلات شملت جميع نظم المجتمع وقطاعاته وأنشطته. وهذا يلقى دوماً على التربية ضرورة تجديد نفسها وتطوير بنيتها ومحتواها وكذا أساليبها، لقبول تلك التحولات. وهنا كان لا بد من فلسفة التربية للنظر في تغير التربية ونوع هذا التغير وكمه وحجمه، دون تقليد أعمى أو إصلاح مجزأه أو جعل التربية نهباً للآراء والتفسيرات المتنافرة أو الاجتهادات المخلة.

مثل تلك التغيرات تفرض على فلسفة التربية إدراك علاقات جديدة بإعادة النظر في العلاقات القديمة وإعادة صياغتها في ضوء التغيرات الجديدة، واكتشاف بدائل مستحدثة، وإيجاد طرق متطورة وذلك بإثارة روح التساؤل والابتعاد عن الواقع والتجرد عنه، والبدء بإعادة ترتيب المواقف والأحداث والنظر بعمق للمفاهيم الخاطئة والأساليب المعوجة، بل والمسار ككل، ثم إعادة الترتيب في ضوء المستجدات الحديثة ، وبما يؤدي إلى إزالة التناقض بين الأفكار والأساليب وبين الفروض والمسلمات، وبين النظرية والتطبيق... بطريقة تضمن الاتساق والتكامل والوضوح.

7- توجيه الأنشطة التربوية في كليتها وعموميتها

ميدان النشاط التربوي واسع ومتنوع، فهناك أجهزة التعليم بمستوياتها التنظيمية والإدارية والفنية المختلفة التي تبدأ من المستوى المركزي والقومي، وتتدرج إلى المستوى الإقليمي (محافظات، مديريات) ثم إلى المستوى المحلي في المدارس. وهناك مراحل التعليم وأنواعه الممتدة في كل مناطق الدولة. وفي هذا وذاك تتدرج مستويات العمل التربوي بين واضعي السياسة التربوية، والمخططين، ومصممي المناهج وواضعيه، ومخرجي الكتب المدرسية، ومنتجي الوسائل التعليمية، وكل وحدات التنفيذ التي تصل إلى أدنى قاعدة التعليم. وهناك مراحل التعليم بمستوياتها التعليمية المختلفة، وفي كل مستوى دراسي مختلف المقررات الدراسية ومختلف الأنشطة التعليمية التربوية في كل مستوى أو صف دراسي. وهناك القادة التربويين والمشرفون والموجهون، والمعلمون، والعاملون على مختلف مستوياتهم وأنشطتهم.

كل هذه المستويات والأنشطة تحتاج إلى إطار فكري ينظم عمليات التربية ويوجه أنشطتها في كليتها وعموميتها نحو غايات محدودة، وهذا هو دور فلسفة التربية، التي تتولى ضبط إيقاعات مكونات التربية وأجزاءها، وتكامل العمليات والأنشطة في كل متكامل ومتعاون، في اتجاه غايات التربية.

8- تنظيم محتوى التعليم

تساهم فلسفة التربية في تنظيم محتوى التعليم طبقاً لمعايير وأسس تحفظ الوحدة الداخلية لكل المواد الدراسية، في كل الصفوف والمراحل التعليمية، يلتزم بها مخططو المناهج وواضعيه، وما يقدمونه من أسس بناء المناهج ووسائل تنفيذها، ثم يقوم المعلمون كل في مقرره بتنفيذ محتوى التعليم بانتقاء الأساليب المناسبة.

وهنا تأتي فلسفة التربية لتقدم أسس التنظيم المنطقي للمادة الدراسية والذي يعتمد على أن المادة الدراسية وموضوعاتها ينبغي أن تكون مرتبة ومتسلسلة منطقياً، أي لا يفهم جزء منها إلى بفهم الأجزاء السابقة، والتفكير المنطقي السليم هو الذي ينمي صفات: الوضوح في التفكير واتساقه وصدق المعرفة ومناسبتها للمواقف المختلفة والموضوعية وعقلنة السلوك الخلقي الهادف.[23]

كما تساعد فلسفة التربية في التنظيم السيكولوجي للمادة الدراسية وذلك بقيام العملية التعليمية وناتجها التربوي على أسس ميول المتعلمين وخبراتهم وحاجاتهم، وفق ما يطمح إليه المجتمع في تنمية قدرات المتعلمين، وصقل مواهبهم وإتاحة سبل الترقي والنضج العلمي والفكري والتربوي.

9- تطوير العملية التعليمية عن طريق تقويمها:

لما كانت التربية تعد الأجيال للمستقبل، وهذا المستقبل غير معروف تماماً فعلى فلسفة التربية بطبيعتها التأملية أن تمد نظرها إلى ذلك المستقبل، وتحاول استشرافه وتقدير احتمالاته، وتقدم تصورات مبتكرة لتطوير العملية التعليمية، وكل بني التعليم... بدءاً من تقويم ا لحاضر ومعرفة أوجه قصوره واستطلاع آفاق المستقبل، وما ينبغي أن تستعد له، باكتشاف تجارب جديدة مستنبطة من الواقع أو بالاسترشاد من خبرات الدول المتقدمة، والبحث عن أساليب تعليم وتعلم جديدة، وإعداد العدة لمواجهة المستقبل واحتمالاته المتوقعة.

10- حل مشكلات النظام التعليمي عن طريق تحليل نقاط القوة والضعف فيه:

تساعد فلسفة التربية بما تملكه من نظرة تأملية نقدية إلى حل مشكلات التربية بتقصي جذور مكوناتها، والبحث عن مؤثرات فعالة في الميدان التعليمي وذلك بفحص مكونات التعليم وتفاعل أجزاؤه للكشف عن نقاط القوة أو الضعف فيه، ثم تحاول فلسفة التربية تقديم الحلول المناسبة لهذه المشكلات، أو محاصرتها بتدعيم الجوانب الإيجابية في التعليم، والبحث عن سبل جديدة للتغلب على المشكلات المستعصية، وتظل فلسفة التربية تمد المعلم وغيره بقدره أوسع على الرؤية الصائبة لحل المشكلات التي تواجهه، وتواجه التعليم ككل، والارتفاع بكفاية التعليم.

لهذا كله وغيره، فإن فلسفة التربية ألزم ما يكون للمربي والمشرف والقائد التربوي، بل ورجال السياسة والاقتصاد عموماً، فهي عدة المعلم وسنده التي لا غنى عنها في عمله والنجاح فيه، على أن معيار النجاح والفشل في دراسة المعلم لفلسفة التربية يتوقف على القدر الذي ينجح أو يفشل في فهم ما يقوم به من مهام، والأهم من هذا توجيه سلوك دراسيه وتعديل تصرفاتهم واتجاهاتهم، على أساس أن النتائج العملية المتحققة هي معيار الحكم على نجاح هذه الفلسفة.

والآن يمكننا استعراض أبرز الفلسفات والنظريات التربوية التي استقرت في أدبيات الفكر التربوية، بصورة سريعة، لاستخلاص الأفكار الرئيسية لهذه الفلسفات وتلك النظريات، ونقف على أبرز معالم توجيه الأصل الفلسفي للتربية فكراً وتطبيقاً، نظرية وممارسة، والحكم على نتائج العمل التربوية سلوكاً وعلاقات، مهارات واتجاهات.

---

(23) محمد الهادي عفيفي: في أصول التربية، مرجع سابق، ص 18.

سادساً: فلسفات التربية ونظرياتها

يمكن أولاً التفرقة بين فلسفة التربية والنظرية التربوية، حيث أن فلسفة التربية تعني ذلك النشاط الذي يقوم به جماعة المربين والفلاسفة وغيرهم لإبراز العلاقة بين الفلسفة والتربية، وتوضيح العملية التربوية، وتنسيقها ، ونقدها، وتعديلها، في ضوء مشكلات الثقافة، شريطة أن يتوافر في فلسفة التربية هذه جملة شروط، هي : أن تستند إلى حقائق موضوعية تدعمها، وأن تكون متسقة، ولها من القيم الواضحة، وأن تكون شاملة لجميع العوامل ا لتي تساعد على مواجهة المشكلات التربوية المختلفة[24] . بينما النظرية التربوية هي مجموعة من النشاطات العملية المرتبطة بعضها ببعض تظهر في صورة نظرية علمية معينة تبدأ بتصورات نظرية تكون بمثابة موجهات للنشاطات التطبيقية.

ويمكن استعراض تلك الفلسفات من زاويتين، الأولى: تتضمن إبراز أهم الأفكار الرئيسية لهذه الفلسفة من ناحية التربية. والزاوية الثانية: تتناول المعالم التربوية لهذه الفلسفة ونواحي تطبيقاتها في الحقل التربوي.

ونظراً لأن هناك العديد من الفلسفات وكذا التيارات والمدارس داخل بعض الفلسفات التقليدية التي تكاد تتميز بنفسها، فسوف يتم التركيز على الفلسفات الرائدة في الفكر الفلسفي متغاضين عن التفريعات القائمة في هذه الفلسفة أو تلك، والتفاصيل الجانبية الأخرى، مقتصرين على الخطوط العريضة لهذه الفلسفة أو تلك النظرية.

أولا: فلسفة التربية المثالية

رغم أن الفلسفة المادية أسبق، إلا أن الفلسفة المثالية تعد أقدم الفلسفات الواضحة المعالم والأركان، واستمرت صاعدة تجتذب قدراً من الفلاسفة والمفكرين، ويهفوا إليها المربون والعلماء حتى العصر الحاضر، حتى وإن وجدت مدارس وتيارات تميزت داخل الفلسفة المثالية، ووصلت إلى حد التناقض، إلا أنها تندرج تحت الفلسفة المثالية في توجهها الفكري العام.

وترجع نشأة الفلسفة المثالية لإفلاطون (429-347ق.م) الذي يعتبر بحق المؤسس الأول لهذه الفلسفة، وإليه ترجع الأصول الأولى، وبجانبه سقراط الذي غذى هذه الفلسفة بأفكاره الخالدة.

ثم اتسعت هذه الفلسفة وانتشرت على يد ممثلين بارزين لها وهم: باركلي، وهيوم، وهيجل، وكانْت، وشوبنهاور، وسبنيوزا، وغيرهم كثيرون، رغم الاختلافات الكبيرة بينهم. أما أبرز التربويين الممثلين للمثالية فهم: كومينوس، وبستالوزي، وفروبل.

ومن هذه الأسماء بيد وأن المثالية كانت أكثر انتشاراً في الفكر الألماني والفرنسي وأوثق الصلة بمدارس الوعي الديني.

والفلسفة المثالية تعني بوجه عام الاتجاه الذي يرجع الوجود إلى الفكر، أي أن الواقع الطبيعي الذي نعيشه ويحيط بنا هو روحي في أساسه، فالواقع الطبيعي ليس له وجود مطلق وإنما هو ظواهر لواقع روحي، وبالتالي "فالمظهر الخارجي للإنسان ليس حقيقته وإنما الروح هي حقيقته وجوهره".[25] أي أن الروح أو العقل

---

(24) سعيد إسماعيل علي: نظرات في الفكر التربوي المصري، استنسل 1983، ص 12.

(25) محمد منير مرسي: فلسفة التربية، مرجع سابق، ص 1640.

هو العالم الحقيقي، أما الأشياء في العالم الطبيعي إذا كانت أشباح أو ظلال لعالم المثل، فإن هذه الأشياء لا وجود لها إلا بمقدار إدراك العقل لها واقترابها من عالم المثل.[26]

ويمكن تفسير ذلك المعنى بالنظر إلى الجذور الأولى للمثالية التي وضعها أفلاطون من خلال نظرية المثل، حيث يقسم أفلاطون العالم إلى قسمين: عالم علوي سماوي لا يحوى الأشياء المادية وإنما يحوي المثل العليا من الخير والحق والجمال، ويوجد فيه العدل المطلق والحقيقة المطلقة، وهذا العالم أزلي خالد غير قابل للتغير، وسيظل هكذا على الدوام. وعالم سفلي مادي متغير ندركه بحواسنا.

وعلى ذلك فالمثال حقيقة كلية مجردة له وجود مطلق، وهو عالم الفضائل الأشد صدقاً والأفضل قيمة. بينما العالم المادي الحسي فهو عالم متغير متقلب، وهو لذلك زائف ليس له وجود إلا بمقدار قربه من المثل، لأن الحواس غير قادرة على معرفة الحقيقة وإدراكها، كونها غير صادقة في ادراكاتها، ولا تدرك سوى عوارضها، أي الأمور المتغيرة، بينما العقل أو الروح فهو الوسيلة الصحيحة للوصول إلى الحقائق والأفكار، لأن العقل هو القادر على الاتصال بالأفكار الثابتة الموجودة في عالم المثل، وهو يستمد ثباته وخلوده منه على أساس أن الروح قبل أن تهبط إلى العالم السفلي وتحل في جسم مادي كانت الروح تعرف الحقائق والمثل العليا، عندما كانت في العالم العلوي ولكن عندما اتصلت بالجسد المادي، فإنها تحاول أن تسترجع وتتذكر ما كانت تعرفه من حقائق ومثل في العالم العلوي، وهي تستعين بالعقل، لأنه الوسيلة السليمة للوصول إلى الحقائق والأفكار. وبالعقل يكون الإنسان أقرب إلى الحق والفضيلة، وبالجسم يكون الإنسان أقرب إلى الخطيئة، كون الجسم محكوم بالغرائز والشهوات، وإذا سيطر العقل على الجسم ابتعد الإنسان عن الشر والرذيلة واقترب من الحق والخير.[27] وإذا كان "باركلي" قد بالغ في قيمة العقل واعتبره مصدر وجود الأشياء المادية بربطه وجود الأشياء بمقدار إدراك العقل لها؛ فإن "كانْت" قدم محاولة منهجية لتعيين الحدود الدقيقة التي يصلح في نطاقها استخدام العقل كأداة للمعرفة والوصول إلى الحقيقة عن طريق التجربة الحسية التي تشكل معطيات ضرورية للمعرفة العقلية.[28]

ويضيف "هيجل" بعداً جديداً في تحليله للعقل المطلق باستخدامه المنهج الجدلي أو الدياكتيكي الذي يتألف من قضية ونقيضها كسبيل للمعرفة، وما يصدق على عالم الأشياء يصدق على عالم الروح.

وعلى كل حال، فرغم تشعب الآراء والاتجاهات في الفلسفة المثالية حول المعرفة والمثل والقيم، والطبيعة البشرية بين رواد هذه المدرسة سواء الأقدمين أو المحدثين، فيمكن استخلاص المبادئ العامة للفلسفة المثالية وهي:

1. العقل والروح جوهر العالم ووجوده الحقيقي:

إن جوهر العالم الحقيقي هو العقل أو الروح، لأن العالم كله -كما يرى أفلاطون- كان عالم فكر قبل أن يكون عالم مادي محسوس، وخلف هذا العالم المحسوس أو قبله يوجد عالم الأفكار الثابتة والمثل النقية الأزلية،

---

(26) حسان محمد حسان: مقدمة في فلسفة التربية، مرجع سابق، ص 49.

(27) أحمد علي الحاج: دراسات في أسس التربية، مرجع سابق، ص 101.

(28) حسان محمد حسان وآخرون: مقدمة في فلسفة التربية، مرجع سابق، ص 52،53.

وهذا هو الوجود الحقيقي الذي يتولد في العقل أو التي يصل إليها. وعالم المثل بعيد المنال بالنسبة للحواس، ولا يدركه سوى العقل، أما المادة أو المحسوسات فهي أشباح أو أشكال لعالم المثل أو صور له.(29) والأصل أنقى وأسمى من الصورة، كما أن الحواس تكتسب إدراكاتها من خلال التوجيه العقلي أو أن العقل هو الذي يحول الصور الحسية إلى مدركات عقلية، والأهم من هذا أن العقل قادر على الاتصال بالأفكار الثابتة الأزلية، الموجود في عالم المثل أو عالم الروح، وبالتالي فهو يستمد ثباته وخلوده منها، ومن هنا فالعقل يسمو على الجسم ويسيطر عليه.

2. الوجود المادي ليس مستقلاً عن ذات الإنسان:

قامت الفلسفة المثالية لتناقض فكرة استقلال الطبيعة، إذا أن كل ما يحيط بنا من ظواهر مادية كالجبال والأشجار ليست واقعاً مطلقاً مستقلاً عن الإنسان، بل ظلاً لفكر الإنسان أ و أنه هو الذي يدركها بعقله، أو هي الصور الذهنية التي يخلعها العقل على الأشياء. ومعنى هذا أن الوجود المادي يوجد في الذهن، "فبركلي" يؤكد أن صفات الأشياء مثل اللون والطعم والأشجار وغيرها لا وجود لها إلا في عقل الإنسان، وهي في نهاية الأمر ما هي إلا أفكارنا عن هذا الشيء المادي أو صورتي الذاتية عنه.(30)

3. ثنائية الطبيعة البشرية:

تفسر الفلسفة المثالية طبيعة الإنسان على أنها شيء ينقسم إلى عقل وجسم. عقل ليس له حدود متصل بالروح أي متصل بالأفكار الثابتة الأزلية الموجودة في عالم المثل حيث أن الروح أو النفس كانت موجودة قبل وجود الحياة في العالم العلوي المثالي، تشاهد المثل حيث أن الروح أو النفس كانت موجودة قبل وجود الحياة في العالم العلوي المثالي، تشاهد المثل وتعيش الفضائل ، بعيدة من الجسم والمادة... وعندما هبطت إلى العالم السفلى ارتبطت بالجسم واتحدت به اتحاداً مؤقتاً، فطغت مادة الجسم عليها وأنستها ما كانت تعرفه في عالم المثل.

أما القسم الثاني من الطبيعة الإنسانية فهو جسم له حدود مكانية مرتبط بمادة متغيرة، تنتمي إلى العالم السفلي المتقلب الزائل. والجسم بهذه الخاصية يعطل عمل العقل، وبالتالي فالحواس غير صالحة لمعرفة الحقيقة وإدراكها، كونها لا تدرك سوى الأمور المتغيرة. لذلك على العقل أن يقهر الجسم ويكبح غرائزه؛ كون العقل هو الوسيلة للوصول إلى الحقائق والافكار. والأفكار التي تأتي عن طريق العقل تكون صحيحة وصادقة، لأن الروح تحاول أن تتذكر وتسترجع ما كانت تعرفه من أفكار وقيم في عالم المثل.

وبهذا يعلي المثاليون العقل على الجسم، وأفضل نمو هو النمو العقلي والروحي والخلقي حتى يستطيع الفرد الاتصال بالأفكار الخالدة في عالم الروح أو المثل.

4. المعرفة مستقلة عن الخبرة الحسية:

يرى المثاليون عموماً أن مصدر المعرفة هو عالم المثل، وهو عالم يتسم بالثبات والديمومة. وبالتالي فهو مصدر المعرفة الحقيقية، وأداة الوصول إليها هو العقل. ولما كان جوهر الإنسان هو العقل، والمعرفة الحسية

---

(29) محمد سيف الدين فهمي: النظريات التربوي، القاهرة، مكتبة الأنجلو المصرية، 1985، ص32.

(30) حسان محمد حسان وآخرون: مرجع سابق، ص 51.

مشكوك في صحتها، والأشياء لا معنى لها بدون العقل فإن الإدراك البشري أساسه العقل مستقلاً عن التجارب الحسية.[31] لأن الحواس ترتبط بعالم متغير، والحواس لا تدرك سوى مظاهر الأشكال وعوارضها، ثم إن هذه المعارف متغيرة مفككة، والعقل هو الذي يدركها ويحولها إلى صور ومعاني يصوغها في أفكار مدركة.

والعقل مزود بإمكانات الإدراك والتمييز والتركيب والتحليل والحكم، وبه يمكن الوصول إلى الحقائق المجردة والقوانين بدون الحواس، ثم أن العقل يقوم بإعادة تنظيم المعرفة وإدراك مضمونها الكلي. وكلما كان هذا النظام أكثر شمولاً كانت الأفكار أكثر اتساقاً وكانت الحقيقة أكثر دقة.

كما يؤمن المثاليون بثبات الحقائق وخلودها، وأن المعرفة التي تأتي عن طريق العقل هي معرفة يقينة صادقة، وتنطبق على جميع المجتمعات، كما أن المعرفة فطرية تكمن في العقل، فبالتفكير الذي يثير عقولنا نتوصل إلى معارف كانت كامنة فينا.

5. الغائبة:

ترى الفلسفة المثالية أن لهذا العالم خالق مبدع وجد لتحقيق رسالة الروح والعقل وإن هذا العالم لا يتحرك بطريقة عشوائية، بل يسير وفق خطة لتحقيق غاية العقل الخالص أو الروح المطلق، وهي غايات وجدت قبل العالم[32]. وأن الطبيعة أكثر من مادة متحركة، فهي في مقوماتها النهائية روحية من حيث صلتها بهذا العالم.[33]

6. ثبات القيم وأزليتها:

تؤمن الفلسفة المثالية بأن القيم مطلقة وثابتة لأنها مستمدة من عالم المثل، فالخير والجمال ليس من صنع الإنسان، بل هما جزء من تركيب الكون، والحكم على القيم صادر من العقل الذي يقدمه الإنسان، على أساس شعوره الأولى الصادر من ملكاته العاقلة وليس من إحساسه. وحكمه العقلي هذا مصدره القبض الإلهي في جسم الإنسان والذي يمكنه من إدراك الحقائق الأزلية والوصول إلى الفضائل العليا.[34]

التطبيقات التربوية لفلسفة التربية المثالية:

طبيعي أن تترجم أفكار الفلسفة المثالية في بناء فكري متكامل، شمل كل مكونات التربية وتقدم تنظيماً محكماً للتربية، بمحتوى وأساليب وأهداف، وغير ذلك من الأمور التي أثرت بشكل كبير على مسيرة التربية ونوعيتها طيلة العصور التاريخية، حتى العصر الحاضر. وقد وجهت الفلسفة المثالية التربية في النواحي التالية:

1. أثمرت الجهود الأولى للفلسفة المثالية التي وضعها أفلاطون وسقراط في تكوين نظام تربوي يتألف من مراحل تعليمية تتوافق مع نمو الفرد أكاديمياً، وعقلياً وخلقياً، بحيث أن كل مرحلة تتكون من مستويات متتابعة تتسم مواده بالتسلسل المنطقي، كون عقل الإنسان منظم بطرقة منطقية.. فلا يدرس

---

(31) المرجع السابق، ص 56.

(32) المرجع السابق، ص 56.

(33) محمد منير مرسي: فلسفة التربية ، مرجع سابق، 165.

(34) محمد سيف الدين فهمي: نظريات التربية، مرجع سابق، ص 33.

التاريخ إلا بعد تدريس القراءة. كما أن التاريخ يدرس على أساس تتابعه الزمني، وكل مرحلة تعد تأهيلاً للمرحلة التي تليها وبما يسمح بنمو أفكار الطفل الفطرية الكامنة فيه، وإخراج هذه الأفكار من حالة النسيان التي أصابت عقل الطفل عند الميلاد، وإخراجها إلى النور أو إلى الوعي. وبذلك فإن الجهل نسيان الأفكار والتعلم استرجاع أو تذكر لها من حالة النسيان.[35]

ويتمشى هذا التقسيم مع تقسيم الناس إلى ثلاث فئات، فئة العاملين المنتجين أو العبيد، وفئة الجند المحاربين، وفئة الفلاسفة أو الحكماء، بحيث يتحول النظام التعليمي إلى مصفاة يفرز هذه الفئات الثلاث، على أساس أن كل الناس لا يتمتعون بصفات عقلية وخلقية واحدة، فهم على درجات، وعلى التعليم تصنيف الناس إلى تلك الفئات من خلال تقديم تعليم أو تدريب أو إعداد يناسب قدرات فئتي العمال والمحاربين، وما ستوكل إليهم من أعمال، ثم تركيز التعليم على إعداد الصفوة العقلية والفكرية من الأحرار الذين سيكونون فئة الفلاسفة والحكماء، الذين سيتولون قيادة المجتمع، وتحقيق السعادة والقوة الحقيقية.

2. تتركز أهداف التربية المثالية في تنمية الفرد عقلياً وخلقياً، وبتدريبه على إدراك الحقائق الثابتة والمعارف الكلية للوصول إلى الفضائل والمثل، كون العقل هو أساس الوصول إلى الحقائق بالتفكير والتأمل، وبالعقل يسترجع الأفكار أو المعارف والحقائق الكامنة فيه، وبه يتواصل بعالم المثل.

وبالمقابل أهملت التربية بالمثالية الجوانب الأخرى في نمو الفرد: الجسمية والمهارية والوجدانية.[36] واعتبرت هذه الأمور تعوق تنمية العقل وتهذيب الروح، فاستبعدت الدراسات العملية والتعليم المهني، واقتصر التعليم على العلوم النظرية ذات الطابع العقلي التحليلي، التي تساعد على تنمية الملكات العقلية. كالفلسفة والرياضيات والمنطق. وإلى جانب اهتمام التربية المثالية بتنمية العقل والقيم الخلقية، فقد هدفت إلى التحكم في الجسم بإعلاء الغرائز وكبت الرغبات، والتحكم في الحواس، وتوجيه الإدارة ، وفرض الأوامر لغرس الطاعة والاحترام، والالتزام بالنظام الصارم.[37] ويمكن أن يستتبع ذلك استخدام العقاب البدني لكبح شهوات الجسم من أجل شحذ قدرات العقل وتهذيب الروح.

ولما كانت طبيعة الإنسان واحدة في كل زمان ومكان على أساس أن العقل يتميز بصفات مشتركة بين الناس، وإن طبيعة الخير والحق والجمال واحدة وثابتة؛ فإن هدف التربية لدى المثالية ثابت لا يتغير بتغير المجتمعات والأزمنة، وبالتالي فإن أسمى ما تهدف إليه التربية عموماً هي الكشف عن الفلاسفة والحكماء الذين هم أقدر على فهم إرادة الله على حقيقتها، وتبين مشيئة الخالق، وهم أعدل الناس، وأكثرهم قدرة على نشر العدالة وتطبيقاتها.[38]

---

(35) المرجع السابق، ص 37.

(36) عدلت النظرة لهذه الجوانب في ضوء التطورات التربوية بعد عصر النهضة.

(37) حسان محمد حسان وآخرون: مقدمة في فلسفة التربية ، مرجع سابق، ص 58.

(38) المرجع السابق، ص 66.

3. لتحقيق الأهداف السابقة ذكرها في التربية المثالية، فإن المنهج يشتمل على المواد الدراسية النظرية التي تساعد الفرد على النمو العقلي والخلقي، كالفلسفة والمنطق، والرياضيات، والدين*، والأدب. أما العلوم الطبيعية والتجريبية فقد استبعدت، كونها مرتبطة بالعالم المادي السفلي، وهي إذا كانت تعالج موضوعات جزئية فهي بعيدة عن القيم، حيث لا تقرر ما هو الخير...الخ.
ويجب أن يشتمل المنهج على الخبرة الإنسانية للجنس البشري سواء ما اتصل منها بالماضي من التراث، والقديم من الكتب الكلاسيكية التي خلفها عباقرة، وتمثل خلاصة الفكر البشري عبر القرون، أو سواء ما اتصل منها بالمواد التي تساعد على فهم ومعرفة البيئة المحلية التي يعيش فيها، حتى يتسنى له أن ينمي في نفسه إحساساً قوياً بالولاء للمثل العليا السياسية لأمته.[39]
يحتل الكتاب مركز الصدارة في التربية المثالية كونه مصدر الأفكار الرصينة والمعاني الكلية. والكلمة اللفظية هي أرقى وسيلة لمخاطبة العقل والفكر.[40] وبخاصة كتب اللغات القديمة والتراث الثقافي القديم، كما أن المنهج المدرسي يجب أن يعكس جماع المعرفة والحقائق التي تمكن الطفل من فهم الكون والإنسان نفسه وتحفزه على اكتشاف معنى المعلومات ويربطها بخبراته.
4. تعتمد طرق التدريس في التربية المثالية من جانب المعلم على الإلقاء والمحاضرة ثم المناقشة والجدل كوسيلة أساسية لتوصيل المعلومات إلى المتعلمين. ومن جانب المتعلمين فيعتمدون على التدريب الشكلي القائم على الحفظ والاستظهار في الصغر، ثم تتحول إلى الحوار والمناقشة في الكبر لتوسيع آفاق التلاميذ، وتزويدهم بمهارات التفكير المنطقي والاستنباطي والحدسي.
5. تهمل التربية المثالية النشاط الطلابي، وترى أنه يتعارض مع المناشط العقلية، لأن النشاطات العملية وتدريب الحواس، وكذا النشاطات الجسمية والترويحية تعيق النمو العقلي، والأفضل لهم القراءة والاطلاع في أوقات فراغهم، فهذا أجدى لهم لتحصيل المعارف واستثارة تفكيرهم. أما ممارسة المهن والهوايات الجسمية فتحول دون نقاء العقل وصفاء الذهن، كونها تقوي غرائز الجسم.
6. للمعلم والتلميذ مكانة خاصة في فلسفة التربية المثالية، فللمعلم مكانة عظمى، حيث يجب أن يكون معلماً ممتازاً يثبت تفوقه المعرفي وبصيرته الإنسانية النافذة، يتسم بالعبقرية وسعة الاطلاع والثقافة، ويكون قدوة حسنة للتلاميذ من الناحية العقلية والخلقية، حساس للقيم، فاهم لطبيعة الإنسان، يتمتع بمهارات التدريس، ويثبت قدرته الابتكارية الفائقة.. والمعلم الجيد هو الذي يهيئ بيئة صالحة لنمو ملكات الطفل وقدراته الكامنة، يساعدهم على التفكير والبحث والتساؤل، ويمكنهم من الكشف عن قواهم الفطرية، ويساعدهم على صقلها في جو من الحرية والهدوء والاحترام و الانضباط الأخلاقي للوصول بهم إلى درجة الكمال، بمساعدة أنفسهم. وهذه المكانة الكبيرة تجعل مهمة المعلم جليلة وخطيرة ليس بمقدور أي فرد أن يكون معلماً ناجحاً بدون تلك المواصفات والصفات.

---

* الدين في مفهوم المسلمين منهج حياة وليس مادة تدرس فقط ويفضل الاستعاضة عن هذه الكلمة بالتربية الدينية.

(39) محمد منير مرسي، فلسفة التربية: مرجع سابق، ص 168.

(40) محمد سيف الدين فهمي: النظريات التربوية، مرجع سابق، ص 39.

ثانيا: فلسفة التربية الواقعية

جاءت الفلسفة الواقعية لتناقض منطلقات الفلسفة المثالية، وتختلف معها اختلافاً جذرياً، فحيث أن المثالية تنكر العالم المادي وترى أن عالم الحقيقة الوحيدة هو عالم المثل أو عالم الأفكار والفضائل، وأن العالم الطبيعي ليس مستقلاً عن الإنسان، وحقيقته داخل ذات الإنسان أو عقله، نجد أن الفلسفة الواقعية تؤمن بالواقع المادي المحسوس الماثل للعيان وله وجوده المستقل عن العقل والمثل. وهذا الواقع هو مصدر كل الحقائق التي تكون كامنة في الأشياء وليست كامنة في الأفكار، والشيء موجود سواء كانت لدينا فكرة عنه أم لا توجد، ووجود هذا لشيء مستقل عن الفكرة الخاصة به.[41] والعقل ونشاطه نابعان من المادة وتابعان لها، وما العالم الطبيعي الخارجي إلا ما تدركه عقولنا بكل صورة، وهو عالم التجربة البشرية الذي نعيشه بالتجربة و الخبرات اليومية.

وبهذا يتضح معنى الواقعية. فالواقع بإيجاز هو ما هو موجود أو محسوس ملموس، والحقيقة صورة هذا الواقع، ومعيار صدق الحقيقة هو مدى انطباقها على الواقع وما تصفه.[42]

وترجع النشأة الأولى للفكر الفلسفي الواقعي للمعلم الأول أرسطو (384-322 ق.م) الذي وضع الأسس الأولى لهذه الفلسفة تحت ما سمي "الواقعية العقلية" أو كما تسمى مع غيرها من آراء فلسفية "الواقعية الكلاسيكية".

ويمكن استخلاص آراء أرسطو من خلال نظرته للعالم والطبيعة البشرية والعقل، إذ رأى ارسطو أن العالم يتسم بثنائية، حيث ينقسم إلى مادة وصورة أو شكل، المادة هي الخامة التي تشترك فيها الأشياء جميعاً، وهي دائمة التغير والتشكل. بينما الشكل هو الصيغة النهائية للشيء وهو لذلك ثابت، ولكل شيء مادة وصورة، وعلى قمة الأشياء العقل.

وفي نظرته (أرسطو) للطبيعة البشرية يرى أن النفس تمر بثلاثة أطوار. الأول طور النشأة الجسمية في مرحلة الطفولة الأولى. والثانية طور نشأة الحساسية والغريزة. وثالثاً طور القوى الناطقة أو الطور العقلي.[43]

وقد ميز أرسطو بين نوعين من العقل هما: العقل النظري والعقل العملي، يتميز العقل النظري بأنه عقل معرفي خالص، يستغرق على نفسه للوصول إلى المعارف، والتأمل في طبيعة الأفكار، وهو من القبض الإلهي. أما العقل العملي فيختص بتطوير النشاط الإنساني الأول، والثاني ويعمل على كبح جماح الشهوات، ويعطي التوجيه للتعبير الإنساني السليم في مجال السلوك والأخلاقيات.[44]

وتمتد هذه الثنائيات إلى تقسيم العلم إلى قسمين، حسب الغاية التي ينتهي إليها أي علم، هما: علم نظري، وعلم عملي. يختص العلم النظري بالبحث عن الكليات والعلل الأولى، والبحث وراء ما هو مطلق وأزلي، وحيث أن غايته المعرفة وأعلاها الحكمة والفلسفة؛ فإن العلم النظري يرتبط بفضيلة العقل. أما العلم العملي

---

(41) المرجع السابق، ص44.

(42) المرجع السابق، ص44.

(43) عبدالـله عبد الدائم: التربية عبر التاريخ، مرجع سابق، ص 80.

(44)محمد سيف الدين فهمي: مرجع سابق، ص 46.

فمهمته البحث وراء الجزئيات التي تقع في نطاق ما هو كلي، وغايته تدبير سلوك الإنسان والتحكم فيه. ويرتبط العلم العملي بفضائل العقل العملي الذي يضبط السلوك ويوجه الأخلاق.(45)

ثم يقسم ارسطو الفضيلة تبعاً لتقسيم الطبيعة البشرية إلى غاذية (نفس نامية) لا تصدر عنها فضيلة ما، ونزوعية (نفس حاسة) تتنازع الفرد قوى عديدة، وتصدر عنها فضيلة إذا سارت تحت سيطرة القوة الناطقة. أما الناطقة فتصدر عنها الفضائل العقلية، وهي أرقى أنواع ا لفضائل، كونها صادرة عن العقل النظري.(46)

والملاحظ هنا بروز التأثيرات الأفلاطونية على فكر ارسطو كون الأخير كان تلميذاً لأفلاطون، غير أن أرسطو ناقض أستاذه وظهر على فكره نزعته الواقعية العقلية التي كان لها الأثر على التربية، تجلت في الاهتمام بالعلوم الطبيعية وبالتجريب، وإن كانت الفضائل التي يدركها العقل النظري هي أسمى غايات التربية.

غير أن الفلسفة الواقعية شهدت تحولات كبيرة في العصور الوسطى الأوربية، حيث ظهر الاتجاه الديني على يد "تومالاكويتي" وغيرهم، وفي عصر النهضة وبعده قوى الاتجاه الواقعي وتطور عندما سيطرت النزعة التجريبية ثم العلمية والطبيعية، وأخذت الفلسفة الواقعية تتخذ أكثر من منحى فكري ليس للنظر والتأمل وإنما لتفسير الواقع وتغيره، برزت في شكل تيارات ومذاهب فكرية تمثلت في :

- التيار الواقعي الإنساني، ووضح في دراسة الأدب القديم.
- التيار الواقعي الاجتماعي، وبرز في دراسة الواقع الاجتماعي ودور التربية في إصلاحه.
- التيار الواقعي الحسي، ووضح في دراسة الظواهر الطبيعية باستخدام الحواس، لإجراء التجارب واستخدام الطرق الاستقرائية.
- التيار الواقعي الطبيعي، ووضح في دراسة العلوم الطبيعية.
- ثم ظهرت الواقعية العلمية التي تنتهج الموضوعية العلمية لاكتشاف القوانين والحقائق التي تحكم العالم.
- وكذا ظهرت الواقعية في الفن والتصوير، وغير ذلك من التيارات والمذاهب التي تدخل ضمن الواقعية.

ونتيجة للتغيرات المتسارعة التي شهدها القرنين 19 و 20 فقد تفرعت عن النزعة الواقعية العديد من المدارس التي تراوحت بين الواقعية الدينية والواقعية المادية والملحدة أحياناً، وأشهر هذه المدارس هي: الواقعية العقلية، والواقعية الطبيعية، والواقعية النقدية الجدية والمحدثة، التي تؤمن بالعلم وتطبق منهجيات العلوم الحديثة على القضايا والمشكلات الفلسفية، وينتمي إلى هذه المدرسة أكثر التيارات الفلسفية المعاصرة، أهمها: المادية ، والوجودية، والتحليلية، والوضعية.

وعلى الرغم من وجود تلك المدارس والتيارات والمذاهب في الفلسفة الواقعية التي تبدو أحياناً متباعدة، وأحياناً أخرى متداخلة مع فلسفات أخرى، إلا أنه توجد بعض القواسم المشتركة أو الأسس العامة

---

(45) المرجع السابق.

(46) عبدالله عبد الدائم: مرجع سابق، ص22.

التي تجمع بينها في العديد من المنطلقات الفكرية للفلسفة الواقعية.

ولعل أشهر فلاسفة الواقعية إلى جانب أرسطو، هم ابن سينا، والفارابي، وابن الهيثم عند المسلمين، وفرنسيس بيكون، وجون لوك، ودافيد هيوم، وهاربر سبنسر، وراسل في أوربا. وبهذه الأسماء نجد أن الفلسفة الواقعية أكثر انتشاراً في الفكر البريطاني والأمريكي.

- **أسس الفلسفة الواقعية**

يمكن عرض أهم الأسس والمبادئ التي يلتقي عندها التفلسف الواقعي، وهي كما يلي:

1. العلم الطبيعي المادي له وجود مستقل عن الفكر:

إن جوهر العالم الطبيعي أساسه مادي ووجوده واقع حقيقي، قائم بذاته، ومستقل عن العقل أو الفكر المدرك له. وما العقل ونشاطه إلا محصلة التجارب والخبرات الحسية المستمدة من عالم المادة، كما أن المعاني والمفاهيم مأخوذة أساساً عن أشياء ومواقف مادية، وبالتالي فإن العقل ونشاطه نابعان من المادة وتابعان لها.[47]

ومع أن الواقعية الدينية ترى أن المادة والعقل من خلق الله، وغير ذلك من الاختلافات الجانبية في هذا المبدأ، فإن جميعهم متفقون على أن الواقع المادي وما يحويه له وجود مستقل عن العقل الذي يقوم بإدراكه، كما أن الطبيعة وعناصرها نامية متغيرة بينما الإله ثابت وأزلي لأنه خالق كل شيء.

2. التكافل بين الحواس والعقل:

تؤمن الفلسفة الواقعية بالحواس، باعتبارها أدوات العقل، تنقل وقائع العالم الخارجي وصورته إلى عقل الإنسان، فيدرك العالم ويتفاعل مع بيئته. ورغم خداع الحواس إلا أن الواقعيين يثقون بها، ويتغلبون على خداعها أو قصورها هذا بإخضاعها لسيطرة العقل وأحكامه، والاستعانة بمناهج البحث العلمي. ومن جهة أخرى فإن الحواس تساعد العقل على التأكد من القضايا العقلية التي يصل إليها العقل وإثباتها عن طريق التجارب والخبرات الواقعية، وبهذا تتكامل الحواس مع العقل في إدراك البيئه والتفاعل معها تأثراً و تأثيراً.

3. المزج بين الجسم والعقل:

هناك بعض المواقف المتباينة حول الطبيعة البشرية. ففي حين يعتبر الواقعيون العقليون، وعلى رأسهم أرسطو، أن النفس أو العقل مرتبط بالجسم وممتزج فيه، وهذا الارتباط يبين قوى الكائن الحي ووظائفه؛ فإن الواقعيين الدينيين يرون أن أسمى ما في الإنسان روحه وعقله، وإن كانوا يرون أن الجسد والروح يشكلان طبيعة واحدة.[48] بينما بعض تيارات الواقعية الجديدة تنكر الروح وتشكك فيها، أو أنهم غير قادرين على إثباتها*. وفي حين يؤكد البعض حرية الاختيار عند الفرد، يرى البعض الآخر أن حرية الإنسان ظاهرية، كونه محكوم بالغرائز، كما أنه خاضع لقوانين العالم. وفي حين يرى البعض أنه لا توجد قوى فطرية تحدد

---

(47) أحمد علي الفنيش: أصول التربية، ليبيا، الدار العربية للنشر، 1982، ص 33.

(48) محمد منير مرسي، فلسفات التربية، مرجع سابق، 2ص 180.

الطبيعـة الإنسانيـة، كـون الإنسـان يولـد وعقلـه صفحـة بيضـاء، يـرى الـبعض الآخـر أن تلـك الطبيعـة تتحدد بعوامل البيئة والعوامل الوراثية أو الفطرية.

وعلى كل حال يتفق الواقعيون عمومـاً أن الإنسـان هو أحـد أفـراد النـوع الحيـواني، والإنسـان جـزء مـن هذا العالم وخاضع لقوانينه، وإن الإنسان يتكون من عقل وجسم متحدين.

4. المعرفة عملية استكشاف العالم المادي:

ينكر الواقعيون وجـود أفكـار فطريـة في الإنسـان، وأن مصـدر المعرفـة هـي حقـائق ومعـاني ومفاهيم قائمة بذاتها ومستقلة عـن العقـل، والعقـل يقـوم باكتشـافها واكتسـابها نتيجـة لمـروره بالخبرات، فالجبال والنجوم والأشجار حقائق قائمة بذاتها... فالنار تحرق والمـاء يبلـل... الـخ. إذن الحقائق كامنة في الأشياء، والإنسان يكون معرفته من المواقف الطبيعية، ثم تأتي المعرفة المنهجيـة للعلم التي يصوغها العقل بمساعدة الإدراك الحسي، عـن طريـق المنهج التجريبـي أو المنـاهج الحديثة للعلم. وبهذا يقدم لنا العلم المعرفة الدقيقة والموضـوعية حـول العـالم. وصـدق المعرفـة يتوقف على مدى إنطباقها على العالم الخارجي موضوع المعرفة.[49] والفكرة تكون صـادقة بمقـدار وصفها وتحليلها لسمات ذلك الشيء أو الموقـف. والتجربـة هـي وسـيلة التحقـق مـن ذلـك الصـدق... إلى أن تظهر معرفة تجريبية جديدة تعيد تصحيح الأفكار والمفاهيم السابقة.

ومن هنا فالمعرفة الواقعية تتميـز بأنها المعرفـة الطبيعيـة عـن الظـواهر والأشـياء وعلاقتهـا بالإنسان، وتعتمد على الملاحظة والتجريب العلمي، وتظل صادقة في حـدود معرفتنـا بهـذا الشـيء، وإنها تراكمية يضيف إليها كل جيل مما أبدعه.

5. صفة هذا العالم التغير:

لا وجود للثبات واليقين المطلق في الواقعية. فالطبيعـة وعناصرهـا ناميـة ومتغيـرة، وإن كـان الاتجاه الديني في الواقعية يرى أن الروح جوهر خالد والإله سابق لكل شيء، وبـاق بعد فنـاء كـل شيء، وإن معرفة الحقيقة لا تكون بدراستها لقدسية الإله، ولكن بدراستها لمظاهر هذه القدسـية الخارجية، المتمثل في الطبيعة وعناصرها المتغيرة.[50] غير أن هذا التغيـير نسـبي كـون هـذا العـالم خاضع لقوانين ليس للإنسان إلا سلطة قليلة عليه.

6. معيارية القيم الاجتماعية:

هناك بعض الآراء المتباينة حول بعض القيم في الواقعيـة وبخاصـة حـول مـا يتصـل بالأديـان السماوية بين التيار الديني والتيار المادي.. وهو خلاف معـروف. وإذا كـان التيـاران يتفقـان عـلى عدد من القيم إلا أنهما يختلفان حول منطلقات التفكير بهـذه القيـم، وهـم متفقـون حـول قيـم التكامل والتعاون والإخاء والتراحم...الخ.

ينظر الواقعيون للقيم من ناحية خيرها ونفعها لأكبر عدد مـن النـاس، عـلى أسـاس أن هـذه القيم تعتبر معايير لضبط وتوجيه السلوك الإنساني في المجتمع.

---

(49) حسان محمد حسان وآخرون: مقدمة في فلسفة التربية مرجع سابق، ص 83.

(50) منير المرسي سرحان،: في اجتماعات التربية، القاهرة مكتبة الأنجلو المصرية، 1978، ص 45.

والقيم باعتبارها حقائق موضوعية قابلة للبحث والتجديد، فإنها متغيرة، نسبية وتختلف من مجتمع إلى آخر. فما هو خير في مجتمع قد يكون شراً في مجتمع آخر، بناء على المنفعة التي يجنيها أغلب الناس، ذلك أن ثقافة كل مجتمع هي التي تضع للقيم مقاييس وضوابط، وتضفي عليها معاني ودلالات، تصبح جزءاً من نسيج الأمة.[51]

غير أن هذا التعدد في القيم ونسبيتها في الواقعية لا يعني أنه ليس هناك قيم إنسانية متفق عليها لدى تيارات الواقعية. بل العكس، فرغم وجود اختلافات بينهم، إلا أن هناك قاسماً مشتركاً لعدد من القيم هي محل تقدير واحترام، بغض النظر عن اختلافهم الفكري حولها، مثل: التعاون، والعمل، والإخاء، وقيم العلم...الخ.

كما يتسع المضمون الاجتماعي للقيم في الواقعية، من حيث أن القيم إذا كانت فعلاً اجتماعياً لها ضوابط واقعية معاشة، فإن القيم تصبح معايير للحكم على أنماط السلوك المرغوبة وغير المرغوبة، وإطلاق الأحكام على الأشياء والمواقف.

- **التطبيقات التربوية للفلسفة الواقعية:**

يمكن تتبع تطبيقات الفكر الفلسفي الواقعي في التربية في النواحي التالية:

1. تنظيم بيئة التعليم في التربية الواقعية:

انعكس الفكر الفلسفي الواقعي في تشكيل نظام تعليمي يتوافق مع الأسس التي تقوم عليها الواقعية، تمثل ذلك في قيام مراحل تعليمية وأنواع تعليمية مواكبة لمراحل نمو أبناء المجتمع وأعمارهم، وقدراتهم، وتستجيب لاحتياجاتهم ومطالب المجتمع، وما تطلبه هذا من إيجاد المدارس العلمية والمهنية والتطبيقية والاهتمام بالعلوم المختلفة: النظرية والعملية، الطبيعية والبيولوجية، النفسية والاجتماعية، التي جميعها تهتم بالتربية الجسمية والعقلية والوجدانية.

وبهذا اتسعت هذه النظرة لإيجاد نظم تعليمية بمؤسسات وبرامج وكذا أساليب موجهة لفئات مختلفة من السكان.

2. الأهداف في التربية الواقعية:

هناك بعض الاختلافات بين أجنحة الواقعية في تحديد الأهداف التربوية والتي ترجع إلى تطور هذه الفلسفة عبر العصور، وتغير الظروف الاجتماعية والاقتصادية من مجتمع لآخر، ثم إضافات الفلاسفة المحدثين لأفكار وتفاصيل لتحقيق أغراض عملية نفعية لهذا البلد أو ذاك. ومع ذلك هناك إجماع على مجموعة من الأهداف التربوية العامة التي تتمثل في تنمية شخصية الإنسان من جميع جوانبها العقلية والجسدية والنفسية والأخلاقية والاجتماعية والاقتصادية في كل متكامل وفقاً لأبعاد حياة المجتمع وأنشطته المختلفة، وذلك بتزويده بالمعارف المتكاملة التي يحتاجها للحياة في العالم الطبيعي، وتنمية المهارات الضرورية للعيش في المجتمع والتفاعل معه، وكذا إكسابه الاتجاهات والقيم وأنماط السلوك التي تمكنه من التكيف مع بيئته والتوافق معها مادياً وثقافياً.

---

(51) المرجع السابق، ص86.

إن الأهداف التربوية في الواقعية، يحكم طبيعتها العمومية، يجعلها تتسم بالمرونة، بحيث يستطيع أي مجتمع أن يصيغها لتتمشى مع مطالب هذا المجتمع واحتياجاته، وتتسم مع الواقع الثقافي والاجتماعي، طالما أن ناتجها النهائي تنمية شخصية الفرد من جميع جوانبه كما سبق ذكره، وتجعله ينمو في سياق الحياة، يتعامل معها ويتكيف فيها، وتؤدي به إلى حياة مستقرة فاضلة.

3. **المنهج في التربية الواقعية:**

طبيعي أن يعكس المنهج التربوية ومحتواه الأهداف في التربية الواقعية، حيث نجد أن المنهج شامل لكل ما هو موجود في العالم الواقعي، بما فيه النظرة لشخصية الإنسان وإنماء مختلف جوانب شخصيته من خلال زوايا حياة المجتمع وأنشطته. وبهذا فإن المنهج يستمد من حاجة المتعلم ومطالب نموه، ومن واقع المجتمع وتحدياته.

وعلى ذلك فإن محتوى المناهج ومواده الدراسية يجب أن تشتمل على:

- العلوم الطبيعية، كالعلوم التي تدرس الطبيعية ومادتها وأحوالها، الفيزياء والكيمياء والجغرافيا.
- العلوم البحتة والتطبيقية، كالرياضيات، والهندسة والجبر.
- العلوم الاجتماعية كالتاريخ والاجتماع، وعلم النفس، والاقتصاد، والانثروبولوجيا.
- مواد الفنون كالمسرح، والموسيقى والرسم.
- مواد التربية البدنية كاللعب والتمارين الرياضية، والتدريب البدني.

هذا وقد اتسع المنهج في التربية الواقعية ليشمل ليس فقط الكتب والمطبوعات الخارجية وإنما أيضاً البيئة المحلية، والأنشطة الثقافية والدينية والاجتماعية والفنية، بالإضافة إلى ذلك فمنهج التربية الواقعية قابل للتعديل والتغيير حذفاً أو إضافة وفقا لما يأتي به العلم من مكتشفات، وما يحدث في المجتمع من تطور وتغير.[52] مما يستدعي تغيير محتوى المنهج أو ابتداع إضافات جديدة كلما دعت الحاجة لذلك .

4. **طريقة التدريس في التربية الواقعية:**

تعتمد طريقة التدريس في التربية الواقعية على المناقشة والحوار في نقل المعرفة باستخدام التجريب والملاحظة، والاستقراء، والاستعانة بالوسائل البصرية والسمعية، والمشاهدات، وكذا الرحلات، وعلى المعلم أن يكون لدى المتعلمين القدرة على استرجاع المعلومات وشرحها ومقارنة الحقائق وتفسير العلاقات بينها، واستنباط معاني جديدة.[53]

والمجال مفتوح لاستخدام طرق وأساليب أكثر تشويقاً ، وتجذب اهتمامات المتعلم وتشبع رغباته وتثير استطلاعه على اكتشاف البيئة المحيطة، وفهم القوانين التي تحكم هذه العالم الطبيعي والاجتماعي.

5. **مكانة المعلم في التربية الواقعية:**

للمعلم في التربية الواقعية مكانة كبيرة، فله سلطة عليا، تمكنه من اختبار عناصر المنهج وفرضه على التلاميذ، وهو الذي يستخدم الثواب لحفظ النظام، وتشجيع اكتساب العادات المرغوبة في التعليم.

---

(52) المرجع السابق، ص 96.

(53) محمد منير مرسي: مرجع سابق، ص 183.

وكون المعلم متخصص في العلوم الطبيعية والاجتماعية فهو القادر على تعليم تلاميذه، وتمكينهم من معرفة القوانين العامة، واكتشاف الفضائل، وهو الذي يستثير نشاطهم ويدفعهم للتجريب والتدريب، واستقراء الظواهر الطبيعية.

وإذا كان المعلم يؤكد حرية التلميذ في تنمية قدراته، فهو الموجه والمرشد لهم، كما أنه يدرب تلاميذه على المعايير الخلقية للإنسانية، لأن الفضيلة تكتسب بالتعليم.

ثالثا:فلسفة التربية البرجماتية

تعد الفلسفة البرجماتية من أهم وأشهر الفلسفات التي ظهرت في القرن العشرين، نشأت في أمريكا وترعرعت في بيئة ومناخ لاءمها، وفاقت شهرتها الآفاق، حتى غدت الفلسفة الرئيسة للتربية، ليس في أمريكا فقط وإنما في بلدان كثيرة من العالم.

ولنبدأ بالمعنى، حيث تعني كلمة البرجماتية Pragmatic حرفياً "العملي" أو "النشيط" أو "النفعي". وهذا المعنى يعود إلى كلمة يونانية تحمل معنى الفعل في حالة الممارسة، غير أنه يمكن فهم حقيقة البرجماتية من تتبع المعنى الاصطلاحي، بالنظر إلى ما عناه مؤسسوا هذه الفلسفة، ورؤيتهم إلى جانب ما تتسم به هذه الفلسفة من مميزات.

مر استخدام كلمة Pragmatism بثلاث مراحل ارتبطت بمؤسسي هذه الفلسفة، وكل له زاوية النظر داخل هذا المذهب. فأول من استخدام هذا اللفظ "تشارلز بيرس" 1887 بمعنى أن العمل المنتج هو معيار الحقيقة، وليس التأمل النظري وصدق الآراء في نفعها. أما "وليم جمس" فوجه التفكير نحو العمل والمستقبل ورأى أن معيار صدق القول ما يحققه من نتائج في سلوكنا وتحسين أحوال حياتنا العامة. أما "جون دوي" الذي يعتبر بحق مؤسس الفلسفة البرجماتية فقد استخدم مصطلحين مختلفين، أطلق على الأول لفظ المذهب الأدائي "Instrumentalist أو الوسيلي " ويقصد به القيمة الوظيفية للعقل، وأطلق على المصطلح الثاني " المذهب التجريبي " Experimentalism ويقصد به الخبرة في كسب المعرفة وحل المشاكل التي تصادف الفرد والمجتمع.

وقد جعل هذا أنصار البرجماتية ينظرون إلى معنى البرجماتية من زاوية مميزاتها ، فسميت "بالفلسفة العملية" لتأكيدها قيمة العمل والنشاط في كسب المعرفة، وسميت " بالفلسفة الأدائية" لنظرتها إلى المعرفة والخبرة والأشياء على أنها وسائل وأدوات لتحقيق غايات نافعة للفرد والمجتمع، وتسمى "بالفلسفة التجريبية" لتأكيدها لأهمية الطريقة التجريبية لكسب المعرفة وحل المشاكل. [54] غير أن هذه الأسماء المختلفة للفلسفة البرجماتية لا تعني أنها متناقضة أو تحوي اتجاهات متباينة، ولكنها مترابطة متداخلة بالنظر إلى المبادئ العامة التي تميزت عنها تلك الأسماء.

وبهذا الإطار العام الذي يجمعهم، مهما اختلفت زوايا النظر، فهناك اتفاق على أن المعنى العام للفلسفة البرجماتية هو كل نشاط يسلم بأن الطبيعية والمجتمع غير محدودين وناقصين أساساً وهما في حاجة إلى تحسين وتطوير [55]. والإيمان بقيمة العمل والتجربة كمصدر للمعرفة لحل المشكلات لإصلاح المجتمع وتقدمه.

---

(54) عمر التومي الشيباني: تطور النظريات والأفكار التربوية، ص 330.

(55) حسان محمد حسان وآخرون: مقدمة في فلسفة التربية، ص 104.

وفي تعريف جون ديوي للفلسفة يرى أن موضوع العلم هو ماهية الأشياء، وكيفية تنظيمها في علاقات. أما موضوع الفلسفة فهو ماهية القيم وكيف تشتق مكانها في تنظيم الخبرة.[56] ويرى أن واجب الفلسفة هو تحرير عقولنا من التحيزات، وترينا كيف نعرف العالم، وكيف نستطيع حل مشكلات المجتمع وتقدمه.

- **مصادر نشأة الفلسفة البرجماتية وتطورها:**

استمدت الفلسفة البرجماتية أصولها ومبادئها من الفلسفات الأوروبية والحركات الفكرية، حيث أخذت من "كانْط" العقل العملي، ومن "شوبنهاور "الإرادة، ومن "داروِن "البقاء للأصلح، ومن "بيكون" و "لوك" التجريب، ومن مثالية هيجل الديالكتيك، كما تأثرت البرجماتية بالحركات الفكرية التي سادت أوروبا منذ القرن السابع عشر حتى القرن العشرين، وعلى رأسها الحركة الواقعية، ومذاهبها، ثم الحركة الطبيعية الرومانتيكية التي أسسها "روسو"، والحركة النفسية التي قاد لواءها "بستالوزي" و "فرويل" ثم الحركة العلمية والحركة الاجتماعية، وإلى جانب ذلك ما أسفرت عنه نتائج البحوث النفسية والبيولوجية، ثم المبادئ الديمقراطية وخصائص المجتمعات الصناعية.[57] وبخاصة في أمريكا.

وكل هذه التأثيرات وجدت في البيئة الأمريكية التي شكلت المناخ المناسب لظهور البرجماتية كفلسفة أمريكية النشأة، محددة الملامح والقسمات، حيث أن أمريكا أرض واسعة لديها إمكانات طبيعية، تطلب العمل بها إلى الجهد والعرق لإصلاح الأراضي، وإقامة المنشآت، وغير ذلك، ووجدت رأسمالية ناشئة شرهة للتملك والثراء... استجلبت الزنوج واستعبدتهم، وقضت على الهنود الحمر وحاصرتهم، لتحقيق أكبر منفعة لأغلب السكان وهم البيض.

وبعيداً عن قيود الكنيسة والمؤثرات السياسية في أوروبا، حكم أمريكا ترسيخ قيم الديمقراطية الرأسمالية التي تحترم العمل وتقدر القيمة الفورية للأفكار، والبحث عن سبل تطوير الصناعة الحديثة، وتطوير المجتمع الأمريكي، حتى لو كان على حساب مجتمعات أخرى.

ومن خلال كل ذلك نشأت الفلسفة البرجماتية وأزهرت في أمريكا لتصبح الموجه الفكري والعملي للمجتمع الأمريكي.

واستغراق البرجماتية في الجانب العملي دفعت البعض إلى اعتبار الفلسفة البرجماتية أقرب إلى طريقة الحياة والعيش القائم على منهج للتفكير والتحليل منها إلى اعتبارها فلسفة أكاديمية محكمة البناء الفكري.

وعلى كل حال تعتبر البرجماتية هي الفلسفة التي ظهرت في أحضان التربية ومنها انتقلت إلى ميدان الفلسفة كنظرية لها بناءها الفكري الواضح، وهذا راجع إلى أن مؤسسها الحقيقي "جون ديوي" اشتغل بالتدريس سواء بعد تخرجه من الجامعة أو أثناء تحضيره لدرجة الدكتوراه، وبعدها، وظلت التربية محل اهتمامه، مطبقاً فيها جميع أفكاره الفلسفية مختبراً لها، ومبدعاً فيها من تجاربه، وخبراته الشخصية.

وهنا يرى "جون دوي" أن التربية هي الحياة وليس إعداد لها، وإذا كانت التربية عملية إجتماعية، وهذه العملية تمثل المركز الجوهري في البناء الاجتماعي، فإنها تعتبر أخطر وأهم وسيلة يجدد بها المجتمع نفسه،

---

(56) حسان محمد حسان وآخرون: دراسات في فلسفة التربية، مرجع سابق، ص4.

(57) عمر التومي الشيباني: مرجع سابق، ص 331.

ويصحح حركته، وتزداد أهمية وخطورة أدوارها مع تعقد الحياة المعاصرة، وما تشهده المجتمعات من تغيرات متسارعة شملت كل نواحي حياة المجتمع.

يرى "جون ديوي" أن إصلاح المجتمع على أسس البرجماتية ضروري لعلاج المشكلات الاجتماعية، وهذا الإصلاح يحتاج إلى إصلاح تربوي، فالتربية ضرورية لتعديل ما اكتسبناه من الماضي، وما تعودنا عليه... والسبيل إلى ذلك دعم النظام التربوي بتقبل التغيرات اللازمة لتحقيق هذا المجتمع.[58]

- **أسس ومبادئ الفلسفة البرجماتية:**

يمكن التعرف على منطلقات الفلسفة البرجماتية وأفكارها الرئيسية حول المسائل والمشكلات الفلسفية من خلال المبادئ والأسس التالية:

1- العالم أساسه التعدد والكثرة:

ترى البرجماتية على خلاف المثالية أن العالم ليس جامداً ومغلقاً بل هو متعدد وذو معالم كثيرة، بل إنه في دور التكوين، أي أن حقيقة هذا العالم ناقص وليس مكتمل، ومعنى ذلك أن العالم نظام مفتوح ينطوي على تغيرات عديدة واحتمالات كثيرة، وإمكانات تبدله ونموه عديدة. وهو لذلك بحاجة إلى جهد الإنسان وقواه لتحسينه وتطويره.. والآفاق أمامه مفتوحة.

كذلك فالمجتمع في نظر البرجماتية مرن ليس من طبيعته التماسك بين مكوناته، ففيه تتصارع القوى والنظم الاجتماعية وتتعارض التيارات والاتجاهات، وتتباين الأفكار والآراء، داخل البناء القيمي.[59]

وفكرة التعدد والكثرة في الطبيعة والمجتمع تتيح أمام الإنسان إمكانية تغيير بيئته وإصلاح المجتمع، وإيجاد الظروف الملائمة لتطوير حياته وأسلوب معيشته، وتكيفه مع الظروف المتغيرة المتجددة.

2- جوهر العالم التغير المستمر:

رفضت البرجماتية فكرة الثبات والخلود، ومبدأ الثنائية للعالم كما نادت بها المثالية، وترى أن العالم وما يحويه من مظاهر الطبيعة والمجتمع والإنسان في حالة تغير دائم، وصيرورة مستمرة، فكل شيء يتغير. وثقافته تنمو وتتحول من صورة إلى أخرى، والأحداث تأتي وتذهب، والكائنات الحية تولد وتموت، والمجتمع وثقافته تنمو وتتحول من شكل إلى آخر، وهكذا لا يوجد ثبات وجمود خارج نطاق الحركة والتغير والتقدم، وأضحى التغير حقيقة الكون وجوهره.

وحيث أن التغير هو جوهر هذا العالم وحقيقته، فليس ثمة أمان، حيث أننا لا نستطيع أن نثق في أن أي شيء سوف يظل ثابتاً إلى الأبد.[60] ذلك أن التغير يعني حدوث شيء ليس في الحسبان، وبالتالي لا بد من الشك واللايقين لتوقع ما سيحدث وما قد يواجهه من تحديات وظروف، وعلى الإنسان والمجتمع أن يستعدا ويحتاطا لهذا وذاك، ويغيرا من طريقتهما كلما دعت الحاجة لذلك. وبهذا ستتولد الحقائق والأفكار بتفاعل الإنسان مع ما يحيط به من أشياء، وسيتمكن الإنسان من تجديد عالمه بإعادة تركيب خبراته، وبتفاعلات اجتماعية وبيولوجية مع بيئته.

---

(58) راجع: سعد مرسي أحمد وسعيد إسماعيل علي، تاريخ التربية والتعليم، عالم الكتب، 1978.

(59) حسان محمد حسان وآخرون: مرجع سابق، ص109.

(60) محمد منير مرسي، مرجع سابق، ص 187.

3- وحدة الطبيعة الإنسانية وتكاملها:

هناك وجهتا نظر متباينتين حول العقل والجسم. فالمثالية تؤكد سيادة العقل وتجعل منه نقطة التفسير لكل ضروب السلوك الإنساني، حيث أن الجسد خاضع لحكم العقل، ويتسع نشاط العقل ليشمل الخيال، والعاطفة، بل أن فهم الأخلاقيات هي سمة من سمات العقل. أما الواقعية فترى عموماً أنه ليس ثمة وجود سوى للجسم، ولا عقل سابق على السلوك، فالجسد هو المسيطر على العقل وكل أنواع الإبداع الإنساني.

أما الفلسفة البرجماتية فترى أنه من العسير عزل العقل عن الجسد. فما نصفه بأنه العقل يظهر في أفعال الجسد وفي السلوك والحواس، وهذه التفرقة تشوه وحدة الإنسان، وبالتالي ترفض البرجماتية هذه التفرقة بين العقل والجسم، وترى وجوب النظر إلى النشاط الإنساني نظرة متكاملة، تجمع بين العقل والجسم والبيئة في متصل واحد. وتضيف البرجماتية الخبرة الحية التي يعيشها الناس. فالناس يتصرفون وفقاً لتبادل الرغبات والمقاصد والمعاني، حيث تستجيب ذواتهم وتتوافق من خلال ضروب الاتصال والتفاعل.

"وجون ديوي" إذا كان يؤكد أن طبيعة الإنسان وحدة متكاملة بين الجسم والعقل في آن واحد، فإن وحدة هذه الطبيعة الإنسانية تبرز من خلال الاتصال الكامل والاعتماد المتبادل بين الفرد والمجتمع، وبين الإنسان والطبيعة.[61] وبالتربية يمكن استدعاء التطور الكامل للفرد من خلال التجديد المستمر للخبرة، واتصاله بالآخرين وتعلمه كيف يحيا في مجتمع. وتفسر الطبيعة الإنسانية في البرجماتية وفق المبادئ التالية:[62]

- الوحدة العضوية بين الإنسان والبيئة، بمعنى أن نشاط الإنسان نتيجة عضوية للأحوال الداخلية والمؤثرات الخارجية.
- طبيعة الإنسان متعددة ومرنة، حيث تنمو طبيعة الإنسان وتظهر من خلال تفاعل الفرد مع عالمه الخارجي، وتعبر عن نفسها في مظاهر مختلفة، ومعنى هذا أنه ليس هناك سلوك سابق محدد للإنسان، ولكن الإنسان مرن لديه القدرة على التمييز والاختيار من بين عناصر البيئة بما يحفزه على النمو والتكيف.
- قدرة الإنسان على التعلم: أي مراجعة الإنسان لخبراته في ضوء نتائج خبراته السابقة، واستخدامها في مواقف الحياة.
- الإنسان مجموع علاقات: بمعنى أن شخصية الإنسان تتشكل من خلال التفاعل الاجتماعي مع كل ما يحيط به.

4- أدائية المعرفة ووظيفتها:

تنكر البرجماتية المعرفة القبلية للإنسان أو المعرفة السابقة على التجربة، ولكنها نابعة من الخبرة والنشاط الذاتي للفرد، وتفاعله مع عناصر البيئة المحيطة به، وسعيه من أجل البقاء والعيش، والتغلب على المشاكل التي تواجهه. والمعرفة الحقة يجب أن تكون أداتية ووظيفتها استمرارها. فالمعرفة الحقة هي التي تساعدنا على إمكانية تطبيقها والتغلب على مشكلات الحياة وعلى تكييف بيئته وتطويعها لخدمة أغراضه وإرضاء

---

(61) عمر التومي الشيباني: مرجع سابق، ص 340، 341.

(62) حسان محمد حسان وآخرون : مرجع سابق، ص 116.

حاجاته[63]. والمعرفة التي لا يمكن استخدامها وتطبيقها في الحياة الحاضرة والمستقبلية لا قيمة لها، حتى بما في ذلك المعرفة الماضية. فإذا لم تساعدنا على فهم وحل مشكلات الحاضر أو التنبؤ بالمستقبل فلا معنى لها.

وفي هذا الشأن يعتبر "جون ديوي" أن الأفكار والتصورات والنظريات ما هي سوى وسائل أو أدوات تنحصر قيمتها بل ووظيفتها فيما تمكننا من حل مشاكل الحياة الحالية والمستقبلية، لأن قيمة التصورات العقلية تحددها النتائج العملية للتجربة، وهذه النتائج هي التي تجعلنا نحكم على فكرنا بالصدق والكذب، والفكرة الصادقة هي الفكرة الناجحة التي نجني ثمارها بالتجربة والعمل.

ولما كانت المعرفة هي وحدات من الخبرة؛ فإن وظيفة المعرفة المكتسبة هي التي تساعد الفرد على توجيه الخبرات اللاحقة له، وتعطيه حرية الاختيار والتصرف تجاه التغيرات والمواقف المختلفة.

5- نسبية القيم:

ترى البرجماتية أنه ليس للقيم وجود في ذاتها أو مستمدة من القيم العليا المفروضة على الإنسان، وإنما هي أمور إنسانية تنبع من صميم الحياة، نتيجة تفاعل الفرد مع البيئة والمجتمع، أي من الخبرة والتجربة، وبهذا فالأخلاق لها طبيعة اجتماعية أي أنها لا تنبع من الذات أو الضمير أو العقل، وإنما يكتسب الفرد قيمة الأخلاقية عن طريق خبرته والتفاعل مع ما حوله، مثلها في ذلك مثل معارف هذا الإنسان، ومهاراته، وعاداته، واتجاهاته التي يكتسبها عن طريق الخبرة.[64] ولذلك نقول أن القيم في البرجماتية نسبية، لأنه ليس لها وجود مطلق، وليس ثابتة أو نهائية، وإنما هي متغيرة، وهي وسيلة إلى غاية.. بمعنى أنها تؤدي وظيفة.. ووظيفتها مساعدة الفرد على النمو والسلوك الواعي، وتساعد على حل مشكلات المجتمع والنهوض به.

ويتوقف صدق القيم الأخلاقية أو كذبها على النتائج العملية، وما نجنيه من ثمار بالتجربة والعمل. فالحق مثلاً من صنع الإنسان مثله مثل الصحة والغنى تبرز في سياق الخبرة، والصدق لا يعتبر قوة إلا بعد ا لتحقق منه عن طريق التجارب.[65]

6- القيمة الفورية في النتيجة :

لا قيمة للأفكار والحقائق والقيم ما لم تقودنا إلى فعل وحركة، وما لم تكن نافعة لأكبر عدد ممكن من الناس. فالحقيقة هي القيمة الفورية للفرد، وتظل الفكرة صادقة وصالحة للتعامل طالما لم يعترض عليها أحد يثبت بطلانها، وما لم تظل سارية المفعول، مثلها في ذلك مثل ورقة النقد، تظل صالحة إلى أن تتغير. وبهذا فإن الحكم الأساسي على قيمة الشيء والفكرة، والعمل يتوقف على منفعته الفورية ولأكبر عدد ممكن من الناس، ولأطول فترة ممكنة.

7- الديمقراطية هي أسلوب الحياة الأمثل:

طالما أن العالم متعدد، جوهره التغير، والعالم يتسم بأنه نظام مفتوح، وعدم التحكم في المستقبل، وأن المعرفة والقيم مصدرها الإنسان، والتسليم بأن الإنسان حر وقدراته ليس لها حدود؛ فإن الديمقراطية هي الأسلوب الأمثل

---

(63) عمر التومي الشيباني: مرجع سابق، ص 342.

(64) المرجع السابق، ص 345.

(65) نبيلة حمودة: الأصول الفلسفية للتربية، الأنجلو المصرية ، 1978، ص 225.

لنظام الحكم والإدارة، بل وأسلوب المعيشة، كون الديمقراطية تتيح مناخ الحرية والتفاعل الإيجابي مع البيئة والمجتمع والناس، ويستطيع الإنسان استخدام فكره وقدراته في المرور بالخبرة واختيار النتائج العملية، والإضافة إلى معارفه واتجاهاته وأفكاره...إلخ. ويستطيع الإنسان من خلال تفاعله مع نظم المجتمع ومؤسساته وأحزابه وأفراده، سيجد نفسه متواصلاً مع المجتمع نامياً معه، ومكتيفاً فيه، ومحققا السعادة له ولمجتمعه، ولن يتحقق ذلك إلا في ظل مناخ ديمقراطي حر.

8- المنهج العلمي أسلوب التفكير الأمثل:

ترى البرجماتية أن التفكير ليس التأمل والجدل أو الذي يتم في إنعزال عن شؤون الحياة، وإنما هو الذي يتم في بيئة مليئة بمثيرات ودوافع تحمل الفرد على التفكير والبحث، ليتغلب على ما يواجهه من مشكلات، وإيجاد الحلول التي تمكنه من التكيف مع نفسه، ومع البيئة.

والتفكير هنا هو الناتج من نشاط الفرد وتفاعله مع بيئته، والعقل والمعرفة ليسا منعزلين عن العمل والخبرة، والتفكير المنطقي السليم هو الذي يسير وفق المنهج العملي. والمنهج العملي هو الأسلوب الأمثل لحل المشكلات، بما في ذلك الرجل العادي. وقد اقترح "جون ديوي" خمس خطوات للمنهج العملي تمثل أسلوب الرجل العادي لحل المشكلات هي : الإحساس بوجود مشكلة، ووضع فروض ، وجمع المعلومات، ثم اختبار المعلومات واختيار المناسب منها، وأخيراً فبعد الاختبار والاختيار يستبعد فروضاً، ويستبقي أخرى، وبالتالي تحل المشكلة.

- **المعالم التربوية لفلسفة التربية البرجماتية:**

استناداً إلى الأسس السابقة فإن البرجماتية وعلى رأسها "جون ديوي" يرى أن التربية هي الحياة وليس الإعداد للحياة. بمعنى أنها عملية نمو، وتعلم وتجديد مستمر للخبرة، وهي عملية اجتماعية. ولكي تكون التربية عملية حياة؛ فلا بد أن ترتبط بشؤون الحياة، ولكي تكون عملية نمو وعملية تعلم وعملية اكتساب للخبرة؛ فلابد أن تراعي شروط النمو والتعلم، وشروط اكتساب الخبرة. ولكي تكون عملية اجتماعية؛ فلا بد أن تتضمن تفاعلاً اجتماعياً وتتم في مناخ ديمقراطي واجتماعي سليم.[66]

وما دامت التربية هي الحياة؛ فإن التربية الصحيحة تتحقق عن طريق الخبرة. والخبرة الصحيحة والنافعة، إذا كانت تقوم على تفاعل الفرد مع بيئته بما يساعده على النمو المستمر للفرد، وإحداث التغيرات المرغوبة في سلوكه؛ فإن هذه الخبرة يجب أن تتسم بالاستمرارية، واشتمالها على التفاعل الصحيح، متصلة بالخبرات السابقة، وممهدة للخبرات اللاحقة. والخبرة الصحيحة هي التي تحدث نتيجة للتفاعل بين مطالب الفرد ودوافعه النفسية، وبين الظروف المحيطة به، ثم محاولة التوفيق بين هذين النوعين من الظروف.[67] وبذلك تكون التربية هي الطريقة العلمية التي ينمي بها الفرد نفسه، ويكتسب رصيد المعاني والقيم، ويجدد بها أسلوب حياته .

---

(66) عمر التومي الشيباني: مرجع سابق، ص 349.

(67) المرجع السابق، ص 350.

وإبراز البرجماتية لأهمية التربية، ومناداتها بديمقراطية التعليم، جعلت التعليم العام إلزامياً، وعمومياً، ومجانياً لجميع الأفراد، وما تمخض عن ذلك من فتح باب التعليم لكل راغب فيه.

1. الأهداف التربوية في البرجماتية:

لما كانت التربية هي الحياة، وهذه الحياة متغيرة فليست هناك أهداف محددة للتربية، وليس هناك أهداف خارج عملية التربية ذاتها، والهدف الأعلى للتربية هو تحقيق استمرار التربية، أو بعبارة أخرى أن هدف التربية هو أن يساعد الفرد على أن يستمر في تربيته، وفي نموه وتعليمه وتكيفه مع بيئته وحياته[68]. أما الهدف الاجتماعي للتربية فهو تحقيق تنظيم أفضل للبيئة. هذا هو الهدف العام للتربية. ولكن هناك ثمة أهداف خاصة نابعة من الموقف الخبري* التربوي. وكل موقف خبري يتضمن أهدافاً خاصة به، بحيث يشترك المتعلم وأولياء الأمور لما سيقوم به المتعلم من أعمال وخبرات دراسية، وحتى هذه الأهداف الخاصة تقريبية وليست أمور نهائية. أما معايير الأهداف فهي كما ذكرها "جون ديوي" هي[69]:

- أن يؤسس الهدف التربوي على أوجه النشاط الداخلي للتلميذ، وحاجاته.
- ترجمة الهدف إلى أعمال وخبرات دراسية تقوِّم نشاط المتعلم وتساعده على تفتح قدراته.
- ارتباط الأهداف بالبيئة الصالحة التي تحرر إمكانية المتعلمين.

أن الأهداف التربوية هنا تتناول طبيعة الإنسان، ليس بصفته شريراً أو خيراً، ولكن نوعية هذه الصفات ومقاديرها ستتحدد على ما يمر به الإنسان من خبرات وتجارب، وما يكتشفه في نفسه من قدرات مواهب، واستعدادات عقلية، تمكنه من تحقيق ذاته وتحسين مجتمعه وتطويره.

2. المنهج في التربية البرجماتية:

ترفض البرجماتية المنهج والطريقة التقليدية، وترى أن تقسيم المنهج إلى مواد منفصلة مرتبة منطقياً غير مقبول، كون ذلك لا يتفق مع استعدادات الطفل وتكوينه العقلي، كما أنه من الصعوبة بمكان تخصيص مواد للنواحي الإنسانية، وأخرى للنواحي الطبيعية. والمنهج الذي يتفق مع وجهة النظر البرجماتية يجب **أولاً** أن يكون قائماً على وحدة وتكامل المعرفة. وثانياً يجب أن يقوم المنهج على نشاطات الطفل وخبراته كما هي في الواقع . فعن طريق الخبرة يكتسب المعرفة، وبالتجريب يمكن التحقق من صدقها ومن نفعيتها، وبالتالي تصبح المعرفة وحدة النشاط في المدرسة، ودراستها إنما هو لحل مشاكل حيوية. لذلك ليس هناك فصلاً بين العلوم الطبيعية والعلوم الاجتماعية أو الإنسانية، وكذا الفصل بين معرفة نظرية، ومعرفية تطبيقية.

إن وحدة المعرفة تلك التي تنادي بها البرجماتية تفرض أن يقوم المنهج على نشاط الطفل، فليس معنى ذلك أن يحدد منهج أو كتب مقررة أعدت سلفاً من قِبل السلطة، وتفرض على كل الدارسين وتبقى لسنوات طويلة، وإنما فتح المجال أما نمو التلاميذ والكشف عن قدراتهم وتنميتها إلى أقصى درجة ممكنة لمجتمع دائم التغير.

---

(68) المرجع السابق، ص 351.

* خبري: مشتق من الخبرة.

(69) عمر التومي الشيباني: مرجع سابق، ص 349.

وعلى ذلك يقترح "جون ديوي" مكونات المنهج القائم على النشاط والدراسات المتضمنه فيه لمراحل التعليم، في أن يحتوي المنهج على المهن الاجتماعية السائدة، وعلى المواد الدراسية التي تساعد على فهم الحياة الاجتماعية، وعلى الدراسات والخبرات التي تمكن التلميذ من تنمية قدرته على الاتصال والبحث العقليين، ووضع جملة من الموازين التي يجب أن تمكن من اختبار وتنظيم محتويات المنهج.(70)

وما دامت التربية هي الحياة ، فهناك بعض الشروط الواجب توافرها في العملية التعليمية، وهي أن على المدرسة أن:(71)

- تهيئ بيئة تتسم بالحيوية والواقعية حتى يحدث التفاعل بين المتعلم وبينها.
- تعتبر أن العمل والخبرة هما الطريق الصحيح إلى التعلم والمعرفة.
- معيار تقدم المتعلم هو مدى قدرته على العمل والنشاط والسلوك القائم على البصيرة والذكاء.

3. طرق التدريس في التربية البرجماتية:

تولي التربية البرجماتية أهمية خاصة لطرق التدريس، كونها مفتاح التربية السليمة، حيث يرى "جون ديوي" أن التربية الصحيحة إنما تتحقق عن طريق الخبرة الصالحة التي تساعد الفرد على بناء خبراته وتجديدها واستمرارها. فالنشاط الذي يبذله المتعلم في حرية؛ فإنه يكون وفق ميوله، ودوافعه، وهنا يتحقق التعلم الفعال، والطريقة الصحيحة التي تساعد التلميذ على إيقاظ قواه واستعداداته العقلية، وعلى الاستقلال، والتفكير المنطقي، وتشجعه على الابتكار والعمل الخلاق والإبداع؛(72) وهي طريقة حل المشكلات، كونها تحقق تفاعل التلميذ مع المواقف المشكلات، وتتيح له الممارسة والفعل، وأعمال تفكيره ونشاطه لإيجاد الحل المناسب... والتعلم الفعال ليس الذي يكسب الفرد معلومات ومهارات فقط، وإنما أيضا الذي يسهم في تغيير المجتمع وتطويره نحو الأحسن.

4. أدوار المعلم:

تتسع أدوار المعلم، وتتعقد مهامه في التربية البرجماتية، فهو **أولاً** متخصص وصاحب خبرات. وهو **ثانياً** يخطط للمواقف والنشاط التعليمي ويضع الشروط الملائمة لتقديم محتوى التعليم من خلال المواقف الخبرية. وهو ثالثاً يساعد التلاميذ على تحديد المشكلة، ويساعدهم على جمع المعلومات المرتبطة بالمشكلة من خلال المصادر المختلفة كالكتب، والأفلام، والتسجيلات، والزيارات، والرحلات.(73) وهو رابعاً يحترم حرية التلاميذ، ويقدر مشاعرهم، ويراعي الفروق الفردية بينهم. وهو خامساً الذي يساعد التلاميذ عندما يكونون أمام صعوبات ما. وهو أخيراً يمكنهم عن طريق التفاعل الفردي والجماعي، وبينهم وبين البيئة من اكتشاف الخبرات الصحيحة وتكوّن العادات السليمة، واكتساب المهارات النافعة، وكل ذلك في جو ديمقراطي حر.

ولن يستطيع المعلم أن يقوم بأدواره تلك واستخدام طريقة حل المشكلات أو طريقة المشروع في التدريس إلا إذا كان متحمساً ومتسامحاً، صديقاً للتلاميذ ومرشداً لهم، مبتكراً.. واسع العقل، صبوراً، ومتعاوناً مع تلاميذه، وزملائه، ولديه الحساسية الاجتماعية والسياسية لخدمة مجتمعه.

---

(70) راجع : المرجع السابق، ص 357.

(71) حسان محمد حسان، وآخرون ، مرجع سابق، ص 123.

(72) عمر الشيباني ، مرجع سابق، ص 361.

(73) محمد منير مرسي: فلسفة التربية، مرجع سابق، ص 189.

رابعا:فلسفة التربية الإسلامية:

قدم الإسلام تصوراً شاملاً للكون والإنسان والمعرفة والقيم، تجاوزت إلى حد كبير سائر الديانات سواء كانت سماوية أو وضعية، وذلك بنظرته الوسطية في تفسيره للعالم ولطبائع الأشياء، والمواقف والأحداث، واعتداله في تسيير حياة الدنيا والآخرة.

والإسلام باعتباره منهج شامل للحياة البشرية يهدي الناس إلى تحقيق السعادة التي رسمها الله في الدنيا والآخرة في شمول وتكامل، لم يقدم نظرية تربوية مفصلة لشكل بناء النظام التربوي وأهدافه وطرائقه التي ينبني على أساسها تربية النشء ، وإنما قدم الإسلام إطاراً عاماً لطبيعة النظام الإسلامي الذي تنضوي تحته كل نظم المجتمع الاجتماعية والاقتصادية والأخلاقية، وأساليب التعامل، وهذه النظم تختلف في بنائها ومحتواها، وفي أشكالها وأساليبها من زمن إلى آخر ومن مجتمع لآخر، وهذه النظم تستمد مبادئها، وأسسها، وغاياتها من الإسلام.

والنظام التربوي كأحد هذه النظم فإنه يستمد أسس بنائه وأهدافه ثم محتواه وأساليبه من النظام الإسلامي، وذلك باستخلاصها واستنباطها من القرآن الكريم والسنة النبوية، التي تناولت مختلف أوجه النشاط البشري، وتنظيم العلاقات بين الناس، وبينهم وبين مجتمعهم، والغايات السامية لخلق الإنسان.

وعلى ذلك فإن التربية في الإسلام قد شهدت خلال مسيرتها الطويلة العديد من التطبيقات للتربية الإسلامية، وكذا العديد من الأفكار والممارسات التي كانت نتيجة لاجتهادات مفكري الإسلام، وعلماؤه، ومُربِيه، لإيجاد هذا النمط التربوي أو ذاك، بتنظيم محتوى وأهداف تواكب مطالب المجتمع واحتياجاته. لهذا فهناك فرق بين النظرية التربوية في الإسلام والنظرية الإسلامية في التربية، على أساس أن الأول يعني ملامح الفكر التربوي لدى عدد من المفكرين الإسلاميين، أي أن محاور بناء الفكر التربوي المستخلص من الإسلام ممزوجاً بتأثيرات الفلسفات والحضارات الأخرى، ومن مدارس هذا الفكر التربوي: المدارس الفلسفية المحافظة، والمدارس ا لعقلية التي زاوجت بين الشريعة والحكمة، والمدارس الصوفية التي استغرقت في عالم الروح، والمدارس العلمية التي اهتمت بقضايا الحياة ومطالبها، وفي هذه المدارس وجد علماء مسلمون، ووجدت فرق ومذاهب إسلامية، عكست التربية في الإسلام. وفي هذا الشأن يقول "أحمد الأهواني" والرأي عندنا أنه لا يوجد أغراض للتربية عند العرب تعمم على الإطلاق، وإنما الصواب أن نذكر صاحب المذهب ثم نذكر الغرض من التعليم الذي يلائم هذا المذهب.[74]

أما النظرية الإسلامية في التربية أو التربية الإسلامية فتشير إلى مصادر الإسلام في القرآن الكريم والسنة النبوية المطهرة، باعتبارهما يشكلان إطاراً فكرياً واحداً شاملاً للحياة، أتى به الإسلام، يتجاوز حدود الزمان والمكان. صالح لكل الناس والمجتمعات... وسوف ينظر لكل نمط تربوي في الإسلام على أنه فكر لتطبيق يوجه العمل والممارسة، كون ذلك يدخل في نطاق الاجتهاد الذي لا يتجاوز حدود قدرات البشر في الفهم والإدراك.

---

(74) محمد منير مرسي، فلسفة التربية، مرجع سابق، ص 221.

● **المبادئ العامة الموجهة للتربية الإسلامية:**

هناك مجموعة من الأسس والمبادئ التي استخلصت من القرآن والسنة، والتي تعتبر بمثابة موجهات للنظام التربوي في المجتمع الإسلامي، مثله كمثل نظم المجتمع المختلفة هي: [75]

1. الكون كله في خدمة التوحيد:

خلق الله سبحانه وتعالى الكون وما فيه من جبال وأنهار ومحيطات، وكل مظاهر الحياة وما يحويه من ثروات ومعادن طبيعية، وما عليه من البشر والطير والحيوانات وسائر المخلوقات، وكلها تسير وفق نظام محكم متناهي الدقة والإعجاز، بما يدل على خالق مبدع.. إله واحد أحد، ليس له شريك أو ولد. وقد خلق الله هذا الكون لحكمة إلهية وغاية ثابتة، وليس عبثاً ولا لهواً. يقول سبحانه وتعالى: (خَلَقَ السَّمَاوَاتِ بِغَيْرِ عَمَدٍ تَرَوْنَهَا وَأَلْقَى فِي الْأَرْضِ رَوَاسِيَ أَن تَمِيدَ بِكُمْ وَبَثَّ فِيهَا مِن كُلِّ دَابَّةٍ وَأَنزَلْنَا مِنَ السَّمَاءِ مَاءً فَأَنبَتْنَا فِيهَا مِن كُلِّ زَوْجٍ كَرِيمٍ (10)) لقمان: ١٠ ثم يقول الله : (وَمَا خَلَقْنَا السَّمَاوَاتِ وَالْأَرْضَ وَمَا بَيْنَهُمَا لَاعِبِينَ (38) مَا خَلَقْنَاهُمَا إِلَّا بِالْحَقِّ وَلَكِنَّ أَكْثَرَهُمْ لَا يَعْلَمُونَ (39)) الدخان: ٣٨ – ٣٩ قال تعالى: (أَفَحَسِبْتُمْ أَنَّمَا خَلَقْنَاكُمْ عَبَثًا وَأَنَّكُمْ إِلَيْنَا لَا تُرْجَعُونَ (115)) المؤمنون: ١١٥

وقد خلق الله سبحانه وتعالى هذا الكون لعبادته قال تعالى: (وَمَا خَلَقْتُ الْجِنَّ وَالْإِنسَ إِلَّا لِيَعْبُدُونِ (56)) الذاريات: ٥٦ وهذه العبادة تعني إلى جانب تلبية الإنسان للدعوة الإلهية والانصياع لأوامر الله ، والتمتع بخيرات الله وشكره على نعمه، لأن الله سبحانه وتعالى سخر ما في هذا الكون من أجل راحة الإنسان وسعادته، باعتباره خليفة الله على الأرض، وعلى الإنسان تعميرها والاستفادة منها بالكد والاجتهاد، دون معصية أو جحود، وهكذا فالكون كله موجود لعبادة الله الواحد الأحد، يقول تعالى: ﴿ وكل له ساجدين﴾.

2. رسالة الإسلام عالمية:

الدين الإسلامي هو رسالة موجهة لكل الناس جميعاً تدعوهم إلى عبادة الله الواحد القهار، وهدايتهم إلى الطريق المستقيم، وتحقيق سعادتهم في الدنيا والآخرة، وتقوم هذه الدعوة بالنظر إلى الكون على أنه وحدة متكاملة من صنع الخالق قال جل وعلا: أعوذ بالله من الشيطان الرجيم (وَمَا أَرْسَلْنَاكَ إِلَّا رَحْمَةً لِّلْعَالَمِينَ (107)) الأنبياء: ١٠٧ وقال رسول الله : "الخلق عباد الله وأحبكم إلى الله أنفعكم لعياله"، وأن الإنسان أخو الإنسان "كلكم لآدم وآدم من تراب" ويعتمد الناس على بعضهم بعضاً، تربطهم مصالح تحتم عليهم التعاون فيما بينهم، والناس جميعاً متساوون، والتفاضل بينهم يكون على أساس التقوى والإيمان: قال تعالى: أعوذ بالله

---

(75) حسان محمد حسان وآخرون، مقدمة في فلسفة التربية، مرجع سابق، ص 168، 171، أيضا: سعيد إسماعيل علي، أصول التربية الإسلامية، القاهرة، دار الثقافة للطباعة والنشر، 1978. محمد منير مرسي، مرجع سابق، حسان محمد حسان وآخرون: دراسات في فلسفة التربية، ط2.

من الشيطان الرجيم (**يَا أَيُّهَا النَّاسُ إِنَّا خَلَقْنَاكُم مِّن ذَكَرٍ وَأُنثَى وَجَعَلْنَاكُمْ شُعُوبًا وَقَبَائِلَ لِتَعَارَفُوا إِنَّ أَكْرَمَكُمْ عِندَ اللهِ أَتْقَاكُمْ إِنَّ اللهَ عَلِيمٌ خَبِيرٌ (13)**) الحجرات: ١٣ وإذا كان الله سبحانه وتعالى قد بعث الدين الإسلامي في قوم بعينهم فإنه قد حملهم أمانة الدعوة الإسلامية ونشرها في ربوع الأرض وحظهم على الصبر والجهاد في دعوة الناس جميعاً للإسلام، ولم يخصهم بشيء إلا بتقواهم والانصياع لأوامر الله لتبليغ الدعوة دون تعصب أو انغلاق أو تميز، فلا شعوبية، ولا فرق بين عربي على أجنبي أو فرق بين أبيض وأسود إلا بالتقوى. وبهذا فالدين الإسلامي دعوة عالمية موجه للبشر جميعاً، لهداية البشرية كلها، تحت راية التوحيد. قال ﷺ : "كلكم لآدم وآدم من تراب" وقال: " لا فضل لعربي على عجمي ولا أبيض على اسود إلا بالتقوى".

3. ولادة الإنسان على الفطرة:

يقصد بالفطرة ولادة الإنسان على الحياد والطبيعة القابلة للتشكل، فعلى ظروف التطبيع الأسري والاجتماعي الذي ينشأ فيه الإنسان تتكون شخصيته وتظهر عليه معتقداته... الخ قال تعالى: (**وَهَدَيْنَاهُ النَّجْدَيْنِ (10)**) البلد: قال تعالى: أعوذ بالله من الشيطان الرجيم: (**إِنَّا هَدَيْنَاهُ السَّبِيلَ إِمَّا شَاكِرًا وَإِمَّا كَفُورًا (3)**) الإنسان: ٣ وقال رسول الله ﷺ: "ما من مولود إلا ويولد على الفطرة وإنما أبواه يهودانه أو ينصرانه أو يمجسانه". والطبيعة المحايدة للإنسان لا تعني أنه شرير أو خير بطبعه، ولكن تتنازع هذه الطبيعة قوى وغرائز، عقل وروح، مطالب واحتياجات، تكيف الإنسان في الوسط الذي يعيشه. ومعنى ذلك أن الإنسان ضعيف، لديه إمكانية الوقوع في الخطأ أو نسيانه ثم العودة للصواب، أي أن الله خلق الإنسان ولديه استعداد أن يسعد نفسه بالخير أو يشقيها بالشر، والخير هو ما ينفعه وينفع جماعته في الدنيا ويرضى الله عنه في الآخرة، والشر هو ما يؤديه في حياته ويغضب الله عليه في آخرته، لذلك جاءت دعوة الهداية الإلهية لتقوية جوانب الخير وكبح نوازع الشر. وكل إنسان مسئول عن أعماله.

4. التوازن والاعتدال:

جاء الإسلام لتطابق شرائعه وأحكامه وآدابه مقتضى الفطرة البشرية، فليس المطلوب من الإنسان أن يميت غرائزه ويكبت شهواته، وحرمانه من التمتع بما رزقه الله من نعم الدنيا قال تعالى: أعوذ بالله من الشيطان الرجيم (**قُلْ مَنْ حَرَّمَ زِينَةَ اللهِ الَّتِيَ أَخْرَجَ لِعِبَادِهِ وَالْطَّيِّبَاتِ مِنَ الرِّزْقِ قُلْ هِي لِلَّذِينَ آمَنُواْ فِي الْحَيَاةِ الدُّنْيَا خَالِصَةً يَوْمَ الْقِيَامَةِ (32)**) الأعراف: لأن الكبت والقهر مناف للإسلام ومنهجه في الحياة، إنما على الإنسان أن يضبط غرائزه ويعلي من شهواته، وعن طريق العقل والروح يستطيع الإنسان أن يتحكم في مشاعره وعواطفه بقوة الإرادة، وتدريب نفسه على الضبط الإرادي ومقاومة بواعث الهوى ولا يسلم نفسه للغضب والغلط، قال تعالى: أعوذ بالله من الشيطان الرجيم (**وَلَا تَتَّبِعِ الْهَوَى فَيُضِلَّكَ عَن سَبِيلِ اللهِ (26)**) ص: ٢٦

والدين الإسلامي يحرص على إيجاد التوازن بين الحياة الدنيا والحياة الآخرة، بالتوسط في كل الأمور. قال تعالى: أعوذ بالله من الشيطان الرجيم (**وَكَذَلِكَ جَعَلْنَاكُمْ أُمَّةً وَسَطًا** (143)) البقرة: ١٤٣ والتوسط يعني التوازن والاعتدال الذي يتماشى مع طبيعة الأشياء وفطرة الإنسان، يقول تعالى أصدق القائلين قال تعالى: أعوذ بالله من الشيطان الرجيم (**فَلاَ تَمِيلُواْ كُلَّ الْمَيْلِ** (129)) النساء: ١٢٩ ويقول أيضا: أعوذ بالله من الشيطان الرجيم (**وَلاَ تَجْعَلْ يَدَكَ مَغْلُولَةً إِلَى عُنُقِكَ وَلاَ تَبْسُطْهَا كُلَّ الْبَسْطِ** (29)) الإسراء: ٢٩ وعلى الإنسان أن يستمتع بما أحل الله من الطيبات وإشباع رغبات الجسم والعقل والعواطف، دون إفراط أو تفريط، ويحقق الرسالة المكلف بأدائها في الكون قال تعالى: أعوذ بالله من الشيطان الرجيم (**وَابْتَغِ فِيمَا آتَاكَ اللهُ الدَّارَ الْآخِرَةَ وَلَا تَنسَ نَصِيبَكَ مِنَ الدُّنْيَا** (77)) القصص: ٧٧

5. التكامل والتكافل:

المجتمع المسلم مجتمع التكامل والتعاون والإخاء والتراحم، فالتكامل داخل الجسم البشري بين عقل وجسم وعواطف، يوازيه تكامل داخل المجتمع بين أعضائه وفئآته وقواه، ويوازي ذلك تكامل وتعاون بين المجتمعات والأقاليم والقارات فالإنسان لا تظهر طبيعته الاجتماعية وتتكون شخصيته إلا في أسرة ومجتمع، والمجتمعات لا تستطيع العيش معزولة عن المجتمعات الأخرى، قال سبحانه وتعالى: (**يَا أَيُّهَا النَّاسُ إِنَّا خَلَقْنَاكُم مِّن ذَكَرٍ وَأُنثَى وَجَعَلْنَاكُمْ شُعُوبًا وَقَبَائِلَ لِتَعَارَفُوا إِنَّ أَكْرَمَكُمْ عِندَ اللهِ أَتْقَاكُمْ إِنَّ اللهَ عَلِيمٌ خَبِيرٌ** (13))الحجرات: ١٣

إن حرص الإسلام على تربية الفرد وتهذيبه إنما ليكون مصدر عون وخير لجماعته ومجتمعه وكل فرد مسؤول عن أعضاء مجتمعه، وفي الحديث الشريف يقول رسول الله ﷺ: "كلكم راع وكلكم مسؤول عن رعيته" وفي الحديث أيضاً: "المؤمن للمؤمن كالبنيان يشد بعضه بعضاً" وأيضاً: (لا يؤمن أحدكم حتى يحب لأخيه ما يحب لنفسه". ودعوة الإسلام إلى التآخي والتراحم تجعل الفرد مسؤولاً عن أعضائه وفئاته، يوادُّهم ويمد يد العون لهم، بما يحفظ وجودهم وكرامتهم، ويمتد هذا الاهتمام إلى تقديم المساعدة والعون للشعوب والمجتمعات الأخرى، بما فيها المخالفة لعقيدة المجتمع المسلم، وبما يحقق علاقة التكافل والتكامل بين الأفراد والجماعات والمجتمعات ثم العالم كله.

6. العمل والإنتاج:

الإسلام دين العمل والإنتاج، ومما يدل على ذلك ورود كلمة العمل في أكثر من 350 آية قرآنية، فالإسلام مثلما هو دين العبادة والتبتل والتفكير في مخلوقات الله ، وهو دين العمل والتفكير في مشكلات الواقع، والسعي والكد لما يصلح أحوال الفرد والمجتمع، وما يصلح به الحياة الروحية والمادية معاً.

إن سعادة المؤمن في الآخرة موقوفة على العمل، فليست الجنة للكسالى والعاطلين عن العمل إنما هي لأهل الجد والعمل والإتقان، يقول الحق جل وعلا: (**وَتِلْكَ الْجَنَّةُ الَّتِي أُورِثْتُمُوهَا بِمَا كُنتُمْ تَعْمَلُونَ** (72)) الزخرف: ٧٢ ، والإسلام لا يعرف المؤمن إلا كادحاً عاملاً مؤدياً دوره في الحياة، آخذاً منها معطياً لها، مستجيباً لإرادة الله في جعله خليفة في الأرض، ويحض القرآن الكريم المسلمين على جعل أيامهم كلها عمل، ولا يقتطعون سوى دقائق معدودة للعبادة، والوقوف بين يدي الله ليستمدوا العون والطاقة على العمل والصبر على الصعوبات، وتدبر الحياة لحل المشكلات، يقول تعالى : (**فَإِذَا قُضِيَتِ الصَّلَاةُ فَانتَشِرُوا فِي الْأَرْضِ وَابْتَغُوا مِن فَضْلِ اللَّهِ وَاذْكُرُوا اللَّهَ كَثِيرًا لَّعَلَّكُمْ تُفْلِحُونَ** (10))الجمعة: ١٠ بل إن من تمام كمال المسلم أن تتطابق أقواله مع أفعاله، والإيمان الصادق متبوع بأثر عملي، أي أنه اعتقاد وعمل وإخلاص معاً. قال تعالى: (**وَالْعَصْرِ (1) إِنَّ الْإِنسَانَ لَفِي خُسْرٍ (2) إِلَّا الَّذِينَ آمَنُوا وَعَمِلُوا الصَّالِحَاتِ وَتَوَاصَوْا بِالْحَقِّ وَتَوَاصَوْا بِالصَّبْرِ (3)**) العصر: ١ - ٣ وقال جل وعلا: (**إِنَّ الَّذِينَ آمَنُوا وَعَمِلُوا الصَّالِحَاتِ كَانَتْ لَهُمْ جَنَّاتُ الْفِرْدَوْسِ نُزُلًا (107)**) الكهف: ١٠٧

7. التفاوت والمساواة:

لعله من الصعوبة رؤية التشابه والتساوي المطلق في الحياة.. فالناس كلهم متشابهون لكنهم ليسوا متساوين. ورغم تشابه المجتمعات والثقافات الإسلامية مثلاً إلا أنها لا تجعل أفرادها نسخاً مكررة، رغم أن مكوناتها الفكرية واحدة. وإذا كانت الحياة لا تسير على وتيرة واحدة وتظهر في صور وأشكال مختلفة من مكان لآخر ومن زمن لآخر؛ فإن الشريعة الإسلامية مطاوعة متمشية مع تلك الاختلافات والتباينات وتستجيب لحكمة التفاوت والمساواة. فالقرآن الكريم يقر التفاوت بين الناس بالعلم والفضيلة والرزق، كما يأمر بالمساواة بين الناس، يقول سبحانه وتعالى: (**يَرْفَعِ اللَّهُ الَّذِينَ آمَنُوا مِنكُمْ وَالَّذِينَ أُوتُوا الْعِلْمَ دَرَجَاتٍ (11)**) المجادلة: ١١ وفي التفاوت في الرزق يقول تعالى : (**نَحْنُ قَسَمْنَا بَيْنَهُم مَّعِيشَتَهُمْ فِي الْحَيَاةِ الدُّنْيَا وَرَفَعْنَا بَعْضَهُمْ فَوْقَ بَعْضٍ دَرَجَاتٍ** (32)) الزخرف: ٣٢

ويؤكد الإسلام المساواة بين الناس في الحقوق والتكاليف والمسؤوليات قال تعالى: (**وَإِذَا حَكَمْتُم بَيْنَ النَّاسِ أَن تَحْكُمُواْ بِالْعَدْلِ**) النساء: ٥٨ قال تعالى: (**وَلاَ يَجْرِمَنَّكُمْ شَنَآنُ قَوْمٍ عَلَى أَلاَّ تَعْدِلُواْ اعْدِلُواْ هُوَ أَقْرَبُ لِلتَّقْوَى** (8)) المائدة: ٨ وفي الحديث يقول رسول الله : "الناس متساوون كأسنان المشط" ويقول رسول الله أيضاً: "المسلمون تتكافأ دمائهم ويسعى بذمتهم أدناهم وهم حرب على من سواهم".

غير أن التفاوت بين الناس لا ينبغي أن يقوم على عصبية أو جنس أو أسرة أو لون أو لسان، فالإنسان أخو الإنسان، أما التفاوت فكل ميسر لما خلق له للقيام بما استخلف فيه لتحقيق مصالح الناس.

8. العدالة والشورى:

إن أساس قيام مجتمع قوي ومتماسك هو العدل والشورى، فإذا كان الدين المعاملة فإن المعاملة تقوم على العدل والمساواة، والتآخي والوئام، والشورى والبيعة، لذا اهتم الإسلام بإقامة العدل في الجماعة الإسلامية. فالمسلم أخو المسلم لا يظلمه، وأن يعامل المسلم أخاه المسلم بما يجب أن يعاملوه به، يقول عز وجل: (**إِنَّ اللَّهَ يَأْمُرُ بِالْعَدْلِ وَالإِحْسَانِ وَإِيتَاء ذِي الْقُرْبَى وَيَنْهَى عَنِ الْفَحْشَاء وَالْمُنكَرِ وَالْبَغْيِ يَعِظُكُمْ لَعَلَّكُمْ تَذَكَّرُونَ** (90)) النحل: ٩٠ ويقول الله عز وجل في الحديث القدسي: ﴿يا عبادي إني حرمت الظلم على نفسي وجعلته بينكم محرماً فلا تظالموا﴾.

ويتسع العدل في المجتمع الإسلامي ليشمل إلى جانب العدل في المعاملة، العدل في القضاء والعدل الاجتماعي والاقتصادي، والعدل في تساوي الناس في الحقوق والواجبات، باعتبار العدل ضرورة اجتماعية لإقامة مجتمع الخير والإحسان.

ويرتبط بالعدل الشورى كأساس لنظام حكم قائم على الشورى السياسية واختيار أهل العلم والتقوى لقيادة المجتمع والتشاور فيما بينهم في أمر المجتمع وصلاح أحواله.

- **الأسس الفلسفية للتربية الإسلامية:**

بناء على الموجهات السابقة للتربية الإسلامية يمكن تتبع الأسس الفلسفية للتربية الإسلامية من خلال الأبعاد النظرية الحاكمة للتطبيق التربوي، وهي كما يلي:

1- الطبيعة الإنسانية:

نظر الإسلام إلى الإنسان على أن خليفة الله على الأرض، خلقه الله سبحانه وتعالى لتحمل هذه المسؤولية، وخصه على سائر المخلوقات بمميزات منها حسن الخلق وزينة العقل، وسخر له ما في السماوات والأرض، يقول تعالى: قال تعالى: (**لَقَدْ خَلَقْنَا الْإِنسَانَ فِي أَحْسَنِ تَقْوِيمٍ** (4)) التين: ٤ ويقول الحق جل وعلا (**إِذْ قَالَ رَبُّكَ لِلْمَلَائِكَةِ إِنِّي خَالِقٌ بَشَرًا مِن طِينٍ** (71) **فَإِذَا سَوَّيْتُهُ وَنَفَخْتُ فِيهِ مِن رُّوحِي فَقَعُوا لَهُ سَاجِدِينَ** (72)) ص: ٧١ - ٧٢

أكد الإسلام أن الإنسان يتكون من جسد وروح، والجسد مكون من عنصر مادي، والروح مكون من عنصر غير مادي، اختص الله بالجانب الروحي وحجبه عن عباده، وأطلعنا الإسلام على أنه شيء من عند الله ، يقول جل سبحانه: (**وَيَسْأَلُونَكَ عَنِ الرُّوحِ قُلِ الرُّوحُ مِنْ أَمْرِ رَبِّي وَمَا أُوتِيتُم مِّن الْعِلْمِ إِلاَّ قَلِيلاً** (85)) الإسراء: ٨٥ ٨٥أما الجسد فقد خلقه الله من طين قال تعالى: (**وَلَقَدْ خَلَقْنَا الْإِنسَانَ مِن سُلَالَةٍ مِّن طِينٍ** (12)) المؤمنون: ١٢ والجسد مطية الروح ووسيلتها في تأدية واجب الاستخلاف في الأرض وقدرته على أداء

وظائفه في الحياة، قال تعال: (**قَالَ إِنَّ اللّـهَ اصْطَفَاهُ عَلَيْكُمْ وَزَادَهُ بَسْطَةً فِي الْعِلْمِ وَالْجِسْمِ وَاللّـهُ يُؤْتِي مُلْكَهُ مَن يَشَاء وَاللّـهُ وَاسِعٌ عَلِيمٌ** (247)) البقرة: ٢٤٧

والإسلام إذ ينظر إلى الإنسان نظرة ثنائية تفصل الروح عن الجسد فليس فيها تمييز أو تغليب جانب على آخر، إنما هي نظرة عضوية متكاملة، وكل منهما ضروري للآخر.. فحرص الإسلام على العناية بالجسد قدر عنايته بالروح، فنهى عن إلحاق الضرر بالجسد أو إهماله، وعلى الإنسان إشباع مطالب الجسد من مأكل ومشرب وجنس وراحة وتغذية ورياضة، وكل ما يحافظ على صحة الجسد وقوته، حتى يتمكن من القيام بأنشطته وواجبات الاستخلاف. يقول تعالى: (**وَابْتَغِ فِيمَا آتَاكَ اللّـهُ الدَّارَ الْآخِرَةَ وَلَا تَنسَ نَصِيبَكَ مِنَ الدُّنْيَا وَأَحْسِن كَمَا أَحْسَنَ اللّـهُ إِلَيْكَ وَلَا تَبْغِ الْفَسَادَ فِي الْأَرْضِ إِنَّ اللّـهَ لَا يُحِبُّ الْمُفْسِدِينَ** (77)) القصص: ٧٧

غير أن العناية بالجسم لا يعني تركها لشهواتها وغرائزها، بل عليه أن يضبطها ويهذبها، واستغلال طاقة الإنسان فيما يعم عليه وعلى المجتمع بالخير، وأداة الإنسان في ذلك العقل، باعتباره وسيلة للنظر والتفكير في كل أمور الحياة ، وأعماله للإيمان بالله وملائكته وكتبه ورسله. لهذا يدعوا الإسلام إلا استخدام العقل بحرية كون العقل أداة التأمل والتفكير والتعلم، وعدم استخدامه ينزل الإنسان إلا مصاف الحيوانات،: قال تعالى: (**إِنَّ شَرَّ الدَّوَابَّ عِندَ اللّـهِ الصُّمُّ الْبُكْمُ الَّذِينَ لاَ يَعْقِلُونَ** (22)) الأنفال: ٢٢ وفي حرية العقل يقول تعالى: (**وَقُلِ الْحَقُّ مِن رَّبِّكُمْ فَمَن شَاء فَلْيُؤْمِن وَمَن شَاء فَلْيَكْفُرْ إِنَّا أَعْتَدْنَا لِلظَّالِمِينَ نَارًا أَحَاطَ بِهِمْ سُرَادِقُهَا وَإِن يَسْتَغِيثُوا يُغَاثُوا بِمَاء كَالْمُهْلِ يَشْوِي الْوُجُوهَ بِئْسَ الشَّرَابُ وَسَاءتْ مُرْتَفَقًا** (29)) الكهف: ٢٩: وقال تعالى (**وَلَقَدْ ذَرَأْنَا لِجَهَنَّمَ كَثِيراً مِّنَ الْجِنِّ وَالإِنسِ لَهُمْ قُلُوبٌ لاَّ يَفْقَهُونَ بِهَا وَلَهُمْ أَعْيُنٌ لاَّ يُبْصِرُونَ بِهَا وَلَهُمْ آذَانٌ لاَّ يَسْمَعُونَ بِهَا أُوْلَئِكَ كَالأَنْعَامِ بَلْ هُمْ أَضَلُّ أُوْلَـئِكَ هُمُ الْغَافِلُونَ** (179)) الأعراف: ١٧٩

جملة القول أن الطبيعة الإنسانية في فلسفة التربية الإسلامية تتميز بتكامل الطبيعة الإنسانية، فهي ذات طبيعة وغرائز، والروح تتصل بعالم البقاء وسر الوجود، والعقل يرتبط بعالم الإدارك، والروح والعقل والنفس تكون الذات الإنسانية، وبالعقل يسمو الإنسان بجسمه وروحه ونفسه.

2- تفاعل البيئة مع الوراثة:

تتفاعل مكونات الفرد الجسمية والعقلية والوجدانية مع البيئة في شخصية الإنسان وسلوكه وتصرفاته، وتطبعه بصفات واضحة. فعندما يولد الطفل فإن استعداداته الفطرية تتأثر بظروف الأسرة واتجاهات الأبوين وميولهما، فيدين بما يدينون، ويكتسب منهم العادات والتقاليد، وأنماط السلوك، ثم يضيف إلى ذلك بما يتأثر به في المسجد والشارع والنادي والحزب، وهكذا تتشكل شخصية الفرد في الوسط الذي يعيشه، وهذا ما يجعل التربية عملية تطبيع اجتماعي.

3- الخير والشر:

يولد الإنسان وطبيعته وسط بين الخير والشر، أي أن طبيعته محايدة. وعلى ما تعوَّد وتعلمه تبرز فيه جوانب الخير والشر. غير أن الإنسان مهما بلغ ضعف طبيعته البشرية فإنه نزاع إلى الخير بفطرته، كون ذاته مشتقة من ذات الله عندما نفخ الله في الإنسان من روحه، وهذا ما يجعل التطبيع الاجتماعي والتربية سنداً قوياً لتدعيم نوازع الخير. كما أن ضعف الطبيعة الإنسانية تجعل الإنسان ميالاً للخطأ والنسيان، يقول الله عز وجل: قال تعالى: (**وَلَقَدْ خَلَقْنَا الْإِنسَانَ وَنَعْلَمُ مَا تُوَسْوِسُ بِهِ نَفْسُهُ وَنَحْنُ أَقْرَبُ إِلَيْهِ مِنْ حَبْلِ الْوَرِيدِ (16)**) ق: ، ثم يقول تعالى: (**وَمَا أُبَرِّىءُ نَفْسِي إِنَّ النَّفْسَ لَأَمَّارَةٌ بِالسُّوءِ إِلاَّ مَا رَحِمَ رَبِّيَ إِنَّ رَبِّي غَفُورٌ رَّحِيمٌ (53)**) يوسف: ٥٣ وهذا معناه أن الإنسان قد تدفعه نفسه إلى الشر، ما يدفع التربية إلى أن تتبصر التربية الحسنة.

4- مسئولية الفرد:

وطبيعة الإنسان الوسطية تجعله وسطاً بين الجبر والاختيار. وطالما أن الإنسان بما ميزه الله من عقل – حر الإرادة- فهو مسئول عن تصرافته وأفعاله، سواء أكان فرداً أو جماعة: قال تعالى: (**وَالَّذِينَ آمَنُوا وَاتَّبَعَتْهُمْ ذُرِّيَّتُهُم بِإِيمَانٍ أَلْحَقْنَا بِهِمْ ذُرِّيَّتَهُمْ وَمَا أَلَتْنَاهُم مِّنْ عَمَلِهِم مِّن شَيْءٍ كُلُّ امْرِئٍ بِمَا كَسَبَ رَهِينٌ (21)**) الطور: ٢١ ومن عَدِم العقل عدم الحرية، وبالتالي عدم المسئولية.

وتتسع المسؤولية في القرآن الكريم لتشمل التبليغ، والعلم، والعمل، فأما التبليغ فلا تجب التبعية على أحد لم تبلغه الدعوة، ولا يحاسب عليه الإنسان إذا لم تبلغه الدعوة. أما العلم فعليه أن يسأل عما يجهل ويتعلم. وأما العمل فهو مشروط في القرآن الكريم بالتكليف حسب طاقة الإنسان سواء سعى لنفسه أو لربه. وبهذا فعلى التربية تربية الإرادة والضمير لدى الإنسان كي يكون متحكماً في تصرفاته مسئولاً عن أقواله وأفعاله.

- **المعرفة في فلسفة التربية الإسلامية:**

المعرفة كما وردت في القرآن الكريم والأحاديث النبوية عُني بها العلم، لأن الله سبحانه وتعالى وصف نفسه بأنه عالم، وليس عارفاً، فهو سبحانه وتعالى يعلم، والعليم، والعلام، ورب العالمين. ووردت كلمة (علم) في أحاديث الرسول ﷺ عندما حث على طلب العلم والتعليم.

وبالعلم تميز الإنسان، ورفعت مكانة العالم وفضله، والإسلام يحث المسلمين على الاستزادة من العلم النافع للفرد والجماعة، يقول الله تعالى (**وَقُل رَّبِّ زِدْنِي عِلْمًا (114)**) طه: ١١٤ وفي الحديث قال رسول الله ﷺ: "من سلك طريقاً يبتغي فيه علماً سهل الله له طريقاً إلى الجنة، وإن الملائكة لتضع أجنحتها لطالب العلم). بل جعل الرسول ﷺ العلم ركناً من أركان الخير. وحض الرسول الكريم أصحابه على تفهم أمور دينهم، ويمنعهم أن يفتو من غير علم، كما أمر الإسلام المسلمين بالتعبد عن فهم ووعي وتبصر وعلم. وهنا يقول رسول الله:

"قليل من العلم خير من كثير العبادة، وكفى بالمرء علماً إذا عبد الله ..." إلى غير ذلك من الأحاديث التي تبين أهمية العلم في الإسلام فطلبه عبادة، ومذاكرته تسبيح وتعليمه قربى إلى الله .

والعلم أو المعرفة في الإسلام يأتي من مصدرين هما:[76]

1- المصدر الإلهي: وهي المعرفة أو العلم الذي يكشفه الله للإنسان، ويختار من عباده من يشاء ويوحي لهم بتعاليمه ليبلغها إلى الناس، وتوجد هذه المعرفة في القرآن الكريم والسنة، ويقبلها الإنسان المسلم عن حق ويقين، كون هذا المصدر يحوي مصدر التشريع وأحكامه، ومنبع هداية وإرشاد. لذلك وجب اتباعه والعمل بما ورد فيه، يقول الحق جل وعلا: (**وَأَنزَلَ اللهُ عَلَيْكَ الْكِتَابَ وَالْحِكْمَةَ وَعَلَّمَكَ مَا لَمْ تَكُنْ تَعْلَمُ وَكَانَ فَضْلُ اللهِ عَلَيْكَ عَظِيمًا** (113)) النساء: ١١٣ ويقول تعالى: (**إِنَّا أَنزَلْنَا إِلَيْكَ الْكِتَابَ بِالْحَقِّ لِتَحْكُمَ بَيْنَ النَّاسِ بِمَا أَرَاكَ اللهُ**) النساء: ١٠٥

2- المصدر البشري: وهو الذي يصل إليه الإنسان عن طريق العقل، قال تعالى: (**وَلَمَّا بَلَغَ أَشُدَّهُ آتَيْنَاهُ حُكْمًا وَعِلْمًا** (22)) يوسف: ٢٢ ثم قال: (**وَاتَّقُونِ يَا أُولِي الْأَلْبَابِ** (197)) البقرة: ١٩٧ وكذا عن طريق الحواس حيث يقول تعالى: (**إِنَّ السَّمْعَ وَالْبَصَرَ وَالْفُؤَادَ كُلُّ أُولَئِكَ كَانَ عَنْهُ مَسْؤُولاً** (36)) الإسراء: ٣٦ وبهذا يكتسب الإنسان المعرفة والعلم عن طريق المحاكاة والتقليد والملاحظة والتجريب وإدراك ما حولنا.

يضاف إلى هذا المصدر الاجتهاد الذي يعتبر نمطاً من المعرفة العقلية الدال على رقي المسلمين وتطويع أمور دينهم لدنياهم والوصول إلى حلول جديدة.

وبتكامل هذين المصدرين يستطيع الإنسان استخدام عقله وحواسه للوصول إلى العلم والمعرفة والتأمل والتفكير فيما يحيط بهم من مخلوقات الله وحكمه في هذا الكون، ويتمكن من الوصول إلى العلم النافع الذي يهديه إلى سعادة الدارين.

- **القيم في فلسفة التربية الإسلامية:**

اتسمت القيم في الإسلام بالشمول والتكامل والتساند فيما بينها، كون الدين الإسلامي دعوة عالمية موجهة للناس كافة، تتجاوز حدود المكان والزمان وتشمل جميع نواحي الحياة، كان فرداً أو جماعة، والمجتمع البشري كله، كما شمل مختلف حياة الإنسان في الدنيا والآخرة. لذلك كانت القيم عامة موجهة بطائفة من التشريعات والقواعد المستمدة من القرآن والسنة النبوية، واجتهاد العلماء والفقهاء، لتنسجم معاً في منطلق واحد.

وتقسم القيم الإسلامية إلى نوعين، أحدهما القيم الفوقية أو السماوية التي ترتبط بأصول التشريع الإسلامي مبيناً طريق الحق والخير والشر، والحلال والحرام، والصواب والخطأ، وهذه القيم مطلقة ثابتة خالدة لا تتغير ، لا اجتهاد فيها أو اختيار، وعلى الإنسان تقبلها والتسليم بها والعمل بمقتضاها. والأخرى

---

(76) حسان محمد حسان وآخرون، المرجع السابق ، ص211.

قيم اصطلاحية التي ترتبط بأمور لم يرد فيها نص أو تشريع صريح، وهذه القيم نسبية ومتغيرة لتناسب أوجه تطور المجتمعات.

ويعتبر الدين الإسلامي أصل الأخلاق، فالأخلاق هي أساس المعاملة بين الفرد وربه، وبينه وبين الناس. والأخلاق هي ما ينبغي على المرء أن يفعله ليكون سلوكه موافقاً لروح الشريعة وتقاليد الإسلام.

وتحوي فلسفة التربية الإسلامية العديد من القيم، تصنف أهمها على الوجه التالي:[77]

1- العلـم:

ويأتي في مقدمة القيم نظراً لكثرة الآيات القرآنية والأحاديث النبوية التي مجدت أهمية العلم وفضل المشتغلين فيه وقدرهم عند العباد وربهم،: قال تعالى: (**شَهِدَ اللـهُ أَنَّهُ لاَ إِلَهَ إِلاَّ هُوَ وَالْمَلاَئِكَةُ وَأُوْلُواْ الْعِلْمِ قَآئِماً بِالْقِسْطِ لاَ إِلَهَ إِلاَّ هُوَ الْعَزِيزُ الْحَكِيمُ** (18)) آل عمران: ١٨ ويقول عز وجل(**يَرْفَعِ اللـهُ الَّذِينَ آمَنُوا مِنكُمْ وَالَّذِينَ أُوتُوا الْعِلْمَ دَرَجَاتٍ وَاللـهُ بِمَا تَعْمَلُونَ خَبِيرٌ** (11)) المجادلة: ١١ وغير ذلك من الآيات العديدة التي تبرز قيمة العلم، أو التي تحض على طلب العلم وخاصة العلم النافع الذي يفيد منه صاحبه والمجتمع ومن نهضة الحضارة وتقدمها. وقد عرف المسلمون العلوم الشرعية والعلوم المتعلقة بشئون الحياة والمعيشة، تمثلت الأولى في القرآن والتفسير، والحديث، والفقه، وغيره. وتمثلت الثانية في الرياضيات والهندسة، والكيمياء، والطلب، وغيرها. وبازدهار هذه العلوم ازدهرت الحضارة الإسلامية وانتشرت، وبالتالي ارتفعت قيمة العلم وسادت، وبالعكس عندما تضاءل الاهتمام بهذه العلوم دب الوهن والضعف في الحضارة الإسلامية، وبالتالي انحسرت قيمة العلم وضاق عدد المشتغلين به.

2. العمـل:

إن قيمة العمل مرتبطة بقيمة العلم من حيث أن قيمة العلم والعمل قيمتان متساندتان، وذلك بحسب ورود ذكرها في نصوص القرآن والأحاديث، غير أن قيمة العمل تدنت في الممارسة والتطبيق.

وتنبع قيمة العمل مثلها مثل قيمة العلم، ليس من ارتباط العلم بالعمل وإنما أيضا من تضمنهما لبعدي الدنيا والآخرة. وترتبط قيم العمل بقيم أخرى ملازمة لها منها الصدق والأمانة والإتقان، بما يؤدي إلى صلاح صاحبه، وجزاؤه في الدنيا والآخرة وبالعكس إذا تم العمل منافياً لضوابط الحلال فثمار عمله خاسرة في الدنيا والآخرة.

وعلى ذلك فقيم العمل محكومة بضوابط متوافقة مع حدود الأحكام الشرعية.

3. قيمة التقوى:

تعتبر التقوى ركيزة أساسية بقيمة العمل من حيث إنها معيار لقياس الأعمال، سواء التي يثاب عليها أو التي يعاقب عليها.

تقوم التقوى في النصوص القرآنية على : الإيمان بالغيب، وإقامة الصلاة، والإنفاق مما رزق اللـه، يقول الحق جل وعلا: (**الَّذِينَ يُؤْمِنُونَ بِالْغَيْبِ وَيُقِيمُونَ الصَّلاةَ وَمِمَّا رَزَقْنَاهُمْ يُنفِقُونَ** (3)) البقرة: ٣ أما التقوى في

---

(77) حسان محمد حسان وآخرون: مرجع سابق، ص 222-226.

الشريعة فهي صون الإنسان لنفسه من الإتيان بأفعال تجب المعاقبة عليها أو ترك أفعال يثاب عليها إن لم فعلها. والتقوى بهذا ركيزة أساسية يستند عليها العمل بها يتحرك العمل، ووفقاً لها تصوب أهداف هذا العمل، وبالتالي فالتقوى قيمة ضابطة لقيمة العمل. ومن هنا فالتقوى قيمة موجبة تقع على رأس منظومة القيم في التربية الإسلامية، على اعتبار أن سيادة التقوى في أعمال المسلمين يؤدي إلى صلاح أحوال المجتمع الإسلامي ورخائه وتقدمه، والعكس يكون صحيحاً، يقول الحق جل وعلا (**وَلَوْ أَنَّ أَهْلَ الْقُرَى آمَنُواْ وَاتَّقَواْ لَفَتَحْنَا عَلَيْهِم بَرَكَاتٍ مِّنَ السَّمَاء وَالأَرْضِ** (96)) الأعراف: ٩٦

4. قيمة العدل:

من القيم العليا في الإسلام، كونه مشتق من العدل الإلهي ودعامة التشريع الإسلامي، قال تعالى: (**وَإِذَا حَكَمْتُم بَيْنَ النَّاسِ أَن تَحْكُمُواْ بِالْعَدْلِ**) النساء: ٥٨ والعدل أساسه التساوي بين الناس في الحقوق والواجبات، والعدل شامل لك أوجه حياة الناس وحياة المجتمع ككل، فالحاكم عادل، والرجل عادل في أسرته...الخ. وقيمة العدل هنا إجراء وممارسة، وهو بهذا ذو مضمون اجتماعي، والعدل أقرب إلى التقوى أي أن قيمة العدل تفضي إلى التقوى، أو هي محكومة به، وعندما ساد العدل في المجتمع الإسلامي أمن الناس قبل أمن الحكام، وعم الهدوء والاستقرار، وتقدم المجتمع وازدهر، ومن أبلغ الأقوال ما قاله رسول كسرى لخليفة المؤمنين عمر بن الخطاب: "حكمت فعدلت فآمنت فنمت "*.

تلك هي بعض القيم في فلسفة التربية الإسلامية ذكرت على سبيل المثال، ذلك لأن هناك العديد من القيم الإسلامية التي يصعب تناولها فهي من الوسع والعمق ما تحتاج لأدلة وشواهد في الثقافة الإسلامية عموما.

وفي ضوء ما سبق ذكره نستخلص مجموعة من الأسس والقواعد الرئيسية التي تشكل في مجملها المفهوم الشامل للتربية الإسلامية، يمكن إجمالها في أنها[78]: تربية شاملة تتناول الجسم والعقل، ومتوازنة تجمع بين حياة الدنيا والآخرة، وسلوكية تهتم بالأقوال والأعمال معاً، وتربية فردية واجتماعية معاً، وتربية لضمير الإنسان، وتربية لفطرة الإنسان وإعلاء غرائزه، وتربية محافظة مجددة، وتربية إنسانية عالمية.

ونصل الآن إلى استعراض مجالات انعكاس فلسفة التربية الإسلامية على توجيه التربية فكراً وتطبيقاً، وذلك كما يلي:

- **أهداف التربية في فلسفة التربية الإسلامية:**

استناداً إلى الموجهات العامة للتربية وكذا أسس فلسفة التربية الإسلامية، فقد تكون إطار عام لمنهج متكامل للتربية، يوجه الفكر ويحكم العمل التربوي، وبهذا هدفت التربية الإسلامية إلى إعداد الشخص المسلم من مختلف جوانبه، وتربيته السليمة لحياة الدنيا والآخرة.. بمعنى أن هدف التربية الأسمى هو بلوغ الكمال الإنساني الذي يطابق الكمال الديني للإسلام الذي بدوره يصل بالكمال الإنساني إلى قمته.

(*) عندما وصله برسالة من كسرى فوجده ينام تحت ظِلّ شجرة بلا حراسة بشرية.

(78) للمزيد من التفاصيل : راجع محمد منير مرسي، فلسفة التربية – مراجع سابق، ص 225-235.

وبهذا فهناك أهداف دينية، وعقلية، واجتماعية، ونفسية، يمكن تفصيلها والإشارة إلى أبرزها كما يلي[79]:

- **الإيمان بالله وعبادته:** يقتضي الإيمان بالله توحيد الخالق، والإيمان بملائكة الله، وكتبه ورسله، واليوم الآخر، وبالقضاء والقدر خيره وشره، والعمل بما أنزل الله من شرائع وأحكام في السر، والعلن، وكذا قيامه بالعبادات المنوطة به. والعبادة لا تعني مجرد أداء الطقوس والواجبات الدينية، إنما تشمل أيضاً ما يقوم به الإنسان من معاملات وقيم وسلوك، وطريقة عبادة الله تكون بالعلم والعمل والخشية.
- **تهذيب الأخلاق وضبط السلوك:** التربية الخلقية هي روح التربية الإسلامية، وغايتها الأسمى، ذلك أن تمام الكمال الإنساني مكارم الأخلاق، قال رسول الله ﷺ: "إنما بعثت لأتمم مكارم الأخلاق". وعلى التربية أن تهدف إلى تأديب النفس، وتصفية الروح، وتنظيف العقل، وتربية الضمير، حتى يبلغ الإنسان الفضيلة، وكمال النفس في إيمانه بالله سراً وعلانية، علماً وعملاً، وبهذا يستطيع الإنسان أن يوجه سلوكه ويضبط تصرفاته في سلوكه الفردي والاجتماعي.
- **التفكير والبحث:** حث الإنسان المسلم على تنمية عقله وتعويده التأمل والتفكير السليم في الكون، وفي مخلوقات الله ومظاهر الوجود، والتعقل والتدبر في كل أمور حياته، وقضايا مجتمعه. وذلك بتنمية حب العلم والمعرفة لديه أثناء تعليمه العلوم، سواء الشريعة منها أو الأدبية، أو العلوم الطبيعية والإنسانية، وتعويدهم على استخدام المناهج العلمية في البحث والدراسة، وتدريبهم على عمليات الاستدلال، والاستقراء، والاستنباط، لإنماء معارفهم، والإضافة إليها، وحث المتعلمين على التعلم الذاتي، ومواصلة التعليم والبحث والتفكير بصورة مستمرة.
- **تنمية مختلف جوانب شخصية الإنسان:** تهدف التربية الإسلامية إلى تنمية مختلف جوانب الإنسان العقلية والجسمية، والنفسية، دون تغليب جانب على آخر، كما هو مبين سابقاً من الأدلة القرآنية، والأحاديث النبوية، بحيث تشمل المعرفة كل هذه الجوانب، حتى يمارس الإنسان جميع وظائفه الاجتماعية والطبيعية بقدر من التوازن والاعتدال.
- **مراعاة ميول الفرد ورغباته ومتطلبات نموه،** دون قسر أو إكراه. فكل ميسر لما خلق له، بحيث يكشف التعليم عن استعدادت هذا الفرد أو ذاك، ويترك الفرد لينمو ويتعلم إلى أقصى ما تسمح بهد قدراته واستعدادته.
- **تزويد الفرد بالعلم النافع والمهارات لإتقان العمل:** رغم إهمال بعض التيارات لقيمة العمل في المجتمع الإسلامي إلا أن العمل في الإسلام يحظى باحترام وتقدير، لذلك ينبغي أن تهدف التربية الإسلامية إلى اقتران العلم بالعمل النافع وتزويد الفرد بمهارات ومهن يستطيع من خلالها إتقان عمله، وكسب عيشه، والقيام بوظائفه كفرد نافع ومنتج في المجتمع.

(79) للمزيد راجع: المصدر السابق، ص 93-95.

- **تنمية مجموعة من القيم:** وذلك بإيجاد بيئة سليمة تنمي قوى الخير لدى الإنسان، وتربية الضمير بالقدوة الصالحة، واستخدام سلوك الثواب والعقاب. ومن تلك القيم: احترام العمل وتقديره سواء كان عقلياً أو وجدانياً، والطاعة ، واحترام النظام، والوقت، والمواعيد، وغرس قيم التعاون والصدق، والأمانة، والعدل، والتقوى...الخ.
- **احترام عقائد المخالفين:** وتهدف التربية الإسلامية إلى توجيه الأفراد والمؤسسات إلى احترام الأفراد والمؤسسات الدينية المخالفة للدين الإسلامي، وضرورة حمايتهم وتركهم يمارسون شعائرهم الدينية دون تدخل أو تعصب أعمى، والتسامح مع تقاليدهم ومعاملتهم بالحسنى.

ويستتبع هذا المبدأ ويتفرع منه إظهار سمو الإسلام وقيمه السمحاء، وإبراز دعوة الإسلام إلى الخير والحق والهداية والسلام، باعتبار الإسلام دعوة عالمية موجه لكل البشر.

- المنهج في التربية الإسلامية:

لما كانت أهداف التربية الإسلامية تسعى إلى إعداد الإنسان المسلم العارف بالله عن طريق معرفته بأمور دينه فقد صارت العلوم الدينية أهم مكونات منهج التعليم، المتمثلة في علوم القرآن والتفسير والحديث والفقه والسيرة والعبادات والتوحيد والتاريخ، باعتبار هذه العلوم هي الأساس لتنمية العقول، وتهذيب النفوس، وتقريب المسلم من ربه، وترفع مكانته الاجتماعية[80]. لذلك ظلت هذه العلوم هي محور التربية الإسلامية في عصور الحضارة الإسلامية ازدهاراً أو جموداً. ثم استمرت هذه العلوم في مقدمة مناهج التربية الإسلامية في الوقت الحاضر، ولكن إلى جانب المواد الدراسية الأخرى، وهي : المواد الطبيعية، والاجتماعية، والبحتة، والتطبيقية التي جميعها تعكس وجهة نظر الإسلام المبنية على أن فهم المسلم لأمور دنياه ووسيلة لكسب حياة الآخرة، وعلى ذلك احتوى منهج التربية الإسلامية المواد الدراسية التالية:

أ- العلوم الدينية: وسبق شرحها.

ب- العلوم الدنيوية: وتشمل المواد الدراسية المختلفة التي تنمي العقل والجسم والضمير، وتزوده بالمعارف والمهارات والاتجاهات، وبهذا دخلت كل العلوم الحديثة إلى مجال التربية الإسلامية لتؤكد نهج الإسلام ونظرته الشاملة.

- طرق التدريس في التربية الإسلامية:

أظهر التطبيق أن اهتمام التربية في الإسلام بالعقل فقط قد استلزم استخدام طريقة الإلقاء من جانب المعلم والحفظ والاستظهار من جانب المتعلم، واستخدام الامتحان الشخصي بالخبرة المباشرة، كما استخدمت أساليب عدة لتناسب المواقف التعليمية وأغراضها، ومنها: استخدام أسلوب القدوة الصالحة في التنشئة، وأسلوب الترغيب والترهيب، الموعظة والنصح، والثواب والعقاب.

وإذا كان قد استمر جوهر هذه الطرق حتى الوقت الحاضر كضرورة تناسب العلوم الدينية، فقد أضيفت العديد من الطرق الحديثة للتدريس التي تتناول كل شخصية الإنسان وتنمي كل جوانبه تقريباً.

---

(80) محمد سيف الدين فهمي، مرجع سابق، ص76.

أما مكانة المعلم فقد استمدت من مهمة تأديب الطفل ومساعدته على النمو المتكامل، وتنشئته على مكارم الأخلاق.[81] غير أن تدني قيمة المعلم في عصور الجمود الحضاري نتجت من تحول دور المعلم إلى ناقل للمعرفة بأجر.

الفلسفات التربوية الأربع السابق ذكرها ليست هي الفلسفات الوحيدة التي أفرزها الفكر التربوي، إنما تعتبر هذه الفلسفات هي الأكثر تأثيراً وتحكماً في توجيه الميدان التربوي، فكراً وممارسة، تنظيماً ومحتوى، طرقاً وأساليب، ووصل تأثير بعض تلك الفلسفات التربوية إلى مختلف الجوانب العلمية التعليمية التربوية في معظم بلدان العالم حتى الوقت الحاضر بأوزان وأشكال مختلفة.

غير أن هناك بعض الفلسفات التربوية الأخرى التي لم تصل إلى حد الفلسفة التربوية المتكاملة ذات البناء الفكري المتماسك، وهي إذا كانت احتلت مكانة متميزة في الفكر التربوي، إلا أن تأثيرها اختلف من بلد إلى آخر ومن وقت إلى آخر. وإذا كان بعضها قد اختفى تأثيرها الفعلي في الميدان التربوي فقد ظلت تشير إلى جوانب تربوية مهمة على المفكرين والمربين أخذها في الاعتبار.

ومع أن هذه الفلسفات معاصرة غير أنها ليست فلسفات أكاديمية، ولم تعبر عن ثقافة مجتمع بكامله، بقدر ما هي إلا طرقاً للبحث، والتحليل، والتساؤل. ومع أن بعضها تميز في مجال الفن والأدب والصحافة، إلا أن لها مضامين تربوية، ولها تأثيرات وصلت إلى جوانب عديدة من الميدان التربوي.

---

(81) المرجع السابق، ص 80.

الفصل السادس
الأصول السياسية للتربية

تمهيد

الإنسان يمكنه العيش، ولكن لا تظهر صفته البشرية إلا في مجتمع، والمجتمع لا يقوم بناؤه وتتشكل نظم حياته، إلا بتنظيم اجتماعي، له ضوابط وقواعد اجتماعية، تتولاه سلطة سياسية تسوس الناس، وتقودهم من خلال نظام حكم. يقوم بمهام المجتمع نيابة عن الشعب في الشؤون الاجتماعية والاقتصادية، المعرفية والعسكرية. ولقيام نظام الحكم بمهامه ووظائفه تجاه المجتمع، فلا بد له من مؤسسات تتولى ذلك بوظائف وأساليب مختلفة.

ومن تلك المؤسسات، التربية التي تقوم بأدوار وأساليب فريدة، قائمة على الوعي، والاقتناع، والامتثال والطاعة، وهي بهذا أكثر تأثيراً من المؤسسات الأخرى وما تملكه من تشريعات وقوانين رادعة.

ولما كان الجانب السياسي من أهم مكونات بناء المجتمع، فإن هذه الأهمية تنتقل إلى التربية، لتجعل الأصول السياسية للتربية تهيمن على الأصول الأخرى، بما فيها الأصل الديني، فتصيغها، لتوجيه أنشطة التربية ووظائفها في اتجاه النظام السياسي وقواه المسيطرة.

إذن العلاقة وثيقة بين السياسة والتربية، توطدت عندما تزايد الاهتمام بالجانب السياسي، وتكوين المواطن وتشكيل توجهاتهم السياسية، وتتمثل هذه العلاقة فيما تستمده التربية من سياسة المجتمع، الأهداف السياسية لنظام التعليم، وأسس بناء النظرية التربوية، وكذا مختلف الطرق والأساليب المؤدية إلى تنفيذ وظائف التعليم وأنشطته. وتستمد التربية أيضاً الأهداف الخفية للنظام السياسي، وقواه الفاعلة بصورة مباشرة أو غير مباشرة، تعكس اتجاه قوي المجتمع، ومبادئ السلطة السياسية، ومصالحها.

ولما كان لكل مجتمع نظامه السياسي، بأيديولوجيته السائدة التي تميزه عن هذا المجتمع، أو ذاك؛ فإن على التربية أن تتمثل تلك السياسة وتعكسها في أهدافها وعملياتها، وتسير في ظلها، لصيقة بالنظام السياسي، تعبر عن مبادئه، وتحقق مصالحه، وإلا لما استمر ذلك النظام التعليمي.

الملاحظ أن العلاقة بين السياسة والتربية مرت بأطوار ومواقف، عكست إلى حد كبير القوى المهيمنة على مقاليد الحكم. فعندما كانت السلطة السياسية بيد الحاكم الفرد أو الأسرة، فقد وجدت تربية خاصة بنمط الحكم، تتولى أعداد الصفوف المختارة للحكم، وقيادة المجتمع، وتربية أخرى للمحكومين، تعدهم كيف يطيعون ويمتثلون، وعندما كانت القوة السياسية بيد طبقة، كانت هناك تربية للطبقة الحاكمة، تمكنها من القيادة، وتربية أخرى لأفراد الشعب تُعدُّهم لتحقيق أهداف الدولة ومصالحها.[82]

---

(82) كمال السيد درويش وآخرون: التربية السياسية للشباب، منشئة المعارف، الإسكندرية، 1973، ص9.

وعندما أصبحت القوة السياسية بيد الأكثرية في النظم الديمقراطية، فقد وجدت تربية لجميع أفراد الشعب، على الأقل كسياسة معلنة، وصارت التربية تهتم بتكوين المواطن. وتعترف بكرامته، دون أن تفقد التربية دورها التصفوي الطبقي، كما سنلاحظ.

لما كانت التوجهات السياسية وعياً ومشاركة، تتكون منذ الصغر، وبالتدريج، فإن المدرسة أفضل مكان للتربية السياسية السليمة، لارتباط المكون السياسي بمكونات اجتماعية أخرى، ونمو التوجهات السياسية في هذا العمر كضرورة حياتية، وهذا ما يلقي على مؤسسات التربية، وفي طليعتها المدرسية، أدواراً ووظائف مهمة، عليها أن تضطلع بها، منذ مراحل العمر الأولى للنشئ، وتقديم المعارف السياسية، والتأثير في تنشئتهم السياسية، بما ينمي فيهم الوعي بالمبادئ السياسية، وتغرس قيم الولاء والتأييد للنظام السياسي.

إن كسب ولاء المواطن للنظام السياسي القائم ومشاركته في الحياة السياسية ظل وما يزال موضع اهتمام وتساؤل القادة السياسيين والمفكرين، إذ يسعون إلى تكوين ولاء الجماهير، وفهم مبادئ النظام السياسي، وخلق التأييد العام بكل الطرق، لإيجاد الشرعية لهذا النظام، وكسب ثقة الجماهير والخضوع للسلطة السياسية. ولإنجاح تلك المساعي تسلك الدول كل الطرق، وتتبع شتى الأساليب، لتحقيق ذلك. فنجدها تارة تغدق على رموزها، والموالين لها الامتيازات والمناصب الإدارية والسياسية، أو إشعارهم بأن مصالحهم سوف تتحقق في المستقبل، أو بتعريضهم للعقوبات، في حالة عدم الانصياع والطاعة للسلطة. وتسعى تارة ثالثة إلى تطويع القواعد العامة، وإشعار المواطنين بأن من واجبهم طاعة القانون والنظام. ومعنى هذا خضوعهم للسلطة السياسية.

غير أن السلطة السياسية تولي المؤسسات الاجتماعية، وفي مقدمتها المدرسة، جل اهتمامها للقيام بتشكيل توجهات المواطنين السياسية منذ الصغر، وغرس قيم الانتماء والولاء للسلطة. لذلك تبرز التربية عموماً والمدرسة خصوصاً كوسيلة للقيام بهذه المهمة. وترجع أهمية المدرسة، أنها تقوم بالدور الأكبر في تشكيل توجيهات النشء السياسية، بتعليم الالتزام بقواعد السلوك، واحترام السلطة وطاعتها، والامتثال والخضوع للسلطة السياسية، كون المدرسة تقوم على الضبط، والتحكم، والسيطرة وفق منهج وسلطة وأهداف.. لما تريد أن تلقنه للنشء من قيم واتجاهات سياسية مرغوبة، وهي لذلك جهاز الأيدلوجيا السائدة، لإعادة إنتاجها من جديد.

ويتضح من مؤشرات التربية السياسية أن التعليم يغذي ثقافة الطاعة والخضوع والإذعان، لكافة رموز السلطة، وقد اكتسب خلال مسيرة نموه صفات المسايرة والخنوع لموجهات السلطة السياسية، وقبول أحكامها، دون مناقشة أو معارضة[83] حتى صارت مسلمات... على نظام التعليم تقبلها، وترجمتها إلى قيم وأنماط سلوك النشئ والشباب. ثم أن التعليم باعتباره نظام اجتماعي، فإن له طبيعته المحافظة في تكريس ثقافة الماضي والحاضر، ويمكنه القيام بأدوار سياسية ضيقة، كتسطيح الوعي السياسي، وتهميشه، وصياغة الأحداث وتقديمها بالصورة التي تخدم وجود النظام السياسي، وتقديم المبررات لتوجهات النظام السياسي

---

(83) كمال المنوفي: التنشئة السياسية ومنظومة القيم في الوطن العربي، ندوة التغيرات السياسية الحديثة في الوطن العربي المنعقدة بمركز البحوث والدراسات السياسية، كلية الاقتصاد والعلوم السياسية، القاهرة، 18 يناير 1988، ص3.

القائم، ومحاولة خلق التأييد والمؤازرة للنظام السياسي وإنتاج مواطنين يتبعون النظام السياسي، وتؤازر مواقفه السياسية[84].

وفي عصر الديمقراطية التي تجتاح كل دول العالم تقريباً، تصبح التربية السياسية أهم مكونات التربية، إذ عن طريقها يتم توعية الجماهير بالحياة السياسية، وإعداد أبناء المجتمع، وتهيأتهم لممارسة أدوارهم السياسية بوعي. وكيف يمكنهم التأثير من خلال القنوات الشرعية في الحياة السياسية، واتخاذ القرارت، وتحويل الفرد من السلبية إلى المشاركة، ومن القول إلى الفعل الواعي، وتنمية الشعور بالمسؤولية، والعمل الجماعي المشترك، والمساهمة في نواحي حياة المجتمع.

والنظم الديمقراطية لا تستطيع ضمان ولاء الجماهير، إلا إذا ضمنت رضاها، ولا يستطيع أي نظام ديمقراطي مشاركة الأفراد والجماعات في الحياة السياسية، والتعبير عن أفكارهم، وإبداء آرائهم، إلا إذا وعى المواطن، وأسس فكره على حقائق علمية ناجحة، والتعليم خير وسيلة لذلك، حتى بات معنى التربية السياسية مقترن بفكرة تكوين المواطن.

ومع التغيرات الكبيرة في فكر التربية وأساليبها التعليمية، كنتيجة للنهج الديمقراطي، فقد استلزم تطبيق مبادئ تكافؤ الفرص التعليمية وديمقراطية التعليم، ومع ذلك فإن التعليم ما زال أداة النظام السياسي، والطبقات المسيطرة في استمرار هيمنتها، والحفاظ على مصالحها. ومهما قلنا عن نظم التعليم، وعددنا مزاياها في ظل النهج الديمقراطي الجديد، إلا أن التعليم كان وما يزال محايداً لصالح الأيديولوجيا السائدة. فالتعليم وفق النسق الأيديولوجي السائد محايد لصالح الطبقة المسيطرة على الثروة، والقوة، والسلطة في المجتمع، ورغم ما يشيعه النظام السياسي عن نفسه، بأنه يعمل لصالح المجموع، وأنه حامي الحريات، والحقوق المدنية، والسياسية، ويطبق مبادئ العدل، والمساواة في التعليم، إلا أنه يخفى تحت كل هذا حماية مصالحه، والمحافظة على وجوده، ويتخذ من التعليم أداة لذلك، لأن التعليم جهاز أيديولوجيا النظام السياسي، إذ عن طريق التعليم يسعى النظام السياسي، المعبر عن طبقته المسيطرة إلى تطويع القواعد العامة، واستغلالها لتشكيل التوجهات السياسية لدى الأفراد، وربط الطاعة والإخلاص للسلطة بقيام النظام الاجتماعي واستقراره، وجعل الطاعة مجزية للمواطنة، من خلال النظام التعليمي، يجعله يقوم بتلقين قيم النظام السياسي، ونشر أفكاره واتجاهاته، وتقديم المبررات المنطقية لمواقف السلطة، لدى أبناء المجتمع وفئاته الأدنى، وربطهم سياسياً وثقافياً واجتماعياً بمصالح ومرامي ذلك النظام، كأنه معطى طبيعي لواقع تاريخي مستمر[85].

أولاً: مفاهيم التربية السياسية

مر مفهوم التربية السياسية بمعانٍ وأوصاف عدة، عكست - إلى حد كبير- الأفكار والحقائق والأساليب التي سادت أنظمة الحكم، عبر العصور والمجتمعات، كنتيجة للمؤشرات السياسية والظروف التي عاشتها المجتمعات خلال تطورها السياسي والاجتماعي والاقتصادي، وما نجم عن ذلك من مطالب وموجهات ألقيت على التربية ووجهتها نحو طبيعة السلطة وغايتها السياسية.

---

(84) كمال نجيب: المدرسة والوعي السياسي، دراسة للفكر السياسي لطلاب المدرسة الثانوية العامة، الاسكندرية، دار النيل 1992م، ص110.

(85) أحمد علي الحاج: الأيديولوجيا والتربية: هل التربية جهاز الأيدلوجيا، مجلة الثوابت العدد 1994م.

ويمكن الإشارة لبعض الأمثلة التاريخية للوقوف على أنماط العلاقة بين السياسة والتربية.

ففي الحضارة الصينية القديمة أشار "كونفشيوس" إلى أهمية دور الأسرة، وأساليب التنشئة الاجتماعية الثقافية في وسائط التربية، في تكوين الاتجاهات السياسية، إذ من خلالها يتم غرس مشاعر الحب والطاعة والاحترام، وتكوين الاتجاهات والقيم العامة، فتتكون لدى الأبناء التوجيهات السياسية، لأن احترام الأبناء للأباء، وطاعة الكبار، يجعلهم يحترمون رجال السلطة.[86] باعتبارهم رموزاً لسلطة، تشبه سلطة الأباء والكبار عموماً. عندها أكد كونفشيوس على أهمية وسائط التربية للنشئة السياسية، لضمان استقرار النظام السياسي، وحفظ النظام الاجتماعي.

لذلك كان من أبرز أهداف التربية الصينية القديمة هي إعداد الموظفين والحكام اللازمين لكيان الدولة، لأن الدولة باقية، والأفراد زائلون، وقوة الدولة من قوة ولاء المواطنين لها.

وفي الفكر اليوناني القديم وجد تأصيل نظري للتربية السياسية يعتبر أساساً لما هو قائم الآن، أو نموذجاً تطورت منه أنماط التربية السياسية المعاصرة.

ففي إطار البناء الفكري الذي وضعه أفلاطون لإقامة المجتمع المثالي، طرح فكرة قيام الدولة القوية التي تحقق مصلحة المجتمع ككل، ومصالح الأفراد. وتقوم هذه الفكرة بتقسيم الأفراد والجماعات على الأدوار الاجتماعية التي حددت لهم سلفاً، وفق التسلسل الذي وضعه لإقامة مجتمع الفضيلة، أو كما سماها "جمهورية أفلاطون" واعتبر التعليم الوسيلة الأساسية لإجراء ذلك التقسيم الاجتماعي، بتصنيفهم، وانتقاء النخبة من الحكماء والفلاسفة الذين سيقودون الدولة والمجتمع، وتربية أبناء المجتمع وتدريبهم وفق الأهداف السياسية التي رسمتها العقول المفكرة، لتحقيق دولة الفضيلة[87]. وعلى التعليم توجيه النشء وتدريبهم على الانتماء للدولة، كي يكونون مواطنين صالحين، يستطيعون حماية الدولة من الصراعات والتفكك، ودعم استقرارها واستمرارها.

وفي نفس الاتجاه بين "أرسطو" أن الإنسان حيوان سياسي، لا يعيش ويتمدن إلا داخل دولة تحميه ويحميها، فهي توفر له سبل العيش والاستقرار ونموذج الشخصية المناسبة لديه، وهو (أي الإنسان) يدعم الدولة ويحميها بحكم انتمائه إليها. على أن الدولة المثالية هي التي تنمو وتتشكل في ظل الحكم الدستوري الذي يعتبر عنوان وأساس الدولة الصالحة، والمواطن الحر هو الذي يخضع للقانون، حتى تتكون لديه المواطنة، ويساهم في أمجاد الدولة.[88] وبعد هذا يتحقق الاستقرار السياسي، وتظهر الدولة المثلى.

وفي ضوء ذلك بين أرسطو في كتابه "السياسة" أن التربية مرتبطة بالسياسة بالضرورة، ويبرز ذلك الارتباط، ويتجسد من خلال العلاقة بين الدولة، والتعليم، ورأى "أرسطو" أنه لما كانت التربية يجب أن تخدم النظام السياسي، فيجب أن تشرف عليها الدولة، بإقامة نظام تعليمي بموارد وإمكانات مناسبة، كي تستطيع الدولة من خلاله تكوين المواطنين الأحرار الذين يساهمون في قيام دولة قوية، ترعى مصالحهم.

وفي الثقافة العربية الإسلامية وجد مفكرون اهتموا بالسياسة، وصلتها بالتربية، فمنهم العلامة "الفارابي"

---

(86) هبة أحمد عبد اللطيف: منهج مقترح في التربية السياسية لمرحلة التعليم الأساسي، رسالة دكتوراه غير منشورة، كلية التربية، جامعة عين شمس، 1993، ص 23.

(87) إسماعيل علي سعد: المجتمع والسياسة، دار المعرفة الإسكندرية، 1990، ص 155.

(88) سعد مرسي أحمد: تطور الفكر التربوي، دار الثقافة، القاهرة، 1983، ص 153.

الذي ألف كتابين في السياسة، سمى الأولى "أراء أهل المدينة الفاضلة"، ضمنه وصفاً لسكان المجتمع ومكانتهم، وأدوار الأفراد والجماعات، ثم ذكر ما يجب أن يتصف به الحاكم، والعالم والعامل. أما الكتاب الثاني فهو "السياسة المدنية" وضمنه شرحاً لعلاقة السياسة، والاقتصاد بالتربية.

وهناك العديد من الإسهامات الرائدة التي قدمها "أبو حامد الغزالي"، "وابن خلدون"، و "ابن سيناء"، وغيرهم كثر اسهموا في شرح العلاقة بين السياسة، والتربية، وما أدته في خدمة المذاهب الدينية، وما وقف خلفها من أنظمة سياسية.

ومنذ عصر النهضة وما أعقبه من تحولات جذرية متسارعة في مختلف مجالات المجتمع، أخذت تظهر الدراسات وتتكون الأفكار والنظريات حول علاقة السياسة بالتربية ودور التربية والتنشئة في خدمة السياسة، وأنظمة الحكم، وخصوصاً بعد تكون القوميات في أوربا، التي دخلت مع بعضها في حروب وصراعات حادة، استمرت حتى النصف الأول من القرن العشرين، مما كان له الأثر في الاهتمام بالتربية السياسية من أجل الحفاظ على الدول القومية، وتدعيم شخصياتها في أبنائها. أو مواطنيها. غير أن تلك الدراسات كانت إشارات وصفية، تقريرية لتنشئة المواطنين، وكيفية اكتساب الأفراد لتوجهاتهم السياسية.

أما الدراسات العلمية فيبدوا أنها ظهرت مع تلاشي بريق الدول القومية في أوربا، وانفجار المشاركة السياسية باتجاهاتها الليبرالية والمحافظة، والرديكالية المتطرفة، وما تطلبه ذلك من معرفة سلوك الناخبين، وتكون انتماءهم القومية، والحزبية، وأنماط مشاركتهم في الحياة السياسية. لذلك أخذت تظهر الدراسات العلمية التي تعتمد على الطرق الأميريقية في دراسة المؤسسات الاجتماعية، وفي طليعتها المدرسة، أو نظام التعليم ودوره في التنشئة السياسية.

ولعل المحاولات الأولى ما نشره "تشارلزميرمان" عام 1931 في كتابه الشهير "صنع المواطن": دراسة مقارنة لطرق التربية الوطنية.

وعلى الرغم من توصل "ميرمان" لجملة من الحقائق حول التربية السياسية في تشكيل توجهات الفرد السياسية، إلا أنها لم تثبت بطريقة علمية منظمة، إلا بدراسة "هربرت هايمان" المنشورة عام1959، الذي يعتبر أول من استخدم مصطلح التنشئة السياسية، وبعد عامين من دراسة "هايمان" صدرت دراستان حقليتان عن نمو التوجهات السياسية بين الأطفال الأمريكيين، واعتبرت هاتان الدراستان الأساس الذي اعتمدت عليهما الأبحاث والمناقشات اللاحقة حول التعليم السياسي للصغار.[89]

وخلال هذا الوقت تم تطوير إطارين لتحليل الأنظمة السياسية، أحدهما المدخل النظامي لـ "ديفيد ابستون"، والثاني المدخل البنيوي الوظيفي لـ "جبريل الموند" وآخرون. ويعتبر هذان المدخلان أساس النظر إلى التنشئة السياسية، على أنها وسيلة لدعم وتأييد النظام السياسي، على افتراض أن التأييد السياسي للمواطنين، بناء على ما خلفته التنشئة السياسية فيهم من قيم ومعارف مناسبة تجاه النظام السياسي، ضروري لاستقراره هذا النظام، واستمراره[90].

---

(89) ريتشارد داوسن وآخرون: التنشئة السياسية دراسة تحليلية، ترجمة مصطفى عبدالله أبو القاسم، ومحمد زاهي المغيربي، منشورات جامعة فاريونس بنغازي، 1990، ص22.

(90) المراجع السابقة، ص 24.

وبطبيعة الحال، إن تزايد حركة المشاركة السياسية، واستقطاب ولاءات الناخبين، كنتيجة للتوجهات الديمقراطية الجديدة التي تسعى إليها الدول والشعوب، ثم الأزمات والحروب التي تتعرض لها الدول، وكذا اعتبار السياسية اليوم مفتاح التغيرات الحاسمة في المجتمع. كل ذلك، وغيره دفع إلى الاهتمام بالتربية السياسية؛ لدورها الفاعل في تكوين المواطن المستنير، مع قضايا أمته، وتكوين التوجهات السياسية المواكبة للسلطة السياسية وتأييدها، دعماً، ومشاركة.

ويمكن الآن استعراض المفاهيم المستخدمة في ميدان التربية السياسية.

1- معنى التربية السياسية

السياسة Politces كلمة يونانية الأصل، معناها "مدينة" أو "البلدة" وتعني أيضاً مجموعة المواطنين الذين يكونون تلك المدينة، [91] ثم تحول هذا المعنى، ليدل على مظاهر الحياة العامة في المدينة، واتسع المعنى على يد المعلم الأول أرسطو، وفلاسفة اليونان عموماً، حيث عني به أرسطو، ليدل على إدارة الشؤون العامة، وإشكال تلك الإدارة، معبراً عنها بأنظمة الحكم، الباحثة عن الحياة الخيرة للمجتمع، أي أن السياسة في نظره "كل ما من شأنه أن يحقق الحياة الخيرة في مجتمع له خصائص متميزة أهمها الاستقرار، والتنظيم الكفء، والاكتفاء الذاتي". [92] ومن هذا البعد الأخلاقي وسع أرسطو معنى السياسة، وأثر بهذا على الفكر الإنساني ردحاً من الزمن.

وساس الناس، سياسة، أي تولى قيادتهم. وساس الأمور أي دبرها وروضها وذللها. وهذه المهام تقوم بها الدولة بالنسبة للشعب، أي أن السياسة، هي كل ما يتعلق بالسلطة العامة. والسياسة بهذا تتضمن كلما يتعلق بالدولة، ونظامها في الحكم، والأسس التي تقوم عليها أنظمة المجتمع، سواء أكانت اجتماعية، أو اقتصادية، أو فلسفية. تلك الأسس التي تحدد لون الحياة، وتنظيم سلوك الدولة، وعلاقتها في إطار أهداف الشعب المستقبلية. [93]

إذن السياسة كنظام اجتماعي هي موضوع علم السياسة. وعلم السياسة ركن من أركان العلوم الاجتماعية الذي يدرس البناء الاجتماعي الثقافي للجماعات، والمجتمعات، وما يطرأ على علاقاتهما من تغيرات، وما ينشأ عنها من تنظيمات ومنظمات، أفكار واتجاهات، أحداث وتعاملات.

وعلم السياسة كنوع من العلوم الاجتماعية، يدرس تنظيم الحكومة وإدارتها، وتاريخها، ونظرياتها [94] فإن له ارتباط بالعلوم الاجتماعية، وخصوصاً علم الاجتماع السياسي، الذي يتولى دراسة المضمون الفعلي، أو الواقعي للسلوك السياسي، أكان صادراً من فرد أو مؤسسات، أو أحزاب سياسية، وما ينشأ عنهما من آراء، وضغوط، ومن مظاهر صراع والتقاء.

في ضوء ما سبق، فالسياسة كعملية اجتماعية لإدارة شؤون المجتمع، فإن ارتباطها بالتربية أقوى ما يكون، على أساس أن التربية أداة المجتمع في إعادة إنتاج نفسه، من خلال ما تحدثه في أبنائه من تنمية،

---

(91) (في) هبة أحمد عبد اللطيف، مرجع سابق، 50.

(92) محمد عاطف غيث: قاموس علم الاجتماع، مرجع سابق، ص 337.

(93) عواطف أبو العلا: خصائص الشباب، ودور التربية الرياضية في تنمية الشباب (في) كمال درويش، التربية السياسية للشباب، مرجع سابق ، ص 63.

(94) محمد عاطف غيث، مرجع غيث، ص 235.

وتغيير، ودمج، وتكييف. لذلك تعد التربية تبعاً لعملياتها التأثيرية في الفرد والمجتمع والثقافة، وتنشئة الفرد اجتماعياً وسياسياً، أداة السياسة وجهاز الأيدلوجيا السائد في إعادة إنتاجها، من خلال تربية أبناء المجتمع بالمواصفات التي يرغبها النظام السياسي والنخبة الحاكمة.

وعلى كل حال، يعرف قاموس التربية، "التربية السياسية" بأنها (تنمية وعي الناشئة بمشكلات الحكم، والقدرة على المشاركة في الحياة السياسية، وتنمية ذلك بالوسائل المختلفة كالمناقشات غير الرسمية والمحاضرات، والقيام بالنشاط المدرسي)[95].

من استقراء تعاريف التربية السياسية، والمفاهيم المرتبطة بها، يلاحظ أنه رغم وجود اتفاق بينها حول موضوع التربية السياسية ووظائفها، فهناك اختلاف بينها، لكنها ليست متباعدة كثيراً.

وأي كانت تلك التعاريف تركز على أنها تعني بنقل القيم والمعتقدات السياسية من جيل إلى جيل، أو تقوم بإعداد القادة السياسيين، أو إعداد المواطنين لممارسة الشؤون العامة، وَتحمُّل المسؤولية، أو تربية المواطنين سياسياً، لغرض قيم الولاء والطاعة للأيدلوجيا القائمة، فيبدوا أن هذه التعاريف تحمل مضامين مشتركة، أو أنها متكاملة لتعني جميعاً بأن التربية السياسية عملية إعداد المواطن لممارسة الشؤون العامة، وتنمية القيم والاتجاهات السياسية السائدة، لتحمل مسئوليتهم، وتعميق قيم الانتماء للوطن، والولاء للنظام السياسي، بما يؤدي إلى الاستقرار السياسي، وانعكاس ذلك على تحقيق شروط التنمية والتطور، بغض النظر عن جوانب الاختلاف التي ترى أن التربية السياسية عملية تحدث من خارج الفرد، أو تحدث من داخله، أو تحدث من داخله وخارجه معاً، أو توسع المعنى ليشمل الجوانب القيمية الأخلاقية، أو يقصر المعنى على خدمة النظام السياسي، أو غير ذلك.

وخلاصة القول هنا، أن التربية السياسية "تهدف إلى تنمية المعارف، والمهارات ، والاتجاهات التي تساعد على تشكيل الممارسات السياسية للأفراد، عن طريق الوسائط التربوية المختلفة، كالأنشطة التعليمية، ومحاضرات الأساتذة، والندوات، والمناقشات التي تتم داخل المدرسة، وخارجها، إضافة إلى وسائل الإعلام، والأحزاب السياسية".[96] وذلك لإعداد المواطنين لممارسة الشؤون العامة، وعياً ومشاركة، وتحمل المسؤولية، وتمكينهم من القيام بواجباتهم، والتمسك بحقوقهم عن إقناع واقتناع.

ونظراً لتداخل مصطلح التربية السياسية، مع مصطلحات أخرى، تثير خلطاً وسوء استخدام، فقد استوجب التفرقة بينها، بتحديد معانيها، ونطاق فعلها، ومعرفة الفوارق الدقيقة بينها، للوقوف على حدود التماس، ونقاط الالتقاء، والاختلاف. وأهم هذه المصطلحات هي:

2- التنشئة السياسية Politcal Socialization

تعرف التنشيئة السياسية بأنها "العمليات التي يكتسب الفرد من خلالها توجهاته السياسية الخاصة، ومعارفه، ومشاعره، وتقييماته لبيئته، ومحيطه السياسي".[97]

---

(95) (في) هبة أحمد عبداللطيف، مرجع سابق، ص 51.

(96) أحمد حسين اللقاني وعلي الجمل: معجم المصطلحات التربوية في المناهج وطرق التدريس القاهرة، عالم الكتب 1996، ث 58،59.

(97) رتشارد داوسن وآخرون مرجع سابق ص55.

ويمكن تعريفها أيضاً بأنها التلقين الرسمي، وغير الرسمي، المخطط، وغير المخطط، لإكساب الفرد المعلومات، والاتجاهات، والممارسات السياسية، عن طريق مؤسسات المجتمع، لإدماجه في المجتمع السياسي، وتكوين المواطن الواعي بالحياة السياسية، والمشاركة فيها، بقصد الالتزام بالأيديولوجيا السائدة. والتربية السياسية بهذا نوع من علاقة الفرد بنظامه السياسي الذي يعيش فيه، ويتفاعل معه، بحكم وجوده في هذا الوسط، فَيُكَوِّن بالضرورة توجهاته السياسية، عن طريق تعلم الفرد للسلوك الاجتماعي من خلال المؤسسات الاجتماعية.

وعن طريق التوجهات الاجتماعية العامة، التي يكتسب الفرد ثقافة مجتمعه وهويته الوطنية، يُكَوِّن هذا الفرد توجهاته السياسية، بناءً على ما لاحظ، وما مورست عليه من ضغوط سياسية، للالتزام بالقواعد العامة، وما مارسه من أنماط سلوك، وتقاليد، وتعبيرات وطنية، فينمو لدى الفرد ولاءه السياسي للسلطة القائمة، بما يمكنه من العيش في وئام معها، والقيام بأدواره الاجتماعية.

والتنشئة بهذا تستخدم كآلية لتكوين سياسة معبرة عن النخبة السياسية لدى الأفراد، سواء كان النظام السياسي ديمقراطياً، أو دكتاتورياً، أو يستخدم كوسيلة لتبرير شرعية حكم الصفوة الاجتماعية، بل وتستخدم التنشئة السياسية، كمحاولة لتدريب الناس على أن يفعلوا كما يريد النظام السياسي[98] من خلال نمو المواطنة، واكتساب الإطار الاجتماعي لثقافة المجتمع.

ويمكن التفرقة بين التربية السياسية، والتنشئة السياسية، من خلال الفرق بين التربية، والتنشئة الاجتماعية. فحسب المفهوم العام للتربية، فإن التربية السياسية هي عملية من عمليات التربية.. فإذا كانت التربية تتم في مؤسسات، وفي هذه المؤسسات تتم عملية التنشئة؛ فإن التنشئة السياسية هي بالمثل عملية تعليم، وتعلم، وتربية ولكن تتم عن طريق التفاعل، وبالتالي فكلاهما أشكال لعملية واحدة هي التربية، وكلاهما يعتمدان على التعلم والتلقين الرسميين، وغير الرسميين، لإنماء الفرد في إطاره الاجتماعي، ودمجه في مجتمعه، وبالتالي تكوين التوجهات السياسية، وتنمية قيم الانتماء للوطن، والولاء للنظام السياسي. والتنشئة السياسية بهذا هي عملية تفاعل الفرد مع محيطه، بحكم وجوده فيه، فيُكَوِّن بالضرورة توجهاته السياسية بنفسه، بناءً على ما مر به من أحداث ومواقف، وما لاحظه من تصرفات ممثلي السلطة، وما نمى لديه من مشاعر وطنية، وكل ما يمكنه من تكييف نفسه مع سياسة المجتمع.

والصفة العامة، أن توجهات الفرد السياسية تعتبر جزءاً من توجهاته الاجتماعية، لأن مشاعر الفرد وسلوكه الاجتماعي تجاه الحياة السياسية مرتبطة بوجهات النظر الدينية والثقافية، والاقتصادية[99] ذلك أن تقديم الإطار الاجتماعي الذي يتعلم منه الفرد قيمه، واتجاهاته، وعاداته، وأنماط سلوكه، حقوقه وواجباته، والتزامه بها، تجعل الفرد يُكَوِّن اتجاهات إيجابية نحو السلطة السياسية، حيث يقوم بتعميم ولائه الوطني إلى ولائه السياسي، بما يجعل التنشئة السياسية تشكل توجهاته السياسية وتنمي ولاءه للسلطة، باعتبار أن الولاء الوطني ولاء قَبْلي والولاء السياسي ولاء بعدي. ومعنى ما سبق، أن السلطة السياسية تسعى من خلال نمو المواطنة، والتزامه بقواعد السلوك

---

(98) محمد علي محمد: دراسات في علم الاجتماع السياسي، القاهرة ، دار الجامعات المصرية، 1977،ص216.

(99) المزيد من التفاصيل راجع: ريتشارد دارسون، مرجع سابق، ص 60-62.

العامة إلى تأكيد المسؤولية، والمشاركة، بما من شأنه احترام النظام السياسي، والخضوع له، بمعنى تطويع القواعد العامة، واستغلالها لتشكيل التوجهات السياسية لدى الأفراد. ومن خلال النموذج الأول للمواطنة يتعلم النشء الطاعة والامتثال للسلطة[100]. وتفسير ذلك، أن صور التعلم الاجتماعي لدى الطفل، لدروس الطاعة، والولاء للكبار. فإنه يأخذ بتعميم ذلك إلى تعلم الطاعة لرموز السلطة، حتى يأخذ مكانه كمواطن في عالم الكبار، على أساس أن تعلم الطفل الإلتزام بقواعد السلوك العام، وتعلمه طاعة القواعد والتعليمات فإنه يتعلم طاعة السلطة وأداءها السياسي، وتتدعم تلك الطاعة بالخوف من عقاب السلطة، أو خوفاً على مصالحه.. وفي الوقت الذي تسعى السلطة إلى جعل الطاعة مجزية للمواطنة، فإن مؤسسات التنشئة السياسية تعمل على خلق المواطنة، والحفاظ عليها، بالربط بين الطاعة، والولاء للسلطة السياسية.[101] وعلى توجهات الفرد السياسية المبكرة، تتوقف آرائه السياسية، وانتمائه الحزبي فيما بعد.

وحيث أن معظم ما يتعلمه الفرد عن السياسة من مؤسسات التربية؛ فإن السلطة تعول على تلك المؤسسات، لتشكيل توجهاته السياسية، وتنمية قيم الانتماء والولاء للنظام السياسي وتأييده، وفي مقدمة هذه المؤسسات المدرسة، كونها تقوم بأدوار متنوعة، معقدة، وبسيطة، رسمية وغير رسمية، مباشرة وغير مباشرة، وتمارس أدوارها وفق أهداف مخططة، ومضمون محدد سلفاً، ووسائل مناسبة، وتتناول الجانب الأكبر من أبناء المجتمع وفي أهم مراحل نموهم.

3- الثقافة السياسية

لما كان التغير السياسي، وأداء النظام السياسي، والسلوك السياسي للأفراد أكثر ارتباطاً بالثقافة السياسية، فمن المستحسن تعريف الثقافة السياسية، كونها تقدم مدخلاً لتحليل الوضع السياسي في أي دولة، وتقييم الأحداث والمواقف اليومية، والقوى السياسية. والثقافة السياسية ناتج عمليات التربية عموماً، والتربية السياسية خصوصاً.

وبما أن الثقافة السياسية أحد مكونات الثقافة العامة، وعملية من عملياتها الاجتماعية فإن تعريفها سيكون مشتق من الثقافة العامة، ومتكامل معها، ما يؤكد وحدة الرؤية والتحليل ويجسد وحدة ترابط الأشياء وتساندها.

تُعرف الثقافة السياسية، بأنها "مجموعة الاتجاهات، والمعتقدات، والمشاعر التي تعطي نظاماً ومعناً للعملية السياسية، وتقدم قواعد مستقرة، تحكم تصرفات أعضاء النظام السياسي."[102]

ويشير هذا التعريف مع غيره من التعريفات عموماً إلى أن الثقافة السياسية تتضمن جملة القواعد المشتركة والأهداف المقبولة، وما تتضمنه من قيم ومعتقدات عامة تحدد نظرة الأفراد إلى الحكومة والقوى السياسية، وتقييمهم لتصرفات الحكومة من أجل تعزيز تلك القواعد المشتركة للمجتمع، وأساليب التعبير عنها. بمعنى أن مفاهيم الفرد السياسية، عما هو حسن، ورديء في الشؤون السياسية إذا كانت تمثل نمطاً

---

(100) Taros, D: Socialization to politics, London, Longman 1983, p14.

(101) كمال المنوفي: التنشئة السياسية في الآداب السياسي المعاصر، مجلة العلوم الاجتماعية، العدد4، السنة 6يناير 1979، ص112.

(102) كمال المنوفي: مرجع سابق، ص14.

خاصاً من المعتقدات والقيم للفرد، بما يؤثر على سلوكه السياسي؛ فإنها مستمدة مما يسود المجتمع من قيم ومعتقدات عامة، تؤثر على السلوك السياسي لأفراد المجتمع، وقواه السياسية.

وهنا يقترح "روزينوم" بُعْدين لتعريف الثقافة السياسية، الأول على المستوى الفردي، حيث تكون الثقافة السياسية رؤية نفسية للفرد، تتضمن الطرق والأساليب الذاتية التي يسلكها الشخص إزاء الرموز والمؤسسات، والقواعد التي تؤلف النظام السياسي للمجتمع، ثم صور تفكير الفرد إزاء كل ذلك، وكيف يستجيب لتلك القواعد، وتلك المؤسسات، وكيف يقيم روابطه معها، بما يحقق له الوئام مع النظام السياسي القائم. أما البعد الثاني فهو على المستوى الجمعي، حيث يشير إلى التوجهات الجمعية للشعب نحو العناصر السياسية، مما يعني أن هناك توجهات عامة متجانسة إزاء الأبنية والمؤسسات السياسية التي يعيشون معها، وتشكل بنية العمل السياسي في مجتمع ما[103].

وعل ذلك فإن الثقافة السياسية تتضمن مكونين مادي، ومعنوي، يبرزان مضامين الثقافة السياسية الفكرية، وأبعادها التطبيقية، وذلك كما يلي:[104]

- تعبيرات ذاتية، معنوية ومادية، وتتمثل في القيم والاتجاهات، المعارف والأفكار، المعتقدات والتقاليد، ثم ما يتبع ذلك من ممارسات وأنماط سلوك، وتنظيمات ومنظمات سياسية.
- إنها نتاجاً لحركة نمو المجتمع، خلال تاريخه، بكل مكوناته الطبيعية والاجتماعية والسياسية.
- إن ديناميات التغير فيها مرتبط بديناميات التغير في الثقافة العامة، على أساس أن الثقافة السياسة، تعد إحدى الثقافات الفرعية، والتغير فيها يحدث حتى لو كان بطيئاً.

وللثقافة السياسية مكونات رئيسية ثلاثة: أحدها تشمل الأفكار المتعلقة بالسلطة سواء الصحيحة منها وغير الصحيحة. وثانيها تشمل المعايير التي تختص بمستوى أحكام الأفراد، وتحدد سلوكهم، وعلاقاتهم بالسلطة. والأخرى تشمل الهياكل والمؤسسات السياسية.[105]

وتقاس الثقافة السياسية في أي بلد بمعدل التغير فيها عن طريق مسوح الرأي العام، والاتجاهات، وقياس الوعي السياسي، ومدى تأثير الأيديولوجيات السياسية، تبعاً لذلك، من بلد إلى بلد آخر.

وطالما أن الثقافة السياسية تهيمن عليها النخب السياسية الحاكمة، فإن آلية تحقيقها يتم عن طريق الأيديولوجيا... لذلك فالأيديولوجيا أداة الثقافة السياسية، أو النمط الرسمي لها. ومن خلال الأيديولوجيا تسعى السلطة الحاكمة إلى الانتقاء من الثقافة السياسية، ما يمكنها من التشكيل السياسي لأفراد المجتمع، كما ترغبه السلطة، حيث تمارس فعلها في أفراد المجتمع، بأساليب صريحة وضمنية، وفي اتجاه صبهم في قالب جامد تقصده النخبة السياسية.

---

(103) هبة أحمد عبد اللطيف: مرجع سابق، ص 102.

(104) المرجع السابق، ص 103، 104.

(105) للمزيد من التفاصيل راجع: هبة أحمد عبداللطيف، مرجع سابق، ص 104، 107.

ثانياً: وظائف التربية السياسية

إن المدخلات السياسية التي تأتي إلى التربية من النظام السياسي للمجتمع تغطي جانباً مهماً من مكونات التربية، لدرجة أنها قد تهيمن على الأصول المختلفة للتربية، وتعيد صياغتها، وتوظيفها في اتجاه المخرجات السياسية المنشودة للنظام السياسي الحاكم.

ومن تلك الأصول السياسية يتم وضع جملة من القواعد والأسس التي تقرر شكل النظام التعليمي، وتحدد قواعد بنائه، ونطاق عملياته، ومسار توجهه، بما يحقق الأهداف السياسية للمجتمع، في إطار السياسة التعليمية التي تحدد ما هو مرغوب لتربية النشئ، وما ينبغي تحقيقه حتى وإن كانت هذه السياسة معبرة عما يطمع إليه المجتمع ككل، لأن وضع السياسة التعليمية، وما تهدف إليه، وتنفيذها هو في الواقع عمل حكومي. وعلى أساس السياسة التعليمية يتم وضع أسس التخطيط العلمي للنظام التعليمي، واقتراح الوسائل، ووضع البدائل الممكنة للتنفيذ والمتابعة، وتقدم للمربين والإداريين الإطار الذي يوجه أنشطتهم وتضبط سلوكهم، ويحدد ناتج أدوارهم. علاوة على ما سبق فإنه في ضوء الثقافة السياسية للنظام السياسي الحاكم، وأداء الأيديولوجية المهيمنة، فإن واقع التنفيذ قد يظهر سياسة تعليمية بديلة عما هو معلن، تعكس ما تريده النخب السياسية الحاكمة من التربية، لأن التربية من أقوى أدوات النظام السياسي في إعادة إنتاج نفسه، والحفاظ إلى استمرار وجوده.

والتربية السياسية بهذه الأهمية للمجتمع ونظامه السياسي، فإنها تقوم بالعديد من الوظائف والأهداف، لعل أهمها:

1-**تكوين المواطنة الواعية:** وذلك بإكساب أبناء المجتمع الإطار الثقافي المشترك، ومدهم بالأفكار والمعتقدات، القيم والاتجاهات التي تنمي في الفرد حب انتمائه لوطنه فخوراً بهويته القومية، معتزاً بماضي أسلافه، وأمجادهم العظيمة، عالماً بأحوال بلده، متفاعلاً مع مطالبه وتحدياته، ساعياً إلى حل مشكلاته، متحمساً في الدفاع عنه، متفانياً في تطويره وتقدمه.

2- **تعريف الفرد بحقوقه وواجباته الاجتماعية:** تنمي التربية السياسية في النشئ والشباب، المهارات السياسية للعيش، والتفكير السليم، في النظر، والتحليل، والحكم، بما يكسبهم الفاعلية في تحمل المسؤولية، والمشاركة والتعاون مع أفراد المجتمع، على أساس توعيتهم بالحقوق والواجبات، من أجل المشاركة الجماعية في كافة العمليات الاجتماعية، ومنها السياسية، بحفزهم إلى التحول من السلبية إلى الفعالية، ومن التفرج إلى المشاركة، وما ينجم عن ذلك من تذويب الفوارق بين الطبقات، وتقريب المواقف، ووجهات النظر، وتنظيم العلاقات بين الأفراد والجماعات والمؤسسات... عمادها التكامل والتعاون المشترك، وقيم الشعور بالمسؤولية الفردية والجماعية.

3-**مد الفرد بالمعارف اللازمة عن الحياة السياسية:** توفر التربية السياسية للأفراد المعارف والأفكار، والتصورات، والإدراكات العقلية عن النظم السياسية، والمؤسسات، والعلاقات السياسية، وتنمية قدراتهم على فهم وتحليل التيارات والقوى السياسية والاجتماعية، وإدراك الدوافع والأسباب التي تحرك هذا، وذاك، والتمييز الواعي بين حقيقة الدوافع التي تحرك المجتمعات، وتقرير شؤونها السياسية والاقتصادية والاجتماعية.

4-**تلقين الأيديولوجيا السياسية الحاكمة:** تقوم التربية السياسية بعدة أساليب وطرق إلى غرس مبادئ وأهداف النظام السياسي لدى أبناء المجتمع، وتلقينهم الأيديولوجيا السياسية، بقصد تشكيل توجهاتهم السياسية، وتغذية ثقافة الطاعة والخضوع للسلطة السياسية... وما يتطلبه ذلك من تزييف وعي الأفراد، وكل ما يؤدي إلى إنتاج مواطنين يتبعون النظام السياسي... تؤيده وتؤازر مواقفه السياسة.

5-**تزويد الفرد بمهارات التعبير عن آرائه:** تسعى التربية السياسية إلى تزويد الفرد بمهارات التعبير عن آرائه في إطار الحياة السياسية القائمة بإكسابه قيم الحوار السليم، واحترام آراء الآخرين، وطرح أفكاره بموضوعية، وتعريفه بمخاطر اللجوء إلى العنف والأساليب المنحرفة، وتخليصهم من رواسب الماضي، والتعصب الأعمى، والنظرة الفاحصة والمحايدة للمشاكل والأحداث. وتسعى في ظل المناخ الديمقراطي إلى تنمية قدرات الفرد على تكوين رأي سياسي مستنير قائم على دعائم حقيقية، ومبررات واقعية، بعيداً عن السطحية والتهور.

6- **تنمية السلوك الإيجابي للمواطن الناخب:** وذلك بتنمية وعي الأفراد على المشاركة في الأحداث والمواقف السياسية واختيار ممثليهم في البرلمان، أو ترشيح أنفسهم في الانتخابات للمساهمة في إجراء التحولات السياسية الحقيقية، من خلال الديمقراطية.

ثالثاً- مؤسسات التربية السياسية

تتعدد مؤسسات التربية والتنشئة السياسية، وتتنوع أدوارها، وأساليبها. فتتميز كل منها تارة، وتكامل معاً تارة أخرى، وتظل تحاصر هذه المؤسسات الفرد منذ سنوات الطفولة المبكرة في الأسرة، ثم تظل تؤثر عليه، وتشكل توجهاته السياسية، بصور مختلفة، صريحة وضمنية، واضحة ومستترة. ففي الأسرة يبدأ تكون الخصائص الأساسية لشخصية الطفل، وهويته الاجتماعية والسياسية، وهنا تلعب الأسرة دوراً أولياً ومهماً في وضع الأساس الأول لتشكيل توجهات الطفل السياسية، من خلال تكوين شخصيته الاجتماعية وهويته القومية.

ومن خلال معايير الثقافة، وأساليب التنشئة الاجتماعية، لإدماج الطفل في بيئته الاجتماعية، يتعلم الطفل الطاعة لسلطة الكبار من حوله، كي يكتسب رضاهم، بتدريبه على إقامة علاقات مع الآخرين، والثقة في نفسه، وتنمية قدراته على التصرف واتخاذ القرارات التي تعكس تفضيلات الأسرة. يساعدها على ذلك قوة العلاقات الشخصية والروابط العاطفية الحميمة ثم يأخذ الطفل بتكوين علاقات مع الآخرين ويتفاعل معهم، وفق ضوابط اجتماعية، فيتعلم الثقة في نفسه وفي الآخرين، وقدرته على التصرف واتخاذ القرارات، واستجابة الآخرين لسلوكه وتوقعه لردود الأفعال نحوه. وهنا تتكون الميول والاتجاهات لدى الطفل، من خلال التزامه بالتقاليد والقيم، وخضوعه للقواعد السلوكية العامة، ومعايير الثقافة، كي يأخذ مكانه كمواطن منتمي إلى جماعة ثم المجتمع. وما لم يتعلم الطفل أن يطيع القواعد والتعليمات لا يمكنه أن يأخذ مكانه كمواطن في عالم الكبار"[(106)].

وتكوَّن مشاعر الوطنية لدى الطفل، تجعله بالضرورة يُكَوِّن نوعاً من العلاقة مع السلطة القائمة، لأنه يقوم بتعميم توجهاته الاجتماعية على توجهاته السياسية، ذلك أنه يقوم بطريقة غير محسوسة باستبدال قوة

(106) ريتشارد داوسون وآخرون: مرجع سابق، ص 256.

العادة بقوة السلطة" بمعنى أنه من خلال النموذج الأول للمواطنة يتعلم النشئ الطاعة والامتثال للسلطة، خوفاً من عقابها، أو خوفاً على مصالحه، عندما يعارض السلطة. كما أن السلطة تسعى إلى تأكيد المسؤولية والمشاركة، بما من شأنه احترام النظام السياسي، واكتسابه معايير الولاء له. أي إن السلطة تسعى إلى استغلال القواعد العامة للمجتمع، وتطويعها لتشكيل التوجهات السياسية للنشء، بجعل الطاعة مجزية للمواطنة، تعمل المدرسة على تكوين المواطنة لدى النشء، والحفاظ عليها، بالربط بين الطاعة والولاء للنظام السياسي".[107]

ثم تأتي المدرسة، وجماعة الأقران لتواصل التشكل السياسي للطفل، وتنقله إلى آفاق جديدة للتعلم السياسي، وكذا المؤسسات التربوية الأخرى، كوسائل الإعلام، والأحزاب السياسية، والمنظمات المهنية، والنوادي الثقافية والرياضية، وكلها تؤثر بأشكال وأوزان مختلفة على توجهات الفرد السياسية، وتوفير الإطار الذي ينمي ويغير تفكيره ووعيه السياسي، وتحدد مفاهيم الفرد واتجاهاته السياسية، بل وموقفه من القضايا والأحداث السياسية.

على أن ما يجب ملاحظته أن نمط التنشئة السياسية التي مر بها النشء في الأسرة، والمدرسة، وجماعة الأقران، وما مر به من خبرات وتجارب ومواقف وأحداث سياسية شكلت صفاته الشخصية، تكون أساساً لتوجهاته السياسية، فيما بعد، حيث يفسر "الموند، وفيربا" تلك النتيجة، في أن خبرات وتجارب التربية السياسية المبكرة للفرد، ستؤثر على سلوكه السياسي اللاحق، لأن تلك الخبرات والتجارب... إذا كانت تحمل مظاهر سياسية صريحة، فإنها تحمل نتائج سياسية ضمنية[108] تؤثر على ميول الفرد واختياراته السياسية فيما بعد، وبالتالي توجهاته السياسية اللاحقة.

والثابت أنه لا يوجد نظام سياسي قادر على تأدية وظائفه، وأن يحافظ على استمرار هياكله وثقافته عبر الزمن، دون أن يسعى إلى تعليم أعضائه، وجيله الناشئ مبادئه السياسية، من خلال مؤسسات التربية، وفي طليعتها المدرسة.

غير أنه يمكن الاقتصار على التربية السياسية في المدرسة أو نظام التعليم، كونه المجال الذي يهمنا، ويكشف لنا كمعلمين ومربين في التعليم المدرسي، عن دوره السياسي في تشكيل توجهات النشء السياسية، دون إغفالنا لأهمية الترابط الوثيق بين وسائط التربية السياسية المختلفة، وتساندها معاً في تكوين معارف الفرد، وقيمه واتجاهاته السياسية.

رابعاً: المدرسة مؤسسة اجتماعية للتربية السياسية

تعد المدرسة أحد مؤسسات المجتمع التي أنشأها بقصد، للحفاظ على ثقافة المجتمع واستمرار وجوده، وتكون عاملاً في تغيير المجتمع وتطويره. وتعني المدرسة كمؤسسة اجتماعية، أنها بناء اجتماعي يتسم بتنظيم اجتماعي، مشتق من النظام الاجتماعي العام،قائم على فلسفة المجتمع، وسياسته وأهدافه، وقوانينه، من أجل تنظم العلاقات بين أفراد أوجماعة المؤسسة، بما يمكنهم من القيام بأدوارهم ووظائفهم الاجتماعية، وتحقيق الأهداف التي أنشئت من أجلها هذه المؤسسة، وبما يحفظ استمرار وجودها.

---

(107) المرجع السابق، ص 63.

(108) المرجع السابق، ص 135.

والمدرسة كبناء اجتماعي، يعني بيئة اجتماعية أو وسط ثقافي قائم على فلسفة وأهداف المجتمع، يعمل في إطار نظم المجتمع وتقاليده، ويستمر تفاعله مع مجتمعه تأثيراً وتأثراً، للقيام بوظائفه وأدواره الاجتماعية، بهدف تحقيق الأهداف الاجتماعية والسياسية والاقتصادية التي أنشىء من أجلها.

غير أن تفاعل بناء أو نظام المدرسة مع ثقافة المجتمع ونظمه المختلفة يتم بطريقة منتقاه، ليعكس أفضل ما في ثقافة المجتمع، ويعيد إنتاجها، في ضوء متطلبات المجتمع الحالية والمستقبلية. أي أن المدرسة تنمي الأفراد وتكسبهم الأفكار والمهارات والاتجاهات، بما فيها المكونات السياسية؛ بما تجعل منهم حاملي ثقافة مجتمعهم، بإحاطة وشمول . ولهذا فالمدرسة تمارس دورها السياسي في النشئ، باعتبارها مؤسسة اجتماعية تتبع المجتمع، ووظائفها هي وظائف المجتمع، وناتج وظائفها إلى المجتمع.

وطالما أن المدرسة تبني فكرها، وأهدافها، وأساليبها على انتقاء أفضل ما في المجتمع، وقواه الفاعلة فيه، وهذا المجتمع تقوده قوي سياسية وتحكمه مصالح، فإن المدرسة لا بد أن تعكس في فكرها، وأهدافها، وأساليبها ما ترغبه تلك القوى السياسية ويعبر عن مصالحها. ومن هنا تخضع المدرسة بالضرورة لمواجهات القوى السياسية الحاكمة. وباعتبارها أحد الأجهزة التنفيذية لها، فلا بد أن تستجيب لرغبات تلك القوى، واختياراتها، ولضمان ذلك تختار قيادة التعليم من رموزها، ومن ينفذون طبقاً لرغباتها.

وهنا طبيعي أن تكون المدرسة أهم مصادر التعليم السياسي، والتنشئة السياسية، كونها تقوم على الضبط، والتحكم، والسيطرة، لما تريد أن تلقنه للنشئ من قيم، واتجاهات سياسية منشودة، بطريقة رسمية، وغير رسمية، مباشرة وغير مباشرة، ثم إن الخبرات والنشاطات السياسية التي خبرها الطفل في سني عمره الأولى في المدرسة.. إذا لم تعدل توجهاته لسياسة كلية؛ فإنها تعيد تأطير مفاهيمه، وتوسع أفق نموه السياسي، وتوفر فرص النضج السياسي، والمشاركة الواعية في النشاطات السياسية، ذلك أن التلميذ يتعرف من خلال المدرسة على محيطه السياسي، ويتعرف على الرموز السياسية، وتتكون لديه علاقات مع من حوله، قائمة على الطاعة، والضبط لسلوكه، نتيجة لثقته بنفسه، وبالآخرين، وقدرته على التصرف، واستجابات الآخرين لسلوكه وتوقعه لردود الأفعال نحوه. ثم يأخذ الطفل بتعميم ذلك، وترجمته إلى قدرات سياسية يحس بها عند التعاطي مع المواقف السياسية، فتنمو لديه عادات ومهارات سياسية. ولكن توجهاته السياسية تأخذ في البداية شكل مشاعر وعواطف، وفهم سطحي للأيديولوجيا السياسية(109) ثم تتضح تدريجياً ميول التلميذ السياسية، بتطور إدراكاته، وزيادة معارفه السياسية، كلما تقدم في مراحل التعليم.

وهكذا تؤثر المؤسسات التعليمية على معارف التلميذ، وسلوكه السياسي، عن طريق التوجيه للمذهب السياسي وأيديولوجيته السائدة، ويظهر ذلك في تنظيم التعليم، واختيار أهدافه، وصياغة محتواه وأنشطته، بما من شأنه تنمية الهوية القومية، والشعور بالانتماء والولاء للمذهب السياسي القائم، وتشكيل توجهاتهم السياسية، فهماً وتحليلاً، وعياً ومشاركة، وما يتبع ذلك من تحديد دورهم المستقبلي في التأثير على السياسة العامة.(110)

ويمكن تبيان أهمية مؤسسات التعليم في التربية والتنشئة السياسية، من خلال المواضيع التالية:

---

(109) ريتشارد داوسون وآخرون، مرجع سابق، ص80.

(110) نادية حسن سالم: مواقف من قضايا التعليم في مصر، مؤتمر الديمقراطية والتعليم في مصر المنعقد في الفترة 2-5 عام 1984، القاهرة، دار الفكر المعاصر، 1986، ص73.

1- تنظيم التعليم

في ضوء العلاقة الوثيقة بين التعليم، والسياسة، فقد صُمم التعليم منذ زمن بعيد، ونُظم إلى مراحل تعليمية، بمستويات دراسية، كل مستوى ومرحلة تقود إلى الأخرى بصورة هرمية، قاعدته التعليم الابتدائي، وفي قمته التعليم الجامعي، فمرحلة الدراسات العليا. والتركيب الهرمي للتعليم يطابق تركيب الهرم الاجتماعي، وبالتالي يؤدي أدواره ووظائفه مثله، ويؤدي إلى النتائج التي تنسجم مع ذلك التقسيم الاجتماعي، وتكرس وجوده.

وتنظيم التعليم بتلك الهرمية، تكون ليشكل مصفاة، لغربلة الدارسين، وانتقاء الصفوة التي تصل إلى قمة الهرم. بمعنى انتقاء القلة المختارة من صفوة المجتمع، وإعدادهم لقيادة المجتمع والدولة، بما يوافق التقسيم الطبقي، والقوى التي تقف على قمته. وهذا معناه أن تنظيم التعليم مشبع بالتوجهات السياسية التي تخدم النظام الاجتماعي السياسي القائم.

صحيح أن النظام التعليمي في أي بلد، يؤسس ويوجه على أساس السياسة التعليمية التي تنظم مكوناته وتحدد توجهاته العامة: أهدافاً ومحتوى وأساليب تنفيذ، ولكن مهما حاولت تلك السياسة أن تعبر عن الأهداف والمصالح الكلية لجموع الناس في المجتمع، وتنص ظاهرياً على الالتزام بها؛ إلا أنها وضعت بأعين حكومية، ولا بد أن تعكس بطريقة أو بأخرى اختياراتها، وما يراد تحقيقه من التعليم، ومن تربية النشئ.

وإذا كانت السياسة التعليمية تتضمن الاختيار والتحديد من بين الأهداف العامة للمجتمع، ومجموعة من الأفعال التي تحكم قواعد التصرف، لتحقيق تلك الأهداف.[(111)] فإن اختيار تلك الأهداف، وأساليب تنفيذها، لا بد أن تعكس أفكار وأهداف واضعيها، بصورة تعبر عن مصالحهم وفي مقدمتها السياسية.

وحيث أن واضعي السياسة التعليمية هم النخب السياسية، في الأجهزة القومية، فإنها تصاغ بصورة توجهات عامة، كي تتيح للأجهزة الإدارية والفنية من اتخاذ القرارات والقيام بالإجراءات المناسبة لإدارة النظام التعليمي، ثم إن اختيار العناصر القيادية للتنفيذ يتم عادة من رموز السلطة، ومن الموالين للسلطة السياسية، كي تضمن تلك السلطة تنفيذ الأهداف الخفية التي لا تستطيع كتابتها والإعلان عنها، فضلاً عن ذلك أن أداء النظام التعليمي، ووحدات التنفيذ به يتم تحت بصر السلطة السياسية، وإشرافها ورقابتها، ولن تسمح القيام بما يعارض وجودها، حتى يمكن القول أن التنفيذ التربوي يفصح عن سياسة تعليمية أخرى غير معلنة في بعض الدول، وبعض الأحيان.

وعلى كل حال تمارس مؤسسات التعليم أدواراً وأنشطة رسمية وغير رسمية في التلقين والتعلم السياسي، من خلال:

النشاطات المدرسية: تعمل المدرسة من خلال أنشطتها المختلفة على التلقين السياسي للتلاميذ، بقصد تنمية قيم الانتماء إلى الوطن، وتشريبهم ثقافة المجتمع، وتشكيل توجهاتهم السياسية الموالية للنظام السياسي والمؤيدة له. وذلك عن طريق حفظ النشيد الوطني، وترديده كل صباح ، وأثناء الحفلات الرسمية، وتحية

---

(111) سعيد عبد المقصود ووهبي صبحي: التخطيط والتنمية الإقليمية، معهد التخطيط القومي، مذكرة داخلية رقم 628، 1982، ص2.

العلم، والاحتفال بالمناسبات الوطنية، والتعرف على الرموز الوطنية والسياسية، والاجتماعية، والقيام بالزيارات للمواقع التاريخية والقومية، والاشتراك في حملات تحسين البيئة، الطبيعية والاجتماعية... وهذه وغيرها تعمل على تنمية المشاعر الوطنية، وغرس قيم الولاء السياسي المتمثلة في احترام مؤسسات الدولة ورموزها، وقادتها، بما يؤدي إلى الامتثال والخضوع للسلطة، وقوانينها.

وآية ذلك، أن النشاطات التي تقوم بها المدرسة تُوجد لدى الطفل الإحساس بالخشية والرهبة، تجاه الرموز والتعبيرات الوطنية، ما يجعل الطفل يعزز مشاعره الوطنية، وخلق التوجهات العاطفية تجاه الدولة، وتوحي له بالخضوع والاحترام والتبعية[112]. وعلى سبيل المثال، فتحية العلم بصورة جماعية توجد الارتباط العاطفي لدى الكل، وإحساس الطفل بضرورة الانصياع للتلقين السياسي، والانضواء تحت راية الجماعة، مما يؤثر على توجهات الطفل السياسية لاحقاً.

وهكذا، نجد أن النشاطات التي تقوم بها المدرسة، تحمل مضامين سياسية صريحة، ومستترة، تترجم في أفعال تلقينية تدعم الولاء للنظام السياسي، وتعززه لدى التلاميذ في أهم مراحل نموهم في مراحل التعليم المختلفة.

رموز السلطة في المدرسة: يعتبر المعلم، والمدير وجهازه الإداري ممثلي السلطة السياسية، كونهم يعملون كجزء من نمط مؤسسي قائم على تنظيم، وقواعد اجتماعية، ضمن التسلسل الاجتماعي العام، وبالتالي فإن لقيمهم الثقافية وسلوكهم الاجتماعي، محتوى سياسي، وهم لذلك مجبرين على نشر القيم السياسية السائدة، وتنشئة التلاميذ على الطاعة والإذعان لقواعد والسلطة السياسية.

بيد أن المعلم له تأثير مضاعف في التربية السياسية، بصفته رمزاً للسلطة السياسية، وممثل لها في الصف الدراسي والمدرسة. وبحكم وضعه الاجتماعي واحترام المجتمع له، فإنه وما يقوم به من وظائف اجتماعية، يتوقع منه أن يكون نموذجاً للسلوك الاجتماعي القويم، ومنه السلوك السياسي، المنسجم مع النخب الحاكمة.

فالمعلمون مجبرون على الانصياع للمواجهات السياسية للسلطة، والعمل في ظلها، ومن أجلها، وإلا تعرضوا للمسألة، والعقاب، وعليهم نشر القيم السياسية السائدة في المجتمع، مؤيداً لها، وداعياً التلاميذ إليها.

ونظراً لكون المعلم ممثلاً للسلطة، فالتلميذ يتعلم تدريجياً إن يطع معلمه، ثم يأخذ في تعميم ذلك إلى طاعة كل من يقوم بدور المعلم، حتى لو لم يدرسه، لأن المعلم يمارس الثواب والعقاب، ويوجه ويرشد تلاميذه، وما يتطلبه ذلك من تبعية التلميذ للمعلم، والإحساس بتدرج السلطة، وضرورة مراعاتها.

ثم إن دور المعلم التربوي، وما يعطيه ذلك من مكانة واحترام كبيرين، تجعله نموذجاً للسلوك الاجتماعي، وممثلاً لسلطة المجتمع، ما يلزمه باتباع قواعد السلوك الاجتماعي السوي، ونشر القيم والمعايير الثقافية للمجتمع، وينعكس ذلك لدى التلاميذ في تنمية الإحساس بالمواطنة والانتماء إلى ثقافة قومية. وهذه لها محتوى سياسي، من حيث أن الإذعان لمعايير الثقافة والقواعد السلوكية، تجعل التلاميذ يتعلمون الطاعة

---

(112) ريتشارد داوسن وآخرون، مرجع سابق، ص 194.

والخضوع للسلطة السياسية كما سبق ذكره، لأن الانتماء إلى مجتمع هي من أولى التوجهات السياسية التي يكتسبها الأفراد، على أساس أن الانتماء إلى أمة تكون مصحوبة بمشاعر إيجابية نحو المجتمع السياسي.[113]

على أن المعلم ليس ملقن سلبي لأيديولوجية النظام السياسي في كل المواقف والأحيان، إذ لا بد أن يتأثر التنفيذ بوجهة نظره وآرائه السياسية، ولكن ليس مضاداً للنظام السياسي في كل الأحيان، ويتضح ذلك بالنظر لما يحدث في المجتمعات الديمقراطية، فالمعلم المنتمي إلى الحزب الحاكم، لا يستطيع تحويل الفصل إلى مجال للدعاية الحزبية الفجة، أما إذا كان من أحزاب المعارضة فإنه سيركز على قيم الديمقراطية، والحريات السياسية، دون أن يعارض النظام السياسي القائم بصورة علنية، وقد يحدث أحياناً.

التدريب على المشاركة في الحياة السياسية: تقدم في المدارس الحديثة أنواع مختلفة من الأنشطة التي تتيح فرصاً للتدريب على الأدوار السياسية، واكتساب خبرات ومهارات سياسية، تنمي لدى التلاميذ والطلاب الوعي السياسي والمشاركة السياسية، حيث تعمد المدرسة إلى إشراك التلاميذ في انتخاب رئيس الفصل، وانتخاب رئيس الفريق الرياضي، وانتخاب جمعيات الأنشطة الثقافية والاجتماعية، وقد يتعدى الأمر إلى اشتراك التلاميذ في التجارب السياسية الحية خارج المدرسة، كاشتراكهم في مظاهرة لتأييد الحزب الحاكم، وأحياناً أحزاب المعارضة، وهذه كلها تعلم التلاميذ قيماً واتجاهات سياسية مرغوبة، وتنمية الإحساس بالمسؤولية، ومهارات التعبير عن الذات، والمشاركة في صنع القرارات التي لها مدلول سياسي، بما ينمي فيهم مسؤولية المواطنة وقيم الولاء للنظام السياسي.

غير أن الإفراط في هذه الأنشطة والمبالغة في ممارستها في اتجاه واحد قد تكون لها جوانب سالبة تتمثل بأن يشعر المشاركين فيها بالإحباط، والشعور بعدم الأمن والرضى النفسي.

2- المضمون السياسي لمحتوى التعليم

لما كان محتوى المنهج هو محتوى النظام التعليمي، وتسعى المناهج إلى أن تُكسب المتعلم معارف واتجاهات ومهارات، فإنها تتضمن المفاهيم والقيم والاتجاهات السياسية والاجتماعية التي تعكس الأيديولوجية السياسية السائدة، كونها هي التي تحدد الخطوط العريضة لما يجب أن يكتب وما لا يكتب، وما يجب أن تتضمن من معارف وقيم ومهارات وعادات، تعكس بصورة أو بأخرى الأيديولوجية السياسية للسلطة الحاكمة. ذلك أن محتوى المواد الدراسية ليس محايداً، بل مثقلاً بالمعارف والاتجاهات الاجتماعية السياسية، لدرجة يصعب معها التمييز بين المعرفة المدرسية والمحتوى الأيديولوجي[114] لأن المحتوى المعرفي للمقررات الدراسية، ونمط التدريس والتقويم، يرتبط بقوة بثقافة الطبقة الحاكمة، وأنماط البث والتلقين السياسي القائم التي تستخدم في تربية النشئ، ولن تُقدم المعارف والخبرات والقيم للتلاميذ إلا التي تخدم النظام السياسي القائم وتضفي الشرعية عليه، كي يحافظ هذا النظام السياسي على سيطرته واستمراره.

وإذا كان محتوى المناهج يسعى إلى تنمية الولاء الوطني لدى التلاميذ، وإكسابهم الهوية الوطنية والقومية، فإن انتماءهم ذاك يكون مصحوباً بمشاعر إيجابية نحو السلطة السياسية، كونها القائمة على قيادة

---

(113) المرجع السابق، ص 67.

(114) كمال نجيب: الديمقراطية، والمنهج، مؤثر الديمقراطية والتعليم في مصر، مرجع سابق، ص 69.

المجتمع والمحافظة على أمنه ووجوده. بمعنى أنه من خلال تُكّـون المواطنـة لـدى الـنشىء، فإنـه يتعلم الطاعة والامتثال للسلطة السياسية، وبهذا تعزز قيم الولاء والتأييد للنظام السياسي القائم.

وهنا يؤكد "ريتشارد داوسن" وزملائه بالقول: أن كل دول العالم تضيف إلى المقـررات الدراسـية عدداً كبيراً من التعبيرات الرمزية التي تعكس الإخلاص للأمة والوطن، والنظام القـائم، بـل "وتـنغمس كل الدول في شكل من أشكال التلقين السياسي، من خلال الكتب المدرسية، وغيرها من أدوات التعليم في الفصل الدارسي".[115]

وعلى كل حال، فعن طريق مقررات الدين، واللغة العربية، والتاريخ، والجغرافـاي، والتربيـة الوطنية يتم تكوين قيم واتجاهات، ومعايير سلوك النشئ الاجتماعية، والسياسية، بما ينمي لديهم الشعور بالانتماء إلى وطن، يعتزون به، ويدافعون عنه، وكذا مـا تنمـو لـديهم مـن قـيم التسـامح والمحبة والإخاء والعدل والمساواة التي مصدرها مقررات الدين.

والمقررات الدراسية الأخـرى إذا كانـت مسـتغرقة في المعـارف العلميـة، فإنهـا لا تخلـوا مـن التعبيرات والتوجيهات السياسية التي تحـاول بصـورة أو بـأخرى تنميـة قـيم واتجاهـات سياسـية معينة، تدعم الانتماء الوطني، والولاء السياسي.

وهناك العديد من الأنشطة المصاحبة للمقررات الدراسية التي يقوم بها المعلم، والمتعلمـين، والتي تتضمن توجهات سياسية صريحة، وضمنية، تقـوم بالتلقين السياسي المبـاشر، وغـير المبـاشر، حيث يطلب من التلاميذ أن يكتبوا ويعبروا، ويرسموا عن أحداث، وشخصيات وطنيـة، وسياسـية، وتاريخية، وأن يعودوا إلى الكتب، والصحف، لجمع معارف وخبرات من مصادرها الرسـمية كجـزء من المقررات، واستخدام البيئة المحلية في التعليم، كاستعمال الخامات المحليـة، وإجـراء الزيـارات الميدانية للمواقع الوطنية، والمؤسسات الاجتماعية، والسياسية، منها والثقافية، وأن يقـوم التلميـذ لوحدة، أو بالاشتراك مع زملائه بوضع رسوم، ومجسمات، وكتابة التقارير الرسمية، وغير ذلـك مـن الأنشطة الصفية واللاصفية، التي من شأنها تنمية قيم واتجاهـات سياسـية مرغوبـة، وغـرس قـيم المواطنة، والتعبير عنها سلوكياً في المواقف والأحداث السياسية.

3- النشاطات غير الرسمية في المدرسة ودورها في التنشئة السياسية:

وهي النشاطات غير المقصودة التي تـتم بحكـم وجـود التلاميـذ في مجتمـع المدرسـة. وباعتبـار المدرسة مؤسسة اجتماعية تفرض نوعاً من العلاقات والتفاعلات الناجمة من صور التعاون، والاحتكاك والتنافس، التضاد والتكامل، المحاكاة والاقتداء...الخ. وتشكل هذه التفاعلات مناخ النظام الاجتماعـي في المدرسة التي يدعمها المسؤولون في المدرسة، باعتبارها نشاطات تتيح فرص تعلم القيم والاتجاهات السياسية[116] وترفع وعيه على المشاركة السياسية، وإدراكه للعمليات الاجتماعية، بما فيها من أحـداث ومواقف سياسية. ويمكن النظر إلى هذه النشاطات من خلال الإشارة إلى المواضيع التالية:

---

(115) ريتشارد داوسن وآخرون، مرجع سابق ص 192.

(1)Richard M.Merelman: Politcal Socializatien and Educational mates, New York, Rinehart and winston, 1971, p.141.

- **العلاقات داخل المدرسة:**

لما كان الطفل يأتي إلى أول مؤسسة اجتماعية خارج الأسرة، ولها نظام محمي من المجتمع والدولة، ويلتقي بتلاميذ من أعمار مختلفة، ومن مستويات اجتماعية واقتصادية وثقافية متباينة، ويلتقي بممثلي السلطة؛ فإن صور التفاعل بين مكونات المدرسة، وأنواع العلاقات والاتصال بين أفراد مجتمع المدرسة، سيؤثر على توجهاته السياسية وانتمائه السياسي.

ففي إطار تنافس التلميذ مع أقرانه، وتلقيه معارف وخبرات سياسية، فإنه يتعلم حل المشاكل الاجتماعية، ويتعلم إمكانات التعاون والصراع، لتأكيد وحماية حقوقه، فتتكون لديه توجهات سياسية، تجاه قضايا سياسة، تمكن من نمو الثقة في نفسه، ومن خلال الاتصال والتفاهم والتعاون بين التركيب المتجانس الذي تسعى إليه المدرسة، يتعلم التلميذ فرض شخصيته، وتعلم توجهاته السياسية ليصبح مواطناً يدافع عن حقوقه، ويمارس أداوره السياسية مع جماعات المدرسة.

- **الاحتكاك بالتوجهات السياسية:**

نتيجة لاحتكاك التلميذ الشخصي بالتوجهات السياسية في المدرسة، ومنهم الذين يمثلون السلطة، وتكوينه لخبرة من العلاقات الشخصية معهم؛ فإن الطفل يأخذ بنقل أحاسيسه وتعميمها على الرموز السياسية للسلطة. بمعنى أن صور العلاقات الشخصية لرموز السلطة التي خبرها الطفل في بداية حياته في الأسرة والمدرسة، جعلته يُكّونُ أنماطاً مماثلة من التفاعل تجاه الرموز السياسية للسلطة، حيث يراها على أنها صورة مجسمة وكبيرة لوالديه والمعلمين.(117)

وفي المقابل تأخذ إدراكات التلميذ لنفسه في النضج، نتيجة المعارف السياسية التي اكتسبها، والخبرات والتجارب التي مر بها، فيقوم التلميذ أولاً بتعميم المعتقدات والقيم الاجتماعية التي اكتسبها من الثقافة العامة والفرعية على الجانب السياسي، في محاولة منه لبناء توجهاته السياسية، منظور لها فيما يطرحه من آراء حول رموز السلطة، وما يختاره من أنشطة، لها أبعاد سياسية في المدرسة، وكيفية التعبير عنها. وهو ثانياً يكتشف قدراته من خلال الاحتكاك بالرموز والتوجهات السياسية، وكذا الأنشطة السياسية في المدرسة التي تمكنه من لعب الأدوار السياسية في المدرسة وخارجها. وهو ثالثاً يحاول أن يعد نفسه لمناصب قيادية سياسية، ووطنية، وإدارية، فيقوم باقتباس قيم واتجاهات، وأنماط سلوكية بتلك الأدوار السياسية؛ كأن يشترك في المناقشات السياسية، أو المظاهرات، أو الانتخابات، ثم تنمو لديه هذه الاهتمامات والميول، لنراها واضحة في تصرفه، وطالب الطب، كطبيب، وما يتطلبه هذا من اتباع سلوكيات وقيم واتجاهات لها مضامين سياسية، تدعم امتثال الطالب وخضوعه للنظام السياسي، وولائه له، كي يحظى برضى السلطة. وكلما زادت مكانة الطالب التعليمية زادت مسايرته للنظام السياسي.

- **التقليد والمحاكـــاة:**

يعتبر التعليم السياسي أحد صور التعليم الاجتماعي المعروفة، حيث يقلد الطفل خلال مراحل نموه حتى يصير شاباً ويتخرج من الجامعة، وهو يحاكي أنماطاً سلوكية، وقيماً واتجاهات سياسية، بناء على ما رآه،

---

(117) ريتشارد داوسن وآخرون، مرجع سابق، ص 136، 137.

وسمعه، وخبره. وهنا قد يؤثر الآباء، والمعلمون، وزملاء المدرسة، أو الرموز الوطنية والسياسية على النشئ في اعتناق رأي سياسي وأيديولوجي معين، غير أن النماذج المدرسية تشكل قوى تأثير كبيرة على النشئ، كون القائمين على المدرسة يمثلون رموز السلطة بل وأداتها، ولهم وسائل كثيرة في التأثير على النشئ، ويصبحون مصدراً لقيم الشباب واتجاهاتهم السياسية، وإطاراً مرجعياً يعيشون عليه في خياراتهم السياسية، ومواقفهم من الأحداث، والأحزاب السياسية.(118)

- **النشاطات السياسية:**

هناك نشاطات سياسية رسمية غير رسمية في المؤسسات التعليمية، تظهر في اتحادات الطلاب، وجماعات: الرياضة، والتمثيل، والكشافة والرحلات، وغيرها.. وطبيعي أن يكون لبعض أعضاء هذه الجماعات ارتباطات سياسية علنية، وخفية، ببعض المنظمات والأحزاب السياسيةوهؤلاء سوف يمارسون توجهاتهم السياسية كما تحبذه السلطة السياسية، وبما يضمن إدماج النشئ في نظامهم السياسي وتأييدهم له. وإن كان البعض يرى أن النشاطات السياسية المبكرة ليس لها التأثير الحاسم على نشاطهم السياسي عندما يكبرون، ويلتحقون بسوق العمل.(119)

وهكذا يتضح بجلاء، أن التعليم المدرسي والممارسات والأنشطة الرسمية، وغير الرسمية التي تتم في مؤسسات التعليم من أهم مصادر التربية السياسية التي تعول عليها النظم السياسية، وتعطيها جل رعايتها، لتكوين التوجهات السياسية لأبناء المجتمع، وخلق جيل منتمي إلى وطن وثقافة، مؤيد للنظام السياسي وموالي له، داعياً له، ومشاركاً في أدائه السياسي، ومدافعاً عنه. ولن يتم ذلك إلا إذا تشرب أيديولوجية النظام السياسي واكتسب ثقافته السياسية... والتعليم الأداة الفعالة لتحقيق كل ذلك.

وتأكيداً لما سبق شرحه، لإبراز دور التعليم المدرسي في التربية السياسية، وجدت العديد من الدراسات الأمبريقية التي أجريت في العديد من الدول، والتي تبين ميدانياً أثر التعليم على التوجهات السياسية للنشئ والشباب، من أشهرها دراسة "الموند" و "فيربا" التي أجرياها على خمس دول، وتوصلاً إلى أن هناك تسع طرق رئيسية، تختلف فيها التوجهات السياسية للأفراد الأكثر تعلماً عن الأقل تعليماً، هي: (120)

1- الشخص الأكثر تعليماً هو أكثر إدراكاً لتأثير الحكومة على الفرد من الشخص الأقل تعلماً..
2- كلما كان الفرد أكثر تعليماً كان أوضح في متابعة الأمور السياسية والاهتمام بالحملات الإنتخابية، بشكل أكبر من الفرد الأقل تعليماً.
3- الفرد الأكثر تعليماً لديه معلومات سياسية أكثر.
4- الفرد الأكثر تعليماً لديه آراء عن مواضع سياسية أوسع نطاقاً واهتمامات سياسية أعمق مدى.
5- الفرد الأكثر تعليماً، أكثر ميلا للمشاركة في المناقشات السياسية.

(118) للمزيد من التفاصيل راجع: ريتشارد داوسون وآخرون، مرجع سابق، ص 211، 215.

(119) Suleiman,M: Socialization topolirics in Moracco: Sex and Regional Factor.Internationa Jornal of Middle East Studies vol. 14 N.3 August 1985.

(120) ريتشارد داوسن وآخرون ، مرجع سابق، ص 216.

6- الفرد الأكثر تعليماً، يشعر بحريته في مناقشة الأمور السياسية مع قطاع أوسع من الناس بعكس الفرد الأقل تعليماً الذي يتجنب مناقشة الأمور السياسية مع عدد أكبر من الناس.

7- الفرد الأكثر تعليماً، يعتبر نفسه قادراً على التأثير على الحكومة، وإمكانية أفعاله تجاه قضايا عادلة، كما تبين ذلك من اختبارات مقاييس القدرة الذاتية.

8- الفرد الأكثر تعليماً، أكثر ميلاً لأن يكون عضواً نشطاً في بعض التنظيمات.

9- الفرد الأكثر تعليماً أكثر ميلاً للتعبير في بعض التنظيمات السياسية ثقته في البيئة الاجتماعية.

خامساً:- الديمقراطية والتربية

لعله من المفيد –في ختام هذا الفصل- الإشارة إلى العلاقة بين الديمقراطية والتربية، لتقصي ما تستمده التربية من الديمقراطية من مكونات وموجهات، تعيد صياغة التربية، وتشكيلها، باعتبار الديمقراطية منظومة لأوجه حياة المجتمع المعاصر، كأسلوب جديد فرض نفسه على المجتمعات المعاصرة، وتسعى إليه الدول طوعاً، وأحياناً كرها.

هناك عوامل وقوى تؤدي إلى انتشار الديمقراطية، والوعي بها، لعل أبرزها:

- تطور الفكر الاشتراكي الذي أخذ يفرض نفسه، ويطالب بحق العمال والفلاحين والفقراء بالمساواة والعدل في الثروة والسلطة، حيث مر وقت طويل على استغلال جهود وعرق القوى المنتجة، وأخذت تبرز إلى الوجود دولاً تعمل على إيجاد نوع من الحرية، والعدل، والمساواة، مما دفع بالإمبراطوريات وأنظمة الحكم الفردية إلى مراجعة أنظمة حكمها، وأساليب حياتها، وتعدل منها بما يواكب حركة العصر، وتأخذ بالديمقراطية كأسلوب جديد للحكم، مهما كان شكله وأسلوب أدائه، فهو خطوة متقدمة في ترسيخ مبادئ الديمقراطية.

- تكون قوى اجتماعية وسياسية جديدة في المجتمعات المعاصرة، صار لها قوة وفعل في التأثير على مجريات الأمور والأحداث في الدولة والمجتمع، والضغط على السلطة الحاكمة، فكان لا بد من الاحتكام إلى الديمقراطية، كخيار لضمان حصول هذه القوى والفئات على حقوقها السياسية والاقتصادية، وإلا انفجرت الأوضاع، وتعرض كل شيء للخطر.

- بروز عصر العلم والتكنولوجيا، وما تبعه من ظهور الحركات الفكرية والعلمية المختلفة، وكذا الحركات السياسية والاقتصادية والاجتماعية والثقافية التي جميعها تقريباً غيرت من مفاهيم الأمس وحررت الإنسان، وفتحت أفاق نهضة المجتمع، ما وضع المجتمعات أمام تحول ديمقراطي واسع، ليس للمشاركة في الحكم، وإنما أيضاً كأسلوب للحياة.

كما أن انتشار العلم واتساع تطبيقاته التكنولوجية مكن من الناحية الاجتماعية تبادل الأفكار والخبرات والسلع، ومن تفاعل مكونات المجتمع مع بعضها، ومع غيرها من المجتمعات الأخرى، حتى بات العالم قرية كبيرة متبادلة المنافع والأخطار.

- ترابط نواحي حياة المجتمع في كل متفاعل تأثيراً وتأثراً. فالحرية الاقتصادية تتطلب بالضرورة حرية سياسية، وكليهما يتطلبا حرية ومرونة اجتماعية... والديمقراطية هي أداة تحقيق ذلك، ثم إن الديمقراطية على هذا

النحو تعني أن الكل يشترك في تسيير نظام الحكم، والكل يشارك في التنمية والتحديث، والكل يشترك في الحصول على عوائد التنمية ومنافعها على الأقل لأكبر عدد من الناس.

لقد تطور الفكر الديمقراطي، حيث وجدت اليوم العشرات من التجارب الديمقراطية في العالم، بخصائص وأساليب عديدة، كي تلائم ظروف كل مجتمع وقواه، وأفكار القائمين على هذا المجتمع .. مهما تباينت، إلا إن كلها أو أغلبها تلتزم بأسس وثوابت مشتركة، تنص عليها الدساتير المعمول بها في كل بلد.

غير أن الديمقراطية في كثير من دول العالم الثالث يشوبها أوجه قصور ونواحي تعثر في الفكر والتطبيق، إلا أن اتباع الطريق الديمقراطي يعتبر ذلك مرحلة متقدمة من الأنظمة الفردية أو العسكرية المغامرة.

- **العلاقة بين الديمقراطية والتربية:**

العلاقة وطيدة بين الديمقراطية والتربية... فلما كانت التربية عملية اجتماعية تتناول الفرد أولاً... تشكل شخصيته لتكييفه مع مجتمعه كمواطن منتج.... وهذا المجتمع يتخذ من الديمقراطية نهجاً جديداً للعيش والبناء والتغيير؛ فإن التربية هي أداة المجتمع لنشر مبادئ الديمقراطية فكراً وممارسة من خلال العملية التربوية.

إذن التربية أداة الديمقراطية في تعميق الفهم بها، والتطبيق لها، وذلك من خلال ما تقوم به في الفرد والمجتمع والثقافة في شمول وتكامل، فهي من ناحية الفرد تقوم بتنمية معارفه واتجاهاته بالديمقراطية واكسابه الصفات الاجتماعية التي يعيشها المجتمع واختارها لنفسه، وجعل الفرد متمسك بالديمقراطية ويعمل على ممارستها.

إن المجتمع الديمقراطي هو الذي يعتبر الفرد غاية يدور حولها تنظيم الحياة والعلاقات الإنسانية، والديمقراطية باعتبارها إمتلاك أفراد المجتمع لإرادتهم الحرة التي تمكنهم من التحرك والنهوض الواعي بمستوى وعيهم وإدراكهم بوجودهم في إطار الجماعة؛ فإن التربية تتولى إتاحة فرص النمو لكل أفراد المجتمع بحسب قدراتهم واستعداداتهم كي ينمي كل فرد شخصيته المتفردة وفقاً لأبعاد حياته، ثم توحيد الاهتمامات المشتركة، بحيث يشعر كل فرد أن وجوده وجهده سيستمر في إطار الجماعة، بما يحقق جو اجتماعي مشبع بروح المحبة والإخاء، ويساعد على إدراك وجوده بوعي، وإدارة حياته في إطار المجتمع ومصالحه العامة.

ومن جهة أخرى فالديمقراطية كخيار ارتضاه المجتمع لحياته وأسلوب لإدارة شؤونه السياسية والاقتصادية والاجتماعية، فإنها تعيد تنظيم التربية وتوجيه عملياتها، كي تتمثل التربية، الديمقراطية، وتبدل من فكرها واساليبها، كلما اقتضت الضرورة لذلك... فتتجه التربية بأهدافها نحو الغايات الديمقراطية. وهنا يمكن القول أنه لا يمكن للتربية أن تنشر قيم التربية ومبادئها إلا إذا تمثلت الديمقراطية في المجتمع.

وبناء على ذلك تسعى التربية الديمقراطية إلى تحقيق المبادئ والأهداف التالية:

1- **تأصيل الفكر الديمقراطي:** بتنبيه منهجاً واقعياً لتحليل منظومة الأفكار والنظريات الديمقراطية ومبادئ الحرية والعدالة من خلال البحث العلمي عن المعرفة والنظريات الديمقراطية، واتجاهات الفكر فيها، وكذا رصد وتحليل التجارب الديمقراطية ومسارات التطبيق فيها، واستخلاص الدروس والعبر، لإثراء النظر والممارسة.

2- **نشر مبادئ الحرية والعدل والمساواة:** عندما تسعى التربية إلى ما يجب أن تكون عليه مبادئ الحرية والعدل والمساواة؛ فإنها تمثل أفضل ما في المجتمع، وتمارسه في النشئ فكراً وسلوكاً، مع إتاحة هامش ضيق لظروف الزمان والمكان... والتربية بهذا لديها سياسة تعليمية معلنة تتضمن تأكيد تلك المبادئ والأسس في كل عملياتها، ليكون ناتج العملية التعليمية التربوية غرس مبادئ الديمقراطية واكتساب اتجاهاتها الجديدة، وممارستها في حياتهم العملية، سواء لممارسة حقوقهم الطبيعية بوعي، أو امتلاك لإرادتهم الحرة في تشكيل شخصياتهم، والنهوض بها في إطارها الاجتماعي، في توافق وانسجام.

3- **تنمية الاهتمامات المشتركة:** تسعى التربية نحو توحيد الأفكار والاهتمامات والميول المشتركة لدى النشئ وتقوية مجالات النشاط المشترك، بما يمكنهم من إيجاد فرص التفاعل المتبادلة بين الأفراد والجماعات التعليمية أو الاجتماعية، ويشيع جو مشبع بروح المحبة والإخاء، مما يقلل من فرص التفاوت والاختلاف، ويزيد من فرص الالتقاء والانسجام مع المجتمع ومكوناته، ويؤدي إلى تنمية روح التماسك الاجتماعي.

4- **تنمية روح المواطنة المسؤولة:** والتربية الديمقراطية تنمي في الأبناء وأفراد المجتمع عموماً قيم المواطنة الصالحة واتجاهاتها المعاصرة، وذلك بإتاحة فرص الاندماج الاجتماعي والتجاوب معه، حتى يكون الفرد حاملاً لثقافة مجتمعه، مشاركاً في بنائه بروح المسؤولية، مستجيباً لمشاكله، ومتفاعلاً مع قضاياه، ومساعداً في تطويره. وتقضي المواطنة المسؤولة أن تتساوى مشاركة الفرد في حقوقه السياسية، بترشيح نفسه أو اختيار ممثليه للحكم.. والمواطن الإيجابي هو من يمارس حقوقه السياسية الاجتماعية بحرية كاملة، وإلا افتقد المواطنة المسؤولة.

5- **ديمقراطية التعليم:** تتحقق ديمقراطية التعليم من خلال مبدأ تكافؤ الفرص التعليمية، والذي يعني عموماً توزيع الفرص التعليمية على المناطق وعلى المواطنين بعدل، دون اعتبارات اجتماعية، ابتداءً من التعليم الابتدائي حتى مرحلة الدراسات العليا، وذلك بأن يحصل كل فرد على حقه في التعليم المناسب لميوله، وأن يتعلم إلى أقصى ما تؤهله له قدراته واستعداداته، وأن يتمكن كل ذي موهبة أو قدرة أن يرتقي بها إلى أقصى حد ممكن. ويتضمن مبدأ ديمقراطية التعليم وتكافؤ الفرص التعليمية حصول المناطق والفئات المختلفة على الخدمات الصحية والاجتماعية والنفسية التي تضمن الاستفادة الحقيقية من فرص التعليم وبرامجه المقدمة في المدارس. وإلا انعدم تطبيق هذا المبدأ.

6- **تنمية التفاعل الإيجابي مع القضايا الإنسانية في العالم:** تقوم التربية الديمقراطية بتنمية الاهتمام بقضايا الشعوب لدى أفراد المجتمع، والتفاعل الإيجابي مع مشاكلها، والوقوف بجانبها لرفع الظلم عنها، والتعاون مع جميع الدول من أجل تبادل الأفكار والخبرات والمنتجات، لدفع جهود التنمية والتقدم.

كما تنمي التربية الديمقراطية في الأفراد، الاهتمام بقضايا السلم والأمن الدوليين، والحفاظ على البيئة، ومحاربة التطرف والعنصرية، وغير ذلك من الأخطار التي تهدد البشرية جمعاء.

وبهذا يتبين بوضوح إسهامات الأصول السياسية للتربية ونواحي فعلها فيها، ونطاق توجيهها للتربية فكراً وأنشطة وممارسات في اتجاه النتائج أو المخرجات المرغوبة للسلطة السياسية.

الفصل السابع
الأصول النفسية للتربية

مقدمة

تضم الأصول النفسية العديد من فروع علم النفس، منها علم النفس التربوي، وعلم نفس الفروق الفردية، وعلم نفس النمو، وعلم النفس الاجتماعي، والصحة النفسية، والقياس النفسي، وغير ذلك من العلوم والتخصصات التي تسهم في تفسير سلوك التلاميذ في مراحل نموهم الجسمي، والعقلي، والخلقي، والاجتماعي، في مراحل التعليم المختلفة، بقصد ضبطه واختيار وسائل توجيهه، وفق قوانين التعلم، والنظريات التي تفسر سلوك المعلم والمتعلم، واختبار افضل الطرق والوسائل التي تحقق عملية النمو التربوي، وتحقيق أهداف التربية.

وإزاء المهمة المتعاظمة لعلم النفس ودوره الأساسي والحاسم في توجيه العمل التربوي، وتنظيم الخبرة التربوية على أسس علمية، فقد تزايد الترابط الوثيق بين علم النفس والتربية، ترابطاً جعل التربية تقوم على ما يقدمه علم النفس من نتائج ونظريات، حقائق وأساليب، أصبحت ضرورية لأي عمل تربوي ناجح.

ولتجسيد هذه العلاقة وتقوية أواصر الصلات بين علم النفس والتربية نشأ علم النفس التربوي Educational Psychology ليكون جسراً تعبر من خلاله نتائج علم النفس إلى التربية، بعد فحصها، وتطويع نتائج البحوث والنظريات النفسية، لتطبيقها في ميدان التربية.

وإذا كانت نقطة بداية التربية ونهايتها هو التلميذ، وغايتها إكساب المتعلم مجموعة من المهارات السلوكية، والعادات الانفعالية، والفكرية، والاتجاهات بطريقة متكاملة، تحقق له التوافق مع نفسه، ومع بيئته ومجتمعه، فإن علم النفس التربوي يعني "الدراسة العلمية للسلوك الإنساني الذي يصدر خلال العمليات التربوية، أو العلم الذي يهتم بعمليات التعلم والتعليم (أو التدريس) الذي يتلقاه التلاميذ في المواقف الدراسية"(1).

وبهذا المعنى يتولى علم النفس التربوي، ما يلي:

• الوقوف على خصائص نمو الطفل في كل مرحلة من مراحل نموه، والعوامل المؤثرة فيها، والإفادة منها في وضع البرامج والمناهج الملائمة، وتنظيم الخبرات التعليمية المناسبة لسنه وقدراته، مع فهم واستيعاب ما يريد تعلمه.

• التعرف على دوافع سلوك الأطفال، ووسائل تحسين إقبالهم على الدروس بشوق ورغبة، دون قسر

---

(1) راجع: فؤاد أبو حطب، وآمال صادق، علم النفس التربوي، ط2، القاهرة، مكتبة الأنجلو المصرية، 1980، ص33.

وإجبار، وبحث مشكلات التلاميذ النفسية التي تؤثر في تأخرهم الدراسي، أو في اضطراباتهم السلوكية.

- كيفية تنظيم الجدول المدرسي من حيث مواعيد العمل والراحة التي تراعي تقليل الإرهاق، والشعور بالملل.
- تحليل المواد الدراسية، لمعرفة القدرات العقلية التي يتطلبها تدريس كل مادة، ومستوى النضج الجسمي والعقلي اللازم لها، وتحديد الأسس التي يقسم عليها التلاميذ إلى مجالات العلوم أو التخصصات، أو التعامل مع الفروق الفردية لتلاميذ الفصل الواحد.
- دراسة العلاقات الاجتماعية في المدرسة والأسرة، وآثارها النفسية على العمل المدرسي، أو التي تؤثر في سير التلميذ في دروسه وتعلمه، نجاحه وفشله، وصور التعامل مع التلاميذ.
- دراسة سيكولوجية التعلم من حيث قوانين التعلم، وأنواعه ونظرياته، والعوامل التي تساعد على سرعة التعلم وتكوين العادات والاتجاهات النفسية الصالحة.

وإسهامات علم النفس وفروعه في التربية كثيرة ومتنوعة، يمكن تتبع أبرزها في المجالات الرئيسية التالية:

أولاً :- النمو ومراحله

يقدم علم النفس معلومات وحقائق شاملة عن خصائص النمو الإنساني في جميع مراحل الحياة، منذ مولد الطفل حتى شيخوخته ماراً بمراحل: الرضاعة، والطفولة، والمراهقة، فالرشد، ورصد سلسلة التغيرات المتتابعة التي تسير نحو اكتمال النضج. وكذا تقصي وإيضاح الخصائص السيكلوجية لكل مرحلة، والعوامل المثرة فيها. ودراسة النمو ومراحله تفيد في توفير الظروف المناسبة لأنواع النشاط الجسمي والعقلي والاجتماعي، ومعرفة الميول الطبيعية للتلميذ ونزعاته السوية وغير السوية، ومعرفة الصفات الخاصة، ودور الوراثة والبيئة في التاثير على هذه الصفات زيادة أو نقصاً.

هناك تقسيمات عدة لمراحل النمو، تختلف باختلاف الأساس الذي يتخذه الباحث في مجال علمه وأهدافه منه، فهناك أسس عدة لتقسيم ظاهرة النمو إلى مراحل. منها ما يعتمد على نمو الغدد، على أساس أنها تنمو وفق مراحل محددة لنمو الإنسان. ومنها ما يعتمد على أساس النمو الاجتماعي. ومنها ما يعتمد على أساس اللعب الاجتماعي. ومنها ما يعتمد على أساس تربوي.

ولعله من الطبيعي أن نعتمد على الأساس التربوي، على اعتبار أنه يقيدنا في دراسة مراحل النمو المناظرة لمراحل التعليم... وما يحاوله رجال التربية والتعليم من توفير فرص النمو في كل مرحلة من مراحل التعليم، لأن التلميذ لديه قدرات واستعدادات تظهر في كل مرحلة نمو تناظر مراحل التعليم، وعلى نظام التعليم أن ينظم بطريقة تسمح بتعلم التلميذ، ونموه الملائم لميوله وقدراتهم.

ويمكن تقسيم النمو إلى المراحل التالية، مع التأكيد على التقسيم الذي يوضع لتحقيق أهداف تربوية، وهذه المراحل هي:

- مرحلة ما قبل الميلاد: وتمتد من الإخصاب إلى الولادة، ومدتها تسعة أشهر.
- مرحلة الرضاعة: وتمتد من الأسبوع الأول إلى نهاية السنة الثانية.
- مرحلة الطفولة المبكرة: وتمتد من السنة الثانية حتى نهاية السنة السادسة.
- مرحلة الطفولة المتأخرة: وتمتد من بداية السنة السابعة حتى نهاية السنة العاشرة عند الإناث، والثانية عشر عند الذكور.

- مرحلة البلوغ: وتمتد من بداية السنة الحادية عشرة حتى الثالثة عشر عند الإناث، ومن نهاية السنة الثانية عشر إلى نهاية الرابعة عشر عند الذكور.
- مرحلة المراهقة: وتمتد من بداية السنة الرابعة عشر، حتى نهاية السابعة عشر عند الإناث. ومن بداية الخامسة عشر حتى نهاية السابعة عشر، عند الذكور.
- مرحلة الرشد: وتمتد من سن الحادي والعشرين وحتى سن الأربعين.
- مرحلة وسط ا لعمر: وتمتد من أربعين سنة حتى سن ستين سنة.
- مرحلة الشيخوخة: وتمتد من سن الستين إلى نهاية حياة الشخص.

لقد حددت هذه المراحل على أساس المتوسطات العامة للنمو، ولكن هناك فروقاً فردية واسعة، إذ أن هناك أفراداً سريعي النمو، وآخرين متأخري النمو. وعلى أساس المراحل السابقة للنمو، أمكن تحديد مستوى نضج الأفراد في مجموعة من القدرات والاستعدادات والميول، لوضعهم في مراحل ومستويات دراسية معينة، وتخصصات تعليمية معينة.

ولعل مراحل التعليم المعروفة هي:

- **مرحلة ما قبل المدرسة:** وتشمل مرحلة الطفولة المبكرة، وتمتد من سن السنة الثالثة حتى نهاية الخامسة.
- **مرحلة التعليم الابتدائي:** وتشمل مرحلة الطفولة المتأخرة، وتمتد من سن السنة السادسة حتى نهاية الحادية عشر.
- **مرحلة التعليم الإعدادي:** وتشمل مرحلة البلوغ، وتمتد من سن الثانية عشر حتى نهاية الرابعة عشر. وتجمع هذه المرحلة مع سابقتها فيما يسمى" بالتعليم الأساسي".
- **مرحلة التعليم الثانوي:** وتشمل مرحلة المراهقة وتمتد من بداية الخامسة عشرة وحتى نهاية السابعة عشر.
- **مرحلة التعليم الجامعي:** وتشمل جانباً من مرحلة الرشد، وتمتد من بداية سن الثامنة عشرة إلى ما بين سن الحادية والعشرين والرابعة والعشرين.

وقد قسمت مراحل التعليم هذه وفقاً لمراحل النمو، على أساس أن لكل مرحلة نمو، خصائص وصفات ميزت كل منها، لتواكب مراحل التعليم، كي تراعي مراحل النمو، وتتمشى معها ، تنمية وتسير به نحو النضج.

ثانياً: الدوافع

للإنسان طبيعة تتحكم فيها -إلى حد كبير- حاجات وحوافز، تدفعه إلى عديد من أنواع السلوك. وكل سلوك إنساني تكمن وراؤه دوافع تثيره وتؤدي إليه. بمعنى أن الدوافع هي تلك العوامل التي تنشط السلوك وتزوده بالطاقة وتوجهه نحو هدف معين.

جرت محاولات لتفسير الدافعية عن طريق مفهوم الغرائز. ونظرية الغرائز قديمة، ترجع إلى الآراء الفلسفية الموغلة في التاريخ، وما قدمه الفكر الفلسفي من شروح وتفسيرات للطبيعة الإنسانية، من حيث كينونة هذا الإنسان ووجوده، أهو روح أم مادة؟ أو لكليهما؟ أهو مخير أو مسير؟ وهل طبيعته مجموعة من القوى الفطرية أم المكتسبة؟ أم خليط من هذا وذاك؟ فقدم الفكر الفلسفي تفسيرات ونماذج نظرية مشتقة

ومتأثرة بالمنهج الفلسفي، وموضوعها الذي تبحثه. فوجدت أفكار ترى أن الإنسان مجموعة قوى فطرية، ووجودها الحقيقي وجود عقلي، وأفكار أخرى ترى أنه مجموعة من القوى المعينة، ووجوده هو الوجود الطبيعي، ورأي ثالث وقف بين هذا وذاك. ورأي رابع غلب الوجود الاجتماعي للإنسان.

ومن تلك الأفكار، إن الإنسان مجموعة ملكات جسمية وعقلية ووجدانية، ومن ذلك أيضاً نظرية التفتح، ونظرية التدريب الشكلي، ونظرية الإنسان صفحة بيضاء، إلى غير ذلك من أفكار وتفسيرات...

وسار بعض العلماء المعاصرين على نفس الاتجاه السابق، فيرى "داروين" أن الإنسان مجموعة غرائز بيولوجية، والغرائز عند "ماكدوجل" مسارات محددة وراثياً لتفريغ الطاقة العصبية، ويرى أن الغرائز تشتمل على ثلاثة مكونات هي[1]:

1- ميل نحو الإدراك الانتقائي لمنبهات معينة.
2- استثارة الفعالية مقابلة يحسها المرء عند إدراك الموضوع.
3- النزوع إلى تحقيق الهدف من خلال نشاط معين.

وقد وضع "ماكدوجل" قائمة بمجموعة الغرائز التي تحكم الإنسان، أي أن الإنسان محكوم بعديد من الغرائز، وليس غريزة واحدة.[2] ويتحدد السلوك الغريزي بأن الإنسان يبدأ بالتعرف على شيء أو موضوع، ثم يصدر عنه إحساس محملاً بمشاعر معينة، تحركه إلى السعي إليه أو الابتعاد عنه... هذا النشاط الصادر عن الإنسان يسميه "ماكدوجل" (الدافعية) أي الغرائز.. التي تحكم السلوك. وذهب "فورويد" رائد التحليل النفسي نحو الغرائز، فرأى أن غرائز الإنسان فطرية أي يولد وهو مزود بها، فغريزة العدوان، وغريزة الجنس هي التي تتحكم في سلوك الإنسان... كما تعتبر غرائز الحصول على اللذة، وتجنب الألم مدخلاً لتفسير سلوك الإنسان. وأي كانت الغرائز أحادية أو اثنتين أو كانت ثلاث أو خمس، أو حتى أربعين، كما يذهب البعض، إلا أن الغرائز كمدخل لتفسير السلوك، تعبر بشكل أو بآخر عن الدوافع، وإن كانت الغرائز أكثر انطباقاً على الحيوان منه على الإنسان.

وعلى أية حال، فالدافع أكثر دقة وشمول من مفهوم الغرائز أو الحصول على اللذة وتجنب الألم، كون الدافع يشمل نشاط داخلي وخارجي، جسمي ونفسي معاً، ويتأثر بعدة عوامل وراثية، وبيئية.

ومن هنا، فالدافع حالة من الإثارة والتنبيه داخل الإنسان والحيوان، تحثه على القيام بسلوك أو الكف عنه، والدافع هنا لا يشاهد ولا يقاس بطريقة مباشرة، ولكن نستدل عليه ونستنتجه من الاتجاه العام للسلوك، وهو لذلك يرادف ألفاظ عديدة، يستخدمها البعض ليعنوا بها الدافع، ومنها الحاجة أو الباعث، أو الرغبة، أو الميل أو العاطفة، أو النزعة... إلى ما ذلك. ولكي نميز الدافع، نوضح كل من الحاجة والباعث[3] باعتبارها اقرب المصطلحات للدافعية:

- **الحاجة Need:**

حالة من الافتقار أو النقص الجسمي والاجتماعي، سواء أكان مادياً أو معنوياً، تنزع بالإنسان إلى أي

(1) لطفي محمد فطين وأبو العزائم الجمال: نظريات التعلم المعاصرة وتطبيقاتها التربوية، القاهرة، مكتبة النهضة، 1988، ص44.
(2) للمزيد من التفاصيل راجع، إبراهيم ناصر، الغرائز، عمان 1989.
(3) أحمد عبد الخالق: أصول علم النفس، الإسكندرية دار المعرفة الجامعية، 1984، ص 362.

شيء يزيل هذا النقص، ويخفض التوتر الذي حدث. أي بمعنى إشباعها أو اختزالها، فعندما يحس الفرد بالجوع، فإنه الآن في حاجة إلى الطعام، وكلما طالت فترة الحرمان زادت الحاجة.. والحاجة هنا هي الجانب الداخلي المثير للدافع، أي النقص العام الخاص داخل الإنسان، سواء كان نفسياً أو بيولوجياً.

● **الباعث Incentive:**

موقف أو شخص، أو موضوع خارجي مادي كان أم اجتماعي، ندركه على أنه قادر على إشباعنا، فالطعام باعث للجوع وكذا المال، والجنس، كلها تعمل على أنها بواعث، نستجيب لها، وتؤثر على سلوكنا، وعليه فالباعث هو الجانب الخارجي المثير للدافع.

أما الفرق بين الباعث والمنبه الخارجي، فهو أن المنبه الخارجي يثير الدافع، لكنه قد لا يرضيه، بينما الباعث موقف خارجي يثير الدافع ويرضيه في آن واحد[1]. ويعتمد تفسير الدافع وتبيان آلياته في الجسم على مبدأ الاتزان الداخلي "التوازن الحيوي" Homeostasis الذي يشير إلى نزعة الجسم إلى الاحتفاظ ببيئة داخلية ثابتة. بمعنى أن الجسم الإنساني يسعى باستمرار لتحقيق الاتزان، للحفاظ على بقائه البيولوجي السيكلوجي. فالفرد الذي اختل توازنه، كتعرضه مثلاً للبرد أو للحرارة أو للجوع، فإن آليات الجسم تنشط لتعيد الجسم إلى حالته الطبيعية... ففي حالة البرودة تتقلص الأوعية الدموية على سطح الجسم، ولا تسمح بدخول الهواء البارد إلى الجسم، فيحس الجسم بالدفء، والارتعاش يولد الحرارة في الجسم وبالعكس إذا كان الجو حاراً.

ويتسع التوازن الحيوي ليشمل التوازن النفسي، والتوازن الفسيولوجي، حيث ينشط دوماً لخفض التوتر، لإعادة الجسم إلى حالة التوازن.

● **تصنيف الدوافع:**

هناك تصنيفات عدة للدافع، ويرجع ذلك أساساً إلى أن الدافع قد يكون واحداً، ولكن السلوك الصادر عنه يختلف باختلاف الأفراد. فدافع الطعام واحد، ولكن إشباعه متعلم، وإشباع سلوك معين قد يكون نتيجة لدوافع مختلفة.

وعلى أية حال تصنف الدوافع، إلى الدوافع الأولية، والدوافع الاجتماعية.

أ- الدوافع الأولية (الفطرية):

وتسمى أحياناً الدوافع الفسيولوجية أو الأساسية، وهي التي تنتقل عن طريق الوراثة، أي يخلق الكائن العضوي وهو مزود بها.. والفطري ما أتت مثيراته فطرية، وهدفه فطري، فالجوع مثيرة الفطري تقلص العضلات الملساء للمعدة، وهدفه إكمال حالة نقص غذائي في الجسم، أما طريقة إرضاء الجوع فهي متعلمة[2].

---

(1) أحمد عزت راجح: أصول علم النفس، ط8، الإسكندرية، المكتب المصري الحديث، 1970، ص79.

(2) أحمد عزت راجح: مرجع سابق، ص 85.

وتشتمل الدوافع الأولية، ما يلي: [1]

- دوافع تكفل المحافظة على بقاء الفرد: وتسمى بالحاجات العضوية كالجوع والعطش، والنوم.

- دوافع تكفل المحافظة على بقاء النوع، وهي دوافع الجنس، ودوافع الأمومة.

- دوافع الطوارئ: وهي دوافع وثيقة الصلة بالمحافظة على بقاء الفرد، وبقاء النوع، كدافع الهرب، ودافع المقاتلة.

- دوافع تمكن الفرد من التعرف على البيئة، وتساعده على إعداد نفسه للحياة، كدافع الاستطلاع ودافع اللعب.

ب- الدوافع الاجتماعية

وتسمى الدوافع المكتسبة، وهي الدوافع التي تنشأ لدى الفرد، وتكتسب من خلال تفاعله مع الآخرين والبيئة. وهي لا تنشأ من فراغ، وإنما تنشأ تابعة للدوافع الفطرية. فإذا كانت الدوافع الفطرية تثيرها حاجات بيولوجية، فإن إشباعها أو إرضاءها متعلم. لهذا فالدوافع الاجتماعية متعلمة تنمو من خلال الاتصال بالآخرين والتفاعل معهم، وهي التي تحدد صفة الإنسان الاجتماعية.

وهناك العديد من الدوافع الاجتماعية، من بينها الحاجة إلى: الإنجاز، الانتماء، الأمن، التواد، السيطرة، الارتياح من القلق، اللعب، الفهم، الاستقلال، احترام الذات... إلى غير ذلك.

جـ- الدوافع اللاشعورية:

وهي الدوافع التي يجهل الإنسان ما يدفعه إلى القيام بسلوك أو عمل ما، أو لا يكون هدف السلوك واضحاً لديه أو شاعراً به. فالإنسان أحياناً يقوم بسلوك الأنانية أو البخل أو الحب أو الكره، دون أن يكون شاعراً بذلك. وقد يزل لسان الفرد أثناء كلامه بألفاظ عجيبة لا تنتمي إلى سلوكه العام بصلة.

ومن أمثلة ذلك. النوم المغناطيسي، إذ يخضع الفرد منا إلى إيحاء الآخرين أو المنوم، ويستجيب له بحدوث الاسترخاء الجسمي، بتركيز الانتباه في مجال ضيق. فيحدث النوم. وقد ينفذ النائم مغناطيسياً ما يطلب منه بدقة محددة.

ومن أمثلة ذلك أيضاً المخاوف الشاذة، كخوف الفرد من شيء معين أو فعل معين، ولا يعرف الفرد سبباً لهذا الخوف، ولا السيطرة عليه، وكذا الهفوات، وزلات اللسان، والقلم، والنسيان، وإضاعة الأشياء، وتحطيم الأثاث. وتأخذ الدوافع لدى مدرسة التحليل النفسي بعداً أكثر عمقاً، إذ يركزون على الدوافع المكبوتة التي لا تصبح شعورية إلا باستخدام طرق التحليل النفسي، وهي التي نستمدها من شعورنا ونخفيها بصورة قسرية، فيما يسمي باللاشعور أو في العقل الباطن، حتى لا يسبب شعورنا بها ضيق وألم شديد، وتكون مصدر إزعاج دائم لنا في حياتنا.

---

[1] أحمد عبد الخالق: مرجع سابق، 369.

• دور الدوافع في العملية التربوية:

لا تقتصر أهمية دراسة الدوافع على المشتغلين بعلم النفس فحسب، وإنما يهم الأب، والمعلم، والطبيب، والقائد، وكل من يشرف على جماعة من الناس، بل يهم كل إنسان، ومعرفة الأفراد دافع غيره من الناس تجعله يقيم علاقة حميمة بينه وبين المحيطين به، وتجعله متسامحاً مع غيره، رحب الصدر متعاوناً مع من حوله، ثم متكيفاً مع نفسه ومع غيره.

وللدوافع دور مهم في العملية التعليمية، حيث توظف الدافعية، لاستثارة التلاميذ على التعلم، وحفزهم إلى الاكتشاف والرغبة في التحصيل، عن طريق تحريك اهتمام التلاميذ وتوضيح أهمية الأهداف التعليمية، وإثارة دهشتهم، وتكرار المواقف المحيرة، وتنويع الأنشطة التعليمية الحسية واللفظية...الخ، وإثارة الطموح لدى الأبناء وتشجيعهم، وغير ذلك من الأمور التي تقوم بها المدرسة والمعلم، بل والأسرة من أجل حفز التلميذ على التعلم، والإسراع فيه، فالتعلم لا يكون مثمراً إلا إذا كان يرضي دوافع لدى المتعلم، وكثيراً ما يكون تقصير بعض التلاميذ راجعاً إلى انعدام أو ضعف ميلهم أو اهتمامهم بما يدرسون.

ثالثاً: العمليات العقلية

عند دراسة سلوك الإنسان نجده يتضمن:

− السلوك الخارجي أو الظاهري كالنشاط الحركي، والتعبير اللفظي، وما يصاحب ذلك من حالات.

− السلوك الباطني أو الداخلي: كالانتباه، والإدراك، والتفكير، والتذكر، والتحليل، وغيرها. وهي عمليات لا نشاهدها، وإنما نستدل على حدوثها برؤية نتائجها، وتسمى هذه العمليات "بالعمليات العقلية".[1]

• الانتباه والإدراك:

الانتباه والإدراك عمليتان متلازمتان، إذا كانتا أساس الاتصال بالعالم الخارجي للفرد وتكيفه معه، فهما أساس العمليات العقلية الأخرى، بل أن سلوك الفرد وشخصيته تتوقف على طريقة إدراكه لما يحيط به، وعلى هذا الإدراك تتوقف شخصيته.

والفارق بين الانتباه والإدراك، أن الانتباه يبدأ أولاً. فحواسنا من سمع وذوق...الخ تتصل أو تقع على ما يحيط بنا، ثم يتبع ذلك إدراك لهذه الأشياء... فنحن نسمع صوتاً لم ندرك بعد ذلك أن هذا صوت سيارة أو صوت صديقي، لذا فالانتباه يبدأ أولاً، ثم يمهد للإدراك، أي أن الإدراك هو إعطاء تفسير لهذا الشيء أو الشكل أو الرمز...الخ.

والمنبهات الحسية في عالمنا المحيط بنا عديدة ومتنوعة، منها ما مصدره الحواس، ومنها ما مصدره أعضاء جسم الإنسان وعضلاته، ومنها ما مصدرها ذهن الإنسان وإحساسه، ولكن الإنسان لا يستجيب لهذه

---

(1) أحمد عزت راجع: مرجع سابق، ص 275.

المنبهات جميعاً، ولكنه يختار ما يهمه معرفته أو عمله أو التفكير به، ويلبي مطلبه الحالي.

فالإنسان عندما يختار ما يريد ملاحظته من المنبهات، نقول أن بؤرة اهتمامه أو شعوره منصباً على منبه معين، وما عداه يكون في هامش شعوره، والانتباهات المثيرة ثلاثة أنواع:(1)

- **انتباه قسري:** يتجه فيه انتباه الفرد مجبراً إلى مصدره، فيرغمه إلى اختياره، كتوجيه الانتباه إلى صوت صدام سيارة أو طلقة مسدس.
- **انتباه تلقائي:** يتجه فيه الفرد إلى شيء يرغبه ويميل إليه.
- **انتباه إرادي:** يتجه فيه الفرد ويبذل فيه جهداً كبيراً كسماع محاضرة أو وصية، ونجد الفرد هنا يغالب الملل والضجر، ويركز ذهنه في كل ما يحمله على الانتباه واليقظة.

غير أن القدرة على تركيز الانتباه ويقظته تتوقف على عوامل منها: الوراثة، والسن، والخبرة، والاهتمام، والتطور. وكذا عوامل جسمية، ونفسية، واجتماعية، وفيزيقية. وعلى المدرسة والمعلم بصفة خاصة مساعدة التلميذ على التغلب على مشتتات الانتباه.

أما الادراك الحسي، فهو استجابة الإنسان لمجموعة الانتباهات الحسية الخارجية (احساسات بصرية، سمعية، شمية، ذوقية)، والداخلية (احساسات بالجوع، والعطش، وغيره ، واحساسات عقلية أو حركية...الخ)، مع ما تتضمنه هذه الاستجابات من ذكريات، وخبرات، وميول.

والإدراك الحسي هو عملية تفسير الاحساسات، أو تأويلها تأويلاً يزودنا بمعلومات عما في العالم الخارجي من أشياء. وبناء على هذا التفسير أو التأويل فإننا نسلك السلوك المناسب بما يؤدي للتكيف مع الظروف والبيئة التي نعيشها.

غير أن التفسير أو التأويل يسبقه التنظيم الحسي، أي أن العالم يتألف من أشياء ومواد منظمة وفق قوانين تشتق من هذه الأشياء والمواد، وبالتالي فالمنبهات الحسية تنظم في وحدات، ثم تقوم الخبرة اليومية والتعليم ليعطي هذه الوحدات صيغاً ومعاني. وهنا يختلف الناس في إدراكهم للشيء الواحد، تبعاً للسن، والوراثة، والخبرة، والمعتقدات...الخ.

إذا كان الإدراك هو استجابة لمنبهات حسية عن العالم الخارجي، وهذه الاستجابة تصدر من فرد له سن وخبرة وذكريات ومعتقدات؛ فإن هذه الاستجابة تتأثر بعوامل داخلية وخارجية، أي أن الإدراك قد اتجه إلى موضع أو جانب معين، أو قد ينحرف التأويل إلى جهة أخرى، وقد يضخم الإدراك، أو قد يفتر، وكل ذلك تبعاً للحالة النفسية والمزاجية، وحالة الجسم، وميول الفرد، ومعتقداته، وقيمه، ولهذا فإن سلوكنا سيختلف تبعاً لكيفية إدراكنا. فمثلاً يختلف سلوك جماعة إزاء شخص، كسلوك الطلاب إزاء مدرسيهم، أو العمال إزاء رئيسهم، وهكذا نجد أن كل فرد يدرك البيئة حسب ما يفرغ عليها من معاني وقيم، لا كما هي في الواقع.

---

(1) راجع: أحمد زكي صالح، علم النفس التربوي، مرجع سابق.

وتلخيصاً لما سبق، فما يقدمه علم النفس في هذا المجال هو تفسير وتحليل عملية الانتباه والإدراك، وكيف تستطيع المدرسة، والمعلم تهيئة عوامل الانتباه الداخلية والخارجية، لحصر الانتباه وتركيزه، لخلق الميل لدى التلميذ والاهتمام به والتحمس له، وأن لا يقدم الجديد من المعارف والخبرات، إلا إذا وجد الميل لديه والرغبة فيه، وأن يتغلب على مشتتات الانتباه، بمراعاة الوقت، وتجنب الضوضاء، وكل ما يمكنهم من التغلب على شرود الذهن. والجهد الزائد وكذا التأكد على أن عملية الإدراك ليست عملية انطباعات حسية وإنما عملية معقدة يدخل فيها التذكر، والتخيل، والتأويل، لما ندرك، بحيث يسير الإدراك من الكل إلى المفصل، والاستفادة من ذلك في التعليم، وإزالة الملابسات في تأويل المدركات، على أساس أن الجزء لا يمكن فهمه إلا بصلته بالكل.

وكذا التأكيد على أنه إذا كان الإدراك يتأثر بعوامل داخلية وخارجية، فإن سلوكنا يتوقف على كيفية التأمل، وفي تعاملنا، وفي تشكيل شخصيتنا.

رابعاً: التذكر والنسيان

مواضيع هامة شغلت علماء النفس، وقدمت فيها نظريات وحقائق تفيد المربين والعاملين في حقل التربية وتبصرهم في مهمتهم ببصيرة ووعي. وتتطرق هذه السطور إلى جانب منها لإبراز الأفكار الرئيسية فيها. فالتذكر هو استرجاع ما سبق أن تعلمه الفرد واحتفظ به، بمعنى آخر هو القدرة على الاحتفاظ بما مر بالفرد من خبرات[1]. والتذكر بهذا المعنى يتضمن التعليم والاكتساب، وكذا الوعي والاحتفاظ، وهناك وسيلتان للتذكر هما الاسترجاع والتعرف.[2]

يعرف الاسترجاع "Recall" بأنه استحضار الماضي أو استدعاؤه في صورة ألفاظ أو معان، أو حركات، أو صور ذهنية، كأن أذكر قصيدة شعرية، أو حادثة، أو فكرة. والاسترجاع يكون كلياً أو جزئياً ناقصاً أو مكتملاً، أو تلقائياً، يطرأ على الذهن دون مناسبة، وهناك عوامل ذاتية وموضوعية تسهل الاسترجاع واستحضاره.

غير أن الذكريات لا تحتفظ في الذهن كشريط سينمائي، وإنما تبدأ في التغير والتحور، عقب الإدراك مباشرة، مما يجعل عملية التذكر عملية خلق واختلاق، وتمييز وانتقاء أكثر من مجرد استرجاع صور مخزونة.

أما التعرف Recognition، فهو شعور الفرد بالألفة حيال الأشياء والأشخاص التي أدركها من قبل، أي أن ما يدركه الآن جزء من خبراته السابقة. وهذا الشعور يكون صريحاً أو مضمراً، غامضاً أو واضحاً، كان أقول: أنا أعرف هذا الشخص أو أعرف هذه الأغنية، أو العكس وهكذا.

والتعرف يتكامل مع الاسترجاع، فالفرد قد يعجز عن استرجاع اسم شخص أو رسم ما، ولكن عندما تعرض عليه يستطيع أن يتعرف عليها، ومن هنا فالتعرف أقرب إلى الإدراك الحسي منه إلى الاسترجاع، فهو الخطوة الأولى بعد الإدراك.

---

(1)أحمد عزت، راجع مرجع سابق، ص 295.

(2) سيد خير الله : علم النفس التربوي، النظرية التجريبية، القاهرة، النهضة العربية، 1978، ص117.

- **النسيــان:**

"هو فقدان طبيعي، جزئي، أو كلي، مؤقت أو دائم، لما اكتسبناه من ذكريات ومهارات حركية... أي عجز عن الاسترجاع أو التعرف أو عمل شيء".

والنسيان إما طبيعي أو مرضي، فأما المرضي فهو أن يفقد الفرد ذاكرته فجأة، بسبب حادث أو صدمة انفعالية أو يتعرض لأمراض عقلية.

أما النسيان الطبيعي، فالصورة الأولى أنه يحدث نتيجة لانطباعات ضعيفة أو ملاحظات عابرة، كأن ننسى أسماء أشخاص لا يهموننا كثيراً أو ذكر تفاصيل دقيقة في حوادث مزعجة، ولكن النسيان الذي يحدث رغم وجود الإدراك، فهناك نظريات تحاول تفسير النسيان وتعليله، منها:

نظرية الترك والضمور: ترى هذه النظرية أن الذكريات والخبرات السابقة تضعف آثارها وتضمر، نتيجة لعدم استعمالها كما تضمر العضلة إن تركت مدة طويلة من الزمن دون استعمال. غير أن هناك أدلة تبين خطأها. فالطفل الذي فقد بصره في سن الخامسة لا يفقد ما تعلمه عندما يصل إلى سن النضج.

نظرية التداخل والتعطيل: يحدث النسيان نتيجة لتداخل أوجه النشاطات المتعاقبة التي يقوم بها الفرد، أو التي تعرض له أثناء النهار فيتداخل بعضها في بعض، كما تتداخل ألوان الطيف، فينجم عن هذا التداخل أن يطمس بعضه بعضاً.

وهناك نوع من التعطيل الرجعي، والتعطيل البعدي، ويعني الأول أنه إذا أسرع الفرد في ترديد ما حفظه مباشرة دون فترة راحة؛ فإن نسبة ما ينساه أكثر، لتداخل حفظه وطمس بعضه بعضاً، ويقصد بذلك تداخل التعليم اللاحق للتعليم السابق بما يؤدي إلى نسيان بعض ما تعلمه. أما التعليم البعدي، فهو أن التعليم السابق قد يحرف أو يعطل التعليم اللاحق، ويساعد أيضا على نسيانه أو تشويهه.

نظرية الكبت: يرى فورويد أن النسيان يحدث لرغبات مكبوتة، فالفرد ينسى مالا يهتم به، ولا يريد ذكره. فنحن ننسى اسم شخص لأننا نكرهه أو نخافه، ولكن نادراً ما ننسى شخص نحبه أو رقم تلفونه. كما أننا نميل إلى تذكر ما هو سار، وننسى ما هو مكدر ومؤلم. والنسيان بالكبت هو عملية انتقالية لحماية الفرد مما ينغصه ويؤلمه.

وهناك بعض النتائج التي تفيد المعلم والمتعلم، كما تتبين النتائج من دراسة النسيان منها:[1]

- إن العادات والمهارات، أعصى على النسيان من المعلومات والمحفوظات اللفظية.
- إن المبادئ والاتجاهات والأفكار العامة وطرق التفكير أعصى على النسيان من المعلومات غير المفهومة.
- إن المادة المفهومة ذات المعنى والمادة التي أشبع حفظها يكون نسيانها أبطأ من غيرها.
- إن النسيان يكون أول الأمر، سريعاً جداً، حتى لقد يفقد المرء نصف ما حفظه، ثم يأخذ النسيان في التباطؤ تدريجياً بمضي الزمن، وتتوقف هذه السرعة على نوع المادة، ودرجة تنظيمها، وفهمها، وإشباعها حفظاً. لذا فعلى المعلم إجراء مراجعة آخر الدرس، أو اختبار قصير، أو مناقشة، وغير ذلك. فهذا من شأنه تأخير النسيان.

---

(1) أحمد عزت، مرجع سابق، ص 303.

هل يمكن تقوية الذاكرة؟ إن ما يلزم تأكيده هنا هو أنه يمكن تقوية الذاكرة بالانتباه، والذين يشكون من ضعف الذاكرة، فإن علتهم عدم الانتباه الكافي. فمثلاً يجد بعض الطلاب صعوبة في تذكر دروسهم، في الوقت الذي يتذكرون أسماء الممثلين، وحفظ أغانيهم.

والمشكلة الكبيرة هي خلق الرغبة، والاهتمام بمادة لا يميل إليها الطالب، وهنا لا بد من أن يجهد نفسه في بداية عهده بالدراسة، مهما كلفه ذلك من عناء، حتى يخلق الرغبة والميل، وعليه أن يقرأ درسه قبل أن يتلقاه، أي قبل الحصة، ففي هذا سبيل إلى خلق الاهتمام والرغبة.!

خامساً: التفكير

هناك عدة تعاريف للتفكير، لعل أكثرها دقة أنه "تجربة ذهنية تشمل كل نشاط عقلي يستخدم الرموز، مثل الصور الذهنية، والمعاني، والألفاظ، والأرقام، والذكريات، والإشارات، والتغيرات، والإيحاءات التي تحل محل الأشياء والأشخاص والمواقف، والأحداث المختلفة التي يفكر فيها الشخص، بهدف فهم موضوع أو موقف معين".[1]

والتفكير بهذا المعنى يشمل جميع العمليات العقلية وهي: التصور، والتذكر، والتحليل، وأحلام اليقظة، وعمليات الحكم، والاستدلال، والابتكار، والتعليل، والتعميم، والنقد، وغيرها.

والتفكير كنشاط عقلي يستخدم الرمز[2]، لا يتم دون استرجاع ما تعلمناه من قبل، وليصل به إلى إعادة تنظيم ذلك الماضي، لحل المشكلات الحاضرة. ونحن نسترجع الماضي عن طريق الصور الذهنية، كالصور الحسية، والصور اللفظية، وعن طريق الكلام الباطن، عندما يكون التفكير حوار بين الإنسان ونفسه، يكلم نفسه، ويصدر أمراً لنفسه أو ينقد نفسه، عن طريق الاستبطان أو التصور العقلي، لمعان وأفكار غير مصاغة في ألفاظ، كما في التفكير الرياضي والفلسفي.

- **مستويات التفكير:**

المستوى الحسي: وهو التفكير الذي يدور حول أشياء ملموسة نراها ، ونسمعها، أو نحس بها، أي يدور حول أشياء مفردة، محسوسة، لا على أفكار عامة، وهذا ما يجب أن تركز عليه المدارس في مراحل التعليم الأولى على وجه الخصوص، لأن المعاني تتكون عن طريق الخبرة العقلية المباشرة بالأشياء والناس.

المستوى التصوري: أعلى مستوى من التفكير الحسي، ومنه يستعين التفكير بالصور الحسية المختلة، وتفكير الأطفال يقع في هذا المستوى، حيث يميلون إلى التفكير بالصور، بل أن تفكيرهم يكاد يختصر في هذا المستوى، على أساس أن التصور البصري ذو قيمة كبيرة.

التفكير المجرد: وهو الانتقال من الأشياء الملموسة أو الصور الذهنية إلى معناها، وما يقابلها من ألفاظ وأرقام، مثال ذلك، الحرية ، والسعادة، والديمقراطية. والتفكير بالقواعد وبالمبادئ: هو الذي يقوم بتجميع المعاني المجزأة في مجموعات، ويبين ما بين بعضها البعض من علاقات، واستخلاص القواعد والمبادئ العامة، مثل قوانين الطبيعة والنظريات العامة، وهناك أنواع أخرى من التفكير هي تخصيص أكثر لما سبق ذكره.

---

(1) سيد خير الله ، مرجع سابق، ص 103.

(2) الرمز هو ما ينوب عن الأشياء ، والأشخاص، والمواقف، والأهداف ويعبر عنه، والرموز كثيرة منها الصور الذهنية، والألفاظ، والأرقام، والذكريات، والإشارات، والعلامات الموسيقية...الخ.

سادساً: الفروق الفردية والقدرات العقلية

الفروق بين الناس حقيقة ثابتة، ولكنها فروق كمية وليست نوعية، بمعنى أن جميع القدرات أو الصفات متوفرة في كل فرد، ولكن الفرق ينحصر في مقدار توافر هذه القدرات في كل فرد.

فبالرغم من أن جميع الناس يخضعون لنفس القوانين السيكولوجية في النمو، والإدراك، والتفكير، والتعليم، إلا أنهم يختلفون في ذلك. فلكل شخص نمطه الخاص به من الصفات الجسمية، والقدرات العقلية، والسمات الخلقية والاجتماعية، وكما يختلف الناس فيما بينهم في الحجم والشكل، فهم يختلفون في الذكاء والاستعدادات والقدرة على التعلم، وفي المزاج والخلق، وفي احتمال الشدائد والتعب، وبذل الجهد، وحتى في الصفات التي يخفيها الناس عن قصد، يمكن الكشف عنها عن طريق الاختبارات والمقاييس.[1]

كذلك تختلف قدرات الفرد الواحد في سمات معينة، فقد يكون منخفض الذكاء، ولكنه متميز في القدرة الإبداعية. وقد يكون رفيع الذكاء، ولكنه ضعيف الإرادة. وقد يكون هذا الشخص متميز في القدرة اللغوية، بينما آخر يتميز في القدرة الميكانيكية. وثالث متميز في القدرة على التفكير والتحليل، وهكذا يتضح أن من يكون ناجحاً في مجال قد يكون ضعيفاً في مجال آخر، ومن لم يصلح لعمل معين، قد يصلح لعمل آخر.

وهكذا يظهر بجلاء أنه لا ينبغي إغفال ما بين الأفراد صغاراً أو كباراً، رجالاً أو نساءً من فروق جسمية، وعقلية، واجتماعية، بل ومزاجية، تتيح لكل فرد أن يقوم بأعمال مناسبة تلائم قدراته.

وهذا أيضاً يضع أمام مؤسسات التعليم مسئولية مراعاة الفروق الفردية بين التلاميذ والطلاب، ليس في توزيعهم على أنواع التعليم وتخصصاته، وإنما أيضاً في التعليم والإرشاد والتوجيه، وفي وضع المناهج المناسبة، والاختيار السليم لطرق التدريس، وإتاحة فرص النمو لكل فرد يريد أن يبلغه. وكذا في توزيع الناس على الوظائف والمهن، إذ من الخطورة بمكان المساواة بين الطلاب أو عموم الناس في القدرات، والاستعدادات، والسمات المزاجية، والصفات الشخصية.

...هذا، وقد احتدم النقاش بين علماء النفس والتربية حول أثر العوامل الوراثية، والعوامل البيئية في الفروق الفردية، وكليهما يسوق أدلة على وجهة نظره.

فأنصار الوراثة، يرون أننا مهما بالغنا في تدريب شخص، وأحيط ببيئة ثرية ، فلن نرفع نسبة الذكاء أو نغير من تكوين شخصيته الأساسية، باستثناءات لا تعدو طفيفة، لأن الوراثة هي الأساس في تكوين قدرات الإنسان، كونه اكتسب هذه القدرات أو الصفات الوراثية من والديه، ولا دخل للبيئة فيها.

أما أنصار البيئة فيرون أن العامل الحاسم في تكوين قدرات الفرد وذكاؤه هي البيئة، فعن طريق التعليم والتدريب وإحاطة الفرد بالرعاية الكاملة سوف ترفع ذكاؤه، ويمكن أن تكون عاملاً نابهاً لتكوين الذكاء. ويؤكدون أن تعلم القدرة على قيادة السيارة، وغير ذلك من الاستعدادات لا تقوم على أساس وراثي.

غير أن الرأي الراجح هو أنه لا يمكن فصل أثر البيئة عن أثر الوراثة، فكلاهما في حالة فعل وانفعال. فيتأثر الإنسان بالبيئة والوراثة معاً، ومن تفاعلهما يتم نمو الفرد، ويتكون سلوكه، وتظهر قدراته واستعداداته وميوله، وغير ذلك من الاستعدادات والقدرات التي هي مزيج أو محصلة لهذا التفاعل. وعندما نقول وراثية أو مكتسبة، إنما من أجل تحديد الأثر النسبي لكل منهما في تكوين الفرد، كنتاج محدد للفروق الفردية، ليس إلا.

---

(1) أحمد عزت، راجع سابق، ص 371.

سابعاً: الاستعدادات والقدرات

- **الاستعداد Aptitude**

هو القدرة الكامنة في الفرد على أن يتعلم في سرعة وسهولة، إذ ما أعطي التدريب المناسب، وعلى أن يصل إلى مستوى عال من المهارة في مجال معين[1] أي أن الاستعدادات[2] هنا قدرة كامنة في الفرد تنمو بالتدريب، فيكتسب الفرد نوعاً من المعرفة والمهارة... فإذا توافر التدريب لفردين فأحسنهما استعداداً هو من يصل إلى مستوى أعلى من الكفاية بمجهود أقل ووقت أقصر.

وهناك صفات وأوصاف تميز الاستعدادات عن غيرها، هي:[3]

- الاستعداد الفطري والمكتسب: أي أن للاستعداد أثر وراثي وآخر بيئي، فبعض الأفراد يرثون أصابع طويلة، وأخف في الحركة من غيرهم، فإن أتيح لهم العزف على العود، أو البيانو، أو الضرب على الآلة الكاتبة كانوا أكثر تفوقاً من غيرهم، من ذوي الأصابع الغليضة، غير أن هذه الصفات الموروثة ليست كل شيء في الاستعداد، إذ لا بد من وجود الميل.
- العمومية والخصوصية: فالاستعداد العام يؤهل الفرد للنجاح مهنياً، كالهندسة والطب، والاستعداد الخاص يؤهل أفراداً ليصبح مهندساً ميكانيكياً، أو معمارياً أو كهربائياً.
- القوة والضعف: فالاستعدادات مستقلة بعضها عن بعض، بقدر كبير أو قليل... فقد يكون لدى الفرد استعداد قوي للغناء أو الموسيقى، ولكن لديه استعداد ضعيف للعمليات الحسابية.
- التوزيع: تتوزع الاستعدادات بين الناس، من حيث قوتها وضعفها، وفق المنحنى الاعتدالي، أي أن أغلب استعدادات الناس تتركز في الوسط.
- الظهور: لا تظهر الاستعدادات وتتضح في مرحلة الطفولة، ولكنها تظهر وتتميز في مطلع المراهقة، نتيجة للنضج الطبيعي، ولإهتمام الطفل وفرص التدريب.

- **أنواع الاستعدادات:**

هناك بعض الاستعدادات الهامة والمهن المناسبة لها وهي:[4]

الاستعداد اللغوي: وهو القدرة على معالجة الأفكار والمعاني، عن طريق استخدام الألفاظ، على أساس أن الألفاظ رموز مجسمة، وقوالب تصب فيها الأفكار، وبدائل عن أشياء وأحداث...الخ، ويبرز هذا

---

(1) عبد الرحمن العيسوي: علم النفس في المجال التربوي، الإسكندرية دار المعرفة الجامعية، 1991، ص 303.

(2) إذا توافقت ميول الفرد مع استعداداته في مهنة ما؛ فإن ذلك يوحي بأنه سيحب هذه المهنة، وينجح فيها بدرجة عالية. أما إذا مال الفرد إلى مهنة دون استعداد فإن فرصة النجاح فيها ضعيفة. وهناك مفاهيم أخرى، وهي التحصيل، ويعني مقدار المعرفة أو المهارة التي حصلها الفرد نتيجة التدريب والمرور بخبرات سابقة، وكذا المهارة وتعني القدرة على الأداء المنظم والمتكامل للأعمال الحركية والمعقدة بدقة وسهولة مع التكيف للظروف المتغيرة المحيطة بالعمل.

(3) أحمد عزت راجع:.مرجع سابق، ص 435، 436.

(4) أحمد عبد الخالق: مرجع سابق، ص 435، 437. أيضاً: عبد الرحمن عيسوي، علم النفس في المجال التربوي، مرجع سابق، ص 303.

الاستعداد في عدة مظاهر منها: سهولة فهم الألفاظ والجمل، والأفكار، وإدراك ما بينها من علاقات تشابهه، أو تضاد، وسهولة التعبير الشفوي والتحريري، واسترجاع الألفاظ بسرعة، والاستعداد اللغوي ضروري لمهن مثل: التأليف، والتدريس، والصحافة، والمحاماة.

الاستعداد الميكانيكي: وهو القدرة على فهم الآلات، وإدارتها، وصيانتها، وإصلاحها، وحلها، وتركيبها، وإدراك العلاقات بين أجزاءها، والقدرة على تقدير المسافات والأبعاد، والمقارنة بين الأشكال، وتقبلها في الذهن، وتصور ما تؤول إليه...الخ والأعمال التي تحتاج لمثل هذا الاستعداد، هي: أعمال تختص بتركيب الآلات، والأجهزة، وصيانتها، وإصلاحها.

الاستعداد الأكاديمي: وهو القدرة على النجاح في الدراسة الأكاديمية في الجامعات والمعاهد العليا، والمدارس والقدرة على البحث العلمي، وإجراء الدراسات.

الاستعداد الموسيقي: وهو القدرة على تمييز النعمة الموسيقية، من حيث تردد ذبذبتها وشدتة ارتفاعها وانخفاضها، والتعرف على أنواع الإيقاعات وتمييزها..الخ.

القدرات: Ability، وتعني قيام الفرد بأداء عمل ما دون الحاجة إلى تدريب، أو تعلم، كالأعمال العقلية، والحركية، واللفظية، متضمنة السرعة، والدقة في الأداء. وقد تكون القدرة موروثة أو مكتسبة، فإذا كانت القدرة موجودة لدى الفرد دون تدريب، أو تعلم يمكن وصفها بأنها موروثة، كالقدرة على الإبصار، أو القدرة على المشي أو الرقص، أما إذا كانت ناتجة عن التدريب أو التعلم كالسباحة فهي مكتسبة.

والفرق بين القدرة والاستعداد، أن القدرة هي: مقدرة الفرد على أداء أعمال عقلية أو حركية في اللحظة الحاضرة، سواء مر بتدريب أو بدون تدريب، بينما الاستعداد فهو القدرة الكامنة لدى الفرد، والتي تحتاج إلى تدريب وتعلم لإظهارها، ومن هنا فالاستعداد أسبق من القدرة، والاستعداد يبقى كامناً، يحتاج إلى من يوقضه ويظهره، أما القدرة فهي موجودة تفصح عن نفسها، وتعلن عن وجودها عند الحاجة.

- **أنواع القدرات:**

تصنف القدرات إلى عدة أنواع، لعل أهمها:[(1)]

- **القدرة اللفظية:** وتتعلق بتكون الكلمات، وبمحصول الفرد منها، وذكر كلمات معينة بطريقة سريعة عندما يطلب منه، وأن يكوِّن كلمة من حروف معينة، أو أن يذكر كلمات تبدأ بحرف أو تنتهي بحروف معينة، وهكذا.
- **القدرة العددية:** وتظهر باستخدام الأرقام، وإجراء العمليات الحسابية، والتفكير الحسابي الذي يبني على فهم العلاقات بين الأعداد.
- **القدرة المكانية:** وتظهر في تصور الأشياء، بعد أن يتغير وصفها المكاني.
- **القدرة على الاستدلال:** وتظهر في النشاط العقلي الذي يتطلب اكتشاف القاعدة التي تربط بين مجموعة معينة من العناصر في صورة أرقام أو حروف أو رموز...الخ.

وطالما أن الاستعدادات والقدرات هي التي تقرر نجاح الفرد في دراسته وعمله، فقد أصبح ضرورياً

(1) إبراهيم ناصر، أسس التربية، مرجع سابق، ص 101.

على مؤسسات التعليم والمربين أن يكشفوا عن استعدادات التلاميذ والطلاب، وقدراتهم، ويتعهدوها بالصقل والتهذيب. واتخاذ تلك الاستعدادات والقدرات دليلاً للاختبار المهني والتعليمي، لما توفره من وقت وجهد، يسهل عملية النجاح في حياة الأفراد التعليمية والمهنية.

وهنا لا بد من استخدام اختبارات الميول، والقدرات، والاستعدادات، لتوجيه التلاميذ نحو نوع الدراسة التي تلائمهم، وذلك بالكشف عن قدراتهم المختلفة: الجسمية، والحسية، والحركية، والعقلية، وكذلك السمات المزاجية، الاجتماعية، والخلقية، بما يكفل لهم النجاح في دراستهم، والرضى، والنفع لأنفسهم، وللمجتمع. ونفس الحال، بالنسبة للمهن، إذ من المفيد وضع الشخص المناسب في المكان المناسب، أي توزيع الأفراد حسب استعداداتهم ومقدراتهم على المهن والوظائف المختلفة، أو توزيع الأعمال على العمال.

ثامناً:- الذكاء [11]

يشير مصطلح الذكاء في اللغة العربية إلى سرعة الفهم وتوقده، وأصلها ذكت النار ذكواً، وذكا، ذكاء، أي اشتد لهيبها واشتعلت. وذكاء فلان، أي أسرع وتوقد. وقد أقر مجمع اللغة العربية استخدام الذكاء بمعنى القدرة على التحليل، والتركيب، والتمييز، والاختيار، وعلى التكيف إزاء المواقف المتغيرة. أما مصطلح الذكاء Intelligence في اللغات الأوروبية فهو القدرة الفطرية المعرفية العامة.

أما مفهوم الذكاء، وتعريفه فهناك اختلافات بين العلماء حول تعريف الذكاء تعريفاً جامعاً مانعاً، غير أنهم متفقون والناس جميعاً على الصفات التي تميز الشخص الذكي من غير الذكي، وذلك بأنه ،:

— أشد يقظة وأسرع في الفهم.

— قادر على التعلم والإسراع فيه، وأقدر على تطبيق ما تعلمه.

— أقدر على إدراك ما بين الأشياء والألفاظ من علاقات.

— أقدر على الابتكار وحسن التصرف.

— أقدر على التصرف في عواقب أعماله.

ومن تعاريف الذكاء حسب آراء علماء النفس، ما يلي:

— الذكاء هو القدرة على التفكير المجرد أي على التفكير بالرموز والألفاظ والأرقام.

— الذكاء هو القدرة على التكيف العقلي للمشاكل وللمواقف الجديدة.

— الذكاء هو القدرة على التعلم.

— الذكاء هو القدرة على اكتساب الخبرة والإفادة منها.

— الذكاء هو القدرة على الفهم والابتكار والتوجيه الهادف للسلوك، والنقد الذاتي.

— الذكاء هو ما تقيسه اختبارات الذكاء. وهذا هو المفهوم الإجرائي الذي يشيع استخدامه أخيراً. وتطبق اختبارات الذكاء من أجل التمييز بين الأذكياء، وغير الأذكياء.

العمر العقلي ونسبة الذكاء: ويقصد به مستوى التطور الذي وصل إليه الذكاء، كما يقاس في اختبارات الذكاء. أو هو درجة ذكاء الفرد بالقياس إلى أفراد من نفس سنه. فيقال أن عمره العقلي تسع

---

1 أحمد عبد الخالق،مرجع سابق ص125-129 أيضا أحمد عزت ، مرجع سابق ص 405

سنوات مثلاً، إن استطاع أن ينجح في الاختبارات التي يجتازها طفل متوسط عمره تسع سنوات، ولكن العمر العقلي بحد ذاته لا بد لنا على أن الفرد ذكي أو غبي. فالطفل الذي عمره العقلي ثمان سنوات مثلاً يكون غبياً إن كان عمره الزمني اثنا عشر سنة، والعكس صحيح.

لذلك كان من الضروري الموازنة بين العمر العقلي للفرد، وعمره الزمني، فإن كان عمره العقلي يقترب من عمره الزمني، فهو متوسط الذكاء، وإن كان يزيد عليه فهو فوق المتوسط، لذا اصطلح علماء النفس على اتخاذ النسبة بين العمر العقلي والعمر الزمني كوسيلة للدلالة على مقدار ذكاء الفرد أو غبائه.

$$\text{إذاً نسبة الذكاء} = \frac{\text{العمر العقلي}}{\text{العمر الزمني}} \times 100$$

على أن المدلول الحقيقي لنسبة الذكاء لدى فرد معين لا يمكن معرفته بالتحديد، إلا إذا درسنا توزيع نسب الذكاء بين الناس جميعاً، بتطبيق مقاييس الذكاء على نطاق واسع. ودلت النتائج أن الذكاء يوزع بين الناس توزيعاً طبيعياً، وفق خواص المنحنى. الاعتدالي، أي أن الغالبية العظمى منهم متوسطين في الذكاء، في حين أن الأذكياء جداً أو ضعاف العقول قلة قليلة. كما يبينه الجدول التالي:

جدول مستويات الذكاء ومعناها ونسبة توزيعها في المجتمع

نسبة الذكاء	الوصف اللفظي	النسبة المئوية للأفراد
أقل من 70	متأخرون عقلياً	3
70 – 79	على الحدود	6
80 - 89	أقل من المتوسط	15
90- 109	المتوسط	46
110- 139	أعلى من المتوسط	18
120- 139	المتفوقون	11
أكثر من 139	المتفوقون جداً	1

- **مراتب الذكاء:**

وعلى أساس مقاييس الذكاء أمكن تحديد مراتب الذكاء، وهي كما يلي:

1- الموهوبن وهم ذو الذكاء المرتفع، ونسبتهم 0.1% وينقسمون إلى الفئات التالية:
   - العباقــرة: ونسبة ذكاؤهم تزيد على 140.
   - الأذكياء جداً: ونسبة ذكاؤهم تزيد على 120-140.

2- متوسطوا الذكاء وهم الغالبية العظمى في المجتمع، ويقسمون إلى:
   - فوق الذكاء المتوسط، ونسبة ذكائهم بين 110-120.
   - المتوسطوا الذكاء، ونسبة ذكائهم بين 90-110.
   - دون المتوسط، ونسبة ذكاؤهم بين 80-90.

3- ضعاف العقول: وهم من انحطت نسبة ذكائهم، ونقص تكيفهم الاجتماعي، وهم من عانوا من مشكلات عقلية ومرضية قبل سنة 18، وهم ثلاث فئات، ونسبتهم في المجتمع 3%.

- الأهوك Morom أو الأهوج: ونسبة ذكائهم ما بين 50-70 وعمرهم العقلي ما بين 8-12 سنة.
- الأبله Imbicil ونسبة ذكائهم ما بين 20-50 وعمرهم العقلي بين 3- 7 سنوات.
- المعتوه: ونسبة الذكاء هنا أقل من 20 درجة وعمره العقلي لا يزيد عن 3سنوات.

- **الذكاء والنجاح الدراسي:**

تأكد أن الذكاء يقوم بالدور الرئيسي في النجاح بالدراسة، وفي مختلف جوانب الحياة، حيث ثبت أن اختبارات الذكاء تعد مؤشراً أو وسيلة للتنبؤ بالنجاح الدراسي، فمن اختبارات القدرة الأكاديمية، والاستعداد الدراسي يتبين أن الطالب الذي ذكاؤه دون المتوسط يصعب نجاحه بالدراسة الثانوية، و أن النجاح بالدراسة الجامعية يتطلب ذكاء فوق المتوسط، بل أن الكليات التخصصية كالطب والهندسة تحتاج إلى قدر أكبر من الذكاء، أعلى من الكليات الأدبية، على أن العلاقة بين الذكاء والتحصيل في مراحل التعلم الأولى أكثر ارتباطاً، وأوثق منه في التعليم الجامعي، لأن التحصيل فيه يعتمد على استعدادات الطالب وميوله واهتماماته .

والمشكلة هنا، أنه طالما أن اختبارات الذكاء تعتبر وسيلة أكيدة للتنبؤ بالنجاح الدراسي، وأن المعلم لا يمكنه زيادة الذكاء أو تنميته فما دوره إذاً؟ وما يمكنه أن يعمله، إزاء تلاميذه هؤلاء؟

الواقع أن نجاح الطالب الذكي لن يكون آلياً، لأن هناك عوامل أخرى، جسمية، وعقلية وانفعالية، واجتماعية، تسهم في النجاح الدراسي، أما الطلاب قليلي الذكاء فهناك عوامل غير الذكاء تسهم في النجاح الدراسي، من بينها المثابرة، والثقة في النفس، وقوة الإرادة، فضلاً على أن أمام المدرس استعدادات الطلاب وقدراتهم التي يجب أن يتعهدها بالرعاية والتهذيب.

تاسعاً:- التعلم

التعلم ضروري للإنسان، لأنه يولد وليس لديه سلوكاً جاهزاً، كالحيوانات التي تولد مزودة بأنماط سلوكية فطرية أو موروثة، تمكنها من الاعتماد على نفسها منذ الميلاد، بعكس الإنسان الذي يظهر عجزه عند الميلاد، واعتماده الكامل على الآخرين، لمواجهة حاجاته في البقاء والعيش. لذا تطول فترة حضانة التلميذ البشري ورعايته حتى يتعلم، ويكتسب ضروباً من السلوك، تمكنه من تلبية حاجاته ودوافعه التي لا حصر لها. وهنا فإن عملية التعلم، تبدأ منذ مرحلة الرضاعة، وتستمر حتى الممات، حيث يقوم التعلم بدور كبير في مجالات النمو الجسمي، والحركي، والعقلي، واللغوي، والاجتماعي، والانفعالي، وفي تكوين الشخصية طبعاً وخلقاً، ضميراً وسلوكاً.

والتعلم بهذا عملية تربوية واسعة، دائمة ومستمرة، تشمل التعليم المدرس، وغير المدرس أي المقصود وغير المقصود، متضمناً ما يكتسبه الإنسان من معارف، واتجاهات، وميول ومهارات، عادات، وأنماط سلوك، سواء تم ذلك بطريقة معتمدة، أو بطريقة عارضة غير مقصودة.

وهناك اختلاف في تعاريف التعلم بين علماء النفس، إلا أن التعريف الأكثر قبولاً وشيوعاً أنه "تغير في

سلوك الفرد أو تفكيره أو شعوره"[1]. أي في السلوك والخبرة والأداء، يحدث نتيجة لاستجابة الإنسان ونشاطه في بيئته المحيطة، فعلاً وانفعالاً. و بالتعلم يستطيع الإنسان تغيير مجرى حياته، ومواجهة المواقف الجديدة.

ولكن التعلم لا يحدث من تلقاء نفسه، وبمجرد حدوث النضج الطبيعي، أي حدوث نمو للفرد، نتيجة للتكوين الوراثي، إذ لا بد من نشاط الفرد، مدفوعاً برغبة داخلية تحمل الفرد على النشاط والتفاعل المستمر مع ما حوله... يلاحظ تارة، ويحاكي تارة أخرى، يمارس ويتدرب... وهكذا، فلا تعلم بدون دافع، وكل تعلم نشاط ذاتي.

- **نظريات التعلم:**

كيف يحدث التعلم لدى الإنسان؟ وما الشروط الموضوعية الواجب توافرها لإتمام عملية التعلم، واكتساب الأفراد أنماط السلوك والاتجاهات والمعارف؟ وما الذي يحدث للإنسان حتى يتعلم؟ وغير ذلك من الاستفسارات التي شغلت علماء النفس والمربين، وغيرهم من المفكرين.

وإزاء تفسير ظاهرة التعلم، ظهرت عدة نظريات تسعى إلى الكشف عن حدوث التعلم، ووضع القوانين التي تفسر عملية التعلم، بقصد فهمه والتحكم فيه وضبطه والتنبؤ به. وقد أسهمت هذه النظريات بدور كبير في العملية التعليمية التربوية، حيث مكنت من فهم السلوك الإنساني، وتفسير دوافعه، وقدمت معلومات مهمة للغاية،تفيد في شتى مجالات العمل التربوي.

ويمكن تصنيف نظريات التعلم في القسمين التاليين:

النظريات الميكانيكية أو الترابطية: وهي التي تفسر عملية التعلم، من خلال الربط بين المثيرات والاستجابات بمعنى أن السلوك هو الاستجابة الصادرة عن المنبهات المرتبطة بها والعمليات الوسيطة بينها.[2]

النظريات المعرفية: وتفسير السلوك، بأنه ناشئ عن مصدر ما للمعلومات، أي أن بناء التفكير هو الذي يحدد التصرف أو السلوك، ويندرج تحت هذا القسم نظريات التعلم الشرطي، ونظريات التعلم بالاستبصار. وأهم ما يمكن ذكره في نظريات التعلم، هو استخلاص فوائدها المباشرة من خلال قوانين التعلم.

- **قوانين التعلم الجيد:**

مكنت نظريات التعلم لدى مختلف مدارس وتيارات علم النفس،الوصول إلى قوانين عديدة تفسر عملية التعلم، يمكن الإشارة إلى أهمها،[3] والتي تفسر وتسهل عملية التعلم، أبرزها:

1- قانون التقارب: ويعني أن الأشياء القريبة في الترابط الزمني يسهل تعلمها، عن الأشياء المتباعدة، فذِكْر مجموعة أرقام مترابطة في المعنى كأرقام تلفون، أسهل من تذكر مجموعة أرقام لا معنى لها. وقد تكون الاستجابة من فعل المثير الشرطي مرة واحدة، بدلاً من المثير الطبيعي.

2- قانون التنظيم : يعني أن التعلم يحدث أسرع ، إذا كانت مادة التعلم منظمة ومنتظمة في علاقات

---

(1) أحمد عزت راجع، مرجع سابق، ص 300.

(2) راجع: لطفي محمد فطيم، وأبو العزائم الجمال، مرجع سابق.

(3) عبد الرحمن عيسوي: علم النفس في المحال التربوي، مرجع سابق، ص 331،333. أيضاً: عبداللطيف أبو حطب وامال صادق، علم النفس التربوي، مرجع سابق، ص 429.

متكاملة. فالفرد يقوم بتنظيم المجال الإدراكي الكلي أمامه، ويقوم بحل الموقف المشكل.

3- **قانون التمرين:** وهو أن التكرار والممارسة في أداء السلوك يساعد على تعلمه، أي أن الممارسة والتكرار، ستؤدي إلى حذف المحاولات الخاطئة، والإبقاء على المحاولات الناجحة، مما يجعل تعلم السلوك أقل تعرضاً للأخطاء.

4- **قانون الأثر:** وهو ميل الفرد إلى تكرار السلوك المقترن بالثواب، دون الذي يقترن بالعقاب، بمعنى أن الاستجابة أو السلوك الذي يؤدي إلى إرضاء دوافع الفرد وشعوره بالراحة والسرور، حتى وإن اقترن بألم وعقاب خفيف، يتم تدعيمه، ويؤدي إلى تكوين العادات؛ في حين أن السلوك الذي يؤدي إلى المضايقة والشعور بالإحباط والفشل يميل إلى الاختفاء وعدم التعلم، وهنا لا تعلم بدون تدعيم.

5- **قانون الكثافة أو الشدة:** وهو توقف سرعة التعلم على سرعة الاستجابة، فالاستجابة القوية أسهل في تعلمها من الاستجابة الضعيفة.

6- **قانون التسهيل:** وهو إذا كان المثير في الموقف الجديد يحتاج إلى استجابة مرتبطة بموقف قديم، فإن الموقف القديم سوف يساعد في تعلم الموقف الجديد، ويسهل تعلمه.

7- **قانون التعميم:** وهو ميل الفرد إلى نقل أثر المثير أو الموقف، إلى مثيرات ومواقف تشبهه. وكلما زاد التشابه والتقارب، زادت قوة الاستجابة الشرطية، أي زاد التعميم، وهو ما يفسر أن العادات التي اكتسبها الفرد في موقف معين ينتقل أثرها إلى مواقف أخرى شبيهة.

مبادئ وشروط التعلم الجيد:

التعلم لا يحدث من تلقاء نفسه، وقد يحدث مشوهاً أو مختلاً، إذا لم يراع فيه مبادئه الأساسية التي تساعد المتعلم والمعلم، لعل أهمها[1]:

1- **الدوافع والتعلم:** لا تعلم بدون دافع، فقد تكون لدى الفرد القدرة والوقت والفرصة المتاحة، ولكن لا يحدث التعلم، إن لم يكن لدى المتعلم ما يدفعه إلى التعلم، إذ لا بد من وجود دافع يحرك الكائن الحي نحو النشاط. وكلما كان الدافع قوياً، زاد نزوع الفرد نحو النشاط المؤدي إلى التعلم. وعليه فمن الضروري أن يقوم التعلم على دوافع المتعلمين، وعلى ما لديهم من اتجاهات وميول، على أن إهمال الدوافع يؤدي إلى تدني قدرات المتعلمين وإخفاقهم، أما زيادة الدافع إلى حد معين، كالخوف الشديد من الامتحانات مثلاً سيعطل التعلم.

2- **وضوح الغرض من التعلم:** الغرض دافع يثير سلوك المتعلم، ويوجهه في اجتياز الصعوبات التي تواجهه من أجل بلوغه. وذلك باختبار الوسائل والأساليب المناسبة التي تمكنه من الوصول إلى هدفه من التعلم. لذا يتعين على المعلم أن يوضح للمتعلمين الأهداف القريبة والبعيدة التي يرمي إليها الدرس، ويحددها لهم تفصيلاً، ويذكرهم بها، إن غفلوا عنها، كي يستطيع المتعلم أن يسعى إليها ويترجمها إلى أعمال تفيده في حياته اليومية، كما أن وضوح الغرض من التعلم في ذهن المتعلم يسهل عملية الحفظ والتحصيل، ويزيد من درجة الفهم والجهد، وتركيز الانتباه.

---

(1) أحمد عزت، راجع، مرجع سابق، ص 262-266.

3- **تنظيم مادة التعلم:** يتعلم الفرد إذا كانت المادة الدراسية مفهومة ومنتظمة في وحدات دراسية، وذات معنى ودلالة، على أساس أن الأشياء المفهومة الواضحة المعنى، لا تثير اهتمام المتعلم، ورغبته المتجددة في العلم فقط، وإنما أيضاً يكون تعلمها أو تذكرها أسرع وأدق. وأمكن استخدام ما تعلمه، وتطبيقه في مواقف جديدة.

لذا يجب أن تكون المادة التعليمية منظمة في وحدات طبيعية، ومرتبة منطقياً، ومتكاملة مترابطة فيما بينها، وبين غيرها من المواد الأخرى، بحيث تشكل نسيجاً واحداً، يعمل في تناغم وانسجام، والمعلم عندما يقدم مادته الدراسية متناثرة مجزأة، يجب عليه أن يدمجها في وحدات كلية ضمن المنهج الدراسي، بحيث يكون لها معنى، تيسر الفهم والتطبيق لها، أما إذا ظلت مجزأة فتكون كالإناء المكسور إلى قطع متناثرة، لا معنى لها، مفككة لا فائدة منها.

4- **النشاط الذاتي:** المعلومات والمعارف التي يتلقاها التلاميذ ويسمعونها، لا تعلمهم، وإنما استجابتهم لهذه المعلومات والتفكير بها، ومحاولة تطبيقها. فالطالب الذي يردد ما يسمعه كالببغاء ليس من التعلم، لأن التكرار الأصم لا ينطوي على فهم. فالمواد غير المفهومة كالطعمة غير المهضومة التي لا فائدة منها، إلا أتعاب البطن والعقل...الخ.

وعليه فالتعلم، هو مجهود ذاتي، يبذله المتعلم في بحث وتقصي، وملاحظة وتجريب، حيث ينتزع المتعلم معاني ما يسمع ، ويقرأ، ويخضعها للتحليل، والتأويل، والشرح، والتعليل. وعلى قدر ما لديه من جهد، يحصل الفهم، ويكون لما يعرفه معنى ومغزى وتكون أكثر رسوخاً في ذهن المتعلم، عصية على الزوال والنسيان. وهذا ينسحب على كل أنوال التعلم المعرفي، والحركي، والخلقي، وغيره من تكون الاتجاهات التي يكتسبها الفرد. فالفرد الذي يتعلم الكتابة على آلة الطباعة عليه أن يجرب أداء الحركات اللازمة بنفسه، فيحاول وقد يخطيء ثم يصحح أخطاؤه. وهكذا في اكتساب المعرفة، عليه أن ينشط داخلياً، يفحص ما يقرأ ويسمع، ويؤولها ويعلق عليها، يسأل نفسه فيها، ويلخص مضمونها تارة، ويحاول تطبيقها تارة أخرى.

5- **التسميع الذاتي:** وهو محاولة استرجاع ما حفظه الفرد وفهمه من معلومات، واكتسبه من خبرات، وذلك أثناء الحفظ وبعده بمدة قصير. وللتسميع فوائد كثيرة منها أنه يبين للمتعلم مقدار ما حفظه وما نساه، وما بقي منه في حاجة إلى مزيد من التكرار، حتى يحفظه، ويحفز الفرد على بذل الجهد، وعلى الانتباه أكثر من ال حفظ، وما يرافق ذلك من رضى ومتعة بالنجاح والعكس، ولكن التعجل في التسميع دون أن تكون المادة قد فهمت وهضمت، فإن ذلك مدعاة للفشل والإحباط.

6- **التكرار الموزع والمركز:** التكرار شرط ضروري للتعلم، ولكن قد يتعلم الإنسان من مرة واحدة، غير أن هذا يكون في الأعمال البسيطة، ومنه التعلم بالمحاكاة لأنماط سلوكية غير معقدة، كتعلم الطباعة على الآلة الكاتبة، وتعلم المعارف والمهارات التي تتطلب تكراراً مركزاً، وموزعاً، ولكن التكرار لوحدة غير كاف للتعلم، أي التكرار الأصم الأعمى، وإنما التكرار القائم على أساس الفهم، وتركيز الانتباه، والملاحظة

الدقيقة، ومعرفة معنى ما يتعلمه الإنسان، لأن التكرار الأعمى لا يثبت في الذهن ما يتعلمه المتعلم، بل ويؤدي إلى عجزه عن الارتقاء بمستوى أدائه، إلى جانب أنه تبذير للوقت والجهد دون طائل.

والتكرار وعلاقته بالتعليم والتعلم بصفة عامة يحتاج إلى توزيع، تتخلله فترات راحة، وخاصة في الأمور الصعبة، كحفظ قصيدة شعرية طويلة، أو اكتساب مهارة، لأن التعلم المركز يؤدي إلى التعب والشعور بالملل، وما يتعلمه يكون عرضه للنسيان، أما الموزع فإلى جانب أنه يُثبت ما حصّله الفرد، فإنه يجدد نشاطه، ويجعله يقبل على التعلم.

7- **معرفة المتعلم مدى تقدمه:** ثبت بالتجربة أن معرفة المتعلم نتائج ما تعلمه يعينه على إجادة التعلم، والسرعة فيه، كما، ونوعاً، لأن عدم معرفة المتعلم بنتائج ما يتعلمه، ويمارسه، ويفعله، خطوة خطوة، لا يؤدي إلى التعلم الجيد، وقد لا يؤدي إلى التعلم البتة، على أساس أن هذه المعرفة تثبت الاستجابات الصحيحة، بعد استبعاد الخاطئ منها. وإلى جانب أنها تجعل العمل اكثر تشويقاً، فإنها تحفزه على بذل الجهد والنشاط، وتحمله أن ينافس أقرانه أو اللحاق بهم.

8- **الإرشاد والتوجيه:** المتعلم كالسفينة بدون بوصلة في عرض البحر، يتخبط يميناً وشمالاً، وقد يهتدي بعد جهد ومشقة، وقد لا تهتدي، والمتعلم بدون إرشاد وتوجيه يجهد نفسه في طرق وأساليب خاطئة، أو عقيمة، تستنزف جهده ووقته، وغالباً ما تكون النتائج متواضعة للغاية، وهناك بعض النتائج التي يفيد منها المعلم في إرشاد المتعلم، وتوجيهه، منها[1]:

- تؤدي الإرشادات الإيجابية الصحيحة إلى توجيه نظر المتعلم وجهده إلى الاتجاهات و النواحي الصحيحة، لأن ذلك يعطل التعلم.
- أن يقدم الإرشاد عند الحاجة القصوى.
- أن يَحُول دون ظهور الأخطاء أَمام المعلم.
- أن يشجع المتعلم على التساؤل والاستفسار، وأن يعيد عليه التفسيرات الهامة والصعبة.

بهذا الاستعراض السريع والمقتضب يتبين نواحي إسهام الأصول النفسية في التربية، وما تقدمه من فوائد عظيمة، أعادت للتربية معناها، ويسرت سبل عملها، ومكنتها من تحقيق أهدافها.

---

(1) أحمد عزت راجع مرجع سابق، ص 283.

182

الفصل الثامن
الأصول الاجتماعية للتربية

تعد الأصول الاجتماعية المدخل الواقعي لفهم طبيعة التربية، وتحديد وظيفتها وأهدافها. فالتربية قبل كل شيء هي ظاهرة اجتماعية بكل أبعادها... فالتربية لا تقوم في فراغ، وإنما في مجتمع، هو وعائها الذي تتحرك فيه... منه تشتق شخصيتها ومقومات بنائها، نظمها وأفكارها، قيمها واتجاهاتها، ومنه تستمد وظائفها وأهدافها، وإليه ينتهي عمل التربية. ومهما تعقدت أدوار التربية، واستعانت بمعارف وعلوم، فإن نهاية المطاف لعملها هو مجتمعها الذي أوجدها. فالمعرفة التي يقدمها نظام التعليم لأفراد المجتمع مثلاً، مهما بلغت درجت تعقدها فلها صفتها، ووظيفتها الاجتماعية، أي أن مجال استخدامها هو الحياة الاجتماعية، وإلا لا معنى لها ولا فائدة منها. وكل تربية تحمل صفات مجتمعها، مهما كانت ظروف هذا المجتمع، ومستوى نظمه وتنظيماته تطوره وتخلفه. وما النظريات التربوية إلا مفاهيم عن المجتمع والثقافة، ودور الفرد فيها، وتختلف هذه النظريات باختلاف وجهات النظر إلى طبيعة الفرد وعلاقته بالمجتمع.

أولاً: التربية عملية اجتماعية

لتقصي أبعاد هذه العملية، ولماذا؟ وكيف تنشأ؟ يكشف التحليل التالي أبعاد تكون هذه العملية. فالتربية تعد ظاهرة اجتماعية تنشأ من وجود أفراد الجماعة. فحينما يتواجد أفراد؛ فإنهم بحكم استعدادهم البيولوجي والنفسي يدخلون في روابط وعلاقات من أجل إشباع حاجاتهم الأساسية. وكل فرد يدخل في عضوية الجماعة، فإنه في سعيه لإشباع حاجاته ودوافعه يستجيب لكل ما حوله، فيميز بين نفسه وبين الآخرين، ويحسن من استجابته في المواقف المختلفة، بأن يعي خصائص الأشياء التي يتفاعل معها، ومعاني استجابات الأفراد الذين يتعامل معهم، فيسلك الفرد في ضوء التوقعات التي ترتضيها الجماعة، ويستوعب القيم التي تتضمنها أنواع النشاطات المختلفة التي تتمثل في علاقات الأفراد، والتي تجسدها أنظمتهم، فيرى الفرد سلوكه ويحكم عليه في ضوء استجابات الآخرين لنشاطه وتفكيره.[1] وهنا تنشأ التربية كظاهرة محددة لأنماط التفاعل التي تشكل طبيعة العلاقات الاجتماعية، لأن عملية التفاعل الاجتماعي التي تحدث بين الفرد والآخرين عملية معناها، أنه في المواقف الاجتماعية، فإن ما يلاحظه الفرد ويقوم بعمله، هو في الوقت ذاته استجابة لما لاحظه الآخرون وقاموا به. وهذا التفاعل وما ينتج عنه من تعلم لسلوك معين يعني التربية[2] والتفاعل الاجتماعي يصحبه دائماً تعلم، وباختلاف أنواع التفاعل وميادينه تختلف أيضاً أنواع التعلم وميادينه. وما العادات والتقاليد، والقوانين والأفكار ما هي إلا مجرد اصطلاحات يستخدمها الناس لتحديد الطريقة التي يتفاعل بها بعضهم مع بعض، ومع بيئتهم كذلك.[3]

---

(1) محمد الهادي عفيفي: في أصول التربية، الأصول الثقافية للتربية، مرجع سابق، ص193.

(2) محمد لبيب النجيمي: اجتماعيات التربية ط2، ص110.

(3) محمد الهادي عفيفي: المرجع السباق، ص 195.

وفي سياق التفاعل الاجتماعي بين الأفراد والجماعات، تنشأ روابط وعلاقات تنتظم في عادات وأفكار، نظم وتنظيمات، قيم واتجاهات، تؤلف معاً ما يسمى بالتنظيم الاجتماعي العام، لا تلبث أن تقنن وتصبح قواعد الفكر والعمل. وهنا تبرز التربية كتنظيم لعملية اجتماعية مهمتها ترسيخ تلك القواعد لبناء المجتمع واستمرار وجوده، ومن خلال تبادل الخبرات، والأفكار، والقيم، والاتجاهات، وإدراك المعاني، لأدوار الاجتماعية، يتم تشكيل النشئ وإدماجهم، في ثقافة مجتمعهم كي يحملون شخصيته الاجتماعية وهويته الثقافية.

فالتربية إذن مسألة حيوية لضرورتها الاجتماعية. فهي إذا كانت وليدة خبرات أفراد المجتمع وأسلوب حياتهم، فإنها تعكس أفضل ما اختاره هؤلاء الأفراد من قيم، وأنظمة، وأفكار، وعلاقات لمساعدة الناشئين على مواجهة ظروف الحياة في المجتمع، وبالتالي تصبح وسيلة لبقاء المجتمع واستمرار ثقافته، من خلال نقل تجاربه، ومعارفه، وقيمه، ونمط حياته إلى الناشئة في أفضل صورة يكون عليها المجتمع. والتربية هنا تتطور نتيجة لما يبذله أفراد المجتمع وما يختارونه من الثقافة وظروف حياتهم الماضية من أجل استمرار وجودهم حاضراً ومستقبلاً.

والتربية باعتبارها ظاهرة اجتماعية فهي أداة الاستمرار الاجتماعي للحياة، وتجديد الحياة بمستوياتها المادية والفنية، الاجتماعية، والخلقية.[1]

غير أن ما يلزم الإشارة إليه أن التربية كما سبق شرحه تنشأ من تفاعل أفراد الجماعة لتنظم ذلك التفاعل، والتربية بهذا تتضمن معناً واسعاً لعملية اجتماعية واسعة، تحوي إلى جانب التربية المقصودة وغير المقصودة، التنشئة الاجتماعية، والضبط الاجتماعي، على أساس أن التربية عملية تقوم على قواعد وتنظيم اجتماعي معين، لاختيار بيئة منتقاه للنمو والتشكل الاجتماعي.

ولأهمية الأصول الاجتماعية في تشكيل التربية نشأ علمان رئيسيان هما: علم اجتماع التربية وعلم أنثروبولوجيا التربية، ليكونان جسراً بين علم الاجتماع، وعلم الانثروبولوجيا والتربية. وعن طريقهما تستمد التربية مناهجها وتنظيم عملياتها، وقيمها واتجاهاتها، وتحديد وظائف التربية، والنشاط المدرسي، وأثر الثقافة في تشكيل الفرد اجتماعياً، ودور التربية في تشكيل الثقافة وتطوير المجتمع، وغير ذلك من الأمور التي يمكن تناولها ضمن علم اجتماع التربية، مجال دراستنا في هذا الفصل.[2]

وقبل تعريف علم اجتماع التربية يحسن التفرقة بينه وبين علم الاجتماع التربوي، للوقوف على الفروق الدقيقة بينهما، توضيحاً لمجال ما نناقشه، وإزالة الالتباس والخلط القائم بين فرعي دراسة المجتمع.

من تفحص تعريفات علم الاجتماع التربوي Educational Sicology وعلم اجتماع التربية Sicology of Education تبين أن غالبيتها حتى عندما تفرق بين المصطلحين؛ فإنها تستخدمها بمعنى واحد، في سياق معالجة مواضيع اجتماعية التربية.

---

(1) أحمد الخشاب: الاجتماع التربوي والإرشاد الاجتماعي، القاهرة، مكتبة القاهرة، 1971، ص21.

(2) أما علم أنثربولوجيا التربية فسوف نتناوله ضمن الأصول الثقافية للتربية، وإن كان هذا الفصل مصطنع، وإنما بغرض الدراسة فقط.

ويمكن تتبع نشأة علم الاجتماع التربوي ، والكيفية التي استلزم قيام علم آخر اسمه "علم اجتماع التربية" لنقف على الصورة التي ميزت نموها واختلاف مجال دراستهما.

الملاحظ أن الاتجاه الاجتماعي في التربية ظهر في القرن التاسع عشر. بظهور مقالات هربرت سبنسر التي نشرت عام 1861م. وتدور حول المعنى الأخلاقي والمدني للتربية، فأسس بذلك البدايات الأولى لتكون علم الاجتماع التربوي، وانضم إلى هذا الاتجاه عدد من علماء الاجتماع الذين طرحوا أفكاراً اجتماعية تركت أثارها على التطبيق التربوي، حتى ظهرت النظريات الاجتماعية للتربية من خلال أعمال "أميل دوركايم" و "ماكس فيبر" اللذان يعدان المؤسسين الحقيقين لاجتماعيات التربية.

اتجهت معالجتهما لدراسة العلاقة بين التربية والمجتمع نحو تعميق دور التربية ووظيفتها في غرس قيم الولاء للنظام، وتحقيق تضامن المجتمع وتماسكه. وفي هذا السياق يرى دوركايم أن المخرج من الأزمات التي تواجه تطور المجتمع الصناعي الحديث يكمن في التربية التي يجب عليها أن تعيد تنظيم الحياة الاجتماعية[1].

وبهذا يتضح أن بداية الاتجاه الاجتماعي تركز حول دور التربية في إصلاح المجتمع وتقديم الحلول المناسبة لمشكلاته.

ولكن منذ العشرينات من القرن العشرين أخذ يتكون في الجامعات الأمريكية علم جديد أطلق عليه "علم اجتماع التربية " تمييزاً له عن علم الاجتماع التربوي الذي ألتصق بمشكلات مجتمع محدد، ويهتم بالتطبيق التربوي دون التعرض إلى بحث أراء أصحاب النظريات الاجتماعية، ويحصر وظيفة التربية والمدرسة في حل مشكلات المجتمع، ويسمى أحياناً "التربية ومشكلات المجتمع" أما علم اجتماع التربية فقد أخذ طابعاً علمياً بحتاً من غير توجيهات أخلاقية واقتراح ما ينبغي، وإنما أخذ يهتم بدارسة شبكة العلاقات الاجتماعية الراهنة بصورة مجردة، من خلال أبعادها التاريخية، وفلسفة المجتمع. وتتبع القوى المؤثرة على التربية: السياسية والاقتصادية...الخ. وكذا الأفكار، والقوى الدينية التي تحكم سلوك الأفراد، وتؤثر في سلوكهم، مع تناول أراء المفكرين، ونظريات علماء الاجتماع، وكل ما يعين على دراسة التربية وعلاقتها بالمجتمع.

ويمكن رصد الفروق الدقيقة بينهما من خلال الآتي:

- ينظر علم الاجتماع التربوي إلى العمليات الاجتماعية على أنها مظاهر تربوية نابعة من العمليات الاجتماعية، على حين ينظر علم اجتماع التربية إلى العمليات التربوية على أنها ظاهرة اجتماعية أو إنتاج اجتماعي[2].
- يعتبر علم الاجتماع التربوي المدرسة وسيلة وغاية للنشاط الاجتماعي، على حين يعتبر علم اجتماع التربية المدرسة أداة ووسيلة للتغير الاجتماعي.
- يركز علم الاجتماع التربوي على قضايا ومشكلات تواجه المجتمع بقصد تقديم الحلول المناسبة والمقترحات لعلاج تلك المشكلات الاجتماعية، على حين يركز علم اجتماع التربية على شبكة

---

(1) د.ف. سويفت: اجتماعيات التربية دراسة تمهيدية تحليلية، ترجمة محمد سمير حسان، مؤسسة سعد للطباعة بطنطا، ط2، 1977، ص12.

(2) إبراهيم ناصر ودلال نحس: علم الاجتماع التربوي، عمان، 1984، ص18.

العلاقـات الاجتماعيـة وتحليلهـا في إطـار فلسـفة المجتمـع، وأبعـاد مؤثراتـه التاريخيـة والاقتصادية والسياسية، والثقافية.

— أن مادة علم الاجتماع التربوي محدودة بمجتمع معين، بتركيزه على قضايا ومشكلات خاصة، على حين أن مادة علم اجتماع التربية أقرب إلى العمومية والتجريد ببحثها مواضيع تهم المجتمعات البشرية، وتناقش قضايا تربوية في مجتمع ما من خلال نتاج الفكر الاجتماعي.

— يدرس علم الاجتماع التربوي الظواهر الاجتماعية الناتجة عن التربية أو المدرسية، وتحليل مكانة المدرسة في المجتمع، على حين يدرس علم اجتماع التربية لمدرسة كتنظيم اجتماعي قائم على علاقات اجتماعية داخلية وخارجية، وتأثير المدرسية على سلوك وشخصية الأفراد.

ويبدو أن علم الاجتماع التربوي، وما صار يطلق عليه أخيراً "التربية ومشكلات المجتمع" قد أخذ يتوارى ويختفي بسبب ضيق مجال معالجته واقتصاره على مواضيع محلية، ومشكلات آنية تخص مجتمع معين وأطراف معينة.

وعلم اجتماع التربية الذي خلصنا إلى تميزه وتحديده، هو فرع من علم الاجتماع، مثله مثل فروع علم الاجتماع الأخرى التي تدرس النشاط الإنساني، كعلم الاجتماع الديني، وعلم الاجتماع الصناعي، وعلم الاجتماع العائلي، وغيرها من فروع علم الاجتماع.

وهناك العديد من الدراسات والبحوث المعاصرة التي توضح مجالات علم اجتماع التربية ومبادئه، وتحدد مفاهيمه ووظائفه، وصار أكثر عمقاً في دراسة الظواهر التربوية والتعليمية، ودراسة المدرسة كتنظيم ومؤسسة اجتماعية داخل البناء الاجتماعي العام.

وعلى أية حال يُعرَّف علم اجتماع التربية بأنه "العلم الذي يصف ويشرح النظم والمؤسسات والجماعات التربوية، وتفاعل الأفراد مع هذه الجماعات في إطار البناء الكلي للمجتمع.[1]

وبدون الدخول في تفاصيل، وتفاصيل مضادة فإن علم اجتماع التربية يعني بدراسة الجوانب الاجتماعية للتربية، وإبراز النموذج الذي تسير عليه التربية في الجماعات والمجتمعات الإنسانية، بقصد تحديد القوانين العامة التي يمكن أن تفسر حركة النظم التربوية، والعوامل التي تؤثر فيها، ورؤيتها من خلال الظواهر الاجتماعية، وتأثيراتها المتبادلة بين التربية والنظم الاجتماعية[2]، وتحليل دور المدرسة في المجتمع، من خلال تأثيرها على سلوك شخصية أفرادها، وتحليل أنماط العلاقة بين المدرسة ومكونات المجتمع، وغير ذلك من المواضيع والقضايا التي يدرسها علم اجتماعيات التربية، تحت ما يسمى بالأصول الاجتماعية للتربية.

ورغم أن ميدان هذه الأصول واسع ومعقد، بسبب عدم الاتفاق على مواضعها، أو تحديد منهجها بدقة، إلا أن هناك اتجاهاً يركز على دراسة الجوانب الاجتماعية في العمل التربوي، وتفاعل النظم والمؤسسات الاجتماعية مع التربية بوسائطها المختلفة، ومن ضمنها المدرسة كمؤسسة اجتماعية،

(1) السيد حنفي عوض: علم الاجتماع التربوي، القاهرة، مكتبة نهضة الشرق، 1984، ص26.

(2) للمزيد من التفاصيل راجع: رينا تاغورفا، مقدمة في علم الاجتماع التربوي، ترجمة نزار عيون، دمشق، ص195.

واستخلاص المبادئ والقواعد التي تدرس تلك القواعد ودراسة تلك العلاقات المترابطة تأثيراً وتأثراً، ودور التربية الوظيفي داخل البناء الاجتماعي، وما تسهم به بدور إيجابي.

ورُغم وجود مواضيع عديدة تدرسها الأصول الاجتماعية للتربية، إلا أن ما يمكن التركيز عليه هو:

- المدرسة مؤسسة اجتماعية.
- المدرسة والتنشئة الاجتماعية.
- المدرسة والضبط الاجتماعي.
- المدرسة والحراك الاجتماعي.
- المدرسة والتغير الاجتماعي.

وقبل مناقشة هذه المواضيع يحسن الإشارة إلى أهداف دراسة الأصول الاجتماعية للتربية.

ثانياً: أهداف دراسة الأصول الاجتماعية للتربية

اتباع المنهج العلمي سبيلاً لدراسة اجتماعيات التربية، فإن أهدافها العامة لا تختلف عن دراسة أية علم من حيث التفسير، والتنبؤ، والضبط. وهي الغاية النهاية للعلم. فتفسير الظواهر الاجتماعية للتربية يتم من خلال الملاحظة المنظمة، والاختبارات، والمقابلات، وجمع الحقائق والمعلومات، وفحصها بما يسمح بوصف تلك الظواهر، وتصنيفها، وترتيبها في أقسام متشابهة، ثم الانتقال إلى تفسير الظواهر، وجمع الوقائع، وتكوين الحقائق، بما يمكن من اكتشاف السبب أو الأسباب المحتملة لحدوث الظاهرة، ثم توضع في صورة تعميم يفسر كيف تعمل المتغيرات والأسباب المتضمنة في إيجاد هذه الظاهرة أو تلك.

ويؤدي الوصف والتفسير، الوصول إلى نتائج تمكن من التنبؤ بسير الظاهرة في المستقبل. ورغم صعوبة التنبوء في مجال الدراسات الاجتماعية، إلا أنه يمكن اكتشاف الاتجاه العام الذي يساعد في التنبؤ.

وتمهد الخطوات والعمليات السابقة من الضبط، والتحكم في العوامل الأساسية التي تسبب الظاهرة، من توجيه سير الظاهرة في الاتجاه المرغوب، أو يحول دون سيرها في الاتجاه غير المرغوب. غير أن الأهداف الأكثر تحديداً لاجتماعيات التربية هي:

1- دراسة الحقائق التربوية وعلاقتها بالحقائق الاجتماعية

كل عمل تربوي يقوم على جملة من المسلمات والحقائق، وأساليب الحياة التي تستمد من طبيعة المجتمع، ومكوناته الفكرية، ومعاييره الخلقية، وأدواته، وأساليب المعيشة فيه التي تكونت عبر تاريخه. وباعتبار التربية عملية اجتماعية فلا بد أن تحمل طابع مجتمعها التي نشأت فيه، تعبر عن مصالحه واتجاهاته الثقافية... وما تعدد المفاهيم والنظريات التربوية إلا لأنها تقوم على فهم معين عن المجتمع والثقافة فيه. لذا فمضمون عناصر التربية، وحقائقها مستمدة من مظاهر حياة المجتمع الذي أنشأها.

2- تحليل وفهم الوظيفة الاجتماعية للنظم التربوية

التربية في أي مجتمع تعمل مشروطة بظروف ماضي المجتمع، وحاضره، ومستقبله، فتتأثر بثقافة المجتمع، وبأحكام الكبار، وطرق اختيارهم من أنظمة، وقيم، ومعارف، تعبر عن خبرات أفراد المجتمع. وبذا تتحدد وظيفة التربية ومفهومها بمفهوم المجتمع والثقافة والفرد، وإذا كان موضوعها الخبرة الإنسانية بكل أبعادها،

فهي عملية الاستمرار الاجتماعي للحياة... إنها عملية خلق اجتماعي وتجديد ثقافي، بما تحدثه من تجديد وتغيير في شخصيات الأفراد، وفي العلاقات التي ينظمونها، ويعيشون بواسطتها، ومن خلال علاقة التربية بمجتمعها، يمكن تحديد الوظائف الاجتماعية للتربية. وتحديد قوة فعل التربية في الفرد والمجتمع.

3- فهم تفاعل التربية مع النظم والمؤسسات الاجتماعية

تتحدد معالم التربية ومجالها، شكلاً وتنظيماً، أهدافاً ومحتوى من زوايا ارتباطها بنظم المجتمع ومؤسساته الاجتماعية المختلفة... والتربية باعتبارها عملية اجتماعية تتناول الفرد والمجتمع معاً، من أجل استمرار الحياة الاجتماعية× فإنها تتبادل عملية التفاعل المتبادلة بينها وبين نظم المجتمع السياسية، والاقتصادية والاجتماعية، والثقافية. ويستمر هذا التفاعل تأثيراً وتأثرا، ويزداد كلما تقدم المجتمع وتطورت أساليب حياته، حيث تعول نظم المجتمع ومؤسساته على نظم التربية لتنمية ما هو مرغوب في حياة أفراد المجتمع، والاختيار من الثقافة ما يناسب تطور المجتمع في الميادين الاجتماعية والاقتصادية....الخ.

والمؤسسات الاجتماعية أيضاً تتفاعل مع التربية، باعتبارها أنماط للسلوك السائد، والمفاهيم والعادات التي توحد عناصرها، وتكيف نفسها مع النظام الاجتماعي العام، ووظيفتها الأساسية إدماج الفرد في النظام العام وثقافته المميزة، إدماجاً يؤدي إلى تكيفه، وحسن قيامه بمناشطه المختلفة.

وتعتبر المدرسة في طليعة هذه المؤسسات التي تتفاعل معها المدرسة تفاعلاً مباشراً، وغير مباشراً، لدرجة أن قيام المدرسة بأدوارها، وقوة أثرها في المجتمع، يتوقف على عمق الصلات القائمة بين تلك المؤسسات الاجتماعية ونظم المجتمع ، وقنوات التفاعل المتبادلة بينهما.

4- الكشف عن الوظائف والأدوار الاجتماعية داخل المدرسة

للمؤسسات التعليمية تنظيم اجتماعي يحدد الوظائف والأدوار... فلكل من المعلم، والمدير والموجه، والإداري، والمشرف وظائف ومسؤوليات، تحددها مجموعة من الأدوار. فالمعلم مثلاً لا يقتصر دوره على التدريس وتقويم التلاميذ، إذ إلى جانب كونه معلماً فهو مربياً، ومرشداً وموجها، وبالتالي له أدوار مختلفة، تستمد من أبعاد حياة الفرد والمجتمع. أي له دور نفسي، ودور تدريبي، ودور اجتماعي، ودور سياسي، ودور تثقيفي، ودور اقتصادي..الخ وهكذا تقريباً بالنسبة للوظائف الأخرى المستمدة لمضامينها الاجتماعية من ثقافة المجتمع وأنماط حياته الاجتماعية، بل أن مناشط المدرسة وموادها الدراسية، وسلوك التلاميذ بها تعكس بصورة أو بأخرى بيئات المجتمع الطبيعية والاجتماعية بما في ذلك اتجاهات وأساليب الثقافات الفرعية داخل المجتمع. فالمواد الدراسية مثلاً تبنى من خلال حاجات التلميذ وميوله... وهذه لها أبعادها الاجتماعية، من حيث أن ما يدرسه التلميذ سوف يستخدمه في شئون حياته في واقع المجتمع، وهنا لا بد أن تكون لهذه المواد الدراسية وظيفتها الاجتماعية، في حل مشكلات المجتمع وتطوير أساليب حياته.

5- فهم أدوار المدرسة في عمليات التجديد الثقافي

تعتبر المدرسة اليوم من أهم عوامل التطوير والتجديد الاجتماعي الثقافي، فهي إذا كانت تقوم بالمحافظة على ثقافة المجتمع من خلال دمج الناشئة في ثقافة مجتمعهم وتكيفهم معه، فإنها في الوقت نفسه عدة الجماعة وسلاحها في القضاء على التخلف، وتجديد الثقافة، بانتقاء بيئة نمو مناسبة، لتفجير طاقات الأبناء وزيادة

قدراتهم على اكتساب المعارف والعلوم المعاصرة، واستنباط إمكانات جديدة تمكن من تطوير الحياة الاجتماعية، والمساهمة في حل مشكلات المجتمع، والبحث عن سبل تطوره. وعلى دور المدرسة يتوقف مستقبل الثقافة، ونوعية الحياة في أي مجتمع.

وبهذا الشرح المقتضب لأهداف دراسة الأصول الاجتماعية تتضح الأهمية المتعاظمة لهذه الأصول، ودورها في توجيه الأصول الأخرى، كون الحياة الاجتماعية هي نهاية المطاف لعمل التربية، وفي طليعتها مؤسسات التعليم.

ثالثاً: المدرسة مؤسسة اجتماعية

لعل فهمنا للمدرسة كمؤسسة اجتماعية يتوقف على فهمنا لطبيعة المؤسسة الاجتماعية ووظيفتها... فالمؤسسة الاجتماعية هي أنماط اجتماعية للسلوك السائد [1] تنظم علاقة الأفراد بعضهم مع بعض، للقيام بالوظائف الاجتماعية الأساسية، بمعنى أن المؤسسة الاجتماعية تتكون من مجموعة أفراد، لكل فرد أو عدد من الأفراد وظائف معينة تحقق أهداف هذه المؤسسة، وهم في سعيهم إلى القيام بتلك الوظائف والأدوار، تنشأ علاقات اجتماعية تحدد عمليات التفاعل المتبادلة بينهم، وما ينجم عن ذلك من تنظيم المظاهر السلوكية والمفاهيم التي تعبر عنها الجماعة، خلال النشاط الاجتماعي لأفرادها في وحدات وظيفية متكاملة، متبادلة المصالحة والمنافع، بما يؤدي إلى التماسك والانسجام فيما بينهم، ويؤدي إلى سهولة أداء الأفراد لوظائفهم، وتحقيق أهداف المؤسسة التي هي أهداف المجتمع. وهنا تنشأ القوانين والتشريعات التي توحد عناصر المؤسسة كوحدة في النظام الثقافي العام للمجتمع.

ومع أن هناك تقسيماً لأنواع المؤسسات الاجتماعية، كوجود مؤسسات اجتماعية أساسية وأخرى ثانوية، إلا أن هذا التقسيم يختلف من مجتمع إلى مجتمع آخر، ومهما يكن من هذا التقسيم، إلا أن المؤسسات الاجتماعية تتميز بالاستمرار والديمومة، بدءاً من هذه الجماعة كوسيلة للسيطرة الاجتماعية، تعمل على انسجام الفرد في الإطار الثقافي العام، انسجاماً يؤدي إلى تكيفه، وإلى حسن قيامه بمناشطه المختلفة، كفرد في المجتمع. وقد تؤدي هذه المؤسسات وظائف عكسية، أي أن تقف عقبه أمام التطور، إذا تطور الزمن وزاد الجمود [2].

والمدرسة هي أحد المؤسسات الاجتماعية التي أنشأها المجتمع بقصد القيام بوظيفة التربية الشكلية، عندما عجزت عن أن تؤديها الأسرة أو غيرها. وبعد تزايد التطور وتعقد الأوضاع الاقتصادية والاجتماعية، تزايدت الحاجة إلى التربية الشكلية أو المقصودة. وكلما اطرد تقدم المجتمع علمياً، وتكنولوجيا، زادت الحاجة أكثر إلى التربية المقصودة أو النظامية كبيئة اجتماعية منتقاة بعناية، لتنشئة أبناء المجتمع وتربيتهم وفق المعارف والخبرات الجديدة، وتطبيقاتها التكنولوجية، وتنمية قدراتهم العقلية، والجسمية، والوجدانية، من مختلف ابعاد حياة المجتمع، فكرياً ومهنياً، خلقياً واجتماعياً، سياسياً واقتصاديا، ليكونوا مواطنين متكيفين مع مجتمعهم، ومنتجين في شتى قطاعات المجتمع وأنشطته...الخ.

---

(1) محمد لبيب النجيحي، التربية أصولها الثقافية والاجتماعية، القاهرة، مكتبة الأنجلو المصرية، 1984، ص 35.

(2) المرجع السابق، ص 38.

والمدرسة كمؤسسة اجتماعية بغض النظر عن كونها عامة أو صناعية أو زراعية وغير ذلك، وسواء أكانت تشتمل على التعليم الأساسي أو الثانوي أو هما معاً، أو التعليم الجامعي؛ فإنها بناء اجتماعي يستمد مقوماته المؤسسية من التكوين الاجتماعي العام، تستمد منه هذه المؤسسة فلسفتها وسياساتها وأهدافها ، وتسعى إلى تحقيقها من خلال الوظائف والأدوار التي تقوم بها.

وبهذا فالمدرسة كمؤسسة اجتماعية تتكون من افراد (معلمون، وتلاميذ وطلاب، وإداريون وموجهون، وموظفون) تتحدد وظائفهم وأدوارهم في إطار أهداف هذه المؤسسة.. وللقيام بهذه الوظائف والأدوار يدخلون في علاقات وتفاعلات منتظمة ومنظمة، لإنجاز عمل مشترك، وينتج عن ذلك تشريعات وقوانين وضوابط قائمة على اساس معايير المجتمع وأخلاقياته، بما يسهل تنظيم سير الأعمال، ويؤدي إلى تحقيق أهداف المدرسة.

وتتميز المدرسة عن سائر المؤسسات الاجتماعية الأخرى كالأسرة والمسجد، ووسائل الإعلام، والمنظمات السياسية والمهنية...الخ بسمات وخصائص أهمها:[1]

- أنها تمثل بيئة اجتماعيةثقافية، تنظمها تقاليد واضحة، وتوجهها الأهداف الاجتماعية والقومية التي ارتضاها المجتمع.
- أنها بيئة اجتماعية تنظمها أسس معينة مستقاة من ابحاث علمية خاصة بسلوك الإنسان وكيفية تعلمه.
- أنها تقوم على تخطيط واع قصير وبعيد المدى، يستهدف تحقيق آمال المجتمع وطموحه.
- أن المدرسة هي نقطة التقاء لعدد كبير من العلاقات الاجتماعية المعقدة، وهذه العلاقات الاجتماعية هي المسالك التي يتخذها التفاعل الاجتماعي بين المدرسين والتلاميذ...الخ ، وبينهم وبين نظم وقوى المجتمع وكذا نوع القنوات التي يمر فيها التأثير الاجتماعي الذي تمارسه المدرسة على الفرد.[2]
- أنها تتمتع بسلطة، ومتخصصين، ومنهج ومحتوى دراسي، وطرق تدريس، ثبت اختيارها تربية النشئ في مراحل العمر المختلفة، ووفق ما يرغبه المجتمع ويطمح إليه.

ولفهم المدرسة كمؤسسة اجتماعية يمكن النظر إليها من خلال التركيب الاجتماعي للمدرسة، والعلاقات الاجتماعية داخل المدرسة، للوقوف على طبيعة تنظيمها الاجتماعي ووظائفها الاجتماعية.

التركيب الاجتماعي للمدرسة:

يتكون التركيب الاجتماعي للمدرسة من بناء اجتماعي مكون من العناصر البشرية (التلاميذ، المعلمون، المشرفون، والموجهون والإداريون) والعناصر غير البشرية(المباني، والتجهيزات، والمعامل، والمناهج، والوسائل التعليمية، وغير ذلك من الموارد المادية).

ويتحدد شكل هذا البناء الاجتماعي ومستوى تفاعل مكوناته بالبيئة الطبيعية والبيئة الجغرافية، والبيئة الاقتصادي، سواء البنية الداخلية للمدرسة أو البيئة القريبة المحيطة بها، أو البيئة البعيدة في المحيط الإقليمي والعالمي، كون هذه البيئات توجه العلاقات والتفاعلات التي تنشأ بين الأفراد والجماعات، داخل المدرسة في

(1) أحمد علي الحاج، دراسات في أسس التربية، مرجع سابق، ص 69، 70.

(2) السيد حنفي عوض: علم الاجتماع التربوي، مرجع سابق، ص42.

اتجاه المؤثرات البيئية ومطالبها الملقاة على المدرسة.

فالبيئة الصناعية مثلاً تؤثر على التعليم وتلقي بمطالبها عليه، من حيث حاجتها إلى أنواع تعليمية مهنية وتطبيقية، وما يتطلبه ذلك من مناهج ومحتوى دراسي، يواكب احتياجات تلك البيئة. وبالعكس تؤثر سياستها، ومناهجها، وتطوير أساليب عملها، على ما يمكنها من تحسين نوعية مجتمعها، أو التأثير على اتجاهات وسلوك المجتمع، وفي ضوء هذا التركيب وتفاعل مكوناته تتحدد وظائف المدرسة وناتجها التربوي.

وبهذا فالتركيب الاجتماعي للمدرسة مستمد من المجتمع الذي توجد فيه، ومؤثرات بيئته عليها. والتأثير الاجتماعي الذي تمارسه المدرسة على الفرد وشخصيته، والمجتمع وثقافته هو نتيجة التأثيرات الاجتماعية تلك.

العلاقات الاجتماعية داخل المدرسة:

وتتضح الطبيعة الاجتماعية للمدرسة أكثر بالنظر إلى نوع العلاقات الاجتماعية داخل المدرسة وفعلها في التشكيل الاجتماعي للتلاميذ، وكذا علاقة المدرسة بمؤسسات المجتمع المختلفة، وبواسطة تلك العلاقات يمكن تحليل الموقف الاجتماعي ومظاهر السلوك، والتغيرات التي تطرأ نتيجة لتلك العلاقات المتبادلة في مظاهر السلوك.

يرتبط مفهوم العلاقات الاجتماعية بمفهوم التفاعل الاجتماعي، ولا يكاد يحدث أحدهما إلا بوجود الآخر، كون التفاعل الاجتماعي أساس العلاقات الاجتماعية. فالعلاقات هي صلة متبادلة بين شخصين أو أكثر أو بين مؤسستين أو أكثر. وتنشأ تلك الصلة نتيجة لتأثير أحدهما في الآخر وتأثره به. والتغير الذي يحدث نتيجة لتبادل التأثير والتأثر يسمى بالتفاعل. وبهذا يعرف التفاعل الاجتماعي بالتأثير والتأثر المتبادل بين شخصين أو مجموعتين وأكثر، بحيث يصبح أحدهما مثيراً للآخر [1]. وبتوالى التبادل بين المثير والاستجابة. وما يصدر عنهما من سلوك في مواجهة الآخر يسمى ذلك تفاعل، أي أن السلوك الناتج هو حصيلة لتلك العلاقات.

وهناك نوعان من العلاقات الاجتماعية، أحدها تتم داخل المدرسة بين أفراد المجتمع المدرسي، والأخرى بين المدرسة ومؤسسات المجتمع.

فالعلاقات الاجتماعية داخل المدرسة متعددة ومتنوعة، نظراً لكثرة عدد الأفراد داخل المدرسة، واختلاف أدوارهم ووظائفهم الاجتماعية. وكلما ازداد عدد الأفراد والجماعات تشابكت العلاقات داخل المدرسة وتعقدت. فهناك علاقات بين التلاميذ والمعلمين، وبين التلاميذ وبعضهم البعض في الصف الواحد، والصفوف الأخرى في المستويات التعليمية المختلفة، ثم تتسع العلاقات والتفاعلات بين التلاميذ ومدير المدرسة والموظفين بالمدرسة، وبين التلاميذ والمشرفين والموجهين، ثم بين المعلمين وبعضهم البعض وبين المعلمين والجهاز الإداري للمدرسة، وبين الجهاز الإداري وبعضهم البعض. وهناك أيضاً تفاعل بين أفراد وجماعات عدد من المدارس في الحي أو في إقليم أو أكثر من ذلك.

غير أن أبرز هذه العلاقات ما يهمنا الإشارة إليه بعجالة، هو العلاقة بين التلميذ والمعلم، وبين التلاميذ وبعضهم البعض، وفي مقدمة ذلك العلاقة بين جماعة الفصل الواحد، لما لهذه العلاقات من أثر واضح على تشكيل المظاهر السلوكية للتلاميذ.

---

(1) فؤاد البهي السيد: علم النفس الاجتماعي، القاهرة، دار الفكر الاجتماعي، 1981م،ص209.

بالنظر إلى العلاقة الاجتماعية بين المتعلم والمعلم نجد أنها ثنائية تبادلية تتم في إطار اجتماعي، غير أن نوع وطبيعة تلك العلاقات والتفاعلات وأثرها في إنماء شخصية التلميذ الاجتماعية تتوقف على عدة عوامل منها:[1]

- **مدى التقارب والتباعد بين المتعلم والمعلم**، أي كلما كانت العلاقة متقاربة بينهما خلال النشاط المدرسي كان المتعلم أكثر استجابة وتعاطفاً نحو معلمه، وساعد ذلك على تغيير سلوك التلميذ نحو ما هو مرغوب، ونجاح العملية التعليمية التربوية، والعكس صحيح.
- **تكرار التفاعل بينهما:** أي كلما استمر تكرار التفاعل بين المعلم والمتعلم خلال الأنشطة الاجتماعية والتعليمية أمكن للمعلم والمتعلم التوجيه الصحيح، للتكيف مع العلاقات الاجتماعية، وتحقيق الأهداف التربوية.
- **نوع وطبيعة النشاط المدرسي:** أي كلما اتسع تقديم المادة التعليمية بالحرية والنشاط والتعاون مع زملائه، ساعد ذلك على التحصيل المعرفي، ونجاح العملية التعليمية التربوية.

أما جماعة الفصل المدرسي فهي مجتمع التلاميذ، حيث يجد التلميذ نفسه فيه واقعاً تحت ضغوط كثيرة لتجريب أشياء جديدة، وعلاج مشكلات جديدة، والتعرف على اتجاهات وقيم متعددة، وقياس قدراته وآرائه في ضوء ما لدى أقرانه.

وتساعد العلاقة القائمة بين جماعة الفصل على ما يلي:[2]

- تنمي وتدعم حاجة التلميذ للتعليم عن طريق الحل الجماعي للمشكلات، وما ينبغي أن يفعله في المواقف وأثاره ودوافعه للتعليم.
- جماعة الفصل، مجالاً لنمو ذات التلميذ، ذلك أن العمل الجماعي يتضمن تفاعلاً اجتماعياً وانفعالياً، مما يهيئ الفرص أمام التلاميذ للإبداع والابتكار، واكتشاف ذواتهم.
- تساعد جماعة الفصل نمو مفاهيم التلميذ الاجتماعية وسلوكه الاجتماعي.
- يتعرف التلميذ عن طريق جماعة الفصل على المعايير الاجتماعية، ومعاني التأييد الاجتماعي، وإدارك قوى الجماعة، ودوافع الآخرين نحوه، وفهم العلاقات بين الجماعات، مما يساعد التلميذ على التكيف الثقافي.

ومن جهة أخرى تتفاعل المدرسة مع مؤسسات المجتمع، حيث ترتبط المدرسة بعلاقات تبادلية مع المؤسسات: الدينية، والسياسية، والاقتصادية، والثقافية، والاجتماعية، كالأسرة والطلبة والمجالس المحلية وغيرها. وتستمر المدرسة تتفاعل معها بدوام وجود المجتمع. بل إن دور المدرسة قد يكون مكملاً أو مشاركاً لأدوار تلك المؤسسات الاجتماعية. فالمؤسسات الثقافية على سبيل المثال من تلفزيون، وإذاعة، وصحف، ومكتبات عامة...الخ، تتفاعل مع المدرسة في إطار نسق المجتمع وثقافته القائمة، فتتعاون المدرسة مع هذه المؤسسات الثقافية في تربية أبناء المجتمع وتكسبهم الأنماط السلوكية، والقيم ، وإدماجهم في أنماط حياة المجتمع.

---

(1) حسان محمد حسان وآخرون، أصول التربية، مرجع سابق، ص 89، 90.

(2) السيد حنفي عوض، مرجع سابق، ص 42.

رابعاً: المدرسة والتنشئة الاجتماعية

تعد التنشئة الاجتماعية من أهم العمليات الاجتماعية التي يقوم بها المجتمع للحفاظ على وجوده وثقافته، عن طريق مؤسساته الاجتماعية، ومنها المدرسة.

فاستمرار أي مجتمع رهن بوجود أبناء جدد يحملون شخصيته الاجتماعية وهويته الثقافية، ويحافظون على وحدة المجتمع وتماسكه، ولن يتم ذلك إلا بعملية إدماج الأعضاء الجدد في ثقافة المجتمع وأساليب حياته... وهنا تبرز التنشئة الاجتماعية لتتولى الأبناء الصغار وتشكيلهم اجتماعياً، بما يحفظ استمرار المجتمع واستمرار إطار ثقافته.

مفهوم التنشئة الاجتماعية:

يطلق على التنشئة الاجتماعية Socialization مصطلحات أخرى هي: التطبيع الاجتماعي أو التطبع الاجتماعي، والإدماج الاجتماعي Acculturation أو التثقف Indoctrination، غير أن مصطلح التنشئة الاجتماعية أكثر شيوعاً واستخداماً.

تعرف التنشئة الاجتماعية بأنها "العملية التي بواسطتها يتعلم الفرد طرائق الحياة في مجتمع ما أو جماعة اجتماعية، حتى يتمكن من المعيشة في ذلك المجتمع" [1].

ومن التعاريف الشهيرة أن التنشئة الاجتماعية هي "عملية تعلم وتعليم وتربية تقوم على التفاعل الاجتماعي، وتهدف إلى إكساب الفرد طفلاً، ومراهقاً، فراشداً، فشيخاً، سلوكاً ومعايير واتجاهات مناسبة لأدوار اجتماعية معينة تمكن من مسايرة جماعته والتوافق الاجتماعي معها، وتكسبه الطابع الاجتماعي للفرد، وهي عملية إدخال ثقافة المجتمع في بناء الشخصية.[2]

وبهذا المعنى، فالتنشئة هي عملية التفاعل الاجتماعي التي عن طريقها يمر الفرد بخبرات وتجارب عديدة، ويتعرف كيف يتعامل مع محيطه، ويتفاعل معه تفاعلاً اجتماعياً تلقائياً مع الأفراد، والجماعات، والمواقف، والأشياء، بمعنى اكتساب الطفل إنسانيته، بتحويله من كائن بيولوجي إلى إنسان اجتماعي مندمج مع مجتمعه، متشربا لعاداته وتقاليده وقيمه وأنماط سلوكه... وطرق الحياة في مجتمع معين تعني مضامين عدة، مما يعطي عملية التنشئة الاجتماعية أبعاداً مختلفة، يمكن النظر إليها على أنها:[3]

1- تشكيل سلوك الفرد من خلال التفاعل الاجتماعي الصريح والضمني، فتنقل من خلاله الجماعة أو المجتمع صوراً مختلفة من أساليب حياته وتوقعاته ومعاييره التي تتسع من آداب الجلوس والأكل حتى الأحكام العظيمة للمجتمع.
2- تحويل الفرد من كائن بيولوجي حيواني السلوك إلى شخص آدمي يتفاعل مع أفراد آخرين من البشر، على أسس مشتركة من طرائق الحياة الجمعية.
3- وهي عملية دينامية تتضمن تعلم المعايير الاجتماعية، والقيام بالأدوار الاجتماعية، واكتساب الاتجاهات النفسية الاجتماعية.

---

(1) فردريك الكبن، وجيرالد هاندل: الطفل والمجتمع والتنشئة الاجتماعية، ترجمة محمد سمير حسانين، مؤسسة سعد للطباعة بطنطا، 1976، ص2. أيضاً: فاروق عبد العال، الأنثربولوجيا التربوية، القاهرة، دار الكتاب الجامعي، د.ت، ص105.

(2) إقبال محمد بشير وآخرون: ديناميكية العلاقات الأسرية، القاهرة، المكتب الجامعي الحديث، د.ت. ص13.

(3) حامد زهران، علم النفس الاجتماعي، مرجع سابق، ص 201، 202.

والتنشئة الاجتماعية على هذا النحو هل هي مرادفة للتربية.؟ إن الإجابة تحتاج إلى تحليل دقيق لمعرفة حدود التماس ونقاط الالتقاء بينهما، كونهما عمليتان اجتماعيتان تتبادلان المواقع والأدوار.

ترادف التنشئة الاجتماعية، التربية في معناها العام، إذا نظرنا إلى التربية على أنها عملية اجتماعية تقصد نمو وتغير وتكيف مستمر للفرد مع جميع جوانبه العقلية، والجسمية، والوجدانية، من أبعاد زوايا المجتمع، الاقتصادية، والاجتماعية...الخ. وبهذا فإن ما يتم من صور التعلم في البيئة الاجتماعية يعتبر جزءاً متمماً لعملية التربية، على أساس أن التربية في نهاية المطاف هي عملية خلق اجتماعي وتجديد ثقافي، تنقل الكائن الآدمي من فرد بالقوة إلى إنسان عضو، يشعر بالانتماء إلى مجتمع يحمل قيمه واتجاهاته وأنماط سلوكه، متفاعلاً فيه ومتكيفاً معه، والانسجام والمشاركة في الحياة العامة، على أساس السلوك المشترك.

غير أن تشكيل الفرد اجتماعياً وإدماجه في مجتمعه يتم قبل دخول المدرسة، أي قبل قيام عملية التربية، ثم أن صور التعلم الاجتماعية لا تؤدي إلى تفاعل اجتماعي واضح، أضف إلى هذا أن التربية ليس لها الدور الأكبر من النشاطات التي تبذل لتعلم أدوار اجتماعية جديدة واتجاهات ومعايير اجتماعية، وصور الاندماج الشامل في المجتمع، وخاصة إذا أخذنا في الاعتبار أن بعض الأطفال لا يلتحقون بالمدرسة، وهذه الأمور وغيرها هي التي تؤدي إلى تعظيم دور التنشئة الاجتماعية [1] .. وجعلها تحل محل التربية غير المقصودة، وإن كانت في جانبها الاجتماعي أساساً، لأن التنشئة كعملية اجتماعية تعتمد على التعلم، فالفرد يتعلم كيف يتصرف كعضو في مجتمعه بنفس الطريقة التي يتعلم بها كيف يقرأ ويكتب، وبهذه الحالة تكتسب التنشئة طابعاً معرفياً، ويلعب الأداء دور المعلم، وتوزيع الثواب والعقاب على ضروب السلوك التي تجد قبولاً أو رفضاً اجتماعيا [2].

والتنشئة الاجتماعية بهذا المعنى هي عملية نمو مستمر للفرد في اتجاه نضجه الاجتماعي، متضمناً هذا النمو تعلم وتعليم وتربية قائمة على التفاعل الاجتماعي الصريح والضمني والمرئي وغير المرئي.. فينفعل الفرد ويتفاعل مع كل ما يحيط به في بيئته الاجتماعية، مقلداً ومشاركاً، ممثلاً ومتواجداً في الحياة الاجتماعية، فيكتسب الفرد شخصيته في إطار الجماعة الاجتماعية، من خلال تعلم ثقافتها ودوره فيها [3].

وعلى ذلك فالتنشئة واسعة المدى تتناول أطوار حياة النشئ، مثلها مثل المدرسة التي تقوم بالتنشئة والتربية معاً، المقصودة منها وغير المقصودة، غير أن تأثير التربية يكون أكبر في النشئ كونها تقوم على منهج، وأهداف، ولديها سلطة، ومتخصصون، وغايتها بعيدة الأثر في الفرد والثقافة، عكس التنشئة التي تتم بمجرد

---

(1) تأخذ التنشئة الاجتماعية شكلاً مقصوداً وغير مقصود، حتى أنه يصعب تحديد الظلال الدقيقة التي تفصل بين ما هو مقصود وغير مقصود من التنشئة، لأن التنشئة كما هو معروف تعلم يتم عن طريق التفاعل، ويصعب تحديد موجهات التفاعل وناتجه الاجتماعي في موقف معين. ومع ذلك يمكن القول أن الأسرة عندما تعلم أبناءها اللغة وآداب الأكل والجلوس وفق معايير الثقافة واتجاهاتها، فإن هذه تنشئة مقصودة. وبالمثل فالمدرسة عندما تقدم خبرات تربوية قائمة على مناهج وأهداف محددة، ثم تجعل التلاميذ يتأسون ويقتدون بنماذج سلوكية من التاريخ والمجتمع، فإن هذه تعتبر تنشئة اجتماعية مقصودة، أما إذا تم تفاعل الأفراد صغاراً وكباراً مع الجماعة في الوسط البيئي، أو في المؤسسات الاجتماعية واكتسبوا الأدوار الاجتماعية والمعاني والقيم، وعادة الحب والكره، والنجاح والفشل، والتعاون، وغير ذلك، فإن هذه تنشئة غير مقصودة، إذ ليس سهلاً أن تقول للطفل أكره فلاناً أو حب فلاناً ما، وهو سوف ينفذ ذلك فوراً...!

(2) راجع: محمد سعيد فرج، البناء الاجتماعي والشخصية، القاهرة، دار المعارف، 1989، ص 256.

(3) محمد عاطف غيث، قاموس علم الاجتماع، القاهرة، مرجع سابق، ص450.

وجود الفرد في الوسط الذي يعيش فيه، فيحتك ويقتدي بأنماط سلوكية جاهزة، ويسلك ما ترضى عنه الجماعة، وتقوده إلى التعبير عن ذلك بعمد. وكلما تطور المجتمع وتعقدت ظروف حياته، زادت الحاجة إلى التربية المدرسية لإحداث تغيير عمدي في حياة النشىء الجديد، وتكيفهم السريع مع متغيرات العصر.

أسس التنشئة الاجتماعية وأطوارها:

هناك عدة أسس تبين استعداد الفرد، وحاجة المجتمع للتنشئة الاجتماعية، هي الأساس البيولوجي للإنسان وكذا الأساس الاجتماعي.

يتمثل الأساس البيولوجي في أن الكائن البشري وأجهزته المختلفة صممها الخالق وركبها بصورة تتيح إمكانية الإنسان، واستعداده البيولوجي للتنشئة الاجتماعية، أي أن بناء الإنسان البيولوجي والفسيولوجي، العصبي والنفسي، مهيأة لاستقبال المؤثرات البيئية الملائمة، وإلا انعدمت صفته البشرية. فكما تدل الوقائع الاجتماعية أن الأطفال الذين حرموا من الاتصال البشري، افتقدوا آدميتهم، وشابهوا الوسط الذي عاشوا فيه. فالطفلة الهندية (كامالا) التي وجودها المكتشفون البريطانيون في بعض أدغال الهند كانت تعيش حياة الذئاب، تقلدهم في المشي، والأكل، والعواء، وغير ذلك. والأمثلة كثيرة في هذا الشأن، غير أنه عندما أخضعوا لبرامج مكثفة لإدماجهم في الحياة البشرية عادت إليهم صفتهم البشرية وإن كانت بطيئة وطويلة أحياناً.

وهذا ما يؤكد أن الغرائز التي تحكم حاجات الإنسان، وتوجه بالتالي أنشطته ليست غرائز مسيطرة وموجه لنشاط الإنسان وسلوكه كالحيوانات، وإنما تمثل الغرائز البشرية حاجات بيولوجية، تثير الحافز العضوي.. ما يدفع الإنسان إلى اختيار النشاط الملائم والطريقة المناسبة لإشباع ذلك الحافز، مما يؤكد قابلية الإنسان على اختيار السلوك المناسب، أي قدرة الإنسان على التعلم، وبالتالي قدرته على التنشئة الاجتماعية والتربية عموماً.

ويتمثل الأساس الاجتماعي في حاجة الإنسان إلى الاتصال الاجتماعي، لأن الإنسان كائن اجتماعي أساساً، ولا تتشكل شخصيته إلا في الإطار الاجتماعي. فتبعية الطفل للآخرين تمتد طول فترات النمو، وأكثرها ضرورة فترة النمو ا لمبكرة، واعتماده على أبويه وأسرته لتحقيق وجوده البيولوجي ثم الاجتماعي، ويظل الإنسان في اعتماد متبادل مع الآخرين. وعن طريق اللغة يستطيع الفرد الاتصال بالآخرين، واكتشاف العالم المحيط به، وتبادل المشاعر والعواطف، والخبرات، والأفكار، واستنباط العلاقات، وغير ذلك ما يبين حاجة الإنسان للاتصال بالآخرين، لقيام عملية التنشئة الاجتماعية، بطريقة مقصودة وغير مقصودة، أثناء تفاعل الفرد مع الأفراد والجماعات الاجتماعية.

أهداف التنشئة الاجتماعية:

التنشئة الاجتماعية سواء أكانت مقصودة أو غير مقصودة، وتمت في أي من المؤسسات الاجتماعية، كالأسرة، ودور العبادة، ووسائل الإعلام، وغيرها، أو اختلفت البيئات الطبيعية والاجتماعية، فهناك مجموعة من الوظائف والأهداف التي تسعى إلى تحقيقها التنشئة الاجتماعية، يمكن بلورتها فيما يلي:[1]

---

(1) للمزيد من التفاصيل راجع: منير المرسي سرحان، في اجتماعيات التربية، مرجع سابق، ص 112، 119. أيضاً: محمد سعيد فرح، البناء الاجتماعي والشخصية، مرجع سابق، ص 258، 260. محمد لبيب النجيحي، الأسس الاجتماعية للتربية، مرجع سابق.

1- تغيير السلوك الفطري للنشئ، ليصبح إنساناً اجتماعياً: وذلك من خلال إشباع احتياجاته الأساسية، وتعليمه كيف يضبط سلوكه، وفقاً للتحديد الاجتماعي، وتعليمه صفات الجنس الذي ينتمي إليه، واكتساب اللغة والمعاني، والعادات أثناء استجابته لما يدور حوله، وصور التعبير عن الحب، والكراهية، والانتماء والتقدير، وكيف يأكل ويشرب، وغيره من آداب السلوك.

2- توحيد أفراد المجتمع مع النظم والأنماط الثقافية السائدة: وذلك من خلال تلقين الأطفال الأفكار والقيم الاجتماعية والجمالية والأخلاقية، وتعليم الاتجاهات في سياق نمو الأفراد اجتماعياً. فإذا كانت القيم معبرة عن اهتمامات المجتمع، واختياراته، ونظرته وأحكامه العامة، مثل القوة، والنظافة، والعلم؛ فإن الاتجاهات تعد محددات ضابطة للسلوك الاجتماعي. ثم مرور النشئ بالعديد من التدريبات لتعلم أساليب حياة المجتمع، بما يمكنه من إنماء محصلة معاني الأشياء، وتوقعات السلوك، واكتساب الاتجاهات، والمعارف، وأشكال الثقافة السائدة.

3- إكساب النشئ المعايير الاجتماعية التي تنظم العلاقات وتحكم السلوك وتوجهه: فمن خلال النشاط الجماعي يتعرف الأفراد على المعايير التي يضعها المجتمع، ويتوقع من أفراده صغاراً وكباراً توجيه سلوكهم على ضوئها، أي جعلها أطراً مرجعية مشتركة متفق عليها، كي يستعين بها الأفراد، لإدراك المواقف ومثيراتها، وتفهمه لمعانيها ورموزها، واستجابته لها، على أساس رصيد الخبرة التي يكتسبها الفرد خلال تفاعله مع الجماعة. أن الفرد يختار سلوكه على أساس إدراكه لما هو مشترك بينه وبين أفراد المجتمع، فيقوم بتنظيم إدراكه الذي يتمشى مع الإطار المرجعي، وتكوينه النفسي، بما يشكل أساساً قوياً لاختيار السلوك، وانتماء الأفراد للجماعة والمجتمع.

4- تعلم المراكز والأدوار[1] أثناء نمو الأفراد وسط الجماعة: كل فرد يتعلم في جماعته المراكز والأدوار التي تحدد وفقاً للسن، والجنس، والمهنة. وتختلف مراكز الأفراد وتتعدد.. وكل فرد يتعلم الدور الذي يناسبه، فالطفل له دور، والعامل له دور، والجندي له دور، والصانع له دور، وهكذا نجد أن لكل دور أنماطه السلوكية الذي يؤكد فيها الفرد ذاته، ويسعى من خلاله لتكوين شخصيته في الإطار الاجتماعي. وحتى مع تعدد المراكز والأدوار للشخص الواحد، فإنه لا يمارسها بطريقة واحدة، وإنما يمارسها في ضوء علاقاته بالأدوار الاجتماعية الأخرى، دون أن تتصارع أنواع السلوك مع بعضها، بسبب اختلاف أوقاتها. واختيار السلوك يتوقف على إدراكه لما يتوقع منه أن يسلك في موقف معين سلوكاً مقبولاً، وإلا نال العقاب على سوء سلوكه ذاك.

5- اكتساب ا لنشء المهارات الضرورية: فمن خلال اتصال النشء بالآخرين والتفاعل معهم والاشتراك في النشاط الجماعي يتعلم النشء المهارات الضرورية لإثبات وجوده وتحقيق أهداف المجتمع.

وفيما يتعلق بأطوار التنشئة الاجتماعية فيرى "بارسونز" أنها تمر في أربعة أطوار:

---

(1) يستخدم هذان المصطلحان للتأكيد أن سلوك الفرد محصلة قوى نفسية واجتماعية، حسب المعايير والقيم، أما المركز فيدل على المكانة أو الوضع الاجتماعي، باعتباره مجموعة الوظائف التي يؤديها الشخص، وتفرض عليه مسؤوليات محددة تجاه مراكز أعلا وتمنحه سلطة واضحة على مراكز أخرى، ويرتبط المركز بشبكة من الارتباطات مع مراكز أخرى، راجع: سعيد فرحان، مرجع سابق، ص 316.

- يبدأ الطور الأول داخل الأسرة منذ مولد لطفل حتى دخوله المدرسة.
- ويبدأ الطور الثاني منذ دخول الطفل المدرسة حتى التخرج من التعليم الجامعي.
- ويبدأ الطور الثالث من الخروج من التعليم إلى العمل.
- ويبدأ الطور الرابع بتكوين الفرد أسرة جديدة.

ولكل طور سمات واضحة تميز أساليب التنشئة الاجتماعية، ولكنها متداخلة تارة ومتكاملة تارة أخرى.

التنشئة الاجتماعية وتكوين الشخصية:

الشخصية الإنسانية لا تورث ولا تصنع بالميلاد، وإنما تتشكل بالتأثيرات الاجتماعية التي يعيش فيها الفرد، وتصاغ أثناء عملية التنشئة التي تبدأ في الأسرة، بتحويله من كائن بيولوجي إلى كائن اجتماعي، ثم تستمر الشخصية أو الذات الإنسانية في التشكل في المدرسة، والشارع، والمسجد، الخ حتى يندمج في مجتمعه.

والشخصية أو الذات هي الشعور الواعي بكينونة الفرد، أي وعي الفرد بنفسه وبقدرته على التمييز بين صفاته وصفات الآخرين، جسمياً، وعقلياً، وسلوكياً، وبينه وبين الآخرين، والأشياء والمواقف المحيطة به، وكل إنسان يكتسب شخصيته أو ذاتا تميزه عن الذوات الأخرى، نتيجة لمروره بالخبرات الاجتماعية، ونشاطه مع الآخرين.

فالطفل يبدأ وعيه بذاته عندما يقوم بالتمييز بين جسمه وقدراته، وأجسام وقدرات الآخرين، والتمييز بين معاملة الكبار له واستجابته لهم، واستجابة الآخرين له. وبهذا يبدأ الإدراك المتميز لذاته في النمو، وخاصة عندما يحاور نفسه، ويستجيب لمناقشاته الداخلية، وعندما يشعر بدوره الفاعل، وتأثير الآخرين عليه.

ثم يخطو نمو الشخصية خطوات أبعد عندما يقوم بالأدوار الاجتماعية وسط علاقات اجتماعية متشابكة ومتناقضة تارة، ومتكاملة تارة أخرى. ولمواجهة التعارض يقوم الطفل بعمليتين متلازمتين. الأولى تتضمن تعديل تعلم عادات واتجاهات وتوقعات سلوكية جديدة. والثانية تأمل لذاته وتقديره لها، ثم القيام بموازنة مستمرة بين شخصيته وشخصية الآخرين، لإيجاد نوع من التكيف، وهو بهذا يكتسب خبرة جديدة تعينه على زيادة وعيه بشخصيته وزيادة نموه.[1]

ولكن عندما يبدأ الفرد بتعميم استجاباته الفردية إلى المجتمع ككل، ولمختلف جوانب النشاط الاجتماعي، وأخذ يتصرف إزاءها، ويتعامل معها بمنظور أكبر؛ فإن ذلك يعني أن الشعور الاجتماعي قد نمى لدى الفرد، معبراً عنه بضيق دائرة التمركز حول الذات إلى تمثل الآخرين، وشعوره الكلي بالمسؤولية الاجتماعية، فتصبح أهداف الجماعة أهدافه، وهنا يمكن القول أن زيادة وعيه بذاته تعني قدرته على القيام بالدور العام، لأن ذاته وشخصيته هي ذات نمت في سياق البيئة الاجتماعية الذي هو جزء منها.

وعلى ذلك، فإن الشخصية التي تميز الفرد عن شخصيات الآخرين، وعن العالم المحيط، تنمو وتتكون من خلال عملية التنشئة الاجتماعية، أي نتاج التفاعل الاجتماعي الذي يحدث نتيجة اتصال وعي الفرد

---

(1) منير سرحان: في اجتماعيات التربية، مرجع سابق، ص 124.

بالآخرين، ومشاركته لهم، وقيام علاقات اجتماعية بينه وبينهم، وإدراك المعاني التي تتضمنها هذه العلاقة، والأدوار الاجتماعية التي يقوم بها الآخرون، وعلاقة دوره بهم.

بناءً على ما سبق، فإن التعليم بدءاً من روضة الأطفال حتى المعاهد العالية والجامعات، يصبح ميداناً خصباً لعملية التنشئة الاجتماعية أو التطبيع الاجتماعي، لتجديد الخبرات الاجتماعية، وقيام علاقات متفاعلة، بما من شأنها إيقاظ وتكوين شخصيات النشئ الجديد، وتحرير قواها الخلاقة على التفرد، وعلى التجديد والابتكار.

المدرسة مؤسسة للتنشئة الاجتماعية:

المدرسة أحد المؤسسات الهامة للتنشئة الاجتماعية، مثلها كمثل الأسرة، ودور العبادة، ووسائل الإعلام، والنوادي الاجتماعية والثقافية، والمنظمات المهنية والسياسية وغيرها، وترجع أهمية المدرسة في التنشئة لما تتمتع به من خصائص ومميزات، أولها أن مجتمع المدرسة متنوع يضم جماعات متباينة الثقافات والمهام، فهناك المدرسون، والإداريون، والعاملون في المدرسة، وهناك التلاميذ والطلاب على اختلاف أعمارهم ومستوياتهم الاجتماعية والاقتصادية، فضلاً عن أن مجتمع المدرسة يتميز بظاهرة التبدل والتغير، أي بظاهرة حركة التلاميذ وتنقلهم بين الصفوف والمراحل التعليمية، وكذا يتبدل المدرسين والإداريين والعمال، وهذا الوسط يسهل عمليات التنشئة الاجتماعية، كما يتضح مما يأتي.

يأتي الطفل إلى المدرسة، وقد تشكلت النبتة الأولى لشخصيته في الأسرة، وزود بالمعايير الاجتماعية، والقيم، والاتجاهات، والمعاني، ثم تقوم المدرسة بمواصلة عملية التنشئة الاجتماعية بتوسيع دائرة التفاعل الاجتماعي داخل المدرسة، وتعريضه لمواقف وأحداث أكثر تنوعاً وتعقيداً، كون التفاعل الذي يتم في المدرسة يقوم على الأخذ والعطاء، وعلى أساس ضوابط وأسس محددة سلفاً، حيث أن المدرسة لديها سلطة، وتنظيم، ونوع من العلاقات المحددة بين أفراد مجتمع المدرسة.

فالسلطة تعمل على إيجابية الأخذ والعطاء بين الأفراد المتفاعلين، أساسه احترام كل طرف، وتقدير قيمته، واحترام تفكيره، وما ينجم عن ذلك من المساواة في التعامل. ويتيح التنظيم توزيع أفراد المجتمع المدرسي على المراكز والأدوار التي يشغلونها، بما يحفظ الاستقرار النسبي بين تفاعلات المجتمع المدرسي، ثم أن العلاقات بين التلاميذ داخل الصف والمدرسة تتيح تفاعلاً إيجابياً تعززه المدرسة من خلال الأنشطة المشتركة، والمنافسة، والتعاون. وتعمل المدرسة من جهة أخرى على محاصرة التفاعلات السلبية وإبطال أثرها.

تقدم المدرسة للتلميذ الأفكار والمعاني والمعايير الاجتماعية، والانفعالات السلوكية، وهو بدوره يستجيب لها بفطرته ونضجه بالتميز والاختيار في ضوء خبرته الحالية والسابقة وفائدتها له... منظور لها في تعبيرات لغوية، وتعبير عن الأفكار والعواطف في أنماط سلوكية يقبلها المجتمع المدرسي ويرضى عنها.

وعندما يحتك الطفل ويتفاعل مع أطفال من سنة أو أكبر منه، ويتفاعل مع الكبار في المدرسة، فإن دائرة معارفة ودائرة اتصالاته تتسع وتتنوع، ويستجيب لكل ذلك شعورياً، ويتعلم الاستجابات المختلفة لهم، بالاعتماد على خبراته التي مر بها في المدرسة، وتقاليدها الضابطة، وينتج عن ذلك التفاعل المتبادل، تعلم السلوك، وكل تفاعل يصحبه تعلم.

ونظراً لوجود أطراف متباينة داخل المدرسة، فإن فرص التفاعل تتنوع وتتسع، وبالتالي تكثر أنواع التعلم، ومن ثم يتمثل التلميذ أنواع السلوك الاجتماعي داخل المدرسة، بناء على ما يختار من السلوك، على أساس مؤثراته الأسرية، وخبراته السابقة، وهنا يتعلم التلميذ الكثير من المعايير الاجتماعية، وضبط إنفعالاته، والتوفيق بين حاجات الغير، ويتعلم الانضباط السلوكي.[1]

بجانب ذلك، يتأثر التلميذ بالمنهج المدرسي، وما يتضمنه من معارف واتجاهات ومهارات، يسعى المنهج إكسابها للتلاميذ، باعتبارها خلاصة تجارب بشرية، وخبرات واقعية، اختيرت بعناية لتشكيل شخصية التلميذ اجتماعياً.

صفوة القول، أن دور المدرسة في التنشئة الاجتماعية، يتمثل فيما يلي:

1- تنمية الإطار الثقافي المشترك لتماسك أبناء المجتمع من خلال نقل قيم المجتمع وأفكاره واتجاهاته من جيل إلى جيل، وتنقية هذا التراث، وتجديده، بانتقاء أفضل ما فيه لتشكيل شخصية التلاميذ.

2- تقديم الرعاية النفسية والاجتماعية إلى كل طفل، ومساعدته على حل مشكلاته، والانتقال به من طفل يعتمد على غيره إلى راشد مستقل معتمد على نفسه، ومتوافق نفسياً واجتماعياً.[2]

3- مراعاة قدرات التلميذ وتفتحها، من خلال إدراكه للواقع، وصقل مهاراته، وإتاحة فرص نمو شخصيته في إطارها الاجتماعي.

4- تعليم التلميذ كيف يضبط سلوكه، ويحقق أهدافه بطريقة ملائمة تتفق مع المعايير الاجتماعية، وتنمية قدرته على التمييز بين الحق والباطل، والخير والشر، والجمال، والقبح.

5- إكساب التلاميذ العادات الصحية السليمة التي تساعدهم على الاحتفاظ بسلامة أبدانهم، والوقاية من الأمراض، أو تنمية العادات الغذائية السليمة.

6- إكساب التلاميذ أساليب التفكير العملي، وإثارة الطموح وحفزهم على الأداء والإنجاز المناسب لقدراتهم واستعداداتهم.

7- توجيه التلاميذ وإرشادهم لاختبار المجال التعليمي والتخصص العلمي، وما يترتب على ذلك من تحديد مهنته التي سوف يزاولها في المستقبل.

خامساً: المدرسة والضبط الاجتماعي

يعد الضبط الاجتماعي Social Control من المجالات والمفاهيم التي اهتم بها علم الاجتماع المعاصر، عندما وجه في بداية القرن العشرين عالم الاجتماع الأمريكي "روس" الأنظار إلى مصطلح الضبط الاجتماعي، وظهور العديد من الدراسات والبحوث التي بينت أهمية الضبط الاجتماعي وأبعاده الثقافية، والدينية، والفلسفية، والتربوية، وما له من دلالات اجتماعية تتصل ببناء النظم والمؤسسات الاجتماعية وتحقيق التماسك والاستقرار.

---

(1) حامد زهران: علم النفس الاجتماعي، مرجع سابق، ص 214.
(2) المرجع السباق، ص 214.

ولعل أهمية الضبط الاجتماعي تنبع من أن له مضامين تربوية، تتولى تحقيق الجانب الأكبر منه وإقراره واقعياً مؤسسات التربية، وفي طليعتها المدرسة، حيث أن المدرسة تُبصِّر النشئ بخطورة الخروج على قوانين المجتمع وقواعده التي تعلنها السلطة، عن طريق الالتزام بمعايير المجتمع وقيمه الأخلاقية، واحترام السلطة، وتوجيه سلوكهم وفق ما تعارفت عليه الجماعة والتزمت به لتنظيم حياة المجتمع.

وتقوم فكرة الضبط الاجتماعي، من أن كل حياة اجتماعية ترتكز بالضرورة على نوع من التنظيم، وكل تنظيم يتضمن بالضرورة نوعاً من الضبط بمعنى أن الضبط عملية اجتماعية تتحدد على أساس السلوك الاجتماعي الذي يتوافق ومتطلبات النظام الاجتماعي، ويتخذ هذا السلوك مظهر العرف والعادات، والتقاليد السائدة، أو قد تكون منبعثة من السلطة القائمة على أن أهم وسائل الضبط الاجتماعي هي: "الدين، والأخلاق، والتربية، والقانون، والفن، والمعرفة". [1]

تتباين تعريف الضبط الاجتماعي بين علماء الاجتماع والأنثربولوجيا والتربية، بسبب حداثة هذا المفهوم واستخدامه من قبل علوم اجتماعية كثيرة، واختلاف المدارس الفكرية، والنظم الاقتصادية والسياسية. ولذلك عني به تارة التدخل، والسلطة، والقوة، والسيطرة. وعني به تارة أخرى، الإرشاد، والإشراف، والتوجيه. وعني به ثالثاً بمعان تطبيقية، كالتنظيم، والتخطيط، غير أن معناه العام هو حدود استخدام السلطة أو القوة والقهر، لاتباع القواعد الاجتماعية، واحترام القانون، والنظام العام، بما يحقق للمجتمع تماسكه واستقراره. والضبط بهذا المعنى تمارسه النظم والمؤسسات، والمنظمات الاجتماعية، كالأسرة والمؤسسات الدينية، والتربية، والاقتصادية، والتشريعات والقانون، والحكومات المركزية. [2]

- **أهداف الضبط الاجتماعي:**

يهدف الضبط الاجتماعي إلى تحقيق ما يلي: [3]

1- **الامتثال للمعايير والقواعد الاجتماعية:** يحرص المجتمع على امتثال أفراده بالمعايير الاجتماعية، والقيم الأخلاقية، واحترام القانون، والتواؤم مع ما ارتضاه المجتمع لنفسه، وذلك للحفاظ على كيان المجتمع وتماسكه، بتوقيع الجزاءات على من يخرج على تلك القواعد.

2- **مقاومة الانحراف والأمراض الاجتماعية:** يلجأ كل مجتمع إلى وضع سلسلة من القواعد والتشريعات، والضوابط والتدابير، لمواجهة مظاهر الانحرافات الاجتماعية، والحد من العلل والأمراض الاجتماعية، واستحداث قواعد تنظيمية جديدة، وكل ما من شأنه حفظ كيان المجتمع، بإجبار أفراده على الانصياع لقواعد المجتمع وقيمه.

3- **تمكين السلطة من مزاولة مهامها:** يحتاج كل مجتمع إلى سلطة مزودة بقوانين وتشريعات تمكن الحكومة المركزية من مقاومة الأهواء والرغبات، والقضاء على الظلم والعدوان، وتخفيف حدة صراع المصالح بين الطبقات والفئات، والجماعات والأفراد، وذلك لحفظ تماسك وانسجام أجزائه.

---

(1) السيد حنفي عوض: مرجع سابق، ص 28.

(2) المرجع السابق: ص 28، 29.

(3) راجع: حسان محمد حسان وآخرون، أصول التربية، مرجع سابق، 175، 177.

4- **تدعيم المراكز وأداء الوظائف والأدوار الاجتماعية:** تعمل أساليب الضبط الاجتماعي بصورها المختلفة على تدعيم المراكز الاجتماعية، وتمكينها من أداء أدوارها. وكلما ارتفعت مكانة الفرد، زادت مسايرته للمعايير الاجتماعية، والانصياع للقيم الأخلاقية، كما تحتاج المؤسسات والنظم والتنظيمات الاجتماعية إلى قواعد وقوانين، معايير وقيم، تمكنها من أداء وظائفها وممارسة أنشطتها، وإلا ضعفت هذه الإمكانية أو ربما فقدت.

5- توجيه عمليات التنشئة الاجتماعية: يوجد ارتباط وثيق بين التنشئة الاجتماعية والضبط الاجتماعي، على اعتبار أن عمليات الضبط تتضمن أوامر ونواهي، توجيه وإرشاد، واستخدام الثواب والعقاب، المباشر وغير المباشر.. وهذه تمثل لب عملية التنشئة الاجتماعية. ولإتمام شروط قيام التنشئة الاجتماعية لا بد من توافر أساليب الضبط الاجتماعي. لهذا فإن مؤسسات التنشئة تستخدم الضبط الاجتماعي بصيغ وأشكال مختلفة من أجل تحقيق أهداف الضبط الاجتماعي.

6- **تشجيع قوى الإبداع والابتكار لدى الأفراد:** يؤدي استخدام الضبط الاجتماعي إلى تحقيق العدل والاستقرار، وخلق جو من الاطمئنان والسكينة في المجتمع... فالضبط الإيجابي يثير حماس الأفراد ويدفعهم إلى المثابرة وبذل الجهد للإبداع والابتكار، وتطوير أساليب الحياة. أما الضبط السلبي فيحاصر قوى الشر ومظاهر الخلل الاجتماعي، ودفع الأفراد في اتجاه الخير الاجتماعي.

التربية أداة الضبط الاجتماعي:

تعد التربية بكافة مؤسساتها وأشكالها النظامية وغير النظامية من أساليب الضبط الاجتماعي، بل وأهمها، لأن أثرها يفوق قوة القانون والقواعد التي تعلنها السلطة، على أساس أن التربية تُوَّعي الناس بالقانون، وبخطورة الخروج عليه، وذلك عن طريق الالتزام بمعايير الثقافة الاجتماعية التي تقر في ضمائر الأفراد، وتوجه سلوكهم.

والتربية كعملية اجتماعية، فإنها تعمل في سياق المجتمع وإطاره الاجتماعي، وفي ضوء المجتمع ومعاييره، وقيمه الأخلاقية، وقواعده السلوكية، تقوم التربية في إطار أهدافها المعرفية والاجتماعية بغرس قواعد الضبط الاجتماعي، فتعرف النشئ والشباب بالمعايير الاجتماعية وقواعد النظام والقانون، وتنمية قيم المسئولية، وقواعد السلوك الاجتماعي. وكل الأنماط الثقافية التي تهدف إلى تكيف سلوك الأفراد ومواقفهم مع ما ارتضته الجماعة، وعلى نحو يخلق التشابه والتطابق بين تصرفات الأفراد في حكمهم وفي استجابتهم، وفي ردود أفعالهم، وفي سلوكهم العام، بما يجعلهم حاملي ثقافة مجتمعهم.

والتربية كوسيلة للضبط الاجتماعي تقوم بغرس الأنماط الثقافية عن طريق تنمية الوازع الأخلاقي. بمعنى أنها تلجأ إلى أساليب ضمنية في حياة النشىء كي تتولد لديهم القواعد السلوكية، وتصبح ضوابط اجتماعية يتقبلها الأفراد عن رغبة وطواعية ممزوجة بالرهبة من مخالفتها.[1] وهكذا تقوم مؤسسات التربية بالضبط الاجتماعي بأشكال مختلفة، باعتبارها تمثل بيئة منتقاة لتنمية شخصيات أبناء المجتمع، وتعليمهم قواعد السلوك الاجتماعي.

(1) حسان محمد حسان وآخرون، مرجع سابق، ص 178.

- **أساليب المدرسة في الضبط الاجتماعي:**

تمارس المدرسة أدوارها في الضبط الاجتماعي من خلال إشرافها وتوجهها لعمليات التفاعل بين التلاميذ والمعلمين، وبين التلاميذ وبعضهم البعض. فالتلميذ عليه أن يضبط سلوكه، ويلتزم بالنظام والمعايير والضوابط التي تضعها المدرسة، ويسايرها طواعية أو كرها وإلا تعرض للعقاب من قبل ممثلي السلطة. فالمعلم كممثل للسلطة عليه أن يرسي دعائم النظام، بفرض نوع من الضغط على من يخالف المعايير التي يضعها مجتمع المدرسة، أو يمارس الثواب حتى يصحح الانحرافات التي قد تحدث، ويعيد التوازن بما يحفظ النظام العام.

وتمارس المدرسة أساليبها في الضبط الاجتماعي بعدة أساليب، أبرزها:

1- إرساء قواعد النظام:

مجتمع المدرسة لا يسير عشوائياً وإلا انفرط عقد المدرسة واختل بناءها. لذلك لا بد من حفظ قواعد النظام والقانون داخل المدرسة، بإثابة المحسن، ومعاقبة المسيء، ولكن دون إفراط أو تفريط. بمعنى أن خير الأمور أوسطها.. فإرساء النظام والحفاظ عليه يحتاج إلى تعقل وحكمة حتى لا تأتي النتائج عكسية.

على أن ما تقصده المدرسة لحفظ النظام، ليس بوسائل مصطنعة، وإنما بأساليب نابعة من ذات التلميذ عن طريق تنمية الوازع الأخلاقي لديه، وتنمية الشعور بالمسئولية، وذلك يجعل التلاميذ ينصاعون طواعية، وبرغبة داخلية لاحترام القواعد والقوانين، والمعايير السائدة. وهذا أسمى ما تهدف إليه التربية المدرسية في صورتها المثلى.

2- القدوة التربوية في المدرسة:

تعتبر القدوة في المدرسة من قبل المعلم والمدير والمشرف والموجه، بل والعامل من أقوى الأساليب التي تتبعها المدرسة في تحقيق أهداف الضبط الاجتماعي. فالمعلم عندما يسلك بناءً على ما يقول، ويصدق فعله فكره ولسانه؛ فإنه يقدم المثال والنموذج الحي للقدوة التربوية الحسنة التي يلمسها التلميذ، ويشعر بتأثيرها عليه، فيتعظ ويقتدي بها، ويسعى إلى محاكاتها وتقمصها فيما يقوله التلميذ ويسلك.

وحيثما يتمسك المعلم بالقيم الاجتماعية والاتجاهات والمعايير الأخلاقية، وحينما يحترم النظام ويلتزم بالقواعد الاجتماعية؛ فإن هذا ينمي في التلميذ الوعي بأنماط ثقافة المجتمع، وتجعلهم يستجيبون لما يشاهدونه ويعايشونه، ويحاولون الالتزام به من جراء أنفسهم، وهنا يتحقق الضبط الاجتماعي...

ولعل القدوة المحمدية لصاحبها عليه أفضل السلام والتسليم أعظم قدوة للبشرية، فيها قدم رسول الله ﷺ المثال والنموذج الأسمى للقدوة الحسنة، نجدها في تطابق أقواله أفعاله، في تواضعه وزهده، عفوه وحلمه، علمه وعدله، ورحمته...الخ.

3- العقوبات الضابطة وحدودها:

تلجأ المدرسة إلى توقيع العقوبات والجزاءات على الخارجين على النظام والقواعد الاجتماعية، لأن في ذلك قوة لحفظ النظام. ولكن إذا كانت العقوبات شراً لا بد منه، فيجب البدء أولاً باتباع المكافئة والثواب،

لتعزيز السلوك الإيجابي، ومحاصرة السلوك السلبي. أما توقيع العقوبات البدنية فهناك اتفاق شبه كامل على أن العقوبات البدنية مرفوضة، لأنها كما تؤكد البحوث والدراسات أنها تجرح شعور المتعلم وكبرياؤه، وتلحق أضراراً نفسية وأخلاقية بشخصية المتعلم، بل تأكد أن الضرب البدني يولد العنف والجنوح، وغير ذلك من الاضطرابات النفسية، وتولد الكثير من الأمراض الاجتماعية، كتفشي الجرائم، ومظاهر الانحرافات الاجتماعية الأخرى.

لذلك، فإن أفضل وسيلة للعقاب المدرسي يجب أن يقوم أساساً على اللوم، والاستهجان، والعزل والتوبيخ، والحرمان، لكل من يرتكب خطأ، لأن المدرسة تمثل مجتمعاً عقلياً مثقفاً، يقوم على تقاليد تربوية راقية، ثم أن غرض العقوبة بهذا الشكل هو الإصلاح، وليس العكس. فالعقوبة إذا كانت لغة أو رمز يعبر بها الضمير العام للمجتمع عن مظاهر خلل ما؛ فإن الأساليب السابق ذكرها (اللوم الاستهجان...) تمثل رسالة وإشارة تعبيرية، تشعره المخطئ بخطئه، بقصد إعادة الثقة التي اهتزت لدى بعض التلاميذ، وذلك بأن تعامله بطريقة مغايرة عن التلاميذ الملتزمين وبصورة تميز خطأه.

ولمثل هذه الأساليب العقابية مغازيها ودلالتها التربوية، في حياة النشئ، كونها تمكن من تحقيق الضبط الاجتماعي في المدرسة، وتحقيق ثماره التربوية.

سادساً: المدرسة والحراك الاجتماعي

الحراك الاجتماعي Social Mobilization من الظواهر الاجتماعية التي تعد مفتاحاً لتفسير سلوك الفرد وقيمته، وفهم بناء المجتمع ونظمه. وهناك ارتباط كبير بين الحراك والتعليم، على أساس أن تحرك أفراد المجتمع من مستوى طبقي إلى آخر، صعوداً أو هبوطاً يعتمد على عوامل كثيرة، أهمها التعليم، كون التعليم يقوم بتفجير طاقات النشئ، وتنمية قدراتهم واستعداداتهم، وإكسابهم المهن والمعارف والاتجاهات، وهذه من محددات حراك الأفراد في البناء الاجتماعي، وما يمكن أن تكون عليه وظيفة كل فرد، ودخله، ومكانته الاجتماعية.

لذلك فدراسة الحراك الاجتماعي من الأهمية بمكان لدلالته الاجتماعية، والاقتصادية، والعلمية، والتكنولوجية، وتأثيراتها الإيجابية أو السلبية، من حيث صعود الأفراد أو الجماعات إلى مستوى اجتماعي اقتصادي أحسن، أو هبوط أفراد وجماعات إلى مستوى اجتماعي واقتصادي أدنى، والتعليم في مقدمة الأسباب المؤدية إلى ذلك.

يعرف الحراك الاجتماعي في أبسط معانيه بأنه انتقال فرد أو جماعة من مستوى اجتماعي واقتصادي معين إلى مستوى اجتماعي واقتصادي آخر في التكوين الطبقي للمجتمع، صعوداً أو هبوطاً، أو داخل الطبقة أو المستوى الواحد.

ومع أن هناك حراكاً اجتماعياً رأسياً، أكان صاعداً أو هابطاً، وآخر أفقياً داخل طبقة أو مستوى معين؛ فإن كمية هذا الحراك ونوعه يختلف من مجتمع إلى آخر، ومن زمن إلى آخر، بحسب نظم المجتمعات السياسية، والاقتصادية، وأبنيتها الاجتماعية، وأوضاعها وقيمها السائدة، ودرجة تطورها.

ولعل ما يمكن التركيز عليه في هذا الموضوع هو تحليل العلاقة بين الحراك والتعليم، حيث ظلت تلك العلاقة في العصور الماضية فاترة أو ضعيفة الأثر في المجتمع، بسبب اقتصار التعليم على أبناء الصفوة، وبالتالي كان التعليم أحد أدوات تكريس البناء الاجتماعي أو المحافظة عليه، وذلك بحرمان غالبية أبناء المجتمع من التعليم. وهنا لم يساهم التعليم في الحراك الاجتماعي، ولكن بعد انتشار الديمقراطية ومبادئ الحرية والمساواة، أخذت تتوطد العلاقة بين الحراك الاجتماعي والتعليم، حيث صار التعليم بأنواعه ومستوياته المختلفة واحداً من أهم عوامل الحراك الاجتماعي، كون التعليم وما يؤديه في الفرد أحد المحددات الرئيسية لحصول الفرد على الوظيفة، والدخل، والمكانة الاجتماعية، ويتحدد ذلك وفق المستوى التعليمي الذي بلغه الفرد، أو الخبرات والمهارات التي اكتسبها الفرد عن طريق التعليم.

إن التوسع في تطبيق مبدأ تكافؤ الفرص التعليمية، وما استلزمه من تطبيق مجانية التعليم والزاميته، رغم فوارق تطبيقه، وصعوبات تحقيقه واقعياً؛ فقد أصبح التعلم أداة حراك الفقراء من أدنى المستويات الاقتصادية والاجتماعية إلى أعلى، أو العكس؛ كون المدرسة أحد الأساليب والوسائل لتحقيق مبدأ تكافؤ الفرص ، الذي عن طريقه يتم عملية الحراك.

ورغم الانتقادات الموجه لأساليب المدرسة ووسائلها في تحقيق مبدأ تكافؤ الفرص التعليمية، من حيث فشلها في تحقيق هذه السياسة، إلا أنها ما زالت تقوم بدور كبير في تحقيق هذا المبدأ رغم الصعوبات والعوائق الجديدة، وذلك من خلال:[1]

1- تنويع التعليم وتجديد نظمه وبرامجه وأساليبه، وفتح مسارات مختلفة أمامه تتيح فرص الاختبار والتأهيل المناسب لقدرات الأفراد وطموحهم، وحتى يحصل الأفراد على الفرص التعليمية الملائمة التي تمكنهم من الحراك الاجتماعي.
2- المساواة في معاملات التلاميذ في التحاقهم بالمدرسة، وتوزيعهم على الفصول الدراسية وفي معاملتهم داخل الفصل والمدرسة، على أساس أدائهم وأنشطتهم.
3- التقويم الموضوعي لأداء التلاميذ، على أساس التحصيل الدراسي، وقياس قدرات التلاميذ واستعداداتهم، وترفيع التلاميذ من صف إلى آخر، ومنح الشهادات على أساس ذلك.
4- منح جميع التلاميذ فرصاً متساوية للكشف عن قدراتهم، وصقل مواهبهم من خلال الاشتراك في المسابقات، وجماعات النشاط، والمشاركة في الندوات وغير ذلك.

سابعاً: المدرسة والتغير الاجتماعي والثقافي

موضوع التغير الاجتماعي الثقافي كبير ومتشعب، ويكثر فيه الحديث، والأخذ والرد في جدالات لا تنتهي... وهذا علامة صحة وثراء، أكثر من كونها علاقة فوضى وجدل عقيم، ولكن للإنصاف نقول أن الجدل الدائر بين علماء الاجتماع والانثربولوجيا جعل من علم الاجتماع كثير التنظير واسع المناهج، قليل ا لتطبيق ضيق النتائج.

---

(1) للمزيد من التفاصيل راجع: علي الشخيبي (في) حسان محمد حسان وآخرون، مرجع سابق، ص 41،244.

وبسبب تشعب موضوع التغير فيمكن التركيز على أبرز نتائج العلاقة بين التغير والتربية، حتى نقف مباشرة على دور المدرسة في التغير الاجتماعي.

لعله من قبيل التكرار القول أن التغير هو السمة البارزة إلى تميز عالمنا المعاصر، فالتغير حادث، ولكن الجديد فيه أنه اليوم يتزايد بسرعة مذهلة، شاملاً كل نواحي حياة المجتمعات المعاصرة على حد سواء، غير أن التغير يختلف بين المجتمعات من حيث سرعته، وعمقه واتساعه، بل وبين قطاعات المجتمع الواحد.

إن التغير وما يحدث من تحولات عديدة في المجتمع دفع علماء الاجتماع والأنثربولوجيا والتربية إلى تحليل ما يطرأ على المجتمع عموما والتربية خصوصاً من تبدل وتحول، وما يستدعيه ذلك من التدخل الواعي للسيطرة على التغير وضبط مسيرته في الاتجاه المرغوب فيه، وذلك بإدخال التعديلات، والقيام بالإجراءات الضرورية لإتمام عملية التغير، حتى لا نفاجأ بأوضاع مفروضة علينا.

هناك تعاريف عدة للتغير، تختلف باختلاف التوجهات الفكرية والأيديولوجية، غير أنه يمكن الاحتكام إلى مفهوم يقربنا من المعنى والفهم العام، ويجنبنا الخوض في تفاصيل لا محل لها هنا.

يعرف التغير الاجتماعي الثقافي، بأنه كل تحول يحدث خلال فترة من الزمن في البناء الاجتماعي الثقافي، والنظم، والأجهزة الاجتماعية، ووظائفها، وما يطرأ من تحولات وتبدلات في أنماط العلاقات والسلوك، وفي المعتقدات والمعايير، وفي الأدوات والأساليب، فيتحول نظام المجتمع من نموذج إلى آخر.

والتغير بهذا المعنى، يتضمن تغير طريقة الحياة والأيديولوجيات، والمعتقدات والتقاليد والنظريات والأفكار، وأنماط القيم، والاتجاهات، والعلاقات بين الأفراد وتغير الطرق المختلفة لتنظيم الحياة الاجتماعية، والاقتصادية، والسياسية ، والتربوية، ويتضمن أيضاً تغير أساليب ووسائل العمل والإنتاج في الزراعة، والصيد والتجارة، والصناعة، وفي أشكال الحرف، والوظائف في المجتمع، بمعنى أن التغير شامل شمول حياة المجتمع... فكل شيء في صيرورة وتغير دائم.

ولما كان التغير سمة الحياة الإنسانية، كون التغير خاصية تميز الكائن الإنساني وأساس وجوده الاجتماعي؛ فالتغيرات الاجتماعية الثقافية لا تنقطع ولا تتوقف في شتى أشكال ومراحل التنظيم الاجتماعي، حيث يتم بسرعات متفاوتة، وأبعاد متباينة داخل المجتمع الواحد، فقد يسرع التغير في جانب أو قطاع من المجتمع، ويبطء في جانب أو قطاع آخر، ويمتد التغير لفترات قد تطول وقد تقصر، وقد يحدث تلقائياً أو عارضاً ... وهذه سنة الله في الحياة.

ولعل دراسة التغير الاجتماعي الثقافي وعلاقته بالتربية يفيد الوقوف على مظاهر التغير وأنواعه، وعوامله، والتعرف على المراحل المختلفة التي يمر بها المجتمع، وخصائص كل مرحلة، وما حققه كل مجتمع من تحول وتقدم، وما يترتب علي ذلك من آثار في حياة المجتمع المادية والثقافية، ثم التنبؤ بما سيكون عليه مستقبل المجتمع ومؤشرات التغير فيه. وعلاوة على ذلك تمكننا دراسة ظاهرة التغير من التعرف على مدى كفاية ودقة الوسائل التي تلجأ إليها المجتمعات، أما لزيادة سرعة التغير المرغوب فيه، أو لتعديل مساره وتصويبه، وكذا التعرف على الوسائل إلى تتبعها الدول لمواجهة الآثار السيئة التي تترتب على عمليات التغير.

• أنواع التغير الاجتماعي الثقافي:

مهما اختلفت تقسيمات التغير الاجتماعي الثقافي بين الدارسين وعلماء الاجتماع والانثربولوجيا والتربية بخاصة، ألا أن التغير في كل الأحوال لا يخرج عن الأنواع التالية:

• التغير في النظم الاجتماعية، كالتحول من نظام سياسي إلى آخر، أو من نظام تربوي إلى آخر، مع ما يتطلبه هذا من تنوع الوظائف والأهداف، وتعقدها.

• التغير في البناء الاجتماعي، كصعود أفراد وجماعات وطبقات من مستوى اجتماعي واقتصادي إلى أعلى، مقابل تراجع أفراد وجماعات وطبقات إلى مستوى أدنى.

• تغير أهمية القطاعات الاقتصادية، وما رافق ذلك من تغير أنشطة السكان ودخولهم، كبروز أهمية قطاع الصناعة، وقطاع المعرفة، وظهور أنشطة جديدة بلغت شأناً كبيراً.

• تغير أساليب ووسائل الإنتاج والاتصال، كالتحول من المحراث البدائي إلى المحراث الآلي. والتحول من الصناعة اليدوية إلى الصناعة الآلية، فالاتوميشن، وتطور وسائل النقل والاتصال وهكذا...

• نمو المدن المختلفة، وما صاحب ذلك من تغير في أشكال العمران.

• التغير في أشكال المعارف والعلوم، وفي أنماط التفكير، كنمو المعرفة المذهل، وظهور فروع عملية كثيرة، والتحول من التفكير الخرافي إلى التفكير العلمي.

• التغير في القيم والمعايير الاجتماعية وأنماط السلوك، كالتحول من قيم المجتمع الإقطاعي إلى قيم المجتمع الصناعي، والتحول إلى معايير موضوعية تحكم العلاقات، وأفعال وسلوك الأفراد والجماعات.

• التغير في أشكال التعبير في الآداب والفنون التشكيلية، والموسيقى، والرقص...الخ [1] كالتحول من الشعر المقفي إلى الشعر العمودي، ومن الفن المباشر إلى الفن الرمزي، وهكذا.

• التغير في العلاقات الاجتماعية، كتغير علاقة الحاكم بالجماهير، وصاحب المصنع بالعمال.

• التغير في شكل الأسرة، من الأسرة الكبيرة الممتدة إلى الأسرة الصغيرة المستقلة، وخروج المرأة إلى العمل، وفي تربية الأطفال، وفي وظائف الأسر.

• تغير شاغلي المراكز والوظائف الاجتماعية ومعايير اختيارها، كالتحويل من الأساس الأسري والعرقي إلى أساس القدرات الشخصية والشهادة والمستوى المهني ... الخ. إلى غير ذلك من أنواع التغير في كل نواحي حياة المجتمع، لا ضرورة لحصرها هنا.

• عوامل التغير الاجتماعي الثقافي:

قد يكون هناك عامل رئيسي حاكم يكون سبباً للتغير، إلا أن الواقع يظهر أن التغير الاجتماعي يحدث كنتيجة لجملة من العوامل والأسباب التي تسنده وتؤازره، بصورة يصعب معه إرجاع التغير إلى عامل واحد بعينه، مع إدراكنا لوجود عامل واحد أو أكثر يكون فاعلاً، ومن أبرز عوامل التغير الاجتماعي الثقافي، ما يلي:

---

(1) محمد الجوهري: علم الاجتماع وقضايا التنمية في العالم الثالث، الإسكندرية، دار المعرفة الجامعية، 1990.

1- قيام بعض الزعماء والمفكرين بأدوار كبيرة لأحداث عملية التغير في المجتمع. والأمثلة على ذلك عديدة، أمثال: "غاندي" في الهند و "ماوتسي تونغ" في الصين، و"عبد الناصر" في مصر، ومن العلماء والمفكرين "أفلاطون" و "أرسطو"، و"ابن سيناء"، "وجابر ابن حيان"، و"انشتاين".. فهؤلاء بما ملكوا من فكر إبداعي، وقيادة حكيمة تمكنوا من إحداث تغيرات بعيد المدى في حياة المجتمعات الاقتصادية والاجتماعية والعلمية.

2- نمو المعارف وتطور العلوم: يؤدي نمو المعرفة السريع في مختلف فروع العلوم الحالية أو التي في طور التكوين إلى اكتشاف آفاق بعيدة ، وارتياد جوانب لم تكن في متناول الأجيال السابقة، لتطوير الحياة الإنسانية؛ بتحرير عقول البشر، وتحسين وسائل حياتهم، ومساعدة المجتمعات على السيطرة والتحكم على ما يعترضها من صعوبات ومشكلات، وتحسين ظروف الحياة.

3- التقدم التكنولوجي: ويتمثل بظهور وسائل وأدوات الإنتاج المتطورة، والميكنة الحديثة بكل صورها وأنماط عملها، حيث مكنت المجتمعات والشعوب من زيادة الإنتاج، وتحسينه في كل أنشطة السكان وقطاعات الاقتصاد القومي، وفتح آفاق جديدة أمام تطوير أساليب حياة المجتمع، كما أتاح تطور وسائل النقل والاتصال أمام الإنسان من قهر الطبيعة، وتغير أساليب حياته والرقي بأوسع مجالاته.

4- قيام التخطيط العلمي كإجراء معتمد ومقصود ثبت نجاحه، تقوم به الدول، كالهيئات والمنظمات، فتوضع له الخطط والبرامج، وترسم له السياسات، وتحشد له الإمكانات والموارد، بقصد إحداث تغييرات اجتماعية واقتصادية في حياة المجتمع.

5- قيام النظم الديمقراطية: يؤدي قيام النظم الديمقراطية الحقة إلى تغييرات سياسية واجتماعية واقتصادية، حيث تتيح إمكانات واسعة أمام السكان، ليس للمشاركة في اختيار الحكام والتعبير عن الراي، وإنماء أيضاً للمشاركة الفاعلة في الحياة الاقتصادية والاجتماعية، والثقافية، العلمية بما يمكنهم من تفجير طاقتهم، واستخدام قدراتهم في استغلال موارد المجتمع وإمكاناته. فيصبح أفراد المجتمع قوة في التغير، وجعل النظام الاجتماعي العام أكثر تقبلاً للتغير.

6- هناك عوامل وأسباب تؤدي إلى التغير سواء من داخل المجتمع أو من خارجه، منها: توافر الثروات والموارد الطبيعية، والتغيرات الديمغرافية، والتفاعل الثقافي بين المجتمعات، وانتقال الأفكار والمخترعات... وهذه العوامل تؤدي إلى التغير الاجتماعي.

مراحل التغير الاجتماعي الثقافي:

التغير الذي يحدث في المجتمع، أكان نابعاً من داخل المجتمع أو آت من خارجه، أكان سريعاً أو بطيئاً؛ فإنه يحدث وفق مراحل متتابعة، إذ قد يوجد تغير في قطاع أو جزء ما من المجتمع بصورة صريحة، ولكنه ليس وليد الصدفة، وإنما هو وليد ظروف طبيعية وشروط اجتماعية، معينة أدت إليه، ومثل هذه الظروف والشروط لا يمكن أن تكون وليدة الساعة، ثم أن استجابة المجتمعات للتغير متباينة، وتأثير العوامل ليست على درجة واحدة.

وإذا حدث تغير ما في قطاع أو جزء من المجتمع، فلا نستطيع القول أنه قد حدث تغير، ما لم يدمج ضمن الإطار القائم، ويصبح جزءاً منه، ويلقى القبول الاجتماعي، أو يرفض ويستبعد. وهذا يحتاج إلى فترة لتجريبه واختباره لإتمام شروط إدماجه كما سنجد.

وعلى أية حال، يمكن تحديد مراحل التغير، غير أنها ليست قاطعة بحيث تنتهي مرحلة، لتبدأ الأخرى.

إذ ليس هناك حدود فاصلة، وقد تتداخل مرحلة بأخرى، وهذه المراحل هي:[1]

1- **مرحلة التحدي أو تكون بذور التغير:** يبدأ التغير في أي مجتمع بظهور حاجة ما أو تحدي ما في مظهر من مظاهر الحياة، فيأخذ هذا التغير في التشكيل والبروز في صور تشويش أو اضطراب فيما هو قائم على نحو يهدد لتوازن العام، عندها تجري محاولات لتجريب هذا التغيير واختباره، للتحقق من مدى منفعته. وهنا إذا مس هذا التغير العموميات الثقافية كانت المعارضة له قوية وشديدة، بينما إذا ابتعد عن لب الثقافة قلت المعارضة له. وعموماً فالمجتمعات الصناعية والمعرفية أكثر تقبلاً للتغير والإسراع فيه من المجتمعات الزراعية.

2- **مرحلة التجديد:** بعد اجتياز فترة التجريب الأولى يبدأ انتشار التغير بين عدد كبير من الناس، تتبناه، وتحاول تعميمه، وهنا يدور جدل ونقاش حول التغير الجديد، تمهيداً للموافقة عليه، بإدماجه في إطار ما هو قائم، أو رفضه واستبعاده، إذا تبين عدم منفعته للمجموع.

3- **مرحلة التحول أو قبول التجديد:** وهنا يتم إدماج التغير الجديد أكان اختراعاً أو مكتشفاً حديثاً أو قيمياً، وذلك باتساع دائرة التأييد، وضيق دائرة المعارضين له، وتصبح عملية إعادة التنظيم ضرورية لإدماج الجديد مع القديم، أو تحوير القديم ليلائم الجديد، وذلك بأن يأخذ التحول مداه، ويتسع تقبله، والرضا عنه، طالما أنه يلبي حاجة أكبر عدد ممكن من السكان، حتى لو كان البعض ضده، ومتخوف منه.

4- **مرحلة التطبيق والإدماج:** وهنا يصبح التغير الجديد جزء من البناء العام للنظام الاجتماعي، بحيث يمكن تطبيقه والأخذ به من كل الناس، حتى وإن ظلت فئة لا ترضى عنه ولا تتقبله، إلا أنها لا تعارضه، أو تطبقه برؤيتها.

وبهذه المراحل يصبح التغير الجديد جزء من النسيج المتناغم مع الثقافة العامة للمجتمع.

ومما تجدر الإشارة إليه أن العناصر المادية في الثقافة تكون أسرع تغيراً وايسر تكيفاً من العناصر الاجتماعية في الثقافة، كالقيم، والتقاليد، والعادات، والأفكار، والبناء الطبقي، فهذه تحتاج إلى وقت طويل، لأن العناصر المادية تؤثر حتماً على العناصر غير المادية، وتساعد على حدوث التغير فيه، لأنه من السذاجة الفصل بين ما هو مادي وغير مادي من الثقافة وهنا فالتغير حادث في العناصر غير المادية، ولكن دون أن تمس ثوابت الثقافة، وإلا تحللت هذه الثقافة وذابت في غيرها.

التربية والتغير الاجتماعي الثقافي:

العلاقة بين التربية والتغير الاجتماعي الثقافي علاقة وطيدة، كل منهما سبب ونتيجة للآخر، فالتربية أنشأها المجتمع أساساً كأداة لتغيير حياة المجتمع وتجديدها. إذن فالتربية هي التي تكون سبباً للتغير الاجتماعي الثقافي من خلال ما تقوم به في الفرد والمجتمع، والتغير الذي يحدث في المجتمع، بفعل عوامل وأسباب من داخل المجتمع وخارجه، بحكم تفاعل الثقافات وبخاصة في الوقت الحاضر. فإن هذا التغير يكون سبباً لتغير التربية.

---

(1) راجع : عبد الباسط عبد المعطي، اتجاهات نظرية في عالم الاجتماع، عالم المعرفة، الكويت 1981. أيضا: محمد علي محمد: الشباب والتغيير الاجتماعي، بيروت، دار النهضة العربية ، 1985.

Ross Eshleman and Barbara Gcaahion: So cikologg anin Troduction, Brwon and –co Bost, 1985 p.p . 707-209.

والتربية إذا كانت تحمل بذور تغيير المجتمع وتقدمه، فيجب أن تسبق حركة المجتمع، فتعدل من نفسها وتجدد أفكارها ونظمها وأساليبها، وتتابع الجديد المستحدث، كي تكون أداة تغيير المجتمع، وفق ما يرغبه المجتمع، وإلا استسلمت للتغيرات المجتمعية وفق القوى الفاعلة فيه، عندها تصبح التربية ضعيفة التأثير ، أو بمعنى أدق فاقده التغيير المنشود.

إذا كانت التربية هي إحدى مؤسسات المجتمع، فليس معنى ذلك أنها يجب أن تتبع المجتمع وتسعى خلفه، تستجيب لما يطلبه المجتمع منها، فتحمي تراث الماضي، وتعكس أبهى ما فيه إلى الحاضر، كي تحافظ على شخصية المجتمع وهويته الثقافية. هذا صحيح.. ولكن ليست هي العملية الوحيدة لأن عمليات التربية مزدوجة، فهي تتبع المجتمع، باعتبارها أحد مؤسسات المجتمع... فتقوم التربية بعمليات المحافظة على تراث المجتمع واستمراره إلى الواقع الحاضر. وهي تقود المجتمع، بما تملكه من معارف ومنهج ومتخصصين. فتغير المجتمع، بالاستجابة لمطالب المجتمع وتحدياته، وتستشرف آفاق تطوره المستقبلي. عن طريق تحويلها إلى أهداف تربوية تسعى إلى تحقيقها في المستقبل.

والتربية باعتبارها عملية اجتماعية، فإنها تتناول التغير من زاوية فعلها في سلوك الأفراد وتشكيلهم اجتماعياً وفق ثقافة المجتمع، وما ينتابه من تغيير.. وكون الفرد هو أداة التغيير، فإن تحقيق التغير لا يتم إلى بتغير سلوك الفرد وفي تفاعله مع الآخرين ونظرته لبيئة المجتمع.[1]

ويتمثل دور التربية بكل أشكالها في التغير الاجتماعي الثقافي في:

- المحافظة على ثقافة المجتمع وتعميمها، من خلال إكساب النشئ إطار ثقافة مجتمعهم، بما تتضمنه من أفكار وقيم واتجاهات وأنماط سلوك، وتفهم واقع المجتمع والانسجام والتوافق معه.
- تكسب الأفراد المواطنة، ليكونوا مواطنين يتحملون واجباتهم تجاه وطنهم، بما تغرس في الفرد مبادئ الديمقراطية الصحيحة فكراً وتطبيقاً، وإكسابهم معاني الحرية، والعدل، والمساواة، وتنمية شخصية الأفراد، بما يجعلهم قادرين على إحداث التغيير السياسي المرغوب أو تقبله.
- تسعى التربية إلى تعليم القواعد الجديدة التي تساعد على التكيف مع المواقف الجديدة في الحياة العامة والخاصة، وتيسير سبل التفاعل مع نظم المجتمع.
- تكسب الأفراد القدرة على المبادرة، وإظهار الميل إلى المشاركة، والتعاون في المواقف الجديدة التي تتعرض لها الجماعة، كالدفاع عن الوطن، ومقاومة الأفكار المناهضة للمجتمع والإنسانية.
- تعليم الأفراد القيام بواجبات الأدوار الجديدة التي يفرضها العصر ومستحدثاته، من خلال القيام بمسئوليات الأعمال والوظائف، واحترام آراء الآخرين، وتحرير الفرد من الخرافات والتقاليد البالية، ومشاركته في النشاطات الاقتصادية والاجتماعية، وتشجيعه على ابتداع أساليب جديدة تساعد على زيادة الإنتاج وتحسينه.
- تساعد الأفراد على تحسين معيشتهم من خلال الاعتناء بالغذاء، كماً ونوعاً، والعناية بالصحة و ترشيد الاستهلاك، وتحسين ظروف الحياة، وسبل الانتفاع من وسائل الاتصال المختلفة.

---

(1) محمد طنطاوي: أصول التربية، الكويت، وكالة المطبوعات، 1984م، ص 62.

• تعمل التربية على إنماء شخصيات أبناء المجتمع في إطار ثقافتهم السائدة بما يؤدي إلى التماسك الاجتماعي وتجسيد الوحدة الوطنية، وخلق وحدة فكرية مشتركة تساعد التفاعل والتفاهم.

وإلى جانب ما سبق ذكره، هناك أدوار ومسئوليات خاصة، تقوم بها المدرسة، لإحداث التغيير الاجتماعي الثقافي، وتوجيهه، بحكم ما تملكه من فلسفة، وسلطة، وأهداف، وتنظيم، ومتخصصين. ويتزايد دور المدرسة في التغيير الاجتماعي الثقافي، بتزايد التغيرات المختلفة في المجتمع، وتعقد ظروف الحياة المعاصرة.

ولعل أهم أ دوار ومسؤوليات المدرسة في التغيير الاجتماعي الثقافي يتمثل في[1]:

• تكسب التلاميذ فهماً وقيماً جديدة، وخبرات متنوعة ومتجددة، تمكنهم من تغيير سلوكهم وأنماط حياتهم، بما يواكب التغيرات الحادثة في المجتمع والتكيف معها، وإحداث التغيرات المرغوبة.
• تنمي شخصيات النشئ الجديد من جميع جوانبها، فتزودهم بالمعارف والمهارات والاتجاهات التي تمكنهم من الانخراط في أي من أنشطة المجتمع، والاشتراك في التجديد والتغيير، ليس في مجال عمله، وإنما أيضاً في محيطه الذي يتفاعل معه، بسبب ما اكتسبه من المدرسة.
• فحص الآراء والأفكار والمعتقدات والمؤسسات، ثم إعادة البناء في ضوء المشكلات الجديدة والظروف المتغيرة[2] وعندما تعكس المدرسة التطور الاجتماعي فإنها تعكس أفضل ما فيه، فتساعد على انتشار المدنية والمخترعات الحادثة فيها، فتعد الأفراد ليقوموا بدورهم في التغير.
• تولد المدرسة المعارف التي تولد التغير، فتختار وتختبر القوى العلمية والتكنولوجية والثقافية التي تحدث التغيير في النظام القائم، وتنتج الأفكار والأساليب الجديدة التي تساعد على الإنتاج وتحسين أساليب حياة المجتمع، ومن جهة أخرى تقوم المدرسة بتطبيق المعارف العلمية وإكسابها النشئ.
• تبصر التلاميذ بنواحي التغير الأكثر طلباً وحاجة، وإدراك ما يدور حولهم من تغيرات وتوجيه الأنظار إليها، وتعمل على إثراء عقولهم واستنهاض هممهم، ليس لتقبله فحسب وإنما أيضاً لتسريعه.
• نشر قيم العلم وتمثلها فكراً وعملاً، وتشجيع الاختراع والابتكار، وكذا حركة تبادل المعارف والتأليف والترجمة، وكل ما يساهم في التقدم العلمي والتكنولوجي، نقلاً وتطويعاً.
• تدرب التلاميذ على التفكير العلمي الناقد لانتقاء العناصر الثقافية التي تساعد على التغير، بما يتفق مع ثقافة المجتمع ويحافظ عليها، وكذا تدريبه على الأخذ بالطرق العلمية للقيام بأعمالهم ووظائفهم، أو للتغلب على المشكلات الناجمة عن التغير في المجتمع.

وهكذا نجد أن الأصول الاجتماعية للتربية من الأهمية بمكان، ما يجعلها المدخل الرئيسي لفهم التربية، وتفسير عملياتها، والتعرف على ناتجها في الفرد والمجتمع.

(1) محمد لبيب النجيمي: الأسس الاجتماعية للتربية، مرجع سابق، ص 284.

(2) محمود طنطاوي، مرجع سابق، ص 62.

الفصل التاسع
الأصول الثقافية للتربية

تمهيد

الفرد والمجتمع والثقافة والتربية مكونات مترابطة متداخلة، لا وجود لأحدهما بدون الآخر. ولا يمكن فهم أحدهما إلا بتفسير الآخر. ولا نستطيع تحديد بنية التربية ومضمون عملياتها إلا في إطار علاقاتها بهذا وذاك...

فالمجتمع، إذا كان مجموعة أفراد يتفاعلون فيما بينهم، وبين بيئتهم الطبيعية، وما ينجم عن ذلك من أفكار وقيم ونظم وأدوات، فإن الثقافة هي نتاج هذا التفاعل، والمجتمع والثقافة هما أساس تحديد السلوك الإنساني، والتربية تنشأ وتقوم كمؤسسة ثقافية للحفاظ على ثقافة المجتمع وتقدمه.

والعلاقة بين الثقافة الفرد علاقة عضوية. فالثقافة لا توجد ولا تنمو إلا بفعل الأفراد أنفسهم، والأفراد يتشكلون بالثقافة، بمعنى أن الثقافة تتكون وتنمو بالأفراد، ثم تنتقل بالأفراد، وتعود لتشكيل الأفراد.... والثقافة لا توجد إلا في عقول الأفراد وسلوكهم، ولا يمكن فهم سلوك الإنسان، إلا بفهم تفاعله مع الآخرين، في إطار ثقافة المجتمع. أي أن الإنسان كائن اجتماعي ثقافي، لا تظهر طبيعة الفرد إلا في إطار ثقافة المجتمع، والتربية أداة تشكيل طبيعة الفرد تلك.

وبهذا، فالثقافة ليست منفصلة عن وجود الأفراد، بل هم أساس وجودها ونموها، والأفراد هم أساس وجود المجتمع... ومن تفاعل الأفراد والجماعات في بيئة المجتمع، تنتج الثقافة. وبالتالي فلا مجتمع بدون ثقافة، والعكس صحيح. ولا مجتمع بدون أفراد، والعكس صحيح. ولا أفراد بدون ثقافة والعكس صحيح. ولا تربية بدون أفراد ومجتمع وثقافة، والعكس صحيح.

والتربية هنا، موضوعها الفرد والمجتمع والثقافة، من خلال نظرة مترابطة متكاملة. فالتربية تتناول الفرد من أبعاد زوايا المجتمع، وتسعى إلى تشكيله في إطار ثقافة المجتمع. وعن طريق أفراد المجتمع يتم نقل الثقافة للأجيال الناشئة عن طريق التربية واستمرار التفاعل الاجتماعي، ونمو الثقافة وتطورها يتم أيضاً بفعل الأفراد أنفسهم، كما أن قوة الثقافة تعتمد على وعي أفراد المجتمع بالمؤثرات الثقافية، ونوع استجابتهم لها، وقدرتهم على توجيهها، والتغيير فيها، بالإضافة أو الحذف.

وبذلك فإن فهم التربية، ومعرفة طبيعة عملياتها تتوقف على فهم الثقافة، حتى تصبح التربية أداة الثقافة في إعادة إنتاجها في أفضل صورة يرغبها المجتمع، والحفاظ على هذا المجتمع واستمرار تطوره.

بطبيعة الحال، تمكنت المجتمعات البشرية خلال تاريخها الطويل أن تكون لنفسها أنماطاً وطرائق حياة شاملة، سواء للنظر أو التفكير، أو للممارسة والتطبيق، بصورة ميزت كل مجتمع عن غيره من المجتمعات الأخرى، بصفات وخصائص نابعة في الأساس من ظروف كل مجتمع، وتفاعل أفراده المستمر في بيئتهم

الطبيعية، والاجتماعية، وما نجم عن ذلك من خبرات، وأدوات، وأفكار، ونظم، ومعايير، أخذت تتراكم تدريجياً خلال الأجيال المتعاقبة، وما أداه ذلك التراكم من تحولات نوعية، عبرت عن نفسها في اختراع أدوات ، وابتكار أساليب، وطرق جديدة، مكنت هذا المجتمع من التغلب على مشاكله، والسيطرة على الطبيعة، أو التفاعل الإيجابي المستمر مع الجماعات والمجتمعات الأخرى.

بيد أن عملية التفاعل تلك استلزمت ظهور اللغة، لاستخدامها ليس للتفاهم والتفاعل، وليس لحفظ الخبرات والمعارف، ونقلها إلى الأجيال الناشئة فحسب، وإنما أيضاً لاختزال ظروف الزمان والمكان، وربطهما بمعالجة الحاضر، واحتمالات المستقبل، وتحرير قدرات الإنسان في التعلم والتفكير، وإبداع المعرفة، واختراع الأدوات والآلات. إلى غير ذلك مما يوسع المجال أمام المجتمع لتكوين ثقافة شاملة، لكل عناصر حياة المجتمع.

ومن هنا، جاءت كلمة الثقافة لتشير إلى ما أوجده الإنسان وابتكره خلال حقب التاريخ من أفكار ومعارف، ومعتقدات ونظم، ومهارات وأنماط سلوك، وما صنعه من أدوات وآلات وملابس، وما شيده من مباني ومصانع وسدود، وما ابتكره من موسيقى وفن ونحت... إلى غير ذلك مما أوجده المجتمع، ويسهل حياته، وينظم علاقات أفراده مع الطبيعة، وعلاقات بعضهم مع بعض، وما كونه من نظم ومؤسسات وهيئات، تنظم أنساق الثقافة مع نفسها، ومع غيرها، وكل هذا ما يطلق عليه بالثقافة للدلالة على قدرة الشعب على ما أنتجه عقله ويده.

والثقافة بذلك، تكون بالنسبة للأمة مرادفة للشخصية، وبالنسبة للفرد حامل الشخصية القوية، الثقافة فوق ما ذكر هي الكيان الروحي المحرك للأمة، ونسيج حياتها وصورة لتاريخها ووجودها.

والشخصية القومية للأمة ليست محكومة بقوانين وظروف معينة، ولكن مرتبطة بنسيج كلي معقد من الأفكار، والمعتقدات، والقيم، وأنماط السلوك التي جميعها تربط أبناء المجتمع أو الأمة بوشائج متينة وعلاقات حميمة. "وتجانس الشعب الواحد في ثقافة واحدة، معناه أن أفراد ذلك الشعب قد ربطتهم اهتمامات متشابهة، يتجهون جميعاً نحو أفق واحد مشترك.[(1)]

وليس معنى ذلك أن الثقافة جامدة، توجد ذلك التماثل والتطابق بين أفراد الثقافات، أو داخل الثقافة الواحدة. فرغم تشابه البشر في النواحي البيولوجية والسيكلوجية، وانتمائهم إلى عائلة واحدة، متماثلة الحاجات العضوية والاجتماعية، إلا أن الثقافات تختلف بين المجتمعات، وداخل الثقافة الواحدة... فلكل شعب أو أمة ثقافتها الفريدة الخاصة بها التي تكونت وفقاً لتفاعل ديناميكي، بين جملة من العوامل الجغرافية والسكانية، والموارد الطبيعية، وما نجم عن هذا التفاعل من أنظمة ومعتقدات وأفكار ومعارف وسلطة...الخ ، والفرق بين مجتمع ومجتمع آخر، وفرد وفرد آخر، إنما هي فروق في هذه الثقافة، ولا يعرف الفرد والمجتمع إلا من خلال الثقافة، بل إن الثقافة الواحدة تحوي داخلها ثقافات فرعية تنتمي إلى الثقافة الأم.

والثقافة بهذا الوسع تناولته أوساط علمية عدة، بما فيهم الأفراد العاديين، حيث وضعت تعاريف للثقافة، يبدو أنها جزئية، وأحياناً أخرى سطحية، حيث عني بالثقافة تارة ميزة الفرد اللغوية، والخطابية وسحرها. ونظر تارة ثانية إلى الجانب المادي من الثقافة أو إلى الجانب الغير المادي من الثقافة. وعني بها تارة ثالثة الخلق الطيب والذوق

---

(1) زكي نجيب محمود: هذا العصر وثقافته، القاهرة، دار الشروق، 1980، ص 35.

الرفيع والفن. ويقصد بها تارة رابعة من يحمل مؤهل جـامعي أو شغوف بـالعلم والمعـارف، غـير أن هذه المعاني والأوصاف غير دقيقة، وإن كان فيها جزء من الصواب، علـى اعتبـار أن الثقافة هـي مـا نشاهده في سلوك الأفراد، دون النظر إلى الأبعاد الأخرى.

ونظراً لأهمية الثقافة بالنسبة للفرد والمجتمع، فقد نشـأ علـم جديد هو علـم انثربولوجيا التربية، ليكون جسراً بين علم الانثربولوجيا، وعلم الاجتماع والتربية، وعن طريق علـم انثربولوجيا التربية تنتقل الأفكار، والنظريات، والمفاهيم، والأساليب الخاصة بالثقافة إلى التربية، وكيف تسـهم تلك الأصول الثقافية في بناء التربية، وتحديد أهداف النظام التعليمي ومضمون عملياته وأساليبه الضابطة، ودراسة التربية على أنها عملية ثقافية، تقوم باستمرار الثقافة.

وأنثروبولوجيا التربية هي الفرع العلمي الذي نشـأ مـن علـم الأنثربولوجيا (علـم دراسـة الإنسان وطرق معيشته)، ويتناول طبيعـة الثقافة في مجتمـع معيـن، وتحليل عمليـات التواصـل الثقافي، ودور المدرسة في البناء الاجتماعي الثقافي، وتفسير عمليـات التطبيـع في مراحـل التعليـم ومؤسساته، والوقوف على المشكلات المعرفية والتعليميـة للجماعات العرقية، وتحليل المناهج وصلتها بثقافتها القومية والفرعية.[1]

وعلى ذلك، يعرف علم انثربولوجيا التربية بأنه " تحليل عملية التربية، مـن حيث ارتباطها بالبناء الاجتماعي والثقافي، للوصول إلى نظرية متكاملة للتربية، تعتمد على الموضوعية في البحـث، وبالتالي تخدم المنهج المدروس من ناحية والتخطيط التعليمي من ناحية أخرى".[2]

ومعنى ذلك أن إنثربولوجيا التربية، ليست ممارسة تربوية، من وجهة النظر الثقافية فقط، وإنما هـي دراسـة تفاعـل الثقافة، والتنشئة في العمليـة التربويـة، ودراسـة المناهـج التربويـة في الثقافات المختلفة، وتحليل جوانب العمليـة التربويـة في مجالهـا الاجتماعـي الثقافـي، وفهم أدوار المدرسة والمعلم في نقل الثقافة وتشكيل شخصية التلاميـذ في إطار الثقافة، السـائدة، باعتبـار المدرسة هي عنصر الخير في الثقافة.

أولاً: تعريف الثقافة

الثقافة في اللغة العربية هي الحذق والفهم السريع، وثقف ، ثقفاً، ثقافة، أي صار حاذقاً، حفيظاً، فطناً، كما جاء في القاموس المحيط للفيروز آبادي. وفي لسان العرب ثقف الشيء أسرع في تعلمه، وفي حديث الهجرة " هو غلام لقن ثقف" أي ذو فطنة وذكاء.

وثقف الشيء، ظفر به أو أدركه، وثقف الكلام، حذقه وفهمه سريعـاً، وثقف الـرمح، قومـه وسواه، وثقف الولد هذبه وعلمه.

والثقافة في اللغة العربية كلمة مجازية، مأخوذة في الأصل مـن تثقيـف الـرمح، أي تسـويته وتعديله. وكلمة الثقافة في اللغة الإنجليزية Culture فمعنى مجازي، مأخوذ مـن المعنى الحسي للزراعة، أو فعل الزراعة أي التربيـة الماديـة للنباتات، وقد استخدمها اللاتينيون بمعنى الدرس والتحصيل العلمي.

---

(1) حسان محمد حسان: أنثربولوجيا التربية ومشكلات تعليم المدن الكبرى، القاهرة، دار الثقافة للطباعة والنشر، 1985، ص29.

(2) أحمد أبو هلال: مقدمة إلى الانثربولوجيا التربية، مكتبة النهضة الإسلامية، عمان، 1979، ص 19، نقلاً مـن حسان، محمد حسان، المرجع السابق، ص28.

أما المعنى الاصطلاحي فهو مثار جدل واختلاف بين علماء الانثربولوجيا (علم الثقافات) وعلماء الاجتماع، وعلماء الأجناس، وغيرهم من علماء الدراسات التربوية والنفسية والاجتماعية بصفة عامة. لذا هناك العديد من التعاريف والتفسيرات التي اختلفت باختلاف العصور، ومدارس علم الاجتماع والانثربولوجيا، والأيديلوجيات الاجتماعية، ومجالات الاستخدام، وحداثة علم الانثربولوجيا. وهذه الاختلافات من جهة أخرى قد أثرتْ موضوع الثقافة، وزادت إدراكنا بمدلولاتها وعملياتها في المجتمع فهماً واستخداماً.

والملاحظ على التعاريف القائمة للثقافة أن بعضها يؤكد صفتها العقلية، أي المعرفة والمعتقدات والفن...الخ. وبعضها يؤكد جوانبها المادية، أي التي تشاهد بالحواس. وبعضها يؤكد الصفات المكتسبة، أي ما يتراكم وينقل من جيل إلى جيل. وآراء أخرى تبرزها كأداة لسد حاجات بيولوجية. وآراء أخرى أيضاً تؤكد صفتها التفاعلية بين الأفراد، لتوجيه سلوك الأفراد وتكيفهم في المجتمع. ووجهة نظر أخرى تؤكد على الجانب الرمزي للثقافة، أي إعطاء الرموز (اللغة) لمظاهر الأفكار والأفعال. ورأي آخر أيضاً يبرز الثقافة في أنماط صريحة وضمنية للسلوك[1]، وغير ذلك من الآراء التي أغلبها لا يتعارض كثيراً فيما بينها في التحليل النهائي، كون كل منها يؤكد صفة بعينها، ويعتبرها مدخلاً للنظر والتحليل، للخروج بتعميمات نظرية من تلك الزاوية.

ويمكن استعراض تعريفين للثقافة، يتسمان بالإحاطة والشمول.. فيعرف "سيد عويس"، الثقافة بأنها: "كل نماذج السلوك البشري التي تكتسب اجتماعياً والتي تنتقل اجتماعياً إلى أعضاء المجتمع البشري عن طريق الرموز. ومن ثم فالثقافة تتضمن كل ما يمكن أن تحققه الجماعات البشرية، ويشمل ذلك: اللغة، والصناعة، والفن، والعلم، والقانون، والحكومة والأخلاق، والدين، كما يشمل أيضاً الآلات المادية، والمصنوعات التي تنسجم فيها عناصر ثقافية معينة أو سمات ثقافة عقلية معينة من شأنها أن تعطيها فائدة تطبيقية معينة، مثل المباني بكل أنواعها، والماكينات، وأساليب المواصلات، واللوحات الفنية...الخ.[2]

ويعرف المربي الأمريكي "كلباتريك" الثقافة "بأنها " كل ما صنعته يد الإنسان وعقله، من مظاهر البيئة الطبيعية، أي كل ما اخترعه الإنسان واكتشفه، وكان له دور في العملية الاجتماعية"[3].

ويتضح من هذين التعريفين أن مضمونهما واحد، وهما من التعاريف الشاملة الجامعة، لكل نواحي حياة المجتمع، باعتبار الثقافة كل مركب يشمل الجانبين المادي وغير المادي، المتفاعلان في البيئة الاجتماعية والطبيعية، وفي سياق الظروف التاريخية، لتعني الثقافة طرائق الحياة المشتركة التي طورها أفراد المجتمع، متضمنة طرقهم في التفكير والتصرف والشعور التي يعبر عنها ... إنها النمط الكلي للسلوك الموجود في بيئته المادية، والنظام الذي يقبل به المجتمع ويتعامل به، متضمناً الطرائق التي نأكل بها ونرتدي ملابسنا، ونقابل بها أصدقاءنا أو الغرباء، وهي اللغة التي نتكلم بها، والقيم والمعتقدات التي نتمسك بها، إنها الآلات والمعدات التي تنتج بها، والمباني التي نسكنها، ووسائل الانتقال التي نستخدمها، واساليب الترفيه التي نتسمتع بها[4].

---

(1) راجع، الهادي عفيفي، في أصول التربية ، مرجع سابق، ص 125-126.

(2) سيد عويس: حديث عن الثقافة، مكتبة الأنجلو المصرية، 1970، ص26.

(3) محمد لبيب النجيحي: التربية – أصولها ونظرياتها العلمية- القاهرة، الأنجلو المصرية، 1974، ص126.

(4) ج.ف. نيللر: انثربولوجيا التربية، الأصول الثقافية للتربية، ترجمة محمد منير مرسي وآخرون، القاهرة، عالم الكتب، 1964، ص140.

أنها ذلك النمط الذي يسير عليه مجموعة من الأفراد.. توجد في سلوكهم وهم يعيشون في المجتمع، متضمنة المنظمات، والأنظمة الاجتماعية ، والاقتصادية، والسياسية، والتعليمية، والقضائية...الخ.

الثقافة والحضارة:

والثقافة بهذا المعنى الشامل موجودة في كل مجتمع، مهما بلغ مستواها من التطور، أو التخلف، متضمنة خصوصيتها، وصور تقسيماتها، وروافد تغذيتها، ومقومات استمرارها. وثقافة أي مجتمع تحوي داخلها ثقافة ظاهرة وأخرى كامنة أو مضمرة، ففي الأولى يحملها أفراد المجتمع وهم على وعي بعناصرها، والعكس في الثانية، وقوة الثقافة وانتشارها تستمد من كلا النوعين.

إذن الثقافة بالمعنى السابق شرحه مرادفة للحضارة، وإن كانت الحضارة أعم وأشمل. ولكن هناك من العلماء من يميز بين الثقافة والحضارة، على أساس أن الثقافة تتضمن الجوانب غير المادية أو الفكرية كالفن، والدين، والفلسفة، والقيم، والعواطف، ونظم المجتمع. أما الحضارة فتتضمن الجوانب المادية المتمثلة فيما اخترعه المجتمع وابتكره من أدوات وأساليب تمكنه من السيطرة على الطبيعة، والتحكم في عمليات الإنتاج، وتطوير وسائل الانتقال والاتصال، وما أقامه من مباني وطرق وجسور إلى غير ذلك. وسبب التميز أن الحضارة مصدر للدلالة على تحضر المجتمع أو درجة تخلفه، وسهولة اقتباس واستعارة الجوانب المادية، ثم أن الجوانب المادية تؤثر أسرع في الثقافة، فاختراع آلة الطباعة والكمبيوتر مثلاً سهل انتشار اللغة، وتبادل الأفكار، وعادة القراءة.

غير أن هذا التميز لم يكن مقبولاً لدى البعض الآخر، لأن جميع العناصر التي تقع في مجال الحضارة تحمل جانباً ثقافياً، ولو بدرجات مختلفة، كما أن عناصر الثقافة تحمل الصفة الخاصة للحضارة، أي نفعيتها[1] ثم أن المنتجات المادية للثقافة محملة برموز ومحتوى الثقافة.

وعليه فالحضارة هي المظهر المادي للثقافة، والثقافة هي المظهر العقلي للحضارة.

فالحضارة - كما يرى عبد المنعم الصاوي- تترجم الثقافة إلى تصوير ونحت وبناء، وآثار فنية أخرى... فتدل على الثقافة دلالة مادية تبقى على الزمن. والثقافة تترجم الحضارة المادية إلى مذهب عام من السلوك، يعكس القيم المختلفة من الحياة العقلية الوجدانية، والمادية، والأخلاقية.[2]

ومع ذلك فيمكن تمييز الحضارة عن الثقافة، كإجراء عملي دقيق يبين أوجه الاستخدام العام، حيث أن الحضارة أعم وأشمل من الثقافة، كون الحضارة تتميز بالشمول والاستمرارية، دون أن تحدد بأرض معينة أو شعب بعينه، كأن تقول الحضارة العربية والحضارة الغربية، بينما لا تستطيع القول حضارة يمينية وحضارة بريطانية، وإنما ثقافة يمنية وثقافة بريطانية، على أساس أن الثقافة طريقة حياة المجتمع، بجانبيها الفكر والمادي، يكتسبها أفراد هذا المجتمع.

وفي نفس الاتجاه، نجد أن الثقافة والمجتمع مترابطان، فلا ثقافة بدون مجتمع، ولا مجتمع بدون ثقافة، وكلاهما مترابطان، ولكنهما ليسا متشابهين، و لا يمكن قيام أحدهما بدون الآخر. والأفراد هم صانعي المجتمع، والثقافة -كما سبق القول.. فمن الأفراد يتكون المجتمع، وبتفاعلهم وسلوكهم تتكون الثقافة، وتنمو وتتجدد، وبالتالي فالثقافة لا توجد إلا في سلوك الأفراد من خلال نشاطهم في المجالات المختلفة، فالأفراد هم حملة الثقافة، ونمو الثقافة هو من فعل الأفراد أنفسهم، وباستمرار التفاعل الاجتماعي بين هؤلاء الأفراد.

---

(1) محمد الهادي عفيفي: في أصول التربية، الأصول الثقافية للتربية، مرجع سابق، ص 140.

(2) عمر التومي الشيباني: التربية وتنمية المجتمع العربي، مرجع سابق، ص 19.

وفي ضوء ما سبق، تتضح أهمية التربية، في كونها أداة الثقافة، وأداة المجتمع، وأداة الفرد في إعادة تشكيل وإنتاج الثقافة والمجتمع من خلال أفراد هذا المجتمع. وهنا فالثقافة مادة التربية، والتربية أداة الثقافة، والمجتمع والفرد موضوعا التربية ومجال عملها.

فالتربية بكل أشكالها تتناول الفرد طفلاً ومراهقاً فشاباً.. تتعهده بإنماء شخصيته في الجوانب الجسمية والنفسية والفعلية، وتكسبه المعارف والمهارات والاتجاهات وتعمل على تكيفه في بيئته الاجتماعية، وفي إطار الثقافة الوطنية.

والتربية بهذا تعد وسيلة المجتمع في استمرار حياة الجماعة وتفاعل أعضائه، من أجل تعتبر حياتهم إلى الأفضل. والتربية أداة الثقافة في الحفاظ عليها نقلاً وتجديداً، وإعادة إنتاجها في أفضل صورة، من خلال أبناء المجتمع، وبالتربية يتم تشكيل أفراد جدد يحملون ثقافة مجتمعهم، فتستمر الثقافة وتتجدد. فكلما تطورت أساليب وطرق حياة المجتمع وتعقدت ثقافته؛ تزايدة الحاجة إلى المؤسسات التربوية لإكساب الأفراد ثقافة مجتمعهم.

ثانياً: مكونات الثقافة

توجد تقسيمات متباينة للثقافة، فهناك من يقسمها إلى عنصرين، أحدهما مادي، والآخر فكري أو غير مادي. وهناك من يقسمها حسب مستواها إلى قسمين هما: المستوى الفردي والمستوى الجمعي. وفريق آخر يقسم الثقافة إلى أربعة أقسام، أولها الثقافة المحلية، وتوجد في الجماعات الصغيرة، وثانيها الثقافة الوطنية، وتوجد لدى سكان قطر أو بلد معين. وثالثها الثقافة الإقليمية، وتضم مجموعة أقطار. ورابعها الثقافة العالمية، وتضم الخطوط المشتركة بين ثقافات عديدة.

غير أن التصنيف الذي قدمه "رالف لنتون"[1] هو الذي يحظى بشيوع وقبول عام، والأهم من ذلك توافق هذا التقسيم مع مراحل التعليم ومضمون عملياته، حيث يرى أن الثقافة تقسم حسب انتشارها بين أعضاء المجتمع إلى المكونات الثلاثة التالية:

1- عموميات الثقافة Universals

وهي جملة العناصر أو السمات العامة التي تميز وجود نمط ثقافي معين، يشترك فيه الغالبية العظمى من أفراد المجتمع، وهذه العناصر هي ثمرة الخبرات العامة المتوارثة التي تميز مجتمعاً عن آخر، وتشمل اللغة والمعتقدات، وأنماط السلوك، والملابس وأنواع الأطعمة، والقيم والعادات والتقاليد، وغير ذلك مما يربط بين أفراد المجتمع، ويوحد بينهم في كل متماسك، بما يكسب أفراده شعوراً بالانتماء إلى ثقافة بعينها.

والعناصر العامة لأي ثقافة هي مصدر وحدة الأمة وسر قوتها، ومبعث قدرتها على الاحتفاظ بشخصيتها، ومواجهة الصعوبات والتحديات التي تعترضها، وهي لذلك تضم كل ما هو مشترك ومتشابه، ما يجعلها مميزة على الدوام.

2- خصوصيات الثقافة Specialties:

وهي الصفات والخصائص التي تسود بين مجموعة معينة من أفراد المجتمع، إما أفراد مهنة واحدة، أو طبقة اجتماعية أو بيئة اجتماعية، وذلك بحسب طبيعتها ونشاطاتها التي تقوم بها أو ظرف عملها، غير أن

---

(1) رالف لنتون: دراسة الإنسان، ترجمة عبد الملك الناشف، بيروت، المكتبة العصرية، 1964، ص196.

هذه المجموعات مندمجة ضمن نسيج المجتمع، وأحد وحداته المتخصصة في إنتاج الخيرات المادية والمعنوية التي يستفيد منها المجتمع ككل. فمثلاً يقوم المعلمون بتربية النشئ الجديد، ويقوم الصناع بصناعة الملابس أو السيارات، وهذه المنتجات لا يعرفها كل الناس، ولكن ينعمون بفوائدها.

وأفراد كل مجموعة.. كمجموعة المعلمين أو الأطباء أو المهندسين...الخ بحكم تخصصهم في مهنة أو نشاط معين، فإن أفرادها يشتركون في عناصر ثقافية واحدة، فنجد أن ثقافة التجار تختلف عن ثقافة الزراع...الخ، وكل مجموعة بحكم مهنتها وطبيعة عملها تتميز بمهارات، ومعارف، وقواعد وسلوك، وعلاقات، وتقاليد خاصة توجد لدى أفراد مهنة معينة.

ومن الخصوصيات الثقافية يوجد إلى جانب الخصوصية المهنية، الخصوصية الطبقية، إذ أن كل طبقة من المجتمع يتصف أفرادها بأنماط سلوكية وعادات، وعلاقات مميزة عن الطبقات الأخرى، بما في ذلك الأقليات الدينية، والأقليات العرقية أو السلالية. فرغم اشتراك هذه الأقليات في عموميات الثقافة للمجتمع الذي يعيشون فيه؛ إلا أنهم يتخصصون عن بقية أفراد المجتمع من حيث وجود لغة أخرى أو عقيدة دينية، أو خصوصية عرقية، تميز هذه الجماعة وتوحدها، وما يتبع ذلك من تقاليد وطقوس، وأساليب معيشة. وقد يحترفون مهنة معينة، مع ما يصاحب ذلك من سمات ثقافية أخرى إضافية نابعة من المهنة التي تحترفها هذه الجماعة.

3- متغيرات الثقافة: Alternatives

وتسمى بدائل الثقافة، وهي العناصر التي تتغير بسرعة، ويحل محلها مظاهر وسمات أخرى جديدة باستمرار. وهذه البدائل أو المتغيرات ليست متوافرة لدى كل ا لناس، ما يكسبها صفة العمومية، وليست شائعة لدى جميع أفراد الجماعات المتخصصة، وإنما توجد عند هؤلاء وأولئك لفترة زمنية معينة، ولظروف معينة. ولما كانت هذه البدائل طرقاً خاصة بفئة قليلة من المجتمع، تتناول بها مواقف معينة أو مشكلات ما فإنها قد تصبح من العناصر الخاصة والعناصر العامة، إذا ثبت نجاحها وقدرتها على التلائم مع عناصر الثقافة السائدة. أما إذا تنافرت مع ما؛ هو قائم، ولم تلق قبولاً لدى مجاميع أكبر، فإنها ترفض وتندثر وتموت[1].

وتأخذ المتغيرات الثقافية أكثر من شكل، فقد تكون في السلوك الاجتماعي الصادر عن الأشخاص، وقد تكون تغيراً في الأفكار والأساليب، وفي التفاعل والعمل التقليدي، أو في أي قطاع من قطاعات الثقافية، والتجديدات أو الظواهر المستحدثة التي تحل محل الظواهر القديمة. وكل هذه لا تعد تغيراً ثقافياً، إذا ظلت مقتصرة على مجرد تعديلات جزئية في أساليب السلوك، أو العناصر التقليدية، وإذا لم تلق قبولاً اجتماعياً، وانتشاراً كبيراً بين الجماعة.. وبعد أن تمر بفترة من التجارب، إما أن تثبت وتنتشر، أو تستبعد وترفض.

والثقافة الحية هي التي تحتك وتتفاعل مع الثقافات الأخرى، وهنا يحدث نقل العناصر الجديدة في كلا الاتجاهين، أخذاً وعطاءً غير أن هذا النقل يأخذ وقتاً للقيام بعملية استنبات، أي هضم وتمثيل، وليس نسخاً أونقلاً آلياً.

---

(1) عبد الغني عبود وحسن إبراهيم عبد العال: التربية الإسلامية وتحديات العصر، القاهرة، دار الفكر العربي، 1990، ص213.

وكلما تعقدت حياة المجتمع أصبحت بدائله ومتغيراته أكثر وأوسع، حيث تدخل إلى الثقافة تغيرات عدة من أكثر من قطاع، ما يجعل الثقافة تمر بمحاولات وتجارب عدة لإدماج العنصر الجديد في الإطار العام، إما بتكييف الجديد مع القديم، أو بصياغة القديم كي يتلاءم مع المتغيرات الجديدة، وكل ذلك في إطار تولد ذاتي للثقافة للحفاظ على هويتها.

وقد وجد التربويون في هذا التقسيم نموذجاً يمكن مطابقته على التعليم بمراحله المختلفة، حيث رأوا أن عموميات الثقافة هي من وظيفة التعليم العام، على أساس أنه يكسب النشئ العناصر الأساسية للثقافة القومية، بتعليمهم القيم الدينية والاجتماعية، وإكسابهم أنماط السلوك الاجتماعي ومهارات الاتصال، وما يمكنهم من التفاعل مع مجتمعهم، والاشتراك فيه اشتراكاً كاملاً.

ورأوا أن خصوصيات الثقافة هي من اختصاص التعليم المهني والعالي على أساس أنه يعد الأفراد لمهن مختلفة، تتمايز فيما بينها، وكل منها يعتمد على معارف، ومهارات، وسلوكيات، وطرق تفكير، تقوم كلها على نوع خاص من الثقافة.

أما بدائل الثقافة، فليست مقصورة على نوع معين من التعليم، وإنما محصلة لعوامل شتى متشابكة من المؤثرات التربوية، تتصل بقدارت بعض الأفراد والفئات وأذواقهم ، وطموح الأفراد إلى التجديد والتطوير[1].

والجدير بالإشارة إلى أنه في إطار الثقافة السائدة في أي مجتمع توجد ثقافات فرعية، تميز أفراد كل مجموعة بأفكار، وعادات، وأنماط سلوك مشتركة.. لن تحظى باعتراف المجتمع إلا إذا انسجمت مع إطار ثقافة المجتمع، وانضوت تحت لواء ما هو سائد من الثقافة. بمعنى أن الثقافة، أي ثقافة تحتوي على ثقافات فرعية متنوعة، تكون مصدر ثراء، وديناميية لثقافة المجتمع واستمرارها... كون هذا التنوع يعمل في إطار وحدة الثقافة السائدة، بفتح مجالات التفاعل النشط بين مكونات وأجزاء الثقافة الواحدة، بما يؤدي إلى دفع مسيرة تجديد المجتمع وتماسكه، لأن تلك الثقافات الفرعية تملك عوامل وجودها، وديناميية استمرارها، إذ منها ما يقوم على عوامل البيئة الجغرافية. وأخرى تقوم على عوامل البيئة الاجتماعية والطبيعة وثالثة تقوم على المستوى الاقتصادي الاجتماعي، ورابعة تقوم علي عوامل مهنية وعلمية. وخامسة تقوم على عوامل السن والجنس من حيث اختلاف ثقافة المرأة عن ثقافة الرجل، واختلاف ثقافة الكبار عن ثقافة الشباب، كما وأن هناك اختلافا بين ثقافة الفقر، وثقافة الغنى، واختلاف ثقافة الريف عن ثقافة المدينة... إلى غير ذلك.

ثالثا: الخصائص العامة للثقافة

للثقافة، أي ثقافة، خصائص عامة، رغم تباين الثقافات واختلافها، وأهم هذه الخصائص هي:

1- أنها إنسانية:

بمعنى أنها تخص الإنسان المتميز بعقله عن سائر المخلوقات، صنعها الإنسان عبر تاريخه الطويل، مروراً بأطوار الحياة التي سلكها، من حياة الكهوف والرعي، والصيد إلى حياة الاستقرار والزراعة، ووصوله إلى حياة الصناعة، وهو في كل ذلك أعمل فكره واجتهد، فأخطأ تارة وأصاب تارة أخرى، وطور ما أوجده أسلافه، وأضاف، وهكذا تكونت لديه خبرات عملية متنوعة من الأفكار والنظم الاجتماعية، والعادات

---

(1) محمد منير مرسي: أصول التربية الثقافية والفلسفية، القاهرة، عالم الكتب 1977، ص77.

والتقاليد التي أخذت تتراكم تدريجياً، وتتعقد بتعقد ظروف الحياة في المجتمعات، بمعنى أن الإنسان بقدرته العقلية وقدرته على التعلم والابتكار هو صانع الثقافة، علاوة على أن صفته الإنسانية لا تظهر وتنمو إلا في إطار ثقافة المجتمع.

2- أنها مادية ومعنوية:

تشمل كل ما أوجده الإنسان وصنعه بعقله ويده، ليجدد أسلوب حياته. فالثقافة في جانبها المعنوي تشمل الأفكار والمبادئ، والقيم، والاتجاهات، والتقاليد، والأنماط السلوكية، والمهارات، وغير ذلك من العناصر الفكرية، والنفسية، والخلقية، والاجتماعية. أما في جانبها المادي فتشمل الأدوات التي ابتكرها الإنسان، ويستخدمها في إنتاج السلع والخدمات التي يحتاجها، لإشباع احتياجاته، وكذا الصناعات التي يقيمها، والمنشآت التي يبتدعها.(1) وهناك ارتباط وثيق وتأثير متبادل بين العناصر المادية، والمعنوية من الثقافة، لإيجاد التوازن الحقيقي في حياة الإنسان، فالعناصر المادية هي تعبيرات لأشكال معنوية أو فكرية، وتكتسب هذه العناصر المادية وظيفتها من خبرات الأفراد، وسلوكهم، واتجاهاتهم، وتقاليدهم. ومن المحال فصل الثقافة في جانبها المادي والمعنوي.

3- أنها مكتسبة:

الثقافة ليست فطرية، ولا تولد مع الطفل، ولا تنتقل إلى النشيء بيلوجياً، وإنما يتعلمها الأفراد ويكتسبونها خلال تفاعلهم مع البيئة، ومن الخبرات التي يمرون بها أثناء حياتهم مع الجماعة، ثم ينقلونها إلى أحفادهم. وهكذا يتشرب الأبناء الثقافة، فيكتسبونها من الوسط الذي يعيشون فيه، بدءاً من أمه وأبيه، وكل من يخالطهم ويحتك بهم، ثم ينقلونها بدورهم إلى الأجيال التي تليهم، لأن الإنسان بما يملكه من قدرات على التفكير والتعلم يستطيع أن يتعلم من خبرات الماضي، ويضيف إليها. وعن طريق عملية التنشئة الاجتماعية، وعمليات التعليم والتعلم المنتظمة وغير المنتظمة، المباشرة وغير المباشرة التي يمر بها الكائن البشري، فإنه يكتسب الأفكار، والمعتقدات، والمعارف، والمهارات، والحرف، والمهن، ويكتسب الصفات التي تميز شخصيته كعضو في المجتمع... إنه يكتسب ثقافة مجتمعة فيندمج فيه، ويتكيف معه. غير أن الثقافة إذا كانت أمراً مكتسباً، فإن الأفراد لا يتعلمونها بطريقة متماثلة أو آلية، أي أن الثقافة لا تُوجد نسخاً مكررة، وإنما يتعلمها كل فرد بطريقة فريدة ، تميزه عن غيره من أفراد المجتمع.

4- أنها تراكمية تطورية:

أي قابلية الثقافة للزيادة مما يستجد في حياة المجتمع. فالإنسان يوجد في ثقافة قد وجدت أصلاً، حيث كون المجتمع لنفسه ثقافة هي خلاصة التجارب والخبرات التي عاشتها الأجيال في الماضي، والإنسان لا يبدأ حياته الاجتماعية والثقافية من العدم، وإنما يبدأ من حيث انتهت إليه الأجيال المتواجدة حالياً، ثم يضيف إلى الثقافة تدريجياً، ما يستجد من خبرات وتجارب، وأفكار واتجاهات، وما استخلص من دروس وعبر... وهكذا تتزايد الثقافة وتتراكم عبر الأجيال. غير أن هذا التراكم ليس جامداً أو مجرد إضافة أجزاء تتراكم فوق بعضها البعض، وإنما هي إضافة يصاحبها فحص، وتلخيص، واختبار، وتجريب، وهضم، وتمثيل، مع كل ما

---

(1) محمد الهادي عفيفي في أصول التربية، الأصول الفلسفية للتربية، مرجع سابق، ص 118، ص 168.

سبق في نسيج متناغم ومنسجم.

5- أنها وظيفية:

أي مُشبعة للحاجات الإنسانية المتعددة، فتجمع بين المسائل المتصلة بالروح، والفكر والعقيدة، والسياسية، والأخلاق، وما يتصل بحاجات الجسم من طعام، وشراب، وزواج، وانتماء، وحاجات نفسية واجتماعية، فتمد الإنسان بأنماط جاهزة لمواجهة المواقف والمشكلات المختلفة، وتوفر له صور السلوك، والتفكير، والمشاعر التي ينبغي أن يكون عليها، وتقدم للأفراد تفسيرات جاهزة عن الكون، والإنسان، ودوره، وتعطي للأشياء عند الإنسان، معاني ودلالات، وتنمي في الأفراد الضمير الجمعي، والشعور بالانتماء والولاء..... وبالثقافة يكتسب الفرد اتجاهات سلوكه العام.[1]

6- أنها متكاملة:

تظهر عناصرها اتجاهاً واضحاً لتكوين نمط عام متماسك ومترابط، فالثقافة في حفظها لكيانها تعمل على إدماج المتغيرات المختلفة، وما استحدث من أفكار وأساليب ومهن، ومعارف جديدة في كيانها العام ، الذي هو النظام الاجتماعي، حتى يقدر لها البقاء والاستمرار في نمط عام مميز. وهذا التكامل يعني أن هناك قدراً معيناً من الانسجام الداخلي، والارتباط الوظيفي بين عناصر الثقافة المختلفة، وبالتالي بين عناصر ونظم المجتمع المختلفة. وضعف هذا التكامل داخل الثقافة الواحدة يؤدي إلى اختلال الاتساق الداخلي والانسجام العام بين عناصر الثقافة، ويسبب اضطراباً للأفراد، ويفقد المجتمع كفاءته، ويظهر أنواعاً من الصراع ويضعف التكيف داخل الجماعة.

7- أنها مستمرة :

في نمو دائم، وتغير مستمر. فالثقافة تستمر باستمرار أبنائها، ولا تموت إلا بالقضاء على جميع أفرادها، وهذا محال. والثقافة تستمر وتبقى رغم موت الأعضاء الإنسانيين الذين كونوها، لأنها تنتقل عبر الأجيال كضرورة اجتماعية، لبقاء المجتمع واستمراره. ولكن الثقافة لا تستمر جامدة ثابتة، وإنما في صيرورة دائمة، تتغير وتتطور في أشكال جديدة. وتبدأ التغيرات بسيطة جزئية في أول أمرها، لا تلبث أن تتسع وتنتشر إذا لاقت قبولاً. وإذا ما أثبتت قدرتها على إشباع حاجات الأفراد، عندها تندمج مع العناصر العامة للثقافة. وكلما ارتقت الثقافة عملت على تكييف الظروف الطبيعية لمطالبها. فالثقافة تتعرض دوماً لضغوط مختلفة وحاجات متعددة، مما يجعلها عرضة للتغيير والتطوير، بهدف تكييف الأفراد والجماعات مع ثقافة المجتمع.[2]

على أن التغير الثقافي لا ينفي احتفاظ الثقافة بالثوابت والسمات العامة، إذ لا بد أن تحتفظ الثقافة أي ثقافة بهويتها وشخصيتها الدالة عليها على الدوام، مهما اختلفت العصور وتعددت المتغيرات والمستحدثات في أي جانب من جوانب الثقافة. وكل تغير يطرأ على الثقافة يكون إما بدمجه مع القديم، ويصبح جزءاً منه، أو يعيد صياغة القديم مع الجديد، ولكن بعد عَصرٍ وهضم، ليصبح الجديد جزءاً من الاتجاه العام للثقافة، دون أن يفقد الاتجاه العام مضمونه.

(1) المرجع السابق، ص100.

(2) محمد لبيب النجيمي، التربية أصولها ونظرياتها العلمية، مرجع سابق، ص 152.

رابعاً: التنشئة الثقافية

حل مؤخراً مصطلح التنشئة الثقافية Enculturation محل مصطلح التثقيف، لأن الأخير يدل على عملية تحدث من خارج الفرد، أي عملية التغير التي تجعل الفرد جزءاً من ثقافة مجتمعه، بينما مصطلح التنشئة الثقافية، فهو العملية التي يتكيف بمقتضاها الكائن البشري مع ثقافته، ويتعلم كيف يضطلع بوظائف مكانته وبدوره في المجتمع.(1)

ويرى "هيرسكومتش" الذي اهتم ونمى مصطلح التنشئة الثقافية، أن الفرد يستطيع من خلال عملية التنشئة الثقافية أن يحقق التكيف مع الحياة الاجتماعية، وأن يحقق كل أنواع الإشباع المشتقة من التعبير الفردي لوجوده، وليس فقط من ارتباطه مع غيره من أفراد الجماعة. ويشير "هيرسكومتش" أن خبرة التنشئة الثقافية لا تنتهي بانتهاء مرحلة الطفولة، ذلك أن تنشئة الفرد خلال سنين عمره المبكرة تؤدي إلى خلق الاستقرار الثقافي من خلال اكتساب الخبرات والتعلم، على حين تؤدي التنشئة الثقافية على جماعات أكثر نضجاً إلى إحداث التغير الثقافي في الحدود التي تقرها الجماعة للسلوك المعنوي.(2)

ومن خلال عمليات التنشئة الثقافية، يتم تحويل المولود البشري من كائن بيولوجي إلى كائن ثقافي اجتماعي، حيث تحاصره الثقافة منذ مولده. فيعمد الوالدين أو الوسط الذي ينشأ فيه الطفل إلى العناية بالطفل، لتعويده على عادات الجماعة وسلوكها، وتقدم له المظاهر الثقافية تدريجياً، بما يتناسب ونموه الجسدي، والعقلي، والعاطفي، والنفسي، فيبدأ الطفل يتشرب الثقافة من الوسط الذي يعيش فيه بدءاً من الأسرة أو ما يطلق عليها الجماعات الأولى، وجماعات الأقارب والأصدقاء والزملاء فيتعلم الطفل الرموز والإشارات من وجهة نظر أسرته، ويشارك فيها، ويختار وينفعل.. على أن الأسرة تنقل الميراث الثقافي إلى الأعضاء الجدد بطريقتها الخاصة وتقدمه بالكيفية التي تريد أن تراه بها.. كذا أن انتقال معايير أي ثقافة وآدابها الشعبية، وأنواع الثواب والعقاب إلى الطفل، يتأثر بأسلوب الأسرة وطريقتها، ونوع اختياراتها من الثقافة وتعبيراتها عنها. ومن هنا تبرز الأهمية القصوى للأسرة في كونها الوعاء الاجتماعي الأول الذي تنمو فيه بذور الشخصية الإنسانية. ففيها يتشكل الفرد بيولوجياً، من حيث الخصائص الوراثية كلون البشرة والعينين، والجسم، وفيها يتشكل ثقافياً واجتماعياً، من حيث تأثيرات الأسرة، وفي طريقة اكتساب الثقافة.(3)

ثم تستمر عملية التنشئة الثقافية بالمدرسة، ووسط البيئة العريضة التي تكون شخصية الفرد حيث توفر له وسطاً اجتماعياً لاكتساب ثقافة المجتمع، وتكيفه، وذلك وفقاً لما يحدده الفرد لنفسه من الثقافة، أي يختار ما يراه مناسباً له كي يستطيع تفسيره واستيعابه، ومن خلاله يحقق التوافق والانسجام. بمعنى أن الثقافة لا توجد أفراداً مكررين أو نسخاً متطابقة كما سبق القول.. فرغم وحدة الثقافة، إلا أن كل فرد له نمطه الخاص به لتعلم ثقافته، وله سلوكياته، وطريقة حياته التي تميزه عن غيره من الأفراد، وهذه خاصية الثقافة !! لكن ليس معنى ذلك أن كل الأفراد مختلفين، ولكن متنوعين، أي تنوع في إطار وحدة الثقافة وتكاملها، لأن هناك قواسم مشتركة من السلوكات، والمعتقدات، والاتجاهات التي يشترك فيها الناس جميعاً، ما يجعلهم ينتمون إلى ثقافة واحدة.

---

(1) محمد الجوهري: علم الاجتماع وقضايا التنمية في العالم الثالث، مرجع سابق،ص109.

(2) المرجع السابق، ص109.

(3) محمد الهادي عفيفي: الأصول الثقافية للتربية، مرجع سابق، ص 234.

خامساً: الثقافة والتربية

التربية جزء من الثقافة، وأداتها في إعادة إنتاج واستمرار الثقافة، سواء من خلال تشكيل شخصيات الأفراد ثقافياً واجتماعياً، أو حفظ التراث الثقافي وتجديده وتأصيله، ومد الثقافة بوسائل تجديد جديدة... إن علاقة التربية بالثقافة هي علاقة الجزء بالكل، وكلاهما عمليات متداخلة، ومتكاملة توجدان معاً بالضرورة، وكلاهما يؤدي إلى الآخر بصورة دائرية. فالثقافة إذا كانت كيان وأسلوب حياة المجتمع، فإن التربية هي وسيلة الحفاظ على هذا الأسلوب والوعي به. وتجديده من خلال النشئ الجديد[1]. ومن خلال تطوير الثقافة، ومدها بعناصر تغذية مستمرة، بحكم ما تملكه من منهج وتنظيم ومتخصصين، وما تقوم به من اقتباس خبرات وأفكار جديدة من ثقافات أخرى.

لو نظرنا إلى العمليات المختلفة التي تمكن الثقافة من الاستمرار والتغير، لوجدنا أنها عمليات تربوية. والعمليات التربوية هي تغيير ثقافي، فالثقافة لا تعيش ولا تستمر إلا في سلوك الأفراد من خلال ما يعرفونه ويصنعونه ويتصرفونه، حيث ينتقل كل هذا إليهم ممن سبقوهم عن طريق التربية المدرسية. إذن التربية هي التي تقوم بعملية هذا النقل.. تتناول الفرد بالتغيير والتوجيه، فتنمي شخصيته من مختلف جوانبها، ومن ثم فإن التربية تعتبر عملية ثقافية من حيث وظيفتها في التغيير الثقافي، عن طريق تأثيرها في الأفراد، الذين بدورهم يصبحون أكثر قدرة على المواطنة الفاعلة، والتغيير في الثقافة.

والتربية بحكم طبيعتها تبدأ مع أفراد أتوا من وسط ثقافي، وقد تشكل جانب من سلوكهم. فتختار وتنتقي من العناصر الثقافية ما يلائم ظروف العصر ومطالبه، ويناسب أعمار الناشئين وقدراتهم وميولهم، لتجعلهم في صورة أفضل مما كانوا عليه. إذن فالعمليات التي تعمل على استمرار الثقافة هي عمليات تربوية[2].

كما أن مادة التربية ومضمونها وأهدافها مشتقة من الثقافة. فالحقائق والقوانين والنظريات، والأفكار الاجتماعية، والقيم الخلقية والجمالية، وغيرها مما تشمله المواد الدراسية تختار من الثقافة، لتقوم التربية باستمرار الثقافة وتجديدها، عن طريق تشكيل الأفراد، ودمجهم في ثقافة مجتمعهم. ومن هنا فوظيفة التربية هي الارتقاء بمستوى الثقافة عن طريق الارتقاء بمستوى الأفراد.

وإذا ما تغيرت الثقافة، أو تأثرت بعناصر جديدة داخلية وخارجية، فإن ذلك يتحول إلى مطالب تلقي على التربية، بحيث تعدل من نفسها، وتتخذ الإجراءات الكفيلة بترجمة ذلك ونقله إلى الناشئة، حتى يكونوا طاقات خلاقة في إحداث المزيد من التغيير.

وخلاصة القول، فإن التربية تستمد من الثقافة ما يلي:

- أهدافها العامة، وما يتبع ذلك من ترجمتها إلى مستويات تعليمية قابلة للتنفيذ والتقويم، وكذا اختيار الأساليب والطرق التي تمكن نظم التعلم من تنفيذ هذه الأهداف.
- مادتها التعليمية: فالمقررات الدراسية في كل مراحل التعليم، بما تحويه من معارف وخبرات واتجاهات منتقاة بعناية فائقة من الثقافة، لتحقيقها في الناشئين على بصر وبصيرة.
- انتقاء الأساليب والطرق، واختيار الوسائل المناسبة لقيام التربية بأنشطتها المتنوعة، وبما يعينها على

---

(1) أحمد علي الحاج: دراسات في أسس التربية، مرجع سابق، ص 95.

(2) محمد الهادي: عفيفي ، مرجع سابق، ص 161.

تحقيقها لوظائفها.

- متابعة التغيرات الحاصلة في المجتمع وفهم طبيعة التحولات المتسارعة في كيان المجتمع وثقافته، سواء في طرق التفكير أو العمل والإنتاج، وترجمة ذلك إلى موجهات للعمل التربوي الخلاق، وحافزاً لمراجعة الخبرات التربوية.

- مواجهة قضايا المجتمع وتحدياته، بما فيها المشكلات التي تسبب اضطراباً في الثقافة أو اختلالاً يهدد النظام الاجتماعي، وتحويل ذلك إلى مطالب تربوية، بتنمية الوعي بها، ووضع تصورات وحلول لها.

- متابعة التغيرات الحضارية في مختلف الثقافات، وتقوية أواصر الاحتكاك والتفاعل مع مجريات العصر، والاهتمام بالقضايا التي تهم المجتمع الإنساني، كقضية السلام، والأمن، والعنصرية، والبيئة، وترجمة ذلك إلى برامج دراسية، وأنشطة يمارسها النشئ في إطار ثقافتهم السائدة.

سادساً: وظائف التربية بالنسبة للثقافة

الملاحظ أن مؤسسات التربية هي نفسها مؤسسات الثقافة، وهذا ما يبين أن الثقافة هي وعاء التربية، والتربية بكل أشكالها مؤسسة الثقافة، وبالتالي فوظائف التربية وأهدافها هي وظائف وأهداف الثقافة. ولما كانت الثقافة هي أسلوب حياة المجتمع؛ بكل أبعاده المادية والفكرية، ووظيفة الثقافة هي استمرار أسلوب حياة المجتمع، فإن التربية هي أداة الثقافة في إعادة إنتاج الثقافة، حفظاً ونقلاً وتجديداً. وهنا فالتربية تتشكل بالثقافة، وتعمل في إطار الثقافة لتعيد إنتاج هذه الثقافة من جديد. والتربية الشكلية باعتبارها بيئة منتقاة من ثقافة المجتمع، فإنها تتناول الفرد من مختلف زوايا ثقافة المجتمع، وأبعاد حياة المجتمع الإنساني، حيث تقوم التربية تجاه الفرد بما يلي:

1- تقدم التربية المدرسية الفرص الملائمة لأبناء المجتمع، لإنماء معارفهم العلمية والتكنولوجية، ليتمكنوا من شق طريقهم في الحياة العامة للمجتمع، والحصول على عمل أو وظيفة مناسبة، وسهولة التحرك الفعال في مناشط المجتمع، لإشباع حاجاتهم الاجتماعية والاقتصادية والسياسية.

2- تعليم النشيء العادات والتقاليد والمعايير الاجتماعية، ومدهم بأنماط السلوك الذي يمكنهم من تلبية حاجاتهم البيولوجية والنفسية، وتعلم المراكز والأدوار الاجتماعية، والعلاقات الجنسية، وبما يمكنهم من التفاعل داخل الجماعة دون تعارض أو صراع.

3- تقدم أنماط التفكير والمشاعر، ومثيرات الثقافة التي يجب أن يستجيب لها في ضوء معايير الثواب والعقاب، وتوفر تفسيرات جاهزة بطبيعة الكون وأصل الإنسان ودوره، وتنمية الاهتمامات الجمالية والأخلاقية.

4- تنمي في الفرد الضمير الجمعي، وشعوراً بالانتماء إلى الجماعة أو المجتمع، بتمثله أهداف المجتمع وآماله، والولاء لقيم المجتمع ونظامه السياسي، بما يمكنه من الانسجام مع الآخرين والتكيف في حياته الخاصة والعامة.

بجانب ذلك هناك بعض وظائف التربية الخاصة بثقافة المجتمع ككل، من أهمها:

1- نقل الثقافة: إن وظيفة التربية تجاه المجتمع ككل هو المحافظة على الثقافة، وذلك باختيار مجموعة من العناصر الثقافية النافعة والصالحة، لتشكيل بيئة تعليمية مناسبة لأعمار النشيء أو الدارسين، وخصائص نموهم الجسمي، والعقلي والوجداني، وحاجاتهم، ومطالب المجتمع. ثم تقوم بنقل المعارف والمعلومات والخبرات المتراكمة، وما تتضمنه من قيم واتجاهات وأنماط سلوك، ونقل أنواع النشاط

والتفكير والمشاعر...الخ، وذلك مـن جيـل إلى جيـل تحـت إشراف مـربين تخصصـوا لهـذه المهمة، حتى يتم النقل بطريقة واعية، علمية وعملية.

2- تبسيط الثقافة: من أصعب وظائف التربية، لأن الثقافة تحوي تراثاً متراكماً، يتصف بالكثرة والتعقيد، ويصعب إن لـم يكن مستحيلاً نقل بعض عناصره أو مكوناته إلى الصغار. لذلك فإلى جانب الانتقاء الدقيق بما يلائم ظروف العصر وتعقيدات الحياة في المجتمع، كـان ضرورياً للتربية المدرسية تبسيط الثقافة، كي تناسب أعمار التلاميذ ومستوى نضجهم، وتلائم قدرات التلاميذ وميولهم وحاجاتهم... وبهـذا يتم ربط الماضي بالحاضر، وربط الحاضر بالمستقبل، في إطار ربط العملية التربوية ونتائجها بالخبرات المباشرة، والتطورات الحادثة في المجتمع.

3- اقتصاد الثقافة: إزاء التراث الثقافي المتنوع والمتعدد، الذي تراكم عبر الأجيال المتعاقبة، وتراكم نطاقه بصورة يصعب تقديمه للتلاميذ بتلك الصورة الموجودة عليه، فقد استوجب على التربية المدرسية خاصة اختصار التراث الثقافي، أي ليس اختزاله، أو الاقتصار على جانب معينة، وإنما بالتخلص من التكرار وتجميع العناصر المتشابهة، والتمييز بين العناصر القديمة والجديدة، من خلال تفسير مجموعة الظواهر المشتركة، واستقراء الاتجاهات العامة التي تحكم الثقافة، ثم استبعاد العناصر غير المرغوبة، وكل ذلك مـن أجـل تحقيـق التكامـل بين فروع المعرفة، وتقديم الثقافة في صورة متدرجة الصعوبة.

4- تأصيل جذور التثقيف الذاتي بين المواطنين، بنشر الـوعي الثقافي القومي، وإحياء التراث الأصيل، وتنميـة الـولاء لـه، وتكوين الفكر المبـدع، ورعايـة المواهب والقدرات المختلفـة، وتقديم الأفكار والحلول الممكنة لمشكلات المجتمع.

5- سعي التربية إلى الاحتكاك بالثقافات الإنسانية، بتبادل الأفكار والتجارب، ومد جسور التعاون والتعايش الثقافي بين الشعوب والأمم، مما يساهم في خلق ثقافة عالمية إنسانية.

6- تقوم التربية بتجديد الثقافة، وتسهيل عمليات التغير في مختلـف جوانبها، وذلك بتكييف الأنماط الثقافية القديمة، وتعديلها وفقاً للظروف والمتغيرات الجديدة، والإضافة إلى الثقافة من خبرات الحاضر، ونشر الوعي بالتعبير الثقافي، وتأصيله، عـن طريق الارتقاء بمستوى الأفراد، ورفع درجة توقعهم للمتغيرات الحادثة في المجتمع، ومشاركتهم فيه أو تقبله، وعـن طريق تقديم الأفكار والحلول لمشكلات المجتمع.

وبهذا يتضح مما سبق مجالات إسهام الأصل الثقافي في التربية وزوايا فعله فيها.

الفصل العاشر
الأصول الإدارية للتربية

تستمد التربية أصولها الإدارية من علم الإدارة العامة، إذ تنتقل إلى التربية مفاهيم الإدارة الحديثة ونظرياتها، وأسس تنظيم الإدارة التربوية، بمستوياتها المختلفة، ومكونات بناء هيكلها التنظيمي، وتحديد الوظائف والاختصاصات، ومواصفات شاغلي وظائف الإدارة التعليمية، وغير ذلك من الأساليب و الطرق التي تسهم في تشكيل الجانب الإداري للتربية، وتجديدها مما يكتشف في علم الإدارة العامة.

والإدارة التربوية كعلم مستقل من علم الإدارة العامة ظهر في أوائل الخمسينات من القرن العشرين في الولايات المتحدة الأمريكية، عندما أصدر "كولا دراس" وجيتزلز 1950، كتابهما الرائد، المتضمن استخدام النظرية الإدارية في الإدارة التربوية، وما صاحب ذلك من إقامة المحاضرات، والمؤتمرات الخاصة بمناقشة تطبيق الإدارة الحديثة في التعليم. ثم أخذت تتوالى الدراسات والبحوث، وظهور مشاريع لتطوير الإدارة التربوية، ومنها الإدارة المدرسية، وصار للإدارة التربوية صفتها الاعتبارية كعلم مستقل موضوعه التربية أو نظام التعليم، وله مناهج بحث وأساليب خاصة، نابعة من طبيعة الإدارة التربوية، شأنه في ذلك شأن العلوم الأخرى.

أولا: مفهوم الإدارة التربوية

اشتق مفهوم الإدارة التربوية وخصائصها من علم الإدارة العامة، ومعنى ذلك أن الإدارة التربوية تتفق مع الإدارة العامة، من حيث الإطار العام أو الخطوط العريضة لعملياتها الإدارية، غير أن الإدارة التربوية لها خصائصها وأساليبها المميزة، النابعة من طبيعة التربية وغايتها السامية.

إذا كانت الإدارة العامة مجموعة من الأنشطة لتسيير العمل في مجال الانتاج والخدمات، لتحقيق غايات محددة سلفاً، فإن هذا التعريف يصلح للإدارة في مختلف ميادين النشاط الإنساني، ولكن هناك خصوصية للمهام الإدارية، في كل ميدان من ميادين النشاط الإنساني، نابع من طبيعة المؤسسة مع نظم ومؤسسات المجتمع. وبهذا تكون للإدارة وظيفة مستمدة من طبيعة المؤسسة وخصوصية أنشطتها. والتربية بهذا لها خصوصياتها المميزة لتطبيق مبادئ وأسس الإدارة العامة، بما يتفق مع أنشطتها المختلفة، وأهدافها المنوطة بها.

ولعله من المفيد استعراض بعض تعاريف الإدارة العامة لنقف على مفهوم الإدارة التربوية، أو الإدارة التعليمية.

يعرف (تايلور) الإدارة العامة بأنها "التحديد الدقيق لما يجب على الأفراد عمله، ثم التأكد من أنهم يؤدون تلك الأعمال بأحسن واكفأ الطرق"[(1)] ويتضمن هذا التعريف في أن عملية الإدارة تشتمل على

(1) على السلمي: الإدارة العلمية، القاهرة، دار المعارف، 1970، ص 15، 16.

أهداف أو غايات يراد تحقيقها، وأنشطة وإجراءات تستخدم لتحقيق تلك الأهداف، ثم مجهود بشري يعتمد على الموارد والإمكانات المادية المحققة لتلك الأهداف.

وهناك تعريفات أخرى كثيرة بعضها يركز على أن الإدارة هي وظيفة قيادية تتكون من أنشطة رئيسية، هي : التخطيط، والتنظيم، والرقابة. وأخرى تركز على أنها عملية اتخاذ القرارات، والرقابة على أعمال القوى العاملة. وتعاريف أخرى توضح أنها تحديد سياسات الأعمال والرقابة على مديري التنفيذ[1]. إلى غير ذلك.

وأياً كانت تلك الاختلافات في تعريف الإدارة، وحيثيات بنائها، إلا أنها تتداخل فيما بينها بشكل أو بآخر، وتتعاون أحياناً لتفسير جوانب عدة من الإدارة، وتارة أخرى تحدد الخطوات العلمية لعملية الإدارة، وغالبيتها تتفق على أن الإدارة تتضمن عمل قيادي متميز، للقيام بأنشطة عدة، منها: اتخاذ القرارات، والتخطيط، وحسن التنظيم، والتوجيه، والرقابة، بما في ذلك خلق جو من العلاقات الإنسانية، ويحقق أهداف المشروع أو المؤسسة في المجتمع.

ومن تلك التعاريف أمكن صياغة مفهوم الإدارة التربوية، والإدارة المدرسية.

يمكن استعراض المفاهيم الثلاثة: الإدارة التربوية، والإدارة التعليمية، الإدارة المدرسية، للوقوف على الفوارق بينهما ونطاق استخدامهما، ثم الإشارة إلى طبيعة اللبس بين استخدام المصطلحين الأولين: الإدارة التربوية والإدارة التعليمية.

1- الإدارة التربوية:

مفهوم عام شامل يستوعب المستويات الإدارية المختلفة في التربية، سواء داخل وزارة التربية والتعليم، أو مستوى المؤسسات التعليمية في المدارس، والمعاهد، والجامعات، أو في المؤسسات التربوية الأخرى ذات العلاقة بالنشاط التربوي، مثل مركز البحوث والدراسات التربوية، ومؤسسات الإعلام، والمؤسسات الدينية، وغير ذلك من وسائط التربية الأخرى.

والإدارة التربوية بهذا المفهوم الواسع تكون مسئولة عن تنفيذ فلسفة المجتمع، والسياسة العامة للبلاد، لتربية أبناء المجتمع وتكوين شخصياتهم، كما أنها تتسم بالمرونة والسعة لتتيح لكل مؤسسات التربية تحديد أدق لنمطها الإداري الذي يتمشى مع طبيعتها، وبما يمكنها من تحقيق أهدافها.

2- الإدارة التعليمية:

هي الأنشطة والفعاليات التي تسير شؤون التربية في كافة وحدات الجهاز الإداري ونظام التعليم ككل، سواء على مستوى ديوان الوزارة، أو إدارات التعليم في المحافظات أو المراكز التعليمية أو المدارس، وما يتضمنه ذلك من اقتراح السياسات التعليمية، والقيام بالتخطيط، والمتابعة، والرقابة، والتقويم، واتخاذ

---

(1) راجع: عامر الكبيسي، الإدارة العامة بين النظرية والتطبيق، الشارقة، مطابع دار الخليج، 1981.

القرارات، ووضع القوانين واللوائح التي تنظم العمل وسير العمليات الإدارية في الوحدات الإدارية المختلفة، لتحقيق الأهداف التربوية.

ويعرف "الغنام" الإدارة التعليمية بأنها "مجموعة العمليات التي يمكن بمقتضاها توفير القوى البشرية والمادية، وتوجيهها توجيهاً كافياً لتحقيق أهداف الجهاز الذي توجد فيه"[1]

والإدارة التعليمية بهذا المعنى هي مجموعة العمليات المتشابكة التي تتكامل فيما بينها المستويات الإدارية الثلاثة،[2] على مستوى ديوان وزارة التربية والتعليم (المستوى القومي) وعلى مستوى مكاتب التربية والتعليم في المحافظات ومراكز التعليم في المديريات (المستوى الإقليمي) وعلى مستوى مؤسسات التعليم (المستوى المحلي).

3- الإدارة المدرسية:

كما سبق ذكره هي جزء من الإدارة التعليمية، وصورة مصغرة لتنظيماتها وعملياتها غير أنها تتميز بخصوصية أنشطتها، وعند المدرسة تصب الجهود الإدارية السابقة.

وتعريف الإدارة المدرسية بأنها "عملية تنظيم وتوجيه الفعاليات التربوية داخل المدرسة وخارجها بأسلوب تعاوني ديمقراطي من أجل تحقيق الأهداف التربوية".[3]

وتعريف الإدارة المدرسية أيضاً بأنها الجهود المنسقة التي يقوم بها فريق من العاملين في المدرسة، إداريين وفنيين، بغية تحقيق الأهداف التربوية داخل المدرسة، بما يتمشى ما تهدف إليه الدولة من تربية أبنائها على أسس سليمة.[4]

والإدارة المدرسية بهذا المعنى يتبين أنها انتقلت من مجرد عملية روتينية لتسيير شؤون المدرسة وفق قواعد وتعليمات معينة إلى عملية إنسانية تهدف إلى توفير الظروف والإمكانات، وفقاً لفلسفة المجتمع، وسياسته العامة، وتنسيق جهود العاملين في المدرسة، وتوجيه الخبرات المدرسية والتربوية، وربط المدرسة بمجتمعها... جاعلة من التلميذ محور عملها ونقطة ارتكازها، تنمي شخصيته المتفردة من جميع جوانبها ومن أبعاد زوايا المجتمع، وكل ما يمكنها من تحقيق الأهداف التربوية.

ومما يحسن توضيحه هو وجود تداخل في استخدام مصطلحي "الإدارة التربوية"، و"الإدارة التعليمية" حيث يستخدمان تارة كلفظين مترادفين، ليعنيان شيئاً واحداً، ويستخدمان تارة أخرى كمفهومين منفصلين على أساس أن الإدارة التربوية- كما سبق ذكره- أوسع وأشمل لكل مؤسسات التربية المعروفة، بما فيها المدرسة أو نظام التعليم، على حين أن مصطلح الإدارة التعليمية يقتصر على نظام التعليم بجهازه الإداري المتعدد المستويات.

---

(1) محمد الغنام: مشكلات الإدارة التعليمية، مجلة التربية الجديدة، العدد16، بيروت، 1978، ص94.
(2) إبراهيم عصمت مطاوع وأمينة أحمد حسن: الأصول الإدارية للتربية، القاهرة، دار المعارف،ط2، 1984، ص15.
(3) حكمت البزاز: مرجع سابق، ص114.
(4) عرفات عبد العزيز: استراتيجية الإدارة في التعليم، القاهرة، مكتبة الأنجلو المصرية، 1978، ص292.

ونحن إذ نتفق ظاهرياً مع هذا التقسيم، غير أنه تقسيم ليس له وجود واقعي حقيقي، أي ليس هناك مستوى إداري واسع يشرف على كل وسائط التربية،وإنما لكل منها نمطها الإداري الخاص بها، الناشئ عن طبيعتها، وظروفها المميزة لها، ولكن لتماثل أدوار هذه الوسائط، وأهدافها التربوية المكملة لأهداف نظام التعليم، يطلق البعض على هذا المستوى تجاوزاً بالإدارة التربوية، غير أن النظرية الفاحصة والتحليل النهائي لأبعاد هذا المفهوم يوضح بجلاء أنه لا يتعدى جهاز التعليم ونظامه التربوي من حيث ممارسته لمختلف وظائفه الإدارية فعلاً.

ولهذا يلاحظ أن البعض يعمد إلى استخدام اللفظين بمعنى واحد. وإذا ما استخدم لفظ "الإدارة التربوية" فإن هذا يتفق ويتمشى مع التوجيهات التربوية الحديثة التي تفضل استخدام كلمة "تربية" على كلمة "تعليم" لأن غاية التعليم ومؤسساته هي التربية. وأعتقد أن استخدام لفظ الإدارة التعليمية يوحي لأول وهلة أن القصد هو كيفية إدارة التعليم فقط دون النظر إلى ناتجه، وهو حدوث عملية التربية، والتربية هي غاية نظام التعليم ومؤسساته المختلفة، وليس التعليم بحد ذاته.

ولهذه الاعتبارات يفضل استخدام مصطلح الإدارة التربوية في هذه الدراسة، كونه يتناول نظام التعليم وجهازه الإداري من زاوية نتائجه، أو أهدافه النهائية التي أقيم من أجلها، لأننا عندما نعلم فليس غايتنا التعليم بحد ذاته، وإنما هي التربية أساساً. وإذا ما استخدمنا لفظ الإدارة التعليمية، فإنه لفظ بديل لمفهوم الإدارة التربوية، يوضح المعالجة الدقيقة لوحدات التعليم وأنشطتها الإدارية المختلفة، مع التأكيد أن الوحدات الإدارية للتعليم مهما تباينت مستويات أداءاتها، فإن قصدها الأول والأخير هو تحقيق الأهداف التربوية.

هذا وقد تطور مفهوم الإدارة التربوية واتسع، ليشمل مختلف جوانب العمليات الإدارية في نظام التعليم، وذلك بسبب ظهور عدة عوامل ومبررات، لعل أهمها:

1- تزايد الاتجاه نحو تطبيق المنهج العلمي على الإدارة، ومنها الإدارة التربوية، وما يتبع ذلك من استخدام النظريات والنماذج في دراسة الإدارة، وتحليل محتواها، لمعرفة الطرق الملائمة[1].

2- تطور مفاهيم الإدارة العامة وأساليبها، حيث استحدثت نظم إدارية متطورة، وابتدعت أساليب وطرق جديدة، نتيجة للتطبيقات الإدارية المختلفة في العديد من الدول، وانتقالها إلى دول أخرى. ومن ذلك مثلاً انحسار شديد للمركزية الإدارية، والاتجاه المتزايد نحو تفويض السلطات. وعلى هذا النحو أصبحت مهمة وزارة التربية والتعليم هو رسم السياسات التعليمية، ووضع الخطط العامة، والتوجيه العام، وتركت للمحافظات والمراكز التعليمية التنفيذ والقيام بالعديد من المهام الإدارية المختلفة، كتعيين المدرسين، والموظفين، وإجراء الامتحانات، ومنح الشهادات، وكل ما يهم الدارس من شؤون إدارية وتعليمية[2].

3- تزايد الاتجاه الديمقراطي ليس في السلطة السياسية، وأنظمة الحكم، والإدارة، وإنما كمنظومة شاملة لكل نواحي حياة المجتمع، و ما ترتب على ذلك الإيمان بقيمة الإنسان وكرامته، ووجوده في حياته العامة والخاصة، مما يعطيه الحق في أن يكون عضواً فاعلاً في المجتمع، مشاركاً في عملية التنمية، وتطوير

---

(1) محمد منير مرسي: الإدارة التعميمة أصولها وتطبيقاتها، القاهرة، عالم الكتب، 1983، ص18.
(2) عمر التومي الشيباني: الفكر التربوية بين النظرية والتطبيق، طرابلس (ليبيا) 1985، ص179.

المجتمع من خلال ما يقوم به من أدوار ومهام، وإعطائه الحرية والفرص الكافية للقيام بواجباته. وهذا كله يتيح للعاملين في الإدارة التعليمية المشاركة الفاعلة في التنظيم، والتخطيط، والتنفيذ، ومسؤوليتهم المشتركة تجاه أعمالهم، مما فتح الآفاق أمام تطور الإدارة التربوية، والبحث عن سبل تغيير أساليبها ووسائلها، وكل ما يعينها على حسن الأداء.

4- انتهاج التخطيط العلمي كأسلوب للتنمية الاقتصادية والاجتماعية، فرض على الإدارة التربوية تطوير نفسها، لتواكب التغيرات في قطاعات العمل والإنتاج، وابتداع طرق جديدة تمكنها من قيادة التغيير في المجتمع خاصة وأن الإدارة التربوية تتولى أهم عنصر في التنمية، وهو القوى العاملة.

5- الثورة العلمية والتكنولوجية، وما أحدثته من تغيرات جوهرية في الإدارة التربوية، تبرز في تطبيق المنهج العلمي والأساليب العلمية الحديثة، وفي الاستفادة من تزايد المعرفة في مجال الإدارة للنظر والتحليل، والمعالجة، واستخدام التكنولوجيا الإدارية في التربية، مما جعل الإدارة التربوية أكثر عقلانية في التطبيق والممارسة، وفي حل المشكلات، وفي التنبؤ بالمستقبل.

ثانياً: أهمية الإدارة التربوية وخصائصها المميزة

للإدارة التربوية أهمية كبيرة، تنبع من مكانة التربية، وخطورة أدوارها المؤثرة على القطاعات الاقتصادية، وشتى مناشط المجتمع، وهذا ما تبينه النقاط التالية:

1- اتساع نظام التعليم، وتضخم جهازه الإداري:

يمتد نظام التعليم في أي مجتمع ويتسع ليشمل كل مناطق الدولة تقريباً، وهو لهذا يضم أكبر نسبة من موظفي الدولة والخدمات الاجتماعية، بل أنه يستوعب سنوياً ما يقرب من نصف القوى الموظفة في الجهاز الإداري في الدولة. وتضخم جهاز التعليم وتوسعه يعني تنوع مستوياته التنظيمية، وتعدد وحداته الإدارية، والفنية، وكثرة العاملين فيه. وكلما اتسع نظام التعليم ونمى أفقياً ورأسياً، تزايدت مسؤولياته، وكثرت مشكلاته، وتضاعفت همومه ومتاعبه... وهذا ما يستدعي وجود إدارة تربوية فاعلة تتسم بالديناميكية والحيوية، لتنسق جهود الوحدات والعاملين بها في حلقات متكاملة نحو غاية التربية.

2- ضرورة التربية وأهميتها:

تتزايد أهمية التربية بفضل عوامل عدة، أهمها أنها أصبحت من الأهداف الاستراتيجية القومية الكبرى... تفوق أهميتها أي قطاع ، أو مشروع استراتيجي آخر، كون التعليم المقدم والمعطي في مؤسسات التعليم هو أساس الحصول على المعارف والمهارات للعيش بكرامة، والحصول على الوظيفة والدخل المناسبين، كما أن التعليم اساس تنمية ملكات الإبداع والابتكار، وأساس تفجر ثورة الآمال والطموح لدى أبناء المجتمع، وهو لذلك يرتبط بآمال الأسر والفئات والمناطق، وخصوصاً المحرومة منها. وأن التعليم أساس المواطنة، وممارسة الحقوق السياسية.. إلى غير ذلك مما يجعل للإدارة التربوية أهمية قصوى، ويفرض تطويرها باستمرار، لتجهيز الأبناء، لمهام الغد الجسيمة في البناء والتحديث والمواطنة، إذ لا بد من إدارة وقيادة تربوية تجعل من التربية قوة.

3- تفاعل التعليم مع نظم المجتمع ومؤسساته:

يتبادل نظام التعليم مع مختلف نظم المجتمع ومؤسساته شتى أنواع التفاعلات، تأثيراً وتأثراً، بصورة واضحة ومستترة على أساس أن التعليم نظام مفتوح يخضع لموجهات المجتمع، ويتفاعل مع ظروفه، ويستجيب لاحتياجاته، كما أنه يستقبل مؤثراته من ماضي المجتمع وطموحه المستقبلي، ومن مختلف الثقافات. لذلك لا بد من وجود إدارة تربوية واقعية تيسر سبل تلك التفاعلات المتبادل، وترصد مسارات التأثر والتأثير، والتعاون والاختلاف، بما يعزز وجود إدارة تربوية حساسة، قوية وفاعلة.

4- تعقد وظائف الإدارة التربوية:

تعد مهنة التربية من اشق المهن وأعقدها، وهي لذلك، تتطلب أدواراً متنوعة، متداخلة ومركبة، وتحتاج إلى تضافر جهود عدة، داخل التعليم وخارجه، من أجل إنجاح العملية التعليمية التربوية.

والإدارة التربوية تقوم بوظائف معقدة، من حيث أنها تتولى رسم السياسة العامة، والتخطيط والتنظيم...الخ، وتصميم المناهج ووضعها، وإعداد الوسائل وتجهيزها، واختيار المعلم وإعداده...الخ والقيام بالعديد من الأدوار والعمليات داخل التعليم وخارجه، وغير ذلك مما يصعب حصره، مما يجعل الإدارة التربوية تكتسب صفة التعقيد في وظائفها.

5- تعدد المجتمعات داخل المدرسة:

فهناك مجتمع التلاميذ والطلاب، بتركيبهم العمري وخصوصياتهم الاجتماعية والاقتصادية، وهناك مجتمع المعلمين. ومجتمع الإداريين والموجهين. ومجتمع العمال.. وكل مجتمع منهم له خصوصياته التي تميزه عن المجتمع الآخر...ويترتب على ذلك ظهور صور التباين والاختلاف، والصراع أحياناً، كما يطلق عليه (صراع الأجيال) أي الصرع بين القديم والجديد، ويبتدي ذلك من صور الانتماءات الثقافية والحزبية والطائفية. وهذا يفرض على الإدارة التربوية جهوداً وأعباء تحفظ النسيج الداخلي لجهاز التعليم ومؤسساته وتسيير شؤونه بحكمة بالغة.

6- حاجة الإدارة التربوية إلى الكوادر المختلفة، وتدريب العاملين:

تحتاج الإدارة التربوية إلى كوادر مختلفة، بمواصفات متنوعة، مثلما تحتاج إلى تجديد مهارات وأساليب العاملين بها، في جميع المستويات الإدارية. لذلك لا بد أن تقوم الإدارة التربوية بالتدريب والتأهيل أو بهما معاً، والاختيار الدقيق لتلك العناصر، وتحديد المناطق والوحدات الأكثر طلباً وحاجة لتجديد المهارات وتنويع الخبرات، وكذا متابعة الجديد والمستحدث في مختلف مجالات العمل التربوي.

7- تعامل الإدارة التربوية مع قطاع واسع من الجماهير:

يتصل الشطر الأكبر من السكان بشكل أو بآخر بالإدارة التربوية، فكل منهم له حفيد أو قريب في المدرسة أو المعهد، بجانب هذا تتعامل الإدارة التربوية مع كثير من المؤسسات الاجتماعية، وهذا يعطي الإدارة التربوية أهمية خاصة، قلما نجدها في مؤسسات وقطاعات أخرى، ما يفرض عليها أن تتسم بالمرونة

والانفتاح، كي تتعامل من جهة بيسر وسهولة مع حاجات الناس، وطبائعهم، ومستوياتهم الثقافيـة والاقتصادية، وحتى تتفهم الجماهير دور الإدارة التربوية وتدعمها من جهة أخرى.

8- الإدارة التربوية عملية مركبة الأبعاد:

فهي عملية إنسانية، اجتماعية، تعاونية، منظمة وهادفة، تسـتفيد مـن معطيـات المجتمـع، والعلوم وتطبيقاتها التكنولوجية. فهي إنسانية تستهدف تحقيق أقصى إشباع للرغبات والحاجـات الإنسانية. وهي اجتماعية تحدث في إطار اجتماعي تلبي مطالب مجتمعية متغيرة، بتغير الأفـراد والمناطق. وهي تعاونية تقوم على المشاركة والفهم المتبادل للمسؤوليات، مع الاهـتمام بالفرديـة لتنمية روح الإبداع والمبادرة، وتحمل المسؤولية. وهي تربوية تستهدف تربية وتنمية العاملين بها والمستفيدين منها، وتحقيق الأهداف التربوية. وهي منظمة تتم وفق أهـداف محـددة، وتنظيم متماسك وسليم، بجميع مقومات العلم والفن معاً.

ثالثاً: نظريات الإدارة التربوية وأسسها العلمية

تستمد الإدارة التربوية أسسها ومبادئها العلمية من نظريات علم الإدارة العامة، وبخاصة من ميادين إدارة الأعمال، والإدارة الصناعية، والإدارة الحكومية مع مـا يصـاحب ذلـك مـن محـاولات تطويع أصول الإدارة العامة، وتحويرها لتناسب ميدان الإدارة التربوية.

نظريات الإدارة التربوية:

بسبب النجاحات التي سببتها الإدارة الحديثة، تزايد الاتجاه نحو تطبيق نظريات الإدارة العامـة في ميدان التربية، فبدأت الجهـود الأولى باقتبـاس نظريـات مـن علم الإدارة العامـة، وذلـك بمحاولـة تحويرها وتكييفها لطبيعة التربية، وخبرات التعليم، وخصائص الوظائف الإدارية لوحدات التعلـيم، مضافـاً إلى ذلك المهارات الشخصية، والتفكير الإسـتنتاجي لمفكـري التربية وقادتها الـذين استخلصوا المبادئ والأسس العلمية للإدارة التربوية.

ومنذ الخمسينيات من القرن العشرين أخذت تظهر جهـود لصـياغة نظريـة علميـة للإدارة التربوية، ولكن رغم المحاولات الجادة لوضع نظريات خاصة بالإدارة التربوية –كمـا سـيلي شرحـه- إلا أنها جهود متأثرة بأفكار رجـال الإدارة العامـة، أو مقتبسـة مـن النظريـات القائمـة في الإدارة الصناعية... وعلى وجه الخصوص هناك ثلاث مدارس فكرية رائدة، هـي : المدرسـة التقليديـة أو الكلاسيكية، ومدرسة العلاقات الإنسانية، ومدرسة السلوك الإداري أو المدرسة الاجتماعية. وهـذه المدارس شكلت ينبوع الفكر الإداري الحديث، التي استمدت منهـا أسـس ومبـادئ تطبيـق الإدارة العلمية في المجالات الإدارية المختلفة، ومنها الإدارة التربوية. وفيما يلي يمكن مناقشة نظريـات الإدارة التربوية بإيجاز.

1- نظرية الإدارة كعملية اجتماعية:

تضم هذه النظرية نماذج وآراء تفسر مجال معالجة هذه النظريـة ونطـاق تحليلهـا لعناصـر الإدارة التربوية.

تتلخص فكرة نظرية الإدارة كعملية اجتماعية[1] التي تنسب إلى "جينـزلز" و"جويا" أساسـاً في أن علـم الإدارة هو علم إدارة السلوك البشري الاجتماعي، وهذا السلوك هو حصيلة تركيب معقد لعاملي الفـرد،

(1) محمد منير مرسي: الإدارة التعليمية وتطبيقاتها، مرجع سـابق، ص 80-82. أيضـاً: إبـراهيم عصـمت مطـاوع وأمينـة حسن، مرجع سابق، ص 64-65.

والشخصية. فإذا كانت الإدارة في نظرهم تسلسل هرمي للعلاقات بين الرؤساء والمرؤوسين في إطار نظام اجتماعي من أجل تحقيق أهداف هذا النظام، فإن النظام الاجتماعي للمؤسسة التعليمية يقوم على مكونين: الأول هو توقعات دور هذه المؤسسة، لتحقيق أهدافها. ويسمى هذا "البعد التنظيمي". والثاني هم الأفراد نشاطهم وحاجاتهم له، ويسمى هذا "البعد الشخصي" في النظام الاجتماعي، وبهذا فإن الأدوار التي يقوم بها كل من النظام والأفراد، وتوقعات الدور في المؤسسة التعليمية تحدد الواجبات والمسؤوليات التي تحدد مسبقاً، ويلتزم بها كل من يشغل هذا الدور ومن محصلة هذه الأدوار. يتحقق الهدف النهائي للنظام الاجتماعي من مؤسسة التعليم.

وعلى ذلك فإن تحديد دور المعلم أو مدير المدرسة لا يتم ذلك إلا من خلال علاقة كل منهما بالآخر، وفي إطار القوى الموجهة للسلوك: القوى التنظيمية، والقوى الشخصية، وذلك من أجل إحداث سلوك مفيد من الناحية التنظيمية، وفي نفس الوقت محققاً للرضى النفسي.

2- الإدارة كعملية اتخاذ القرار:

ينطلق أصحاب هذه النظرية أمثال (جريفت) و (وهريون سيمون) إن الإدارة هي عملية اتخاذ القرارات[1]. وما النشاطات الإدارية إلا سلسلة من اتخاذ القرارت. فالقرارات هي لب العملية الإدارية... فيه يتحدد تركيب التنظيم الإداري، والطريقة التي يعمل بها هذا التنظيم، وعلى أساسه تتحدد مهام العاملين، ونطاق تصرفاتهم في استخدام العناصر المادية والبشرية، ومعيار أدائهم، ومن خلاله يتحدد مدى الإشراف والرقابة.

هناك تصنيف لاتخاذ القرارات، تقوم على أسس مختلفة منها ما هو رئيسي وفرعي، ومنها ما هو مهني وشخصي...الخ، ومن ، ومتى، يقوم كل شخص باتخاذ القرار.

هناك عوامل تؤثر على اتخاذ القرار، منها الأساس الذي يقوم عليه القرار ونوع وخبرات متخذي القرار والمشتركين معه، والوسط المحيط، وتوقيت إصدار القرار والطريقة التي تم بها إصدار القرار.

غير أن القرار الناجح، هو الذي يتصف بالمعقولية، والاختيار الصحيح لأنسب الاحتمالات الممكنة، بناء على جمع البيانات والحقائق، دون تمييز أو تعصب، وإشراك الجماعة في اتخاذ القرار. وعلى ذلك فما يصدق على رجال الإدارة في المنظمات الإدارية في اتخاذ القرارات الإدارية، يصدق على الإدارة التربوية. فرجال الإدارة التربوية على اختلاف أنواعهم ومسؤولياتهم يقومون باتخاذ قرارات لا حصر لها، وبموجبها تتحدد وظائف وأنشطة العاملين بها، وغير ذلك من عمليات الإدارة التربوية.

3- نظرية الإدارة كوظائف ومكونات

ذهب (سيرز) الذي يعد من أوائل دارسي الإدارة التعليمية على نطاق واسع، إلى أن الإدارة، أي إدارة تستمد طبيعتها من الوظائف التي تقوم بها، وتوصل بالاستفادة مما سبقوه من علماء الإدارة العامة إلى تحديد عدة وظائف رئيسية للإدارة التربوية، هي: التخطيط، والتنظيم، والتوجيه، والتنسيق، والرقابة، محاولاً تطبيق مبادئ الإدارة على الإدارة التعليمية.

---

(1) المرجعان السابقان: نفس الصفحات، أيضاً إبراهيم عصمت مطاوع، مرجع سابق 73، 74.

وفي نفس الاتجاه ذهب (هـالبين) أن الإدارة، سـواء في التربيـة، أو في غيرهـا، تتكـون مـن أربعـة مكونات هي: العمل، والمنظمة الرسمية، ومجموعة الأفـراد العـاملين، والقائـد. بيـنما ذهبـت نظريـة الأبعاد الثلاثة إلا شرح الظاهرة الإدارية على أساس أبعاد ثلاثة، هي:[1]

1- الوظيفة: تتحدد وظيفة الإدارة على أسس ثلاثة هي: المحتوى، والعملية، والتتابع الزمني.
2- رجل الإدارة: ويقصد به طاقة رجل الإدارة، الجسمية والعقلية والعاطفية وسلوكه لدراسـة المشكلة.
3- المحيط الاجتماعي: وهو جملة العوامل والضغوط الاجتماعية التي تحدد الوظيفـة وتـؤثر على تفكير رجل الإدارة، وسلوكه.

رابعاً: الأسس العلمية للإدارة التربوية

في ضوء نظريات الإدارة التربوية، والمدارس الفكرية لعلم الإدارة العامـة عمومـاً، استخلصـت عدة أصول للإدارة التربوية، تشكل أسـس ومقومـات الإدارة العلميـة الحديثـة في ميـدان التربيـة، والتي يجب الإلمام بها وفهمها لكل من يتصدى لإدارة التربية، وأبرز هذه الأصول، هي:

أ- مبادئ التنظيم للإدارة التربوية:

يعتبر التنظيم الإداري روح الإدارة الحديثة، وأهم عملياتها، فهو الوسيلة التي تربط بين أعـداد كبيرة من البشر، لينهضوا بأعمال معقدة، ويرتبطون معاً في مجالات واعية منظمة، لتحقيـق أغـراض متفق عليها، حيث يتضمن التنظيم الإداري تقسيم العمل، وتوزيعه بين وحدات النشاط بالمؤسسـة، وتحديد سلطات واختصاصات كل وحدة، والعاملين بها، تحديداً يتفادى الخلـط والتكـرار والتـداخل بينها، ثم ربط هذه الوحـدات ببعضـها، بشـبكة مـن الاتصـالات والعلاقـات، تكفـل سـير العمليـات والاجراءات بسلاسـة وكفايـة. كـما يتضـمن التنظـيم الإداري إقامـة بنـاء هكيـل مـن العلاقـات بـين الأفراد... تتضح فيه الفروق بين الأفراد من ناحية المسؤولية والمراكز والأدوار[2].

يعرف التنظيم بأنه "مجموعة القواعد واللوائح والقوانين والتعليمات التي تصـدرها إدارة المنظمـة، فتحكم بها علاقات العاملين، وتعين بها حدود الإدارات والأقسام، وتخصص الأدوار، وتعرف الاختصاصات، والسلطات، والمسؤوليات، وتحدد قنوات الاتصال"[3].

وهناك تعريفات عدة... أيا كانت منطلقاتها وزاوية نظرتهـا، فإنهـا تتضـمن معـاً عـدداً مـن الأسس التي تمكن مـن إدارة العمليـات الإداريـة، مـن خـلال تقسـيم العمـل، وتوزيـع السـلطات والمسؤوليات بين الأفراد والمجموعات، وتحديد روافد اتخاذ القرار، ووجود نظام من العلاقات بـين الإدارات والأقسام، وضوابط تسهل الأعمال، والرقابة، والتقويم.

ويأخذ البناء التنظيمي -عادة- شكل هرم في أعلى قمته رئيس أو مدير المؤسسة، ويمثل جسمه وقاعدتـه العاملين بجميع مستوياتهم، وتتدرج السلطة فيه مـن أعـلى إلى أسـفل، وتسري في جميـع مسـتويات التنظيم

---

(1) راجع: صلاح الدين جوهر، مقدمة في إدارة وتنظيم التعليم، القاهرة، دار النهضة العربية، 1984، ص49.
(2) صلاح الدين جوهر: المدخل إلى إدارة وتنظيم التعليم، القاهرة، عالم الكتب، ص 189.
(3) علي محمد عبد الوهاب، البيئة الإدارية، مرجع سابق، ص 35.

الإداري، في تسلسل منظم ومرتب بما يمكن من قيام الأعمال الملقاة على شاغلي كـل الوظائف في وحداتهم الإدارية، وممارسة واجباتهم والتزاماتهم بصورة حسنة.

والتنظيم السليم يجعل مهمة القيادة، والوظائف الإدارية المختلفة سهلة ميسرة، وتسهم في وضع التخطيط وتنفيذه، وييسر عملية اتصال أجزاء المنظمة، وحل المشكلات، واتخاذ القرارات، ويزيد مـن التخطيط وتنفيذه، وييسر عملية اتصال أجزاء المنظمة، وحل المشكلات، واتخاذ القرارات، ويزيـد مـن إنتاجية العاملين وييسر الرقابة[1]. وأي عمل جماعي ما لم يوجد منهـاج أو نظام يحكمـه، وإلا عمت الفوضى، وتداخلت الاختصاصات، وانعدمت المسؤوليات، وضاع الجهد، والوقت، والمال جميعاً.

هناك تقسيمات مختلفة لتصنيف التنظيمات الإدارية، منها ما يعتمد عـلى أسـاس نظـري أو تطبيقي، غير أن التقسيم الذي يوافق التعليم، وغيره مـن المؤسسـات والمصالح الاجتماعيـة، هو الذي يقدم خدمات عامة للجمهور، أو يحقق سعادة الجمهور، دون أن يكون همه الأول الكسب المادي، حتى لو كان هناك خسارة مادية. ويعتمد هـذا التقسيم عـلى أسـاس تصنيف التنظيم الإداري، بحسب المستفيدين من هذه المنظمة. فهناك الهيئات ذات المصلحة المشتركة أو المتبادلة، والمستفيد الأول هم الأعضاء كالاتحادات، والأحزاب، والنقابات المهنية، وهناك منظمات المصلحة العامة، والمستفيد الأول هـو الجمهـور، مثل المطافئ، والبـوليس، والـوزارات. وهنـاك منظمـات الخدمات، وفيها المستفيد الأول وهم الأفراد المتعاملين معها كالمدارس، والمستشفيات[2].

وبالنسبة للتعليم، فالإدارة تكون منصبة عـلى الغرض الأسـاس للمؤسسـة ألا وهـو نظام التعليم. ويصبح مهمة العاملين هو القيام بوظائفهم، لخدمة الزبائن أو الأفراد المسـتفيدين منهـا. ومعيار نجاحها هو ما تحقق لدى الأفراد من فوائد بأقل جهد، ووقت.

وللتنظيم في المجال التعليمي أهمية كبيرة بالنظر إلى ضخامة الجهاز التربوي، وتنوع أنشطته وتعدد المستويات الإدارية فيه، وتكامل العمليات الإدارية في أي مستوى، وأي وحدة تنفيذية منه، وتنوع المستفيدين من التربية، وكذا خضوع الإدارة التربويـة إلى مؤثرات داخليـة وخارجيـة، من مختلف الأنواع تقريباً وإذا كان التنظيم هـو الهيكـل الأمثل للإدارات والأقسام الـذي يمكن الأفراد من العمل بكفاءة وفاعلية، فإن هذا التنظيم يتميز بما يلي:[3]

• توزيع الأعمال والوظائف الجماعية والفردية.

• تحديد المسؤوليات والاختصاصات، بحيث يعرف كل موظف ومعلم الواجبات الموكلة إليه، والسلطة المخولة له، ومداها، وسبل ممارستها.

• تحديد شكل الاتصالات داخل نظـام التعليم ووحداتـه التنفيذيـة المختلفـة، وتحديد نـوع العلاقات العامة بين الأفراد العاملين.

• تحقيق التنسيق بين النشاطات والجهود الفردية والجماعية دون تعارض أو تضاد.

• وضع معايير وأسس لقياس أداء الوظائف والأعمال.

---

(1) عمر التومى الشيباني: المرجع السابق، ص 226.

(2) محمد منير مرسي: الإدارة التعليمية، مرجع سابق، ص51.

(3) راجع : سعيد عمر عبداللـه وآخرون، مبادئ الإدارة الحديثة، عمان، دار الثقافة للنشر والتوزيع،1991، ص125.

وبهذا فإن التنظيم المحكم هو الذي يحقق أفضل استغلال للموارد البشرية والمادية، ويوجـه العمليات والأنشطة الإدارية، بما يحقق الأهداف المرسومة.

غير أن تصميم البناء التنظيمي الجيد يقوم على تطبيق عملي للإدارة العلمية الحديثة، يحددها علماء الإدارة بعدة خطوات، أهمها: [1]

1- تصميم الهيكل التنظيمي:

هي عملية ترتيب الوظائف وتحديدها، بناء على تحديد أهداف التنظيم والأنشطة اللازمة لتحقيقها، بحيث تقسم تلك الأنشطة إلى مجموعة من الوظائف الرئيسية، ويندرج تحتها عـدد مـن الوظائف الفرعية. وهكذا تندرج الوظائف في حلقات وظيفية فرعية متصلة الأدوار والأنشطة.

2- تصوير الهيكل التنظيمي:

ويتم هنا ترجمة، وترتيب الوظائف السابق ذكرها إلى هيكل تنظيمي، يأخذ شكل هـرم متدرج الوظائف، أو خريطة التنظيم الإداري، بحيث تبدأ قمة الهرم بوزير التربية والتعليم في خريطة ديوان الـوزارة، ثم إدارات التعليم بالمحافظات والمراكز التعليمية، ويتدرج الهرم إلى المستويات الأدنى في المدارس، وموضحا فيه علاقات الوظائف فيما بينها أفقيا، ورأسيا، شريطة أن تبرز على الهيكل التنظيمي خريطة تنظيم الوظائف والاختصاصات في كل قسم ووحدة إدارية. وكذا خريطة عدد الوظائف والأفراد.

3- تحديد الأوصاف الوظيفية للمناصب الإدارية والفنية:

بعد وضع خريطة الهيكل التنظيمي يصبح مـن الضروري تحديد الأوصـاف الوظيفيـة، لكل موقع إداري وفني، وذلك بكتابة وصـف تفصيلي لمسؤوليات وسلطات كل منصب وظيفـي، ووصف علاقة هذا المنصب بما يعلوه، أو يليه، أو يشابهه من مواقع وظيفية مختلفة.

ويجب أن يلي هذا الوصف تحديد مواصفات شاغلي المناصب الإدارية مـن حيث المؤهلات والخبرات العلمية، وبعض الصفات الشخصية.

4- إعداد دليل تنظيمي للوزارة:

يتضمن معلومات مفصلة عن عملية التنظيم، مبين فيه خرائط الهيكل التنظيمـي بمكوناتـه المختلفة.. إدارات وأقسام ومستويات إدارية في كـل وحـدات الـوزارة. وكـذا ملخص يوضح اختصاصات وسلطات الوظائف الإدارية والفنية.

ودليلاً كهذا، يُعرف اختصاصات الوحدات الإدارية، ومسئوليات المستويات الإدارية المختلفة، وعلاقات الوظائف ببعضها، بما يمكن من تفهم الرؤساء للأهداف التي تسعى الإدارة لتحقيقها وكذا إزالة التداخلات بين السلطات الممنوحة لكل وظيفة.

---

(1) إبراهيم عصمت مطاوع وأمينة حسن: الأصول الإدارية للتربية ، مرجع سابق، ص 171-177. أيضا: محمد سرحان المخلافي ومحمد أبو بكر محسن: أسس الإدارة التعليمية، صنعاء، مطابع الكتاب المدرسي، 1997.

5- تشغيل التنظيم وتحليله:

وكما هو واضح من هذه المرحلة هو تشغيل التنظيم، وضمان توافر شروط نجاحه، وتحقيق أعلى النتائج. ويجب أن يتبع التشغيل رصد الظروف الداخلية والخارجية التي قد تؤثر على هذا التنظيم، والتدخل الواعي للتعديل، أو إعادة التنظيم إذا تطلب الأمر ذلك.

تلخيصاً لما سبق فإن عملية التنظيم الإداري بوزارة التربية والتعليم تمر بالخطوات التالية:

- وضع أهداف واضحة ودقيقة للعملية التنظيمية، وصور ترجمتها إلى أهداف فرعية.

- تحديد الأنشطة والأعمال اللازمة لتحقيق تلك الأهداف.

- توزيع النشاطات المختلفة على الوحدات الإدارية ومستوياتها التنفيذية.

- ربط الوحدات الإدارية ببعضها وتنسيق جهودها في إطار السلم الإداري والسلطات المنوطة بوحدات التنظيم الإداري.

- تحديد وظائف كل الوحدات الإدارية، التوجيهية، والتنفيذية، والإشرافية.

- تحديد اختصاصات ومسؤوليات كل وظيفة.

- تجميع العمليات السابقة، وإثباتها في صورة وثائق تشريعية لبناء الهيكل التنظيمي ولوائح ونشرات داخلية مبينة لمسارات العمل والحركة داخل التنظيم الإداري، وحدود السلطات والمسؤوليات لمختلف الوظائف في الوحدات الإدارية.

ب- مبادئ العملية الإدارية في الإدارة التربوية.

استقر في الفكر الإداري المعاصر عدد من المبادئ والأسس التي يمكن الاسترشاد بها في تصميم الهيكل التنظيمي للإدارة التربوية، يمكن إيجازها، كما يلي: [1]

1- مبدأ وحدة الهدف:

بناء على الأهداف التي وجدت من أجلها وزارة التربية والتعليم، وهذه الأهداف ذات طبيعة مركبة ومعقدة تتناول الفرد والمجتمع من أبعادهما الاجتماعية والاقتصادية والسياسية في إطارهما القومي والإنساني، فإن هذه الأهداف المستمدة من ظروف المجتمع وموارده المتاحة هي التي تحدد الهيكل التنظيمي لوزارة التربية والتعليم، بما يسمح لكل جزء في التنظيم: إدارة، وقسم، ومدرسة، وفرد على تحقيق الأهداف العامة للتنظيم الإداري، وكل مكون في التنظيم وعمله فيه هو ترجمة للهدف.

2- مبدأ تقسيم العمل:

يحتاج جهاز التربية إلى ألوان مختلفة من النشاطات المختلفة لتحقيق أهدافه، وللقيام بهذه الأنشطة استدعى الأمر تحليل عناصر التنظيم، لتجميع لون من الأنشطة في جهاز متخصص، وكل جهاز يحوي أقسام وإدارات ، كوحدات عمل، وهكذا يتكرر تجميع الأنشطة والأعمال على مستوى مراحل التعليم، وعلى مستوى المحافظات، والمديريات، ووحداتها المدرسية، بحيث تتجمع جهود مجموعة من المتخصصين في لون من العمل في وحدة إدارية،

---

(1) إبراهيم عصمت مطاوع وأمينه حسن، مرجع سابق، ص 184.

أو مرحلة تعليمية ، أو نوع معين من التعليم، على نحو يؤدي إلى تنسيق تلك الجهود، وتكاملها أفقياً ورأسياً داخل التسلسل التنظيمي للوظائف.[1]

ويفرض تقسيم العمل في وزارة التربية، تزايد الحاجة إلى نوعيات متخصصة، وخبرات علمية متنوعة في الإدارة والتنظيم، والإشراف، والتوجيه، وفي تصميم المناهج، وإعداد الكتب الدراسية وفي قيام العملية التعليمية، وسبل نجاحها، وغير ذلك.

3- مبدأ وحدات القيادة:

ويعني إسناد سلطة إصدار الأوامر والتوجيهات من مصدر واحد، بحيث يتلقى الموظف أوامره، والتعليمات الصادرة إليه من رئيسه المباشر، وهو بدوره يتلقى أوامره من رئيسه الأعلى، وهكذا تتحدد خطوط السلطة في الهيكل التنظيمي لكل وظيفة، وطرق ممارستها ومداها، داخل مستويات هذا التنظيم، مع ملاحظة أن مسؤوليات القيادات العليا تكون أعم وأشمل وأكثر خطورة من مسؤوليات المستوى الأدنى[2]، لأن وظائف قاعدة التنظيم الإداري تكون أقرب إلى العمليات الكتابية، وهناك حلقات وصل بين مستويات التنظيم الإداري، حيث يخول للرؤساء الفنيين بحكم خبراتهم الفنية إصدار تعليمات إضافية لأداء الأنشطة الفنية.

4- مبدأ التنسيق:

يتطلب مبدأ تقسيم الأنشطة والأعمال في التنظيم الإداري للتعليم ظهور مبدأ التنسيق، وذلك لضمان تكامل الجهود الفردية والجماعية في كل مستويات الإدارة التربوية، وتنسيق أنشطة الأجهزة المختلفة أو تكاملها رأسياً وأفقياً[3]. وتوحيد جوانب العمل الإداري، سواء من حيث رسم السياسات الإدارية التعليمية، وتناسقها مع البناء التنظيمي. وصور تقسيماته للأعمال، وتحديده للاختصاصات، أو من حيث أداء الأفراد والجماعات لمهامهم الإدارية. وتنسيقاً كهذا لا يسمح فقط بتبادل المعلومات والخبرات وانتقال التعليمات والتوجيهات من الأجهزة ومستوياتها الإدارية أو تحسين كفاءة العمل، وإنما أيضاً لتلاقي تضارب الأعمال، وتداخل الاختصاصات، وضياع الجهود.

5- مبدأ تناسب المسؤولية مع السلطة:

طالما حدد الهيكل التنظيمي ولوائحه التنفيذية مسؤوليات كل وظيفة، أي ما الذي يجب على من يشغلها أن يقوم به من أنشطة وما يؤديه من مهام وواجبات، تجعله مسؤولاً عنها، فلا بد من منحه السلطة المناسبة التي تعطيه الحق في أداء مهامه، وتنفيذ الواجبات الملقاة عليه، وما يلزمه من اتخاذ القرارات. ثم يتحمل تبعات أعماله، فيحاسب إذا قصر، أو أساء استخدام سلطته.

---

(1) المرجع السابق، ص185.

(2) المرجع السابق، ص185.

(3) هاني الطويل: الإدارة التربوية والسلوك التنظيمي، عمان الجامعة الأدرنية، 1986، ص74.

6- مبدأ تدرج السلطة:

ويعني تسلسل السلطة الممنوحة لشاغلي الوظائف وتدرجها من قمة التنظيم الإداري إلى قاعدته، على خط التدرج الوظيفي. وهذا التدرج له أهميته الكبيرة في إنجاح الإدارة التربوية، كونه يحدد لكل موظف، واجباته ومسؤولياته التي يقوم بها، وفقاً للسلطات المخولة له، وبالتالي يكون مسؤولاً عنها أمام رئيسه.

وبالنظر إلى وزارة التربية والتعليم، نجد ذلك التدرج في خط السلطة الذي يبدأ من وزير التربية والتعليم، ثم نائبه، ووكلائه، ويستمر التدرج الهابط على المستويات القومية، والإقليمية، والمحلية، حتى المدرس.

7- مبدأ تفويض السلطة:

ويقصد به تخلي قائد إداري، أو مجموعة من الإداريين عن بعض اختصاصاتهم إلى فرد أو أفراد إداريين آخرين يمارسون تلك الاختصاصات نيابة عنهم مع بقاء مسؤولية المفوض عما يحدث.

ويتزايد الاتجاه في الوقت الحاضر نحو تفويض السلطة في الإدارة التعليمية، وبخاصة في الإدارة المدرسية، وذلك لتقليل صور تمركز السلطة، وتخفيف أعباء المديرين، وجعلهم يتفرغون لمهام التطوير، ومن جهة أخرى يساعد هذا التفويض على خلق روح الفريق الواحد في أداء الأعمال والمهام، ويسهم في تدريب الكوادر، وتنمية الخبرات، ويساعد في تطوير وظائف الإدارة، وتحسين نطاق الإشراف.

8- مبدأ المركزية واللامركزية:

ويقصد بالمركزية في الإدارة التربوية تركز السلطة في ديوان وزارة التربية والتعليم (المستوى القومي) حيث يتولى اتخاذ القرارات المنظمة للعمل، ورسم خطوات العمل وتنفيذه بالطريقة التي يضعها ديوان الوزارة. أما اللامركزية فيقصد بها توزيع السلطات على مستوى إدارات التعليم في المحافظات، والمراكز التعليمية، والمدارس، وإعطاء الحرية في اتخاذ القرارات، واقتراح سبل تسيير المهام الإدارية وفقاً لظروفها وإمكاناتها المتاحة.

ومع أن تحديد المركزية واللامركزية في الإدارة التربوية يتوقف على نظام الدولة السياسي، وطبيعة تنظيم التعليم، إلا أن الاتجاه متزايد نحو النمط اللامركزي، بسبب تضخم مسؤوليات وزارة التربية، وتزايد أعباءها، بتعدد وظائفها، مع ما رافق ذلك من انتشار الديمقراطية كأسلوب للمشاركة في إنماء الحياة الاجتماعية والاقتصادية، وليس للحكم فقط.

مراحل العملية الإدارية:

تمر العملية الإدارية بعدة مراحل متداخلة، كل منها يؤدي إلى الآخر، أهمها:[1]

1. المداولة: وتبدأ بالتعرف على طبيعة المشكلة، وحجمها، وحدود تأثيراتها، ثم جمع البيانات والمعلومات التي تكشف لنا سبل مواجهتها، والقيام بمداولات ونقاشات متعمقة، بما يمكن من اتخاذ القرارات اللازمة بشأنها.

---

(1) محمد منير مرسي، مرجع سابق، ص 65،67.

2. اتخاذ القرار: وهنا يتم فحص البدائل المتاحة، والمفاضلة بينها في ضوء ظروف الواقع، وسبل تحقيقها، عندها يتم اتخاذ القرارا الأمثل الذي يعتبر أهم مرحلة في العملية الإدارية، وأي قصور أو خطأ في اتخاذ القرار المناسب تتعثر الإجراءات والخطوات الأخرى في العملية الإدارية.
3. تنفيذ القرار: وذلك باتخاذ الإجراءات، والقيام بالترتيبات اللازمة في صور برامج، تمكن من تنفيذ القرار، مع ما يتطلبه ذلك من أدوات ومستلزمات التنفيذ.
4. التنسيق: يتطلب تنفيذ القرار تناسق المواقف والجهود والأعمال، فيما بينها في ضوء الظروف الواقعية المحيطة، وملاءمتها للتنفيذ، وأداء الأعمال في وقتها، وتوافر الموارد والإمكانات. والتنسيق بين هذه الأمور كلها يضمن نجاح التنفيذ.
5. التقويم: وهو الحكم على النتائج المتحققة من المراحل السابقة، وحصر العوامل والأسباب التي أدت إلى مقدار النجاح أو الفشل، لما لذلك من أهمية في تطوير العمل الإداري في المستقبل.

9- أصول الإشراف في الإدارة التربوية:

يتحدد الإشراف الإداري في أي وزارة على نطاق الإشراف الزماني منه، أو المكاني، وعن طريقه يمكن معرفة الاختلافات بين الوزارات، والمنظمات، ومعرفة الشكل الهرمي للتنظيم الإداري.

يعتبر الإشراف الإداري ركناً أساسياً في فاعلية الإدارة، وخصوصاً الإدارة التربوية، حيث تحول الإشراف من مجرد التسيير الإداري للعناصر البشرية وضبطها، إلى عملية استنفار الطاقات الفردية والجماعية، واستثارة دوافع العاملين نحو الإنجاز والنجاح في عملهم[1].

إن ضيق الإشراف الإداري، يؤدي إلى زيادة التسلسل الوظيفي، مما يقوي عملية الاتصال وتفهم المدير للعلاقات الإدارية بينه وبين مرؤوسيه، أما توسيع مدى الإشراف الإداري يقلل من مستويات التسلسل الهرمي الوظيفي، ويصبح الإداريون لا يعتمدون بصورة كبيرة مباشرة على رؤسائهم، مما ساعد على زيادة فعالية قدرتهم الإدارية، وهذا الاتساع لمدى الإشراف حال دون انغماس الرئيس في علاقات مباشرة مع المرؤوسين.(2)

بيد أن مدى الإشراف يتحدد بعدد من العوامل، أهمها:[3]

- طبيعة النشاط الذي يمارسه المرؤوسين، وما يحكمه من معايير وقواعد واضحة، أو هو نشاط روتيني أو فني يتطلب متابعة الرئيس لتقرير ما يتخذ في كل حالة.
- قدرات الرئيس، ووقته، ومدى خبراته بأعمال مرؤوسيه للإشراف المناسب على عدد أكبر من المرؤوسين.

إذا كان مدى الإشراف يتحدد بمدى قدرة الرئيس على استمرار الإشراف على مرؤوسيه بفاعلية، ودون أن يؤثر ذلك في سير العمل، أو اتصاله بمرؤوسيه؛ فإن مدى هذا الإشراف يتوقف على البعد الزمني، والبعد المكاني، حيث يعني البعد الزمني بالوقت المنقضي لإشراف الرئيس على ما يقوم به الموظفين، لأداء أعمالهم. أما بالبعد المكاني فهو المسافة الطبيعية أو المكانية التي تفصل بين الرئيس المشرف والموظفين الذين يشرف عليهم، أي أن البعد

(1) أحمد عبدالباقي ليشان، وحسن جميل طه: مدخل إلى الإدارة التربوية، الكويت، دار القلم، 1983،ص92.

(2) محمد منير مرسي: المرجع السابق، ص 57.

(3) إبراهيم عصمت مطاوع. وأمينه حسن: مرجع سابق، ص 202.

المكاني يقلل من فرص الإشراف والرقابة على الأجهزة الفرعية. [1]

وثمة معايير منطقية لمدى إشراف الرئيس على مرؤوسيه في نطاق القدرات العادية، حيث تبلغ ستة مرؤوسين في الأعمال الفنية، ومن 25 إلى 30 مرؤوساً في الأعمال الروتينية، ويمكن زيادة فعالية إشراف المديرين بزيادة المساعدين الإضافيين.

وفي وزارة التربية والتعليم نجد أن ضيق مدى الإشراف الإداري يؤدي إلى زيادة مستويات التسلسل الوظيفي، وبالتالي الحاجة إلى تقوية الاتصال، لتبادل التعليمات، وتلقي التوجهات، ويؤدي أيضاً إلى انغماس الرئيس في علاقات شخصية مباشرة مع مرؤوسيه. وبالعكس، فإن اتساع مدى الإشراف يقلل من مستويات التسلسل الهرمي الوظيفي، ويقلل من اعتماد المرؤوسين على الرؤساء، فترتفع فعالياتهم الإدارية، ويحول من ناحية أخرى دون انغماس الرئيس في علاقات شخصية مباشرة مع المرؤوسين.

وهناك مقياس لمعدل مدى الإشراف في الهرم الوظيفي في إدارة التعليم على أساس استخدام المعادلة التالية:

$$ م = \sqrt{\dfrac{ن}{مج}} $$

حيث أن: م = مدى الإشراف.
و ن = عدد المستويات الإشرافية الأعلى.
مج= مجموع العدد الكلي للموظفين أو المعلمين في الوزارة.

د- مستويات الإدارة التربوية

تنوعت مستويات الإدارة التربوية بين الدول، حسب درجة تقدم هذه الدولة، واستخدامها لأصول الإدارة الحديثة، وحسب ظروف كل بلد ونهجه السياسي والاجتماعي. ورغم اختلاف مستويات الإدارة التربوية بين الدول في نطاق الإشراف، وفي مساحة المركزية واللامركزية في إدارة التعليم، إلا أن هناك تشابها في تقسيم المستويات الإدارية التربوية بين أغلب الدول على الأقل من حيث وجود ثلاثة مستويات: أعلى، وأوسط، وأدنى.

ز1- الإدارة التربوية على المستوى القومي:

ويضم هذا المستوى القيادات التربوية العليا لوزارة التربية والتعليم، ثم الإدارة المركزية العليا المشكلة لمجلس الوزارة، وما يتبعه من إدارات معاونة في الديوان العام للوزارة. ويتولى هذا المستوى رسم السياسة العامة للتعليم وتحديد الأهداف العامة، وإعداد الخطط التربوية، ومشروعاتها في ضوء احتياجات خطط التنمية، ووضع ميزانية التربية بناءً على المشروعات المقترحة والبرامج، وتحديد أساليب العمل التربوي والتطوير التربوي العام، والإشراف على تنفيذ السياسات، والخطط التعليمية، ومتابعتها، وتقويمها.

---

(1) محمد منير مرسي: المرجع السابق، ص 59،60.

2- الإدارة التربوية على مستوى المحافظات والمراكز التعليمية:

ويضم هذا المستوى إدارات التربية والتعليم بالمحافظات، ومجلس التعليم بالمحافظة، ثم المراكز التعليمية في المديريات التابعة للمحافظة. وحيث تعتبر إدارة التربية بالمحافظة صورة مصغرة لوزارة التربية، فإنها تتولى تنفيذ السياسات، والخطط التربوية في ضوء الصلاحيات المخولة لها، واقتراح السياسات التنفيذية التي تعينها على حسن أدائها لمسئولياتها، ومتابعة التنفيذ في كل مراحل العمل الإداري، مع ما يتطلبه ذلك من تطوير أداء الأجهزة والإدارات التي تقع تحت إشرافها في المحافظة، واستحداث أساليب متطورة أو تجارب متقدمة.

ويتبع إدارة التعليم بالمحافظة مستوى إداري آخر هو إدارات المراكز التعليمية بالمديريات. وبحكم كونها إدارات مصغرة لإدارة التعليم بالمحافظة، فهي تتولى نفس المهام والأدوار، مع قدر أكبر من المرونة، بما يمكنها من تنفيذ مسئوليتها واختصاصاتها المخولة لها في الهيكل التنظيمي، وفقاً لظروف كل مديرية.

3- الإدارة التربوية على مستوى المدارس:

للإدارة المدرسية أهمية كبيرة، كونها ملتقى العمليات الإدارية السابقة من المستويات الإدارية العليا للمدرسة، وإليها تتجمع وتصب جهود الوظائف الإدارية والفنية، ومختلف الأنشطة التربوية. وعلى إدارة المدرسة، والعاملين فيها، وعلى رأسهم المعلمين، يتوقف تنفيذ السياسة التعليمية، وتحقيق الأهداف التربوية المستمدة من فلسفة المجتمع وأهدافه، وعليها يتوقف تحقيق الغايات التي يطمح إليها المجتمع فيما يرغبه أن يكون عليها أبناؤه من المدنية والتقدم الذي ينشده.

الإدارة المدرسية بهذه الأهمية الكبيرة تتولى ترجمة السياسة التعليمية إلى إجراءات وممارسات عملية في ميدان التربية، وتقوم بتنفيذ الخطط التعليمية، ومتابعتها، وتقويمها، وما يتطلبه ذلك من تنمية شخصية التلاميذ من جميع جوانبها في الكشف عن قدراتهم واستعداداتهم، ورعاية الموهوبين، وكل ذلك وغيره في إطار ثقافة المجتمع والحياة المعاصرة.

كما تتولى الإدارة المدرسية مهام الإشراف والتوجيه على سير الأعمال الإدارية في المدرسة والقيام بالأنشطة المدرسية، وتوطيد العلاقة بين المدرسة والبيئة المحيطة.

خامساً: وظائف الإدارة التربوية

يتوقف تحقيق أهداف التربية على نوعية الإدارة التربوية، وما تقوم به من عمليات وأنشطة، وما يبذل من جهود أطراف عدة في جهاز التربية والتعليم، بحيث تتظافر كلها، وفق أسلوب أو طرق تضمن قيام الإدارة التربوية بوظائفها، وتوفير الظروف والإمكانات المناسبة لتحقيق الأهداف التربوية المنوطة بها.

وهناك تصنيفات عدة لوظائف الإدارة التربوية، مهما اختلت في ترتيبها، توسعها أحياناً وضيقها أحياناً أخرى، إلا أن هناك شبه إجماع بين علماء الإدارة على حصر وظائف الإدارة في أربع عمليات رئيسية، هي : التخطيط، والتنظيم، والتوجيه، والتقويم.

وفيما يلي مناقشة موجزة لوظائف الإدارة التربوية:

1- **التخطيط:**

يمكن النظر إلى التخطيط على أنه أكثر من كونه عملية إدارية، حيث أنه استراتيجية ممتدة الأبعاد، تتناول بوسع وشمول النظام التربوي ككل في إطار ماضي التربية وحاضرها ومستقبلها لتطوير التربية، بتجديد أشكالها، والبحث عن نظم تعليمية جديدة، بصيغ وأنماط متطورة، وتغيير محتوى التربية وتجديد أهدافها، واستشراف آفاق مستقبلها، وغير ذلك من أمور، ومن ضمن ذلك الإدارة التربوية التي يتناولها التخطيط بالتغير والتطوير، للوصول إلى أفضل أسلوب لتحقيق أهداف التخطيط. ومن هنا فالإدارة أداة أو وظيفة التخطيط أكثر من كون التخطيط وظيفة الإدارة. ولكن يمكن النظر إلى التخطيط على أنه وظيفة الإدارة من حيث أن الإدارة هي التي تتولى تنفيذ التخطيط وتحويله إلى عمليات وإجراءات، ولكن إذا نظرنا إلى التخطيط على أنه وظيفة من وظائف الإدارة، فليس له ذلك المنظور الكلي والفلسفة التي توجه الفكر وتحكم العمل في إطار التنمية الاقتصادية والاجتماعية.

ويعود جانب من هذا الخلط إلى النظر إلى التخطيط عموماً على أنه معزول عن السلطة السياسية والتوجه الاقتصادي للمجتمع، وهي نظرة جزئية لها سندها الأيديولوجي التي تقصر التخطيط على أداء وظيفة معينة للمنظمة، وليس باعتباره فلسفة جديدة للفكر والعمل، بقصد إحداث تحولات جذرية ممتدة ومستمرة ليس في إطار المنظمة أو نطاق الإدارة فيها، وإنما يتعداه إلى المنظمات والقطاعات الاقتصادية والاجتماعية الأخرى. أي أن التخطيط يطور الإدارة، أي إدارة من خلال ارتباطها بالمنظمات أو النظم الاجتماعية والاقتصادية، وتحقيق التفاعل والتكامل بينهما، وفق منظور جديد للتغيير الشامل في حياة المجتمع.

وعليه إذا تناولنا عملية التخطيط باعتباره وظيفة من وظائف الإدارة التربوية، فليس بذلك المنظور الجزئي الذي يقصُر الإدارة التربوية على إجراءات روتينية منها مثل الوظائف الأخرى للإدارة التربوية.

وعلى أية حال يعتبر التخطيط ترجمة عملية للأهداف التربوية، تتولى تحديد الأعمال المطلوبة، واقتراح الأساليب والوسائل اللازمة لتنفيذ أهداف الإدارة التربوية.

هذا ويتضمن التخطيط العمليات أو المراحل التالية:

- تشخيص الوضع الراهن لنظام التعليم، وما يتطلبه ذلك من تقويم الجهود السابقة، وجمع المعلومات والبيانات المختلفة.
- تحديد مجموعة من الأهداف وتصنيفها وفق أولويات المجتمع.
- وضع السياسات اللازمة لتنسيق الجهود وحشد الطاقات ووضع استراتيجية التنفيذ.
- اقتراح البرامج والأنشطة الزمانية والمكانية وفق خطوات تفصيلية مقرة رسمياً.
- تنفيذ الخطة وفق الأعمال المراد القيام بها، وفي ضوء معايير الأداء.
- متابعة تنفيذ الخطة وتقويمها، مع ما يتطلبه ذلك من رصد المتغيرات واقتراح البدائل الملائمة.

وهناك شرح مفصل للتخطيط في موضع آخر من هذا الكتاب .

2- التنظيم:

يعد التنظيم من أهم وظائف الإدارة التربوية، حيث يتولى توزيع الأنشطة والأعمال على الجماعات والاختصاصات، وفق علاقات تواصل متينة رأسية وأفقية، بما يمكنه من استخدام العناصر البشرية والمادية، لتنفيذ الأهداف التربوية.

والتنظيم الجيد هو الذي يمكن المديرين من مزاولة مهامهم الوظيفية، ويحقق تكامل الجهود، ويقوي العلاقات بين مختلف مستويات التنظيم، ويسمح بسير العمليات الإدارية والتعليمية في سهولة ويسر، وفي أحسن كفاية، وفعالية ممكنة.

وثمة شرحاً للتنظيم في موضع آخر من هذا الكتاب.

3- التوجيه Direction:

هو عملية فنية، لاتصال الرؤساء والمديرين بالموظفين والمعلمين في الجهاز التعليمي، وترشيدهم للقيام بأعمالهم، وتنفيذ مهامهم على بصر وبصيرة، في إطار علاقات إنسانية صحيحة، وذلك بقصد تحديد الأهداف ووضوحها لدى جميع الموظفين والمعلمين، وفهم كل شاغل وظيفة إشرافية لمسؤولياته ونطاق العلاقات التي تربطه، ليس بمن يشرف عليهم، وإنما أيضاً بالوظائف والمستويات الإدارية الأخرى داخل التنظيم.

والتوجيه أو الإشراف بهذه العملية الحساسة له أهمية تتمثل في اختيار وتوزيع العناصر الإدارية على مختلف الوظائف، بناء على قدرات الأفراد وخبراتهم، ويساعد على توجيه الأفراد نحو الأعمال اليومية، وغيرها، ودرجة إنجازهم لها، ويسهل التوصل إلى أفضل صورة لتفاعل الرؤساء والمرؤوسين، كما يثير اهتمام الموظفين والمعلمين نحو الربط بين أهدافهم، وأهداف الإدارة، أو الأهداف التربوية عموماً، وطرق أيسر السبل لتحقيقها، ثم خلق الدافع، لبذل المزيد من الجهد، للتغلب على مشكلات التعليم.

ويهدف التوجيه والإشراف التربوي إلى: [1]

• تحسين أداء النظام التعليمي أو تطويره بما يسهم في رفع الكفاية الداخلية أو الخارجية للتعليم، الكمية والكيفية.

• ترشيد استخدام الموارد البشرية والمادية، واستثمارها الأفضل.

• الوقوف على المشكلات الحقيقية للتعليم، سواء الإدارية أو التعليمية.

• تعزيز مفاهيم المشاركة والتعاون والعمل بروح الفريق الواحد.

• استثارة الطاقات الكامنة لدى الموظفين والمعلمين، وحفزهم على ابتداع أساليب مبتكرة وطرح أفكار جديدة، وغير ذلك.

ويتخذ التوجيه في نظام التعليم طريقتين هما:

---

(1) أحمد عبد الباقي الشافي وحسن جميل طه: مدخل إلى الإدارة، مرجع سابق، ص 95.

- توجيه إداري يقوم الرؤساء أو المدراء في كل مستويات الإدارة التعليمية، مع ما يتطلبه كل مستوى ووحدة تنفيذية من خصوصيات تلائم أسلوب العمل وطريقة الأداء.
- توجيه فني ويقوم به خبراء التعليم، والموجهون الفنيون، بما فيهم الموجهين التربويين ومدراء المدارس[1].

مبادئ التوجيه:

هناك عدة مبادئ أساسية للتوجيه عموماً والتوجيه التربوي خصوصاً، هي:[2]

- وحدة الأمر: ويعني صدور الأوامر والإرشادات للموظفين والمعلمين من رئيس واحد أو مشرف واحد.
- وحدة الإشراف المباشر: ويعني أن يتم الإرشاد أو الأمر عن طريق الاتصال الشخصي المباشر، أي من قبل الموجه إلى المرؤوسين أو المعلمين مباشرة.
- اختيار الأسلوب: ويقصد به أن يختار المشرف أسلوب التوجيه الأكثر مناسبة للأفراد الذين يشرف عليهم، ونوعية الأعمال المطلوب إنجازها، وتنويع أساليبه كلما اقتضى الأمر ذلك، لزيادة فاعلية التوجيه.

أنماط التوجيه في وزارة التربية والتعليم:

نتيجة لدخول مفاهيم ونظريات علم الإدارة إلى التربية، حدثت تحولات جوهرية في نظام التوجيه والإشراف، حيث كانت مهمة التوجيه مقتصرة على الرقابة والتفتيش، وما ارتبط بها من دور تسلطي وإرهابي على المدارس، ومدرائها، والمعلمين، لأنها كانت تتصيد أخطاء العاملين في الحقل التعليمي، وتمارس أدواراً تسلطية، لتحقيق مآرب شخصية، أو مكاسب سياسية، وغيرها، ولكن تغير هذا الدور. وعدل اسم الرقابة والتفتيش إلى إدارة التوجيه الفني، وأنيط بها أدوار إصلاحية وتربوية تتمشى مع تطورات علم الإدارة. ومع التغيرات الاجتماعية والاقتصادية في المجتمع أخذنا نلحظ وظائف قيادية للتوجيه التربوي في مستويات الإدارة التربوية.

وبطبيعة الحال، هناك أشكال عدة للتوجيه في وزارة التربية والتعليم، ولكن يمكن تمييز نمطين كبيرين هما:

التوجيه التعليمي: وهو عملية واسعة يقوم بها أطراف عدة من مستويات إدارية مختلفة، يقوم بها وكلاء الوزارة، ومدراء العموم بديوان الوزارة، كل يمارس التوجيه من الزاوية التي تعنيه، ويقوم بالتوجيه أيضاً مدراء التربية بالمحافظات أو في المديريات.

ويشتمل هذا التوجيه على متابعة شؤون المدرسة، وكل ما يتعلق بأوضاعها ومشاكلها، وأداء رسالتها ثم تقويم عملها بقياس مدى نجاحها في القيام بوظائفها، لتحقيق أهدافها التربوية في ضوء معايير الكفاية والفاعلية.

---

(1) إبراهيم عصمت مطاوع وأمينة حسن: مرجع سابق، ص 208.

(2) المرجع السابق، ص 208.

توجيه المواد الدراسية: ويقوم بهذا التوجيه مستويات فنية عدة فهناك الموجهون العاملون في ديون الوزارة، ويشرفون على الموجهين في إدارات التربية بالمحافظات، ويمتد إشرافهم إلى موجهي المواد الدراسية وتقويم عملهم. وهناك موجهوا المواد الدراسية الذين يشرفون على سير المواد الدراسية بالمدارس، ووضع الخطط الفنية، وتقويم مستوى كفاية المعلمين، وتقديم الإرشادات المناسبة لإتباع أساليب وطرق تدريس متطورة، أو اقتراح خطط تدريسية جديدة تتضمن استخدام الوسائل التعليمية، أو استخدام البيئة في التدريس، وتقويم التلاميذ، وغير ذلك من الأمور الهامة، لتوجيه العملية التعليمية التربوية وناتجها المستمر للمعلم والمتعلم والمجتمع.

وهناك أيضاً مدراء المدرس، حيث يقوم كل مدير مدرسة بزيارة المدرسين في الفصول، ليكمل ما قام به موجه المادة الدراسية أو الموجه العام، حيث يقوم بمناقشة المدرسين حول سير التدريس، والتشاور مع كل مدرس حول فنيات التدريس، وتوافر شروط العملية التعليمية، وتقديم الملاحظات ووضع البرامج والخطط التي تساعد المعلم في معالجة نقاط ضعفه لتحسين أدائه، وتنسيق جهود المعلمين للقيام برسالة المدرسة خير قيام.

وهناك أيضاً المعلم الذي يقوم بتوجيه تلامذته في شؤون تعلمهم، وسبل إنماء شخصياتهم، ويساعدهم في التغلب على مشاكلهم الدراسية، وسبل الاستذكار، وتوجيههم للتفاعل مع مدرسيهم وزملائهم، وإقامة علاقات حميمة معهم، ويشرف على أنشطتهم المدرسية، وغير ذلك من الأمور.

وهناك موجه النشاط والموجه الفني، والمرشد النفسي الذين يساعدون التلميذ على إنماء شخصيته وصقل قدراته ومواهبه، لإعدادهم للحياة والمهام التي تنتظرهم، ويرغبون مزاولتها.

4- التقويم: Evaluation

التقويم مدخل جديد للنظر إلى كل أبعاد العمل التربوي الإداري والفني التعليمي منه أو التربوي، وليس قياس التحصيل الدراسي لدى التلاميذ، وإنما يتعدى ذلك إلى تقويم خطط التربية وأساليب تنفيذها، وفحص وتحليل إداءات التنظيم الإداري، وعمليات الإشراف والتوجيه، وتقويم المناهج والمقررات الدراسية، وتنفيذ أنشطتها التعليمية.

كما يشمل التقويم أنواع الامتحانات والأساليب المستخدمة في تقويم الجهد التعليمي، سواء ما نمى لدى التلميذ من مهارات ومعارف واتجاهات، أكان التعليم سبباً رئيسياً في حصوله لدى التلميذ، أو ما قام به المعلم من جهد خلاق، أو ما قامت به المدرسة، والمحيط التربوي عموماً.

والتقويم بهذه المعالجة الشاملة والدقيقة، إذا كان يمثل وظيفة محورية لها أهميتها في الإدارة التربوية المعاصرة؛ فإن ذلك نابع من ما يقوم به التقويم من التأكد أو التحقق من القيام بالوظائف السابق ذكرها، والكشف عن الانحرافات التي حدثت، أو التعرف على المشكلات التي واجهت التنفيذ، وتحديد أسبابها، بقصد التدخل الواعي لإجراء التعديلات اللازمة، لتصحيح المسار، وتحسين الأداء... بما يضمن التنفيذ الدقيق، أو توافر شروط العمل الإداري المثمر للنظام التعليمي.

وهناك ثلاثة مستويات لعملية التقويم، أولهما: **التقويم الكلي**، ويتناول تقويم العملية الإدارية والتربوية، للوقوف على مخرجات النظام التعليمي ككل، ومدى تحقيقه للأهداف العامة للتربية.

وثانيهما **التقويم الجزئي** الذي يهتم بتقويم البرامج الدراسية من حيث كفايتها وفاعليتها، ومدى إسهامها في تحقيق أهداف المراحل التعليمية. والمستوى الثالث هو **التقويم الداخلي** الصفي لأداء المتعلمين سواء فردياً أو جماعياً. وينصب هذا التقويم على الامتحانات والاختبارات، وأدوات التقويم المختلفة في المدارس، للوقوف على تقدم التلاميذ في دراستهم، وتقويم الطرق والأساليب المتبعة في إحداث التغيرات المرغوبة في جوانب شخصية المتعلم.[1]

غير أن نجاح التقويم، وحصول الفائدة المرجوة منه يتوقف على وجود جهاز قوي، لديه سلطة وكفاءات متخصصة منتشرة في مستويات الإدارة المختلفة، ولديه معايير ومؤشرات لتقويم مجالات التقويم التربوي:

ولما كان العمل التربوي يقوم على جهود مستويات إدارية مختلفة، وأطراف كثر في النظام التعليمي، وتؤثر فيه عوامل متباينة من داخل التعليم ومن خارجه، فمن الضروري تقويم كل تلك الجهود والأطراف، وتقصى ونقد أداءات النظام التربوي جزئياً وكلياً. وعلى ذلك يمكن الإشارة إلى أهمية تلك المجالات في المحاور التالية:

تقويم وظائف النظام التربوي، ويشمل هذا المحور الجوانب التالية:
- تقويم أهداف النظام التعليمي، في ضوء مطالب المجتمع وتحدياته، ومطالب الأفراد وقدراتهم، وفي ضوء الإمكانات والموارد، وكيفية تحويل الهدف إلى مستويات إجرائية، وعلاقة الهدف بالمنهج والمقررات الدراسية.
- تقويم الخطط التربوية، والتنظيم، والتوجيه، في ضوء ما هو محدد ومرسوم.
- تقويم خطوات ومسارات الأداء في كل مستويات، ووحدات التنفيذ في ضوء مؤشرات ومعايير الكفاية والفاعلية.
- تقويم خطط المباني والتجهيزات في ضوء القدرة التشغيلية.
- تقويم كلفة التعليم ومصادر التمويل.

تقويم المنهج الدراسي: ويشمل الجوانب التالية:
- تقويم التنظيم المدرسي، ومناسبته لأداء وظائف المدرسة، في ضوء أهدافها.
- تقويم المناهج الدراسية في ضوء حاجات التلاميذ وخصائص نموهم، وحاجة المجتمع وتقدمه العلمي والتكنولوجي.
- تقويم المنهج، حسب الأصول العلمية، المنطقية والخلقية، والتزامه بقيم الحرية والديمقراطية.
- تقويم برامج تدريب المعلمين، والإداريين، والفنيين بالمدارس.

---

(1) أحمد عبد الباقي وحسن جميل طه: مرجع سابق، ص 124، 125.

- تقويم أداءات العاملين بالمدارس من مدراء ومشرفين ومعلمين وموجهين ومدى تقدم المدرسة فيما أحرزته وما حققته من نتائج.
- تقويم العلاقة بين المدرسة والمجتمع، وبينها وبين أسرة التلاميذ، ومدى تفاعلها مع بيئتها.

تقويم العمل التدريسي: ويشمل الجوانب التالية:

- تقويم مدى توافر شروط العملية التعليمية وتقويم كفاءة التدريس.
- تقويم أداء المعلمين ومدى قيامهم بواجبهم التدريسي، وقيامهم بالأنشطة المختلفة الصفية واللاصفية.
- تقويم التفاعل العلمي والاجتماعي بين المعلم والتلميذ.
- تقويم ما تعلمه التلميذ، وجوانب نموه، وما اكتسبه من مهارات واتجاهات.
- تقويم أساليب وطرق تقويم التلاميذ.

وللقيام بعملة التقويم تلك هناك قواعد وأسس، أدوات وأساليب كثيرة، يمكن اتباعها لإجراء عملية التقويم، وفق مجالات العمل التربوي وأغراضه ونتائجه المتوخاه منه، منها الاختبارات والامتحانات، والمقابلات، ودراسة الحالة، والمناقشة الجماعية، والملاحظة المنظمة، والاستبيانات، ومقاييس التفضيل، وغيرها كثيرة.

على أن التقويم الفعال يستند إلى أسس وشروط، أهمها: [1]

- أن تكون هناك خطة محددة لما نريد الوصول إليه من أهداف من عملية التقويم.
- أن يتسم التقويم بالموضوعية في جمع البيانات وتفسيرها، وإصدار الأحكام المستندة إلى أدلة عملية وبراهين منطقية.
- أن يكون شاملاً لجميع نواحي المجال المراد تقويمه، وحصر نطاق ارتباطاته بغيره من المكونات الأخرى في التعليم، والمؤشرات المختلفة من داخل وخارج التعليم.
- أن يكون التقويم مستمراً في سلسلة متتابعة، لكشف نطاق القوة والضعف، ويعمل على التصحيح أولاً بأول.
- أن تعتمد عملية التقويم على التعاون، أي يشارك فيه الأجهزة والإدارات، والمعلمون والمدراء، الموظفون والمشرفون، ثم تقوم النتائج في ضوء الأهداف الموضوعة للعمل.

مراحل التقويم التربوي:

هناك عدد من الخطوات التي يجب أن تتبع لوضع خطة التقويم، وإجراءات تنفيذها، وهذه المراحل هي:

1- تحديد الهدف: وهي مجموعة الأهداف الواضحة التي تحدد بدقة الغاية من التقويم، وإذا كان تحديد هذه الأهداف يساعد على إدراك المقوم لما سوف يقوم به، ويمكن من جميع البيانات ورصد المتغيرات، فإن هذه الأهداف تصبح بمثابة معايير يتم العمل بمقتضاها، وينتقي الأساليب ووسائل القياس التي تمكنه من الوصول إلى نتائج إيجابية.

---

(1) المرجع السابق، ص 132، 122.

2- إعداد أدوات التقويم: ويتم اختيار الأدوات المناسبة لموضوع التقويم وفقاً لبدائل مختارة بعناية، ومحاولة وضع بدائل أخرى يمكن استخدامها إذا تعذر استخدام البديل الأول، ثم التدريب على استخدام تلك الأداة، للتأكد من سلامتها قبل التنفيذ، وتطبيقها الصحيح، ويفضل الاستعانة بالمختصين لإعداد وسائل التقويم.

وفي الامتحانات التحصيلية للتلاميذ هناك اختبارات لمهارات العمل، واختبارات القدرات والميول، ومقاييس الاتجاهات والمعتقدات، وبطاقات الملاحظة...الخ.

3- تفسير النتائج: بعد تطبيق الاختبارات والمقاييس المقننة وغير المقننة، يعمد المقوم إلى تشخيص الوضع الراهن، وتحليل أبعاد مجال التقويم، وتفسير نتائج التقويم في ضوء الأهداف الرئيسية. وإذا ما كانت النتائج غير متفقة مع الأهداف، فهناك خلل ما في التصميم أو التنفيذ، ويلزم تصحيح الخلل، وإعادة التقويم.

4- المتابعة: خطوة ملازمة للتقويم، إذ لا يستقيم التقويم ويحقق نتائجه المرجوة إلا بالمتابعة التي تدعم التقويم، بالكشف عن جوانب القوة والضعف، وتصحيح أخطاء العمل كلما دعت الحاجة لذلك بما يعزز التقويم، ويحقق نتائج دقيقة.

سادسا: القيادة التربوية

يتوقف نجاح الإدارة التربوية في تحقيق أهداف التربية، واستمرار تطوير تلك الإدارة وتجديد فاعليتها على القيادة التربوية التي تقود ذلك الجهاز الإداري الضخ الذي يتسع ليشمل البلاد كلها تقريباً، حيث تتنوع عملياته الإدارية والفنية، وتتعدد مهامه، وتتعاون وحداته الإدارية، وتتكامل مؤشراته الداخلية والخارجية من مكان إلى آخر ومن وقت إلى آخر، مما يجعل إدارة التربية بمستوياتها المختلفة من أصعب الإدارات وأشقها، لأنها تجمع بين مقومات العلم، وممارسات الفن. وخصائص مهنة التربية التي تعد من أصعب المهن وأعقدها، وهي في نفس الوقت من أشرف المهن وأجلها.

وهناك فرق بين مفهوم الإدارة، ومفهوم القيادة في التربية، حيث يعني الأول الأساليب العلمية والعملية لأفضل استخدام للموارد والإمكانات البشرية والمادية، وتوفير الظروف المناسبة للتنفيذ، بينما يعني مفهوم القيادة المهارات الفنية والقدرات الإبداعية، لتوجيه أنشطة التنفيذ نحو تحقيق أهداف التربية، أي أن القائد يجمع بين مهام التنفيذ ومهام التخطيط والتوجيه. والقيادة التربوية بهذا تصبح عقل الإدارة التربوية وعينها.. عقل يرسم تفاصيل الحركة والأداء، مخططاً وموجهاً، ومشاركاً في التنفيذ ومسؤولاً عنه أولاً وأخيراً. وعين ترقب إيقاعات أجزاء التربية فعلها وانفعالها في إطار التربية ككل بما يسمح من تلافي أي عيوب وتصحيح أي انحراف، أو تصويب المسار نحو ناتج التربية وغايتها النهائية.

تعرف القيادة بأنها "السلوك الذي يقوم به الفرد القائد حين يوجه نشاط جماعة نحو هدف مشترك"[1]. أي القدرة على التأثير في نشاط العاملين معه، وتوجيههم بطريقة تكسب احترامهم له وتعاونهم معه، فينسق جهودهم، ويحاول التوفيق بين وجهات نظرهم، وما يتطلبه موقف الإدارة.

وبهذا المعنى، فالقائد التربوي يقوم بمجموعة أدوار في إطار الإدارة، تحدد سلوكه، وتعين الأنشطة التي

---

(1) محمد منير مرسي: الإدارة التعليمية، مرجع سابق، ص 141.

تحقق ما هو متوقع منه في الوسط الذي يعمل فيه، ثم توقعات المرؤوسين ووظائفهم المختلفة، ثم تأثيرات البيئة المحيطة، وهذه وغيرها قد توجد توقعات متضاربة، أو متباينة. وهنا تظهر مهارة القائد الإداري التربوي، في تغلبه على الصعوبات، ومحاولة التوفيق بين الأدوار المتعارضة والنجاح في ممارسة وظيفته.

ويبرز علم الإدارة مكونات رئيسية لسلوك القائد الإداري التربوي عندما يقوم بأدواره العديدة، أهمها:[1]

- المبادأة والمبادرة بتقديم الأفكار الجديدة والأساليب والطرق المستخدمة لتتناول المشكلات وعلاجها.
- تقديم المعلومات والبيانات اللازمة لتحسين سير العمل ودفعه في الاتجاه الصحيح.
- التنسيق بين جهود العاملين معه، وتوجيهها نحو غاياتها المنشودة.
- تنشيط عمل المجموعة وبعث الحماس والنشاط فيها، ورفع معنوياتهم لبذل الجهد.

وعلى هذا فللقائد التربوي أدواراً إبداعية، بما يحدثه من تغييرات في البناء والتنظيم... ويطور الأساليب والطرق، ويجدد الأفكار والمفاهيم، ويستنبط الحلول المبتكرة، ويلعب دوراً في رسم السياسة التعليمية وتنفيذها، ويقوم بتحديد سير العمل، وتوجيه الأنشطة في كل متكامل ومتعاون، بصورة أفضل. أما الإداري فهو يمارس سلطته ومهامه بحسب الاختصاصات المحددة له في اللوائح.

أنماط القيادة:

هناك تصنيفات عدة لتقسيم أنماط القيادة، بعضها يركز على الصفات الشخصية، وبعضها الآخر يركز على نوع العمل والممارسات الإدارية، وأخرى تركز على الجانب الاجتماعي والإنجاز. وتصنيف آخر يركز على العلاقات الإنسانية، وغير ذلك من التصنيفات التي توسع دائرة سمات التصنيف.

غير أن أكثر التطبيقات شيوعاً واستخداماً هو الذي يعتمد على معيار أسلوب القائد وصفاته الشخصية في التأثير على موظفيه، وحفزهم على الأداء والإنجاز، في ظل علاقات إنسانية، وخط واضح لممارسات السلطات والمسؤوليات: ويقوم هذا التصنيف على تقسيم أنماط القيادة الإدارية إلى ستة أنماط تناسب أوضاع الإدارة في الدول النامية، هي:

1- النمط التقليدي:

وهو نمط من الشخصية يتصف غالباً بكبر السن، فصيح اللسان والبيان، يتسم بالصورة الأبوية لشخصية القائد.

وهذا النوع من القيادة يقدس الماضي، ويغلب عليه المحافظة على ما هو قائم من التراث والتقاليد، يقاوم الجديد، لتدعيم سلطته ونفوذه، لين مع من يرأسهم، غير حازم في عقابه، يميل كثيراً إلى فرض آرائه بالقوة، وخصوصاً ما يتعلق بالتقاليد والتراث، ومعيار نجاحه مدى الالتزام بتقاليد الماضي وحكمته، ويسود هذا النمط من القيادة في المجتمعات المحافظة أو في المناطق الريفية والقبلية.

2- النمط الأوتوقراطي:

ويقصد به القيادة الإدارية المتمسكة بالنظم واللوائح والتشريعات، يطبقها بحذافيرها، صارم في الالتزام بها وتطبيقها على العاملين معه، يساير التعليمات مطيع لما يلقي عليه من الجهات الرسمية، غير مبدع في عمله.

---

(1) علي محمد عبد الوهاب: البيئة الإدارية، مرجع سابق، ص 149.

وهذا نمط من الشخصية الجافة، الحاد الطبع والمزاج، ومعيار نجاحه الالتزام الصارم بالقوانين واللوائح والتعليمات. ويسود هذا النمط من القيادة في الدول حديثة الاستقلال أو في الدول الدكتاتورية.

3- النمط التكنوقراطي:

ويقصد به نمط من القيادة المتميزة بكفاءة علمية متخصصة في فرع من العلم، لديه معرفة وخبرات واسعة وعميقة في مجال تخصصه، ولديه مهارات فنية راقية في مجال عمله، غير أنهم محدودي الصلة بمتغيرات الحياة المعاصرة، وضعيفي التفاعل مع الواقع الاجتماعي والسياسي، وقليلي الخبرة في العلاقات الإنسانية.

وغالباً ما يميل هذا النمط من الشخصية نحو الأعمال المعقدة، والأساليب الفنية المركبة في تسيير وظائف الإدارة. ويتسم سلوك هؤلاء بالجدية والرصانة في تنفيذ المهام والواجبات، وهنا تحدث فجوة بين القائد ومرؤوسيه. ويسود هذا النمط في بعض بلدان العالم الثالث التي تحاكي الدول المتقدمة وتقلدها.

4- النمط الدكتاتوري:

هو نمط من القيادة يتصف بحبه للسلطة، يمسك زمام الأمور بيده، فيقرر ما الذي يجب أن يعمله كل موظف، وكيفية تنفيذه. هو الذي يرسم السياسة، ويحدد الواجبات والأعمال لكل العاملين معه، ويتابع تنفيذ أوامره بنفسه، يحب أن يكون مركزاً لكل ما يهم الإدارة، ومرجعاً لكل الموظفين لتلقي الأوامر والتعليمات وتنفيذها بدقة، أو اقتراح بدائل للتنفيذ. ينتقد مرؤوسيه بشده، ولا يحب أن ينقده أحد. وإذا تغيب توقف العمل. ومعيار نجاحه السيطرة.

5- النمط الفوضوي:

لون من القيادة يتسم بعدم الانضباط لأي شيء... لا يهتم لا برسم سياسة تعليمية، ولا بوضع خطة محددة، وإذا وجد من هذا القبيل، إنما بقصد الدعاية والإعلان، وإذا ما عزم على أمر ما انقلب عليه. وهو متقلب الأمزجة والقرارات، لا يسيطر على مرؤوسيه، وإنما يترك لهم الحرية الكاملة للتصرف في المواقف المختلفة، ويتركهم يعالجون المشاكل بأنفسهم، لا يقدم لهم المعلومات أو التعليمات. وإذا طلب منه مثل ذلك فإنها تكون سريعة متقلبة، لا يهتم بنتائج عمله. ومعيار نجاحه كل شيء جيد.

6- النمط الديمقراطي:

هو لون من القيادة يقدر أهمية كل عضو عامل معه، مهما كان موقعه الإداري، له شخصيته المستقلة، يحترم ذاته، ويقدر واجباته، ويحترم ذوات الآخرين ووجودهم معه. وتعتمد هذه القيادة على إشراك الجميع في رسم السياسة، ووضع الخطط، واقتراح الضوابط والتدابير اللازمة في جو من النقاش الهادئ، والاقتناع، ويترك لكل موظف حرية التنفيذ، مع ما يتيح ذلك من حرية اقتراح البدائل والحلول، واتخاذ القرارات، واختيار زملائهم في العمل.

وتشير بعض الدراسات [1] إلى أنه بالرغم من جدوى القيادة الديمقراطية في الإدارة، إلا أنه لا يوجد طريق مثالي وحيد في كل المواقف والظروف. ومع التأكيد على الاتجاه الديمقراطي في الإدارة التربوية، إلا أن القائد الإداري الناجح ربما يلزمه أن يتصرف تارة بأسلوب تكنوقراطي، عندما يتعلق الأمر بخبرات إدارية

---

(1) راجع، طه إلياس: الإدارة التربوية والقيادة، عمان مكتبة الأقصى، 1984.

محضة، أو يحتاج الأمر إلى موقف عقلاني. وتارة أخرى يتصرف بأسلوب أوتوقراطي عندما تمس الأهداف القومية، وقيم العمل. بل قد يحتاج الأمر أن يتصرف في مواقف أخرى بطريقة دكتاتورية، أي بطريقة حازمة عندما يوجد تفريط كبير في عمل المؤسسة... وهكذا "يتوقف نجاح القيادة على المرونة في استخدام الأساليب القيادية، لتتناسب مع الأحوال أو المواقف المتغيرة".[1]

لذلك فإن اختيار القادة وتقويم أعمالهم وترقيتهم وتدريبهم، لا بد أن يأخذ في الاعتبار عديد من الصفات النظرية والمكتسبة كارتفاع الذكاء، وسرعة البديهة، وروح المبادأة والإبداع، والقدرة على التكيف مع الظروف، وإقامة علاقات حسنة...الخ.

ونظراً لأهمية الإدارة الديمقراطية التي يشيع استخدامها في الكثير من المدارس في العديد من الدول، فقد وضعت جملة من الأسس التي تقوم عليها الإدارة الديمقراطية في المدرسة بخاصة، كون المدرسة ميدان تطبيقي للإدارة التربوية، وعند المدرسة تتجمع جهود المستويات الإدارية المختلفة، وأهم هذه الأسس هي:[2]

1- تفويض السلطة وفقاً للمسؤولية: الإدارة المدرسية الديمقراطية هي التي تفوض السلطات لكل العاملين في المدرسة، وفقاً للمسؤوليات المخولة في التنظيم الإداري، بل أن هذا التفويض يضفي على التنظيم الإداري ديناميكية وروح، بما يتيح لهم من حرية العمل، وتحمل المسؤولية، لأن كل عضو في المدرسة سوف يشعر أنه مسؤول مسؤولية فردية وجماعية.

ويتطلب تفويض السلطة تحديد الوظائف، وتوصيفها الدقيق، حتى لا تتداخل الاختصاصات وتتضارب المسؤوليات.

2- تنسيق جهود العاملين بالمدرسة: تقوم الإدارة المدرسية الديمقراطية على تنسيق جهود العاملين بالمدرسة، وتكامل أعمالهم، حتى يظهر العمل بروح الفريق الواحد، بحيث يعمل كل عضو متعاوناً مع غيره، ومسانداً لهم في أداء الواجبات المنوطة به، وهذا التنسيق يجعل كل عضو يقظاً وواعياً بما يقوم به من أعمال، شاعراً بتكامل أعماله وجهوده مع الآخرين.

3- المشاركة في رسم السياسات ووضع الخطط والبرامج: يقوم هذا المبدأ على ضرورة إشراك كل العاملين في المدرسة بما فيهم التلاميذ، بوضع السياسات، والخطط، والبرامج الخاصة بالمدرسة، دون الاستهانة بقدرة أحد... وإكساب هذا الحق سيفجر الطاقات، وسوف تلتقي الأفكار والآراء لإنضاج وضع السياسات والخطط والبرامج وتنفيذها الجماعي. وهذه المشاركة ستجعل الكل يفكر في تحسين الأداء وابتكار أساليب جديدة، ورفع الروح المعنوية مما يعزز تحقيق وظائف المدرسة وأهدافها.

4- تشجيع فردية كل من في المدرسة والتعرف على القدرات والاستعدادات: تتيح الإدارة المدرسية الديمقراطية فرص نمو فردية التلاميذ والمعلمين والموظفين، وتسمح بالتعرف على قدرات كل عضو في المدرسة وميولهم، وحاجاتهم، وتحاول تنميتها، لأن كل عضو سيجد المناخ مهيأ لإدراك وجوده، وتفتح

---

(1) وهيب سمعان ومحمد منير مرسي: الإدارة المدرسية الحديثة، عالم الكتب، ط2، 1985، ص65.
(2) المرجع السابق، ص 16،18.

قدراته، وسيجد البيئة التي تنمي جوانب شخصية، وبالتالي ستتاح لكل عضو الفرصة للإبداع والابتكار، وصقل المواهب والقدرات، مما يشجع كل عضو على إنماء قدراته، واختبار ما لديه من إمكانات، وإفادة المدرسة، ورفع شأنها في تحقيق أهدافها.

5- مراعاة التوازن عند وضع وتنفيذ البرامج الدراسية: يقوم هذا المبدأ على مراعاة الواقع التعليمي وظروف المدرسة، وأفكار العاملين واتجاهاتهم عند وضع البرامج المدرسية وتنفيذها، مما يحقق التوازن والانسجام بين أفكار المعلمين واتجاهاتهم، وبين حاجات التلاميذ ومطالب المجتمع، لأن مدير المدرسة الناجح هو الذي يعمل باستمرار على التوفيق بين وجهات النظر هذه معاً، بما يسمح بظهور أفكار جديدة للتطبيق، وبروز فكر مستنير داعم لرسالة المدرسة.

6- إنشاء برامج العلاقات العامة: تقوم الإدارة الديمقراطية بإنشاء برامج العلاقات العامة في المدرسة، تهدف إلى تعريف السلطات التعليمية والمجتمع المحلي بسياسة المدرسة وبرامجها وأنشطتها وإعطاء بيانات عن المدرسة وخططها، وما تواجهه من مشاكل وصعوبات، وكل ذلك من أجل ربط الجمهور بالمدرسة ودعمه لها.

سابعاً: المهارات الإدارية اللازمة لرجل الإدارة التربوية

الإدارة قبل أن تكون علم هي مهارة وفن، بمعنى أنه إذا كانت هناك خطوات علمية يتبعها القائد الإداري لتسيير مهامه، أو حل مشاكله، فإن تطبيقها في الواقع وممارستها عملياً يعتمد على مهارة المدير وأسلوبه الفني في السير بتلك الخطوات العلمية إلى غايتها في تنفيذ المهام الإدارية، ومن هنا وجدت بعض المهارات الإدارية التي يجب أن يتصف بها رجل الإدارة التربوية، وخصوصاً مدراء المدارس. وأهم هذه المهارات، هي:

1- المهارات التصورية Conceptual Skills:

يحتاج رجل الإدارة التربوية إلى مهارات الفكر التصوري والرؤية الثاقبة لطبائع الأشياء والموقف والأحداث، وتمتعه بالنظرة الواقعية للظروف والعوامل المؤثرة على إدارته وعمله، وحساس للتغيرات السياسية والاجتماعية... فيبتكر الأساليب والطرق التي تعينه على حسن أدائه لواجباته، وينظر إلى المشكلات التي تواجهه بموضوعية وعقل مفتوح، فيستنبط الحلول الملائمة ومراقبة النتائج، وهكذا نجده يتميز بفكر دينامي للرؤية والتحليل حتى لأدق الأمور والتخطيط، وتوقع النتائج لكل ما يفكر ويقوم به، حتى تتحقق الفوائد المرجوة، وتقليل نسبة الأخطاء والخسائر إلى أدنى حد ممكن.

والمهارات التصويرية كغيرها تحتاج إلى تنمية وتدريب، وذلك عن طريق إقامة الندوات والمؤتمرات وحلقات النقاش، والتفاعل الحي مع الأفكار والتجارب التربوية.

2 - المهارات الفنية: Technical Skills

وهي جملة الأساليب والطرق العلمية والفنية التي يتبعها الإداري، بروح خلاقة وحنكة غير معتادة، عند ممارسته لمهامه، وقيامه بأدواره، وعندما يصادف مشكلات أو مواقف غير مألوفة، فإنه يقيم الموقف، ويدرك أبعاده المختلفة، ثم يقدم الآراء والمقترحات اللازمة. وتحتاج هذه المهارات الفنية إلى أن يلم الإداري بأصول علم الإدارة وأساليبه الفنية التي تمكنه من رسم السياسة العامة، والتخطيط للعمليات، والأنشطة

الإدارية والتربوية، ووضع نظام للإشراف والاتصال، وأسلوب العلاقات العامة، وتوزيع الأعمال والأنشطة، وغير ذلك من الإجراءات والممارسات الإبداعية التي تخص الإدارة التربوية.

ولذلك على من يتولى إدارة التعليم أن يتخصص، ويداوم الاطلاع على المعارف العلمية في أصول علم الإدارة، وأن يسعى إلى تنمية مهاراته الفنية في التخطيط والتنفيذ لمهامه الإدارية، وإقامة برامج تنشيطية دورية أثناء الخدمة، والاطلاع على تجارب تربوية جديدة، لأن اكتساب هذه المهارات تحتاج إلى مران وتدريب، بجانب صفات شخصية تجمع أصول العلم ومهارات الفن.

3- المهارات الإنسانية Human Skills:

وهي قدرة رجل الإدارة التربوية على التعامل مع كل من يتعامل معهم، سواء مع الموظفين الذين يرأسهم أو يعمل معهم في حقل التربية أو مع المواطنين الذين لديهم مصالح ومعاملات مع الإدارة. والإداري الناجح هو الذي يقيم علاقات إنسانية حميمة مع كل العاملين معه.. فهو يحترم شخصيات العاملين ويودهم... يلبي مطالبهم، ويقدر أفكارهم وآرائهم، يشركهم في مناقشة مشاكل الإدارة والبحث عن حلول لها، ويعطيهم الثقة بأنفسهم، وغير ذلك من الأمور التي تجعل العاملين متعاونين في بذل الجهد، وزيادة قدرتهم على العطاء والإنجاز، والرضى النفسي عن العمل، وانعكاس ذلك على تحسين الأداء والحماس في تنفيذ الوظائف المنوطة به.

إن المهارات الإنسانية أكثر طلباً وحاجة في الإدارة التربوية، لأن المدير التربوي يتعامل مع أفراد وجماعات متنوعة داخل نظام التعليم وخارجه، لهم خصوصيات متباينة، فعلى سبيل المثال يتعامل مدير المدرسة مع مجتمع التلاميذ ومجتمع المعلمين، وهذه المجتمعات متباينة نتيجة تباين خلفياتها الفكرية والاجتماعية والاقتصادية، كما أن مدير المدرسة يتعامل كل يوم مع أفراد من فئات وطبقات اجتماعية مختلفة، وإذا لم يتمتع هذا المدير أو غيره بمهارات إنسانية فإنه يفشل. لذلك تحرص الجهات المسؤولة على التعليم على الاختيار الأمثل للقادة التربويين، وفق معايير دقيقة، ويتم الحرص على تدريبهم لزيادة فرص نموهم المهني والنفسي والتربوي والاجتماعي، بجانب المهارات الأساسية الأخرى.

ومن كل ما سبق تفصيله آنفاً يتضح بجلاء نواحي وزوايا إسهامات الأصول الإدارية في التربية ونظامها التعليمي.

254

الفصل الحادي عشر
الأصول الاقتصادية للتربية

مُقدمة

توثقت العلاقة منذ وقت قريب بين التربية، والاقتصاد، بصورة وثيقة لم تعهد من قبل. فمنذ زمن ليس ببعيد كانت العلاقة بين التربية، والاقتصاد تكاد تكون معدومة، إذ كان ينظر إلى التعليم على أنه ترف فكري، أو نوع من الرياضة الذهنية، وتنمية الذوق والأخلاق، للصفوة المختارة من أبناء الطبقات الحاكمة أو الميسورة في المجتمع، وذلك بقصد تمييزهم اجتماعياً، وإيجاد القلة الحاكمة أو القلة السياسية والفكرية، والفلسفية في المجتمع.

وحتى وقت قريب، كان الاعتقاد سائداً، أن التعليم ليس له ارتباط بالنمو أو التنمية الاقتصادية والاجتماعية، وأن ما كان ينفق على التعليم يدخل ضمن الخدمات الاستهلاكية، التي تتيح تفرغاً للمعلمين والمتعلمين، بهدف تنمية العقل، والتنشئة على القيم، من خلال نقل الثقافة المتراكمة.

غير أن هذه العلاقة تغيرت جذرياً، بفضل التحولات الاقتصادية، والسياسية، والاجتماعية التي شهدتها الدول المتقدمة، وبفضل التقدم العلمي والتكنولوجي الذي انطلق مسرعاً منذ منتصف هذا القرن، وما تبعه من تغيرات مست كل شيء تقريباً. وهنا أخذت تتوثق الصلة بين الاقتصاد والتربية، وتزداد عملية التفاعلات الدائرية بينهما، حتى صارا معا يمثلان وجهان لشيء واحد... فالنمو الاقتصادي بات يتوقف على مدى مساهمة التعليم في إعداد القوى العاملة الماهرة، وتغيير عمليات وأساليب الإنتاج، والتعليم من جهة أخرى لن يقوم بوظائفه المرتبطة بالاقتصاد، إلا إذا قدمت الموارد والأموال الضخمة من الاقتصاد. ولن تقدم هذه الأموال الضخمة إلا إذا تأكد الاقتصاديون أن هناك عائداً حقيقياً من التعليم، يلمسه المجتمع والفرد. وحتى تتوثق علاقات التفاعل المتبادلة بين الاقتصاد والتعليم، ويصبح الأخير عنصراً رئيسياً في التنمية، كان لا بد أن يخضع التعليم لنظريات الاقتصاد، والأساليب الرياضية والمحاسبية.

وهنا كان طبيعياً، بحكم أن التربية علم تطبيقي أن تدخل إلى التعليم العديد من المفاهيم الاقتصادية والعشرات من العمليات والأساليب الرياضية، الاحصائية والمحاسبية التي تتناول عمليات التربية، وإعادة تنظيمها على أسس اقتصادية علمية، وتقصي كفاية نظام التعليم، والعائد منه... وبالتالي ظهرت في التعليم مفاهيم واتجاهات وأساليب جديدة رافقت نشأة علم اقتصاديات التعليم، سنقف عليها في حينها...

وحتى تتحقق الصلة بين التعليم والاقتصاد، وتتحقق شروط تساندهما وتكاملهما معاً، كان طبيعياً من وضع الخطط المحكمة، المرتبطة بخطط الاقتصاد القومي، واحتياجاته حالياً، ومستقبلاً.

وعلى ذلك يمكن أن نستعرض الأسس الاقتصادية للتخطيط بعضها دخلت إلى ميدان التربية، تحت مسمى اقتصادية التعليم، وبعضها الآخر تحت مسمى التخطيط التعليمي.

ولنبدأ الآن لمرحلة تقصي إسهامات هذين الفرعين في تنظيم مكونات التعليم، وصياغة عملياته، بنية وإدارة، محتوى وأساليب.

أولاً:- الأصول الاقتصادية

1- اقتصاديات التعليم

شهد ميدان التربية منذ بداية الستينات من هذا القرن ميلاد علم جديد، عرف باسم "اقتصاديات التعليم "Econommicot of Education" وإن كانت بداية المحاولات الأولى ترجع إلى أبعد من ذلك إلى كتابات الاقتصاديين الأوائل أمثال: "آدم سمث" و"الفريد مرشال" أو "ماركس" وما تلاهم من محاولات جادة، بعد الحربين العالميتين الأولى، والثانية. غير أن علم اقتصاديات التعليم الذي نعرفه اليوم، كعلم مستقل لم يبرز إلا في عام 1960 على يد الاقتصادي الأمريكي "ثيودرشولتز" أشهر مؤسس علم اقتصاديات التعليم، وذلك عندما أصبح علم اقتصاديات التعليم خاضعاً للبحث الإحصائي، والقياس الكمي، وتقدير عائدات التعليم، وقياس رأس المال البشري، واستخدام الأساليب الاقتصادية البحتة في التعليم، بشكل تبلور معه هذا المنظور الجديد للتعليم، واتضح معه الدور الذي يلعبه التعليم في تكوين راس المال البشري، القادر على زيادة راس المال المادي، واستغلال الموارد الطبيعية، وبناء المؤسسات والتنظيمات، وغير ذلك من الأمور التي تدفع عجلة التنمية، وزيادة الدخل القومي عموماً.

ويرجع ظهور علم اقتصاديات التعليم إلى تزايد الاهتمام بالتخطيط التعليمي، وضرورة تكامله مع التخطيط القومي، كون الأول يتولى إعداد القوى العاملة المؤهلة والمدربة اللازمة لقطاعات الاقتصاد القومي، وما يتطلبه ذلك من قيام التخطيط التعليمي بعمليات حساب الاستثمارات الموظفة في التعليم، وتحقيق أعلى ربح وعائد للفرد والمجتمع، ونجاح هذا التخطيط في تحقيق أهدافه... والتي هي في نهاية المطاف أهداف التخطيط القومي. والتعليم من خلال هذا الفرع العلمي لم يعد خدمة استهلاكية تقدم للأفراد، أو مجرد معرفة ذهنية، بل استثمار مالي في الموارد البشرية، بمعنى أن الانفاق عليهم في سبيل تعليمهم وتثقيفهم للوصول بقدراتهم، وإمكاناتهم الإنتاجية إلى أقصى مستوى، هو نوع من الاستثمار الاقتصادي المربح، مثله كمثل أي صناعة من الصناعات، بل إن أبلغ أنواع رأس المال قيمة هو المال الذي يستثمر في البشر، وخصوصاً بعد أن أثبتت الدراسات الحديثة، الفوائد الجمى... ليست الاقتصادية فحسب، بل والاجتماعية، والسياسة، والحضارية عموماً.

ونتيجة لهذه النظرة الجديدة، ظهرت مسميات شتى لنوعية التعليم، مثل : التعليم الزراعي، والتعليم الصناعي، والتعليم التقني، والكليات أو الجامعات المتخصصة، وغيرها من الأنواع التي وقفت ضد التعليم النظري... وصار التعليم أكثر وظيفياً، وأكثر أدوات التحول الاجتماعي والتقدم الاقتصادي.

وإذا نظرنا إلى التعليم على أنه خدمة اجتماعية، باعتباره حق إنساني من حقوق المواطن ينبغي أن يستمتع به، إلا أن هذه الخدمة لها دلالات اقتصادية بعيدة المدى في العصر الحاضر، وآثار اجتماعية كبيرة، لها علاقة مباشرة، وغير مباشرة بصور الاستثمار، على أساس أن الإنسان المتعلم إذا لم يشترك مباشرة في عمليات الإنتاج، فإن له تأثيرات متنوعة في محيطه الاجتماعي، التي تؤثر في الاستثمار، والإنتاج، وفي دفع النمو الاقتصادي.

أ- تعريف اقتصاديات التعليم:

جاء علم اقتصاديات التعليم كثمرة للعلاقات بين علمي الاقتصاد والتربية، والاهتمام بالتعليم كعامل رئيسي في التنمية الاقتصادية والاجتماعية، وبالتالي فإن مفهوم اقتصاديات التعليم لا شك يكون مشتق من الاقتصاد.

فالاقتصاد إذا كان معناه اللغوي يعني "حسن التصرف في استعمال الموارد النادرة"[1]، فإن معناه العام، دراسة النشاط الذي يزاوله الإنسان، لإشباع حاجاته المتنوعة، وذلك بالاستخدام الأمثل للموارد والإمكانات المتاحة.

وما دام التعليم أحد الحاجات الضرورية التي يسعى الإنسان لإشباعها، فإن علم اقتصاديات التعليم يقوم ببحث كيفية الاستخدام الرشيد للموارد والإمكانات المتاحة، لإشباع تلك الحاجات، وفي طليعتها ما يوظف فيه من استثمارات، بقصد تحقيق أكبر عائد ومنفعة. وبهذا فإن علم اقتصاديات التعليم هو صورة أو نسخة من علم الاقتصاد العام، وأحد فروعه... يسير في ظل علم الاقتصاد العام، محاكياً ومقلداً له، مع الأخذ بخصوصيات التربية وغاياتها، ويلتقي معه في النتائج والأهداف النهائية.

ونظراً لحداثة هذا العلم، فقليل ممن تصدى لتعريفه، غير أن ما هو متوافر من تعريفات كافية لإبراز معنى علم اقتصاديات التعليم. فيعرف "كون Chon" علم اقتصاديات التعليم بأنه "دراسة كيفية اختيار المجتمع وأفراده أسلوب استخدام الموارد الإنتاجية، لإنتاج مختلف أنواع التدريب، وتنمية الشخصية من خلال المعارف والمهارات، وغيرها اعتماداً على التدريب الشكلي خلال فترة زمنية محددة، وكيفية توزيعها بين الأفراد والمجموعات في الحاضر والمستقبل ".[2]

ومن التعريفات التربوية الشهيرة تعريف "محمد الغنام" الذي يرى أن علم اقتصاديات التعليم هو "علم يبحث أمثل الطرق. لاستخدام الموارد التعليمية مالياً وبشرياً، وتكنولوجياً، وزمنياً، من أجل تكوين البشر بالتعليم والتدريب عقلاً، وعلماً، ومهارة، خلقاً وذوقاً، وجداناً وصحة، وعلاقة ذلك بالمجتمعات التي يعيشون فيها حاضراً ومستقبلاً، ومن أجل أحسن توزيع ممكن لهذا التكوين".[3]

ومن هذين التعريفين نجد أن اقتصاديات التعليم يهتم بتنظيم عمليات التعليم، واختيار أنواع التعليم، وتوزيع الأفراد والجماعات على أنواع التعليم، وطرق إعدادهم الشامل، وتنميتهم المتكاملة، ومدى مساهمة النظام التعليمي في إعداد القوى العاملة المطلوبة للتنمية، ثم الاهتمام بكفاية التعليم، وناتجه الكمي والكيفي، بما في ذلك تحديد حجم الإنفاق على التعليم، سواء من قبل الفرد أو المجتمع، واعتبار ذلك الإنفاق نوع من الاستثمار له مردود اقتصادي كبير.

---

(1) محمد يحي عويس: مبادئ الاقتصاد الحديث، القاهرة، دار النهضة العربية، 1971، ص7.

(2) إسماعيل محمد دياب: العائد الاقتصادي المتوقع من التعليم الجامعي، قضايا تربوية، القاهرة، عالم الكتب، 1990، ص27.

(3) محمد الغنام: المدرسة المنتجة، رؤوية للتعليم من منظور اقتصاديات التعليم، مجلة التربية الجديدة، العدد 29، السنة العاشرة، مايو/ أغسطس، 1983، ص7.

ب- أهمية اقتصاديات التعليم:

أشار علماء الاقتصاد منذ عهد بعيد إلى أهمية التعليم في تكوين راس المال البشري، حيث أشار "آدم سمث" إلى أن ما أنفقه المجتمع من أموال في تنمية المهارات والقدرات النافعة، إذا كانت تعتبر ثروة للفرد، وثروة للمجتمع، فإنها تعتبر استثماراً في رأس المال البشري[1]. غير أن الاقتصاديين التقليدين اهتموا برأس المال المادي، ولم يهتموا بالتعليم كعامل في الاقتصاد، واكتفوا بالنظر إلى الجانب الأخلاقي للتعليم، باعتباره وسيلة لتنمية الأخلاق والفضيلة في نفوس الأفراد، والحد من الزيادة السكانية، وعامل لتحقيق الاستقرار الاجتماعي.

ولكن منذ نهاية الحرب العالمية الثانية، أخذت الدول المتقدمة تهتم بالنمو أو التنمية الاقتصادية، لمعالجة آثار الحرب، فسرت مراجعة للتوجهات الاقتصادية السابقة، ومنها اقتصاديات التعليم ولكن منذ بداية الستينات أخذ الاهتمام ينصب على دور التعليم في التنمية الاقتصادية والاجتماعية، وهنا برزت فكرة "القيمة الاقتصادية للتعليم" وكذا ظهور فكرة "رأس المال البشري" أو الاستثمار في التعليم، وقد وجد هذا التوجه رواجاً كبيراً لدى المنظمات الدوليةوجميع دول العالم حيث أخذت تنشر الأهمية الاقتصادية للتعليم، ووجوب النظر إلى التعليم. ليس لتأثيره في تكوين الشخصية الإنسانية، وإعداد الفرد للمواطنة والعمل في الإنتاج الاجتماعي، أو إعداده للعمل في النشاط الاقتصادي، وإنما أيضاً النظر إلى التعليم من كل الوظائف التي يقوم بها، وإسهامه المباشر وغير المباشر في التنمية الاقتصادية والاجتماعية، وذلك بالنظر إلى التعليم على أنه استثمار له عائد اقتصادي، أي أن المعارف والمهارات والاتجاهات التي يتلقاها الأفراد خلال عملية تربيتهم، تؤثر بطريقة مباشرة في النشاط الاقتصادي، وعملية الإنتاج، إلى جانب ذلك يوجد عائد غير مباشر يتمثل في التطوير المستمر لأدوات وأساليب الإنتاج[2].

ومن جهة أخرى، يؤدي تطور المجتمع، والتقدم العلمي والتقني إلى تحولات كبيرة في المهن الإنتاجية، والوظائف الإدارية، ومواصفات شاغليها، ترجم ذلك إلى مطالب متعددة على التعليم، حيث صارت أغلب المهن والوظائف الإدارية، ومواصفات شاغليها، تحتاج إلى مستويات تعليمية أعلى. كما أن التقدم العلمي والفني اقترن بزيادة الطلب على القوى العاملة، الأكثر تعليماً والأكثر مهاراً وتدريباً، ومستوى مطرد من المهارات الفنية والاختصاصية العالية، مما تطلب معه زيادة سنوات التعليم، لتقبل الأفكار الجديدة، وتنمية الملكات الإبداعية، واكتساب أفضل الأساليب والطرق، لأداء الأعمال... ليس لاشتراكهم في عمليات الإنتاج والأنشطة الاقتصادية، والقيام بواجباتهم بصورة أسرع وافضل وأجود. ولكن أيضاً لحمايتهم من مخاطر التغيرات السريعة في مواصفات الوظائف والمهن، وتنويع فرص الاختيار أمامهم، للبحث عن مهن أخرى، وجعلهم أكثر قدرة على الرقي في مجال المهن.

---

(1) سامية مصطفى كامل: التعليم ورأس المال البشري تحليل الخدمة الاقتصادية للتعليم الجامعي بالكويت، رسالة ماجستير غير منشورة جامعة القاهرة كلية الاقتصاد والعلوم السياسية 1977.

(2) محمد نبيل نوفل: التعليم والتنمية الاقتصادية، القاهرة، (الأنجلو المصرية) 1979، ص85.

وفي ضوء المضمون الاقتصادي للتعليم، تبين أن الجانب الاستهلاكي للتعليم له أثره المباشر في رفع مستوى المعيشة. فالمضمون الاستهلاكي للتعليم يحقق إشباعا مباشراً لحاجة ثقافية واجتماعية وسياسية لدى الفرد والمجتمع، كما أن التعليم يعتبر استثماراً في سلعة استهلاكية معمرة، حيث يبقى لمدة طويلة مصدراً مستمراً لغنى الحياة الإنسانية، وذلك من خلال ما يكسبه الإنسان من اهتمامات متعددة، تحقق الإشباع الكلي والتعليم بهذا هو الوسيلة لخلق الأفراد الأكثر وعياً ومعرفة بكيفية استخدام السلع والخدمات الاستهلاكية، وبكيفية الاختيار بينها، وما يترتب على ذلك زيادة قدراتهم على الانتفاع بالثروة المتاحة لهم.(1)

وإذا كان التعليم يلعب أدواراً هامة في عملية البحث العلمي والتقدم الفني المرتبطان بالكفاية الإنتاجية للاقتصاد القومي، فإن التعليم أيضا هو الأداة الأساسية التي يعتمد عليها المجتمع في تغيير البيئة الثقافية والاجتماعية والسياسية، وتطويرها بما يتلاءم مع مقتضيات التنمية الاقتصادية.

بجانب ذلك تزايد اهتمام الاقتصاديين بالتعليم، للأسباب والعوامل التالية: (2)

- زيادة نفقات التعليم في جميع الدول على السواء، وما ترتب على ذلك من ضرورة النظر إلى منافع هذا الإنفاق الكبير.
- زيادة عدد الملتحقين بالتعليم نتيجة لزيادة عدد السكان، وما ترتب على ذلك من ضرورة النظرة الاقتصادية للتعليم من حيث تحديد تكاليف التعليم، وتحسين أداؤه وعوائده، والبحث عن مصادر تمويل جديدة.
- إن التعليم هو المصدر الرئيسي للدخل الفردي.
- إن زيادة دخل الأفراد نتيجة للتنمية الاقتصادية، يؤدي إلى زيادة تطلعات الأفراد إلى فرص تعليمية أعلى.
- تؤدي زيادة معدلات التنمية الاقتصادية لدولة ما إلى زيادة الطلب على التعليم، وإلى زيادة احتياجات العمال إلى التعليم، لتحسين القدرة المهنية والفنية.
- يزيد التعليم من قدرة الإفراد على التكيف مع تقلبات العمل، وتطور الأفكار والأساليب الجديدة.

غير أن إطلاق القول بقدرة التعليم على التنمية الاقتصادية والاجتماعية أخذ يتزعزع اليوم إزاء الاخفاقات الشديدة للتعليم في دول العالم الثالث خاصة، نتيجة للمعوقات الكثيرة التي ألقاها التعليم على التنمية، لذلك وضعت العديد من الضوابط حتى تتحقق القيمة الاقتصادية للتعليم، منها مثلاً أن يقوم التعليم بإعداد القوى البشرية اللازمة بالكم والكيف المطلوبين، وأن يحس المجتمع باستخدام هذه القوى البشرية التي يخرجها التعليم(3). وأن تتطور أنظمة التعليم ومحتواها وأساليبها، والبحث عن سبل رفع كفايتها وفعاليتها، وتجديدها المستمر.

---

(1) سامية مصطفى كامل: مرجع سابق، ص10.

(2) محمد منير مرسي وعبد الغني النوري: تخطيط التعليم واقتصادياته، القاهرة، النضة العربية 1977، ص 151-152.

(3) محمد نبيل نوفل: مرجع سابق، ص 86.

إن الأهمية المتزايدة لإقتصاديات التعليم دفعت إلى استقلال "اقتصاديات التعليم" من علم الاقتصاد العام، وأصبح كعلم قائم بذاته يطبق مفاهيم ونظريات علم الاقتصاد، وأساليبه المختلفة على النظام التربوي، وبهذا كثر المشتغلين والمتخصصين في هذا الفرع الجديد، وتزايدت الدراسات والبحوث التي تناولت مختلف قضايا اقتصاديات التعليم من زواياه المختلفة، حتى صار يشمل العديد من المواضع، من أهمها:

— مقدار المبالغ التي ينبغي على الدولة أن تنفقها على التعليم، وسبل توفيرها.

— اعتبار الإنفاق على التعليم.. أهو إنفاق استثماري، أو إنفاق استهلاكي؟ والعوائد المنتظرة منه؟

— الهيكل الأمثل للهرم التعليمي، أي تحديد عدد التلاميذ الأمثل في كل مستويات التعليم.

— التنظيم الأمثل للتعليم الرسمي داخل المدارس والجامعات، وكذا التعليم غير الرسمي.

— مساهمة التعليم في تنمية العنصر البشري، والمساهمة في دفع عجلة التنمية الاقتصادية.

— الاستغلال الأمثل لموارد التعليم بما فيها أوقات التلاميذ والمدرسين والمباني والأدوات والتجهيزات.

— كفاية التعليم الداخلية والخارجية، الكمية والكيفية.

— تكلفة التعليم وعوائده المباشرة وغير المباشرة الفردية والجماعية. [1]

جـ- دور التعليم في النمو أو التنمية الاقتصادية:

إن الأهمية السابق ذكرها لاقتصاديات التعليم تقودنا إلى تقصي كيفية مساهمة التعليم في النمو أو التنمية الاقتصادية والاجتماعية، وذلك من خلال الآتي:

العلاقة بين الناتج القومي والموارد البشرية:

عند فحص العلاقات بين الناتج القومي والموارد البشرية، أخذ الاهتمام يتحول تدريجياً من النظر إلى رأس المال المادي إلى العنصر البشري، ودوره في النمو الاقتصادي، وجاءت هذه الخطوة من اتجاهين مختلفين، الأول "نظرية تحليل العامل الباقي أو "العنصر المتبقي". والثاني "نظرية راس المال البشري" أو "نظرية الاستثمار البشري "... فإزاء فشل رأس المال المادي في تفسير النمو الاقتصادي وزيادة الدخل القومي اتجه التحليل إلى الدور الذي يؤديه عنصر العمل المتعلم خاصة في تفسير النمو الاقتصادي وزيادة الدخل القومي، وأخذت تفسير تلك الزيادة من اعتبار التعليم شكلاً من أشكال رأس المال، يدر تياراً من السلع والخدمات، وأخذ يتضح أن القوى العاملة هي مصدر الثروة، باعتبارها العنصر الرئيسي للنمو ا لاقتصادي، وزيادة الدخل، بل أن رأس المال المادي يعتبر مجرد أداة لتشغيل العمل، ولا يسهم في الإنتاج إلا عن طريق العمالة، وزيادة مهارتها وكفاءتها التي يسهم فيها التعليم. [2]

انطلقت نظرية العامل الباقي من أن الزيادة في الدخل القومي جاءت نتيجة عوامل عدة.. وبحساب مختلف تلك العوامل تبين أن الزيادة المتحققة أتت عن طريق ما سمي "بالعامل الباقي" الذي يرجع إلى العوامل النوعية المتمثلة في التعليم، وإسهامه في رفع المستوى التعليمي والمهارة المهنية للقوى العاملة، وما ارتبط بذلك من استخدام وسائل فنية وتكنولوجية، وتطوير أدوات الإنتاج، مما أبرز إسهام التعليم، وتصدره عوامل النمو

(1) راجع: محمد محروس إسماعيل: اقتصاديات التعليم، الاسكندرية، دار الجامعات المصرية، 1990، ص21.

(2) خزعل الجاسم: الاستثمار في رأس المال البشري والتنمية، مجلة الاقتصاد، العدد 11، بغداد 1971، ص42.

الاقتصادي، وزيادة الدخل، ومن الأمثلة على ذلك ما بينته دراسة "سولو" الـذي اثبت أن زيـادة الـدخل القـومي الأمـريكي في الفـترة بـين 1909، 1944، تعـزي 12.5% إلى الزيـادة في رأس المـال الحقيقي، بينما تعزي النسبة الباقية 87.5% إلى العامل الباقي أي إلى التعليم [1]. وهنـاك دراسـات عديدة بينت ذلك. ولم تقلل الانتقادات الموجهة إلى هذه الدراسات ومن أهميتها .

أما دراسة "شولتز" فقد تناولت العلاقة بين التعليم، والـدخل القـومي في الولايات المتحـدة الأمريكية من خلال نظرية الاستثمار في رأس المال البشري، وبين أن هناك علاقة موجبة بين الدخل ومستوى الاستثمار في العنصر البشري على أساس أن زيادة هذا الاستثمار يؤدي إلى زيادة الـدخل. وقد بين أن نسبة الاستثمار في رأس المال البشري قـد ارتفعت مـن 9% عام 1900 إلى 34% عـام 1956. وبهذا ارتفعت نفقات التعليم لرفع كمية التعليم المتضمنة في القـوى العاملـة خـلال تلك الفترة، ولكل أنواع التعليم من 63 بليون دولار إلى 535 بليون دولار [2].

ومن خلال نظرية الاستثمار في البشر أوضح "شولتز" أن الإنفاق عـلى التعليـم (أي الاستثمار فيه) له عائد كبير يفـوق كميـة الاستثمار فيه، وبيـن أن إسـهام التعليم في نمو الـدخل القـومي الحقيقي في الولايات المتحدة الأمريكيـة خـلال الفـترة مـن 1929 إلى 1956 تراوحت بـين 29% و 56% من الزيادة التي حدثت في الدخل القومي، كذلك تراوحت نسبة إسهام التعليم بـين 35% و 70% من الزيادة التي حدثت في الدخل الحقيقي لعنصر العمل خلال نفس الفترة [3]. وبين عامي 1940-1960 زاد إسهام التعليم في الدخل القومي في الاتحاد السوفيتي (سابقاً) ست مرات [4].

ويذهب "دينسون" إلى أن زيادة نمو الاقتصاد الأمريكي في المستقبل يتوقف عـلى التعليـم إلى حد كبير، ويبين من خلال دراسته أن تأثير التعليم في تحسين نوعية العمل، وزيادة إنتاجيته، وكـذا زيادة الدخل القومي يرجع إلى أن الشخص الأكثر تعليماً يقوم بمهامه الوظيفية بصورة أفضل مـن الشخص الأقل تعليماً وإلى جانب أدائه لواجباته بطريقة أسرع وأجود فإنه يقوم بأشياء أكثر مـما هو مطلوب منه. كما أن زيادة سنوات التعليم تجعل الأفراد أكثر تقبلاً للأفكار الجديدة وأساليب أداء العمل، وأكثر قدرة على التقدم والرقي في مجال المهن التي يشغلونها، أو إتاحة فـرص عمـل كثيرة أمامهم، يختارونها. وأخيراً فالتغير في هيكل الوظائف والمهن يحتاج باستمرار إلى مستويات تعليمية أعلى.

وبهذا يعتبر التعليم العنصر الرئيسي للتنمية الشاملة بصفة عامة، ومفتاح التنمية الاقتصادية بصفة خاصـة، واصبح نشر التعليم وتحسـين نوعيته العامـل الأسـاسي في التنميـة الاقتصادية والاجتماعية، والمتحكم في مدى عمقها وسرعتها.

---

(1) سليمان القدسي: اقتصاديات الاستثمار في العنصر البشري الكويت، مجلـة دراسـات الخليج والجزيـرة، العـدد، 30، 1402هـ ص17.

(2) ثيودر شولتز: القيمة الاقتصادية للتربية، ترجمة محمد الهادي عفيفي ومحمـود سـلطان، مكتبـة الأنجلو المصرية، القاهرة، 1975، ص102.

(3) المرجع السابق، ص40.

(4) محمد نبيل نوفل: مرجع سابق، ص 120.

التعليم وأثره المباشر على النمو أو التنمية الاقتصادية:

يتمثل الأثر المباشر للتعليم على الإنتاج والطاقة الإنتاجية المتضمنة في العنصر البشري في مستوى مهارات وخبرات الأفراد ومستواهم الثقافي والفكري التي اكتسبها الأفراد من التعليم، وهذه الخصائص والصفات هي التي تحدد مقدرة الفرد الإنتاجية، ومستوى الدخل الذي يمكن أن يحققه.

وتعني المهارة:

1- امتلاك المعارف والخبرات التقنية أو المهنية لإنجاز عمل معين في مجال الإنتاج المادي أو الخدمات.
2- امتلاك حقائق عملية يستند إليه نشاطه الإنتاجي.
3- معرفة الظروف التي تحيط بالعمل ونتائجه.
4- معرفة القيم السائدة في العمل بين العاملين. كعلاقة العامل بوسائل الإنتاج. ونظرته للعمل والنشاط الإنتاجي، وشعوره بالمسؤولية تجاه النتائج التي تترتب على نشاطه الإنتاجي.[1]

ويطلق على هذا البعد "البعد النوعي" في عنصر الإنتاج البشري، ويقابله "البعد الكمي" المتمثل في نسبة الملتحقين من إجمالي ا لسكان بالقوى العاملة، وفي التكوين العمري، وعدد ساعات العمل التي يشغلونها.

وتؤثر مهارات العاملين ومعارفهم التي مصدرها التعليم في العمليات الإنتاجية، وفي النمو الاقتصادي من خلال ما تسهم به في زيادة إنتاجية القوى العاملة، وزيادة فعالية كل من رأس المال وأدوات العمل، وما تتركه المهارة من تأثيرات في وظائف وأدوات ووسائل الإنتاج؛ إما تطويراً لها أو حلاً لمشاكلها التقنية أو الإدارية، أو التنظيمية التي تجابه عمليات الإنتاج. وكذا ما تقوم به المهارات من تحسين نوعية المنتوج أكثر من رأس المال والتقدم التكنولوجي، ثم ما تقوم به المهارات من تخطيط النشاطات التي تخص كيفية توزيع القوى العاملة على الوحدات أو القطاعات الإنتاجية والخدمية، أو تنمية مهارات جديدة، وأخيراً ما تؤديه المهارة من تكييف نشاطات العاملين، لمتطلبات التغير في أدوات الإنتاج وأساليبه الجديدة.

وبهذا فإن كمية التعليم المتضمنة في العنصر البشري في شكل قدرات إنتاجية، تعتبر رأسمال بشري، يدر تياراً من الدخل عبر الزمن، ما يجعل التعليم مصدر مهارات وخبرات إنتاجية العنصر البشري، وأحد محددات مستوى الناتج الفردي، ومعدل نموه.

وتاكيداً لما سبق، فإن التعليم يسهم في تحسين توعية العنصر البشري وإنتاجيته، وفي تطوير الاقتصاد، ودفع عجلة التنمية بصفة عامة، وذلك من خلال الآتي:

- يقوم التعليم إلى جانب تحسين نوعية الموارد البشري وإكسابها المهارات والخبرات، بالكشف عن المواهب والقدرات البشرية الكامنة، وتنميتها إلى أقصى ما تسمح به قدراتهم.
- إن التعليم يتيح فرصاً أوسع لمجالات استخدام عنصر العمل المتعلم، وانتقاله من مجال إنتاجي إلى آخر، وبالتالي أمكن تفادي الآثار السيئة لتغيرات سوق العمل، وتغير الفن الإنتاجي، ذلك أن التعليم

---

(1) للمزيد من التفاصيل راجع: جمال سيد مزعل، الاعتبارات الاقتصادية في التعليم، وزارة التعليم والبحث العلمي، مطابع جامعة الموصل (د.ت) ص 84، 87.

بمضمونه الثقافي المهني يوسع من مجالات العمل المتاحة، وزيادة التعليم تنمي في الأفراد المرونة والقدرة على التكيف مع الظروف المتغيرة في سوق العمالة.

- إن التعليم يجعل الأفراد أكثر تفتحاً وتقبلاً للأفكار الجديدة وللأساليب الحديثة في الإنتاج، وأكثر إدراكاً ووعياً بها، وأكثر تطلعاً وطموحاً إلى تطبيقها.[1]
- إن التعليم يجعل الأفراد أكثر فهماً لاحتياجات التنمية الاقتصادية والاجتماعية، وإسهامهم الفعال في التغلب على التخلف ومظاهره، وفي التخلص من الكثير من العادات والتقاليد البالية.
- هناك علاقة وثيقة بين انتشار التعليم ورفع المستوى الصحي والغذائي، وفي ترشيد الاستهلاك، وهذا كله له علاقة بالتنمية.

التعليم وأثره غير المباشر في النمو أو التنمية الاقتصادية:

ويبرز اثر التعليم غير المباشر في النمو والتنمية الاقتصادية في زيادة تراكم رأس المال المادي، والتقدم العلمي والتكنولوجي، وتوسيع المشاريع ورفع كفاءتها الإنتاجية.

الواضح أن هناك علاقة وثيقة بين التعليم والكفاءة الإنتاجية لرأس المال المادي، فكل تغير في كثافة رأس المال المادي يقترن بتغير مقابل في مستوى تعليم القوى العاملة وزيادة حجم رأس المال المادي في الاقتصاد القومي يتطلب زيادة موازية في عدد العمال ذوي المستويات المختلفة من التعليم[2]. ومعنى ذلك أن التعليم الذي تحصل عليه القوى العاملة، له اثر غير مباشر يتمثل في الاستغلال الكفؤ لرؤوس الأموال المادية وزيادة تراكمها، ويتضح هذا الأثر في استخدام الطرق والوسائل الآلية في الإنتاج. وكلما تقدمت الميكنة وأساليب الإنتاج الحديثة، واستبدل الفن الإنتاجي بآخر أكثر تطوراً، زادت الحاجة إلى العمالة المتعلمة الماهرة، وتستمر هذه العلاقة طردية. ذلك أن قدرة راس المال على زيادة الإنتاج يتوقف على كمية ونوعية التعليم المتضمنة في القوى العاملة. وبالمقابل فإن كل تغير في تعليم اليد العاملة، يجب أن يرتبط بتغير كمية وتكوين رأس المال المادي.

ومن الآثار غير المباشرة للتعليم في النمو الاقتصادي ما نلحظه من العلاقة الوطيدة بين التعليم والتقدم العلمي والتكنولوجي، حيث أصبح من المسلم به أن العلم والمعرفة وتطبيقاتها التكنولوجية هو الطريق للنمو أو التنمية الاقتصادية والاجتماعية الشاملة ولما كان التعلم المقدم والمعطي في مؤسسات التعليم هو الوسيلة الأساسية للحصول على المهارات والمعارف والخبرات، فإن المدارس والمعاهد والجامعات هي التي يتم فيها صناعة الفرد الخلاق، وتنمية الاستعدادت والمواهب، وخلق الشخصية المجددة المبتكرة و المبدعة لكل جديد، وبالتالي فإن هذه الجامعات والمعاهد تصبح مفتاح التنمية والتقدم.

وتتجسد العلاقة بين التعلم والتقدم العلمي والتكنولوجي في أن مؤسسات التعليم هذه تزود المجتمع بالمهارات، والقدرات الفكرية والفنية المختلفة التي تقوم بالاختراعات والاكتشافات، وتتولى تقيم الأفكار والأساليب الجديدة اللازمة لعمليات الإنتاج، كما تقديم هذه المؤسسات التعليمية المهارات التنظيمية،

---

(1) سامية مصطفى كامل، مرجع سابق، ص 25.

(2) Maureen Woodhall: Cost Benebit Amaly Sis in Cdu eational Planning, Unesco, Liep, Unesco 1970K p.11.

والفنية، والمهارات الإدارية، والإشرافية، وتقدم العلماء والمفكرين والمبدعين الذين جميعهم يساهمون بصورة أو بأخرى في تراكم راس المال المادي.

وغني عن البيان، ما تقوم به الجامعات والمعاهد العلمية بالبحث العلمي في مختلف فروع العلم والمعرفة وتقصي سبل تطبيقاتها، بما ينعكس على زيادة المعرفة وتحسينها باستمرار، وما يتبع ذلك من تحسن التعليم وانتشاره، وبالتالي زيادة مقدرة الأفراد على القيام بالبحوث العلمية والفنية، وانتقال كثير من تلك البحوث إلى عمليات الإنتاج خصوصاً، والتنمية عموماً.

أثر التعليم في تطوير البيئة الاجتماعية والسياسية:

للتعليم آثار بعيدة المدى، تتجاوز إسهامه المباشر وغير المباشر في النمو والتنمية الاقتصادية، كما سبق ذكره، إذ تمتد آثاره إلى تغيير البيئة الاجتماعية، والسياسية، وخلق الجو الملائم والأرضية المناسبة لدفع عجلة التنمية الاقتصادية.

اتضح أن مقدار تحقيق برامج التنمية لأهدافها يتوقف على تكوين المواقف الإيجابية لدى الأفراد والتأثير على قيم واتجاهات الجماهير، وخلق الشخصيات والبيئات التي تدعم الحضارة الحديثة، وإيجاد الدوافع اللازمة للتغير الاجتماعي، والارتقاء بمستوى الحياة الاجتماعية في ظل استقرار سياسي ووئام اجتماعي. فالتعليم يؤثر **أولا**[1] في قيم الأفراد وعاداتهم وأنماط سلوكهم، بما يرفع فيهم مستوى الآمال والطموح، وما يبينه فيهم من روح الجد والنشاط، والعمل على تغيير مواقفهم واتجاهاتهم، والتخلص من موروث التخلف. وهو **ثانياً** يلعب درواً هاماً في توعية الأفراد بالمفاهيم الأساسية للتقدم الاقتصادي، ويغرس فيهم مبادئ النظام والتعاون، وتفضيل الصالح القومي، ويوسع من آفاقهم لإدراك مسئوليتهم، وقبول التغير. وهو **ثالثاً** يساهم في تغير النظام الاجتماعي عن طريق الحراك الاجتماعي، وجعل البيئة الاجتماعية اقدر على التطور والتكيف مع التغيرات الاقتصادية. وهو **رابعاً** يعزز الاشتراك الفعال في الحياة الديمقراطية والاستقرار السياسي عن طريق خلق الوعي المستنير والشعور بالمشاركة السياسية، وإيجاد نوع من التجانس والتماسك الثقافي بينهم. وهو **خامساً** يؤدي إلى رفع وعيهم بخطورة المشكلة السكانية، وانعكاس ذلك في ضبط الإنجاب، وتنظيم النسل، إلى غير ذلك من المؤثرات التي تشكل الأرضية الملائمة للتنمية الاقتصادية، و تحديد معدل سرعتها.

2- التعليم نظام:

إن دخول مفاهيم الاقتصاد وأساليبه إلى ميدان التعليم، وتطور مناهج البحث وتقنياته، قد مكن من النظر إلى التعليم على أنه نظام System والذي يعني في ابسط صورة مجموعة من الأجزاء والمكونات المرتبطة بعلاقات تبادلية بين بعضها البعض، تنتظم داخل إطار مشترك تتفاعل فيما بينها وتتبادل عمليات التأثير والتأثر تحت تأثير الظروف المحيطة به، لتتحول إلى عوائد محددة.[2] وهذه النظرة النظامية تحلل كل

(1) فرديك هاربيسون، وتشارلز مايرز: التعليم والقوى البشرية والنمو الاقتصادي، ترجمة إبراهيم حافظ، مكتبة النهضة المصرية، 1966، ص28، 31.

(2) محمد أبو النور: أسلوب النظم كمدخل استراتيجي لدراسة المعلومات، القاهرة، المجلة العربية للمعلومات، المنظمة العربية للتربية والثقافة والعلوم، العدد3، ص 145.

عملية إلى عناصرها المختلفة، وتربط بين هذه العناصر أفضل ربط ممكن، لاستخراج أحسن نتيجة ممكنة.[1] وذلك بتحليل الأنشطة والعمليات التي تتم داخل النظام، ودراسته للظواهر وتحليلها تحليلاً نظامياً، كماً وكيفاً، بقصد الوصول إلى حلول وقرارات، أو بدائل أفضل، بما يسمح بتخطيطها الأمثل، وخاصة على المدى البعيد.

وعلى ذلك فجوهر النظام، ليس هو الشكل أو الإطار، وإنما هو النشاط ذاته من حيث مصادره أو مدخلاته، ومن حيث أهدافه ومخرجاته، وما بين هذه وتلك من علاقات[2] تحقق ناتج النظام. والنظام التعليمي بهذه النظرة النظامية، مجموعة من الموارد البشرية والمادية، المتداخلة والمتفاعلة فيما بينها، والتي يحددها كيان فكري أو مادي كلي، بغية إنجاز هدف أو أكثر يتصل بطبيعة هذه الموارد، أو بمعنى آخر هو الهيكل الهرمي للأنشطة التعليمية المستمرة التي تتم في مؤسسات، تمتد من الابتدائية حتى الجامعة، أو في فرع منه، وتتم وفقاً لنوع المدخلات، وكميتها في اتجاه المخرج النهائي لنظام التعليم.[3]

وقد ارتبط بهذه النظرية دخول ميدان التربية العديد من المفاهيم والمصطلحات، وكذا الأساليب الجديدة، لإخضاع النظام التعليمي لصور التحليل التي تتم غالباً في العمليات الاقتصادية، وسنتناول أهمها تباعاً.

وباعتبار التعليم نظام فيمكن رؤية مكوناته في الأبعاد الثلاثة التالية:

المدخلات: وهي كل ما يدخل النظام التعليمي، سواء المدخلات الأساسية لقيام النظام التعليمي، كالطلاب، والمعلمين، والأهداف، والمناهج، والكتب، والوسائل...الخ، أو المدخلات الإحلالية كالموارد المنظورة، والعناصر التي تتحول إلى شيء جديد داخل النظام التعليمي، أو المدخلات البيئية التي تتمثل في مؤثرات البيئة القريبة والبعيدة التي تؤثر على النظام.

الأنشطة والعمليات: وهي التفاعلات النشطة التي تحدث بين جميع مدخلات نظام التعليم، لتحويل المدخلات إلى مخرجات.

المخرجات: وهي النواتج النهائية لنظام التعليم، والتي تمثل ما حققه هذا النظام من أهداف، وتأخذ هذه المخرجات أشكال متعددة، بعضها للمجتمع كله كتوفير الكوادر المؤهلة والمدربة التي تعمل على زيادة الإنتاج القومي، وبعضها للفرد مثل حصوله على عمل أفضل، ودخل أعلى، ومستوى ثقافي أوفر، وبعضها يأخذ صور قرارات وأفكار ومعارف واتجاهات، وبعضها يأخذ صورة تغذية مرتدة لتقويم أداء النظام، ومدى تحقيقه لأهدافه.

ويمكن إيضاح كل ذلك في الشكلين التاليين:

(1) عبدالله عبد الدائم: التقنيات الجديدة في التربية والثورة العلمية والتكنولوجية في العصر، مجلة التربية الجديدة العدد، ص23.

(2) محمد أحمد الغنام: التكنولوجيا الإدارية، صحيفة التخطيط التربوي في البلاد العربية، العدد 28، 1972، ص140.

(3) أحمد علي الحاج: دراسة تقويمية للكتابة الداخلية بجامعة صنعاء، رسالة ماجستير غير منشورة كلية التربية جامعة عين شمس، 1984.

شكل رقم (3) يبين مكونات النظام

ومن المفاهيم التي دخلت الفقه التربوي للنظر والتحليل والتغير: الكفاية بأبعادها المختلفة:

الكفايـة: Efficiency

مفهوم يعني بالمدخلات والمخرجات وما بينهما من علاقات. ويقصد به الحصول على مقدار أكبر من المخرجات من مجموعة معينة من المدخلات، أو الحصول على مقدار محدد من المخرجات، باستخدام أدنى مقدار من المدخلات[1]. والكفاية في النظام التعليمي تعني القدرة على تحقيق الأهداف المنشودة بأقل جهد وتكلفة وفاقد. والكفاية بهذا المفهوم تعني كيف يمكن إحداث تعديل أو تغيير في مدخلات النظام التعليمي على نحو يؤدي إلى مخرجات أفضل، بدون تغيير أو زيادة في الكلفة[2].

وللكفاية في النظام التعليمي مستويين متداخلين ومتكاملين هما: الكفاية الداخلية Internal Efficiency والكفاية الخارجية أو الإنتاجية External Efficiency .

ولكل من هذين المستويين بُعدين رئيسيين، أحدهما كمي، والآخر نوعي، وهذا التقسيم في واقع الأمر مصطنع يلجأ إليه الدارسون بغرض الدراسة والتحليل، لأنهما جميعاً جوانب لعملية واحدة ليس لها حواجز نهائية بين مدخلات النظام ومخرجات، وبين كمه وكيفه.

وللحكم على واقع الكفاية وجدت بعض المقاييس لقياس هذين المستويين، بأبعادهما المختلفة، بطرق ووسائل مناسبة، حيث نشطت الدراسات والبحوث لقياس الكفاية بشقيها الداخلي والخارجي في النظام التعليمي. ومرد هذا إلى انخفاض كفاية التعليم، منظور لها في تدني مستوى الخريجين، وضعف انطباق مواصفاتهم للمهن والوظائف المختلفة، ونقص معارفهم واتجاهاتهم، وأيضاً ما تعانيه النظم التعليمية من شتى صور الهدر البشري والمادي، وما لذلك من أثر سلبي في كمية الإنتاج، وكلفته في الوقت الذي تتزايد النفقات على التعليم.

1- الكفاية الداخلية:

وتعنى قدرة النظام التعليمي على الاستفادة من مدخلاته من الموارد المتاحة، لتقليل شتى صور الهدر البشري والمادي، والحصول على أقصى حد من المخرجات كماً، وكيفاً من المدخلات، وفقاً للأهداف المحددة له[3]. وذلك من خلال ما يحدث داخل النظام التعليمي من عمليات وأنشطة، من شأنها تدفق الطلاب بين مستويات التعليم ومراحله، وقلة رسوبهم وتسربهم، ومدى استفادتهم من التعليم في اتجاه زيادة الناتج من التعليم. وللكفاية الداخلية ثلاثة أبعاد رئيسية، هي:

أ- الكفاية الداخلية الكمية: The Enternal Quantitative Efficiency

ويقصد بها قدرة النظام التعليمي على إنتاج أو تخريج أكبر عدد من المتخرجين، بالنسبة لعدد

---

(1) محمد أبو النور: مرجع سابق، ص 146.

(2) صقر أحمد صقر: محاضرات في التخطيط القومي الشامل، معهد الإدارة والتخطيط القومي، القاهرة، 1980، ص23.

(3) أندره سماك: قياس الكتابة الداخلية الكمية في التعليم، مجلة التربية الجديدة العدد3 أغسطس، 1974، ص89.

الداخلين، وذلك باستيعاب المتقدمين إلى التعليم، وتقليل حجم الهدر إلى أدنى مستوى ممكن.

ونظراً لتأثر الكفاية الداخلية الكمية بظاهرتي الرسوب والتسرب، واللتان تؤديان إلى ضعف الكفاية الداخلية، فقد وجدت عدة طرق لقياس هذه الكفاية، تنوعت بحسب ظروف البلدان، وتوافر الإحصاءات والبيانات الخاصة بنظم التعليم، وأهم هذه الطرق هي: [1]

طريقة الفوج الظاهري:

تستخدم هذه الطريقة في حالة عدم وجود بيانات عن الراسبين والمتسربين في كل صف دراسي، وهي تتبع المرفعين من صف، حتى التخرج، والحكم على الكفاية الداخلية الكمية للتعليم.

طرق الفوج الحقيقي:

وتقوم هذه الطريقة على أساس تتبع الطلاب خلال الأفواج الحقيقية، عن طريق إعطاء كل طالب في الفوج رقماً خاصاً به، يمكن متابعته أثناء حركة الفوج حتى التخرج.

طريقة الفوج الصناعي (الافتراضي)

تقوم هذه الطريقة على افتراض مجموعة من الطلاب (عادة 1000 طالب) ثم تطبق عليهم المعدلات الحقيقية للرسوب، والنجاح، مع افتراض أن هذه المعدلات لا تعتمد على التاريخ الخاص بهؤلاء الطلاب كالسن، ثم تكون استمارة تدفق فوج صناعي، يسمح بحصر عدد الراسبين والناجحين لكل 1000 طالب خلال سنوات الدراسة.

طريقة العينات:

لا تصلح هذه الطريقة إلا في حالات النظم التعليمية صغيرة الحجم. وتعتمد هذه الطريقة على اختيار عينات من بعض الدارسين في المرحلة التعليمية المراد قياس كفايتها الداخلية.

الطريقة الشاملة:

وتعتمد هذه الطريقة على تتبع كل أفواج التلاميذ أو الطلاب في المرحلة المراد دراستها وحساب كفايتها الداخلية الكمية للتعليم، على أساس أن لكل صف يوجد فوجان أحدهما جديد والآخر قديم.

طريقة إعادة تركيب الحياة الدراسية لأحد الأفواج:

وتعتمد هذه الطريقة على عدة افتراضات، أهمها أن تحرك أفراد الفوج من صف إلى خارج المرحلة التعليمية مرتبط بما يسمى بمعدلات التدفق الخاصة لكل صف. ولمعرفة التدفق الطلابي يوزع المسجلون في كل صف دراسي، حتى التخرج، ومثل هذا التوزيع يسمح بحساب معدل التدفق، ومعدل الترفيع، ومعدل الرسوب.

---

(1) للمزيد من التفاصيل عن هذه الطرق راجع: أندره سماك، قياس الكفاية الداخلية الكمية في التعليم، مرجع سابق، ص 94-100.

أيضاً   Ingvar Werdelih. Quart itatiue methods and technigues op-Eaucatianat planning Regionat
center for edu cat ionat planning and admink stratian in the Arb comrrieo, Beirat
1972. D.p. 95. 107.

Hooder Bernice: Edu Cational Flow Moetel whhit Application to Arabs Statisicat date, Sweden 1974. P78.

ب- الكفاية الداخلية الكيفية : The Enternal Quantitative Efficiecy

ويقصد بها نوعية الطلاب الذين يخرجهم النظام التعليمي، ومدى انطباق هذه النوعية على المواصفات الموضوعة لها.[1] وبمعنى أوسع، تعني قدرة النظام التعليمي على تحديد أهداف تربوية لمدخلاته، والاستثمار الاقتصادي للإمكانات البشرية والمادية المتاحة، بما يتيح تكوين برامج دراسية لها دور محدد في رفع كفاية العملية التعليمية لدارسيها.[2]

ويمكن قياس الكفاية الداخلية الكيفية بعدة أساليب أهمها:

- النظر إلى الكفاية من خلال النظام التعليمي، في ضوء معاييره الداخلية. كنجاح الطلبة في الامتحانات، ومستوى حضورهم. وتفاعلاتهم، وأنشطتهم التي يقومون بها، كما يمكن قياسها باستخدام اختيارات عديدة من الاختيارات، والمقاييس النفسية والتربوية، في فترات متباعدة ومتقاربة، وعند نهاية المراحل التعليمية المختلفة.[3]

- النظر إلى الأداء الكيفي لنظام تعليمي معين، بواسطة بعض المعايير الخارجية. كمدى ملائمته واتصاله بحاجات بيئته، من خلال نوعية خريجية، وقدرتهم على الاضطلاع بالأدوار الاجتماعية والاقتصادية والسياسية التي يتطلبها منهم المجتمع الذي يعيشون فيه، كما يمكن دراسة وتحليل واقع النظام التعليمي، بعناصره ومكوناته المختلفة، ومن هذه العناصر والمكونات يمكن استخراج مؤشرات معينة، كمقاييس يمكن الحكم على الكفاية الداخلية النوعية، وأهم هذه المؤشرات هي:[4]
  - مدى تحقق الأهداف التي أنشئ النظام التعليمي من أجلها.
  - نسبة أعداد هيئة التدريس إلى أعداد الطلاب.
  - مدى ملائمة خطة وطبيعة الدراسة.
  - مدى توفر واستخدام الوسائل التعليمية الحديثة، والإمكانات العلمية، وغيرها.
  - مدى ملائمة أساليب التقويم لقياس قدرة الطالب ومهارته ومعرفته.
  - مدى ملائمة الهيكل الإداري والتنظيمي، لتنظيم وتوجيه النظام التعليمي.

---

(1)World Bank: The Quality as Schooling , auantityis misleading Washington, D.C.U.SA, 1983 p134.

(2) همام بداري زيدان: دراسة ميدانية لبعض عوامل الرسوب بالمعاهد الفنية الثانوية التابعة بوزارة التربية والتعليم العالي، رسالة ماجستير غير منشورة، كلية التربية، جامعة عين شمس 1979، ص43.

(3) حسان محمد حسان، الفاقد الكمي وعوامله في التعليم ا لعالي ا لمصري، رسالة دكتوراه غير منشورة جامعة عين شمس، كلية التربية 1975، ص77.

(4) حسن عبدالملك محمود: الكفاءة الداخلية لنظام التعليم بجامعة الأزهر، رسالة دكتوراه جامعة الأزهر، كلية التربية 1982، ص130.

والجدير بالإشارة إلى أنه يمكن تحويل المؤشرات الكمية إلى كيفية لقياس الكفاية الداخلية الكيفية، والعكس أو على الأقل تترجم بمؤشرات كمية المظاهر الكيفية للتعليم، وبالمثل تترجم المظاهر الكيفية للتعليم، المظاهر الكمية للتعليم.

جـ- الكفاية الداخلية المرتبطة بالكلفة: Cost Effictiveness

يقصد بها قياس مقدار الإنفاق النقدي الذي يتم في سبيل تحقيق منفعة محددة شريطة أن تبقى كلفة المتخرج في أدنى مستوى ممكن، دون أن يؤثر ذلك في كفايته النوعية.[1]

والكلفة الكلية للنظام التعليمي كوحدة إنتاجية مثلها مثل أي صناعة أخرى تشمل: التكاليف المالية، أي النفقات العامة، وتكاليف الفرص البديلة...الخ. وتحليل الكلفة.. إذا كان يستخدم لحساب صناعة التعليم، فإنها تستخدم في تحقيق أغراض اقتصادية واجتماعية، منها تقدير الكلفة المستغلة في التعليم، لمعرفة قدرة الدولة على مساندة انتشار التعليم، وإلقاء الضوء على النقص في كلفة النظام التعليمي من عدمه، بما يساعد على تجديد طرق الإدخار في التكلفة.. أين، ومتى يكون ذلك؟ وكذا تعيين جوانب الهدر المالي، وكيفية ترشيد الإنفاق[2].

ولحساب كلفة النظام التعليمي، لا بد من معرفة مختلفة جوانب الكلفة الداخلية المرتبطة بالكلفة من خلال حساب التكاليف المهدرة، التي يتحملها المنتج النهائي، وكذا كلفة الفرصة الفائتة Opportunty Cost. ويقصد بها مقدار الربح الذي كان من الممكن أن يجنيه المجتمع لو لم يلتحق بالتعليم، ودخل سوق العمل.

وغالباً ما يتم التركيز على كلفة الطالب المتخرج، لحساب الكلفة الداخلية المرتبطة بالكلفة، من خلال حساب التكاليف المهدرة التي يتحملها المنتج النهائي وتحسب التكلفة المهدرة بعدة طرق، تعتمد الطريقة الأولى على تحميل الخريجين تكلفة المتسربين. وتعتمد الطريقة الثانية على تحميل الخريجين تكلفة الراسبين. أما الطريقة الثالثة فتعمد على حساب كلفة الرسوب والتسرب.

وتحسب الكلفة من خلال العلاقات التالية:

الكلفة النظرية للطلاب في عام دراسي واحد =

$$\frac{\text{التكلفة النظرية للطالب في نفس العام} \times \text{عدد المسجلين في نفس العام}}{\text{عدد الطلاب المرفقين}}$$

(1) راجع علي محمد الثوم: الكفاية الداخلية لنظام التعليم بمعهد الكليات التكنولوجية بالخرطوم، رسالة دكتوراه غير منشورة جامعة عين شمس كلية التربية 1988

Henerg m. liveng cost effictiveness-sage, publution-California, U.S.A, 1985, p.90.

World Bank: Financing and elokiciencyin education, washington. D.C.U.S.A, 1984, P. 240.

(2) محمد لبيب النحيحي: التربية والتنمية الاجتماعية والاقتصادية للدول النامية، القاهرة الأنجلو المصرية، 1976، ص162.

وتستخرج الكلفة النظرية للطالب من خلال العلاقة التالية:

معدل تكلفة الطالب = مجموع الطلاب المسجلين

وبهذا تحسب التكاليف المهدرة نتيجة للرسوب والتسرب من خلال العلاقة التالية:

التكلفة المهدرة لعام دراسي معين=

تكلفة الطالب النظرية في نفس العام × مجموع عدد الطلاب الراسبين والمتسربين في نفس العام.

2- الكفاية الخارجية: External Efficiency

ويقصـد بهـا النتـائج النهائيـة للنظـام التعليمـي، أي الفوائـد المتراكمـة التـي حصـل عليهـا الخريجين والمجتمع من الاستثمار التعليمي، ومـدى نفـع واتصـال النتـائج التعليميـة باحتياجـات المجتمع وأهدافه.[1] بمعنى أن يتمكن النظام التعليمي من الوفاء بمتطلبات التنميـة الاقتصـادية والاجتماعية من القوى العاملة، بالكم والكيف المناسبين، وبأقل جهد وتكلفة ممكنة.

وللكفاية الخارجية بعدان رئيسان، هما:

الكفاية الخارجية الكمية: وتعني مـدى انطبـاق كميـة مخرجـات النظـام التعليمـي علـى متطلبات التنمية الاقتصادية والاجتماعية، أي أن يتمكن التعليم من إعداد القوى العاملة والوفاء باحتياجات سوق العمل من المهارات والمهن، والتخصصات المختلفة علـى جميـع المسـتويات، وفي كل التخصصات.

الكفاية الخارجية الكيفية: وتعني مدى انطبـاق مواصـفات الخـريجين علـى مناشـط الحيـاة التنموية ومهارات المواطنة الاجتماعية والثقافية والسلوكية، ومدى مساهماتهم في الحيـاة العامـة، وممارسة الحقوق والواجبات الاجتماعية، ومشاركتهم الفعالة في تسـيير عجلـة الاقتصـاد وتحقيـق التنمية بجميع أوجهها. ويتم ذلك من خلال المنافع المتحصلـة مـن نظـام التعلـيم، والتـي تأخـذ أشكالاً متعددة، منها ما هو اقتصادي، وآخر غير اقتصادي، ومنها مـا هـو شخصـي، وآخـر مـا هـو اجتماعي[2]، فبالتعليم يستطيع الفرد الحصول على وظيفة، والمشاركة في مجريات الأمـور المحليـة، والإقليمية، والدولية، ويستفيد المجتمع من التعليم، بزيادة الإنتاج، وارتفاع مستوى المعيشـة مـن خلال طاقات المخرجـات التعليميـة وإبـداعاتهم، وقـدراتهم الخلاقـة في تـولي المراكـز القياديـة في عمليات الإنتاج، وفي الوظائف والمهن.

ولقياس الكفاية الإنتاجية للنظام التعليمي، سـواء في جانبيهـا الكمـي أو الكيفـي؛ فقـد وجدت العديد من الأساليب والمؤشرات، منها أساليب التحليل الاقتصـادي، بهـدف رفـع كفايتـه وفعاليتـه، وذلـك بحساب ربحيته ومنفعته، بمعنى المقارنـة المنظمـة بـين مقـدار كلفتـه، وتوقعـات منفعتـه، بحسـاب ربحيته من جهة، وترشيد إنتاجيته من جهة أخرى.

وإذا كان اقتصاديو التعليم قد تمكنوا من قياس المخرجات الكمية للتعليم إلى حد كبير، فإنهم يلاقون صعوبات كبيرة في قياس الكفاية الخارجية الكيفية للتعليم، على اعتبار أن المخرج الكيفي تتدخل فيه عناصر ومؤثرات قد تكون من خارج التعليم، إذ قد ترجع إلى الشخص نفسه، أو ترجع لجملة عوامل مشتركة مـن

---

(1) كومبز: أزمة التعليم في عالمنا المعاصر، ترجمة أحمد خيري كاظم وجابر عبد الحميد، دار النهضة العربية 1971، ص210.

(2) محمد محروس إسماعيل: مرجع سابق، ص 26.

داخل التعليم، وخارجه، يصعب الفصل بينها. ومن جانب آخر فهناك محاذير كثيرة من خطورة اصطناع حواجز نهائية في مؤشرات كفاية التعليم بين كم وكيف، فضلاً عن إمكانية تحويل المؤشرات الكيفية إلى مؤشرات كمية، والعكس، غير أن هذا لم يمنع من وجود مقاييس واساليب يمكن استخدامها كمؤشرا للحكم على كفاية النظام التعليمي وفعاليته، كونه مقياس نجاح المجتمع وتطوره.

وعلى الرغم من الصعوبات الكثيرة التي تعترض استخدام الاساليب الاقتصادية تلك، لقياس ا لكفاية الإنتاجية للتعليم، وقياس الأثر الحقيقي لهذا التعليم، إلا أنه وجدت بعض الأساليب والتقديرات التقريبية التي تظهر مجموعة من المؤشرات، لتدل على مدى ملائمة المخرج للإنتاجية في نظام تعليمي معين، وإذا استحال التوصل إلى نتائج دقيقة، فإنها ستؤدي إلى استبصارات جديدة وإلى بيان كيفية أداء النظام التعليمي وعمله، وكيفية إدخال تعديلات وتغييرات حاسمة فيه.[1]

ولعل أهم هذه الأساليب هي:

أولاً: أسلوب النظم (أو منهج تحليل النظم)

وتحليل النظم، هو تقنية عقلية جديدة تستخدم أساليب فنية، لتحليل الظاهرة تحليلاً نظامياً كمياً وكيفياً، مهتدياً بالنظرة الكلية إلى النظام الكلي، ونظمه الفرعية، ومتطلبات الواقع وما بينهما من علاقات تؤثر على النظام، للكشف عن البدائل الممكن اختيارها عند اتخاذ القرار، أو تخطيطه الأمثل، وذلك بإعطاء وزن للأمور الاقتصادية من حيث الكلفة والمنفعة وصولاً إلى أحسن مردود، بأقل جهد، وتكلفة، وهدر.

وإذا ما تم تحديد النظام من حيث مدخلاته ومخرجاته، وما بينهما من علاقات، وحصر المؤثرات المختلفة لهما؛ أمكن معالجة المدخلات، والتعديل فيهما، بما يؤدي إلى إحداث تغييرات في المخرجات في اتجاه أهداف النظام[2]؛ لأن هدف تحليل النظم النهائي، هو التوصل إلى نظام جديد بأقل تكلفة، وأكثر منفعة وفائدة، والتفضيل بين نظام وبديله، أو بين البدائل بعضها مع بعض، تقاس بعائد مخرجات كل منهما، مقسوماً على كلفته، على هدف النظام الأكبر[3]. ولقياس مخرجات التعليم وتثمينها، أو تثمين عائدها هناك أسلوبان رئيسان، هما:

تحليل الكلفة الفائدة: وتم ذلك بمقارنة كلفة الخريج ، وتوقعات منفعته، بحساب ربحيته، أي حساب العائد والاستثمار التعليمي. والتحليل هنا يكون على نسبة العائد الفردي أو على نسبة العائد الاجتماعي، ولكليهما فنيات، يجب توافرها لإجراء مثل هذا القياس.[4]

تحليل الكلفة، الفعالية: وتعتمد على قياس الفوائد الفردية أو الاجتماعية المترتبة على تحصيل الدارس للمواد الأساسية، وما يتضمن هذا التحصيل من كسب معارف وخبرات ومهارات واتجاهات... ويتم الحساب

---

(1) حسان محمد حسان، مرجع سابق، ص77.

(2) محمد أحمد الغنام: المرجع السابق، ص 150.

(3) المرجع السابق، ص 150.

(4) حسان محمد حسان، مرجع سابق، ص 73.

بدرجة فعالية الفرد في المجتمع، عن طريق قياس الكلفة والفعالية، وذلك بالمقابلة بين فوائد ومنافع أي قرار اقتصادي من جهة، والكلفة التي تتبع هذا القرار من جهة ثانية، بقيمة تقدير عائدها في المؤسسات التعليمية[1].

ثانياً: نظام المعلومات: تقنية محدثة تستخدم في تقديم قرارات أو بدائل، كما تسهم في تقويم النظام عن طريق التغذية المرتدة للمعلومات، وكلاهما مرتبط بعمليتي الكفاية والإنتاجية، وطالما أن عمليتي الإنتاجية والكفاية هي الهدف النهائي لنشاط أي تنظيم، فإن نظام المعلومات يعتبر قاعدة كل الوظائف الإدارية، وعن طريق جمع الحقائق، ومعالجة البيانات تتخذ القرارات، وتعالج جميع جوانب الكفاية الإنتاجية في التعليم.

ثالثاً: بحوث العمليات: وهو علم تحليل العمليات أو البحوث الإجرائية، يقوم بتطبيق الأسلوب العلمي على دراسة البدائل في موقف المشكلات، بهدف التزود بأسس كمية، للوصول إلى حل أمثل للأهداف المطلوبة[2]. وهو يخدم أسلوب النظم في الوصول إلى قرارات، عن طريق أساليب عدة منها: البرمجة الخطية، ونظرية المباريات، ونظرية الاحتمالات... وغيرها.

وتهتم بحوث العمليات، برفع فعالية النظام التعليمي ككل، من أجل تحقيق أهدافه، وذلك بالاستفادة القصوى من الموارد المالية، واتخاذ قرار لخفض الهدر المالي[3]، بالاستعانة بضوابط موضوعية للتنبؤ بنتائج القرار.

رابعاً: استخدام أساليب التقويم والقياس الرئيسية الأخرى[4]: وهذه الأساليب تقوم على دراسة التفاعلات الشبكية، المتداخلة والمتفاعلة مع بعضها البعض، والتي يصعب بحثها، ودراستها بالطرق الوصفية، ومن هذه الأساليب:

- أسلوب تحليل مدخلات العملية التعليمية.
- أسلوب قياس المخرجات التعليمية.
- أسلوب قياس المدخلات.
- أسلوب قياس المدخلات والعمليات والمخرجات.

والجدير بالإشارة إلى أن هناك العديد من مؤشرات الكفاية الإنتاجية التي طرحها الفكر التربوي المعاصر، بعضها يقيس الكفاية الداخلية، وبعضها الآخر يقيس الكفاية الخارجية بجوانبها الكمية والكيفية، لاعتماد كل منهما على الآخر، وإمكانية النظر، وقياس المؤشرات الكمية بالمؤشرات الكيفية، وبالعكس.[5]

3- تكلفة التعليم وتمويله

تزايد اهتمام الاقتصاديين بدراسة التربية، وتتبع أثرها في التنمية الاقتصادية والاجتماعية، وخاصة عندما لوحظ الارتفاع المتزايد لنفقات التربية، ولا سيما في السنوات الأخيرة، وضخامة ما ينفق على التربية من الميزانية العامة للدولة من الدخل القومي، مما دفع إلى الاهتمام بتحليل كلفة التعليم، وتعيين أوجه

---

(1) غانم سعيد العبيدي: كلفة الطالب في التعليم الجامعي، العراق، رسالة دكتوراه غير منشورة جامعة عين شمس، كلية التربية، 1977، ص111.

(2) حسن أبو العز: مدخل ولإدارة التظيم، معهد التخطيط القومي، 1980، ص71.

(3) غانم سعيد العبيدي: مرجع سابق، ص 97.

(4) إبراهيم حافظ: حلقة الإدارة التعليمية في البلاد العربية طرابلس، ليبيا، سبتمبر 1973، ص14.

(5) للمزيد من التفاصيل راجع: حسان محمد حسان، مرجع سابق، 75-77.

الإنفـاق عـلى مختلـف مجالات الصرف والاسـتخدام في التعليـم، وذلـك بقصد تحديد العائـد الاقتصادي من هذه الاستثمارات الضخمة في التعليم.

وفيما يلي مناقشة كل من تكلفة التعليم، ثم العائد الاقتصادي منه، حتى نقف على مجالات تطبيق علم اقتصاديات التعليم على التعليم أو التربية بصفة عامة.

أولاً: تكلفة التعليم: عوامل كثيرة مـن داخل التعليم وخارجـه أدت إلى الارتفاع المطرد لنفقات التعليم، من الدخل القومي، مقابل ضآلة مردود التعليم في التنمية، وعجز كثير من الدول عن توفير الاعتمادات اللازمة للتعليم، مما فرض دراسة تكلفة التعليم وتطورهـا، وتحليل أوجه الإنفاق، وبيان الثغرات القائمة فيه، بغرض الوصول إلى اسـتثمار أفضل للمـوارد المتاحـة للتعليم، وتحقيق أعلى عائد منه.

تعرف الكلفة بأنهـا "مقيـاس لمقـدار الإنفـاق النقدي الـذي يتم في سـبيل تحقيـق منفعـة محددة[1]. ولكن التحديد الدقيق لهذا المفهوم يتوقف على أغراض اسـتخدام الكلفة، بين المحاسبة، والتخطيط. وفي الأغـراض المحاسـبية، فـإن الكلفـة تعنـي الإجـراءات المتخـذة لتقديـر التكاليـف المستقبلية، لتحقيق ناتج معين.[2]

وقد أوضح علم اقتصاديات التعليم العديد مـن المفاهيم والمصطلحات الخاصة بالكلفـة، يمكن أن نشير إلى أبرزها، حيث تقسم الكلفة في التعليم إلى:

- كلفة المواد ، مقابل كلفة النقود: تقاس الأولى بوحدات طبيعية، مثـل المدرسون وساعات العمل، وعدد الكتب، بينما تقاس الثانية بدلالة قيمتها النقدية.
- الكلفة الجارية، مقابل الكلفة الرأسمالية: تعني الأولى كلفة الإدارة والإمدادات القابلـة للاستهلاك خلال سنة مالية، لذا فهـي تتجدد بانتظام، بينمـا الثانية فتعنـي كلفة الأراضي والمباني والمعدات والأثاث وهذه تتغير في الأمد الطويل.
- التكاليف المباشرة، مقابل التكاليف غير المباشرة: تعني الأولى تلك التكاليف التي يتم إنفاقها من قبل المدارس والطلاب على التعليم، بينما الثانية تعني كلفة المكاسب الضائعة التـي يخسرها المجتمع والفرد، نتيجة التحاق الطلاب بالتعليم، بدلاً من تفرغهم للعمل.
- الأسعار الجارية، مقابل الأسعار الثابتة: تعني الأولى النفقات الإجمالية معبراً عنها بالأسعار والأجور الجارية لكل سنة، بينما الثانية فتعني تحويل النفقات في كل سنة إلى أسعار ثابتة بالاعتماد على سن أساس معين.
- الكلفة الحدية: وتعني في التعليم، الإضافة إلى الكلفة الكلية لمؤسسـة تعليميـة مـا، نتيجة قبـول طالب إضافي واحد، سواء إذا كانت مرافقها غير مستخدمة كاملاً، أو وسعت تلك المرافق، لتحسـين الفعالية، أو وسعت تلك المرافق دون تغير الفاعلية.
- كلفة العوامل: وهي الأسعار المدفوعـة عـن طريـق التربيـة لعوامـل الإنتـاج، سـواء بحـدود حقيقية أو نقدية.

---

(1) مصدق جميل الحبيب: التعليم والتنمية الاقتصادية، العراق، 1978، ص141.

World Bank: Finaneing and Elkicieney in ed. Op. Cit.p 195. (2)

- كلفة الوحدة: وتعني في قطاع التعليم، النسبة بين كلفة كمية معينة من الخدمة الاقتصادية، وبين عدد الوحدات المنتجة من هذه الخدمة، شريطة تحديد كمية الإنتاج التعليمي، والوحدة هنا قد تكون : تلميذ، أو صف، أو مدرسة، أو معلم. وهناك أشكال من كلفة الوحدة، هي:

أ- وحدة الكلفة لكل طالب: هي النسبة بين المصروفات، وعدد الطلبة المسجلين في المؤسسة التعليمية=

$$= \frac{\text{متوسط كلفة الطالب في مرحلة تعليمية ما في عام}}{\text{عدد الطلاب المسجلين في هذه المرحلة في هذا العام}}$$

كلفة الخريج: وهي النسبة بين الكلفة الكلية، وعدد الخريجين، وهناك أشكال أخرى من كلفة الوحدة.[1]

لماذا ندريس كلفة التعليم؟

هناك العديد من العوامل والأسباب التي تؤدي إلى زيادة كلفة التعليم، بالنظر إلى ما تنفقه كل دولة على التعليم، وما تخصصه من موارد مالية كبيرة من دخلها القومي، حيث تجد نفسها مضطرة لذلك، بسبب الزيادة السكانية المتصاعدة، ورغبة الدول في توسيع التعليم ومد الزاميته، ومجانيته، والاهتمام بتجويد التعليم وتحسين نوعيته، واستحداث نوعيات جديدة من التعليم ملائمة للبيئة وأنشطة السكان... الخ، وما رافق ذلك من زيادة الإنفاق على التعليم، وبالتالي ارتفاع كلفته. وهذا ما دفع إلى دراسة الكلفة، وتحليل جوانبها المختلفة، لتحقيق الفوائد والأهداف التالية:[2]

- تساهم تقديرات النفقات الكلية للتعليم، في تحديد ميزانية التعليم وما يخص قطاع التعليم من الناتج القومي الإجمالي، مع إيجاد نوع من التنسيق بين الخدمات والاستثمارات التعليمية، وغيرها من الخدمات والاستثمارات التي تنافس الموارد المتاحة للدولة.
- توزيع الموارد المتاحة للتعليم، وبخاصة الموارد المالية، توزيعاً عادلاً ومنطقياً، بين مراحل، وأنواع التعليم.
- توظيف واستغلال أمثل لموارد الوحدات التعليمية المخصصة لها،في الأوقات المحددة، كما أن تحليل الكلفة لكل طالب ولكل صف... الخ. يحفز من رفع كفاية التعليم.
- تساعد دراسة كلفة التعليم في الماضي والحاضر في التنبؤ بتقدير كلفة التعليم مستقبلاً.
- تفيد دراسة كلفة التعليم في البحث عن مصادر تمويل إضافية، لا سيما وأن كلفة التعليم تفوق طاقات الدول الفقيرة.

---

(1) راجع: مصدق جميل حبيب، مرجع سابق، ص 147، 149.

(2) محمود عابدين: مسيرة علم اقتصاديات التعليم، دراسات في اقتصاديات التعليم، الكتاب السنوي في التربية وعلم النفس (تحرير) سعيد إسماعيل علي، القاهرة، دار الفكر العربي، ص 15.

أيضاً: Martim Cavhog: Edu Catien Word and Employment,Vol. II. Unesco, Paris,1980, P. 1.8

خفض كلفة التعليم:

ونظرا للتكلفة الكلية المتزايدة للتعليم، والتي يصعب على الكثير من الدول، وبخاصة دول العالم الثالث أن تتحملها، فإن هذه الدول تسعى في اتجاهين متوازيين: الأول خفض التكلفة، بترشيد الإنفاق واستثمار ما هو متاح إلى أعلى مستوى ممكن. والآخر البحث عن مصادر تمويل جديدة.

وخفض الكلفة دائماً محط أنظار الباحثين والمسؤولين على السواء، غير أن دراسة الكلفة، إذا كان من أهم أغراضها أن نحصل على تربية أكثر نجاحاً، بأقل النفقات الممكنة، فإن ذلك يتم دون التفريط بكم وكيف المخرجات التعليمية التي تعطي الكلفة، المعنى الحقيقي، كون الاستثمار الأمثل للنفقات التعليمية هي التي تأخذ في اعتبارها جودة العملية التعليمية وكفايتها، الإنتاجية.

ويمكن تفصيل ذلك من خلال الأسلوبين، المباشر وغير المباشر، لتخفيض الكلفة في التربية، حيث يعنى الأول بزيادة كفاية وإنتاجية العملية التعليمية. ويعني الثاني بخفض كلفة الوحدة في التعليم عن طريق خفض تكاليف الأبنية، والرواتب، والأجور...الخ.

إن تخفيض نفقات التربية أمر ممكن، وذلك بالتأكد من أن المواد المخصصة للتعليم مستخدمة إلى أقصى درجة ممكنة، بما يتيح ترشيد الإنفاق وتوجيه الفوائض المالية على أوجه الاستخدامات الأخرى، وهذا ما نطلق عليه "كفاية التعليم" والتي ترتبط عادة بدرجة الاستخدام الأمثل للإمكانات التعليمية، للحصول على أكبر قدر من المخرجات، باستخدام أدنى مقدار من المدخلات... فتؤدي زيادة الإنتاجية ليس إلى تخفيض التكلفة فحسب، بل إلى تعليم أفضل في وقت أقل، وما ينجم عن ذلك من وفره في الموارد التي قد توظف في مجالات أخرى.

والكفاية، مرتبطة بالإنتاجية في التعليم، لكنه قد يحدث انفصال بينهما. فقد تتوافر لنظام تعليمي موارد عالية، وتكون إنتاجيته مرتفعة، وهنا قد توجد إمكانات بشرية ومادية غير مستثمرة استثماراً افضل... فنقول أن الكفاية منخفضة والإنتاجية عالية... ومن ناحية أخرى قد توجد موارد قليلة أو مناسبة، ولكنها تستخدم بكفاية، بطرائق وأساليب جديدة ورشيدة، فنقول أن الكفاية عالية، والإنتاجية أيضاً عالية، مما يعني أن التكاليف منخفضة.

على أنه قد يستدعي الأمر إضافة موارد جديدة، ترفع من كلفة التعليم. وإذا ما تم ذلك؛ فيجب أن يكون من خلال قياس كفاية وإنتاجية التعليم، وإلا أصبحت هذه الزيادة في الأموال غير مستخدمة بكفاية، وبالتالي أضيفت أموالاً هي في حكم المهدرة أو الضائعة، وهناك مقاييس لقياس الكفاية في التعليم، أشهرها أسلوب الكلفة/ المنفعة.

أسلوب الكلفة/ الفائدة

هناك بعض الأساليب المباشرة، لتخفيض كلفة التعليم، دون المساس بجودته على المدى القريب والبعيد، منها تحسين المستوى الكيفي عن طريق تحسين المنهج المدرسي وطرق التدريس، وإعداد المعلم... الخ، وتخفيض الفاقد عن طريق خفض معدلات الرسوب والتسرب، تم ربط خطط التعليم كماً وكيفاً بخطط التنمية. [1]

---

(1) محمود عابدين: محاضرات في تكلفة وتمويل التعليم، استنسل ، ص17

وهناك طرق غير مباشرة، لخفض كلفة التعليم، منها تخفيض تكاليف الأبنية المدرسية، عن طريق تنظيم الأبنية المدرسية، ومواصفات بنائها، ومواقع البناء، وترشيد استخدام الأثاث والمعدات...الخ. وكذا عن طريق خفض الرواتب والأجور؛ برفع كفاية المعلمين، وتحسين شروط العمل التعليمي، والإداري، وغير ذلك.

وفي إطار كلفة التعليم اتجه علم اقتصاديات التعليم إلى دراسة التنبؤ بتكلفة التعليم، ومحاولة وضع التقديرات الممكنة لنفقات التعليم، خلال السنوات المقبلة، كون هذا التنبؤ يعتبر عنصراً مهماً في أي خطة تعليمية؛ لأن خطة التعليم تترجم إلى خطط مالية تحقق الأهداف المرسومة في الخطة، وعلى نجاح التنبؤ بالكلفة يتوقف نجاح الخطة مستقبلاً.

وقد تزايد في السنوات الأخيرة، الدراسات المتعلقة بالتنبؤ بكلفة التعليم، وما رافق ذلك من تطور أساليب التنبؤ، بالاعتماد على متغيرات عدة منها: معدلات المواليد، ونسب النجاح، وفروق الكلفة بين أنواع البرامج، وكمية الهجرة من وإلى الإقليم أو المحافظة أو البلد. ومستوى جودة التربية التي سوف تقدم، إلى غير ذلك.[1]

وبناءً على هذه المتغيرات يمكن التنبؤ بتقديرات التكاليف الجارية، بالاعتماد على حساب كلفة الوحدة (الطالب/الوحدة) لكل مرحلة ، وصف دراسي فيها، أو حساب عدد التلاميذ والطلبة المتوقع تسجيلهم سنوياً في مراحل التعليم، خلال سنوات الخطة. أما التنبؤ بالتكلفة الرأسمالية فيمكن التنبؤ بها من خلال ما تبقى من النفقات الجارية، كنسب متبقية، أو من خلال استخدام الفصل كوحدة، أو الطالب كوحدة.

تعتمد الطريقة الأولى على التنبؤ بعدد الفصول الجديدة المطلوبة، وذلك بتقسيم النفقات الإجمالية على عدد فصول المدارس، فتحصل على كلفة الفصل، أو استخدام الطالب كوحدة، فيمكن تقدير متوسط كلفة التلميذ الواحد بحساب تكلفة المباني والتجهيزات على ما استوعبته من طلاب في سنة. وباستخدام أكثر من سنة، وجمع النفقات الكلية الرأسمالية خلال سنوات التنبؤ نحصل على متوسط تكلفة التلميذ.

ثانياً: تمويل التعليم

ترتبط التكلفة بالتمويل، إذ من خلال تكلفة التعليم يمكن النظر إلى مصادر التمويل وأنماطه، وتقييم المصادر الحالية، ودراسة مزايا وعيوب كل نمط، سواء التمويل المركزي الذي تتولاه الحكومة من الأموال العامة للدولة، أو التمويل المحلي الذي تتولاه السلطات المحلية، عن طريق الأهالي والمؤسسات الدينية والاجتماعية غير الحكومية في شكل مصروفات، أو تبرعات وهبات، أو إقامة مشروعات التعليم.

ورغم مزايا وعيوب التمويل المركزي والتمويل المحلي، إلا أن كلاهما ضروري للمجتمع. وعلى كل مجتمع أن يحدد الصيغة المثلى لتحقيق التكامل بينهما، لأن تمويل التعليم من المشكلات الهامة والخطرة التي تواجه جميع الدول، ولا سيما الدول النامية التي يعاني أغلبها من نقص الموارد المالية لتمويل التعليم حيث تتزايد تكاليف التعليم أكبر من طاقة العديد من الدول، نتيجة لتزايد أعداد التلاميذ والطلاب، وما يتطلبه هذا

---

(1) المرجع السابق، ص 21.

من توفير الموارد البشرية والمادية، مقابل ارتفاع الأسعار عالميا، كما سبق ذكره، مما يدفع الدولة إلى التحرك في اتجاهين متوازيين: أولهما خفض التكلفة دون المساس بجودة التعليم وكفايته. والثاني البحث عن مصادر تمويل إضافية جديدة، بوسائل وطرق مختلفة.

وهناك مقاييس لتقييم نظام تمويل التعليم، أشهرها: [1]

- **درجة مناسبة مستوى توفير الخدمات التربوية:** وتعني نسبة مخصصات التعليم من الناتج القومي الإجمالي، ثم اتسع هذا المقياس ليشمل نسبة التسجيل في التعليم الأساسي، بالنسبة لمن هم في سن هذا التعليم، وتوازن الفرص التعليمية بين الذكور والإناث، وكذا نسبة التسجيل في التعليمين الثانوي والعالي، ومعدل تعليم الكبار.
- **كفاية التعليم:** أي الاستخدام الأمثل للموارد المتاحة، مكانياً وزمانياً، لتحقيق الأهداف المنشودة من التعليم، ومن اشهر مقاييس الكفاية أسلوب الكلفة /المنفعة، وأسلوب الكلفة/ الفعالية.
- **العدالة:** وتتعلق بتوزيع عبء تمويل التعليم على أطراف العملية التعليمية، بمحاولة تحقيق العدالة بين مناطق الدولة، وكافة الأطراف المستفيدة من التعليم.

وفي هذا الشأن يقدم علم اقتصاديات التعليم، في ضوء الخبرات المستخلصة من تجارب العديد من الدول، الطرق الكفيلة بالبحث عن مصادر تمويل جديدة للنهوض بالأعباء المتزايدة بتكلفة التعليم، وإشراك المؤسسات، والشركات في تمويل التعليم، أما بفرض تعريفه جديدة، أو الإنفاق مباشرة من خزينة الدولة، أو تقديم قروض للطلاب، ومنها تقديم الدولة قروضاً ميسرة لطلاب التعليم العالي، تسترد بعد التخرج، أو البحث عن أساليب جديدة للتعليم، كالجمع بين العمل والإنتاج، أو إدخال العمل المنتج في بعض المدارس، أو إشراك الأهالي في مجمل نفقات التعليم، إلى غير ذلك.

4- العائد في التعليم:

أشار العديد من علماء الاقتصاد إلى أهمية إسهام التعليم والتدريب في النمو الاقتصادي والاجتماعي، فعالم الاقتصاد "آدم سميث" بين أن تفوق التصنيع في اسكتلندا، يرجع إلى النظام التعليمي، فضلاً عما يحدثه التعليم في النواحي الاجتماعية والسياسية التي تؤثر على النمو الاقتصادي بصورة أو بأخرى. ووصل إلى هذه النتيجة علماء اقتصاد كثر حيث بينت بحوثهم الاقتصادية أن التربية تمثل استثماراً لرؤوس الأموال، لها عوائد تزيد كثيراً عن العوائد من أي مشروع تجاري أو صناعي، فضلاً عن العائد الاجتماعي والحضاري.

غير أن هذه النتائج، وتلك المعالجات كانت تتم بطريقة نظرية تقريرية، أما المعالجات الكمية الإحصائية، لإثبات عوائد التعليم، فلم تظهر إلا بعد ظهور علم اقتصاديات التعليم في أوائل الستينات كما سبق ذكره، حيث أخذت تتوالى البحوث والدراسات العلمية، لقياس العائد من التعليم. وحيث أن التعليم - وفقاً للنظرة الاقتصادية - مشروع استثماري يحقق منافع معينة، فقد تطلب الأمر حساب العائد من الاستثمارات الموظفة في راس المال البشري، بالمقارنة بالتكاليف المادية التي استلزمها الإنفاق عليه.

---

(1) محمود عابدين، مسيرة علم اقتصاديات التعليم، علامات على الطريق المرجع السابق، ص 20-21.

وإذا كان بالإمكان حساب العائد المادي حساباً رقمياً دقيقاً، فإن حساب العائد من التعليم وقياس الإنتاجية يعترضه العديد من الصعوبات المنهجية والعملية، أهمها:(1)

أ- صعوبة قياس عوامل الإنتاج في التعليم، إذ أن الإنتاجية في التعليم تعتمد على مؤشرات كثيرة يصعب القياس الكمي لأشياء غير مادية ، ويصعب قياس فاعلية أو إنتاجية عمل المدرسين والتلاميذ والمؤسسات التعليمية... وما توافر من أساليب كالامتحانات واختبارات الذكاء؛ فإنها لا تقيس بدقة الإنتاجية الحقيقية للعمل التعليمي.

ب- صعوبة التعبير الكمي عن وحدة الناتج في التعليم، كما يحدث في تصنيف السلع والخدمات، فضلاً عن صعوبة تحديد القيمة النقدية للناتج، لأنه لا يعمل لبيع ناتجه بأسعار السوق.

ج- صعوبة قياس أثر التعليم على إنتاجية العمل، إذ قد ترجع كفاءة عنصر العمل والإنتاجية إلى عوامل أخرى غير التعليم، بجانب صعوبة عزل أثر التعليم وحده، وقياسه من بين العناصر غير المادية، المؤثرة في الإنتاج.

د- تأخر ظهور العائد الاقتصادي للإنفاق على التعليم، إذ توجد فترة زمنية بين الإنفاق على التعليم، وبين الحصول على عائد منه، إذ قد تستغرق بين عشرة إلى خمسة عشر سنة أو أكثر.

هـ- الإهمال الواضح لقياس أثر الجانب الاجتماعي الثقافي أو الحضاري للتعليم، وذلك لصعوبة قياسه.

و- تتجاهل الدراسات الاقتصادية دور العلم والبحث العلمي في زيادة إنتاجية العمل، كون التعليم أساس العلم والبحث العلمي، وعن طريقهما يمكن تطوير أدوات الإنتاج وأساليبه.

غير أن هذه الصعوبات لم تمنع من قياس عوائد التعليم، وحسابها كمياً، حيث تزايد الاهتمام بمجال العوائد التعليمية، حتى صار أبرز مجالات اقتصاديات التعليم، والتخطيط التربوي.

وقضية حساب عائد التعليم تثير بعض الاعتراضات، إذ يتخوف التربيون، وبعض العلماء ورجال الفكر من إخضاع نظام التعليم لأساليب الربح والخسارة، وحساب العوائد المالية النقدية للتعليم، فهذا مساس بالهدف الأسمى للتربية، ودورها الإنساني، والنفسي، والثقافي، الذي يصعب كثيراً تقدير عوائدها، بأثمان مالية. ولكن مثل هذه التخوفات وتلك الاعتراضات جعلت المهتمين بشئون اقتصاديات التعليم يعطون وزناً أكبر لمختلف جوانب التعليم، وتحديد المجالات التي يمكن لاقتصاديات التعليم أن تقدمه في التعليم، من صور التحليلات المختلفة التي تخدم الاقتصاد والتعليم، والإحاطة بعوائد التعليم، إلى غير ذلك من الأمور التي وضحت في العديد من الدراسات والبحوث حول مختلف جوانب اقتصاديات التعليم.

وتفيد دراسة عوائد التعليم في تبيان أهميته ودرجة مساهمته في التنمية الشاملة في المجتمع، كون التعليم يعد:(2)

---

(1) محمد نبيل نوفل: التعليم والتنمية الاقتصادية، مرجع سابق، ص 87، 88. أيضاً: جميل مصدق الحبيب: التعليم والتنمية الاقتصادية، مرجع سابق، ص 155.

(2) محمود عابدين: تطور النظرة لعوائد التعليم، مرجع سابق، ص 46.

1- سلعة رأسمالية، تسهم في تقليل أعداد العاملين، كون العامل المتعلم والمتدرب أكثر إنتاجية من العامل غير المتعلم، وهنا يكون التعليم مخزن لرأس المال غير المادي الذي يعطي أهمية لرأس المال المادي.
2- نوعاً من الاستثمار البشري، منظور له من خلال تزايد أجور الأفراد، وزيادة إنتاجية المجتمع فضلاً عن عائده الاجتماعي والحضاري.
3- سلعة استهلاكية معمرة، تسهم في توسيع معارف الفرد، وترقية شخصيته، وتزيد من متعه الحياة الخاصة والعامة.
4- سلعة اجتماعية، تحد من الجريمة، وتعمل على ترقية الذوق والأخلاق، وتزيد من تقبل أنماط حياتية جديدة.
5- سلعة سياسية، تنمي سمات المواطنة الصالحة، والالتزام بقوانين المجتمع، واكتساب قيم الولاء والتأييد.
6- مجالاً رئيساً لإعادة توزيع الدخول بصورة أقرب للتساوي.

وفيما يلي تحليل العائد الاقتصادي وطرق قياسه:

1- عائد التعليم:

تمكن الاقتصاديون من حساب العائد من التعليم، بالنظر إلى ما يجنيه الفرد والمجتمع من فوائد أو عوائد، منها ما هو مباشر، ومنها ما هو غير مباشر.

أ- العائد الذي يعود على الفرد:

وهي الفوائد الخاصة التي يجنيها الفرد، نتيجة تعليمه، سواء المباشرة منها أو غير المباشرة. ويحسب العائد الفردي المباشر، بتقدير متوسط التكاليف التي أنفقت على الفرد خلال مراحل التعليم، مضافاً إليها ما يخسره الأفراد جراء اختيارهم للتعليم، وحساب متوسط صافي دخل الفرد الإضافي الذي حصل عليه الفرد، بسبب ارتفاع المستوى التعليمي. أما العائد الفردي غير المباشر، فيتضمن جوانب عقلية وسلوكية تتمثل في توافر فرص الإبداع والتطوير، وخلق إمكانيات التجديد والاختراع، ولهذه الأمور منافع اقتصادية، غير أن قياسها ليس سهلاً، إن لم يكن مستحيلاً في كثير من الأحيان.

قام بحساب هذا النوع من العائد (شولتز)[1]، حيث عمد إلى مقارنةدخول الأفراد في أمريكا بمستوياتهم التعليمية، واثبت أنه كلما ارتفع المستوى التعليمي، ازداد مستوى الدخل الفردي. وقد قام (نوبل)[2] بالمقارنة بين نفقات التعليم في مراحل معينة، وبين الأرباح التي يحصل عليها الأفراد المتعلمين، وبين فوارق الدخول بين أنواع التعليم، إلى غير ذلك من الدراسات الحديثة التي تنوعت بصورة واضحة في السنين الأخيرة.

(1) محمد لبيب النجمي: الأسس الاجتماعية للتربية، ط1، دار النهضة العربية، 1981، ص 322. أيضاً: للمزيد من التفاصيل راجع حامد عمار، في اقتصاديات التعليم، دار المعرفة، 1963، ص66.
(2) عبدالله عبدالدائم: التخطيط التربوي، ط2، بيروت، دار العلم للمعرفة، 1973، ص 316.

ب- العائد الذي يعود على المجتمع:

وهي الفوائد العامة التي يجنيها المجتمع من تعليم أفراده، وتتمثل فيما يسهم به التعليم في النمو الاقتصادي والاجتماعي إلى جانب العوائد العامة الأخرى المتمثلة في النضج السياسي العام، وشعور الأفراد بالانتماء الوطني، والتصرفات الاستهلاكية الواعية، وتنظيم الأسرة، وارتفاع المستوى الصحي، إلى غير ذلك من أنماط السلوك الراقي والصفات الخلقية الحميدة.

ويتم حساب العوائد المجتمعية على أساس زيادة النمو الاقتصادي، وزيادة الدخل القومي. ففي دراسة لعالم الاقتصاد الأمريكي (دنيسون) بين فيها إسهام التعليم في النمو الاقتصادي في الولايات المتحدة، حيث يرجع "دنيسون" تأثير التعليم في تحسين نوعية العمل، وزيادة إنتاجيته، وبالتالي في زيادة الدخل القومي. وأثبت وجود ارتباط بين عدد سنوات الدراسة، وزيادة الدخل القومي [1].

واستخرج العالم النرويجي (أوكوست) معامل الارتباط بين ما يصرف على التعليم وبين الزيادة في الدخل القومي، حيث بين إحصائياً ارتفاع الدخل القومي العام نتيجة للتحسن المستمر في العمل البشري.

وأثبت الباحث السوفيتي (كابروف) أن إدخال التعليم الابتدائي لمدى أربع سنوات في المراحل الأولى للثورة قد عاد على الاقتصاد القومي بعائد يبلغ ثلاثة وأربع مرات إلى أكثر مما أنفق عليه من تكاليف [2].

وهناك العديد من الدراسات والبحوث العلمية الجادة في عديد من البلدان المتقدمة والنامية، ولعديد من السنوات، وذلك لحساب العائد الاقتصادي من التعليم سواء الفردي أو المجتمعي.

2- طرق قياس عوائد التعليم:

توجد طرق عديدة لقياس العائد الاقتصادي من التعليم، لعل أشهرها:

أ- طريقة الارتباط: The Correlation Approach

تقوم هذه الطريقة على فرضية مؤداها، أن هناك ارتباطاً بين النشاط التربوي والنشاط الاقتصادي، أو بمعنى آخر وجود ارتباط بين التعليم، والدخل. فإذا ازدادت سنوات التعليم؛ زاد دخل الفرد من الدخل القومي، وارتفعت معدلات التسجيل في التعليم. ومن دراسات حساب العائد من التعليم ما يوسع المقارنة بين البلدان المختلفة في وقت ثابت، لاكتشاف مزيداً من الدلالات الإحصائية.

ولطريقة الحساب هذه، عدة مآخذ، فإذا كانت قد أغفلت الفوائد الاجتماعية، ونظرت إلى التعليم من ناحية كمية صرفه، فإن بعض الدول توسع من التعليم وترفع معدلات التسجيل لأعلى درجة، بغرض تحقيق أهداف سياسية واجتماعية، كرفع الوعي السياسي لكسب ولاء المواطنين، ودعم وحدة الأمة وزيادة تماسكها.

أما ارتباط الدخل بالتعليم، فقد تبين أن دخول بعض فئات المجتمع لا ترتبط بالتعليم كثيراً، فارتفاع دخول أفراد دول الخليج مثلاً ليس لأنهم متعلمون، وإنما لكونهم مواطنون، كما نجد أن دخل أصحاب المهن والحرف اليدوية، يفوق دخل المتعلمين.

---

(1) محمد نبيل نوفل: مرجع سابق، ص 118.
(2) عبد الرزاق شفشق: التربية المعاصر، الكويت، دار القلم، 1984، ص 138.

ب- طريقة البواقي: The Residual Approach

وتقوم هذه الطريقة بحساب ما طرأ على قوة العمل من مهارات وقدرات وتحسينات، بسبب التعليم، مما كان له الأثر الأكبر في زيادة معدلات النمو الاقتصادي، وبالتالي الزيادة في الناتج القومي.

وتبين الدراسات أنه بعد دراسة المدخلات التقليدية للنمو الاقتصادي (العمل، الأرض، رأس المال) وجد أن جزءاً من هذا النمو يرجع إلى عوامل أخرى غير محددة، أي ليس إلى المدخلات التقليدية، وأخذ يطلق على الزيادة المتحصلة للنمو الاقتصادي، بعد قياس المدخلات التقليدية، بالعامل الباقي، وهي الزيادة التي حصلت في جودة العمل، أو ما طرأ على قوة العمل من تحسن في مهارات العمل وأساليب الإنتاج التي ترجع إلى التعليم، أي ما حصل عليه عنصر العمل من تعليم.

ولدراسة العامل الباقي، استخدمت معادلات رياضية، لحساب أثر التعليم في النمو الاقتصادي، طبقت على بلدان عديدة، ومن بينها بعض الدول النامية، وأسفرت النتائج عن النسب الآتية:

جدول رقم (1) نسب إسهام التعليم في النمو الاقتصادي السنوي باستخدام طريقة الباقي، بين عامي 1960-1975

الدولة	نسبة إسهام التعليم	الدولة	نسبة إسهام التعليم
الأرجنتين	%16.5	كولومبيا	%4.1
هندوراس	%6.5	البرازيل	%3,3
أكوادور	%4.95	بيرو	%2.5
شيلي	% 4,4	فينـزويلا	%2.4

المصدر: نقلاً من مجموعة عابدين، مرجع سابق ص56.

وهناك دراسات متنوعة تتبع هذه الطريقة.

ومع أهمية هذه الطريقة، إلا أن لها صعوبات منهجية لقياس العامل الباقي، بالنظر إلى جودة التعليم، وصعوبة فصل التعليم عن العوامل المتبقية الأخرى.

جـ- طريقة معدل العائد : The Rate of Return Approach

تعتمد هذه الطريقة على قياس ما ينتجه التعليم من عوامل مادية على الفرد والمجتمع بالنظر إلى ما أنفق على التعليم، وذلك بمقارنة دخول الأفراد المتخرجين من التعليم، وبين تكلفة تعليمهم، أي التي يدفعها المجتمع أو هؤلاء الأفراد، بما في ذلك تكلفة الفرص الضائعة، وهي التكلفة التي كان من الممكن أن يكسبها المجتمع نتيجة عدم اشتراك الأفراد في الإنتاج.

وقد استخدمت طريقة معدل العائد في العديد من الدول، ومنها الدول النامية، لتقدير مدى إسهام التعليم في النمو الاقتصادي. ومن الدراسات الشهيرة ما قام به ساكر بليوس عام 1973 من دراسة العائد الفردي من التعليم، وكذا العائد الاجتماعي في مراحل التعليم: الابتدائي، والثانوي، والعالي، فقد توصل إلى النتائج التالية:

جدول رقم (2) العائد من التعليم على مستوى الفرد والمجتمع

الدولة	السنة	المرحلة الابتدائية		المرحلة الثانوية		التعليم العالي	
		فردي	اجتماعي	فردي	اجتماعي	فردي	اجتماعي
كندا	1967	-	-	11	9	13	12
البرازيل	1992	11	11	21	17	38	15
المكسيك	1963	32	25	23	23	29	23
غانا	1976	25	180	17	13	37	17
نيجيريا	1966	30	23	14	13	34	17
الهند	1960	25	20	19	17	14	13
إسرائيل	1958	27	17	17	7	8	7
اليابان	1961	-	-	6	5	9	6
تايلاند	1970	56	31	15	13	14	11
اليونان	1964	-	-	5	3	14	8
السويد	1967	-	-	-	11	10	9
إنجلترا	1966	-	-	6	4	12	9
نيوزلندا	1966	-	-	20	19	15	13

المصدر: حسان محمد حسان وآخرون: أصول التربية، 1988، ص96.

وتواجه هذه الطريقة بعض الصعوبات والعيوب، منها النظر إلى التعليم على أنه هو الذي يحدد الدخل، دون النظر إلى وجود عوامل أخرى. تؤثر في الدخل، ومنها قدرات الأفراد ووضعهم الاقتصادي والثقافي، والمحسوبية، كما أن هذه الطريقة تحتاج إلى سياسات دقيقة وتفصيلية عن الدخول، وتكلفة التعليم، وإسهام المتعلمون في النمو الاقتصادي.

د- طريقة التنبؤ بحاجات الطاقة العاملة:

تقوم هذه الطريقة على التخطيط للاحتياجات من القوى العاملة من خلال التعليم، لأن ترك قوى العمل لقوى العرض والطلب سيؤدي إلى خسائر كبيرة للمجتمع، بشرية ومادية، نتيجة لإهمال عنصر العمل، وهو أغلى مورد يمتلكه المجتمع، ويتم ذلك بالتنبؤ بالاحتياجات من القوى العاملة اللازمة للنشاطات الاقتصادية حسب القطاعات والمهن، خلال سنوات الخطة.[1]

وتواجه هذه الطريقة صعوبات، منها الصعوبات الفنية، للتنبؤ بالاحتياجات من القوى العاملة، والتغير السريع في مواصفات المهن والوظائف، وبطء متابعة نظام التعليم للتغيرات في سوق العمل.

هـ- العوائد الاجتماعية من التعليم:

بدأ الاهتمام مؤخراً بقياس العوائد الاجتماعية من التعليم، بسبب أن الطرق السابقة ركزت على العوائد النقدية، فضلاً عن الصعوبات الكبيرة لقياس العوائد الاجتماعية، كونها تخضع لعوامل متداخلة، مرئية وغير مرئية، ويكتنف عملياتها الغموض. كما أن العوائد الاجتماعية لا نستطيع تقديرها إحصائياً، وتثمينها مالياً، وربما هذا هو السبب في تأخر قياس العوائد الاجتماعية.

---

(1) للمزيد من التفاصيل: عبدالـلـه عبد الدائم، الخطيط التربوي، مرجع سابق، ص 310.

وما نسميه عائداً اجتماعياً للتعليم، يصعب إرجاعه كلية إلى التعليم، فهناك وسائط تربوية وعوامل أخرى، غير مرئية، تشترك مع التعليم لتحديد العائد منه، غير أن ذلك، وغيره لم يحول دون القيام بمحاولات لقياس العائد الاجتماعي من التعليم.

لقد درست العوائد الاجتماعية من التعليم من خلال دور تعليم في انخفاض الجريمة، وأثر التعليم في رفع المستوى الصحي والمعيشي، وفي تنظيم الأسرة، ودور الوالدين في تربية الابناء، والإنفاق على التعليم، ودور التعليم في ترشيد الإنفاق والاستهلاك.

ومن دراسة المستوى التعليم للمسجونين، وجد انخفاض المستوى التعليمي للمسجونين. ففي الولايات المتحدة وجد أن 60% من نزلاء السجون أمضوا أقل من 12 سنة في التعليم. وتشير دراسات أخرى [1] إن تكلفة السجناء تزايد كثيراً عن تكلفة التعليم، وأن آثار التسرب تظهر في ارتفاع تكلفة الجريمة. وبهذا يتبين أن التعليم يساهم في تقليل الجريمة كون الأفراد ذوي المستويات التعليمية المنخفضة يميلون إلى الفوضى، وضعف الالتزام بالقوانين والضوابط الاجتماعية، وعادة ما يلجأون إلى وسائل غير قانونية، لإشباع رغباهم، وتلبية حاجاتهم. وهناك دراسات تثبت دور التعليم في رفع المستوى الصحي، وتنظيم الأسرة، واختيار الفرد المتعلم لعمله والاستمتاع به والرضا عنه. وغير ذلك من الجوانب التي أصبحت محل بحث وتقصي لقياس العوائد المجتمعية. غير أن المشوار ما زال في بدايته، والقليل من الدراسات التي تمكنت من قياس بعض العوائد الاجتماعية، فإنها ما تزال تنتمي إلى الدراسات التقديرية، التي تبرز أهمية العوائد الاجتماعية، دون التمكن من قياسها رياضياً.

ثانياً: الأصول التخطيطية للتربية

نشأ التخطيط التربوي مرتبطاً بالتخطيط للنمو أو التنمية ا لاقتصادية منذ ظهور التخطيط العلمي في عشرينيات القرن العشرين، فتطور علم الاقتصاد، والأهمية الكبيرة التي نالها الاقتصاد في حياة المجتمعات المعاصرة، قد دفعت إلى تطبيق النظرة الاقتصادية وأساليب علم الاقتصاد ومفاهيمه على التربية، كغيره من مجالات الأنشطة والاهتمامات الأخرى في المجتمع، وبتزايد نجاح هذا التوجه، وبتزايد فوائده ومنافعه على التربية والمجتمع، أخذت التربية تستمد أصولها الاقتصادية من علم الاقتصاد... تأخذ منه أسس ومفاهيم بناءها الاقتصادي، والطرق المنهجية في التحليل والمعالجة، وأساليبها المحاسبية والرياضية في التطبيق والتنفيذ، بعد تطويع تلك الأصول لطبيعة التربوية، وأهدافها الإنسانية، كل ذلك تم عن طريق علم اقتصاديات التعليم الذي صار جسراً بين التربية والاقتصاد. ومن هذه الطرق المنهجية تطبيق التخطيط الاقتصادي الاجتماعي على التربية، فيما يسمى "بالتخطيط التربوي، وصار التخطيط التربوي جزءاً من التخطيط الاقتصادي الاجتماعي، إذ يتبين أنه لا يستقيم التخطيط للنمو أو التنمية ويصح إلا إذا رافقه، وتداخل معه التخطيط التربوي، كون الأخير يختص بأهم عناصر التنمية وأخطرها، وهو عنصر العمل، حيث يتولى إعداد القوى العاملة حسب التخصصات، وعلى كافة المستويات، وتنمية مهاراتهم وقدراتهم الإبداعية والخلقية من شتى

(1) للمزيد من التفاصيل: راجع محمود عابدين قصور النظرة لعوائد التعليم مرجع ص – 45-49.

أبعاد تنمية المجتمع. وعلى حسن إعدادهم وتجهيزهم لمهام الغد، بالكم والكيف المناسبين، والوقت والمكان الملائمين، يتوقف نجاح خطط التنمية.

وفيما يلي استعراض الأصول التخطيطية للتربية، وما يقدمه هذا الأصل من مفاهيم وأسس وأساليب تسهم في تشكيل التربية وصياغة النظام التعليمي وتوجهه نحو تحقيق أهدافه.

1- تعريف التخطيط:

لعله من الصعوبة إيجاد تعريف جامع مانع للتخطيط، لأن التعريفات القائمة ليست خاطئة أو متناقضة، وإنما إن كل منها يعتمد على أساس فكري نظري وتطبيقي، تنطلق منه، بمعنى أن أسباب الاختلاف في تعاريف التخطيط يرجع إلى:

- اختلاف الأيديولوجيات السياسية الاقتصادية بين الدول والهيئات الدولية والإقليمية، وكل منها يختار أو يصمم النوع التخطيطي الملائم للتوجه الاقتصادي والسياسي، واستراتيجية الإنماء المتبعة، وبالتالي صاغت كل منها التعريف الذي يناسبها.

- تعدد أنواع التخطيط، بمستويات ومداخل كثيرة، بحيث صمم كل نوع ليلائم الأهداف، ونوع الأنشطة، وميادين العمل، والآماد الزمنية، وكذا الأساليب والعمليات المتبعة، وفي هذا وذاك، اختلفت تعاريف التخطيط بناء على نوع التخطيط المتبع.

- عكست تعاريف التخطيط آراء المفكرين والباحثين، والمخططين والعاملين في الأنشطة المختلفة في المجتمع، وكل منهم عكس زاوية التخصص ومجال الاشتغال والاهتمام، وتبعاً لذلك اختلفت تعاريف التخطيط.

- تحصر بعض التعاريف التخطيط في عمليات معينة للتنبؤ بالمستقبل، في حين توسع بعض التعاريف التخطيط في كونه شكل من أشكال التنظيم الاقتصادي والاجتماعي.

لهذا وغيره يصعب تحديد تعريف معين للتخطيط، ولكن هناك اتفاق عام مشترك لمعنى التخطيط، هو أنه: [1]

- أسلوب ومنهج للعمل العلمي المنظم.
- تحقيق أهداف محددة في المستقبل بسياسات ووسائل مناسبة.
- إرادة للتغيير المحسوب.
- نظرة مستقبلية بما ستكون عليه الأوضاع والمتغيرات، والاستعداد لمواجهتها.
- استغلال أمثل للموارد والإمكانات المتاحة.
- أسلوب معتمد، لتوزيع الموارد على الاستخدامات، واختيار الوسائل المناسبة للتنفيذ.

هذه المعاني والصفات هي أوصاف للتخطيط، وليست تعريفات له، لأن التخطيط أداة يتحدد معناه وفحواه بناء على ما يراد منه، وطبيعة المجتمع وموارده وأنشطته، واختياراته السياسية والاقتصادية، وكذا

(1) أحمد علي الحاج: التخطيط التربوي، إطار لمدخل تنموي جديد، بيروت، المؤسسة الجامعية للنشرة والتوزيع، 1993.

خلفية القائمين على التخطيط والمهتمين به، كي يتوافق مع ما حوله من تغيرات وظروف، ويستجيب لما يتوقع منه، لذلك شهد التخطيط تطورات مذهلة، حيث تطورت مفاهيم وأسس بنائه، ومنطلقاته الفكرية، وتنوعت أشكاله وأنماطه، وتعددت أساليبه وتقنياته، حتى يستجيب مع كل ما يحيط به، ويحقق ما يلقى عليه أو يطلب منه، وهنا طبيعي أن تختلف تعاريف التخطيط... وأي تحديد لتعريف ما، إنما يعكس الأبعاد السابقة.

وفيما يلي ثلاثة تعريفات، أولهما من وجهة نظر التخطيط المركزي والشامل، والثاني من وجهة نظر التخطيط الجزئي، والثالث لدولة من العالم الثالث، وهي اليمن التي تطبق النظام المختلط في الاقتصاد.

1- يعرف التخطيط بأنه "العملية الواعية لإدارة الاقتصاد القومي لمجتمع ما، ولموارده يهدف تنميتها عن طريق إعادة تشكيل الهياكل الاقتصادية والاجتماعية لهذا المجتمع، وفقاً لخطة عملية موضوعة مسبقاً، بواسطة جهاز تخطيط مركزي قائم على تنفيذها ومتابعتها، وتقويمها"[(1)].

2- ويعرف التخطيط "بأنه التنبؤ بجميع ردود الأفعال، وأن نأخذها في الاعتبار سلفاً، والاختيار بين مناهج بديلة"، تؤدي إلى تحقيق ما يريده المجتمع.[(2)]

ونتيجة لتزايد أهمية التخطيط وكثرة المهتمين به والمشتغلين فيه، ظهرت عدة تعاريف للتخطيط، تعكس إلى حد كبير وجهة نظر القطاعات والأنشطة الاقتصادية من جهة، وتعكس وجهة نظر الاقتصاديين والسياسيين، والإداريين، والاجتماعيين، والتربويين، وغيرهم من التخصصات والاهتمامات العلمية الأخرى من جهة أخرى. وهذا التعدد في تعاريف التخطيط، وما تقوم عليه من منطلقات فكرية وحيثيات بناء، وما يتبع ذلك من أساليب عمل، وطرق تنفيذ، هو علامة صحة وثراء في الفكر التخطيطي وتطبيقاته، أكثر من كونه تعقُّد التخطيط وصعوبات تنفيذه، كما قد يوحي ظاهرياً.

غير أن الاتجاه متزايد إلى جعل التربية منطلق التخطيط للنمو أو التنمية في المجتمع، أياً كان نوع التخطيط ومستواه، كون التربية وأداتها التخطيط التربوي، يختص بعنصر العمل أو القوى البشرية العاملة التي تعتبر العنصر الحاكم في التنمية، لأن ما يعتبر عنصراً اقتصادياً يتوقف إلى حد كبير على المهارات والخبرات الفنية والقدرات الإبداعية والابتكارية التي ترجع إلى التربية المعطاه في نظم التعليم.

ومما يدعونا إلى تأكيد ذلك المنحى المتزايد في تعظيم دور التربية، دون تحيزات جديدة نابعة من تخصصنا كتربويين، توسع شقة الخلاف بين التخصصات المهتمة بالتخطيط أو القطاعات الاقتصادية.. إن التنمية لا يمكن أن تتحقق بمجرد توافر عنصر رأس المال، أو بمجرد استيراد المصانع والآلات، وإنما بالعمل على تنمية المهارات والمعارف والقدرات البشرية، وتفجير طاقاتهم الخلاقة، وصقل مواهبهم واستعداداتهم الفطرية.

وتزداد أهمية عنصر العمل من حاجة وسائل الإنتاج الحديثة إلى مهارات عالية المستوى، وكلما تطورت الاختراعات والمعدات وأساليب الميكنة الحديثة، تزايد الطلب على المهارات والخبرات الدقيقة التي يخرجها التعليم، لأن التعليم والتدريب المقدم والمعطى في مؤسسات التعليم ، هو السبيل للحصول على المهارات

---

(1) سعد حافظ: محاضرات في التخطيط الاقتصادي ، وأساليبه، القاهرة، معهد التخطيط القومي، 1985، ص40.

(2) محمد الكردي: التخطيط للتنمية الاقتصادية والاجتماعية، القاهرة ص 22.

والخبرات، وبذلك أصبح التعليم والعلم عموماً أساس الإنتاجية العامة والفردية، وأساس التنمية الاقتصادية والاجتماعية والسياسية.(1)

وبهذا، صار ينظر إلى التربية ليست كقطاع مواز مثلاً للزراعة والصناعة، ولكن كعنصر حاكم، ومدخل للتنمية، إذ تعد التربية عنصر متشعب، تتكامل أفقياً ورأسياً مع جميع مجهودات التنمية، وقد أكد المؤتمر العام لليونسكو على أنه نظراً لتداخل خطوط التنمية، وتعقد المشكلات التي يجب على التربية أن تساعد في حلها، فإنه ينبغي اعتبار التربية محتوى منهجي متعدد الفروع كعامل تنمية متعدد الأبعاد، المرء فيها غاية ووسيلة.(2)

والأدلة في هذا الشأن كثيرة من تخصصات وأطراف عديدة، باتت تؤكد أهمية التخطيط التربوي، واعتباره قاعدة ارتكاز التنمية، وأساس التقدم الاقتصادي والاجتماعي.

2- مفهوم التخطيط التربوي:

في إطار حلقات الترابط، ومسارات التكامل بين التربية والتنمية... واعتبار التربية هي المدخل العام للتنمية، فيجب أن يكون التخطيط التربوي قاعدة التخطيط للتنمية الاقتصادية والاجتماعية، لأن التخطيط التربوي يتولى إنماء التربية وتطويرها، يقصد توفير شروط توثيق العلاقة بني التربية والتنمية من خلال تنمية الموارد البشرية، وإعداد العمالة الماهرة المؤهلة والمدربة، في كافة التخصصات وعلى جميع المستويات، إلى جانب ذلك إيجاد قاعدة عريضة من المتعلمين، لضمان حد أدنى من التعليم لكل مواطن، وتحسين نوعية الموارد المستخدمة في التنمية وتوسيع المشاركة في التنمية، من خلال تعديل نظام القيم والاتجاهات، بما يتناسب والطموحات التنموية، وتقدير قيمة العمل والإنتاج،(3) وتهيئتهم لتقبل التغيير والاستعداد له، وتعميق الإحساس بالحرية والمحافظة عليها، وتطوير القيم الاجتماعية والثقافية، وتدعيم الانتماء السياسي للوطن. وبما يمكن من المشاركة في عوائد التنمية، وتحسين نوعية الحياة التي تنعكس على نجاح التنمية واطراد تقدمها.

وقبل تحديد مفهوم التخطيط التربوي يحسن التفرقة بين التخطيط التربوي والتخطيط التعليمي، إذ أن الفرق بينهما يرجع إلى الفرق بين التربية والتعليم، حيث أن التربية كعملية نمو وتغير وتكيف مستمر للفرد من جميع جوانبه الجسمية والعقلية والوجدانية، من شتى أبعاد زوايا المجتمع الاجتماعية والاقتصادية..الخ فإن هذه العملية تتم في كل وسائط أو مؤسسات التربية، وهي: الأسرة والمسجد، والإعلام، وجماعة الأقران(4)، والمنظمات المهنية والسياسية وغيرها، ثم المدرسة أو نظام التعليم. ومعنى التربية هذا، ومجال حدوثها، يعني أن التخطيط التربوي هو الذي يشمل تلك المؤسسات التربوية كلها، غير أن تخطيطاً كهذا يندر حدوثه، أما التخطيط التعليمي فهو التخطيط الذي يتم في المدرسة أو نظام التعليم فقط، لأسباب عديدة، ولكن قد يستخدم مصطلح التخطيط التربوية كلفظ مرادف للتخطيط التعليمي، على أساس أن ما يقوم به نظام

---

(1) للمزيد من التفاصيل راجع: أحمد علي الحاج: التخطيط التربوي ، مرجع سابق، ص 86-89.

(2) Unesco Record of the General Conference Twentieth Session Paris 1978 Voluml Resolution (Paris: Unesco 1978) P23.

(3) عبد العزيز الجلال: دور التربية في التنمية، مدخل إلى دراسة النظام التربوي في اقطار الجزيرة العربية، مجلة دراسات الخليج، العدد 39، يونيو 1984، ص 125.

(4) الأصحاب والأصدقاء.

التعليم وما يؤدي إليه هو في نهاية المطاف تربية، والكثير من الدارسين عندما يستخدمون لفظ التخطيط التربوي فإنهم يقصدون ناتج التعليم، وليس التعليم نفسه، لأن غاية التخطيط التعليمي هو حدوث عملية التربية، كمنتج نهائي حصل لدى المتعلمين. وبهذا فإذا ما استخدم لفظ التخطيط التربوي في هذه الدراسة إنما هو لفظ مرادف للتخطيط التعليمي، على أساس أن الأخير عملية لها ناتج، وناتجها هو التربية، وعندما نخطط للتعليم فإن قصدنا هو التربية وليس التعليم بحد ذاته.

وبهذا، فإن مفهوم التخطيط التربوي، هو العملية العلمية المتصلة والمنظمة لإنماء منظومة تربوية قائمة على مقابلة واقع التعليم بالأوضاع السكانية الاقتصادية والاجتماعية، ومناسبة لاحتياجات المجتمع وإمكاناته المتاحة، والاختيار الواعي لأهداف مختارة بعناية تتحقق مستقبلاً بوسائل وسياسات مناسبة، وغايتها أن يحصل التلاميذ والطلاب على تعليم واضح الأهداف، يتيح بيئة نمو عريضة، لإنماء كل فرد لقدراته واستعداداته، للوصول إلى أفضل عطاء إنساني لتنمية مجتمعه وتطويره.

وبهذا المفهوم، يصبح التخطيط التربوي مرتكز التخطيط وقاعدة تحقيق التنمية في المجتمع، كونه يتضمن معالجة عقلانية وعلمية لأوضاع التربية ومشكلاتها، لتنمية تربوية متوازنة، في ضوء السياسة التعليمية التي تعكس الوضع الاقتصادي والاجتماعي والسكاني، واختيار التدابير والوسائل لتخطيط الاستخدام الأمثل للموارد البشرية والمادية من أجل إعداد التلاميذ والطلاب، وإذكاء قدراتهم، وتنمية شخصيتهم من جميع جوانبها، كي يصبح كل واحد فيهم مواطناً مستنيراً، وفرداً منتجاً وشخصية متكيفة مع مجتمعها، حاساً لمشكلاته، ومطالبه، وكل ما يسهم في تنمية الموارد البشرية عموماً، وتلبية حاجة سوق العمل والمجتمع من الاختصاصيين والخبرات العملية المختلفة.

3- أهمية التخطيط التربوي وأهدافه:

تعاظمت أهمية التخطيط التربوي بتوسع انتشاره، وتزايد الأخذ به من قبل الدول على مختلف نظمها السياسية والاقتصادية، والهيئات والمنظمات الدولية، والإقليمية، والمحلية ذات العلاقة وكذا من قبل الأنشطة الاجتماعية الخاصة أو غيرها، ثم بفضل التطور الكبير في منطلقات التخطيط التربوي وأساليبه خصوصاً، والتخطيط الاقتصادي الاجتماعي عموماً، كون التخطيط التربوي أداة توثيق العلاقة بين التربية والتنمية من خلال تنمية القوى البشرية، وتجهيزها لمهام تنموية، اقتصادية واجتماعية، حضارية إنسانية.

وتنبع أهمية التخطيط التربوي، من كونه أساس التخطيط الاقتصادي، لأن الأول يتولى العنصر البشري، وهو العنصر الحاسم في التنمية الشاملة في المجتمع، حيث يتولى إعداد القوى العاملة الماهرة، والفنيين والإداريين والاختصاصيين اللازمين لتلبية احتياجات القطاعات الاقتصادية. وعلى كفاءتهم يتوقف الإنتاج، وزيادة الدخل القومي، وأي استثمار في رأس المال البشري هو أكثر رؤوس الأموال عطاءً وإنتاجاً، ليس في الجانب المالي، وإنما أيضاً في أن البشر هم مصدر المعرفة والإبداع، وفي الترشيد، وتعلم أنواع جديدة في طرق العمل، واكتساب المهارات المتنوعة.

كما تنبع أهمية التخطيط ا لتربوي من ضرورة إيجاد نوع من التكامل، ليس بين عناصر التربية وأجزاءها، وإنما أيضاً إيجاد نوع من التكامل والتوازن الدائم بين مراحل التعليم وأنواعه، بين جوانبه النظرية والتطبيقية، وبين كمّه وكَيْفِه، بل ويتعدى ذلك إلى إيجاد نوع من التوازن بين الخدمات التعليمية، أو إتاحة الفرص التعليمية بين الأقاليم والمناطق... بين الذكور والإناث... بين الصغار والكبار، وهكذا.

والتخطيط التربوي بهذه الأهمية قد حتمته عوامل ودعت إليه مبررات ومتغيرات عديدة، لعل أهمها[1]:

- **الزيادة السكانية**، وما تؤديه من تصاعد الطلب الاجتماعي على التعليم عاماً بعد آخر، وما يتطلبه ذلك ويفرضه على الدول خاصة من ضرورة التخطيط العقلاني لنظام التعليم، لمواجهة مطالب السكان المتزايدة على التعليم، وحصول أبناء المجتمع على الفرص التعليمية المناسبة، تطبيقاً للمبادئ السياسية التي ترفعها الدول، ومبدأ حق كل إنسان في تربية تناسب قدراته وطموحه. وهذا يفرض على التخطيط التربوي تقديم أنواع تعليمية بصيغ ومستويات جديدة، وأساليب تعليم وتعلم متطوره، تتجاوز الأنماط التقليدية، وتستجيب للمطالب المتنوعة للسكان، وتلائم ظروفهم.
- **التغيرات الهائلة في تركيب الاقتصاد وتركيب القوى العاملة**، حيث تزايد الاتجاه نحو إعادة هيكلة الاقتصاد، بتراجع قطاعات وأنشطة اقتصادية، كالقطاع الزراعي، والأنشطة التقليدية، وتصدر قطاعات أخرى، كالقطاع الصناعي والتجاري والمعرفي، وذلك من حيث مساهمة كل قطاع ونشاط اقتصادي في قيمة الانتاج والدخل القومي، وحجم العمالة، ومستوياتها، وما رافق ذلك ونجم عنه إلى جانب عوامل أخرى؛ تغيرات كبيرة في تركيب القوى العاملة من حيث مستوى المهارات والخبرات والقدرات والأساليب المتطورة اللازمة لشغل الوظائف والمهن في القطاعات الاقتصادية. ولما كان التعليم اليوم أساس الحصول على المهارات والخبرات فقد تطلب الأمر تخطيط التعليم، لتوفير القوى العاملة بالمواصفات التي يتطلبها سوق العمل، والتغيرات التي تحدث في ممارسة الوظائف والمهن.
- **الانفجار المعرفي**: يشهد عالمنا المعاصر تزايداً مذهلاً في المعارف والمعلومات في شتى فروع العلم، وفي سرعة تغيرها واستهلاكها، وما رافق ذلك من ثورة في مناهج البحث وأساليبه، في النظر والمعالجة والتحليل، وفي طرق تصنيف المعلومات، وتبويبها واستخدامها على نطاق واسع، مما فرض تخطيط نظام التعليم لمتابعة الجديد من المعارف والمعلومات وتجديد محتوى التعليم وأساليبه، وتوطين العلم، والبحث عن سبل توظيف المعارف وتطبيقاتها المختلفة.
- **حاجة تنمية القوى البشرية إلى فترة طويلة**، قد تزيد عن ثلاثين عاماً لإعدادها وتأهيلها المواكب لاحتياجات التنمية والتطور الاجتماعي والاقتصادي، كما وكيفاً، في الحاضر والمستقبل، وهذا يفرض تخطيط التعليم، للتنبؤ بالمستقبل، ومواجهة التغيرات المحتملة فيه، في ضوء مؤشرات النمو الاقتصادي والاجتماعي، وتوقعات التغير فيه، وذلك لضمان الإعداد والتأهيل المناسب
- **تزايد نفقات التعليم**: وذلك لمواجهة مطالب السكان المتزايدة على التعليم، بموجهاتهم الاجتماعية، والسياسية، والاقتصادية، وبصورة تعجز معها الدول والأفراد من تحمل تلك النفقات المتزايدة، مما فرض تخطيط التعليم للبحث عن سبل خفض كلفة التعليم، دون المساس بجودته، عن طريق الاستخدام الأمثل للموارد والإمكانات المتاحة وترشيد الإنفاق، والبحث عن مصادر جديدة لتمويل التعليم.

---

(1) Bernard Berelsom: Population growth and education Planning in Developing Nations, New York, 1975, p.p. 26-27.

أيضا : أحمد علي الحاج المرجع السابق، ص 131، 134.

- **التغلب على المشكلات التربوية**، إذ لا يخلو أي نظام تعليمي من صعوبات ومشكلات، أحياناً تكون معقدة ومركبة، منها ما هو مستمد من الماضي، وتفرغ نفسها في معضلات خطيرة تؤثر على جوانب عديدة من التعليم، ومنها ما هو مستمد من الحاضر، ومنها ما يتشكل من تحديات المستقبل. وتظهر هذه المشكلات في الجوانب التنظيمية، والإدارية، وفي الموارد البشرية والمادية، وفي محتوى التعليم وأساليبه وتنوعه، وغير ذلك، مما يفرض تخطيط التعليم للتغلب على تلك المشكلات، أو القضاء على بعضها، أو الحد من البعض الآخر، في إطار نظرة فاحصة تشمل جوانب تشخيصها، وسبل علاجها.

وغير ذلك من الميزات والأسباب التي حتمت على قيام التخطيط التربوي كمنهج علمي شامل، باعتباره المدخل الحقيقي للتنمية الشاملة.

أهداف التخطيط التربوي:

بقيام التخطيط التربوي، فإنه لا بد أن يتضمن جملة من الأهداف التي يسعى إلى تحقيقها. وتعبر هذه الأهداف عن مطالب المجتمع وطموحه، فيما يرغب أن يكون في أحسن صورة، بحيث يتم استغلال ما هو متاح، وتوظيف أمثل للموارد والإمكانات البشرية والمادية، بأقل جهد ووقت، وتكلفة أقل، ومردود اكبر، لبلوغ تلك الأهداف.

على أن تلك الأهداف تتصف بدرجة من العمومية كي ترسم الاتجاه العام لما يراد إحداثه في الواقع، وحتى يمكن ترجمتها إلى مشاريع وصور رقمية، وإجراءات تنفيذية تمارس في الواقع التربوي، وهذه الأهداف رغم تعددها وتنوعها، إلا أنه يمكن تجميعها وبلورتها في الأهداف العامة التالية: [1]

أ- الأهداف الاجتماعية:

وهي واسعة تشمل رفع المستوى التعليمي لدى غالبية أفراد المجتمع، وما يرافق ذلك من رفع المستوى الصحي، والغذائي، والاستهلاكي، ونشر الوعي الاجتماعي، وزيادة فرص الحراك الاجتماعي، وجعل أفراد المجتمع أكثر دينامية وفعل في تغيير مجتمعهم، وكذا تطوير المجتمع، وجعله أثر قابلية للنمو والتقدم.

والتخطيط التربوي بهذه الأهداف هو الطريقة الإجرائية لتنفيذ السياسة التعليمية، إذ يترجمها التخطيط التربوي في جانبها الاجتماعي إلى الأهداف التالية:

- إعطاء فرص تعليمية متكافئة لجميع أفراد المجتمع صغاراً وكباراً، ذكوراً وإناثاً، حضراً وريف، دون أية اعتبارات.

- إتاحة الفرص أمام الدارسين لإنماء شخصياتهم إلى أقصى ما تسمح به قدراتهم واستعداداتهم، إلى أي مستوى تعليمي تؤهله لهم قدراتهم.

- الوفاء باحتياجات التنمية وتطور المجتمع من القوى العاملة المؤهلة والمدرسية.

- الحفاظ على الجيد من تقاليد المجتمع وقيمه وأنماط سلوكه، وما يعتقدونه أنه خير وجميل.

---

(1) محمد سيف الدين فهمي: التخطيط التعليمي، القاهرة، الأنجلو المصرية، 1976، ص 28، ص 28،41. أيضاً: أحمد علي الحاج، التخطيط التربوي، مرجع سابق، ص 124،126.

ب- الأهداف السياسية للتخطيط التربوي:

يستمد التخطيط التربوي أهدافه السياسية من النظام السياسي القائم، أيا كان هذا النظام السياسي ديمقراطياً، أو دكتاتورياً، ملكياً أو عنصرياً، عسكرياً أو فوضوياً.

وعموماً تتبلور الأهداف السياسية للتخطيط التربوي في :

- غرس مبادئ وأهداف النظام السياسي لدى النشئ الجديد، بما يثبت ويقوي دعائم النظام السياسي وسلطته القائمة.
- تكوين المواطن المؤمن بوطنه، وأهدافه السياسية العليا.
- تنمية الروح الوطنية والقومية بين أفراد المجتمع، بما يحقق التماسك والانسجام بين الأفراد والجماعات الاجتماعية.
- تنمية قيم التفاهم والتعاون بين الثقافات والمجتمعات الإنسانية، وبما تؤدي إلى تحقيق الأمن والسلام الدولي بكل أبعاده الاجتماعية والطبيعية.

جـ- الأهداف الثقافية للتخطيط التربوي:

التربية أداة الثقافة في إعادة إنتاج الثقافة واستمرارها في أبها صورة وأنقى عطاء إنساني لها. والتربية بخاصيتها المركبة وطبيعتها الفريدة تلخص تراث الماضي وتعكس أنقى ما فيه إلى الحاضر، ليتشربه أبناء المجتمع، وتستمر ثقافة المجتمع من خلال أعضائه الجدد. ثم تستجيب التربية لحاضر المجتمع من خلال تفاعلها مع ظروف المجتمع لتلبية احتياجاته، فإنها تضيف إلى ثقافة المجتمع مما يستمد من أفكار وخبرات واتجاهات جديدة، كذا تقوم التربية -بحكم طبيعتها المستقبلية- باستشراف المستقبل، ومحاولة التنبؤ بما ستكون عليه الأوضاع والظروف، ثم تقوم التربية بالاستعداد لذلك المستقبل ومحاولة تشكيله، وذلك بما تملكه من فكر ومنهج، وبما تتميز به من علاقات تفاعل متبادلة مع الثقافات الأخرى، تضيف إلى الثقافة الوطنية خبرات وأفكار وتجارب وأساليب تجدد الثقافة الوطنية وتطورها باستمرار...

وبالتخطيط التربوي يتعزز تحقيق الأهداف الثقافية، وتصبح ثقافة المجتمع أكثر دينامية في إنماء النشئ الجديد، وجعلهم أكثر تمثلاً لثقافة مجتمعهم. ويمكن تلخيص الأهداف الثقافية للتخطيط التربوي بما يلي:

- حفظ ثقافة المجتمع وتراثه الذي يميز شخصيته المتكونة عبر تاريخه الطويل، وذلك بنشرها ونقلها من جيل إلى جيل.
- تجديد الثقافة وتطويرها، بتنقيتها من الشوائب، وحذف ما يتعارض مع الظروف المتغيرة والتقدم، وكذا بالإضافة إليها مما يستجد، وتنميتها بعقلانية.
- رفع مستوى الثقافة بين ابناء الشعب بإتاحة فرص التعليم وجعله حقاً لكل مواطن؛ بتنويعه، وزيادة وصول الأفراد إلى أعلى المستويات التعليمية، وكذا مكافحة الأمية، والتوسع في تعليم الكبار، وبرامج التعليم عن بعد، وإقامة دور الكتب، والمعارض الفنية والأدبية....الخ.
- حل مشكلات الثقافة، بتخفيف حدة التمايزات الثقافية بين المناطق والفئات، بنشر المعرفة وتنويع التعليم، ببرامج وأساليب جديدة.
- زيادة فرص تفاعل نظم التعليم وبخاصة الجامعات مع الثقافات الأخرى، ونظم تعليمها، وما يستجد

فيها من تجارب ومستحدثات جديدة.

د- الأهداف الاقتصادية للتخطيط التربوي

لتعزيز علاقة التربية بالتنمية،يقوم التخطيط التربوي بتحقيق الأهداف الاقتصادية التالية:

- تلبية احتياجات التنمية وتطور المجتمع من القوى العاملة المؤهلة والمدربة في جميع التخصصات وعلى كل المستويات المهنية سواء على المدى القصير أو البعيد.
- رفع الكفاية الإنتاجية للفرد عن طريق إكسابه الخبرة والمهارة والقدرة على تنمية مهاراته وتجديد معارفه وخبراته.
- زيادة قدرة الفرد ومرونته في التحرك الوظيفي، والانتقال إلى مهن ووظائف جديدة، تبعاً لتغير الظروف الاقتصادية.
- مواجهة مشكلة البطالة وبخاصة بين المتعلمين بما يحقق التشغيل الكامل لقوة العمل المتوافرة.
- المساهمة في عملية التطور الاقتصادي، عن طريق البحث العلمي، وتطوير أساليب وتجارب جديدة.
- استخدام أمثل لمخصصات التعليم عن طريق خفض الكلفة، وزيادة الانتاجية.

4- مراحل التخطيط التربوي:

التخطيط عملية متصلة، يصعب فصل أجزاءها، ولكن ليس من المنطقي القيام بالتخطيط دفعة واحدة، لهذا لا بد من رصد الخطوات الرئيسية للقيام بمهام التخطيط، والمتمثلة بالمراحل التالية: [1]

أولاً: مرحلة التخطيط والإعداد

إن نقطة البداية الصحيحة في التخطيط التربوي هو تقويم الوضع الحالي لنظام التعليم، بدراسة التجارب السابقة، وما استحدث فيه من تطور، ورصد نقاط القوة والضعف فيه، ثم تشخيص الواقع الراهن، من حيث موارده وإمكاناته البشرية والمادية، ودراسة العوامل والقوى التي تؤثر عليه إيجاباً أو سلباً، ثم دراسة بيئة النظام التربوي الاقتصادي والاجتماعي، ومتطلباتهما. وتتطلب هذه المرحلة جمع الدراسات والبيانات التفصيلية عن :

- السكان وتركيبهم الديمغرافي، واحتمالات نموهم المتوقعة، واسقاطات السكان في سن أنواع التعليم لأكثر من عشرين سنة، وذلك لتحديد العبء الذي ينبغي أن يواجهه نظام التعليم.
- القوى العاملة، من حيث الواقع الحالي لقوة العمل، حجماً، وتوزيعاً، ومستوياتها التعليمية، والمهارية، ومؤشرات التغير فيها، بناء على التحولات الاقتصادية والاجتماعية، ثم تقدير الاحتياجات المتوقعة في المستقبل من القوى العاملة حسب المهن والقطاعات...الخ، والتنبؤ باتجاهات التغير في القوى العاملة، وفي اتجاهات التغير الاقتصادي والاجتماعي.
- نظام التعليم، من حيث حصر إمكاناته وموارده البشرية والمادية، ثم القيام بتقدير الاحتياجات المتوقعة من هذه الموارد والإمكانات البشرية والمادية اللازمة لنظام التعليم.

بهذه الدراسات، وجمع البيانات والمعلومات الدقيقة والشاملة عن نظام التعليم وصور ارتباطاته بمحيطه

(1) أحمد علي الحاج: التخطيط التربوي، مرجع سابق، ص 130، 134.

الاجتماعي والاقتصادي، وما ينبغي القيام به، تتكشف حقائق الوضع التعليمي، وتتضح جوانب إصلاح التعليم وإنماؤه. وهذه بدورها تعتبر مؤشرات لتحديد أهداف التخطيط التربوي.

ثانياً: مرحلة تحديد أهداف الخطة

في ضوء التحضيرات السابقة يتم اختيار جملة من الأهداف العامة، المختارة بعناية، وتحديدها بدقة كاملة... وهذه الأهداف إذا كانت تصور ما يلزم إحداثه في نظام التربية، وتعبر عما يتوق إليه المجتمع ويحتاج إليه: فإنها تستمد من فلسفة المجتمع، وتبنى على سياسة الدولة وتوجهها الاقتصادي والاجتماعي... لذلك فإن تحديدها من مهمة السلطة السياسية المنوط بها اتخاذ القرارات. ولما كانت هذه الأهداف ستحدد الاتجاه العام لسير عملية التخطيط، وتبين نقطة البداية والنهاية، ومسارات تنفيذ خطة التعليم، فيجب أولاً أن نختار تلك الأهداف بعناية فائقة بناء على المفاضلة بين أولويات المجتمع وظروفه، دونما تعارض أو تضاد، وأن تصاغ تلك الأهداف ثانياً بعبارات عامة مختصرة، دقيقة وواضحة، كي تحدد الاتجاه العام للتخطيط، وبما يمكن من ترجمة تلك الأهداف إلى صور رقمية كمية، ومشاريع وبرامج عمل، كما توضحه المرحلة التالية:

ثالثاً: مرحلة وضع إطار الخطة

تتجمع الخطوات والإجراءات السابقة ذكرها، وتفصل في هذه المرحلة، بحيث تترجم في صور مشاريع وبرامج عمل وإجراءات لما يجب إحداثه من تطوير وتغيير في نظام ومؤسسات التعليم. وما يلزم القيام به من إجراءات في ضوء الإمكانات والموارد المتاحة، وبما يؤدي إلى تحقيق الأهداف المرسومة. ويتم في هذه المرحلة وضع إطار الخطة الذي يتضمن أبرز الأمور التالية:

− تحديد معدلات الالتحاق والقبول بمراحل، وأنواع التعليم زمانياً ومكانياً.

− وضع برنامج محدد بسنوات الخطة، لإقامة مشاريع التعليم من أبنية مدرسية وغير ذلك.

− تحديد الاحتياجات من المعلمين وسبل إعدادهم خلال سني الخطة، وكذا حاجة الجهاز التعليمي من الإداريين والمشرفين والموجهين...الخ ومرافق، وتجهيزات، ومستلزمات تشغيل، وغيرها، وكذا بيان كلفة مشاريع التعليم، وكلفة التعليم عموماً، مع بيان مصادر التمويل، والتوقع بمتغيراتها.

− ما يجب تغييره في نظام ومؤسسات التعليم، واستحداثه من صيغ وأساليب تعليمية، وكذا ما يلزم تغييره وتطويره في المناهج والمقررات الدراسية، وكذا الأنشطة المصاحبة.

− تعيين الواجبات التنفيذية للوحدات الإدارية المختلفة... القيادية والإشرافية والتوجيهية.

− تحديد الأساليب والطرق الواجب إتباعها، لتنفيذ خطة التعليم في زمانها ومكانها المحددين.

− وضع مؤشرات للاحتمالات المتوقعة في تنفيذ الخطة، والاستعداد لمواجهتها.

رابعاً : مرحلة إقرار الخطة

بوضع إطار خطة قطاع التعليم، يقوم أعلى جهاز تخطيطي في الدولة بدراستها، ومناقشتها على مستوى التخطيط القومي الاقتصادي الاجتماعي، إذ قد تعدل بالإضافة أو الحذف، أو موازنتها مع مخصصات التعليم، وذلك لضمان تناسقها وتكاملها مع القطاعات الاقتصادية، وكذا دراسة إمكانية تنفيذها دون عوائق أو هدر لموارد التربية... وبعد المناقشة الدقيقة تلك لمفردات خطة قطاع التعليم تصبح الخطة قابلة لعرضها على السلطة التشريعية لاعتمادها رسمياً، تمهيداً لصدور قرار السلطة التنفيذية، ثم تصبح بعدها

خطة التعليم ملزمة التنفيذ.

خامساً: مرحلة التنفيذ

بعد إقرار الخطة رسمياً وشعبياً تقوم وزارة التربية بوضع السياسات اللازمة، واتخاذ القرارات المحددة لمعالم تنفيذ الخطة، وكذا تحديد مقادير الواجبات والأعباء المسندة لكل وحدات التنفيذ، بما في ذلك تجديد الأساليب الممكنة من التنفيذ، وما يتبع ذلك من تهيئة المناخ الملائم للتنفيذ، وخلق الرأي العام المساند لجهود التربية في تنفيذ خطتها.

ويجب أن يظل تنفيذ الخطة مستمراً حتى نهايتها المحددة، وبنفس الجهود والحماس الذي بدأت بها الخطة، إذ قد يكشف التنفيذ عن معوقات ما، أو ظهور مشكلات تعترض التنفيذ، فيلزم هنا التدخل السريع لإيجاد الحلول المناسبة، أو تعديل الوسائل المتبعة، وقد يستدعي الأمر تعديل بعض الأهداف أو إدخال تنظيمات جديدة تدعم التنفيذ، على أن تستمر تلك التدخلات حتى بعد الانتهاء من الخطة وبداية خطة جديدة، وبدون هذه الجهود وتلك التدخلات كلما اقتضى التنفيذ ذلك، لأصبحت خطة التعليم حبراً على ورق.

سادساً: مرحلة المتابعة والتقويم

يتوقف بلوغ الخطة لأهدافها على المتابعة والتقويم، فالمتابعة تتم بملاحظة خطوات التنفيذ، سواء من قبل وحدات التنفيذ، للتعرف على أداء الأفراد ومنجزاتهم، ومن قبل جهاز التخطيط، لتلافي حدوث أي انحرافات عما هو مرسوم ومحدد، خلال سنوات الخطة، وبما يسمح بإجراء تعديل ما في الخطة، أو في الإجراءات التنفيذية، وحدود هذا التعديل وشروطه، أو للتعرف على المنجزات التي تحققت في أزمانها المحددة، أو التي لم تتحقق، فضلاً عما توفره المتابعة من معلومات تفيد المخطط والمنفذ، وتفيد في وضع الخطط القادمة.

وتلازم التقويم والمتابعة، راجع إلى كون التقويم، يتم بعد متابعة التنفيذ، وذلك بمقارنة النتائج المتحققة فعلاً بالأهداف المرصودة، فتكشف المتابعة عن نواحي النقص، والتغير، وأسبابه، وهذا يتيح مراقبة النتائج المتحققة بالمستهدف، ثم تستخدم معايير ومؤشرات للحكم على كفاءة التخطيط في تحقيق الأهداف، ودرجة استجابة التخطيط لمواجهة التغيرات المختلفة.

والتخطيط التربوي، أيا كان نوعه، ومستواه، ومداه يواجه صعوبات ومشكلات، بعضها ناشئ من طبيعة التربية، من حيث أهدافها الإنسانية المركبة، وتعقد مشكلاتها، نتيجة لاتساع جهاز التربية وخضوعه للعديد من المؤثرات المحسوسة وغير المحسوسة، وكذا بطيء متابعة التربية للتغيرات السريعة في المجتمع، وللتقدم العلمي و التكنولوجي، وبعض هذه الصعوبات ناشئ عن التخطيط من حيث صعوبة أساليب التنبؤ، وصعوبة التحكم بالمؤثرات السياسية والاجتماعية، ومقاومة الكوادر الإدارية التقليدية للتخطيط، باعتباره سياسة مفروضة عليهم من أعلى، بجانب الأمراض الإدارية المزمنة، وصعوبة التحكم في متغيرات التربية، والسيطرة عليها كلية، وضبط كل عناصر ومكونات النظام التعليمي، فضلاً عن الصعوبات الفنية، وعدم وجود معلومات دقيقة. غير أن هذه الصعوبات لا تحول دون الأخذ بالتخطيط التربوي، أو تقلل منه كأسلوب ثبت نجاحه، بقدر ما يعيننا على رؤية صعوبات التخطيط، والتبصر بمحاولة حلها حتى نضمن للتخطيط التربوي شروط قيامه، وعوامل نجاحه.

5- مداخل التخطيط التربوي:

وهي عبارة عن الإطار العملي الذي يحدد أسس وضع الخطة والمسار الذي تتبعه، واستراتيجية تنفيذ الخطة على مستوى قطاع التعليم، وقطاعات الاقتصاد القومي.[1]

وقد تعددت هذه المداخل تبعاً لما يراد من التخطيط تحقيقه للمجتمع، واختياراته السياسية والاجتماعية والاقتصادية.

وهذه المداخل هي:[2]

- مدخل الدراسات المقارنية.
- مدخل الطلب الاجتماعي على التعليم.
- مدخل إعداد القوى العاملة.
- مدخل الكلفة والعائد.
- مدخل النماذج.

هذا، وهناك تقنيات للتخطيط التربوي، هي بمثابة أساليب فنية، رياضية، نوعية وكمية، لقراءة المستقبل والتنبؤ بما ستكون عليه الأوضاع في المستقبل، واحتمالات التغير فيه، وقواه الحاكمة.

وعلى أسس مدخل التخطيط التربوي والتقنية المستخدمة فيه يمكن تنظيم عملية التخطيط وترتيبها منطقياً، وترجمتها إلى أنشطة وممارسات وفق خطوات محسوبة ومعروفة في اتجاه تحقيق أهداف التخطيط التربوي.

ومن هذه التقنيات:

- الأساليب التقديرية الكمية ومنها: القيد المدرسي، التدفق الطلابي، الانحدار الخطي، بحوث العمليات، أسلوب النظم، البرمجة الخطية، الميزانية المبرمجة، التحليل الشبكي، نظريات المباريات...الخ.
- أساليب التنبؤ وهي نوعان:
  - الأساليب النوعية: ومنها أسلوب دلفى، السيناريو، التنبؤ الخيالي..الخ وتحليل السلاسل الزمنية، واسقاطات الاتجاه...الخ.
  - النماذج السببية: ومنها نموذج المدخلات والمخرجات، تحليل الارتباط المتعدد، وتحليل الانتشار...الخ.
- الأساليب الرياضية: ومنها نموذج المحاكاه، وتحليل أثر الاتجاه، والتحليل المورفولوجي، مونت كارلو. وغيرها.

وهكذا تتضح إسهامات الأصول الاقتصادية للتربية، والأصول التخطيطية للتربية ونواحي فعلهما في صياغة مكونات النظام التعليمي وضبط عملياته، وتنظم خطوات سيرته، والقيام بوظائفه بكفاية وفاعلية، وضمان وصوله إلى المخرجات أو الأهداف المرجوة للفرد والمجتمع

---

(1) أحمد علي الحاج: التخطيط التربوي، مرجع سابق، ص 143.

(2) المرجع السابق، ص 143،160.

الباب الثالث

الأصـــول الخاصـــة بالتربيـــة

3

الفصل الثاني عشر
أصول التربية اللامدرسية والمدرسية

أولاً: التربية اللامدرسية

نشأت التربية اللامدرسية (أو غير المقصودة) في المجتمعات البدائية والقديمة عندما ظهرت الجماعات الإنسانية، وأخذ أفرادها يقيمون علاقات ويتفاعلون فيما بينهم أثناء قيامهم بأنشطة مشتركة من أجل إشباع حاجاتهم المادية والفكرية، وممارستهم لأنواع العمل والتفكير، وما نجم عن ذلك من أساليب عيش، وتقاليد وخبرات، وتنظيمات اجتماعية، عندها ظهرت أولى أشكال التربية اللامدرسية، كضرورة اجتماعية، لبقاء حياة الجماعة أو المجتمع، كعامل للتغيير والتطوير.

والتربية هنا كانت مرادفة للحياة أي لا تختلف عن عملية الحياة نفسها، حيث كانت تقوم وتحدث بصورة تلقائية وسط الجماعة، ومن خلال مناشطهم المختلفة، حيث يحتك الصغار بخبرات الكبار، يشاركونهم في وسائل معيشة المجتمع، فيتعلم النشئ سبل العيش والخبرات والمهن والأفكار بالاحتكاك تارة، وبالتلقين تارة ثانية، وبالتدريبات العشوائية تارة ثالثة. وهكذا كان الولد يشترك مع أبيه في النشاط الذي يقوم به، فيقلده، ويقتدي به، وتدريجياً يأخذ عنه أسرار المهنة، وكذا الحال بالنسبة للبنت التي كانت تحاكي أمها وتقلدها في مناشط المنزل وإدارته وتدبير شؤونه.

وما دامت عملية التربية لا تختلف عن عملية الحياة نفسها، فإن أهدافها هي أهداف الحياة نفسها، فهدفت التربية في إطار بساطة الحياة تلك إلى المحافظة على الخبرات الإنسانية، والتقاليد السائدة، وتدريب الفرد على ضروب العبادة، لترضيه عالم الأرواح.[1]

ولتحقيق أهداف التربية تلك اتصل الصغار بالكبار، وتعلموا منهم أساليب العيش والسلوك...وعن طريق مشاركتهم في أفعال وأقوال الجماعة تشربوا المواطنة، وحذقوا الحرف واكتسبوا العادات والتقاليد. وبهذا تشكلت شخصيات أفراد المجتمع، واتجاهاتهم العقلية والنفسية التي مكنتهم من المشاركة في حياة الجماعة، والقيام بأدوارهم داخل المجتمع.

غير أن هذا النمط التربوي لم يعد كافياً لمطالب المجتمع بعد أن زاد رصيد المجتمع من الخبرات والمعارف، وتطورت أساليب الحياة، فظهرت التربية المدرسية في مؤسسة اجتماعية تقوم بقصد بالتربية.

الواقع أن التربية اللامدرسية أخذت تتراجع أهميتها في المجتمع، فاسحة الطريق أمام التربية المدرسية. إذ كلما تقدم المجتمع وتعقدت ظروف حياته، زادت الحاجة للتربية المدرسية، غير أن التربية اللامدرسية ما زالت باقية، كضرورة لازمة للحياة الاجتماعية، ورغم توسع مساحة التربية المدرسية، وتنوع مؤسساتها ومساراتها، وتطور نظمها وتنظيماتها، وكثرت أساليبها ووسائلها حتى غطت هذه التربية جميع مجالات الحياة تقريباً،

---

(1) راجع: عمر التومي الشيباني: تطور النظريات التربوية، مرجع سابق.

وصار لها أهمية فائقة؛ فقد ظلت الحاجة ماسة للتربية اللامدرسية، لأن تربية الفرد ليس لها وقت محدد، ولا تقتصر على مؤسسة بعينها، فضلاً عن أن للتربية اللامدرسية الدور الحاسم في تربية الفرد، وبخاصة في مراحل العمر الأولى من حياة الطفل. بمعنى البحث عن صيغة مشتركة تجمع بين التربية اللامدرسية والتربية المدرسية كما سيلي شرحه في حينه.

وفيما يلي مناقشة وسائط التربية اللامدرسية:

1- الأســرة:

كانت الأسرة قديماً تقوم بكل وظائف التربية تقريباً، كضرورة أملتها العديد من الظروف والاعتبارات، إلى جانب قيامها بمعظم شئون الحياة الاجتماعية، بالقدر الذي تقتضيه حاجتها، حيث كانت الأسرة تقوم بتدريب أبنائها على العادات والقيم وأنماط السلوك، وتعليمهم المهارات والخبرات من خلال اشتراكهم في الإنتاج أو مناشط حياة الأسرة المختلفة، بل كانت الأسرة تقوم بوظيفة التعليم بمعناه المدرسي، بواسطة الآباء والأقرباء أو أفراد العشيرة. ولكن أخذت هذه الوظيفة تتقلص تدريجياً عن الأسرة، وتنتزع منها كلية، عندما ظهرت المدرسة كمؤسسة اجتماعية، تخصصت في أداء هذه الوظيفة، بحكم عوامل وأسباب عديدة، أهمها: تراكم الخبرات الحياتية وتزايد المعارف، وتطور وسائل وأدوات الإنتاج، وتقسيم العمل، ثم عجز الاسرة عن إعداد الأبناء لمهام الحياة المتجددة، وقد سهل ذلك ظهور الكتابة التي سمحت بتدوين العلوم والفنون، وتبادل المعارف، والتفاعل الحي في مواقف الحياة. ومع ذلك فما زالت الأسرة تلعب دوراً مهماً بين وسائط التربية، ربما ترجح كفة الوسائط الأخرى، لما لها من آثار بعيدة المدى على مختلف وسائط التربية، سواء المقصودة، منها وغير المقصودة، لأن الأسرة هي الوعاء الاجتماعي الأول لبذر سمات الشخصية الإنسانية، إذ أن أولى العلاقات الاجتماعية التي يكونها الطفل تتم داخل الأسرة، وينمو في الوسط الاسري حيث يحتك بنماذج سلوكية مختلفة، منها العام والخاص، ويظل يحاكيها، ويقتدي بها، وعن طريقها يمارس الحب والكره والسلطة والطاعة...الخ، ثم يتأثر بإيحاءات الكبار ليسلك وفق ما هو متوقع منه، وهكذا تطبع كل أسرة ابناءها بخصائص ومميزات تؤثر في حياته الاجتماعية اللاحقة.

وبطبيعة الحال، فمن الأسرة:

1- تنتقل الصفات الوراثية إلى الطفل في صورة استعدادات واتجاهات نفسية، تنمو داخل الأسرة في الاتجاه النافع، أو الضار. وفي كلا الحالتين تجني الأسرة ثمار ذلك.

2- تنقل إلى الطفل اللغة، بطريقة تعكس الأصوات والحركات والدلالات الانفعالية السائدة في الأسرة، وما يتبع ذلك من مهارات لغوية، وصور تعبيرية، وأفكار واقعية أو مضطربة، تعكس المحيط الأسري الذي يعيشه أفراده.

3- تحيط الطفل بالمؤثرات الثقافية والممارسات الاجتماعية منذ مولده، فتنقل إليه الأسرة الإطار الثقافي تدريجياً من آداب وتقاليد، واتجاهات وقيم، ومعان وأفكار، إلى غير ذلك مما أحرزته الأمة من تراث... فتنقله إلى الطفل بالكيفية التي تراها، وبصورة تعكس اهتمامها، ووجهه نظرها في إطار ثقافتها الفرعية.

4- تتأثر شخصية الطفل باختيارات الأسرة، وتفسيرات أفرادها للأشياء والمواقف، وبإصدارها للأحكام والتقييمات، وما تسوقه من مبررات، كل ذلك ينعكس على اتجاهات الأبناء ووجهة نظرهم لفترة طويلة.

5- تبقى الأسرة مصدراً لإشباع الحاجات النفسية والعاطفية للصغار والكبار، ووسيلة لتخفيف التوتر الذي يعانيه الأفراد خارج المنزل، ولتحقيق التوازن العاطفي[1] بما يساعد الفرد على الاستقرار النفسي والاجتماعي.
6- تظل الأسرة عامل مساند لوسائط التربية الأخرى، وعلى مقدار مساهمة الأسرة يتوقف نجاح وسائل التربية الأخرى.

ونتيجة للوظائف والأدوار المهمة للأسرة في التربية، تعمد الدول إلى إعطاء المنزل دوراً أكبر لإنجاح وسائط التربية المختلفة، وعلى رأسها المدرسة. ويتمثل ذلك، ليس في قيام مجلس الأباء برعاية شئون التلاميذ والمدرسة، ويوفر بعض الإمكانات المادية، وإنما أيضاً -وهو الأهم- إشراك الأسرة في اختبار المنهج الدراسي، نوعاً وحجماً، وتحديد مفردات محتوى المنهج وطرق تنفيذه، والتنسيق المشترك لدعم وتسهيل قيام التلاميذ بالأنشطة المصاحبة للعملية التعليمية التربوية، وقد يتعدى الأمر إلى كثير من خصوصيات المدرسة، بل صار للمجتمع المحلي دور كبير في التخطيط للمدرسة، والإشراف على سير العمل فيها. ولا غرو في ذلك فنجاح التربية - كغاية جليلة تستحق الجهد والعناء- مرهون بتظافر جهود عدة... وهذا ما هو فعلاً حاصل في واقع المجتمع، وإنما المطلوب هو تنسيق جهود وسائط التربية وتفعيل أدوارها.

2- دور العبادة:

ظل الدين، وما يزال من أقوى العوامل المؤثرة على التربية، ومصدراً رئيسياً لمكونات التربية، وإطاراً يحكم فكر التربية وعملياتها المختلفة في البلاد المتدينة، ومنها الدول الإسلامية. ونظراً لما للدين من أثر قوي في نفوس الأفراد؛ فإن المؤسسات الدينية تقوم بدور كبير في التربية والتنشئة الاجتماعية، حيث تسهم في تربية النشىء وتشكيل شخصياتهم، إذ عن طريقها يتفاعل الفرد مع قيم ومعايير الجماعة، ويتقمص ويقتدي بنماذج وأنماط سلوكية تحتم عليه مسايرتها وتمثلها طوعاً أو كراهية، بما يتيح للنشىء اكتساب قيم المجتمع ومعتقداته واتجاهاته، وترجمة ذلك إلى ممارسات سلوكية في واقع الحياة.

وتنمي المؤسسات الدينية الضمير عند الفرد والجماعة، وتوجد حالة الرضى النفسي والطمأنينة في الحياة... تكون عاملاً على الانسجام والتوافق الداخلي للفرد، وسبيلاً لتكيفه داخل الجماعة والمجتمع، فيصبح بذلك عضواً منسجماً مشاركاً في نشاط الجماعة، وعضواً صالحاً متمثلاً لقيم الخير والحق والجمال، ساعياً إلى سلامة وطنه وأمته.

3- جماعة الأقران:

وسيط تربوي مهم له تأثيراته الواضحة على شخصيات أعضائها في مراحل العمر المختلفة. وبحكم تقارب أعمار جماعة الأقران، وتجمعهم تلقائياً في الحي، والشارع، والمدرسة، فإنها تأخذ عدة أشكال من جماعات: اللعب، والزمالة، وشلة الأصدقاء. وبهذا يخضع الطفل لتأثيرات وضغوط مختلفة، كي يمتثل لنظام الجماعة في قواعد اللعب والصداقة، الخ... حتى يحظى باحترام الجماعة.

فبعد خروج الطفل من المنزل يبدأ عالمه في الاتساع، وفرص نموه تزداد، حيث يجد الطفل نفسه مع أقران من نفس سنه وجنسه، أكبر منه أو أصغر، يقضي معهم أوقاتاً طويلة، إما في الشارع أو في المدرسة أو

---

(1) محمد سعيد فرح: مرجع سابق، ص 242.

في الرحلات، أو أثناء اللعب وممارسة الأنشطة، وغير ذلك مما يتيح للطفل التفاعل المباشر، وغير المباشر مع أقرانه، ويقيم علاقات وروابط معهم بعيداً عن سلطة الكبار ورقابتهم، ثم يأخذ ا لطفل باختيار أصدقائه ومن يلعب معه ويشاركه حياته.

وعن طريق جماعة الأقران يكتسب الطفل خبرات ويتعلم معايير وأدوار اجتماعية لا يتيسر تعلمها إلا في جماعة الأقران، ففيها تتاح للطفل فرص التجريب واختبار الأشياء بنفسه، وتقييم المواقف والأشخاص، وتحمل تبعات ذلك.

والطفل وهو يشترك في اللعب مع أقرانه في الشارع والمدرسة، فإنه يقف على أصول ممارسة اللعب، وقواعد ممارسة الرياضة والاشتراك فيها...الخ. والطفل في كل ذلك يلتزم بما تعارفت عليه الجماعة، ويضبط سلوكه وفق ما هو متوقع منه، ثم ينمي عن طريق ذلك قواه الجسمية، والعقلية، والنفسية. ومن خلال اتصاله بأقرانه وهو يمارس أنشطته وهواياته معهم، فإنه يعترف بحقوق الآخرين، ويوجه سلوكه أقوالاً وأفعالا حتى يشعر بتقبلهم له، وانسجامه معهم عندما يشعر الطفل بوجوده، ويحس بالأمن والسكينة معهم. وعن طريق الأقران يسمع الطفل أشياء ويجرب أمور، ويمر بقضايا وأحداث لا يمكن الوقوف عليها في البيت أو المدرسة أو الكلية.

ولإتمام صور التفاعل ذاك بين أفراد جماعة الأقران، فإن هذه الجماعة تمارس أساليب ضبط قوية نفسية واجتماعية وجسمية، إثابة أو عقاب، ومن أساليب الثواب: التفضيل، تبادل المشاعر والهدايا. ومن أساليب العقاب: الزجر، والمقاطعة، والخصام، وقد يصل إلى الأذى الجسدي.

4- وسائل الإعلام:

تعتبر وسائل الإعلام المسموعة والمقروءة والمرئية من أبرز وسائط التربية والتنشئة الاجتماعية، كونها تتناول مواضيع متنوعة، بطرق وأساليب مختلفة، وتوجه للجمهور عموماً، بمختلف تصنيفاتهم، وهذا التنوع والعموم يوسع فرص الاختيار أمام أفراد الشعب، ويعمم تأثيرها على قطاع كبير من المجتمع، ومن بينهم النشء الجديد.

وحيث أن وسائل الإعلام تقدم مواضيع أدبية وفنية، وعلمية، وتقدم مواد إخبارية ورياضية وترفيهية، تصمم بطريقة تناسب كل الأعمار والفئات والأذواق؛ فقد صار لها تأثيرها الواسع وسحرها في عملية التربية والتنشئة، حيث يعول عليها المجتمع لنقل التراث الثقافي، وزيادة رصيد الأفراد والجماعات والمناطق من الخبرات والقيم والاتجاهات العامة المشتركة، ثم تعمل على حفز النشء على التعلم، بإثارة اهتمامهم وتفكيرهم، وخلق الرغبة والطموح فيهم، وكذا تؤثر في الناس على تقبل التغير واستمراره، بل إن تطور وسائل الإعلام ووسائل الاتصال الجماهيري عموماً، واختصارها المسافات واختزالها الثقافات، قد أصبحت فن صناعة المواطن وتشكيل رأيه وذوقه في العصر الحاضر.

إن وسائل الإعلام المعتمدة على العلم، والآلات الحديثة الأكثر تطوراً وحساسية، إذا كانت قد زاحمت التربية المدرسية، وسلبتها جانب من وظائفها وأهدافها، فإنها قد ساهمت في دعمها ويسرت عملياتها وأنشطتها، بل إن تطور وسائل الإعلام أخذت تنافس كل وسائط التربية، وتتغلب عليها في بعض المواقع والأدوار. وبحكم تنوع وسائل الإعلام، وتعدد موادها ومواضيعها، فقد تنوعت أدوارها التربوية، حيث تقوم:

- بنشر معلومات ومعارف متنوعة، فيختار كل فرد ما يناسبه،ولأي هدف يرغبه، أكان ذلك تنمية مهارة، أو العناية بالصحة، أو تكوين عادات غذائية أو التثقيف العام...الخ.

- بإشباع الحاجات النفسية لقطاع كبير من المجتمع، كالحاجة إلى التسلية والترفيه، وتنمية الذوق والعواطف.

- بتقديم خبرات وتجارب بشرية، تساعد على تنمية القدرات وصقل المواهب.

- بعرض نماذج من الشخصيات السياسية والاجتماعية والتاريخية والعلمية، بجعلها نماذج يحتذى بها.

- بتبصير الناس بمشكلات المجتمع وتحدياته، بما في ذلك المشكلات العالمية، وما يترتب على ذلك من مواقف سلوكية إيجابية.

وبهذا تعمل وسائل الإعلام -رغم سلبياتها أحياناً- على تنمية معارف النشء واتجاهاتهم، وإكسابهم القيم والتقاليد والمعايير الاجتماعية، وتعزيز المثل العليا لقيم الخير والحق والعدل والمساواة، ونشر الأفكار الديمقراطية، وتنمية عادات التفكير العلمي، وتبادل الخبرات والتجارب.

5- المنظمات السياسية والمهنية:

تؤدي المنظمات السياسية والمهنية أدواراً ووظائف مهمة في عملية التربية والتنشئة الاجتماعية لجانب كبير من أفراد المجتمع، ويتزايد في الوقت الحاضر تأثير هذه المنظمات، بسبب تنوعها وتزايد فعلها وتأثيراتها المختلفة في شتى نواحي حياة المجتمع السياسية والاجتماعية والاقتصادية والثقافية والعلمية، ثم تأثيراتها على شخصيات النشء وأنماط سلوكهم الاجتماعي.

ففي أغلب المجتمعات المعاصرة، هناك الأحزاب السياسية بمختلف فئاتها وتوجهاتها الأيديولوجية، ثم النقابات والاتحادات المهنية التي تخصصت في مهنة أو نشاط اقتصادي واجتماعي... كنقابة الأطباء، ونقابة السائقين، ونقابة المعلمين، واتحادات الطلاب...الخ.

وهذه المنظمات، بحكم تخصصها، واتساع مساحتها وتركز أنشطتها في مهنة اجتماعية، وما يتبع ذلك من إطار ثقافي مميز لكل منها فإن كلاً منها؛ تؤثر بصورة خاصة على أعضائها، وتكسبهم اتجاهات وقيم، وأنماط سلوك نابعة من خصوصيتها السياسية أو المهنية، بل قد يصل تأثير بعضها إلى تشكيل أفرادها، وصبهم في قوالب معينة، يفوق تأثير وسائط التربية الأخرى، وما أدل على ذلك ما تقوم به بعض الأحزاب السياسية من تعبئة كثير من أعضائها وصبهم في اتجاه فكري وسلوكي واحد، كحالة من الاستلاب الفكري، وجعلهم يتشبثون بقيم وعادات وأفكار مطلقة لا يأتيها الباطل من شيء.

ومن هنا تسعى الأحزاب والمنظمات السياسية لاحتواء النشء الجديد في أعمار مبكرة حتى تستطيع أن تمارس تأثيرها عليهم ، وتربيهم التربية السياسية المواكبة لاتجاهات هذا الحزب أو ذاك.

وتمارس النقابات والاتحادات المهنية أدوارها التربوية على أعضائها من واقع مهنتها وخصوصيتها الثقافية، حيث تتيح لأعضائها فرص التفاعل ضمن خصوصياتها، وتقوم كل منها بأدوار ووظائف تربوية حيث يتم من خلالها تنمية أفكار الفرد وقيمه وعاداته، وإكسابهم المعايير وأنماط السلوك.

وهكذا نجد أنه من خلال المنظمات السياسية والمهنية، يتعلم الفرد إنماء أفكاره واتجاهاته، واكتساب العادات والتقاليد، ويتعلم معنى الحق والواجب، وتحمل المسئولية، وفيها يختبر أفكاره وخبراته وسط جماعة تتقبله وتحيطه بالرعاية، حتى ينشأ عضواً منسجماً مع أعضاء جماعته متماسكاً معها، وبما يمكنه من تحقيق أهداف منظمته في المجتمع.

6- الأندية الثقافية والرياضية:

الأندية على مختلف أشكالها، هي تنظيمات اجتماعية تجمع أفراداً لهم ميول مشتركة، وتستهدف تعليم أعضاءها المهارات والقدرات الشخصية الحركية منها أو الترويحية، الأدبية منها أو الاجتماعية.

وهذه النوادي بحكم تخصصها في ألوان من الخدمات الثقافية والرياضية والاجتماعية، فإنها تمارس أدواراً تربوية لا يقل أثرها عن وسائط التربية الأخرى، حيث يتعلم الأفراد أنماط السلوك، والأفكار والعادات والقيم من خلال الاشتراك في الندوات والمحاضرات والمعارض، واشتراكهم في ممارسة الألعاب الرياضية المختلفة وفقاً لقواعدها المتعارف عليها، وتعلم الهوايات والمهارات التي تناسب كل فرد، وتلبي رغباته، ثم يتعلم معنى العلاقات الاجتماعية التي تربط أعضاء الجماعة ودلالاتها الاجتماعية، وممارسة الحقوق والواجبات، لأن قواعد ممارسة الألعاب الرياضية تفرض عليه مراعاة حقوق الغير، والاحتكام لقواعد متعارف عليها تتمثل في سلوكيات.

وفي تلك الأندية يختبر الفرد قدراته، ويمارس هوايته، فيتعلم معاني كثيرة، وأدوار متعددة، بل قد يمتد تأثير النوادي الثقافية والرياضية إلى أفراد، ومناطق عديدة داخل الدولة وخارجها، مما يعني اتساع فرص نمو شخصيات الأفراد وتدريب قدراتهم وصقل مواهبهم. فعلى سبيل المثال: احتكاك اللاعبين المحليين بلاعبين على المستوى العالي يتيح لهم فرص تنمية خبراتهم، واكتساب أفكار وعادات جديدة.

7- البيئة المحلية والثقافة الوطنية والقومية:

تتمثل الثقافة الوطنية القومية في الأعياد الدينية، والوطنية، والحفلات الرسمية، والمناسبات الشعبية المختلفة، السارة منها أو المحزنة، كحفلات العرس... وغيرها. أما البيئة المحلية فتتضمن خصوصية البيئة الجغرافية، ومميزات المكان، وما تحويه من موارد وإمكانات تسمح بتفاعل الأفراد، وما ينجم عن ذلك من نظم وتنظيمات، أفكار وتقاليد، وأنماط ثقافية معينة كانت خلاصة تفاعل الجماعة مع البيئة الجغرافية.

وتمارس البيئة المحلية والثقافة الوطنية والقومية أدواراً تربوية على جميع أفراد المجتمع حسب تأثر كل بيئة وثقافة فرعية، والثقافة القومية ككل، وذلك بطبع علاقات الأفراد والجماعات بصفات مميزة، والتأثير في استجابات الأفراد للمواقف الحياتية، وفي تكوين الانفعالات والاتجاهات. ومن البيئة المحلية وسماتها الثقافية يكتسب الأفراد اللهجات المحلية، ودلالات العبارات، والمعاني، والمشكلات والاجتماعية والاقتصادية، ودرجة الحساسية لها.

يضاف إلى ذلك، المؤثرات التربوية للثقافة الوطنية التي تظهر سماتها واضحة على تفكير وسلوك أفراد المجتمع، كما هو الحال في أقطار الوطن العربي. ففي كل ثقافة وطنية أو قطرية مقومات لغوية، وأحداث تاريخية، وخصائص جغرافية، وبيئات اجتماعية نتجت من امتزاج الإنسان بالجغرافيا والبيئة بنشاط السكان، وما مر على هذا المكان من أحداث وتفاعلات شكلت خصوصيته الثقافية، ولكنها ضمن الثقافة القومية والإقليمية. وتميز الثقافات المحلية والفرعية لا يعني انفصالها عن الثقافة السائدة، وإنما جزء منها وأحد روافد الثقافة القومية.

ومنذ أن يولد الطفل والثقافة الوطنية تحاصره أينما ذهب وعاش، وتمده بالأفكار والاتجاهات والخبرات والعادات، ومعايير السلوك التي يتشربها الفرد، تظهر واضحة في أقواله وأفعاله، وفي نمو شخصيته من جميع جوانبها، وعن طريق الثقافة الوطنية والقومية يستمد الأفراد قيم الشعور بالولاء للوطن، وتكوين الضمير

الجمعي، والفخر بأمجاده، والتقدير لشخصيته الوطنية والتاريخية، وما صنعوه من ملاحم وبطولات... كل هذا يفجر لدى النشيء الطاقات المبدعة، والتمثل بقيم الخير والحق والعدل.

ومن البيئة المحلية والثقافات الوطنية يدرك النشيء المعاني الوطنية والعواطف الإيجابية، ويحس بمشكلات مجتمعه، ومسؤولياته تجاهها، ويتشرب معاني الحرية، والاستقلال، والذود عن الوطن، والناشئ في هذا وذاك يكتسب القيم والخبرات، والعادات والتقاليد... الخ، وكل ما يجعله حساساً لبيئته المحلية وثقافته الوطنية والقومية، مندمجاً معها، متأثراً بها ومؤثراً فيها.

8- المكتبات العامة والمعارض والمتاحف:

تمارس المكتبات العامة، والمتاحف، والمعارض، والساحات العامة أدواراً تربوية فاعلة لقطاع كبير من أفراد المجتمع، فعن طريقها يكتسب الفرد أفكاراً وقيماً، ويمر بخبرات ومعارف، ومن خلالها يشبع الفرد رغباته واهتماماته، ويمارس هواياته.

ففي المكتبات العامة يجد الفرد كتباً، ودوريات تشده إلى القراءة، فيكتسب عادة القراءة واحترام الوقت وتقديره، ويتعرف على البيئات العلمية المختلفة التي تطلعهم على الحركات الفنية، والجمالية والأساليب التعبيرية، فيرتفع وعيه الفني، ومستوى تذوقه الجمالي، وبهذا يستطيع الفرد تنمية شخصيته، وأساليب حياته.

وبنفس الأدوار تؤدي المعارض، أيا كان نوعها زراعية أو صناعية أو عسكرية أو تكنولوجية، أو حرف يدوية، أو غير ذلك، أدواراً تربوية مهمة في حياة الفرد، إذ عن طريق المعارض يقف الفرد على معلومات وأساليب جديدة، وخبرات ومهن متقدمة، يحتك بها ويتفاعل معها، فيتأثر باتجاهات وقيم لدى مجتمعات أخرى، بما يمكنه من اكتساب اتجاهات وخبرات وقيم جديدة، أو استنباط أساليب وتجارب جديدة تساعده على تغيير نوعية الحياة.

أما المتاحف على اختلاف أشكالها، تاريخية أو طبيعية، أو دينية، فإنها تتيح للنشيء فرص الوقوف على أحداث ومواقف وأفكار، ومخلفات مادية، وآثار ومنجزات تدل على ما تحقق وأنجز، بما يمكن من استخلاص الدروس والعبر التي تساعد النشيء على فهم عظمة الماضي، والتأسي به، وتفسير الحاضر والاستجابة لظروفه، واستشراف المستقبل ومحاولة تشكيله، وبهذا يتمكن النشيء من إثراء معارفهم التاريخية والاجتماعية، واكتسابهم قيماً وأفكاراً، ومعان جديدة تنمي شخصياتهم الوطنية.

بجانب ذلك هناك وسائط تربوية أخرى لها تأثيراتها المختلفة، المحسوسة وغير المحسوسة التي تكون مصدراً لتغيرات جوهرية في حياة الأفراد والجماعات، ومن ذلك الساحات العامة والطبيعية، وخبرات الحياة اليومية التي يقف عليها الفرد، وما يمر به من أحداث، وأشياء وشخصيات، ومواقف.. فهو يشاهد حركة الناس، وصور علاقاتهم سواء في البحث عن أعمال أو قيامهم بأنشطتهم، أو التعامل مع بعضهم البعض، كما يلاحظ أساليب عرض البضائع وطرق البيع، وسلوكيات الشارع، إلى غير ذلك من صور العلاقات الاجتماعية التي يعيشها الفرد في الأسرة، وأماكن العمل، وفي الطريق العام، ومن كل ذلك يعرف معنى السلوك والقيم، ويعرف السلطة والحرية، وأنواع الثواب والعقاب، ومعنى الصداقة والحق والواجب، ومعنى الالتزام، وغير ذلك مما يؤثر في حياته وعلاقاته بالآخرين.[1]

---

[1] راجع: محمد الهادي عفيفي: أصول التربية ، الأصول الثقافية للتربية، مرجع سابق، ص 244.

كما يتعلم الفرد من الطبيعة ذاتها، وذلك بملاحظته للحيوانات وهي تغدو بحثاً عن الطعام، أو تهتدي إلى حيل تحميها من أعدائها إلى غير ذلك، ومن معايشته للنباتات والأشجار وهي تنمو وتكبر، أو تذبل وتموت، ورؤيته لأنواع المحاصيل والثمار، وكذا من رؤيته لتعاقب الليل والنهار، وتعاقب الفصول... هذه وغيرها أمور تعلم الفرد الكثير من المعارف والخبرات، وتكسبه وعياً وإدراكاً بطبائع الأشياء، وكيف يتعامل ويسلك مع ما حوله، بما يؤثر على تربيته، وتنمية شخصيته.

ثانياً: التربية المدرسية

وتسمى "التربية المقصودة" أو "التربية المؤسسية" وهي نمط من التربية الشكلية، تطورت بتطور الحياة الإنسانية في المجتمعات القديمة. فعندما عجزت الأسرة والوسط الذي يعيشه أبناء المجتمع من تربيتهم وإعدادهم للحياة من جهة، وتزويدهم بالخبرات والمعارف، وتعقد ظروف حياة المجتمع من جهة أخرى، أخذت تظهر الجماعات التعليمية كبداية لنشأة التربية المدرسية. وهنا كانت بداية ظهور هذا النمط التربوي بظهور الجماعات التعليمية، حيث أخذت تكون لنفسها تلك الجماعات وظائف تخصصت فيها وفقاً لاحتياجات المجتمع وأنشطته المختلفة، فوجدت جماعات تخصصت في صنع الأسلحة والعتاد، وأخرى في البناء، وثالثة تخصصت في الطب والعلاج، ورابعة في صناعة الحرف اليدوية، وخامسة تخصصت في تعليم الكهانة ومهارات الطقوس الدينية أو السحر. وهكذا تخصصت كل جماعة في وظيفة محددة في جانب من حياة المجتمع، حيث عمدت كل جماعة إلى استقبال النشىء الجديد وإعدادهم لمزاولة هذه الحرف والمهن، وصار لكل جماعة تنظيم وشروط الانتماء إليها، وسبل تعليم هذه الحرف والمهن، وكذا معايير للتقويم والنجاح فيها، حتى أن بعضها صار لها تقاليد، منها إقامة حفلات رسمية للناجحين، عندما يصبح الفرد عضواً مندمجاً في مجتمعه، ونافعاً له.

ومع مرور الزمن، أخذت تتقلص أدوار هذه الجماعات التعليمية فاسحة الطريق أمام المدرسة كمؤسسة اجتماعية تتولى تلك الأدوار، أو شطراً كبيراً منها، غير أن بداية ظهور الشكل المؤسسي للتعليم تم بظهور أفراد تخصصوا في رواية القصص والحكايات والأساطير للأطفال الصغار أو الكبار، وأخذ دور هؤلاء الأفراد بحكم تخصصهم في وظيفة نقل خبرات وحكمة الحياة، يتحول إلى شكل نظامي أو مؤسسي، يجمع أفراداً تفرغوا وتخصصوا لمهنة التعليم المقصود، ويأتي إلى هذه المؤسسات النشئ الجديد، ليتعلموا، وأصبح لهذه المؤسسات هدف واضح وسلطة، وكذا منهج، وأخذت المدرسة في الظهور كمنظمة اجتماعية تقوم بانتقاء بيئة تعليم وتعلم وتربية، قائمة على خبرات ومعارف وأنماط ثقافية، لتربية أبناء المجتمع.

لعله من الصعوبة تحديد تاريخ نشأة المدرسة، وإن كان البعض يرجع ظهورها إلى القرن الرابع قبل الميلاد[1] ولكن الراجح أن نشوء المدرسة يرجع إلى ما قبل هذا التاريخ، حين اخترع الإنسان الكتابة استخدمها في اختزان خبراته وثقافته[2] مما سهل نقل الأفكار والمشاعر، المعارف والخبرات، وجعل إمكانية التعليم والتعلم عملية مؤكدة الحدوث، يدعم ذلك تعقد الحياة الاجتماعية، وزيادة الخبرات والمعارف، بما فرض على الكبار في المجتمع أن يوجهوا اهتمامهم للتعليم المقصود، خشية ضياع بعض تلك الخبرات والمعارف، فضلاً عن نشرها وتجديدها.

---

(1) راجع: بول فرو: المرجع في تاريخ التربية، مرجع سابق، ص 37.

(2) أحمد حسن عبيد: فلسفة النظام التعليمي، وبنية الساسة التعليمية، القاهرة، الأنجلو المصرية، 1976، ص138.

وهناك ثمة عوامل وأسباب أدت إلى نشأة المدرسة وتطورها، لعل أبرزها:

- تراكم رصيد الجنس البشري من الخبرات والمعارف والقيم. وبظهور الكتابة التي سهلت التدوين، ظهرت العلوم والفنون.
- اختراع رموز الكتابة، مما سمح بتبادل الأفكار والمشاعر، ونقل المعارف والخبرات والقيام بالعمليات العقلية.
- ظهور التقسيم الدولي للعمل، حيث تخصص أفراد وجماعات المجتمع في أنشطة ومهن معينة، وما رافق ذلك من تزايد الحاجة إلى كفاءات تفرغت لأداء وظائف المجتمع، ومنها التعليم.
- تتطور وسائل وأساليب الإنتاج، وما تطلبه هذا من حاجة المجتمع إلى إعداد أفراد لهم كفاءات في العمل والإنتاج، ومعرفة أسرار والحرف والمهن.
- حفظ قيم المجتمع واتجاهاته ومعاييره السلوكية عن طريق نشرها بين الناشئة.

لهذه الأسباب والعوامل، وغيرها ظهر الشكل المؤسس للتعليم أو التربية المدرسية، كضرورة أملتها مطالب المجتمع وتحدياته، وتعقد الحياة الاجتماعية، حيث تفرغ أفراد تولوا شأن التعليم، نيابة عن المجتمع، وهنا أخذت تتلاشى صورة الشيخ العجوز الذي اختزن تاريخ القبيلة وحكمتها في رأسه، وتقلص دور الكهنة الذين هيمنوا على أسرار العبادة وطقوسها، ليحل محلهم المعلمون، سواء كانوا الكهان ورجال الدين الذين أضافوا مهام أخرى إلى وظيفتهم الدينية، أو الأفراد الذين تخصصوا في تعليم النشىء الجديد.

ولعل أهمية الجانب الديني في حياة السكان، هو الذي جعل دور العبادة المكان المفضل للتعليم أو التربية المؤسسية أي التعليم المقصود، بل وطغيان الهدف الديني عليه، حتى مع وجود مؤسسات أخرى... تنوعت بمقتضى أحوال المجتمع وظروفه، شاملة إلى جانب العلوم الدينية، بعض العلوم الدنيوية والطب والقانون والفلك. وهنا تأسست القطيعة بين التعليم النظري والتعليم المهني، إذ بقيت الحرف والصناعات ووسائل كسب العيش تكتسب في المجتمع عن طريق الاحتكاك والممارسة الحياتية[1] ثم أخذت المدرسة في التطور كمؤسسة اجتماعية متخصصة لتعليم أبناء المجتمع وتربيتهم، بتوفير بيئة منتقاة بخبرات ومعارف، وفقاً لأهداف محدودة، ومنهج واضح، وسلطة بضوابط، ومعلمين بكفاءات مميزة.

وقد اختلفت أدوار مؤسسات التعليم المدرسي عبر العصور، كنتيجة للظروف التي مرت بها المجتمعات. فمنها ما بني على تصورات رجال الدين الذين مارسوا التربية المقصودة تبعاً لمعتقداتهم وظروفهم. ومنها ما بني على أفكار وفلسفات، عكست القوى المسيطرة على المجتمع. ويحفظ لنا التاريخ نماذج وأشكال من تربية عسكرية وتربية استقراطية، وتربية لاهوتية، وأخرى عنصرية، أو إدارية، أو سياسية، أو خطابية أو مزيج من هذا وذاك كما سبق ذكره في الأصول التاريخية للتربية.

وباستمرار تطور المجتمعات البشرية، وظهور التخصص في مجالات المعيشة والإنتاج والمعرفة والتنظيم الاجتماعي، تطورت مسؤوليات المدرسة، ونمت لها وظائف وأنشطة، لتواكب التغيرات الحادثة في المجتمع.

وكلما تقدم المجتمع، وتطورت ظروف حياته، زادت حاجته إلى التربية المدرسية، لأن التعليم المقدم والمعطى في المدرسة صار أساس الحصول على المعارف والمهارات والاتجاهات اللازمة للعيش، والعمل، والإنتاج.

(1) أبو الفتوح رضوان وآخرون: المدرس في المدرسة والمجتمع، القاهرة، دار الثقافة، د.ت، ص10.

وهناك عوامل وأسباب قديمة وجديدة وربما مستقبلية تؤدي إلى تطوير التربية المدرسية، نشأت من التغيرات السريعة والعميقة التي تشهدها المجتمعات المعاصرة ومن مختلف نواحي حياة كل مجتمع، الاقتصادية والاجتماعية، الثقافية والعلمية...الخ.

1- تعريف المدرسة:

المدرسة مؤسسة اجتماعية أنشأها المجتمع، لتربية أفراده وتنشئتهم، بما يجعلهم مواطنين منتجين متكيفين مع مجتمعهم وإطار ثقافته. والمؤسسة الاجتماعية، هي تنظيم اجتماعي قصدي، يعبر عن الأنماط الاجتماعية، لأنواع السلوك الوظيفي التي يمارسها الأفراد والجماعات وفق أفكار وتقاليد ومعايير المجتمع للقيام بوظائف تسعى إلى تحقيقها، كوحدة ضمن الإطار الثقافي للمجتمع.

والمدرسة كمؤسسة اجتماعية، تعني أنها وسيط تربوي، يقوم وسط بيئة وقوى اجتماعية، له تنظم موجه بأهداف اجتماعية وقومية، وتحكمه علاقات توجه السلوك، وأهداف مختارة تعبر عن آمال المجتمع، ويسعى إلى تحقيقها.

وتتميز المدرسة عن غيرها من الوسائط أو المؤسسات التربوية الأخرى:

- أنها بيئة اجتماعية منتقاة بعناية، تنظمها تقاليد، وتحكمها أسس علمية، وتوجهها أهداف اجتماعية لما يراد تحقيقه، لتربية النشء والشباب. وفق ما يرغبه المجتمع لنفسه، ويحقق له أكبر قدر من التقدم[1].
- أنها بيئة اجتماعية تربوية مبسطة وموسعة، حيث تبسط مواد وخبرات التعليم، حسب خصائص نمو المتعلمين وقدراتهم، وتتدرج معهم من السهل إلى الصعب، ومن المحسوس إلى المجرد، وتوسع أفق المتعلمين، وتقدم لهم خبرات ومعارف متنوعة من الماضي والحاضر، ومن الآخرين.[2]
- أنها أداة استكمال وتصحيح، فتكمل ما بدأت به وسائط التربية الأخرى وتتكامل معها، وتصحح ما قد تقع فيه وسائط التربية الأخرى من قصور أو أخطاء بدعم ما هو جيد وحسن، ونبذ ما هو سيء وقبيح، يساعدها على ذلك ما لديها من أهداف وسلطة.
- أنها بيئة تربوية، تقوم على تخطيط واع، ومعالجة فنية لجميع أطراف العملية التعليمية التربوية، وشروط انعقادها، وعلى خط طويل ممتد، يساعدها على ذلك ظهور أساليب ووسائل جديدة، تمكنها من القيام بأدوارها المختلفة.

2- الوظائف العامة للمدرسة:

من الخطوة بمكان النظر إلى المدرسة على أن مهمتها تزويد التلاميذ بالمعلومات والمعارف بغرض إثراء معارفه وتنمية مداركه حتى يحصل على وظيفة، فهذا فهم خاطئ ويجرد المدرسة من أسمى ما وجدت من أجله. فالمدرسة بوصفها مؤسسة اجتماعية أنشأها المجتمع بقصد، فلا بد أن يسند إليها المجتمع مهام ووظائف تعكس كل أبعاد حياته، بما في ذلك أبعاد حياته الماضية، والحاضرة، والمستقبلية. فالمدرسة ما أنشئت إلا لهذه المقاصد والغايات، كونها أداة الفرد والمجتمع والثقافة، تتناولهما معاً كأشكال لمكون واحد، وإعادة إنتاجهما في أفضل صورة على أساس من خبرات الماضي، ومطالب الحاضر، وتحديات المستقبل.

---

(1) للمزيد من التفاصيل راجع: محمد الهادي عفيفي، الأصول الثقافية للتربية، مرجع سابق.

(2) جورج شهلا وآخرون: الوعي التربوي ومستقبل البلاد العربية، مكتبة رأس بيروت، 1972، ص 310-313.

وتتصدر التربية المدرسية اليوم كل وسائط التربية، كونها السبيل الأمثل للحصول على المهارات والمهن والمعارف العلمية اللازمة للمواطنة الواعية، والعمل والإنتاج والإبداع فيهما، والإحساس المشترك بالقضايا المحلية، والإقليمية، والعالمية.

وعلى أية حال يمكن استخلاص الوظائف العامة للمدرسة فيما يلي:

أ. المحافظة على التراث الثقافي

وهي العملية الاجتماعية التي بواسطتها تنقل المدرسة التراث الثقافي بشقيه الفكري والمعنوي إلى النشىء الجديد وأفراد المجتمع من جيل إلى جيل، حيث تقوم المدرسة بانتقاء أفضل ما في التراث الثقافي لتربية النشىء في مراحل العمر المختلفة، واختيار العناصر التي تنمي مختلف مكونات الفرد في ضوء أنماط ثقافة المجتمع ومفاهيمه واتجاهاته. فتنقل المدرسة المعرفة والخبرات المتراكمة في مجالات العلوم المختلفة، وأنماط السلوك، والقيم والمعتقدات، والمعايير الاجتماعية التي ترسخت في حياة المجتمع.

وتتم عملية النقل بطريقة مخططة في مواقف الحياة ومتطلباتها، والمجتمع وهويته الثقافية في صورة نقل أنواع النشاط والتفكير والمشاعر من خلال المعارف والمهارات والاتجاهات واكتسابها، إلى غير ذلك من وسائل وخبرات الكبار، التي ثبت صحتها. وكل ذلك على أساس من خبرات التعليم والتعلم، تحت إشراف وتوجيه مربين تخصصوا في ذلك، لضمان تحقق هذه الوظيفة، مع غيرها من الوظائف الأخرى.

ب. تجديد التراث الثقافي

بحكم ما تملكه المدرسة من فكر، ومنهج علمي، ومتخصصين، فهي أقدر على تجديد الثقافة وتطويرها دون مساس بعموميات الثقافة وثوابتها، ويتم ذلك من خلال عملية الحذف والإضافة. فالحذف يعني تنقية التراث وإزالة المظاهر الضارة والسلبيات المترسبة من الماضي، كبعض العادات والتقاليد والأفكار البالية، وأساليب التفكير المتخلفة، وغير ذلك مما يقف حجرة عثرة أمام التقدم الاجتماعي، وقيام تربية سليمة، لأنه ليس كل ما في البيئة الخارجية للمدرسة حسن وجميل، وعلى المدرسة انتقاء الجيد والحسن من المعارف والقيم والاتجاهات، حتى تؤسس بيئة نمو سليمة للطفل.

أما الإضافة إلى الثقافة، فمعناه أن تقوم المدرسة بالكشف عن المعارف والخبرات، وما طوره المجتمع واستحدثه، وإضافته إلى الثقافة وإدماجه فيها، بعد فحصه واختباره، والتأكد من اتساقه مع الإطار العام للثقافة.

والمدرسة بهذه العملية تقوم بوصل الماضي بالحاضر، ربطاً تتضح فيه استمرار شخصية المجتمع وهويته الثقافية؛ كون التربية تقوم بفحص واختيار ما في التراث من أفكار وقيم وعادات وأساليب إنتاج...الخ، واستنباط علاقات وأفكار جديدة، أو الكشف عن أساليب وأفكار جديدة من أجل تكوين بيئة مناسبة لنمو التلميذ... وتنمية اتجاهات مرغوبة للمجتمع تسهم في التغير.

جـ. تبسيط الثقافة واختزالها المفيد

تواجه المدرسة في الوقت الحاضر تحديات مركبة تضعها أمام وظائف جديدة، يفرضها الكم الثقافي ا لهائل الذي تراكم عبر العصور والأجيال، ثم تفجر المعرفة وتراكمها إلى جانب سرعة تقادمها، واستهلاكها، وما يرافق ذلك من ظهور فروع علمية عديدة، وزيادة التخصص الدقيق فيها.

وبهذا؛ فالمدرسة إذا كانت غير قادرة على أن تقدم للدارسين التراث الثقافي كله، فإنها مطالبة بتجميع العناصر المتشابهة من الثقافة، والتخلص من التكرار، واستخلاص القوانين العامة التي تفسر الظواهر والأفكار المشتركة في وقت واحد، وبهذا تختزل الثقافة دون إغفال أي جانب منها حتى يمكن تقديم أكبر كم منها في أقصر وقت، وأقل جهد.

والمدرسة وهي في سبيلها إلى ذلك أن تبسط المعرفة والخبرات الإنسانية، وتقديمها للناشئين بما يناسب مستوى نضجهم وخصائص نموهم في المراحل العمرية المختلفة، دون اختزال مخل أو إطناب ممل، وبما يحقق الإحاطة الشاملة، والاستفادة الكاملة.

وللقيام بهذه الوظائف على المدرسة إتباع استراتيجية جديدة بفكر وأساليب متطورة في تنظيم المادة الدراسية، وتقديمها للدارسين، واستخدام المبتكرات الحديثة لمعالجة المعارف والخبرات، وسهولة تناولها، وسبل الاستفادة منها، فهماً وتطبيقاً. والمدرسة من ناحية أخرى مطالبة أن توضح معاني العلاقات، وتبين خطوط تكامل العلم والسياسة والدين والفن، وتكامل المعارف والعلوم، بما يتيح فرص نموهم المعرفي والمهاري والفكري إلى أقصى ما تسمح به استعداداتهم وميولهم.

ثم أن المدرسة في ظل التفجر المعرفي المذهل، وزيادة التخصص، عليها أن تعلم النشء كيف يتعلمون، وكيف يعلمون أنفسهم بأنفسهم طوال حياتهم.

د. توزيع الطلاب على وظائف وأنشطة المجتمع

إزاء تنوع أنشطة المجتمع، وتطور أساليب ووسائل العمل والإنتاج، واشتراط مواصفات معينة فيمن يشغل الوظائف والمهن في أنشطة القطاعات الاقتصادية والاجتماعية، فإن المدرسة مطالبة أن تنوع تخصصاتها، وتوجه دارسيها إلى مختلف التخصصات والمهن التي يحتاجها المجتمع، حتى يشغلوا الوظائف والمهن في القطاعات المختلفة، ويؤدوا أدوارهم المتوقعة منهم، لتطوير المجتمع وتقدمه.

إن التقدم العلمي والتكنولوجي، وما أداه من تغير مذهل في تركيب الوظائف والمهن، ومواصفات أدائها، قد فرض على المدرسة ونظامها التربوي تتبع التغيرات في سوق العمل وتركيب العمالة، وتتبع التطورات الحادثة في أساليب ووسائل الإنتاج والمهارات اللازمة للمهن والوظائف الجديدة، وترجمة ذلك في إعادة تنظيم التعليم، وتجديد محتواه وأساليبه، حتى يخرج التعليم القوى العاملة المؤهلة والمدربة في كافة التخصصات، وعلى جميع المستويات، بالمواصفات التي تحتاجها الوظائف والمهن في المجتمع.

كما أن التغيرات المتسارعة في المجتمعات في أساليب الزراعة والصناعة والوظائف العامة، وفي وسائل المعيشة وكسب الرزق، وفي مجالات الفن والترويح، وسرعة تبادل التأثيرات بين الشعوب والثقافات، قد فرض على المدرسة إكساب النشء الجديد مرونة عالية للتكيف مع التغيرات الحادثة والمتوقع حدوثها في المجتمع.

هـ. تنمية بيئة اجتماعية ثرية للنمو المتكامل للنشئ

المدرسة مجتمع مصغر للمجتمع الكبير، أو يجب أن تكون هكذا، وهي بهذا تقوم على انتقاء بيئة اجتماعية شاملة لكل أوجه حياة الفرد والمجتمع، بحيث تتضمن بيئة مصغرة تعكس أسمى ما في المجتمع من أنشطة وحرف ومهن، وتبرز ما هو حسن من قيم المجتمع واتجاهاته وأفكاره، وتظهر للنشئ أن ما في المجتمع من مظاهر غير سوية يمكن تجنبها، بمقاومة ما هو سيء ورذيلة، وتعزيز قوى الخير والقيم، والأنماط السلوكية الحميدة.

والمدرسة كمجتمع مصغر، إذا كانت تمثل مجتمعها الكبير وثقافته، فإنها تتيح نمو النشء من جميع جوانب شخصيته: الجسمية والعقلية والوجدانية والخلقية، من مختلف حياة المجتمع وأنشطته. وهنا تنوع المدرسة تخصصاتها النظرية والتطبيقية، العلمية والعملية، حتى ينتقي كل فرد ما يناسبه من تخصصات ومهن؛ كي ينمي قدراته ومواهبه، معارفه واتجاهاته، بما يجعله يلتحق بوظائف المجتمع ومهنه، ويشارك في تطويره، ويدعم التحولات الاجتماعية الاقتصادية فيه.

كما أن المدرسة في ظل التغيرات المتسارعة تعمل على تنمية أنماط اجتماعية جديدة، منسجمة مع الواقع الاجتماعي من حيث تبني أنماط سلوكية تساعد النشء الجديد على التفاعل مع كل ما هو جديد، وتوقع التغيرات الجديدة في مجالات الحياة والعمل والإنتاج، ومحاولة التكيف، وذلك بتنمية الوعي وتكوين اتجاهات علمية في التفكير، واستنباط اتجاهات اجتماعية جديدة متحررة من التعصب والجمود، وإيجاد العقلية الناضجة القادرة على متابعة التغير وأحداثه في المجتمع.

و. تنمية الهوية القومية

تخضع الثقافات الوطنية والقومية في هذا العصر الحاضر لضغوط وتهديدات متنوعة، مباشرة وغير مباشرة قد تقوض وجودها، بحكم أن هناك ثقافات عالمية بلغت شأناً كبيراً، وتسعى من خلال ما حققته من تقدم علمي وتكنولوجي، وتطور اقتصادي واجتماعي، ومن خلال هيمنتها على مقدرات الدول والشعوب إلى فرض أنماط ثقافتها على الشعوب والدول النامية، يساعد على ذلك تطور وسائل الاتصال الجماهيرية.

إن استمرار أخذ السمات الثقافية من بلدان متقدمة إلى الدول النامية، وبخاصة التي لها حضارة ضاربة في عمق التاريخ، ولها معتقدات وقيم سامية كالدول العربية الإسلامية؛ يفرض على المدرسة أدواراً مضاعفة مزدوجة، إذ عليها أن تبين مخاطر تأثيرات الثقافات الوقدة دون تقوقع، ودون أن يفقدها ذلك خاصة تفاعلها مع تلك الثقافات، وأخذها منها ما يواكب تطوير مجتمعها، وأن تكسب النشء وعياً بهوية المجتمع وشخصيته القومية التي اكتسبها المجتمع من عمق حضارته وسمو معتقداته. والمدرسة مطالبة ثانياً أن تضطلع بمسئوليتها تجاه مجتمعها الذي يتحول بسرعة نحو الديمقراطية.. ونحو تغيرات واسعة في أنماط حياته، وذلك بتنمية قيم الولاء الوطني والهوية القومية، بمد النشء بالإطار الثقافي المشترك الذي يكسبهم حبهم لوطنهم، واعتزازهم بتراث الماضي وسمو أصالته، وبمفاهيم جديدة متحررة من العادات والتقاليد المتخلفة، تستوعب العصر ومستجداته.

ز. تنمية الإبداع والابتكار

لم يعد من الممكن على المدرسة تلقين النشء معارف وأفكار مبعثرة لا وظيفة لها اجتماعياً، دون وعي كامل بالثورة المعلوماتية... فمع غزارة المعارف، وسرعة تقادمها، واتساع تطبيقاتها الخلاقة، فقد بات على المدرسة جعل تلك المعارف والخبرات، الأنشطة والأساليب المصاحبة لها سبيلاً لتنمية قدرات الأفراد على الإبداع والابتكار من خلال تحليل المعرفة، وفهم معانيها، ودلالاتها الحياتية، وسبل تطبيقها واستخدامها في مواقف تعليمية توسع مدارك المتعلم، وتشحذ ذهنه، وتوقد الذكاء، وتنمي فيهم ملكة التفكير الدائم، وإتاحة فرص تنميتها، وابتداع أفكار جديدة، بما يجعل كل فرد فريداً في ذاته، مبدعاً خلاقاً في ثقافته، نموذجاً في سلوكه، قادراً على الذهاب إلى أبعد مدى في تفكيره، وابتداع تجارب وأساليب جديدة في حياته العلمية والعملية.

وهذه بلا شك مسئولية جليلة أمام المدرسة، وبخاصة في عصر العلم والاتصالات وتفجر الاكتشافات والمخترعات، وعلى المدرسة أن تخرج من بيئتها التقليدية، توقظ قدرات المتعلمين وتنمية الإبداعات المختلفة لديهم، خدمة لهم ولمجتمعهم.

حـ. عرض مشكلات المجتمع وتدعيم التغيرات الحادثة فيه:

المدرسة مطالبة اليوم أن تكون أداة المجتمع في عرض مشكلاته وتحدياته التي تعوقه، ورفع الوعي بها لدى أبناء المجتمع، وسعيها إلى محاولة التغلب عليها، وذلك من خلال توضيح مشكلات المجتمع، نوعها، وحجم تأثيرها، وتقديم المعلومات والشروح عنها، وتنمية وعي النشء والشباب بمشكلات المجتمع التي سيواجهونها بعد تخرجهم من التعليم، وما يتحتم عليهم إزاءها، بمحاولة استغلال ما لديهم من أفكار ومهارات واتجاهات للبحث عن حلول لها، وكيف يمكنهم الاشتراك مع الآخرين لتفسير تلك المشكلات، وتشخيص أسبابها، وتقصي سبل التغلب عليها في ضوء تجارب المجتمعات الأخرى، والحلول المطروحة، وفحص البدائل المختلفة لحلها أو التغلب عليها.

وتستطيع المدرسة أن تستضيف من آن لآخر القيادات السياسية والاجتماعية، للتحدث أمام الطلاب عن مشكلات المجتمع، ومخاطرها المختلفة، وأن يعدوا أنفسهم لمواجهة واقع هم أنفسهم جزء منه، وعليهم إعداد أنفسهم ليكونوا عقل المجتمع وأداة تغييره.

كما أن للمدرسة وظائف أخرى، لا تقل شأنا عن سابقتها، إذ عليها أن تدعم التغيرات والتجديدات الحادثة وتفسيرها، وذلك بمد الدارسين بمعلومات ومعارف وأساليب جديدة، وتنمية وعيهم بالتغيرات الحادثة في العالم، ورفع توقعاتهم لتقبل التغير، ثم المساهمة فيه، وكذا عن طريق غرس القيم الاجتماعية التي يجب أن تتمشى مع الرغبة في التقدم القائم على الإنجازات في العلوم ومجالات المعرفة الأخرى.(1)

ط. الحفاظ على البيئة والسلام العالمي:

هناك أخطار جسيمة تهدد البيئة المحلية والدولية، وكذا السلام العالمي، حيث يتعامل السكان مع بيئاتهم بعبث وإهمال كبيرين، وصل حداً ينذر بأفدح العواقب، ليس على حياة سكان إقليم معين من المجتمع، بل المجتمع كله، وربما دولاً عدة، وقد يتسع ليشمل العالم كله. ويتمثل ذلك فيما تلقيه المصانع من مخلفات إلى الأنهار والبحار، وما يتصاعد من المصانع والسيارات من أبخرة وغازات، وكذا ما يلقيه الإنسان من مخلفات كثيرة نتيجة الاستخدامات المختلفة، وكلها تفتك بالبيئة، وتضر بصحة الإنسان، وتهدد وجوده. بجانب ذلك ما يقوم به الإنسان من قطع الأشجار، وتجريف التربة، واستنزاف المياه، إلى غير ذلك من الأمور التي تهدد غذائه، وتدمر بيئته. والأخطر من ذلك التفجيرات النووية التي تجربها بعض الدول المتقدمة في القارة الجنوبية، مما أدى إلى تآكل طبقة الأوزون، وخطر ذلك على كوكب الأرض.. كل ذلك وغيره فرض على المدرسة وظيفة جديدة تتمثل بتعريف النشئ والشباب بالمخاطر التي تهدد بيئة الإنسان، وخلق الوعي لديهم، بالتعامل العقلاني مع البيئة ومواردها، والحفاظ عليها، وذلك من خلال استحداث مقررات دراسية جديدة، أو إدخال مواضيع ومواد دراسية في المقررات الدراسية القائمة التي تبصرهم بالأخطار التي تهدد البيئة، والموارد الطبيعية، على المستويين المحلي والعالمي.

---

(1) د. جوسلين: المدرسة والمجتمع العصري، ترجمة محمد قدري لطفي وآخرون، القاهرة، عالم الكتب، 1977، ص30.

ومن جهة أخرى هناك أخطار تهدد السلام العالمي من جراء انتشار الأسلحة النووية والكيميائية والجرثومية، والتهديد باستخدامها، وما قد يترتب على ذلك من عواقب مدمرة على البشرية كلها. وهذا يطرح أمام المدرسة مسئولية توعية النشء الجديد بما يتهدد السلام العالمي من مخاطر انتشار أسلحة الدمار الشامل، وإدخال مواد ومقررات دراسية جديدة، والقيام بأنشطة للحفاظ على البيئة المحلية.

ولا ننسى التذكير بذلك الشعار الذي رفعته اليونسكو، وهو "طالما أن الحرب تنشأ في عقول الناس، فعلينا أن نقضي على تلك الحرب في عقول الناس" أولاً وهذه مسئولية المدرسة.

3- العمليات التربوية للمدرسة:

يتضح من خلال وظائف المدرسة، أنها أبعد وأعمق من تزويد التلاميذ بالمعلومات والمعارف.. إن مهمتها القيام بالعملية التربوية وغايتها هي تحقيق الأهداف التربوية التي يطمح إليها المجتمع والتي من أجلها وجدت المدرسة أساساً، أما المعلومات والمعارف فهي جزء من مهمتها وإحدى وسائلها للقيام بوظائفها الموجه للفرد والمجتمع، لأن هذه المعارف ليست معارف من أجل المعارف، أو معارف مقطوعة من السياق الاجتماعي، بمعنى أن أي معرفة ليست بعيدة عن الواقع، وإنما لها مضمونها الاجتماعي، أي جانبها التطبيقي، وإلا أصبحت معرفة جوفاء، أو نوعاً من العبث الفكري، وهذا نادر الحدوث في الواقع.

والإنسان إذا عرف ، فإنه بهذه المعرفة يسلك ويعمل ويصنع، أي أن لكل معرفة أوجه تطبيق وممارسة، وإلا انعدمت قيمة هذه المعرفة واندثرت، لأن الإنسان لا يتداول سوى المعرفة التي تهمه وتفيده في حياته، وهذه هي المعرفة التي لها مضمونها الواقعي والحياتي.

إذَن للمعرفة جانبها التربوي التي تمكن الفرد من العيش والحياة. وكلما زادت المعرفة، واتسعت تطبيقاتها، تمكن الإنسان من تحسين أحواله، واطراد تقدمه في بيئته الاجتماعية والطبيعية.

وعلى ذلك فالمدرسة لا تعمل خارج نظامها الاجتماعي، بل هي أكثر التنظيمات الاجتماعية دينامية مع نظم ومؤسسات المجتمع، كما سبق شرحه في الأصول الاجتماعية والثقافية للتربية.

تقوم المدرسة بالتعليم. والتعليم لا يتم داخل حجرة الدراسة فقط، وإنما داخل المدرسة كلها، باعتبارها نظام اجتماعي، وعمل المدرسة لا يتجزأ، والتربية أيضاً لا تتجزأ، وليس لها مكان محدد. فإذا كانت المدرسة تقوم بالتعليم، فإن التعليم يؤدي إلى حدوث التعلم لدى التلميذ، وهذا التعلم ليس له وقت ومكان محددين، ويحدث نتيجة جملة عوامل. والتعليم والتعلم يؤديان إلى التربية، كونهما عمليتان متكاملتان وحاصلهما تربية. والتربية كعملية اجتماعية هي حاصل عمليات وأنشطة عدة تتم داخل الفصل والمدرسة وخارجها، والمحصلة النهائية للمدرسة هي حدوث عملية التربية.

ولكي نحدد الدور التربوي للمدرسة، بما يتيح لنا معرفة كيفية حدوث تلك العملية، وتحليل جوانب حدوثها، يمكن النظر إلى الآتي:

أ- المعرفة لا تتجزأ، كما أن الشخصية لا تتجزأ. ففي إطار وحدة المعرفة وتكاملها لا توجد معرفة لذاتها، ولا توجد معرفة نظرية بحتة، ولا معرفة تطبيقية بحتة، وإنما توجد معرفة متكاملة، لها جانب نظري، وجانب تطبيقي. ومن هنا فعندما تقدم معرفة نظرية في حجرة الفصل، فإن لها جانب تطبيقي أو عملي..

ترشد الفرد إلى ما يجب معرفته، والإضافة إلى معارفه وخبراته السابقة، وما يستتبع ذلك من تغيير تفكيره، وشعوره، ومواقفه إزاء الأشياء والأشخاص والمواقف، وكذا ما يقوم به ويسلكه، وبهذا تتحقق وظيفة المدرسة التربوية.

ولما كانت الشخصية كل لا يتجزأ، فلا يمكن أن تعتني المدرسة بناحية من شخصية التلميذ دون الأخرى، وبالتالي فالمعرفة المتكاملة تتكامل في شخصية الإنسان، فالناحية المعرفية تؤثر وتتأثر بالنواحي العاطفية والأخلاقية والمهارية. وما يؤدي إلى تنمية العقل، يؤدي إلى تنمية الجسم، وتنمية الوجدان. وما يؤدي إلى تنمية المهارات، يؤدي إلى تكوين الاتجاهات السلوكية، وهكذا، فطالما أن شخصية الفرد متكاملة، فإن الخبرة الإنسانية هي خبرة متكاملة، ومن هنا يظهر الدور التربوي للعملية التربوية.

ب- تتيح المواقف التعليمية التي يمر بها التلميذ مع زملائه فرص القيام بمجهود ذاتي، فيتنافس وينشط، ويشارك أقرانه خبرات انفعالية، واستجابات مختلفة في عملية التعلم. وهو على هذا النحو يكتشف قدراته واستعداداته الدراسية، ويحاول أن يمزج كل ما يمر به من خبرات ومعارف، مع خبراته ومعارفه السابقة، ليحدد أسلوبه التعليمي، وطريقة تكيفه للمواقف التربوية. وهنا يبرز الدور التربوي للمدرسة.

جـ- تتنوع مجالات النشاط داخل المدرسة، وخارجها، سواء ما يتعلق بالمنهج الدراسي، وما يرتبط به من نشاطات علمية، أو ما يتعلق بالنشاطات اللاصفية التي يقوم بها المعلمون في المدرسة. وهنا يجد التلاميذ فرصاً متنوعة للاحتكاك والتفاعل عند إجراء التجارب المعملية، أو القيام بعمل اللوحات والمجسمات، أو مشاهدة الأفلام أو القيام بالأنشطة الرياضية، وغيرها.

والتلميذ في هذا المحيط المتفاعل، يمارس قواعد سلوكية ويختبر قدراته من خلال علاقات التعاون مع جماعة الفصل والمدرسة، ومن خلال المناقشات التي يقوم بها، والأنشطة التي يشترك فيها، فيكتشف التلميذ ما لديه من قدرات فردية مميزة، أو لدى الآخرين، ويكتشف أيضاً الطاقات والمواهب الأخرى في الأفراد، بما يدفعه إلى أن يكتشف ذاته، ويجربها مع الآخرين من أقرانه. وفي هذا الوسط يبرز دور المدرسة التربوي.

د- تعمل المدرسة بحكم ما تملكه من سلطة وقوانين إلى إخضاع التلاميذ لنفس المعاملات، ووضع قواعد ونظم لممارسة الأنشطة، وقيام الجمعيات المدرسية، ومشروعات خدمة البيئة، وإقامة الحفلات والرحلات، وإقامة الاتحادات والروابط، ثم تحمل التلاميذ مسئولية الالتزام بكل ذلك، وتحمل تبعات ذلك، إما ثواباً أو عقاباً، مما يؤدي إلى النمو التربوي السليم وتكوين شخصية التلميذ.

ومن جهة أخرى فإن خضوع التلاميذ لنفس المعاملات والتزامهم بقواعد وأساليب واحدة في القبول وفي الامتحانات، وفي انتقالهم من صف إلى صف دراسي آخر يؤدي إلى خلق الروح المشتركة والمواطنة المتساوية، ومحاولة تذويب الفوارق الطبقية، وإيجاد نوع من التماسك بين الجيل. ومن هنا يبرز الدور التربوي للمدرسة.

هـ- تقوم المدرسة بالرعاية الاجتماعية والنفسية لجميع التلاميذ على حد سواء -إلى حد كبير- حيث تقوم عن طريق المشرف الاجتماعي، والاخصائي النفسي، أو عن طريق المعلمين وإدارة المدرسة بمساعدة التلاميذ على حل مشكلاتهم المختلفة، بما فيها المتعلقة بالمنزل، والتدخل وقت اللزوم لإزالة العقبات التي تقف أمامهم، والمعاملة الخاصة لما يعانون من مشكلات أو سوء تكيف، وكذا مراعاة قدرات التلاميذ وميولهم، ودراسة حالات الميول العدوانية والاتجاهات الانعزالية، وغير ذلك مما يجعل للمدرسة دورها المتميز في عملية التربية.

و- يشكل المجتمع المدرسي بيئة تربوية ثرية، ففيه المعلمون بمختلف تخصصاتهم وخلفياتهم الثقافية. وهناك الإداريون والعاملون، ثم الموجهون، وهناك التلاميذ بمختلف أعمارهم ومستوياتهم الاقتصادية والاجتماعية والثقافية، ثم علاقة المدرسة بالبيئة المحلية أو المدارس الأخرى. وفي هذه البيئة المؤسسية توجد أنواع من العلاقات المتداخلة والمتشابكة التي يلمسها التلميذ، أو التي يقيمها مع هذه الأطراف، وتسود هذه العلاقات المحبة والثقة المتبادلة. وهنا يتعرف التلميذ على قواعد سلوكية وأنماط من القيم والعادات والاتجاهات التي يحتك بها مقلداً ومقتدياً بها، عندما يمارس الأدوار والمعايير الاجتماعية، وأنماط السلوك. فإما أن يثاب فيتعزز السلوك الإيجابي، وإما أن يعاقب فيكف عن هذا السلوك وينطفئ لديه.

ومن هنا يظهر الدور التربوي للمدرسة، ودورها في عملية التنشئة الاجتماعية من خلال ما ذكر سابقاً، وإذا نظرنا إلى أن التنشئة الاجتماعية هي عملية تعليم وتربية، تتم عن طريق التفاعل الاجتماعي، والمدرسة باعتبارها مؤسسة اجتماعية قائمة على الضبط والتوجيه؛ فإن التفاعل فيها تحكمه سلطة ومربين يقومون بتصويب أنماط السلوك لتعزيز السلوك الحسن وكف السلوك الخاطئ، وهذه ميزة للتنشئة المدرسية. وبهذا يتضح دور المدرسة في العملية التربوية.

ثالثاً: تكامل التربية المدرسية واللامدرسية

بدأنا هنا بذكر التربية المدرسية رغم أسبقية نشأة التربية اللامدرسية، كما سبق تحديده في عنوان هذا الفصل، ويرجع ذلك إلى أن الاستعراض السابق تناول التطور التاريخي لنوعي التربية اللامدرسية والمدرسية. أما الموضوع الحالي، فينطلق من أهمية التربية المدرسية على التربية اللامدرسية، لأسباب وعوامل معاصرة تجعل الحاجة للتربية المدرسية ضرورية أكثر من أي وقت مضى.

ولكن لا يعني ذلك إهمال التربية اللامدرسية أو التقليل من دورها. صحيح أن التربية اللامدرسية ظهرت أولاً، واستمرت ردحاً من الزمن كنمط وحيد للتربية، غير أنها لم تعد كافية لمطالب المجتمع وتحدياته، فظهرت التربية المدرسية أو المقصودة، وأخذت تتطور وتتسع مساحتها وتحتل أهمية قصوى في حياة المجتمعات والشعوب، وبخاصة كلما تطور المجتمع علمياً وتكنولوجياً وتعقدت ظروفه وأساليب حياته.

وهذا ما دفع البعض إلى اعتبار التربية المدرسية هي التربية الحقيقية، ونادوا بعدم الاعتماد على التربية اللامدرسية، كونها فقدت كل قصد تربوي، ولم تعد قادرة على القيام بأدوارها، بل صارت تبطل أثر التربية المدرسية وما تقوم به. وما الانحراف الخلقي والضعف العلمي لدى الناشئين الذين لم يدخلوا المدرسة إلا دليلاً على عدم قدرتها على التربية[1].

وفي المقابل ظهر تيار معارض للرأي السابق تزعمه عدد من المربين والمفكرين، ينادون بأهمية التربية اللامدرسية، كون المدرسة مهما ادعت لنفسها من تربية النشء بما لديها من سلطة ومنهج وأهداف، فإنها لم تعد قادرة على تعليم أبناء المجتمع وإكسابهم مهن واتجاهات، كونها اقتصرت على معارف مجردة لا معنى لها ولا وظيفة منها، فضلاً عن عجزها عن تعليم العقيدة الروحية، وتعليم القيم الأخلاقية. وقدم أنصار هذا التيار مبررات وحجج منطقية إذ كانت صائبة لإنهاء المدرسة، فإن هذا الحل قد أفزع أنصار التربية المدرسية وجعلتهم يسرعون الخطى لتلافي أخطاء المدرسة ومعالجة عيوبها، بل وراحوا يقدمون حلولاً جديدة تتجاوز بعض أوجه قصور التربية المدرسية، منها إنشاء صيغاً و نماذج تعليمية جديدة، كالتعليم بالمراسلة والتعليم

---

(1) أحمد علي الحاج: دراسات في أسس التربية، مرجع سابق، ص 67.

بالراديو والتلفزيون، وبواسطة الأقمار الصناعية، والتعليم عن بعد، بجانب تطوير مناهج التعليم وأهدافه، وتنويع أنشطته، وغير ذلك.

وفي غمرة هذا الجدل ظهر اتجاه ثالث يدعوا إلى تكامل التربية المدرسية مع التربية اللامدرسية، فكل منها سند للآخر. فالتربية المقصودة ستظل قائمة ولا يمكن الاستغناء عنها، بحكم طبيعة الحياة البشرية، التي تفرض أن يتربى النشء في الأسرة أولاً، ثم في وسائط ا لتربية اللامدرسية، لاكتساب أنماط ثقافته قبل دخولهم المدرسة، ثم تبدأ المدرسة مع أطفال وقد تشكلت جذور شخصيتهم الأولى لتضيف إليها، وتكمل بناء تلك الشخصية، ثم تستمر علاقة المدرسة بوسائط التربية، وكل منهما يدعم الآخر، وييسر تنمية الإنسان في إطاره الاجتماعي الثقافي.

وإذا كانت الحياة المعاصرة ومطالبها الضاغطة تفرض توسيع التربية المدرسية وزيادة وقتها، فإن ذلك يجب أن يكون متوافقاً ومتكاملاً مع التربية اللامدرسية، لأن كليهما يتلافى قصور الأخرى ويدعم أدوارها.

فإذا كانت التربية المدرسية تقوم بتنمية معارف الفرد وقدراته العقلية والخلقية، وتكسبه المهارات والاتجاهات في صورة خبرات حية، فإن هذه ليست مقطوعة من سياقها الاجتماعي الاقتصادي، ثم أن هذا الفرد لا يتشكل في المدرسة فقط، وإنما في واقع له وسطه التربوي المميز الذي لا يجزأ ولا ينفصل، لأن شخصية الإنسان ونموها لا يتجزأ وليس لها مكان ووقت محددين، كما أن شخصية الفرد والشخصية القومية لمجتمعه في كل ممتزج، لا ينفصل كما سبق ذكره.

كل هذا يفرض على المسئولين في وزارة التربية والتعليم والمسئولين في هيئات المجتمع ومؤسساته أن يوجدوا نوع من التكامل المتوازن بين التربية المدرسية والتربية اللامدرسية، ومد جسور التعاون بينهما، حتى يدعم كل نوع الآخر. وبدون ذلك قد تعجز التربية في أي مجتمع من الوصول إلى أهدافها المرغوبة.

الفصل الثالث عشر
الأصول التعليمية للتربية

تمهيد

بالنظر إلى مسيرة التربية اللامدرسية، ثم التربية المدرسية، كما سبق شرحه، وما صاحب هذه المسيرة من تغيرات وتطورات أفضت إلى ظهور الشكل المؤسسي للتربية المدرسية، وكان ذلك بداية لدخول الأصول المختلفة إلى التربية التي بدورها أخذت تسهم تدريجياً في تشكيل أسس وأصول للعملية التعليمية التربوية. بمعنى أن الشكل المؤسسي للتعليم أخذ يستجيب لمؤثرات الأصول المختلفة، وهنا بدأت تتعين بعضاً من أسس بنائه، طرقه وأساليبه، فأخذت تظهر صور للتعليم، حتى يستجيب التعليم للمطالب التي يلقيها المجتمع عليه، نتيجة للتطورات الاقتصادية والاجتماعية، العلمية والتقنية.

إذن من المجتمع وإطار ثقافته يستمد التعليم صفاته وخصائصه وتحدد أهدافه، وتتحدد جذوره الأولى. وبجانب الأصول التي تأتي من المجتمع، تزايد ارتباط التربية بمختلف فروع العلم والمعرفة وبخاصة العلوم الاجتماعية التي اختص كل فرع علمي منها بمد التعليم بمكون يعكس زاوية الارتباط تلك. فعلم الإدارة العامة مثلاً يمد التعليم بأسس الإدارة التربوية والإدارة المدرسية، وعلم الاقتصاد يمد التربية بالمبادئ والنظريات والأساليب التي تعيد تنظيم التعليم على أسس اقتصادية، وحولت النظر إلى اعتبار التربية عملية اقتصادية واستثمارية وإنتاجية، إلى غير ذلك من إسهامات فروع العلم في التربية كما سبق بيانه في الأصول العلمية للتربية.

غير أن تجمع الأصول المختلفة إلى التربية وتفاعلها معاً في إطار المسيرة الطويلة للمجتمع والعلم وتطورهما معاً حتى الوقت الحاضر قد أدى إلى تكوين أصول خاصة بالتعليم، نشأت من طبيعة التعليم ووظائفه، وخاصية العملية التعليمية التربوية، ومن الأهداف التربوية النهائية التي يسعى التعليم إلى تحقيقها في الفرد والمجتمع.

وتتمثل الأصول التعليمية في وجود أنواع مختلفة في التعليم بمراحل ومستويات تنظيمية مختلفة، وتكون مناهج بأهداف ومحتوى، وأنشطة مناسبة تلبي حاجات المتعلمين، ومطالب المجتمع ومرحلة تطوره، ووجود طرق تدريس بأساليب ووسائل تعليمية ملائمة، وتكون أساليب تقويم متنوعة ليس للمتعلم، وإنما أيضاً للمعلم والعملية التعليمية، بل ونظام التعليم.

وهذا ما سوف نناقشه بإيجاز لإيضاح الأصول التعليمية للتربية.

أولاً: التعليم

الملاحظ أن هناك خلطاً وسوء استخدام لمصطلحي التعليم والتعلم. لذا يحسن التفرقة بينهما لتحديد نطاق استخدامهما.

التعليم Teaching هو مصطلح يطلق على مجهود شخصي يقوم به فرد (المعلم) أو جماعـة لمساعدة آخر (المتعلم) على تحقيق هدفه من التعليم. وهذا المجهود هـو عمليـة إلقـاء معـارف ومعلومات وخبرات من المعلم إلى المتعلم؛ بقصد حفز المـتعلم واستثارة قـواه العقليـة، ونشاطه الذاتي، وتهيئة الظروف التي تمكنه من التعلم، أيا كان نوعه [1]. بينما التعلم Learning فهو نشاط ذاتي ومجهود يقوم به الفرد المتعلم لاكتساب سلوك أو فكره أو انفعال أو حركة مـا، وهـو بـذلك نشاط من جانب المتعلم [2].

فإذا كان التعليم جهداً يقوم به المعلم لإلقاء معارف وخبرات بقصد حفز المتعلم على اكتسابها، فإن التعلم هو تغير في الأداء، إما في سلوك المتعلم أو شعوره أو تفكيره [3]، تحت شروط الممارسة والتكرار.

ولإتمام عملية التعليم لا بد من وجود المعلم الذي يوجه ويرشد المتعلم الذي يريد أن يتعلم، ووجود مادة دراسية ضمن منهج تعليمي إلى غير ذلك. وبالمثل، فلإتمام عملية التعلم فـلا بـد مـن وجود الفرد المتعلم أمام موقف جديد أو عقبة يتعين عليه حلها، ووجود دافع يحمل الفرد عـلى التعلم، وبلوغ المتعلم مستوى من النضج الطبيعي يتيح له أن يتعلم [4]. وطالما أن التعليم يقوم به معلم في مدرسة تخصصت لذلك، فإنه يعتمد على التدريس، أي على أسـاليب وطرق تـدريس، يمكن بواسطتها الوصول إلى تحقيق أهداف التعليم.

وكلمة تدريس Instruction تعني أن يصير الشيء مألوفاً للمرء، والمدرس هـو الشخص الـذي يجعل الأشياء مألوفة ومدروسة للتلميذ أو الطالب [5]. ويقصد بالتدريس كافة الطرق والإمكانات التي يوفرها المعلم في موقف تدريس معين، والإجراءات التي يتخذها في سبيل مساعدة المتعلم عـلى تحقيق الأهداف المحددة لذلك الموقف.

ويقتضي هذا المعنى من جانب المعلم تقديم معارف ومعلومات وخبرات، وفق منهج وطرق أعدت سلفاً، ويعني من جهة التلميذ أو المـتعلم حـوار ونشاط لفهـم هـذه المعـارف واكتشـاف المفاهيم والحقائق والإحاطة بمادة التعليم، وربطها بغيرها أو بخبرات الحياة، بما من شأنه إنجـاح عملية التعليم، وعملية التعلم في النهاية.

وعندما نستخدم لفظ التعليم، إنما للدلالة على أشكال التعليم النظامي وغير النظامي القائم في مؤسسات تعليمية أعدت خصيصاً لهـذا الغـرض، ويتم التعليم فيهـا وفق منظومـة متكاملـة تضمن توافر شروط التعليم، واستغلال شتى الطرق والإمكانات داخل الفصل أو داخل المدرسـة وخارجها، وكل ما يضمن إنجاح ا لعملية التعليمية، وبالتالي فإن ناتج التعليم تعلم، وناتج التـعلم تربية.

وعلى كل حال يتخذ التعليم في أي مجتمع نمطين رئيسين، هما: التعليم الرسمي [6] بشقيه النظامي وغير النظامي، والتعليم غير الرسمي، أوالتعلم الاجتماعي [1]. ولكن ما يهمنا هو النمط الأول، على اعتبـار أنـه هو

---

(1) أحمد عزت راجح: أصول علم النفس، مرجع سابق، ص 261.

(2) لطفي محمد فطيم وأبو العزائم الجمال: نظريات التعلم المعاصرة، مرجع سابق،ص198

(3) المرجع السابق، ص9.

(4) أحمد عزت راجح: المرجع السابق، ص 214.

(5) إبراهيم ناصر: أسس التربية، مرجع سابق،ص128.

(6) أو ما اصطلح على تسميته بالتربية المدرسية أو التربية المقصودة.

الأكثر أهمية وحاجة للمجتمع، وتعول عليه الدول والشعوب لتنمية أبناء المجتمع، وإعدادهم للعيش والإنتاج والتكيف مع الحياة المعاصرة.

يتصف التعليم في الوقت الحاضر بأسس: تنظيمية، وبمحتويات وأساليب ووظائف.. هي انعكاس للأصول المختلفة التي تتفاعل في داخل نظام التعليم، تبرز في أسس تكون عمليات التعليم، وتوجه أنشطته، وتعيين ناتجة. ويمكن استخلاص أهم أنواع التعليم، بغض النظر عن التقسيمات والتفاصيل الإضافية، لأن هناك أنواعاً أخرى تشكلت وفقاً لظروف كل مجتمع ومطالبه منها، بل أن بعضها يتداخل مع أنواع تعليمية أخرى، بمستويات ومسارات مختلفة، يصعب تصنيفها الدقيق.

والأنواع الرئيسية للتعليم هي:

1- **التعليم العام:** ويمتد من الحضانة حتى التعليم الثانوي العام، ويؤدي هذا التعليم إلى التعليم العالي، بشقيه المتوسط أو الجامعي، أو إلى سوق العمل.

2- **التعليم الحرفي:** ويتضمن مستوى التعليم الإعدادي، وقد يمتد إلى بعض مستويات التعليم الثانوي. ويعد هذا التعليم لحرفة معينة من الحرف اليدوية المختلفة في المجتمع، كحرف التجارة والحدادة، والكهرباء وأعمال النسيج، والخزف...الخ.

3- **التعليم المهني:** ويقع هذا التعليم في مستوى التعليم الثانوي عموماً، وقد يتسع هذا المستوى إلى بعض مستويات التعليم الإعدادي أو الأساسي، أو إلى بعض مستويات التعليم المتوسط، ومن هذه الأنواع مثلاً التعليم الصناعي، والتعليم الزراعي، ومعاهد المعلمين. ويقود هذا التعليم للمهن في المجتمع أو إلى التعلم التقني أو التعليم الجامعي أحياناً.

4- **التعليم التقني:** ويتضمن التعليم الواقع بين الثانوية والجامعة، وقد يتداخل مع هذين النوعين. ويأخذ هذا التعليم أسماءً وصيغاً ونماذج مختلفة، قد تكون نظرية أو تطبيقية أو هما معاً. ويعد هذا التعليم التقنين اللازمين لسوق العمل أو يقود للتعليم الجامعي.

5- **التعليم الجامعي:** ويشمل جميع الكليات الجامعية التي تتراوح مدد الدراسة فيها بين 4-7سنوات. وتحوي هذه الكليات العديد من التخصصات الأدبية والعملية أو النظرية والتطبيقية، بل هناك جامعات متخصصة مثل جامعة البترول، وجامعة الصحراء، وجامعة البيئة، وجامعة السلام...الخ.

6- **الدراسات العليا:** وتضم مستويات الدبلوم والماجستير والدكتوراه، وتتراوح آماد الدراسة بها بين سنة أو سنتين للدبلوم، وبين سنتين إلى أربع سنوات للماجستير، وبين ثلاثة إلى أربع سنوات للدكتوراه.

مراحل التعليم:

بالرغم من أن سلم التعليم الذي استمر عدة قرون قد أخذ يتلاشى تدريجياً ليحل محله شجرة التعليم، إلا أن مراحل التعليم ما زالت هي الأساس لسلم التعليم السائد في أغلب بلدان العالم، وهذه المراحل هي:

- مرحلة الحضانة ورياض الأطفال، وتمتد الدراسة بها بين سنتين وأربع سنوات.
- مرحلة التعليم الأساسي، وتمتد الدراسة بها بين ثمان وتسع سنوات.

---

(1) أو ما اصطلح على تسميته بالتربية اللامدرسية أو التربية غير المقصودة، ويتم في واقع حياة المجتمع.

- مرحلة التعليم الثانوي: وتمتد الدراسة بها بين ثلاثة وأربع سنوات.
- مرحلة التعليم المتوسط: وتمتد الدراسة بها بين سنتين وثلاث سنوات.
- مرحلة التعليم الجامعي: وتتراوح الدراسة بها بين أربع وسبع سنوات.
- مرحلة الدراسات العليا: وتتراوح الدراسة بها حسب مستويات الدراسة في كل مستوى.

وبجانب التعلم النظامي السابق ذكره يوجد التعلم اللانظامي ويتمثل في مختلف أشكال ونماذج التعليم والتدريب التي تتم خارج نطاق التعليم النظامي، وقد تتداخل معه وتؤدي إلى بعض أنواعه، وتظم هذه الأشكال مختلف الدورات والبرامج التعليمية القصيرة والطويلة المدى الموجه لفئات متباينة من السكان ولأغراض مختلفة كما يتسع التعليم اللانظامي ليشمل مختلف صيغ ونماذج التعليم من بعد.

ثانياً: المعلم وصفاتــه

لم تعد مهنة التعليم مهنة من لا مهنة له، أو وظيفة يشغلها أي شخص يعرف القراءة والكتابة، وبعض المعارف الدينية والأدبية كما كان يحصل في الماضي، بل أضحى التعليم من المهن المعقدة التي تحتاج إلى إعداد خاص لمن يشغلها في مؤسسات علمية متخصصة، كالجامعات والمعاهد العليا لإعداد المعلمين.

لقد تزايدت أهمية المعلم في الوقت الحاضر، نظراً لخطورة أدواره في تنشئة أبناء المجتمع وإعدادهم الشامل للمهام التي تنتظرهم، والحياة المعاصرة بكل تعقيداتها، لأن المعلم اليوم ليس ناقل معرفة، بل مربي يشرف على تلاميذه، يوجههم إلى ما فيه إنماء شخصياتهم، وصقل مواهبهم، يشاركهم أنشطتهم، ويتفهم مشاكلهم، إلى غير ذلك من أمور تجعل المعلم ومهمته أساس بناء عقول المستقبل، والعامل الحاسم في تشكيل شخصياتهم.

لهذا توجد شروط وقواعد لاختيار من يتولى مهنة التعليم[1]، بل أن بعض الدول المتقدمة تشترط سيرة تاريخ حياة الشخص، وتفوقه الدراسي العالي، كأهم معيار لقبوله في سلك التعليم.

ولا يقل الأمر أهمية لإعداد وتأهيل معلمي الغد، حيث تبذل جهود مكثفة لتأهيل وتدريب المعلمين في النواحي الأكاديمية والمهنية، النفسية والاجتماعية، وإكسابهم المواصفات والصفات الشخصية المتكاملة التي تؤهلهم؛ لتقلد مهنة التعليم، و تمكنهم من النجاح فيها. ومن هذه الصفات التي استقرت في الفكر التربوي، كأسس لازمة للمعلم هي:

الصفات الشخصية: وتشتمل على الصفات الخاصة من حيث اتزانه وأخلاقه، صبره وتعاطفه، ومثابرته، إلى غير ذلك من الصفات الحميدة. وتشمل أيضاً الصفات الخاصة بالتدريس من حيث طلاقته اللغوية، والوضوح في الشرح، وعرض المادة الدراسية وتبسيطها، وأسلوبه في الحركة والإثارة والمناقشة إلى غير ذلك، ثم تشمل هذه الصفات أيضاً ما يتعلق بتعامله مع التلاميذ وعلاقته بهم، سواء داخل الفصل والمدرسة، أو خارجها، وذلك من حيث تجاوبه مع التلاميذ واستثارة عقولهم ودوافعهم للتفكير والبحث، واحترام ميولهم واهتماماتهم، ويراعي قدراتهم، ويتابع أنشطتهم، ويقيم علاقات حميمة بينه وبينهم إلى غير ذلك.

---

(1) راجع: كنيث ابل، حرفة التعليم، ترجمة عمران أبو حجلة، القاهرة، الدار العربية للنشر والتوزيع، 1986.

الصفات الأكاديمية: وتتضمن أن يكون المعلم معد ومؤهل في مجال تخصصه في الفرع العلمي الذي تخصص فيه، بحيث يكون ملماً بالمعارف الشاملة الدقيقة في تخصصه، وقادراً على توصيل المعارف والأفكار إلى التلاميذ، بما يناسب عقول التلاميذ، وقادراً على تنظيم أفكاره وترتيب معارفه... إلى غير ذلك.

الصفات المهنية: وتتضمن مواصفات المعلم في مهنة التدريس من حيث قدراته على التخطيط للتدريس السنوي، والشهري، وقدراته على استخدام طرق التدريس، بما يناسب كل موضوع، وأسلوبه المميز في عرض المادة الدراسية، وإثارة عقول التلاميذ ودوافعهم، لفهم موضوع الدرس واستيعابه، وربطه بغيره من المواضيع والخبرات السابقة في حياة التلاميذ، وقدرة المعلم على استخدام الوسائل التعليمية وتوظيفها الأمثل، والقيام بمختلف الأنشطة الصفية واللاصفية، وتقويم التلاميذ، وتوجيههم إلى نواحي القصور، ومتابعة نموهم الدائم.

ثالثاً: المناهج التربوية

من الأسس التعليمية الهامة للتربية، نشأة المنهج التعليمي الذي يستمد أسس بنائه ومكوناته، واختيار محتوى المنهج، وسبل التنفيذ والتقويم من مختلف الأصول السابق شرحها. ويعكس المنهج تفاعل تلك الأصول داخل نظام التعليم، ومؤثرات فعلها في مكونات التعليم. وأي تغير أو تطور في تلك الأصول تنتقل إلى المنهج التعليمي، وتمده بوسائل تجديده وتطويره.

لقد نشأت مناهج التعليم بنشأة التعليم المدرسي، وذلك لتحقيق مقاصد هذا التعليم وغاياته. ولما اختلفت تلك المقاصد والغايات من مجتمع إلى آخر، ومن عصر إلى آخر خلال مسيرة التعليم الطويلة، فقد اختلفت مفاهيم المنهج وحدوده، ومحتوى هذا المنهج ومكوناته، كون غايات التعليم وأهدافه، تقوم على أساس فلسفة النظام الاجتماعي والاقتصادي والسياسي القائم، وأهدافه وحاجاته، وطبيعة المعرفة، وتطور العلوم.

وعلى أية حال يعتبر الإغريق أول من أدخلوا المناهج الدراسية في نظامهم التعليمي، وعنوا بالمنهج، الطريقة أو المسلك الذي يسير فيه المعلم و المتعلم لبلوغ الأهداف التربوية[1]. وهم بهذا عنوا بالمنهج، محتوى التعليم الذي يضم الفنون السبعة الحرة التي تتوافق مع تقسيم المجتمع الطبقي بحيث يؤدي تحقيق أهداف التعليم إلى تكريس هذا التقسيم الاجتماعي.

وقد مر المنهج التعليمي بتغييرات وتطورات، حتى أصبح ينظر إليه اليوم على أنه، كل تعلم يخطط له، ويوجه بواسطة المدرسة، سواء نفذ بطريقة فردية أو جماعية، داخل المدرسة أو خارجها.[2]

ورغم تباين تعاريف المنهج بين المفهومين القديم والحديث للمنهج، وتعدد هذه التعاريف في المفهوم الحديث، إلا أنها متشابهة إلى حد كبير. أو أنها تغلب النظر إلى زاوية بعينها، أو توسع المعنى وتحمله أبعاد إضافية، إلى غير ذلك من أمور وتفصيلات لا محل لها هنا. وما يهمنا هو الاحتكام إلى مفهوم للمنهج، يوضح المعنى، لفهم نطاق معالجته، وتفاعله مع مكونات المنهج، وأنشطة النظام التعليمي.

يعرف المنهج التعليمي بأنه "مجموع الخبرات التربوية الثقافية والاجتماعية والرياضية والفنية التي تهيؤها

(1) أحمد حسين اللقاني وبرنس أحمد رضوان: تدريس المواد الاجتماعية، القاهرة، عالم الكتب، 1976،ص181.

(2) رشدي لبيب وآخرون: المنهج منظومة لمحتوى التعليم، القاهرة، دار الثقافة للطباعة والنشر،1984، ص12.

المدرسة للتلاميذ داخل حدودها، أو خارجها، بقصد مساعدتهم على النمو الشامل في جميع النواحي، وتعديل سلوكهم وفقاً لأهدافها التربوية".[1]

والمنهج التعليمي بهذا المعنى، جميع الخبرات والنشاطات والممارسات المدرسية، وغير المدرسية التي تخطط وفقاً لواقع المجتمع وفلسفته، ويتناول المتعلم وخصائص نموه والخبرات التي مر بها من خلال المواد الدراسية، باعتباره محور العمليات التعليمية التربوية، ويعكس التفاعل بين المعلم والتلميذ والبيئة المحلية، ويتضمن توفير الحياة المدرسية القائمة على مختلف الأنشطة، وفق علاقات إنسانية، تساعد على النمو المتكامل للمتعلم.

ونظراً لأهمية المنهج، فقد أصبح ينظر إليه كمنظومة، أو نظام يتكون من مجموعة من العناصر التي تدخل في علاقات متبادلة، فيما بينها، وفقاً لوظيفة كل عنصر، وأهداف النظام التي يسعى إلى تحقيقها. وأي تغيير في أحد عناصر النظام يؤثر في بقية عناصر النظام، ويؤدي إلى التغيير فيها. فبالنظر إلى مكونات المنهج نجده، يتكون من الأهداف، والمحتوى، وأساليب التدريس والنشاط المدرسي، والتقويم. وتقوم بين هذه المكونات علاقات متبادلة كل منها يؤثر في الآخر. والمنهج- وفقاً لنظرية تحليل النظم- هو منظومة فرعية للنظام التعليمي. والتعليم بدوره، إذا كان يحوي نظماً فرعية أخرى، كأنواع التعليم والإدارة والتمويل...الخ، فهو نظام فرعي للثقافة القومية. والثقافة القومية هي نفسها، بما تحويه من نظم فرعية، كالنظام الاقتصادي والنظام السياسي...الخ، هي نظم فرعية للثقافة الإقليمية وكذا الثقافة الإنسانية، وبالتالي فإن معالجة المنهج، أو تطويره يجب أن يأخذ في اعتباره ذلك الترابط، وتلك التفاعلات المتبادلة بين المنهج التعليمي، ونظمه الفرعية، أو بينه وبين النظم الأخرى، كما سبق ذكره على أساس أن المنهج التعليمي هو أحد الوسائل التي تحقق أهداف النظام التعليمي، وأهداف التعليم أحد وسائل تنمية الثقافة القومية، وهي بدورها تسهم في إنماء الثقافة الإقليمية والإنسانية. وبالمثل تنعكس تلك العلاقة المتسلسلة وتتحول إلى مدخلات، بما فيها الراجعة، وتصل إلى المنهج، وهكذا تمثل هذه النظرة أهم أسس فهم ودراسة التعليم.

أسس بناء المنهج التربوي

يعتبر المنهج ميدان تتجمع داخله تأثيرات الأصول التربوية المختلفة السابق شرحها، إذ تمد تلك الأصول المناهج بأسس بنائها، ومقومات اختيار مكوناتها، ومؤشرات تخطيطها وتنفيذها.

ولما كان المنهج يمثل مضمون التعليم، وعليه يتحدد ناتج التعلم، ومواصفات مخرجات التعليم؛ فيجب أن يعكس المنهج ثقافة المجتمع، وموجهاته الاجتماعية، ومرحلة تطوره، ويعكس النظرة للفرد المتعلم، وطبيعته البشرية، وحاجاته، وطبيعة المعرفة، والتقدم العلمي والتكنولوجي...كل ذلك من خلال ما يرغبه المجتمع لنفسه أن يكون، في أفضل صورة.

والمنهج بهذا جزء من الثقافة القومية والإنسانية، يعمل على استمرارها وتنميتها، والمنهج أيضاً جزء من النظام التعليمي، وأحد وسائله الأساسية لتحقيق أهدافه، وبالتالي فإن مخرجات النظام التعليمي عن طريق مناهجه أحد الوسائل الأساسية للحفاظ على الثقافة القومية، بكل أبعادها المختلفة.

لذلك فإن بناء المناهج يجب أن يستند إلى فكر تربوي ونظرية تربوية، تشتق من الأصول المختلفة

---

(1) فؤاد سليمان قلادة: أساسيات المناهج في التعليم النظامي وتعليم الكبار، القاهرة، دار المطبوعات الجديدة، 1979.

للتربية، كي تبني عليها المناهج التعليمية التربوية. وطالما أن كل نظرية تربوية تمثل نظرية عـن المجتمع، فقد اختلفت أسس بناء المناهج، باختلاف تلك النظريات عن المجتمع. ومع تراجع حدة ذلك الاختلاف، بسبب التطورات المعاصرة، إلا أنها ما زالت تـؤثر بصورة أو بـأخرى في عمليـات تخطيط المنهج وتنفيذه، وإن كانت غايات التعليم في أي مجتمع هـي سبب لاختلاف محتـوى التعليم ومكوناته، وما ينشأ عن ذلك من ترتيب أولويات أسس بناء المناهج والخبرات السابقة، والإمكانات البشرية والمادية في بناء المناهج.

وأي اختلاف في اعتبار المتعلم أو المعرفة أو المجتمع منطلقاً لبناء المناهج؛ فإن هنـاك جملة من الأسس لبناء المناهج، بصورة توحد النظرة لتلك الاعتبارات، وتكامل بينها تارة، وتفاضل بينهـا تارة أخرى، في ضوء نتائج البحوث العلمية، عن قدرات المتعلم، وطبيعة المعرفة، واختلاف ثقافات المجتمعات، ونظرتها إلى المتعلم والمعرفة. [1]

بالنظر إلى الأصول المختلفة التي تكون التربية، يمكن الوقوف على أسس بناء المناهج، حسب زاوية ارتباطها بتلك الأصول، وهي:

1- الأسس التاريخية:

تأثر بناء المناهج عبر العصور التاريخية بالأفكار التربوية التي سادت تلك العصور، ورؤيتها حول الكون، والوجود، والطبيعة البشرية، والمعرفة، والقيم، ثم اختلاف القائمين علـى التعليم، واختلاف تطبيقاتها التربوية. وبهذا اختلف مضمون التعليم، باختلاف حجم الخبرة الإنسانية، والتراث الثقافي، وما يراد من التعليم تحقيقه، فشهدنا بذلك أنماطاً تربوية، اختلف مضمون التعليم فيهـا بـاختلاف تلك الحضارات والثقافات، حتى الوقت الحاضر، وأدى ذلك إلى تراكم الخبرات الإنسانية حول بناء المناهج.

وحيث أن تاريخ ثقافة كل مجتمع تمثل خلاصة تجارية وخبراته التي ميـزت أسـلوب حياتـه، ومن ذلك تكونت ثقافة المجتمع وشخصيته القوميـة، فـإن ذلك التـاريخ يعد أحـد أسـس بنـاء المناهج من حيث أن المناهج أحد الأساليب الأساسية للحفاظ على الثقافة الوطنية، بكل أبعادهـا المحلية والقومية والإقليمية والإنسانية.

وتطوير أي مجتمع لا يعني أن تركز المناهج على الوفاء بحاجات المجتمع الحاليـة، ومواجهـة تحدياته المستقبلية، وإنما أن يتم ذلك في إطار ماضي المجتمع، واستمرار ثقافتـه القوميـة، في أفضل صور يرغبها المجتمع.. ومنهج النظام التعليمي أهم أدوات تحقيق ذلك.

2- الأسس الفلسفية:

بالنظر إلى الأصل الفلسفي للتربية الذي ناقشناه في موضع سابق من هذا الكتاب، وتحليل مفهوم الفلسفة، موضوعها ومباحثها، والعلاقـة بـين الفلسفة والتربية، ومجـال فعـل فلسفة التربية، نجد أن فلسفة المجتمع تمد التربية مـن خلال فلسفة التربية بنظرتـه لحقيقـة الكون نشأته ونهايته، وأصل الوجود، مكوناته ومغزاه، وطبيعة الإنسان عقله وجسمه، والمعرفة، طبيعتها واكتسابها، والقيم، ثابتها ومتغيرها.. كل ذلك يتبلـور ويتجسد في نوع الإنسان الـذي يريده المجتمع، وصفاته العقلية والجسمية، الوجدانية والخلقية، ثم نوع المجتمع والمدنية التي يتوق إليها المجتمع أن يكون، ثم تسعى التربية إلى ترجمة ذلك وتحقيقـه مـن خلال المنـاهج

---

[1] للمزيد من التفاصيل راجع: أحمد حسين اللقاني، المناهج بين النظرية والتطبيق، مرجع سابق، أيضاً، صالح ذياب هندي وآخرون، دراسات في المناهج والأساليب العامة ط5، عمان، جمعية المطابع التعاونية، 1980.

التعليمية، إلى جانب الأنشطة والعمليات الأخرى لنظام التعليم.

ومن هنا اعتبرت فلسفة المجتمع أهم أسس بناء المناهج التعليمية التربوية، حيث تصبح تلك الفلسفة هي المحددة لأهداف المناهج، أيا كان نوع التعليم، ومستواه. وعلى أساسها يتم اختيار محتوى المناهج، وتصنيف عناصر المحتوى، وتسلسله، وأساليب بنائه منطقياً وسيكولوجيا. وكون تلك الفلسفة أساس تحديد أهداف المنهج، فإنها بالضرورة تعين على سبل تنفيذها، بما يؤدي إلى تحقيق الأهداف، حيث أنها تساعد على تعيين استراتيجية التعليم، واختيار الأنشطة والإجراءات اللازمة للتنفيذ، ثم تساعد على القيام بعملية التقويم، كونه يتم على أساس تلك الأهداف. وفي ضوء ما تحقق منها، يتم الحكم على مدى تحقق تلك الفلسفة.

وطالما أن تحديد الأهداف من وظيفة الفلسفة، فإن الفلسفة تساعد على تحديد مستويات الأهداف التعليمية حتى المستوى الإجرائي، ثم تكون الفلسفة مصدراً للحكم على تحقيق تلك الأهداف، وناتجها النهائي.

3- الأسس الاجتماعية للمنهج:

بالعودة إلى الأصول الاجتماعية واستعراض مواضيعها التي تمت مناقشتها، نجد أن المجتمع بمضمونه الثقافي الاجتماعي من إبراز أسس بناء المناهج التعليمية. فطالما أن المدرسة أو نظام التعليم هو الذي أوجده المجتمع من أجل استمرار أسلوب حياته تغيراً وتحديداً، فإن المنهج يحمل خصائص المجتمع وظروفه الاجتماعية، ويعكس متطلبات هذا المجتمع وتحدياته في البناء والتغير. ولن يكون كذلك إلا إذا تمثل التعليم التراث الثقافي للمجتمع وقيمه واتجاهاته، ومعاييره الاجتماعية، يعكسها في أهداف المناهج ومحتواها، وأنشطتها وأساليبها المختلفة، تخطيطاً وتنفيذاً. بل إن أهداف المناهج هي في نهاية المطاف أهداف المجتمع، وأهداف المجتمع هي في تطبيقها الإجرائي أهداف المناهج. ومن غير المنطقي أن تكون مخرجات المناهج، ونظام التعليم ككل على غير ما يوافق المجتمع وثقافته السائدة، كما أن المنهج يتفاعل مع مشكلات المجتمع المختلفة، البيئية والاجتماعية والاقتصادية، السكانية والسياسية، الحالية منها أو المتوقعة. ويسعى المنهج إلى تفهم مطالب التغير الاجتماعي الثقافي، وتضمين كل ذلك في مكونات المنهج، مما يبين بجلاء أهمية الأسس الاجتماعية في بناء المنهج التربوي.

4- الأسس النفسية للمنهج:

تأكيداً وتطبيقاً لما تم مناقشته في الأصول النفسية للتربية تتضح أهمية الأسس النفسية في بناء المنهج، حيث ينطلق هذا الأساس من التلميذ المتعلم، واعتباره محور بناء المناهج والعملية التربوية عموماً...الذي أغفل دهراً طويلاً. ولكن عقب ما كشفته الدراسات والبحوث النفسية، والتربوية، فقد اعتبر المتعلم وخصائص نموه، وقدراته وميوله وخبراته السابقة أساساً لتخطيط المنهج وتنفيذه، وتعيين أهداف المنهج واختيار محتواه وتنظيمه، أو اختيار الأنشطة والأساليب، ثم القيام بعملية التقويم.

إذا كانت غاية التربية هي في المقام الأول الفرد وإنماء شخصيته من جميع جوانبها في إطار أبعاد حياة المجتمع؛ فإن المنهج هو أداة ذلك. وحتى يحقق المنهج وظيفته تلك يشترط أن يبدأ بخصائص نمو المتعلم له، مطالب النمو العقلي والجسدي، الوجداني والخلقي الاجتماعي والسياسي...الخ، وله حاجاته وميوله وقدراته ومهاراته وأنماط سلوكه، وأن تأخذ المناهج في اعتبارها علاقة هذا النمو بالبيئة الطبيعية والبشرية، ومؤثراتها، وأن تراعي المناهج الفروق بين المتعلمين. وبهذا تأكد أن نمو ا لطفل، وحاجاته وميوله، والتعليم

وعملياته في بيئة الطفل، أساس بناء المناهج تخطيطاً وتنفيذاً.

5- الأساس المعرفي لبناء المنهج:

يتوقف تحقيق المنهج لعملية التعليم والتعلم، بل وتحقيق أهداف النظام التعليمي، على طبيعة المعرفة التي تحويها المناهج، مصادرها وأنواعها، وإمكانية فهمها وتطبيقها.

ويتمثل الأساس المعرفي لبناء المنهج أن يهتم واضعوا المناهج بالآتي:

- أن تشمل طبيعة المعرفة على المعارف المباشرة وغير المباشرة، والمعارف الذاتية والموضوعية.
- أن تتنوع مصادر المعرفة سواء التي مصدرها الحواس أو العقل، أو التقاليد، أو الخبرة الذاتية، بحيث تتضمن المناهج تنمية حواس المتعلمين، والتفكير والحدس، والخبرات الذاتية، مع تأكيد المعرفة التقليدية، فتتكامل المعارف الحسية والعقلية والذاتية والتقليدية.
- أن يتسع مجال المعرفة ليضم الحقائق والقوانين والمبادئ والمفاهيم.
- أن تحوي المناهج حقول المعرفة المختلفة[1]، أهمها: العلوم التطبيقية كالفيزياء والكيمياء والعلوم الحيوانية والنباتية. والعلوم الإنسانية كعلم النفس، والتربية، والاجتماع. ثم العلوم الجامعية كالدين، والفلسفة والتاريخ، والعلوم الرمزية كالرياضيات واللغات، والفنون التعبيرية. والعلوم الترفيهية كالموسيقى والفنون والأدب والشعر، والعلوم الأخلاقية كالمنطق وعلم الجمال.

6- أسس عامة أخرى لبناء المناهج:

وتتمثل في[2] مبادئ حقوق الإنسان والأمن والسلام الدوليين، وتنظيم العلاقات بين الدول على أساس الاحترام المتبادل، والتعاون والتنافس بين الدول في العلاقات الاقتصادية والسياسية والثقافية، ثم التقدم العلمي والتكنولوجي.

مكونات المنهج

أثمرت البحوث والدراسات التربوية والنفسية والاجتماعية، والخبرات الميدانية عن تشكيل مبادئ وأسس للمنهج التعليمي، يمكن رؤيتها من خلال مكونات المنهج.

يتكون المنهج التعليمي التربوي من عناصر أو مكونات رئيسية هي: الأهداف، والمحتوى، والأنشطة، والتقويم. وكون هذه المكونات مشروحة بالتفصيل في عدد كبير من الكتب التربوية، فيمكن الإشارة إلى معالمها الرئيسية، بما يسمح من إيضاح أسس هذه المكونات، وهذه المكونات هي:

أولاً: الأهداف التربوية

وحيث أن المنهج تصور لمخرجات مرغوبة، يسعى النظام التعليمي إلى إحداثها في المتعلمين (اكتساب معارف ومهارات واتجاهات معينة) بعد إنهاء مرحلة تعليمية، أو المرور بمواقف تعليمية محددة، فإن الأهداف هي نقطة البدء لما يراد من مخرجات أو نواتج التعلم، يسعى النظام التعليمي – من خلال المنهج- إلى تحقيقها.

---

(1) صالح ذياب هندي: دراسات في المناهج والأساليب العامة، مرجع سابق، ص 80،81.

(2) راجع: مجدي عزيز إبراهيم، قراءات في المناهج ط2، مكتبة النهضة المصرية، 1985، نقلاً من : أحمد عدوان المدحجي محمد صالح هجرس، قراءات في المناهج وطرق التدريس العامة، د.ت. 194.

والأهداف التعليمية بهذا هي "وصف للتغيرات السلوكية التي يسعى المنهج إلى إحداثها في المتعلمين". [1]

وأهداف المنهج هي في الأساس ترجمة وتحديداً للأهداف التعليمية، سواء أهداف نظام التعليم، أو مراحله حتى تصبح هذه الأهداف موجهة لعمل المعلم، الذي يقوم بتفصيلها إلى أهداف إجرائية سلوكية، في شكل نواتج تعليمية. وأهداف هذا التعليم، أكانت لنظام التعليم ككل أو لمراحله التعليمية، فهي ترجمة وتفصيلاً للأهداف العامة للتربية.

ومعنى هذا أن هناك مستويات للأهداف. **الأول:** مستوى الأهداف التربوية وتعبر عما ترغبه الثقافة من مخرجات، تحقق أهداف المجتمع ومطالبه، وهذه عامة لكل مؤسسات التربية. **والثاني:** مستوى الأهداف التعليمية، وهي ترجمة للأهداف التربوية السابقة، تبرز في صورة موجهات لمسارات الحركة والعمل لنظام التعليم ككل، تتمثل في تنظيم وتبويب السياسة التعليمية، وتخطيط التعليم، واستراتيجية الإنماء التربوي، وما يتبع ذلك من تشريعات تربوية، وقوانين ولوائح تبين المهام والأنشطة التي تلتزم بها أجهزة التعليم ومؤسساته المختلفة. **والثالث:** مستوى أهداف مراحل التعليم، وهنا تفصل أهداف المستوى السابق، وتصنف على أساس المراحل التعليمية، طبقاً لخصائص كل مرحلة تعليمية، ثم تحدد خطوط التميز والتكامل بين أهداف الصفوف الدراسية وأهداف المناهج التعليمية، وفي ضوئها تتحدد المكونات الأخرى. **والرابع:** مستوى أهداف المقرر والموضوع، حيث تترجم الأهداف السابقة وفقاً لتصنيف سلوك التلميذ، في صورة نواتج سلوكية نتيجة لمرور المتعلم بخبرات التعليم، ومواقف تعلم معينة... وهكذا تتعدد مستويات التعليم، وتتسلسل في حلقات مترابطة في اتساق وانسجام. وبقدر اتساق وتكامل هذه المستويات، ترتفع كفاية التعليم في تحقيق أهدافه، وبدون هذا الفهم يتفكك النظام التعليمي، وتتبعثر الجهود، ويخفق النظام التعليمي في تحقيق أهدافه المنشودة.

هذا وتصنف أهداف المنهج، وفقاً للتصنيف الشهير الذي وضعه بلوم، إلى ثلاثة مجالات: هي المجال المعرفي، والمجال النفسحركي، والمجال الوجداني، ثم صنفت هذه المجالات إلى مستويات أدق تزخر بها كتب المناهج.

ثانياً: المحتوى

بناءً على أهداف المنهج يتم اختيار وتحديد محتوى هذا المنهج. ويقصد بالمحتوى نوعية المعارف المنهجية المتراكمة من الخبرات الإنسانية المنظمة، أو التي لم تنظم بعد، وتنشأ من خبرات الحياة المعاصرة، والتي يتم اختيارها وتنظيمها على نحو مناسب [2] بحيث تشمل فروع العلم المختلفة، الطبيعية والإنسانية: معرفة إدراكية، ومعرفة قيمية، ومعرفة أدائية، ومعرفة اجتماعية. وإما حسب الحقول الكبرى للمعرفة المنظمة، فتكون: المعرفة الطبيعية، والمعرفة الإنسانية، والمعرفة الرياضية، والمعرفة التطبيقية، والمعرفة الحاسوبية. وإما حسب نتائج التعليم فيشمل التصنيف على: الحقائق والمفاهيم، المبادئ والتعميمات، الفرضيات والنظريات، المهارات والقيم والاتجاهات. وإما حسب وسائل الإدراك. فيشمل التصنيف على: الإدراك بالوحي، والإدراك بالإلهام، والإدراك بالحواس، والإدراك بالتجريب، والإدراك بالعقل، والإدراك بالحدس. [3]

وتصنف عناصر المحتوى وفق تقسيمات تسمى بالمواد الدراسية، والتقسيمات أو الصور التي تأخذ بها

---

(1) رشدي لبيب وآخرون: مرجع سابق، ص 23.

(2) أحمد حسين اللقاني: المنهج بين النظرية والتطبيق، مرجع سابق، ص 216.

(3) راجع: توفيق مرعي وآخرون: مدخل في التربية، مسقط، 1994.

المناهج الدراسية هي: مناهج المواد الدراسية، كمنهج المواد المنفصلة، ومنهج المواد المترابطة، ومنهج المجالات الواسعة. ومناهج النشاط، كمنهج النشاط القائم على ميول الأطفال وحاجاتهم، ومنهج النشاط القائم حول المواقف الاجتماعية. و المناهج المحورية. والمراجع في هذا الشأن كثيرة.

بيد أن اختيار المحتوى يخضع لمعايير، أهمها: ارتباط المحتوى بالأهداف، وصدق المحتوى مع الاكتشافات العلمية. وملاءمته للواقع الاجتماعي والثقافي للمتعلمين، ومتوازن في شموله وعمقه، وبين ما هو نظري وتطبيقي، وبين حاجات الفرد وحاجات المجتمع.[1]

وفي تنظيم المحتوى وترتيبه، هناك اتجاهان رئيسيان، الأول التنظيم المنطقي للمادة الدراسية، والثاني التنظيمي السيكولوجي الذي يبدأ من نضج الطفل وميوله. ويدمج هذان الاتجاهان في بناء محتوى التعليم وتنظيمه. وهناك معايير أخرى تتبع عند تنظيم محتوى المنهج هي: الاستمرارية، والتتابع، والتكامل.

ثالثاً: الأنشطة

وهي جملة الأنشطة التعليمية التي تختار بعناية، في ضوء الأهداف. فهي من قبل المعلم استراتيجية التعليم، بما تتضمنه من استخدام طرق وأساليب التدريس، واستخدام الوسائل التعليمية، والنشاطات الصفية واللاصفية. وهي من قبل المتعلم النشاطات التي يقوم بها المتعلم بمشاركة المعلم، وتحت توجيهه سواء داخل الفصل أو خارجه، وما تتضمنه هذه النشاطات من استخدام طرق التعلم، وغيرها.

ولعل ما يمكن ذكره هنا هو طرق التدريس، والوسائل التعليمية.

تعتبر طرق التدريس من أهم الأنشطة التي يقوم بها المعلم، لتنفيذ محتوى المنهج والوصول إلى تحقيق الأهداف التعليمية من خلال المادة أو المقرر الذي يدرسه.

وترجع أهمية طرق التدريس إلى علاقتها المتداخلة بينها وبين مكونات المنهج، فهذه الطرق تسهم بتحقيق الأهداف التعليمية والتربوية. وطبيعة المحتوى ومادته، تحدد الطريقة التي يتبعها المعلم، وطرق التدريس تحدد استخدام الوسيلة أو الوسائل المناسبة، وجودة طريقة التدريس تساعد على التقويم.

تعرف طريقة التعليم بأنها "عملية اجتماعية يتم من خلالها نقل مادة التعليم، سواء أكانت معلومة أو قيمة، حركة أم خبرة، من مرسل نطلق عليه اسم المعلم إلى مستقبل نسميه المتعلم".[2]

وطريقة التدريس بهذا المعنى، هي أحد مكونات المنهج، كونها تحدد مدى تحقيق أهداف المنهج، فإذا كانت الطريقة هي الإجراءات التي يتبعها المعلم لعرض محتوى التعليم، وما يوفره لموقف تعليمي معين، لمساعدة التلاميذ على التعلم، فإن أسلوب التدريس هو فاعلية التدريس أي الشكل الذي يتخذه المعلم لعرض طريقة ما من طرق التدريس، بأسلوب يختلف عن مدرس آخر. وعملية التدريس الناجحة تضم كلاً من الطريقة والوسيلة. وهناك خصائص وسمات للطريقة والأسلوب الجيدين.

ولعله مناسباً الإشارة إلى طرق التدريس، كأصل من الأصول التعليمية للتربية التي تكونت، كأسس ضرورية لعملية التعلم والتعليم، وسوف نكتفي بذكر أسماء هذه الطرق، نظراً لما تتضمنه من تفاصيل كثيرة لا مجال للاستغراق فيها هنا. وأهم هذه الطرق هي:

(1) راجع: صالح ذياب هندي وآخرون، تخطيط المنهج وتطويره، عمان، دار الفكر للنشر والتوزيع، 1989.

(2) محمد زياد حمدان: التنفيذ العملي للتدريس، عمان، دار التربية الحديثة، 1985، ص24.

1- طريقة المحاضرة
2- طريقة المنافسة "التسميع الذاتي".
3- طريقة الحوار.
4- طريقة الأسئلة أو الاستجواب.
5- طريقة الوحدات (طريقة مورسن).
6- الطريقة الاستنباطية.
7- الطريقة الساتقرائية.
8- طريقة المفهوم.
9- طريقة الندوة.
10- طريقة القصة.
11- طريقة حل المشكلات.
12- طريقة المشروع.
13- طريقة التعينات (طريقة دالتين).
14- طريقة الاكتشاف.
15- طريقة التعليم الجمعي.
16- طريقة التعليم المبرمج.
17- طريقة التعليم التعاوني.

وهناك طرق أخرى كثيرة، مع ملاحظة أنه يمكن المزج بين طريقتين أو أكثر بناءً على خبرة المعلم..

وغير ذلك من طرق التدريس الحديثة.

رابعاً: الوسائل التعليمية

تأتي أهمية الوسائل التعليمية، أنها تدعم طريقة التدريس، وترفع من فعاليتها في تعلم جوانب المحتوى التعليم من قبل التلميذ المتعلم. والوسيلة هي أداة أو مادة يستعملها المعلم والمتعلم. فيستعملها المعلم لتيسر له العمل بأنجح الأساليب والطرق، لتقديم محتوى التعليم إلى التلاميذ، والوصول بهم إلى التعلم، ويستعملها التلميذ لتدعيم عملية التعلم[1] وتصنف الوسائل التعليمية إلى ما يلي:

- الوسائل السمعية: وتشمل كل الوسائل التي تربط بحاسة السمع، مثل الراديو، والأشرطة المسجلة.
- الوسائل البصرية: وتحوي كل الوسائل التي ترتبط بحاسة البصر، مثل الصور والرسوم والمجسمات والأشكال والنماذج، والرحلات والكتب والمجلات والمعارض.
- الوسائل السمعية البصرية: وتشمل الوسائل التي ترتبط بحاستي السمع والبصر، مثل السينما والتلفزيون والفيديو والكمبيوتر والتمثيل.

---

(1) راجع: محمد زياد حمدان، الوسائل التعليمية مبادئها وتطبيقاتها، بيروت، مؤسسة الرسالة، 1981.

خامساً: التقويــم

هو أحد مكونات المنهج، يرتبط بدلالات مع بقية مكونات المنهج: الأهداف والمحتوى، والأنشطة، حيث أن التقويم يوجد في كل عملية من عمليات المنهج، بدءاً من الأهداف التربوية، وانتهاءً بعملية التقويم ذاته.

وحيث أن التربية تهدف إلى إحداث تغييرات مرغوبة في سلوك التلميذ في نهاية المطاف، فإن عملية التقويم تقيس مدى ما تحقق من تغييرات في سلوك التلميذ، وقياس ما حصله وما حققه من تكيف، ثم الوقوف على ما حدث من تقدم في تحقيق الأهداف التربوية.

هناك تعريفات عدة للتقويم، غير أن أبرزها أنه "مجموعة الأحكام التي نزن بها جميع جوانب التعلم والتعليم، وتشخيص نقاط القوة والضعف، بقصد اقتراح الحلول التي تصحح مسارها"[(1)] أي مسار عملية التعلم والتعليم، وتحقيق الأهداف التربوية.

والتقويم هنا، هو عملية تشخيصية علاجية وقائية، قد تؤدي إلى تعديل الطرق والأساليب المستخدمة لتحقيق الأهداف، أو تعديل الأهداف نفسها[(2)]، واكتشاف العوامل والأسباب المؤثرة هنا أو هناك. ومعرفة مدى التقدم في تحقيق الأهداف، وما يلزمه ذلك من القيام بإجراءات تمكن من تحقيق الأهداف من خلال التغذية المرتدة التي يوفرها التقويم.

وثمة وظائف للتقويم، أحدها وظيفية، والأخرى تنظيمية. تتمثل الوظيفية في تقويم مدخلات المنهج ومدى كفايتها، وتقويم المخرجات وما اكتسبه المتعلمون، وتقويم مسار التعليم، واختبار مدى نجاحه. وتتمثل التنظيمية في الحصول على المعلومات والبيانات اللازمة لتقويم المتعلمين، ومدى كفاية الإمكانات المادية والبشرية، وإفادة المجتمع من مخرجات التعليم.[(3)]

وعلى ذلك، فالتقويم ليس هو الامتحانات التي تقيس مدى نمو المتعلم فقط، وإنما هو عملية شاملة، قياسية وعلاجية وقائية، وهنا تكون الامتحان جزء من التقويم. والتقويم بهذا شامل لمكونات المنهج، وأهداف التعليم من حيث مستوى التخطيط العام، وتخطيط المناهج وتنفيذها في كل مقرر، باعتبارها محتوى المنهج، وذلك من حيث المدخلات والمخرجات، الأنشطة والعمليات، وطرق تنفيذ كل ذلك. ومن هنا فإن من يقوم بالتقويم هو المعلم والمتعلم والمدير والمشرف، بل وأولياء الأمور، والمؤسسات الاجتماعية الأخرى.

وهناك معايير وأسس للتقويم من حيث المضمون والتوقيت، وخطوات القيام به، ثم هناك أنواع ووسائل لإجراء التقويم، لا يتسع المجال هنا لذكرها.

وما دام تعلم التلميذ، وتغيير سلوكه هو الهدف النهائي لنظام التعليم، فيمكن الإشارة بإيجاز إلى وسائل قياس جوانب التعلم في صورة نواتج سلوكية، كما يلي:

1- قياس الجوانب المعرفية: (المعارف) تقاس الجوانب المعرفية بواسطة الامتحانات التي تكون في الغالب تحريرية وأحياناً شفوية، كون الاختبارات المكتوبة قابلة للتحكم، والقياس لدقيقتين لما وضعت من أجله، بجانب اتسامها بالموضوعية والحياد. وهناك نوعان من الاختبارات المكتوبة، الأول اختبارات المقال، والثاني الاختبارات

---

(1) رشدي لبيب وآخرون: مرجع سابق، ص33.

(2) راجع: إبراهيم ناصر: أسس التربية، مرجع سابق، ص154.

(3) رشدي لبيب وآخرون: مرجع سابق، ص 134، 135.

الموضوعية. يتضمن النوع الأول أسئلة مطولة أو محددة تسمح للمتعلم أن يعبر عن استجابات (أو إجابات) محددة، وهي على أنواع. أما الاختبارات الشفوية، فهي عبارة عن أنواع متعددة من الأسئلة المفتوحة التي تهدف إلى بلوغ أهداف معينة منها: تقويم المهارات الشفوية، والقدرة على القراءة والمحادثة، ومدى فهم التلاميذ للحقائق، ومعالجة المواقف المستجدة.[1]

2- **قياس الجوانب الوجدانية:** (الاتجاهات) وتشمل قياس سلوك المتعلم الوجدانية أو العاطفية، أي تعلم واكتساب الميول والاتجاهات والقيم، وغيرها، كناتج تعلم، يتصف بها سلوك المتعلم ، كإبداء مشاعر الحب، وتقدير العلم والعلماء، والتسامح، والأمانة والعدل والحيوية، والتعاون، وعدم التعصب، والتذوق الفني والجمالي، والاستعداد والتقبل، والاستجابة، والتكيف...الخ.

ويرتبط المجال العاطفي بالمجال المعرفي، كون الأخير يدعم تكون الأول والعكس صحيح، بيد أن تكون أهداف المجال العاطفي تبقى أثر التعلم لدى التلميذ أطول مدة، من بقاء أثر تعلم الأهداف المعرفية، لهذا تؤكد الدراسات أهمية غرس الاتجاهات في مراحل العمر المبكرة في المنزل والمدرسة، لما لها من أثر كبير في تعزيز مستوى نمو التلميذ في مراحل العمر اللاحقة، وكل أفعاله وقراراته.

وتقاس أهداف المجال الوجداني أو العاطفي، بأدوات وأساليب كثيرة، أكثرها شيوعاً واستخداماً، هي:

1- الاختبارات المكتوبة التي تبين مشاعر التلميذ واستجاباته وآرائه التي تكشف ميوله واهتماماته إلى جانب طريقة الكتابة وشكلها، وغير ذلك.
2- الملاحظة: وهي ملاحظة سلوك التلاميذ، وتسجيل استجاباتهم وما يمارسونه في المواقف الاجتماعية، سواء داخل الفصل أو خارجه، وهناك قوائم لذلك.
3- المقابلة الشخصية: الفردية أو الجماعية، وعن طريقها يتلمس المعلم مشاكل التلاميذ وبخاصة مع الذين يظهرون سلوكاً غير سوى.
4- الاستبيان أو الاستفتاء: وهي أسئلة محددة تدور حول ما حدث من تغير ونمو في سلوك التلاميذ بعد مرورهم بخبرات تدريس المنهج.
5- السيرة الذاتية: وهي سجل حياة التلميذ يكتبها بنفسه بناء على أسئلة أعدت سلفاً.
6- رأي التلاميذ في زملائهم: وهي إجابات التلاميذ عن زملائهم.
7- مقاييس التقدير المتدرجة: وهي أشكال توضيحية، لأنماط العلاقات الاجتماعية بين التلاميذ داخل الفصل أو المدرسة.
8- الرسوم البيانية الاجتماعية: وهي أشكال توضيحية لأنماط العلاقات الاجتماعية بين التلاميذ داخل الفصل والمدرسة.
9- قوائم الشطب ووسائل التقويم الذاتي، وبطاقات التلميذ التتبعية، وغيرها.

3- **تقويم المجال النفسحركي (المهارات):** ويتضمن تقويم سلوك المتعلم في المهارات التي تتطلب استخدام عضلات الجسم في تناسق حركي نفسي وعصبي وعقلي في أداء الأنشطة العلمية والعملية، وأداء المهارات المختلفة كناتج تعلم.

---

(1) راجع: هنداوي، مرجع سابق، ص 252.

وهناك ارتباط وتكامل بين المجال النفسحركي والمجالين المعرفي، والعاطفي، يمكن ملاحظته عندما يكتسب المتعلم المهارات، كون المهارة تبدأ بالمعرفة والفهم، والتقبل والاستحسان ثم التطبيق والممارسة.

ومن أساليب تقويم الأهداف النفسحركية (المهارات) ما يلي:

1- الاختبارات

وتصمم حسب نوع الهدف، فتستخدم الورقة والقلم لقياس معرفة لفظية، وفهم وتطبيق حقائق ومبادئ، كأن يكتب مقالاً أو يرسم خريطة، وغير ذلك. ويعتبر الاختبار التحصيلي في الأداء من أهم اختبارات قياس اكتساب المهارة، وينقسم إلى ثلاثة أنواع، هي:[1]

أ- اختبارات التعرف: وفيها يمكن للمعلم أن يتعرف على خصائص الأداء، كتعيين الأخطاء في عزف مقطوعة موسيقية.

ب- الاختبارات الموقفية : وهي اختبارات تقيس الأنشطة والأساليب في العمل الشبيه بمواقف العمل في الواقع التطبيقي.

ج- اختبارات عينات العمل: وهي ا لاختبارات التي تقيس عينات مما عمله التلاميذ وكتبوه، مثل التقارير، والرسوم، والقصص، والخرائط، وغيرها.

2- قوائم الملاحظة

وهي قوائم بطاقات، يدون عليها المعلم ملاحظاته لسلوك التلاميذ أثناء قيامهم بالنشاطات، كالمناقشة، وطرح الأسئلة، وتشغيل الأجهزة، وتدوين السلوك الجيد.

أصول التخطيط للتدريس

التدريس ليس إلقاء المعلم للمعلومات والمعارف على التلاميذ، وينتهي الأمر، وإنما التدريس أصبح مهنة تقوم على أسس وقواعد، يلزم على كل من يتصدى لها أن يكون ملماً بها، ومعداً إعداداً متيناً وسليماً، لأداء هذه المهنة. والتدريس باعتباره عملية تتضمن مجموعة من الإجراءات والأنشطة، وضمان تفاعل أطراف عدة، وتوفير إمكانات وشروط معينة لإنجاح التدريس، فلا بد من التخطيط للتدريس؛ وتوفير شروط الموقف التدريسي.

إن كل موقف تدريسي يقوم على توافر معلم بخبرات، وتلميذ بدوافع، ومادة تعليمية مفهومة ووقت، ومكان مناسبين للتدريس، وأهداف خاصة بالموقف، وطرق ووسائل تعليمية، إلا أن ضمان تفاعل كل عناصر الموقف، وتوافر شروط التدريس الجيد، لن يتحقق بالصورة المرضية، إلا بالتخطيط للتدريس، كون التخطيط للتدريس يمثل منهجاً وأسلوباً للعمل المنظم، والهادف لجميع عناصر وأبعاد العملية التعليمية، وضمان تفاعلها معاً، وتوجيه الأنشطة والعمليات نحو غايات التدريس المرسومة، حيث أن التخطيط للتدريس يساعد المعلم على تنظيم عناصر الموقف التعليمي برؤية واضحة، وثقة عالية في تحديد الأهداف التعليمية، وما يفرضه ذلك من تحديد الأنشطة والقيام بالإجراءات المناسبة، ثم التقويم الملائم، وفق تتابع زمني محدد، بما يجنب المعلم العشوائية، وتجنب كثير من المشكلات والمواقف المحرجة، علاوة على اكتساب المعلم مهارات التدريس الجيد، وتحسن أداؤه لمسئولياته وأدواره التربوية.

---

(1)رشدي لبيب وآخرون، مرجع سابق، ص 148، أيضاً جودت، ص 495.

والتخطيط للتدريس، هو عبارة عن خطة تصورية قائمة على مبادئ وأسس تربوية، لما سيقوم به المعلم من توفير عناصر الموقف التعليمي، وتنظيم خبرات التعليم، وترتيب عملياته وأنشطته، وتنظيم الوسائل والأدوات التي يستخدمها، لتنفيذ مهامه التدريسية على المستوى السنوي، وعلى مستوى الدروس اليومية. وغاية التخطيط للتدريس حدوث عملية التعلم لدى التلاميذ أي أن يحصل التلاميذ على تعليم، يمكنهم من إنماء قدراتهم واكتسابهم المعارف والمهن والاتجاهات في إطار ثقافة المجتمع.

وعلى ذلك يتضمن التخطيط للتدريس خطتان، الأولى سنوية، والثانية يومية، وربما توجد خطط متوسطة لشهر أو عدة أشهر. تحتوي الخطة السنوية على وضع مخطط تفصيلي عملي، لكل ما سيقوم به المعلم، خلال سنة، لتنفيذ المقرر أو المقررات التي كلف بتدريسها، شاملاً تحديد الأهداف الخاصة بالمقرر، وتعيين الخبرات التعليمية أو محتوى التعليم، سواء الكتاب المدرسي أو أي مواد دراسية أخرى، موزعاً ذلك على شهور الدراسة الفعلية، ثم تحدد الأنشطة والإجراءات التي يجب القيام بها خلال العام الدراسي، وما يتبع ذلك من تحديد الأساليب والوسائل التعليمية، والتجارب والزيارات والرحلات، وكل ما يمكن استخدامه، أو ما يعينه على تنفيذ المقرر، ثم تحديد أساليب التقويم بدقة، ليس لتحقيق أهداف المقرر فقط وإنما لكل ما قام به، مبيناً الصعوبات والمشكلات التي واجهته، لإمكان تفاديها لاحقاً. أما الخطة اليومية فهي ترجمة للتخطيط السنوي ووضعه في صورة خطط جزئية تكون أكثر تفصيلاً، وقرباً من الواقع، كون الخطة اليومية تركز على نتائج التعلم، أي ما يراد إحداثه من تغييرات سلوكية من تدريس موضوع معين من مقرر ما، وفي إطار أهدافه النهائية.

وعلى ذلك فالخطة اليومية تتضمن خطوات وإجراءات تفصيلية لخطة الدرس، وما سيقوم به المعلم وسيقوله خلال الحصة، وما يتبع ذلك من أنشطة مصاحبة، لإنجاح خطة الدرس، ضمن الدرس أو المواضيع الأخرى من المقرر.

وتتكون خطة الدرس[1] من عنوان موضوع الدرس، والصف، والحصة، والتاريخ، ثم وضع أهداف الدرس في صورة أهداف سلوكية، توضح نواتج التعلم لدى التلاميذ، والتحديد الدقيق لعرض محتوى المادة الدراسية وفق طريقة التدريس المختارة بعناية، لتلائم موضوع الدرس، وما يتبع ذلك من تحديد الوسائل التعليمية، وصور استخدامها بدقة، وما إذا وجدت زيارات ميدانية، أو مشاهدة فلم تعليمي إلى غير ذلك من تحديد الأنشطة الصفية واللاصفية المصاحبة للدرس. والخطوة الأخيرة من الخطة اليومية للدروس فهي التقويم، سواء نهاية الحصة أو في صورة واجب منزلي، أو تقويم المعلم لنفسه.

ويجب أن يرافق تنفيذ خطة الدرس اليومية، وعي المعلم بكل ما يقوله، وما يقوم به، وتوفير متطلبات كل مرحلة وخطوة.. مع إثارة دافعية التلاميذ، وحفزهم دوماً إلى متابعته، بإثارة النقاش وتوجيه الأسئلة الاستكشافية والتشويقية، والإثارة في استخدام الوسائل التعليمية وربطها بموضوع الدرس، وكل ما يمكنه النجاح في درسه أو دروسه، وتحقيق أهداف الدرس، ضمن أهداف المقرر الدراسي، والأهداف التربوية عموماً.

---

(1) للمزيد من التفاصيل راجع: فكري حسن ريان، التدريس، أهدافه، أسسه، أساليبه، وتقويم نتائجه، الأنجلو المصرية، القاهرة، 1987.
أيضاً: فوزي طه إبراهيم وزميله، المناهج المعاصر، الإسكندرية منشأة المعارف، 1990.

بهذا المشوار الطويل من تقصي إسهامات الأصول المختلفة في تكوين التربية لا شك فقد اتضح بجلاء الأهمية القصوى لتلك الأصول في تشكيل التربية وصياغتها جملةً وتفصيلاً، فكراً وتطبيقاً، مساراً ونتائج. حتى ليمكن القول أن تلك الأصول هي مفتاح فهم التربية وتفسيرها، في كليتها وعموميتها، ورصد وتحليل فعل وانفعال الأجزاء والمكونات فيها، بل والسبيل لإصلاح التربية وتطويرها. ومن يريد إصلاح أي جزء من التربية، يجب أن تكون لديه فكرة عن الكل. ومن يريد إصلاح الكل أو الجزء أو مجموعة أجزاء، يجب أن تكون لديه فكرة واضحة عن الأسس التي تكون التربية.. ولن تكون هذه الصورة الكلية واضحة إلا من خلال تلك الأصول.

المراجع

أولاً: المراجع العربية

أ- المعاجم

1- لسان العرب لابن منظور، تحقيق عبدالله علي الكبير وآخرون، دار المعارف القاهرة.

2- محمد عاطف غيث: قاموس علم الاجتماع، القاهرة، الهيئة المصرية العامة للكتاب، د.ن.

3- الشعبة القومية للتربية والعلوم والثقافة: معجم العلوم الاجتماعية، القاهرة، الهيئة المصرية العامة للكتاب، 1975.

4- المعجم الوسيط، أخرجه إبراهيم مصطفى وآخرون، جـ1، مجمع اللغة العربية ، القاهرة، 1960.

5- أحمد حسن اللقاني وعلي الجمل: معجم المصطلحات التربوية في المناهج وطرق التدريس، القاهرة، عالم الكتب، 1996.

ب – الوسائل التعليمية

1. أحمد علي الحاج محمد: دراسة تقويمية للكفاية الداخلية بجامعة صنعاء، رسالة ماجستير غير منشورة، كلية التربية، جامعة عين شمس 1984.
2. سامية مصطفى كامل: التعليم ورأس المال البشري، تحليل الخدمة الاقتصادية للتعليم الجامعي بالكويت، رسالة ماجستير غير منشورة، جامعة القاهرة، كلية الاقتصاد والعلوم السياسية، 1977.
3. سعيد عبد المقصود، ووهبي صبحي: التخطيط والتنمية الإقليمية، معهد التخطيط القومي مذكرة داخلية رقم 628، 1982.
4. كمال المنوفي: التنشئة السياسية ومنظومة القيم في الوطن العربي، ندوة التغيرات السياسية الحديثة في الوطن العربي، المنعقدة بمركز البحوث والدراسات السياسية، كلية الاقتصاد والعلوم السياسية، القاهرة 1988.
5. نادية حسن سالم: مواقف من قضايا التعليم في مصر، مؤتمر الديمقراطية والتعليم في مصر، المنعقد في الفترة 2-7/5-1984، القاهرة، دار الفكر المعاصر، 1986.
6. هبة أحمد عبد اللطيف: منهج مقترح في التربية السياسية لمرحلة التعليم الأساسي، رسالة دكتوراه غير منشورة، كلية التربية، جامعة عين شمس، 1993.

جـ- الكتب:

7. إبراهيم عصمت مطاوع وأمينة حسن: الأصول الإدارية للتربية، ط2، القاهرة، دار المعارف، 1984.

1. إبراهيم عصمت مطاوع: أصول التربية، ط2، القاهرة، دار المعارف 1980ز
2. إبراهيم ناصر ودلال محسن: علم الاجتماع التربوي، عمان، 1984.
3. إبراهيم ناصر: أسس التربية، عمان، دار عمان، 1987.

4. أبو الفتوح رضوان: المدرس في المدرسة والمجتمع، القاهرة، دار الثقافة، د.ت.

5. أبو الفتوح رضوان وآخرون: المدرس في التربية والمجتمع، القاهرة، مكتبة الأنجلو المصرية، 1978.

6. أحمد أبو هلال: مقدمة إلى الانتربولوجيا التربوية، مكتبة عمان، النهضة الإسلامية، 1979.

7. أحمد الخشاب: علم الاجتماع التربوي والإرشاد الاجتماعي، القاهرة، مكتبة القاهرة، 1971.

8. أحمد حسن عبيد، فلسفة النظام التعليمي وبنيته السياسية التعليمية القاهرة، الأنجلو المصرية، 1976.

8. أحمد حسن اللقاني وبرنس أحمد رضوان: تدريس المواد الاجتماعية، القاهرة، عالم الكتب، 1976.

9. أحمد زكي صالح: علم النفس التربوي ط11، القاهرة، النهضة المصرية، 1979.

10. أحمد شلبي: مقارنة الأديان اليهودية، ط11، القاهرة، النهضة العربية، 1996.

11. أحمد شلبي: مقارنة الأديان (2) المسيحية ط10، القاهرة، مكتبة النهضة المصرية، 1993.

12. أحمد عبد الباقي، وحسن جميل طه: مدخل إلى الإدارة التربوية، الكويت، دار القلم، 1983.

13. أحمد عبد الخالق: أصول علم النفس، الإسكندرية، دار المعرفة الجامعية 1984.

14. أحمد عزت راجح: أصول علم النفس ط8، الإسكندرية، المكتب المصري الحديث، 1970.

15. أحمد عزيز نظمي: دراسات ومذاهب فلسفية، الإسكندرية مؤسسة شباب الجامعة، 1988.

16. أحمد علي الحاج محمد: التخطيط التربوي، إطار لمدخل تنموي جديد، بيروت، المؤسسة الجامعية للنشر، 1993.

17. أحمد علي الحاج محمد: دراسات في أسس التربية، القاهرة، مطبعة مؤسسة سعد، 1997.

18. أحمد علي الحاج محمد: نظام التعليم اليمني جذور تشكله واتجاهات تطوره، صنعاء،1997.

19. أحمد علي الفنيش: أصول التربية، طرابلس، ليبيا، الدار العربية للنشر والتوزيع، 1982.

20. أحمد محمد الزعبي: أسس علم النفس الاجتماعي، بيروت، دار الحرف العربي، 1994.

21. أحمد فؤاد الاهواني: معاني الفلسفة، القاهرة.

22. إسماعيل علي سعد: المجتمع السياسية، الإسكندرية، دار المعرفة 1990.

23. إسماعيل محمد ذياب: العائد الاقتصادي المتوقع من التعليم الجامعي، قضايا تربوية، القاهرة، عالم الكتب، 1990.

24. إقبال محمد بشير: ديناميكية العلاقات الأسرية، القاهرة، المكتب الجامعي الحديث، د.ت.

25. السيد حنفي عوض: علم الاجتماع التربوي، القاهرة، مكتبة نهضة الشرق، 1984.

26. بول فرو: المرجع في تاريخ التربية جـ1، ترجمة صالح عبد العزيز وحامد عبد القادر، القاهرة، النهضة المصرية، 1949.

27. توفيق مرعي وآخرون: مدخل إلى التربية، مسقط، 1994.

28. ثيودورشولز: القيمة الاقتصادية للتربية، ترجمة محمد الهادي عفيفي ومحمود سلطان، القاهرة، الأنجلو المصرية، 1975.
29. ج.ف ثيللر: انتربولوجيا الزينة، الأصول الثقافية للتربية، ترجمة عن فيروس وآخرون، القاهرة عالم الكتب،
30. جمال سيد مزعل: الاعتبارات الاقتصادية في التعلم، وزارة التعليم والبحث العلمي، مطابع جامعة الموصل د.ت.
31. جميل مصدق الحبيب: التعليم والتنمية الاقتصادية، بغداد 1984.
32. جورج شهلا وآخرون: الوعي التربوي ومستقبل البلاد العربية، بيروت، مكتبة راس بيروت، 1972.
33. حامد زهران: علم النفس الاجتماعي، ط5، القاهرة، عالم الكتب، 1984.
34. حامد عمار: في اقتصاديات التعليم، القاهرة، دار المعرفة 1963.
35. حسان محمد حسان وآخرون: أصول التربية، القاهرة 1988.
36. حسان محمد حسان وآخرون:مقدمة في فلسفة التربية، ط2، 1987.
37. حسان محمد حسان وآخرون: دراسات في فلسفة التربية.
38. حسان محمد حسان: انتربولوجيا التربية ومشكلات تعليم المدن الكبرى، القاهرة، دار الثقافة للطباعة، 1985.
39. د. جوسلين: المدرسة والمجتمع العصري: ترجمة محمد قدري لطفي وآخرون، القاهرة، عالم الكتب، 1977.
40. د.ف. سويفت: اجتماعيات التربية - دراسة تمهيدية تحليلية، ترجمة محمد سمير حسانين، مؤسسة سعد للطباعة بطنطا ط2، 1987.
41. رالف لتنون: دراسة الإنسان، ترجمة عبد الملك الناشف، بيروت، المكتبة العصرية، 1964.
42. رشدي لبيب وآخرون: المنهج منظومة لمحتوى التعليم، القاهرة، دار الثقافة للطباعة والنشر، 1984.
43. رونيه أو بير: التربية العامة، ترجمة عبدالله عبد الدائم، بيروت، دار العلم للملايين، 1983.
44. ريتشارد داوسن: التنشئة السياسية دراسة تحليلية، ترجمة مصطفى عبدالله أبو القاسم ومحمد زاهي المغيربي، منشورات جامعة قاريونس بنغازي، 1990.
45. ريناتاغورفا: مقدمة في علم الاجتماع التربوي، ترجمة نزار عيون، دمشق.
46. زكي نجيب محمود: هذا العصر وثقافته، القاهرة، دار الشروق، 1980.
47. سعد مرسي أحمد: تطور الفكر التربوي، القاهرة، دارا لثقافة، 1983.
48. سعد مرسي أحمد وآخرون: تاريخ التربية، تاريخ التعليم في مصر، 1983.
49. سعد مرسي وآخرون: فن تاريخ التربية، كلية التربية جامعة عين شمس، 1986.
50. سعد مرسي أحمد، وسعيد إسماعيل علي: تاريخ التربية والتعليم، القاهرة، عالم الكتب، 1978.
51. سعد حافظ: محاضرات في التخطيط الاقتصادي وأساليبه، معهد التخطيط القومي، 1980.

52. سعيد إسماعيل علي: أصول التربية الإسلامية، القاهرة، دار الثقافة للطباعة والنشر، 1978.

53. سعيد إسماعيل علي: في تاريخ التربية والتعليم، كلية التربية، جامعة عين شمس د.ت.

54. سعيد إسماعيل علي وآخرون: دراسات في فلسفة التربية، القاهرة، عالم الكتب، 1981.

55. سعيد إسماعيل علي: نظرات في الفكر التربوي المصري، استنسل 1983.

56. سعيد حوى: الإسلام، بيروت، دار عمار، 1988.

57. سعيد عمر عبدالله وآخرون: مبادئ الإدارة الحديثة، عمان دار الثقافة للنشر، 1991.

58. سيد خير الله: علم النفس التربوي، النظرية التجريبية، القاهرة، النهضة العربية، 1978.

59. سيد عويس: حديث عن الثقافة، القاهرة، الأنجلو المصرية 1970.

60. صادق سمعان: الفلسفة التربوية ط1، القاهرة، دار النهضة المصرية، 19862.

61. صالح ذياب هندي وآخرون: دراسات في المناهج والأساليب العامة ط5، عمان، جمعية الطابع التعاونية، 1980.

62. صالح ذياب هندي وآخرون: تخطيط المنهج وتطويره، عمان، دار الفكر للنشر والتوزيع، 1989.

63. صالح عبد العزيز: تطور النظرية التربوية، القاهرة، دار المعارف 1994.

64. صلاح الدين جوهر: مقدمة في إدارة وتنظيم التعليم، القاهرة دار النهضة العربية، 1984.

65. صالح الدين جوهر: المدخل إلى إدارة وتنظيم التعليم، القاهرة، عالم الكتب.

66. طه الحاج إلياس: الإدارة التربوية والقيادة، عمان، مكتبة الأفعى، 1984.

67. ظفر الإسلام فان: التلمود تاريخه وتعاليمه، بيروت، دار النفائس 1972.

68. عامر الكبيسي: الإدارة العامة بين النظرية والتطبيق، الشارقة، مطابع دار الخليج، 1981.

69. عبد الباسط عبد المعطي: اتجاهات نظرية في علم الاجتماع، الكويت، عالم المعرفة، 1981.

70. عبد الرحمن الياني: مدخل إلى التربية في ضوء الإسلام، الرياض، 1983.

71. عبد الرحمن العيسوي: علم النفس في المجال التربوي، الإسكندرية، دار المعرفة الجامعية، 1991.

72. عبد الرحمن النحلاوي: أصول التربية الإسلامية وأساليبها، ط2، دمشق، دار الفكر العربي، 1983.

73. عبد الرزاق شفشق: التربية المعاصرة، الكويت، دار القلم 1984.

74. عبد الغفار مكاوي: لما الفلسفة، الإسكندرية، منشآ المعارف، 1984.

75. عبد الغني عبود: الله والإسلام المعاصر، الكتاب الثاني من سلسلة الإسلام وتحديات العصر، دار الفكر العربي، 1977.

76. عبد الغني عبود وحسن عبد العال: التربية الإسلامية وتحديات العصر، القاهرة، دار الفكر العربي، 1990.

77. عبد المجيد عبد الرحيم: التربية والحضارة، القاهرة، النهضة المصرية، 1966.

78. عبد الله عبد الدائم: التخطيط التربوي ط2، بيروت، دار العلم للملايين 1972.

79. عبد اللـه عبد الدائم: التربية عبر التاريخ، بيروت، دار العلم للملايين 1984.
80. عبداللـه عبد الدائم: نحو فلسفة تربوية عربية، مركز دراسات الوحدة العربية، بيروت، 1991.
81. عرفات عبد العزيز: استراتيجية الإدارة في التعليم، القاهرة، الأنجلو المصرية، 1978.
82. عمر القومي الشيباني: التربية وتنمية المجتمع، طرابلس 1984.
83. عمر القومي الشيباني: الفكر التربوي بين النظرية والتطبيق طرابلس-ليبيا 1985.
84. عمر القومي الشيباني: تطور النظريات التربوية، طرابلس ليبيا الدار العربية للنشر 1982.
85. عمر القومي الشيباني: فلسفة التربية الإسلامية، طرابلس، ليبيا، الدار العربية للنشر والتوزيع، 1985.
86. عفيف عبد الفتاح طبارة: روح الإسلام ط2، بيروت، دار العلم للملايين 1985.
87. علي السلمي: الإدارة العلمية، القاهرة، دار المعارف، 1970.
88. علي خليل أبو العينين: أصول الفكر التربوي الحديث، القاهرة، دار الفكر العربي، 1986.
89. علي عبد الواحد وامي: اليهود واليهودية، القاهرة، مكتبة غريب 1970.
90. فاروق عبد العال: الانتربولوجيا التربوية، القاهرة، دار الكتاب الجامعي د.ت.
91. فردريك الكين وجيرالد هاندل: الطفل والمجتمع والتنشئة الاجتماعية ترجمة محمد سمير حسانين، مؤسسة سعد للطباعة بطنطا، 1976.
92. فردريك هاربيسون وتشارلز مايرز: التعليم والقوى البشرية والنمو الاقتصادي، ترجمة إبراهيم حافظ، مكتبة النهضة المصرية 1966.
93. فؤاد أبو حطب وآمال صادق: علم النفس التربوي ط2، القاهرة للأنجلو المصرية، 1980.
94. فؤاد البهى السيد: علم النفس الاجتماعي، القاهرة، دار الفكر الاجتماعي، 1981.
95. فؤاد سليمان تلادة: أساسيات المناهج في التعليم النظامي وتعليم الكبار القاهرة، دار المطبوعات الجديدة، 1979.
96. فكري حسن ريان: التدريس، أهدافه، أسسه وأساليبه وتقويم نتائجه، الأنجلو المصرية، القاهرة 1987.
97. فوزي طه إبراهيم وآخرون: المناهج المعاصرة، الإسكندرية منشأة المعارف، 1990.
98. فيليب هـ فبنكس: فلسفة التربية، ترجمة محمد لبيب النجيحي، القاهرة، الأنجلو المصرية، 1978.
99. كمال السيد درويش وآخرون: التربية السياسية للشباب الإسكندرية، منشآة المعارف، 1973.
100. كمال نجيب: المدرسة والوعي السياسي، دراسة للفكر السياسي لطلاب المدرسة الثانوية العامة، الإسكندرية، دار النيل، 1992.
101. كنيت آبل: حرفة التعليم، ترجمة عمران أبو حجلة، القاهرة، الدار العربية للنشر والتوزيع، 1986.
102. لطفي محمد فطين وأبو العزائم الجمال: نظريات التعليم المعاصرة وتطبيقاتها التربوية، القاهرة، مكتبة النهضة المصرية، 1988.

103. ماهر محمود عمر: سيكلولوجية العلاقات الاجتماعية، الإسكندرية، دار المعرفة الجامعية، 1988.
104. محمد الجوهري: علم الاجتماع وقضايا التنمية في العالم الثالث، الإسكندرية، دار المعرفة الجامعية، 1990.
105. محمد الغنام: المدرسة المنتجة، رؤية للتعليم من منظور اقتصاديات التعليم، مجلة التربية الجديدة، العدد 29 السنة العاشرة، مايو/ أغسطس 1983.
106. محمد الكردي، التخطيط للتنمية الاقتصادية والاجتماعية، القاهرة، مكتبة وهبة، 1978.
107. محمد الهادي عفيفي: أصول التربية، الأصول الثقافية للتربية، القاهرة، مكتبة الأنجلو المصرية، 1979.
108. محمد زياد حمدان، التنفيذ العملي للتدريس، عمان، دار التربية الحديثة، 1985.
109. محمد زياد حمدان: الوسائل التعليمية مبادئها وتطبيقاتها، بيروت، مؤسسة الرسالة، 1981.
110. محمد سرحان المخلافي ومحمد أبو بكر: أسس الإدارة التعليمية صنعاء، مطابع الكتاب المدرسي، 1997.
111. محمد سعيد فرح: البناء الاجتماعي والشخصية، القاهرة، دار المعارف، 1989.
112. محمد سيف الدين فهمي: التخطيط التعليمي، القاهرة، الأنجلو المصرية، 1976.
113. محمد سيف الدين فهمي: النظريات التربوية، القاهرة، الأنجلو المصرية، 1985.
114. محمد طنطاوي: أصول التربية، الكويت، وكالة المطبوعات، 1984.
115. محمد عبد القادر بافقيه: تاريخ اليمن القديم، بيروت، المؤسسة العربية للدراسات والنشر، د.ن.
116. محمد عبد الحكيم مصطفى: مقارنة الأديان، دراسة تحليلية نقدية لأنجيل مرقص تاريخيا وموضوعياً، القاهرة، مطبعة الجيلاوي، 1984.
117. محمد منير مرسي: الإدارة التعليمية أصولها وتطبيقاتها، القاهرة، عالم الكتب، 1983.
118. محمد منير مرسي: أصول التربية الثقافية والفلسفية، القاهرة، عالم الكتب، 1977.
119. محمد منير مرسي: تاريخ التربية في الشرق والغرب، القاهرة، عالم الكتب، 1980.
120. محمد منير مرسي: في فلسفة التربية، القاهرة، عالم الكتب، 1982.
121. مِحمد منير مرسي وعبد الغني النوري: تخطيط التعليم واقتصادياته، القاهرة النهضة العربية، 1977.
122. مجدي عزيز إبراهيم: قراءات من المناهج ط2، القاهرة، النهضة المصرية 1985.
123. محمد علي محمد: الشباب والتغير الاجتماعي، بيروت، دار النهضة العربية، 1985.
124. محمد علي محمد: دراسات في علم الاجتماع السياسي، القاهرة، دار الجامعات المصرية، 1977.
125. محمد نبيل نوفل: التعليم والتنمية الاقتصادية، القاهرة، الأنجلو المصرية، 1979.
126. محمود أبو نبيل: علم النفس الاجتماعي جـ2، دار النهضة العربية 1985.
127. مصطفى أمين: تاريخ التربية، القاهرة، مطبعة المعارف 1925.

128. مصطفى النشار: فلاسفة أيقظوا العالم، القاهرة، دار الثقافة والنشر، 1988.
129. مصطفى حلمي: الإسلام والأديان دراسة مقارنة، القاهرة، دار العودة للطبع والنشر، 1990.
130. محمد لبيب النجيحي: الشريعة أصولها الثقافية والاجتماعية، القاهرة، الأنجلو المصرية، 1984.
131. محمد لبيب النجيحي: اجتماعيات التربية ط2، القاهرة، الأنجلو المصرية، 1982.
132. محمد لبيب النجيحي: الأسس الاجتماعية للتربية، القاهرة، النهضة العربية، 1981.
133. محمد لبيب النجيحي: مقدمة في فلسفة التربية، القاهرة، الأنجلو المصرية 1996.
134. محمد محروس إسماعيل: اقتصاديات التعليم، الإسكندرية، دار الجامعات المصرية، 1990.
135. محمد يحيى عويس: مبادئ الاقتصاد الحديث، القاهرة، دار النهضة العربية، 1971.
136. منير المرسي سرحان: في اجتماعيات التربية، القاهرة، الأنجلو المصرية، 1978.
137. موريس يوكاي: التوراة والإنجيل والقرآن والعلم، ترجمة نخبة من الدعاة، بيروت، دار الكندي، 1987.
138. نبيل حمودة: الأصول الفلسفية للتربية، القاهرةن الأنجلو المصرية، 1978.
139. هاني الطويل: الإدارة التربوية والسلوك التنظيمي، عمان، الجامعة الأردنية، 1986.
140. وهيب سمعان: الثقافة والتربية في العصور القديمة، القاهرة، الأنجلو المصرية، 1974.
141. وهيب سمعان ومحمد منير مرسي: الإدارة المدرسية الحديثة، القاهرة، عالم الكتب، 1985.

د- الدوريات

1- أحمد علي الحاج محمد: الأيديولوجيا والتربية، هل التربية جهاز الأيديولوجيا مجلة التويت، صنعاء 1994.
2- خزعل الجاسم: الاستثمار في رأس المال البشري والتنمية، مجلة الاقتصاد، بغداد، العدد11، 1971.
3- سليمان القدس: اقتصاديات الاستثمار في العنصر البشري، الكويت مجلة دراسات الخليج والجزيرة، العدد20، 1402.
4- عبد العزيز الجلال: دور التربية في التنمية، مدخل إلى دراسة النظام التربوي في أقطار الجزيرة العربية، مجلة دراسات الخليج، العدد 39 يونيو 1984.
5- عبد الله عبد الدائم: التقنيات الحديثة في التربية والثورة التكنولوجية في العصر الحاضر، مجلة التربية الجديدة العدد6، 1971.
6- محمد أبو النور: أسلوب النظم كمدخل استراتيجي لدراسة المعلومات، المجلة العربية للمعلومات، المنظمة العربية للتربية والثقافة والعلوم، العدد3، 1986.
142. محمد الغنام: التكنولوجيا الإدارية، صحيفة التخطيط التربوي في البلاد العربية العدد23، 1972.
7- محمد الغنام: مشكلات الإدارة التعليمية، مجلة التربية الجديدة العدد 16، 1978.
8- كمال المنوفي: التنشئة السياسية في الأدب السياسي المعاصر، مجلة العلوم الاجتماعية، العدد 4 السنة 6يناير 1979.

ثانياً: المراجع الإنجليزية

1- Berelsom, B. (1975). <u>Population growth and educational planning in developing nations</u>. New York.

2- Bernice, H. (1974) <u>Educational flow model with application to Arab statiscat date</u>. Sweden.

3- Cavhog, M. (1978). <u>Education world and employment.</u> Paris: Unesco.

4- Henerg, M. (1985). <u>Living cost, effectiveness, age, population</u> California, USA.

5- Merelman, M. (1971<u>). Political socialization and educational mates</u> New York: Rinehart and Watson.

6- Suleman, M. (1984). <u>Socialization to politics in Morocco</u>: sex and regional factor. Journal of Middle East studies, 14 (3).

7- Taros, D. (1983). <u>Socialization to politics</u>. London: Longman.

8- Unesco. (1978). <u>Unesco record of the general conference twentieth session</u> Paris: Unesco.

9- Werdelih, I. (1972). <u>Quantitative methods and techniques in educational planning</u>. Regional center for educational planning and administration in the Arab. Beirut.

10- Woodhall, M (1970). <u>Cost benefit analysis in educational planning</u> Unesco.

11- World Bank. (1983). <u>The quality as schooling analysis misleading</u> Washington D.C.

12- World Bank. (1984). <u>Financing in Education</u>. Washington D.C.

Printed in the United States
By Bookmasters

T0271465

Printed in the United States
By Bookmasters